Birgit Gebauer-Sesterhenn | Anne Pulkkinen | Dr. med. Katrin Edelmann

Die **ersten 3** Jahre
meines Kindes

Unter Mitarbeit von Dr. med. Manfred Praun, Andrea Mayer und Elke Schenk-Schrewe

INHALT

DAS ZWEITE JAHR 173

Hinweis: Aus Gründen der Lesbarkeit verwenden wir jeweils die männliche Form der Berufsbezeichnungen. Unter diese Begriffe fallen aber immer sowohl Männer als auch Frauen (zum Beispiel also Ärztinnen und Ärzte).

Birgit Gebauer-Sesterhenn hat Ernährungswissenschaften studiert und ist ausgebildete Journalistin. Sie arbeitet für verschiedene Magazine und hat eine Reihe von erfolgreichen Ratgebern im Bereich Schwangerschaft, Geburt und Baby, Lernen und Grundschule sowie Ernährung veröffentlicht, die bisher in 13 Sprachen erschienen sind. Neben ihrer Tätigkeit als Buchautorin ist sie hauptberuflich Mutter und empfindet dies als schönste Berufung. Dank ihrer drei Kinder Paulina, Samuel und Sophie hat sie gemeinsam mit ihrem Mann die ersten drei Jahre der kindlichen Entwicklung gleich dreimal durchleben dürfen. Birgit Gebauer-Sesterhenn wohnt mit ihrer Familie am Ammersee.

Anne Pulkkinen ist Erzieherin, Diplom-Pädagogin (univ.), PEKiP-Ausbilderin und Gordon-Familientrainerin. Sie ist seit 1982 in der Familien- und Erwachsenenbildung tätig: Als PEKiP-Gruppenleiterin hat sie viele Eltern mit ihren Babys begleitet. Zudem bildet sie PEKiP-Gruppenleiterinnen aus. Mehr als zehn Jahre lang hat Anne Pulkkinen Eltern-Kind-Spielgruppen für Ein- bis Dreijährige (»Mini-Clubs«) geleitet. Sie hält Vorträge, gibt Kurse zu Erziehungsthemen und führt überdies Qualifikationsfortbildungen für Krippenerzieherinnen durch. Anne Pulkkinen hat zwei Kinder und lebt mit ihrer Familie im Landkreis Augsburg.

Dr. med. Katrin Edelmann ist Fachärztin für Kinder- und Jugendpsychiatrie und Psychotherapie und in eigener großer Facharztpraxis in Brühl tätig. Neben der medizinischen und verhaltenstherapeutischen Psychotherapieausbildung hat sie zahlreiche Weiterbildungen, u. a. im Bereich lösungsorientierte Kurzzeittherapie, systemische Arbeit und Hypnotherapie, absolviert. Ein Schwerpunkt ihrer Praxis sind neben der Behandlung von Entwicklungsverzögerungen und Schulproblemen die Babysprechstunde sowie die Diagnostik, Beratung und Therapie von Klein- und Kindergartenkindern. Im Jahre 2008 gründete sie das Institut für ganzheitliche Kindertherapie. Sie ist Mutter von drei Kindern.

Vorwort

Herzlichen Glückwunsch, liebe Eltern! Kinder sind ein Geschenk – und wenn Sie eines bekommen haben, ist das Grund genug, um herzlich zu gratulieren.

Eltern als sicherer Hafen

Auf Sie als Eltern kommen spannende Zeiten zu: Von jetzt an haben Sie einen kleinen Menschen an Ihrer Seite, der rund um die Uhr in Ihrer Nähe sein möchte, denn dort fühlt er sich am wohlsten. Ihre Liebe, Fürsorge und Zuneigung lässt ihn wachsen und gedeihen. Und Sie können ihm bei seinen großen und kleinen Schritten auf dem Weg des Erwachsenwerdens regelrecht zuschauen.

Es passiert viel im Babyleben. Aus dem Säugling, der kurz nach der Geburt eher hilflos und gebrechlich wirkte, entpuppt sich innerhalb weniger Monate ein robustes Kleinkind, das mit wachem Blick und gut gelaunt durch die Wohnung marschiert. Während Ihr Neugeborenes in den ersten Wochen vorwiegend durch Schreien oder Nicht-Schreien mit Ihnen kommuniziert hat, lernt es über das Lallen, Gurren und späteres Lautebilden seine ersten Worte sprechen. Sein erstes »Ma-ma« oder »Pa-pa« werden Sie vielleicht niemals vergessen.

In den ersten Jahren hat Ihr Baby nur Augen für Sie, denn Sie als Eltern stellen seinen sicheren Hafen dar: Bei Ihnen fühlt es sich wohl und geborgen, Ihre Liebe macht es stark, Sie bieten ihm die lebenswichtige Sicherheit. Je mehr Ihr Kind davon erfahren darf, desto besser steht es später auf seinen eigenen zwei Beinen im Leben. Denn schon in wenigen Jahren erweitert Ihr Kind seinen Horizont und knüpft eigene neue Kontakte – mit seinen ersten Freunden.

Ohne Bedienungsanleitung

Ob Handy oder Waschmaschine – bei Neuanschaffungen gibt es die Bedienungsanleitung gleich gratis dazu. Wer sie studiert, weiß in der Regel, wofür die Knöpfe und Schalter da sind und wie das Gerät reibungslos funktioniert.

Ihr Kind ist keine Maschine. Und es gibt auch keine Bedienungsanleitung dazu. Ihr Kind ist einzigartig und mit individuellen Wünschen und Bedürfnissen ausgestattet. Wenn Sie als Eltern sich darauf einlassen, seine Wünsche auch ohne Worte zu verstehen und möglichst auf seine Bedürfnisse einzugehen, tragen Sie viel dazu bei, dass auch das Familienleben reibungslos funktioniert. Das Zusammenleben als Familie ist ein ständiges Geben und Nehmen. Denn sehr bald können Sie feststellen, dass auch Ihr Kind Ihre »Knöpfe« drücken kann ...

Kompetenter Rat in allen Phasen

Manchmal geschieht das Großwerden so schnell, dass man als Zuschauer kaum mit dem Tempo mithalten kann. Ähnliches gilt auch für die Anzahl der von Geburt an unweigerlich aufkommenden Fragen, ob die eine oder andere Verhaltensweise, Fähigkeit oder Fertigkeit des Kindes im Rahmen des »Normalen« liegt oder nicht.

In diesem Buch haben Sie einen Ratgeber, der ausführlich beschrieben, welche Phasen Ihr Schatz in seinen ersten drei Jahren in Bezug auf seine motorische, kognitive, sozial-emotionale und sprachliche Entwicklung durchläuft. Darüber hinaus erhalten Sie detaillierte Informationen rund um die Themen Erziehung, Gesundheit, Schlaf und Ernährung – und wie Sie Ihr Kind spielerisch fördern, ohne es dabei zu überfordern.

Wir Autorinnen wünschen Ihnen viel Freude beim Lesen dieses Werkes und einen gelungenen Start ins Familienleben!

Gemeinsam
durch die
Babyzeit

Wenn werdende Eltern erfahren, dass sie ein Baby bekommen, ist das mit vielen Emotionen verbunden. Vielleicht ist der lang ersehnte Kinderwunsch endlich in Erfüllung gegangen; vielleicht hat es auch einfach schneller geklappt als gedacht. Womöglich war von Nachwuchs (noch) gar nicht die Rede … Ab dem Zeitpunkt, zu dem der Arzt die Schwangerschaft bestätigt, tauchen jedoch bei allen werdenden Eltern ähnliche Fragen auf: Entwickelt sich das Ungeborene richtig? Was braucht es in den kommenden Monaten? Was darf oder soll die Schwangere essen und trinken, damit es dem Baby gut geht?

Mit der Geburt hört die Unsicherheit nicht auf, die Gedanken kreisen weiterhin um die Gesundheit und Entwicklung des neuen Erdenbürgers. Und so werden die Vorsorgeunter-suchungen nicht selten von bangen Gefühlen begleitet. Zum Glück jedoch kann der Kinderarzt in den meisten Fällen bestätigen, dass das Kleine gesund ist und sich altersgemäß entwickelt. Trotzdem endet die Sorge bei vielen Eltern erst, wenn aus dem Nachwuchs nach gut zwei Jahrzehnten ein glücklicher Erwachsener geworden ist, der dann vielleicht selbst eines Tages stolz verkündet: »Wir sind schwanger.«

Lernen ist ein Grundbedürfnis

Lange haben Entwicklungswissenschaftler gestritten, ob ein Kind eher von seinen Erbanlagen (Genen) oder durch die Umwelt geprägt werde. Ob es ein »Werk« der Gesellschaft oder seiner selbst sei. Heute ist sich die moderne Entwicklungspsychologie einig, dass Neugeborene zwar einen genetischen Plan (in der Fachsprache *nature* genannt) mitbringen, aber dass die Umwelt (*nurture*) und somit die Erfahrungen, die ein Kind macht, eine nicht minder wichtige Rolle spielen. Nicht zuletzt trägt auch die eigene Motivation des kleinen Menschen zur Entwicklung bei: Er will sich weiterentwickeln und hat den inneren Drang, die nächste Stufe zu erklimmen. Kinder entwickeln sich also aus eigenem Antrieb und mit allen Sinnen. Es macht ihnen Spaß, Neues zu lernen, zu entdecken und zu verstehen, weil sie von Natur aus neugierig sind.

Auch die These, dass Babys hilflos und rein reflexgesteuert seien, ist lange widerlegt. Seit über 20 Jahren weiß man, dass sie vom ersten Tag an lernbegierig sind. Hat ein Kind zum Beispiel nach vielen Monaten endlich gelernt zu krabbeln, gibt es sich damit nicht zufrieden. Sehr bald will es sich hochziehen. Kaum kann es sicher laufen, möchte es seine Fertigkeit optimieren und auf einer Mauer balancieren. Es will sich weiterentwickeln – und das ein Leben lang.

Auch das kulturelle Umfeld beeinflusst die Entwicklung: Die Umgebung, in der ein Kind aufwächst, spielt dabei eine ebenso bedeutende Rolle wie die dort üblichen Sitten und Gebräuche. Denn Kinder passen sich ihren individuellen Entwicklungsbedingungen sehr gut an (Entwicklungswissenschaftler nennen diesen Prozess Adaption). So können zum Beispiel die meisten Kinder mit eineinhalb Jahren allein aus einer Tasse trinken oder ein Geschenk auspacken – vorausgesetzt, sie hatten vorher regelmäßig die Möglichkeit, andere bei dieser Tätigkeit zu beobachten und es selbst immer mal wieder auszuprobieren. Hatte ein Kind aufgrund seiner Herkunft keine Gelegenheit, diese Fähigkeiten zu üben, wird es sich dagegen mit hoher Wahrscheinlichkeit dabei schwertun. Das

INFO

Das Klavier und der Klavierspieler

Auf die genetische Ausstattung eines Babys haben Eltern – abgesehen von der Wahl des Ehepartners – keinen Einfluss. Dagegen können sie sehr wohl Einfluss darauf nehmen, wie sich das Kind entfaltet. Vergleichen Sie ein Kind einmal mit einer Klaviersonate; das Klavier entspräche den Genen, der Pianist der Umwelt. Ist das Klavier gut gestimmt, kommt es auf den Spieler an, das Musikstück zum Leben zu erwecken. Klimpert er andauernd nur wahllos auf den Tasten herum, klingt das genauso schräg, als würde er nur ab und zu die immer gleichen Töne anschlagen. Damit die Sonate schön klingt, ist ein harmonisches Spiel der Tasten erforderlich.

bedeutet jedoch nicht, dass es in seiner Entwicklung zurückläge oder auffällig wäre. Es konnte bisher einfach nur keine Erfahrung in den entsprechenden Fertigkeiten sammeln.

Was heißt normal entwickelt?

»Dein Kind kann schon krabbeln, obwohl es sechs Wochen jünger ist als meins.« »Mein Kleines kann immer noch nicht laufen, während dein Sohn die ersten Schritte schon mit elf Monaten gemacht hat.« Auf der ganzen Welt vergleichen Eltern ihre Kinder mit anderen, weil sie Angst haben, dass der Nachwuchs sich nicht altersgemäß entwickelt. Damit ist Stress vorprogrammiert, denn kein Kind gleicht dem anderen. Dasselbe gilt, wenn sich Eltern zu stark an Entwicklungstabellen orientieren, die sie in Büchern und Zeitschriften entdeckt haben. Diese

Übersichten sollten lediglich als Orientierungshilfe dienen. Was als »normal« definiert wird, ist ein rein statistischer Befund. Diejenige Fähigkeit, die Entwicklungswissenschaftler bei den getesteten Kindern am häufigsten beobachtet haben, wird als Norm deklariert.

Wie ungenau solche Angaben sein können, zeigt der Vergleich zweier Statistiken, die deutsche Kinderärzte oft verwenden, um den Entwicklungsstand eines Kindes zu beurteilen: die »Münchner funktionelle Entwicklungsdiagnostik« (MFED) und der »Denver-Suchtest« (Denver Developmental Screening Test). Obwohl für beide streng wissenschaftlich und statistisch korrekt Daten von Kindern ausgewertet wurden, unterscheiden sich die Altersangaben zuweilen deutlich. So sollte ein Baby nach MFED mit 12 Monaten frei stehen können, laut Denver Developmental erst mit 13 Monaten.

INDIVIDUELLES TEMPO – ABER (FAST) IMMER IN DERSELBEN REIHENFOLGE

Besonders im zweiten Lebenshalbjahr geht die Entwicklungsschere weit auseinander. So drehen sich zum Beispiel einige Babys schon mit fünf Monaten vom Rücken auf den Bauch, andere erst mit neun. Auch beim Krabbeln und Laufen sind die individuellen Zeitunterschiede groß. Viel wichtiger als bloße Altersangaben ist daher die entwicklungschronologische Abfolge. Diese Abfolge und Zeiträume, bis wann ein Kind zum Beispiel krabbeln sollte, sagen weit mehr über die Entwicklung Ihres Kindes aus als bloße Momentaufnahmen. So kann beispielsweise eines von drei Babys im Alter von zehn Monaten flink durch die Wohnung krabbeln, sich am Sofa hochziehen und dort mit wackeligen Beinen stehen bleiben. Das zweite Baby bewegt sich robbend vor und hat gerade den wackligen Vierfüßlerstand erreicht. Das dritte macht

die ersten Schritte. Was für Mütter und Väter wichtig ist: Jedes dieser drei Kinder ist unterschiedlich, aber altersgerecht entwickelt. Denn jedes Kind hat sein eigenes Tempo. Die Reihenfolge der einzelnen Entwicklungsschritte bis zum Ziel ist bei fast allen Kindern gleich. Lediglich um die zehn Prozent überspringen manchmal eine Phase.

Dazu kommt: Es gibt Kinder, die zum Beispiel im motorischen Bereich weit entwickelt sind, aber sprachlich etwas zurückliegen. Andere, die sich nicht viel bewegen, beobachten dafür die Welt ganz genau und saugen buchstäblich alles in sich auf. Grund dafür können unter anderem unterschiedliche Anlagen und Interessen sein.

Für jeden einzelnen Entwicklungsabschnitt braucht ein Kind ausreichend Zeit. Es ist zu jedem Zeitpunkt das vorläufige Ergebnis einer unvorhersehbaren Entwicklung. Denn jeder

Mensch entwickelt sich auf individuelle und einzigartige Weise. Ein afrikanisches Sprichwort besagt: »Das Gras wächst nicht schneller, wenn man daran zieht.« Im Gegenteil, es würde wahrscheinlich sogar darunter leiden.

Viele Entwicklungen laufen parallel

Entwicklung ist ein ganzheitlicher Prozess. Es lassen sich folgende Bereiche unterscheiden: motorische Entwicklung (Grobmotorik und Feinmotorik), Sprachentwicklung, Wahrnehmung sowie soziale und geistige (kognitive) Entwicklung. Die jeweiligen Entwicklungsschritte lassen sich zwar auf künstliche Weise getrennt voneinander betrachten. Im Entwicklungsalltag jedoch gehen sie Hand in Hand, wie das folgende Beispiel deutlich macht:

Die zehn Monate alte Sarah krabbelt (Grobmotorik) im Wohnzimmer auf den gleichaltrigen Lars zu (soziale Entwicklung: auf andere zugehen) und setzt sich hin (Grobmotorik). Die beiden heben vorsichtig die Strohhalme auf (Feinmotorik), die Sarahs Mutter ihnen zum Spielen gegeben hat. Nach einiger Zeit krabbelt das Mädchen in die Küche (lebenspraktisches Lernen: Ich kann krabbelnd meinen Platz ändern und der Mama in den anderen Raum folgen). Auf dem Weg dorthin entdeckt sie den Raum immer wieder neu (die Wahrnehmung wird geschult). Am Ziel angekommen öffnet Sarah die unterste Schublade, die für sie »reserviert« ist: Mit dem Inhalt der Schublade darf sie spielen. Im Hinblick auf Sarahs geistige Entwicklung bedeutet dies, dass sie die Schlussfolgerung gezogen hat: Wenn ich die bunte Schüssel haben will, muss ich in die Küche krabbeln (kognitive Entwicklung: wenn – dann).

Es geht stetig voran

Ab dem Zeitpunkt der Geburt – und natürlich auch schon vorher – vollbringen die Kleinsten enorme Entwicklungsleistungen. Jeder Moment in ihrem noch jungen Leben bedeutet einen weiteren Entwicklungs- und Lernschritt.

Das Neugeborene liegt noch asymmetrisch und in Beugehaltung auf dem Bauch. Lediglich den Kopf kann es unter großer Anstrengung zur Seite drehen. Auf dem Rücken liegt es ebenfalls noch nicht gerade. Seine Hände sind zu Fäusten geballt und bei lauten Geräuschen oder ruckartigen Bewegungen reagiert es mit dem Moro-Reflex (siehe Seite 48 f.). Nach nur zwölf Monaten krabbelt dasselbe Menschlein flink durch die Wohnung; die Hälfte der Einjährigen macht sogar schon die ersten Schritte oder spricht Ein-Wort-Sätze wie »Papa« und »Mama«. Das Kind findet mühelos einen Gegenstand, der in seinem Beisein unter einem von drei Bechern versteckt wurde. Und geschickt sammelt es Krümel vom Boden auf. Stellen Sie sich nun noch einen Dreijährigen vor, der breitbeinig von einer Treppe herunterspringt, mit dem Laufrad fährt, bunt malen kann und Drei-Wort-Sätze mit fast richtiger Grammatik spricht. Was für eine Entwicklung! Babys, die heute geboren werden, werden voraussichtlich etwa 80 Jahre alt. Bis dahin werden sie noch vieles lernen und sich ständig weiterentwickeln. Doch so schnell wie in den ersten drei Lebensjahren wird es nie wieder gehen. Besonders das erste Jahr sowie die Sprachentwicklung bei den Ein- bis Dreijährigen lässt sich in puncto Geschwindigkeit kaum toppen.

Zeitfenster und kritische Phasen

Die Forschungsergebnisse der Entwicklungspsychologie – und hier insbesondere aus der modernen Hirnforschung – zeigen, dass der Mensch sein Leben lang lernt. Es gibt nur sehr

13

wenige Entwicklungszeitfenster, die sich irgendwann völlig schließen und so verhindern, dass sich eine Fähigkeit ausbildet, die man nicht rechtzeitig erlernt hat. Diese kritischen Phasen beschränken sich noch dazu eher auf das Organwachstum. Wenn ein Baby zum Beispiel in seinen ersten sechs Lebensmonaten keine visuellen Reize erhält, wird sich sein Sehvermögen kaum normal entwickeln. In diesem Fall schließt sich ein Zeitfenster.

Für Eltern bedeutet die Erkenntnis vom lebenslangen Lernen eine große Entlastung. Schließlich standen nicht wenige jahrelang unter Stress, um nur ja keinen richtigen Zeitpunkt zu verpassen. Was jedoch wichtig ist: Es gibt sensible Phasen, in denen das Kind eine Fähigkeit oder Verhaltensweise besonders leicht erlernt. In diesem Zeitraum ist es für bestimmte Reize aus der Umwelt empfänglich und auch sehr interessiert daran. Wenn ein Zweijähriger zum hundersten Mal am Tag die Frage stellt »Is des …«, befindet er sich gerade in der sensiblen Phase der Erweiterung des Wortschatzes und des »Weltbegreifens«. Ihr Kind will Ihnen nicht auf die Nerven gehen, auch wenn die ständige Fragerei mitunter anstrengend sein kann. Es braucht Sie als Entwicklungsbegleitung jetzt besonders dringend.

Entwicklungsaufgaben

In den letzten Jahren hat sich ein neuer Begriff immer mehr durchgesetzt: Entwicklungsaufgaben. Viele Eltern mag dies zunächst verwirren, denkt man doch bei »Aufgaben« nur allzu schnell an die Schulaufgaben – und das nicht immer mit gutem Gefühl.

Tatsächlich bezeichnen die Entwicklungsaufgaben jedoch Entwicklungsthemen, die ein Kind in den ersten Lebensjahren zu bewältigen hat. In den ersten drei Monaten muss es zum Beispiel lernen, den Schlaf-wach-Rhythmus zu ent-

wickeln und Nahrung zu sich zu nehmen. Später kommen Abstillen und/oder die Entwöhnung von der Flasche dazu. Auch eine Bindung zu einer oder mehreren Personen aufzubauen ist ein zentrales Thema – ebenso wie zu lernen, sich abzunabeln oder die Umwelt zu erkunden. Das Laufen und Sprechen zu lernen, eine erste räumliche Vorstellungskraft zu erwerben (zum Beispiel beim Turmbauen) und die eigenen Körperausscheidungen zu kontrollieren (Sauberkeitserziehung) sind weitere Bereiche und lebenswichtige Themen für Kinder unter drei Jahren. Zu guter Letzt schafft die Ich-Entwicklung (Autonomie) gegen Ende des dritten Lebensjahres eine Basis für die weiteren Entwicklungsaufgaben im nächsten Lebensabschnitt (vier bis sechs Jahre). In einer anregenden Umgebung und mit der Unterstützung liebevoller Menschen meistern Kinder die Entwicklungsaufgaben durch Neugier, Lernfreude, Selbstgestaltung und spontane Tätigkeit.

INFO

Fremdsprache, Musik und Spitzensport

Experten wissen, dass es kaum möglich ist, eine Fremdsprache ohne Akzent zu sprechen, wenn man sie erst im Alter von über zehn Jahren erlernt. Auch für das Erlernen eines Musikinstruments oder einer Sportart scheint es ein ideales Zeitfenster zu geben: Wer erst mit zwölf Jahren Klavierspielen oder Skifahren lernt, wird kaum ein zweiter Mozart oder Olympiasieger. Das bedeutet aber nicht, dass er nicht gut Klavier spielen kann oder Spaß beim Sport hat. Und ist das nicht viel wichtiger?

BINDUNG – DER SICHERE HAFEN

Eigentlich sollte es keine Neuigkeit sein, was Wissenschaftler herausgefunden haben: Es ist die Liebe ihrer Eltern, die Babys für eine gute und sichere Bindung wirklich brauchen. Sichere Bindungsbeziehungen sind die beste Basis für eine gesunde Gesamtentwicklung und eine Grundlage für lebenslanges Lernen.

Von Bindung und Erkundung

Babys bringen zwei angeborene Verhaltenssysteme mit, die sich gegenseitig beeinflussen: das Bindungs- und das Erkundungssystem (Explorationssystem). Dabei verfügen sie über ein universelles Verhaltensrepertoire, mit dem sie das Bedürfnis nach Nähe, Geborgenheit, Zuwendung und Fürsorge ausdrücken. Je nachdem, wie alt sie sind, benutzen sie unterschiedliche Verhaltensweisen, um unangenehme Situationen (zum Beispiel Hunger, Müdigkeit, Krankheit oder Unruhe) zu beenden. Diese Verhaltensweisen nennt man Bindungsverhalten, weil sie ein Gefühl der Sicherheit und Geborgenheit herstellen. Ein Neugeborenes weint oder schreit, wenn es hungrig ist oder friert. Dieses Weinen ist ein angeborenes Bindungsverhalten, um Beziehungen aufzubauen, aber auch um die eigenen Grundbedürfnisse zu befriedigen. Durch Schreien, Anschauen, Festklammern, Nach-Personen-Suchen und Nachkrabbeln signalisiert das Kind seiner Bezugsperson, dass etwas nicht in Ordnung ist und es Hilfe benötigt. Dabei wird die Bindung zu dieser Person jedes Mal intensiviert.

15

Bindungsverhalten und Bindungsantworten

Wie fast jeden Nachmittag ist Lukas (14 Monate) mit seiner Mutter auf dem nahe gelegenen Spielplatz; einige der anderen Kinder und Mütter kennt er bereits, andere nicht. Anfangs spielen Mama und Sohn gemeinsam im Sandkasten, aber dann signalisiert Lukas, dass er allein mit der Schaufel buddeln will. Seine Mutter setzt sich daher auf eine Bank und beginnt ein Gespräch mit der Frau neben ihr. Lukas schaut ab und zu in ihre Richtung und schaufelt dann beruhigt weiter; Mama ist ja da. Einmal geht er mit tapsigen Schritten zu ihr, um ein bisschen zu kuscheln. Doch dann kehrt er in den Sandkas-

ten zurück. Ein Blick genügt, und er weiß den sicheren Hafen in Reichweite. Als ein älteres Kind auf Lukas zukommt, genügt ihm ein Blickkontakt mit der Mutter, um zu signalisieren: »Der buddelt ja nur neben mir.« Etwas anderes wäre es, wenn Lukas schon einmal eine schlechte Erfahrung gemacht hätte (»Vielleicht will mir der Junge meine Schaufel wegnehmen, so wie das Mädchen gestern.«). Dann wäre der Blickkontakt vermutlich nicht ausreichend, und Lukas würde zu seiner Mutter hinüberlaufen, um bei ihr Sicherheit zu finden.

Glücklicherweise hat die Natur es so eingerichtet, dass Eltern ein fürsorgliches System mitbringen. Mit Bindungsantworten (zum Beispiel auf

INFO

Kuschelhormon Oxytocin

Direkt im Anschluss an die Geburt ist das Neugeborene für eine Weile besonders ansprechbar. Etwa 100 Milliarden Nervenzellen (Neuronen) besitzt der neue Erdenbürger, und jede davon beginnt sofort, Kontakt zu anderen zu suchen. Die ersten Minuten auf dem Bauch der Mutter, ihre körperliche Nähe, ihre zarten Berührungen, ihre liebevolle Stimme, ihr Geruch: Was im Gehirn wie ein Feuerwerk wirkt, ist der Beginn einer jahrelangen Vernetzung. Wer jemals die hellwachen Augen eines Neugeborenen erlebt hat, wird den Moment nie wieder vergessen. Dass die Mutter ihrerseits gleichzeitig fundamentale und positive Zuneigung zu ihrem Kind verspürt, wurde früher mit einem natürlichen Mutterinstinkt begründet. Den tatsächlichen Botenstoff für diesen »Instinkt« haben Wissenschaftler erst in den letzten Jahren gefunden: Oxytocin, auch Bindungs- und Liebeshormon ge-

nannt. Der weibliche Körper produziert Oxytocin am Ende der Schwangerschaft und während der Geburt in hohen Dosen. Lange nahm man an, dass es vor allem die Kontraktionen der Gebärmutter und den Milcheinschuss beeinflusst. Heute weiß man, dass das Kuschelhormon (das übrigens auch beim Liebesakt ausgeschüttet wird) außerdem das Bindungsverhalten unterstützt. Bei Haut-Haut-Kontakt (am besten Bauch an Bauch) schüttet auch das Baby eine Extraportion des Hormons aus, was nicht nur stressmindernd und beruhigend wirkt, sondern auch hilft, die emotionale Bindung aufzubauen. Ein anderes Beispiel: In fast jedem Fotoalbum findet sich ein Foto, auf dem Mutter oder der Vater mit dem Baby auf dem Bauch auf dem Sofa liegen, sich gegenseitig zärtlich anschauen oder beide schlafen. Auch dabei wird das Bindungshormon ausgeschüttet.

den Arm nehmen, ansprechen, schaukeln, Körperkontakt herstellen) reagieren sie auf das Bindungsverhalten ihres Babys. Wenn ein Baby oder Kleinkind sich wieder sicher fühlt – so wie Lukas nach dem Blickkontakt zu seiner Mutter –, kann es weiter die Welt entdecken.

Das Explorationssystem wird nur dann aktiviert, wenn das Bindungsverhaltenssystem beruhigt ist – und umgekehrt. Dies lässt sich sehr gut bei jungen Krabbelbabys beobachten: Sie suchen immer wieder den sicheren Hafen oder das Basislager (Mutter, Vater) und damit Körperkontakt. Erst wenn sie genug Bindungsenergie getankt haben, können sie wieder auf Entdeckungsreise gehen und Neues lernen. Der Heimathafen bietet ihnen die Möglichkeit, auszulaufen und wieder zurückzukehren – egal wie lange die Erkundungsfahrt dauert. Bindung ist somit die Quelle der Sicherheit und die sichere Basis, um die Welt zu erkunden. Ohne Bindung gibt es keine Bildung.

WAS BEDEUTET BONDING?

Bonding und Bindung werden oft als Synonyme verwendet, obwohl das nicht ganz korrekt ist. Bonding bezeichnet die ersten bindungsstiftenden Kontakte zwischen der Mutter und dem Baby nach der Geburt (oder dem Vater, zum Beispiel nach einer Kaiserschnittgeburt). Bindung dagegen ist quasi das Endprodukt. Die Bindung, die in den ersten drei Lebensjahren entsteht, wirkt sich auf die gesamte Lebensspanne des Kindes aus. Eltern haben somit eine sehr verantwortungsvolle Aufgabe!

SICHERE BINDUNG UND FEINFÜHLIGKEIT

Bei der Bindung an Personen geht es um weit mehr als um bloße Anwesenheit und Versorgung. Das Kind muss sich verstanden fühlen, braucht Ermutigung und emotionale Zuwendung. Gerade im ersten Lebensjahr lernt das Baby von seinen Eltern, dass es getröstet wird, wenn es sich wehgetan, sich unwohl fühlt oder Angst hat. Mutter und Vater nehmen es auf den Schoß, liebkosen und streicheln das Kleine (Stressreduktion). Die positive elterliche Reaktion erzeugt beim Kind große Zuversicht. Es weiß, dass es bei seiner Bezugsperson in Krisensituationen Schutz und Nähe suchen und sich sicher fühlen kann. Wenn das Kind etwas nicht allein schafft, kann es Hilfe holen.

Wissenschaftler haben festgestellt, dass Eltern (und andere Bindungspersonen) über drei Fähigkeiten verfügen müssen, um eine gute Bindung zu ihrem Kind aufbauen zu können und so den Grundstein für das Selbstvertrauen, die Selbstsicherheit und die spätere Autonomie ihres Kindes zu legen:

FEINFÜHLIGKEIT

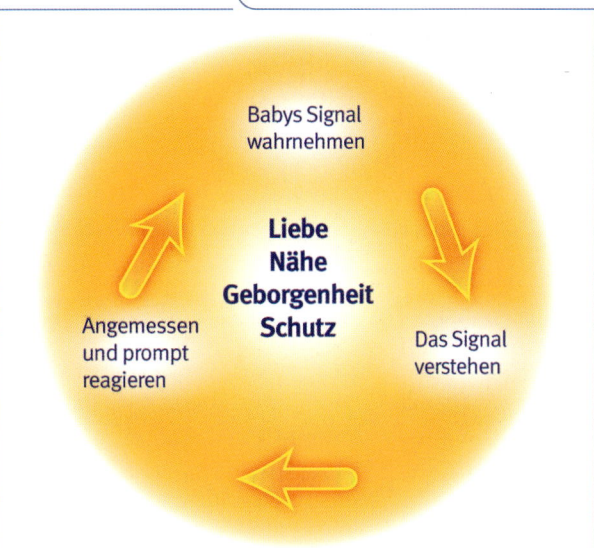

Babys Signal wahrnehmen

Liebe
Nähe
Geborgenheit
Schutz

Angemessen und prompt reagieren

Das Signal verstehen

Eltern, die sich bemühen, die Signale ihres Babys zu deuten und entsprechend darauf zu reagieren, schaffen die Voraussetzung für eine gute Bindung.

○ **Feinfühligkeit:** Feinfühlige Eltern sind den Signalen ihres Babys gegenüber aufmerksam und reagieren angemessen und prompt.

○ **Verlässlichkeit:** Das Baby weiß, dass seine Bedürfnisse befriedigt werden. Es kann seinen Eltern in jeder Situation vertrauen und auf sie zählen (Urvertrauen).

○ **Vorhersehbarkeit:** Sie gibt dem Baby Sicherheit, weil es weiß, dass die Eltern in ähnlichen Situationen auch immer ähnlich reagieren (nicht heute so und morgen anders).

Schließen Sie die Augen und denken Sie an einen großen Baum. Er hat viele tiefe Wurzeln, die ihm bei Sturm und Wetter Halt schenken. Sein Stamm ist gerade, die Krone weit ausladend. Dieser Baum ist ein Bild für eine sichere Bindung: Die Wurzeln symbolisieren Nähe, Geborgenheit, Vertrautheit, Schutz und Liebe. Sie geben auch später noch Halt. Der Mensch muss manche Herbst- und Frühjahrsstürme überstehen, ohne umzufallen. Je kräftiger seine Wurzeln sind, desto widerstandsfähiger ist er (Resilienz, siehe Seite 20).

LOSLASSEN – TEIL DER BINDUNG

Rufen Sie sich noch einmal den starken Baum ins Gedächtnis. Stellen Sie sich vor, dass auf seinen weitverzweigten Ästen unzählige Vögel sitzen. Die jüngeren unter ihnen machen unter der Aufsicht ihrer besorgten Mutter gerade die ersten Flugversuche. Jene, die schon etwas mehr Flugpraxis haben, dürfen alleine starten.

Die Vögel auf Ihrem Gedankenbaum sind ein Sinnbild für Wachstum und beständige Entwicklung. Auch Kinder werden »flügge«. Sie wollen selbstständig sein und ihre Flügel ausbreiten. Ein Wunsch, der sich nicht erst mit dem Auszug aus dem Elternhaus entwickelt, sondern bereits viel früher. Schon das Krabbelkind testet seine Selbstständigkeit, indem es zum Beispiel auf dem Spielplatz oder in der Spielgruppe von seinen Eltern fortkrabbelt – hin zu einem anderen Kind und dessen Mutter.

Sichere Bindung führt nicht zu Abhängigkeit, sondern im Gegenteil zu größerem Selbstvertrauen und zur Autonomie des Kindes. Eine alte chinesische Weisheit lautet: »Wenn die Kinder klein sind, gib ihnen Wurzeln. Wenn sie groß sind, gib ihnen Flügel.« Zur sicheren Bindung gehört auch das Loslassen.

WIE VIELE BINDUNGSPERSONEN BRAUCHT EIN KIND?

Lange ging man vor allem in der klassischen Psychoanalyse davon aus, dass ein Baby nur zu einer einzigen Person eine feste Bindung aufbauen kann, nämlich zur Mutter; die Experten nennen dieses Phänomen Mutter-Kind-Dyade (»dyas« bedeutet auf griechisch »Zweiheit«). Heute weiß man jedoch, dass kleine Kinder zu bis zu drei Personen Bindungen aufbauen können – auch wenn die stärkste davon in den meisten Fällen tatsächlich die Bindung zur Mutter ist.

Mit der Zeit lernen die Kinder auch, Bindungen zu unterscheiden (hierarchisch zu ordnen), so wie sie lernen, ihre Eltern zu unterscheiden – nicht nur, weil sie anders aussehen, sondern auch, weil sie verschiedene Dinge mit dem Kind machen und sich ihm gegenüber unterschiedlich verhalten. Außerdem erkennen die Kinder den Unterschied zwischen Primärbindungen (Mutter, Vater) und Sekundärbindungen (beispielsweise Oma und Opa, Krippenerzieherin oder Tagesmutter). Zwar gelten Letztere »nur« als Bezugspersonen. Doch deshalb sind sie nicht weniger wichtig für das Kind. Es kann ja jederzeit einmal sein, dass Mutter oder Vater zum Beispiel krank werden und nicht bei ihm sein können. Dann ist es trotzdem nicht allein und darf sich sicher fühlen.

Bindung macht stark

Die bekannte Bindungsforscherin Dr. Karin Grossmann hat in einer Langzeitstudie herausgefunden, dass Dreijährige, die eine sichere Bindung zu ihren Bezugspersonen aufgebaut hatten, sich im Wetteiferspiel deutlich mehr anstrengten als weniger sicher gebundene Kinder. Sie waren zudem kommunikationsbereiter und sozial stärker integriert. Der Grund: Ihre Eltern zeigen ihnen im Alltag klare Grenzen, was beim Kind die Sicherheit erzeugt: »Ich weiß, in welchem Rahmen ich mich bewegen kann.«

Während Psychologen früher meist herauszufinden suchten, warum Menschen Angst haben oder warum sie unter Panikattacken leiden, interessieren sie sich heute eher für die Schutzfaktoren der Seele. Sie wollen wissen, warum manche Menschen mehr Widerstandskraft und Selbstbewusstsein haben und daher Krisen besser bewältigen als andere. Warum kommt der eine Zweijährige besser mit dem Kampf um den Sandeimer zurecht als ein anderer, der in der Zukunft den Spielplatz vielleicht sogar meiden will? Wo liegen die Wurzeln der starken Persönlichkeit und emotionalen Kraft?

INFO

Phasen der Bindungsentwicklung

0 bis 3 Monate

Das Baby sendet seine Signale an alle Personen, reagiert auf alle und lässt sich von jedem beruhigen. Frühestens nach vier Wochen beginnt es, zwischen vertrauten und unbekannten Menschen zu unterscheiden.

3 bis 6 Monate

Während der »Drei-Monats-Angst« unterscheidet das Baby bekannte von unbekannten Menschen; dabei schenkt es seinen Bezugspersonen mehr Aufmerksamkeit und will in ihrer Nähe sein. Noch lehnt es Unbekannte aber nicht bewusst ab.

6 bis 12 Monate

Nun sind reifere Formen der Kommunikation möglich. Das Bindungsverhaltenssystem (zum Beispiel nachkrabbeln) wird auf wenige Personen ausgerichtet. Trennungsangst tritt auf, wenn die Bindungsperson den Raum verlässt. Um den 8. Monat beginnt das Kind zu fremdeln (»Acht-Monats-Angst«). Jetzt entsteht die eigentliche Bindung.

2. bis 3. Lebensjahr

Mit der zunehmenden Sprachkompetenz kann das Kleinkind das Verhalten seiner Bezugspersonen verbal beeinflussen. Es vermag immer besser zu entscheiden, wann es Nähe braucht und wann nicht. Und es weiß, dass seine Mutter auch dann für es da ist, wenn sie gerade nicht anwesend ist. Das Kind beruhigt sich zum Beispiel, wenn es ein Foto seiner Mutter sieht. Allerdings funktioniert das Ganze auch andersherum: So löst der Gedanke an die gerade nicht anwesende Mutter bisweilen Traurigkeit aus.

Bindungsverhaltensweisen, wie Weinen oder Sich-Klammern an die Eltern, werden im Laufe der Zeit immer seltener. Die Kleinen werden zunehmend sicherer und wollen mehr Eigenständigkeit erreichen. Wissenschaftler nennen diese Phase die zielkorrigierte Partnerschaft. Die Bindungspersonen sind nicht austauschbar; Bindung ist ein lang anhaltendes emotionales Band.

Selbstbewusste Kinder

Psychische Widerstandskraft bezeichnen Forscher als Resilienz. Ihre Basis sind:

- die Fähigkeit der Selbstregulation (etwa mit seinen Emotionen umgehen zu können)
- ein starkes Selbstwertgefühl
- ein gutes Selbstvertrauen (»Das kann ich gut.«)
- Kontaktfähigkeit, soziale Kompetenz und Konfliktfähigkeit
- Problemlösungsfähigkeiten (zum Beispiel die Fähigkeit, aus Fehlern zu lernen)
- Autonomie (Ich-Entwicklung)
- Stressregulation
- Neugierde
- Offenheit

Früher dachte man, Resilienz sei angeboren. Doch heute weiß man, dass ihre Wurzeln in der frühen Kindheit liegen: in einer sicheren Bindung, die stark macht und mit deren Hilfe negative Erlebnisse wettgemacht werden können. Wenn ein Baby schon früh Geborgenheit und Liebe erfährt, seine Leistungen anerkannt und seine Fähigkeiten der Entwicklung angemessen gefördert werden und wenn es soziale Kontakte zu Altersgenossen knüpfen darf, entwickelt es eine lebenslange Widerstandskraft.

INFO

Sicher gebunden – Unterstützung für Eltern

Der Weg zur sicheren Bindung kann mit Stolpersteinen gepflastert sein. Mancher Start ist mühsam, zum Beispiel wenn das Kind krank ist, Schwierigkeiten mit der Selbstregulation hat oder die Mutter an einer Wochenbettdepression leidet. Suchen Sie in so einem Fall Hilfe bei einer Beratungsstelle oder einer Praxis für Kinder- und Jugendpsychiatrie. Damit Kinder sicher gebunden werden, haben Wissenschaftler verschiedene Programme entwickelt. Mit deren Hilfe lernen werdende und frischgebackene Eltern, sich im Umgang mit ihrem Baby sicher zu fühlen und feinfühlig auf seine Signale zu reagieren – die Voraussetzung für eine sichere Bindung. Drei von diesen Programmen sind:

- **Das Baby verstehen:** Der »Präventivkurs« wurde von der Universität Heidelberg entwickelt. Hebammen erklären den werdenden Eltern schon vor der Geburt, wie sie eine stabile Beziehung zum Baby aufbauen. Videoaufzeichnungen helfen, Babys Signale zu verstehen.

- **SAFE® – Sichere Ausbildung für Eltern:** Ein Trainingsprogramm zur Förderung der Bindung zwischen Eltern und Kind, das von Dr. Karl-Heinz Brisch in München ins Leben gerufen wurde. SAFE® beginnt bereits in der Schwangerschaft; die ausgebildeten Kursleiterinnen begleiten die Eltern in kleinen Gruppen dann durch das erste Lebensjahr ihres Kindes. Wenn später Fragen und Probleme auftauchen, können sich die Eltern an das Team wenden (auch telefonisch).

- **PEKiP®:** Das Prager-Eltern-Kind-Programm wurde Anfang der 1970er-Jahre von dem Professorenehepaar Dr. Christa und Dr. Hans Ruppelt gegründet (mehr dazu erfahren Sie auf Seite 140 f.). Seit fast 40 Jahren begleiten zertifizierte PEKiP®-Gruppenleiter und -leiterinnen Eltern im wichtigen und sensiblen ersten Lebensjahr ihres Kindes. In kleinen Gruppen lernen sie Woche für Woche, ihr Baby genau zu beobachten und angemessen auf seine Signale zu reagieren.

KINDER WOLLEN LERNEN

Das menschliche Gehirn entwickelt sich in den ersten drei Lebensjahren so rasant wie zu keinem späteren Zeitpunkt. Daher sind diese Jahre die wichtigsten für das spätere Lernen. Kleine Kinder sind neugierig, experimentierfreudig, offen und begeisterungsfähig. Alles ist neu für sie. Wie ein Schwamm saugen sie sämtliche Eindrücke in sich auf. Sie wollen die Welt um sich herum erkunden und erforschen. Und dabei bekommt ihr Gehirn gehörig Futter.

Das Gehirn braucht Reize

Wie bei der gesamten Entwicklung gehen auch bei der Gehirnentwicklung Veranlagung und Umwelt Hand in Hand: Die genetische Ausstattung bestimmt den groben Plan des Gehirns. Durch die Einflüsse von außen werden die Nervenzellen (Neuronen) zeitlebens umgebaut, präzisiert und optimiert.

Damit sich die in ihnen verborgenen Anlagen und Begabungen entfalten können, brauchen die kleinen Forscher jedoch liebevolle Unterstützung, Begleitung und Förderung. Andernfalls verkümmern die Talente – oder bleiben, wie es folgendes Beispiel aus der Geschichte zeigt, ganz aus: Kaiser Friedrich II. (1194–1250) trennte auf der Suche nach der Ursprache des Menschen mehrere Säuglinge gleich nach der Geburt von ihren Müttern, damit sie isoliert von der Außenwelt aufwüchsen. Ammen durften die Kinder zwar säugen und sauber halten, mit ihnen zu sprechen oder sie zu liebkosen war den Frauen jedoch untersagt.

Das Experiment scheiterte kläglich. Die Babys lernten überhaupt nicht zu sprechen und starben aufgrund der mangelnden Fürsorge und Zuwendung bald. Schließlich ist das Gehirn des Menschen ein zutiefst soziales Organ, das unbedingt zwischenmenschliche Anreize braucht, um sich zu entwickeln.

Eltern kommt somit eine verantwortungsvolle Aufgabe zu: Sie begleiten ihr Kind in dieser extrem wichtigen Phase – man könnte diesen Lebensabschnitt die Schule des Lebens nennen – und liefern ihm das nötige Futter: den Lernstoff.

Lernen macht Spaß

Die elf Monate alte Anna sitzt in der Küche und hält das erste Mal eine runde, kleine Metallscheibe in den Händen. Sie dreht sie, betrachtet sie von allen Seiten und befühlt sie auch mit dem Mund. Das Baby will den Gegenstand im wahrsten Sinn des Wortes be-greifen. Dann lässt es die Scheibe auf den Fliesenboden fallen; es klirrt. Anna lässt die Scheibe daraufhin immer wieder fallen. Später wird sie andere »Experimente« mit diesem vergleichen: Die Metallscheibe klingt anders, wenn sie auf den Parkettboden fällt, Holz macht einen anderen Ton als Plastik, das wiederum klingt anders als Karton …

Ein anderes Beispiel: Der acht Monate alte Paul krabbelt auf das helle Sofa zu, zieht sich daran hoch und entdeckt eine kleine schwarze Schachtel auf der Sitzfläche. Ihr Deckel ist halb geöffnet, sodass er den Inhalt gut erkennen kann, seine Neugier ist geweckt. Paul versucht, an die Schachtel zu kommen, aber sein Arm ist nicht lang genug. Er probiert es immer wieder; Atem und Puls beschleunigen, obwohl er weder in Gefahr noch auf der Flucht ist. Endlich kann er die Schachtel zu sich ziehen und glücklich den Inhalt untersuchen. Paul dreht den Kopf zu seinen Eltern, die ihm mit einem positiven Gesichtsausdruck antworten: »Was ist denn das? Was hast du entdeckt?« Er hat also nachgeschaut, ob seinen Eltern gefällt, was er macht: Es ist eine Art soziales Spiel.

Hirnforscher plädieren heute für ein lustvolles Lernen. Denn sie haben herausgefunden, dass kleine Kinder gerne und mit Lust Neues entdecken. Leider wird aber diese natürliche Intuition und Neugierde mit den Jahren (teilweise) vernichtet: Unter Druck und Zwang, vielleicht sogar begleitet von Prüfungsangst, kann das Gehirn nicht optimal lernen. Wenn Kinder jedoch die Erfahrung machen, dass es Spaß bereitet, zu lernen, werden sie auch später gern Neues anpacken. Dabei werden bestimmte Botenstoffe im Gehirn freigesetzt, die Lustgefühle erzeugen und wie eine körpereigene Glücksdroge wirken (tatsächlich sind ähnliche Botenstoffe darunter wie in manchen Rauschmitteln). Das kindliche Gehirn ist im weitesten Sinne von Natur aus (lern-)süchtig – und auf der Suche nach dem Kick. Das bedeutet nicht, dass Kinder sich nicht ab und zu auch einmal ein bisschen anstrengen sollten (wie es der kleine Paul tun musste, um an das Objekt seiner Begierde zu kommen). Auch aus Fehlern wird man klug, wenn etwas nicht auf Anhieb klappt. Wahrscheinlich ist die emotionale Achterbahn zwischen Lust und Frust sogar die beste Voraussetzung für das frühe Lernen (und übrigens auch später). Denn Kinder lernen dadurch das Lernen. Sie lernen, dass sie Probleme und Schwierigkeiten allein lösen und überwinden können. Das wiederum stärkt das Selbstvertrauen: »Ich habe das allein geschafft, obwohl es anstrengend war.« Wenn das auch noch der Mama gefällt – und sie dies zum Beispiel mit einem Lächeln zeigt –, freut sich das Kind umso mehr. Denn es hat noch eine andere Person glücklich gemacht.

Babys im Fokus der Wissenschaft

Lange hat sich die Hirnforschung erst für Kinder ab dem dritten Lebensjahr interessiert, also ab dem Alter, in dem sie ihre ersten Sätze sprechen können. Heute dagegen stehen schon Neugeborene und Babys im Interesse der Wissenschaft. Dabei haben die letzten 20 bis 30 Jahre erstaunliche Fakten und Ergebnisse ans Licht gebracht. Die 90er-Jahre des vergangenen Jahrhunderts wurden in den USA sogar zum »Jahrzehnt des Gehirns« ernannt. Und die Hirnforschung ist noch lange nicht am Ziel. Die nahe Zukunft wird für die Entwicklungspsychologie und Frühpädagogik mit großer Wahrscheinlichkeit weitere interessante Erkenntnisse bringen.

Eine rasante Entwicklung

Schon wenige Wochen nach der Zeugung beginnt der Aufbau des Gehirns: Etwa 250 000 Nervenzellen entstehen pro Minute. Bei der Geburt beträgt die Zahl der Zellen etwa 100 Milliarden – fast so viel wie die Sterne der Milchstraße. Das Gehirn eines neugeborenen Babys wiegt ungefähr 400 Gramm (das entspricht etwa dem Gehirn eines ausgewachsenen Schimpansen). Nach nur einem Jahr ist das Gewicht auf etwa 1100 Gramm gestiegen, bei Fünfjährigen wiegt es sogar schon 90 Prozent eines Erwachsenengehirns (etwa 1350 Gramm). Das Gehirn wächst analog zu den Erfahrungen, die ein Kind macht. Ein Neugeborenes verfügt bereits über alle erforderlichen Nervenzellen. Gut entwickelt sind all jene, die für die biologischen Grundfunktionen verantwortlich sind, wie Blutkreislauf, Atmung und Reflexe. Die Großhirnrinde dagegen – unter anderem zuständig für Denken, Sprache, Gedächtnis und Mathematik – ist noch unter-

entwickelt. Damit die erforderlichen Bahnen und Schaltungen der Nervenzellen entstehen können, braucht das Gehirn von Anfang an Erfahrungen, welche die Entwicklung anregen und fördern. Babys und Kleinkinder sind daher auf die Außenwelt angewiesen.

WIEDERHOLEN IST WICHTIG

Damit neuronale Verknüpfungen entstehen, müssen Babys und Kleinkinder die Möglichkeit haben, immer wieder das Gleiche zu hören, zu spielen oder mit dem gleichen Material zu experimentieren, etwa mit Fingerfarben oder Knetmasse. Fehlt dem Gehirn dieses stete Wiederholen, macht es sich keine Mühe, etwas abzuspeichern, und vergisst. Den Kindern wird bei den Wiederholungen nicht langweilig: Kleine Kinder

Zeit zum Kuscheln, Zeit zum Lernen: Bilderbücher »erklären« Kindern die Welt, in der sie leben.

erfreuen sich vielmehr am immer selben Lied oder Verslein, ziehen selbst stets dasselbe Bilderbuch aus dem Regal hervor.

Vielleicht ist Ihr Nachwuchs schon ein bisschen größer? Dann werden Sie bald erleben, wie der Spaziergang zum Spielplatz oder zum Bäcker zum »Spazierenstehen« wird. Ihr Sprössling will immer auf derselben Mauer balancieren und zum hundertsten Mal die Steine im Vorgarten des Nachbarn sortieren. Kinder unter drei Jahren sind in gewisser Weise eben recht konservativ. Doch nur so lernen sie – so wie aus einem Trampelpfad in einer Wiese nach und nach ein breiter Weg wird, wenn man nur oft genug darübergeht. Wenn Sie also wieder einmal das Lieblingslied Ihres Schatzes anstimmen, denken Sie daran, dass Sie in diesem Moment einen fundamentalen Beitrag zur Entwicklung seines Gehirns leisten. Auch wenn Sie erfahren, dass die Kleinen in der Kinderkrippe nun schon die vierte Woche hintereinander mit Wasser spielen (richtig wäre:

experimentieren), können Sie sicher sein, dass die Erzieherinnen dabei die Erkenntnisse der neuesten Hirnforschung berücksichtigen – und nicht faul sind.

Trotz allem sind Kinder unter drei Jahren auch »Bildungsnomaden«: Sie bleiben in ihrer Entwicklung nicht lange auf derselben Stelle stehen, sondern ihre Interessen und Gedanken ziehen weiter wie Schäfchen, die eine Wiese abgegrast haben. Auf diese Weise bekommt das Gehirn neue Nahrung, und das Lernen geht weiter. Denn so wichtig es für die Entwicklung des Gehirns ist, ein und dieselben Dinge vielfach zu wiederholen: Genauso wichtig ist es auch, ab und zu einmal etwas ganz anderes zu machen als gewohnt. Lassen Sie Ihr Kind doch einmal versuchen, sich die Zähne mit der anderen Hand zu putzen oder rückwärts zu laufen – oder probieren Sie es selbst. Gar nicht so einfach, aber für das Gehirn ist es eine wertvolle Übung.

(INFO

Der Mensch lernt sein Leben lang

Die alte Binsenweisheit »Was Hänschen nicht lernt, lernt Hans nimmermehr« hat längst an Gültigkeit verloren. Heute spricht man von Neuroplastizität: Es ist das ganze Leben lang möglich, neue Schaltungen zwischen den Nervenzellen herzustellen. Der Mensch kann bis ins hohe Alter lernen. Zugegeben, mit 60 Jahren fällt es schwerer, eine Fremdsprache zu lernen als mit zehn. Die einst hohe Plastizität (Formbarkeit) der Nervenzellen ist bei Erwachsenen je nach Übungsgrad weniger ausgeprägt. Doch in Rente gehen die Synapsen nie.

Kompetent von Anfang an

Bis weit über die Mitte des vergangenen Jahrhunderts hinaus verglich man Neugeborene und wenige Wochen alte Babys mit unbeschriebenen Blättern und sprach von den »dummen ersten drei Monaten«. Die folgenden Beispiele zeigen jedoch deutlich, dass schon die Jüngsten äußerst kompetent sind:

○ Wissenschaftler haben herausgefunden, dass man französische und deutsche Babys am Ton des Neugeborenenschreiens unterscheiden kann.

○ Eine weitere Studie belegt, dass Neugeborene eine Geschichte erkennen, die man ihnen in der Schwangerschaft zweimal täglich vorlas.

○ Schon Neugeborene können mimische Gesten nachahmen (zum Beispiel Zunge-Rausstrecken). Die zellulären Vermittler dieses Imitationsverhaltens entdeckten Hirnforscher bereits vor rund 20 Jahren; sie werden Spiegelneuronen (Nachahmneuronen) genannt und ermöglichen es Babys, von Anfang an mit ihren Bindungspersonen zu kommunizieren. Damit sie nicht verkümmern oder ganz verloren gehen, brauchen die Spiegelneuronen stetig »Nahrung« in Form von wechselseitigen Spiegelkontakten.

○ Dass Babys akustisch unterscheiden können, ob jemand in ihrer Muttersprache oder in einer Fremdsprache mit ihnen spricht, weiß man schon seit Längerem. Jetzt haben kanadische Forscher herausgefunden, dass sie dies im Alter von vier bis sechs Monaten sogar an den Lippen und an der Mimik ablesen können. Allerdings verliert sich dieses Talent nach dem achten Monat wieder, es sei denn, die Kinder wachsen zweisprachig auf.

○ Selbst Neugeborene erkennen ein menschliches Gesicht; sie bringen das »Gesichtsschema« offensichtlich mit auf die Welt. Als Erkennungsmerkmale dienen Augen, Nase und Mund. Zeigt man ihnen eine Punkt-Punkt-Komma-Strich-Zeichnung, weckt diese ihr Interesse. Dreht man das Bild, sind sie irritiert.

○ Neugeborene Babys, deren Mütter in den letzten Schwangerschaftswochen viele anishaltige Lebensmittel gegessen haben, reagieren, wenn es um sie herum nach Anis duftet. Sie erinnern sich vermutlich an den Geruch, weil sie im Mutterleib in einem aromatisierten »Aniswasser« geschwommen sind.

INFO

Wettstreit der Synapsen

Die Anzahl an Synapsen, also der Kontaktstellen zwischen zwei Nervenzellen oder einer Nerven- und Muskelzelle, ist beim Zweijährigen größer als beim Erwachsenen. Schließlich weiß das Gehirn am Anfang noch nicht, welche neuronalen Verbindungen das Kind nutzen wird. Doch unter den Synapsen herrscht in den ersten Jahren (und noch einmal während der Pubertät, in der das Gehirn abermals zur »Baustelle« wird) ein knallharter Konkurrenzkampf. Nur jene, die häufig aktiviert werden, überleben; nutzlose Leitungen werden ausgemustert (im Englischen gibt es dafür den schönen Ausdruck »Use it or loose it«). Die Verbindungen, die das Kind nicht nutzt, verkümmern oder verschwinden – so wie der Greifreflex: Neugeborene schließen ihre Hände ganz fest, wenn man ihre Handflächen berührt. Bis zum fünften Monat geht dieser Reflex ins bewusste Greifen über; die ursprünglichen Synapsen werden nicht mehr benötigt. Ein ganz natürlicher Vorgang. Fortschritt ist nicht nur Aufbau, sondern auch Abbau.

Kompetent von Anfang an

Die Entwicklungspsychologie weiß heute, dass Neugeborene keine hilflosen, passiven Wesen sind, sondern kompetent und aktiv, mit Wissensdurst und Neugier versehen. Sie nehmen an ihrer Umwelt teil und können auf sie einwirken. Der neue Erdenbürger lernt mit allen Sinnen und gestaltet seine Entwicklung zu großen Teilen selbst mit.

Babys haben Grundbedürfnisse

Der Säugling tut deutlich seine Bedürfnisse und Vorlieben kund; die Bezugspersonen müssen sie nur richtig lesen. Wenn Eltern diese Grundbedürfnisse erfüllen, schaffen sie die Voraussetzungen für das Lernen – jeder Gipfelstürmer braucht schließlich ein Basislager.

Ein soziales Wesen

Das Kind braucht andere Menschen und feste Bindungspersonen. Es lernt mit und durch den Kontakt zu anderen Menschen – unabhängig davon, ob es sich dabei um Erwachsene handelt oder um Kinder.

Ein Individuum von Anfang an

Schon das Neugeborene hat eine eigenständige Persönlichkeit. Es bringt seine eigenen Talente, Vorlieben und Neigungen mit auf die Welt – und sein ganz eigenes Entwicklungstempo. Was den Zeitpunkt und die Dauer bestimmter Entwicklungsschritte betrifft, sind individuelle Unterschiede zwischen den Kindern in den ersten Jahren absolut normal.

Indirekte und direkte Förderung

Babys brauchen Entwicklungsimpulse, und zwar indirekte (wie zum Beispiel eine anregende Umgebung) und direkte (wie zum Beispiel die Möglichkeit, mit dem Becher zu hantieren). Förderung ist wichtig, aber weniger im Sinne von gezieltem Üben, sondern eher als offene Anregung. Die Umwelt stellt das Angebot, das Kind kann dieses annehmen, teilweise annehmen oder aber ganz ablehnen.

Lernen mit Spaß

Eine Förderung, an der das Kind nicht emotional beteiligt ist, beeinflusst die Entwicklung eher negativ. Lernen muss bedeutsam sein, es muss berühren und unter die Haut gehen. Kinder müssen ausprobieren, wie die Welt funktioniert. Dann haben sie Freude am Lernen und wollen sich stetig weiterbilden.

Unterschiedliche Interessen

Kein Baby ist in allen Entwicklungsbereichen gleich interessiert und motiviert. Ein jedes hat Vorlieben und besondere »Begabungen«. Vergleiche mit Gleichaltrigen sagen daher wenig über die Entwicklung eines Kindes aus. Jeder Mensch hat sein eigenes Tempo.

Kinder brauchen Unterstützung

Lange Zeit war es üblich, die Fähigkeit eines Kindes infrage zu stellen, wenn es nicht den Erwartungen der Erwachsenen entsprach. Konnte zum Beispiel ein Kleinkind mit eineinhalb Jahren noch nicht alleine aus der Tasse oder dem Becher trinken, suchte man die Schuld dafür allein bei ihm.

Dass auch das Umfeld dazu beiträgt, wenn ein Kind bestimmte Fähigkeiten nicht entwickelt, wurde nicht in Erwägung gezogen. Doch wer würde an einer gesunden Pflanze ziehen, wenn sie nicht wächst? Kein Gärtner würde den Wilden Wein an der Hauswand dafür verantwortlich machen, wenn er nicht dicht wird. Er würde eher an seinem grünen Daumen zweifeln.

Früh übt sich

Gehirnentwicklung, Bindung und Lernen sind voneinander abhängig und müssen daher in den ersten drei Jahren in engem Kontext betrachtet werden. Dabei ist es für die (spätere) Leistungsfähigkeit des Gehirns entscheidend, welche vorgeburtlichen Erfahrungen das Kind gemacht hat und wie das unmittelbare soziale Umfeld nach der Geburt aussieht (siehe auch Bonding und Bindung, Seite 17). Bildung beginnt am ersten Tag – und gerade auf den Anfang kommt es an. Das zeigt beispielsweise eine amerikanische Studie aus der Mitte der 70er-Jahre des vorigen Jahrhunderts. Darin wurden Eltern gefragt, wann ihre Babys ihrer Einschätzung nach die Welt (Umgebung) wahrnehmen könnten. Die wenigsten antworteten, dass ihr Kind dies bereits mit zwei Monaten täte. Als die Forscher zu einem späteren Zeitpunkt die Entwicklung aller Studienteilnehmer untersuchten und verglichen, stellte sich jedoch heraus: Die Kinder, deren Eltern von der frühen Auffassungsgabe ihrer Babys überzeugt waren, waren auch am weitesten entwickelt, weil sie durch angemessene Anregungen frühzeitig genug »Futter« für das Gehirn erhalten hatten.

Lernen mit allen Sinnen

Anders als beim Erwachsenen, der auch über Wissensvermittlung lernt, ist das frühkindliche Gehirn für aktives Lernen und Erkunden geschaffen. Damit sich neue Strukturen, Vernetzungen und Bahnen entwickeln können, muss es zudem möglichst gleichzeitig auf unterschiedliche Arten angeregt werden – zum Beispiel durch die Stimulation des Sinnes-, Bewegungs- und Emotionszentrums. Und: Studien zeigen, dass ein positiver emotionaler Kontext – freudige, erregte Grundhaltung – den Einspei-

cherungsvorgang im Gehirn unterstützt. Wenn Sie also mit Ihrem Kind singen oder ihm eine Fantasiegeschichte erzählen und Sie sich dazu beide bewegen (zum Beispiel im Takt schunkeln oder auf den Knien reiten), kommt das einem regelrechten Gehirnjogging gleich.

Durch Fernsehen oder spezielle Lern-DVDs für Babys wird der Nachwuchs dagegen nicht klüger. Es fehlt die Stimulation des emotionalen und sozialen Zentrums; statt etwas zu erleben, sind die Kleinen nur passive Zuschauer. Dadurch fehlt ihnen, was die Engländer so treffend mit »Learning by doing« bezeichnen. Es ist, als würden Sie als Beifahrer an einen unbekannten Ort chauffiert. Müssten Sie die Strecke eine Woche später selbst fahren, hätten Sie höchstwahrscheinlich Orientierungsprobleme.

Amerikanische Untersuchungen zeigen sogar, dass langer und unkontrollierter Fernsehkonsum in den ersten drei Jahren das spätere Lernen negativ beeinflussen kann. Die »TV-Kinder« haben im Vorschulalter kognitive und sprachliche Defizite, bewegen sich weniger und zeigen weniger Interesse daran, sich aktiv mit ihrer Umwelt auseinanderzusetzen. Kein Wunder, sie waren ja lange Zeit nur passiv beteiligt.

Schlaf schützt vor zu vielen Reizen

Babys und kleine Kinder lernen den ganzen Tag viel – und vieles gleichzeitig. Daher ist die Frage, ob es für das Gehirn nicht irgendwann zu viel wird, durchaus berechtigt. Doch die Sorge ist unbegründet. Wenn Kinder nicht zum Lernen gezwungen werden und sie in einer abwechslungsreichen Umgebung (aber ohne Reizüberflutung) aufwachsen, verfügen sie über eine natürliche Schutzfunktion, damit ihr Gehirn nicht überlastet wird: Sie schlafen viel.

Je jünger der Nachwuchs ist, desto mehr Schlaf braucht er. Bedenken Sie nur, was ein Krabbelkind allein zwischen dem morgendlichen Aufwachen und dem Vormittagsschlaf alles entdeckt und erprobt. Diese Erfahrungen werden beim Schlafen, genauer gesagt in der Traumschlaf- oder REM-Phase (siehe Seite 115), verarbeitet; das Gehirn selbst schläft dabei nicht, sondern arbeitet fleißig weiter.

Sicher haben Sie auch schon einmal beobachtet, dass sich Ihr Kind nach einem intensiven Spiel (Spiel, Forschung und Lernen sind synonyme Begriffe für das frühkindliche Tun) kurz hinlegt und ausruht.

Wo bleiben die Erinnerungen?

Babys und Kleinkinder lernen in kurzer Zeit enorm viel. Das junge Gehirn kann viele Informationen speichern und wieder abrufen. Aber warum können wir Erwachsene uns nicht an diese wichtige Zeit erinnern? Wie waren unsere ersten Schritte? Wann habe ich mit dem Sprechen begonnen? Wann konnte ich auf einem Bein stehen? Wann habe ich keine Windeln mehr gebraucht? An die Kindergartenzeit haben wir zumindest vage Erinnerungen, zum Beispiel an die nette Erzieherin namens Minni oder Raphael aus der Igelgruppe. Ab fünf wird es dann immer konkreter: Den ersten Zahn habe ich im Urlaub verloren, am ersten Schultag trug ich ein rotes Kleid, meine beste Freundin hieß Anna und hatte lustige Sommersprossen …

INFANTILE AMNESIE UND AUTOBIOGRAFISCHES GEDÄCHTNIS

Die »Unfähigkeit«, sich an die ersten drei bis vier Jahre zu erinnern – Wissenschaftler bezeichnen dieses Phänomen als infantile Amnesie –, wird mit voranschreitendem Alter nach und nach vom autobiografischen Gedächtnis abgelöst. Dieses wird immer dann weiter ausgebildet, wenn das Kind das Gefühl hat, es hat

selbst etwas erlebt (dieser Schritt hängt mit der Sprach- und Ich-Entwicklung zusammen und beginnt in der Regel ab dem 18. Lebensmonat). Die bewusst erlebten Erinnerungen hinterlassen ihre Spuren.

Um diese Spuren im Gedächtnis zu bilden, braucht das Kind sprachliche, soziale und emotionale Begleitung. Als Eltern können Sie diesen Prozess unterstützen, indem Sie Ihrem Kleinen zum Beispiel beim Mittagessen erzählen, dass Sie mit ihm heute Vormittag auf dem Spielplatz waren. Vielleicht versteht Ihr Kind noch nicht, was »heute Vormittag« bedeutet (das kann es erst mit etwa zwei Jahren). Nichtsdestotrotz hat es das Gefühl, bewusst etwas erlebt zu haben,

INFO

Das Leben hinterlässt Spuren

Hirnforscher haben festgestellt, dass das Gedächtnis viel mehr von den Erfahrungen (Umwelt) gesteuert wird als von den Genen (Anlage). Bei der Geburt kennt unser Gehirn keine Grenzen: Wir können in jede Kultur und in jede Sprache hineinwachsen, passen uns jeder Umgebung an – egal ob wir als Kind in einem afrikanischen Dorf oder in einer europäischen Großstadt aufwachsen. Der Nachteil dieser Anpassungsfähigkeit ist, dass auch schlechte oder mangelnde Erfahrungen das Gehirn prägen. Wie ein Daumenabdruck in einem Stück Knetmasse hinterlässt jede Begegnung, jede Interaktion ihre Spur. Mit der Zeit lässt sich die Knete jedoch immer schwerer formen – und das kann dazu beitragen, dass Lernen immer schwerer fällt.

und dadurch wächst sein autobiografisches Gedächtnis. Wenn Sie beim Frühstück darüber reden, dass Sie gestern alle bei der Oma waren und dass es dort einen leckeren Erdbeerkuchen gab, löst dies bei Ihrem Kind gleich auf mehreren Ebenen Erinnerungen aus: mit Oma kuscheln (emotional und sozial), Duft der Erdbeeren (riechen), Geschmack der Torte (schmecken) … Es »erlebt« den Besuch bei der Oma ein zweites Mal – und speichert ihn. Aus diesem Grund ist auch das allabendliche Gespräch vor dem Einschlafen so wichtig. Über vergangene Ereignisse zu sprechen hinterlässt Spuren im Gehirn, der Trampelpfad zum autobiografischen Gedächtnis wird dabei immer breiter, die Straßen werden immer stärker befahren.

Der Förder-Boom

Die zweijährige Sarah lebt mit ihren Eltern in einer Großstadt. Ihre Mutter ist halbtags berufstätig, ihr Vater arbeitet bis spätabends. Sarah besucht eine private zweisprachige Kinderkrippe (Deutsch/Englisch), in der es viele unterschiedliche Förderangebote gibt. Um 14 Uhr holt ihre Mutter Sarah ab. Am Montag bringt sie sie direkt zur musikalischen Frühförderung. Am Dienstag fahren die beiden zuerst nach Hause, von wo sie um 15.30 Uhr zur vorbeugenden Ergotherapie starten. Mittwoch und Donnerstag sind ebenfalls fest verplant. Freitagabend, Sarah und ihre Mutter kommen gerade vom Töpferkurs nach Hause, treffen sie eine Nachbarin mit ihrem zweieinhalbjährigen Sohn. Sie erzählt ihnen freudestrahlend, dass sie gerade zwei Stunden im Wald waren. »Dafür haben wir keine Zeit. Aber zum Glück habe ich mit Sarah donnerstags eine Stunde ›Durch unseren Stadtpark‹ gebucht. So kommt sie an die frische Luft und sieht einige Pflanzen und Bäume.«

Schon die Kleinsten können helfen. Sie lernen dabei und werden selbstbewusster: »Schau, was ich kann!«

Zugegeben: Dieses Beispiel ist etwas übertrieben, aber leider doch noch recht nah an der Realität vieler Familien. Eltern wollen das Beste für ihr Kind. Doch spätestens seit den Ergebnissen der Pisa-Studie machen sich viele ernsthaft Gedanken darüber, ob ihr Kleines ausreichend für die hohen Anforderungen unserer Leistungs- und Kompetenzgesellschaft gewappnet ist. Man kann beobachten, dass Eltern ihre Kinder heutzutage immer öfter so früh und so viel wie möglich fördern wollen. Die »Fernsehkindheit« vergangener Generationen ist längst einer »Autokindheit« gewichen: Das Mama-Taxi kutschiert den Nachwuchs von einem Kurs zum anderen. Um ja keine wertvolle Zeit zu verlieren oder gar den Anschluss zu verpassen, müssen die Kinder alle denkbaren Förderangebote besuchen. Man könnte daher durchaus auch den Begriff »Förder-Kindheit« einführen. Dabei sollte Lernen doch ohne Druck und Zwang geschehen. Fachleute meinen, dass Kinder, deren angeborene Entdeckerfreude und Neugierde in den ersten Jahren nicht durch Förderwahn unterdrückt wird, diese Lust am Lernen auch später in der Schule beibehalten.

Weniger ist mehr

Würden Sie einen Kinderarzt danach fragen, könnte seine Diagnose lauten: »Ich beobachte mit Sorge die sich immer weiter verbreitende Epidemie bei den Kleinen – Förderitis.« Politiker und Wissenschaftler dagegen fordern spätestens seit Pisa mehr Bildung und Lernen für Kinder unter drei Jahren. Und tatsächlich schlummert in den ersten Jahren ein enormes Entwicklungspotenzial.

Doch wenn kleine Kinder so viel und leicht lernen, wäre es dann nicht die logische Konsequenz, den Schuleintritt nach vorn zu verlegen? Könnten sie so zum Beispiel eine zweite Sprache nicht ganz leicht nebenbei lernen, anstatt sich als Drittklässler damit zu quälen?

Im Zuge solcher Überlegungen wurden bereits die ersten Kinderkrippen als nonformale Bildungsorte bezeichnet (ein formaler Lernort ist eine Schule). Doch sollten sie wirklich zu offiziellen Lernorten werden? Die Antwort lautet eindeutig »Nein«. Forscher in Windeln brauchen keine ausgeklügelten Lernprogramme – weder zu Hause noch bei der Tagesmutter oder in der Krippe. Und sie brauchen auch keine extra Kurse. Die neueste Hirnforschung beweist sogar eindeutig, dass zu viel Förderung, besonders unter Druck und ohne Spaß, genau das Gegenteil bewirken kann: Das Lernen im Gehirn

wird blockiert beziehungsweise Erfahrenes nicht gespeichert. Genau wie die mangelnde Stimulation (Deprivation) führt auch die Reizüberflutung je nach individuellem Typ zu einer dauerhaften Schädigung (geistige Rückentwicklung, Regression). Kein Wunder: Pausen- und gnadenlose Förderung wirkt sich auf Kinder nicht weniger negativ aus als Stress und Dauerbelastung am Arbeitsplatz auf Erwachsene. Das Gehirn gerät in Unruhe und Erregung, wenn es unter Zwang, Angst, Verunsicherung und Druck lernen soll.

Wenn über Bildungsförderung für unter Dreijährige gesprochen wird, müssen vor allem auch folgende Punkte beachtet werden, weil sie die Basis bilden, die Lernen erst möglich machen:

Kneten, Mehl auf den Boden rieseln lassen, ab und zu auch mal probieren: So macht Lernen Spaß.

○ Geborgenheit
○ Sicherheit
○ Vertrauen
○ Bindung

Darüber hinaus ist es wichtig, dass Eltern ein Bewusstsein für die Entwicklungsschritte ihres Nachwuchses entwickeln. Genug Zeit und eine abwechslungsreiche (Lern-)Umgebung tragen ebenfalls zu Bildung und Lernen bei. Individuelle Förderung bedeutet demnach für Eltern nichts anderes, als sich täglich Zeit zu nehmen, um gemeinsam mit dem Baby zu spielen. Nur ein Kind, das sich sicher fühlt und geliebt wird, kann lernen.

IM ALLTAG LERNEN

Jüngere Kinder lernen und bilden sich ganz oft in gewöhnlichen Alltagssituationen: Lassen Sie Ihr Kind zum Beispiel, sobald es dies selbst kann, Teller und Besteck zum Tisch tragen (das schult Ordnung und mathematisches Verständnis), die Wäsche sortieren (kognitive Fähigkeit), Obst und Gemüse schneiden (Feinmotorik) oder im Garten Blumen einpflanzen (Alltagsfertigkeiten). Geschieht dies alles in einer entspannten, freundlichen Atmosphäre und mit sprachlicher Begleitung, tun Sie viel für die geistige Bildung Ihres Kindes.

Bei der richtig verstandenen Förderung sind Herz und Verstand gefragt. Eine stabile emotionale Bindung ist die Basis für das frühe Lernen, sei es zu Hause, in der Krippe oder bei der Tagesmutter. Erwachsene brauchen keine Experten sein, sondern lediglich Entwicklungsbegleiter und Assistenten. Helfen Sie daher nicht zu vorschnell, damit Ihr Kind es erst einmal selbst probieren kann. Unterstützen Sie es aber liebevoll, wenn es nicht weiterkommt. Und beantworten Sie seine neugierigen Fragen einfühlsam und aufmerksam.

Es ist zwar gewiss nicht immer eine leichte Aufgabe, die richtige Balance zwischen der Eigenaktivität des Kindes und der Herausforderung vonseiten der Eltern zu finden. Aber die Mühe lohnt sich auf jeden Fall.

WAS BEDEUTET BILDUNG UNTER DREI?

Vor etwa 200 Jahren führte Wilhelm von Humboldt (1767–1835) den Begriff der »Bildung« in der deutschsprachigen Pädagogik ein. Jetzt hat die Bildung auch die unter Dreijährigen erreicht, und damit stehen viele Eltern unter Druck: Wie viel Förderung brauchen Babys und Kleinkinder? Die Devise lautet: Fördern ja, aber spielerisch mit Kopf, Herz und Hand.

Die 16 Monate alte Larissa zum Beispiel baut aus bunten Bauklötzen einen Turm – Stein auf Stein. Der vierte Baustein sitzt, die Statik stimmt noch. Der fünfte jedoch bringt den Turm zum Einstürzen. Die junge Baumeisterin beginnt von vorn. Ihr Freund Simon, zwei Jahre, sortiert währenddessen die Wäscheklammern nach Farben. Die beiden Kinder setzen sich mit der Welt auseinander und bilden sich dabei. Bildung, besonders im Alter unter drei Jahren, lässt sich nämlich durch drei einfache Worte definieren: die Welt verstehen. Einige Bildungsforscher sprechen von der Selbstbildung zur Aneignung der Umwelt. Das Kind bildet sich selbst.

Junge Kinder entwerfen wie echte Forscher Hypothesen über die Welt und überprüfen sie anschließend. Sie sind von Geburt an fähig, sich geistig mit der Welt auseinanderzusetzen. Aus den Erfahrungen, die sie machen, schaffen sie die »Grammatik des Lebens«: Durch Beobachten lernen Kinder zum Beispiel, dass man sich grüßt, wenn man anderen Menschen begegnet. Man sagt »Guten Tag«, »Grüß Gott«, gibt sich die Hand, küsst sich oder reibt die Nasen aneinander – je nachdem, wo man wohnt.

Das erste Jahr

DIE VERHALTENS-ENTWICKLUNG

Mütter haben gegenüber Vätern einen klaren Vorteil: Sie konnten ihr Baby schon im Bauch monatelang hautnah erleben. Sie spürten, wann es aktiv oder eher ruhig war, auf welche äußeren Reize (zum Beispiel laute Geräusche) das Baby mit Strampeln »geantwortet« hat, und spürten, mit welchen Bewegungen sie das Baby beruhigen konnten. Doch erst wenn das Kind auf der Welt ist, beginnt das Kennenlernen richtig.

Jedes Baby ist anders

Das Verhalten des Neugeborenen und des jungen Babys hängt nicht nur von den Erfahrungen ab, die es im Mutterleib sammeln konnte. Dauer und Ablauf der Geburt haben ebenso einen Einfluss darauf wie die Tatsache, ob es zu früh oder zu spät geboren wurde. Abgesehen von diesen äußeren Einflüssen bringt jedes Baby auch sein eigenes Temperament mit. Manche Kinder sind von Anfang an eher ruhig und weniger aktiv, andere wiederum stecken voller Energie, sind dauernd in Bewegung und voller Tatendrang. Einige bringt nicht einmal der größte Lärm aus der Ruhe, andere reagieren schon auf den geringsten Geräuschpegel. So unterschiedlich die kleinen Erdenbürger aussehen, so unterschiedlich ist eben auch ihr Charakter, und genauso unterschiedlich reagieren sie auch auf Veränderungen in ihrer Umgebung.

Wenn Sie Ihr Kind von Anfang an in unterschiedlichen Situationen beobachten, können Sie sich spätestens nach zwei, drei Monaten ein Bild von seinem Wesen machen: Gehört es eher zu den ruhigeren Vertretern oder zu den ganz wachen Kerlchen? Auf dieses ureigene Temperament haben Sie keinen Einfluss.

Babys verhalten sich intuitiv richtig

Das Baby besitzt von Geburt an verschiedene biologische Fähigkeiten, die das bloße Überleben sichern, wie das Atmen, die Nahrungsaufnahme und die Regulierung der Körpertemperatur. Um sich in das soziale Umfeld zu integrieren, ist jedoch noch einiges mehr nötig.

WEINEN UND SCHREIEN

Babys können noch nicht sprechen. Aber sie können durch Weinen und Schreien auf sich aufmerksam machen. Meist reagieren die Erwachsenen darauf prompt, und die Kleinen bekommen zum Beispiel Nahrung oder werden auf den Arm genommen. Dies zeigt, dass ein Säugling von Anfang an dazu in der Lage ist, soziale Kontakte zu knüpfen. Schreien ist sozusagen ein sicheres Überlebensprogramm.

SELBSTREGULATION

Unter der Selbstregulation versteht man die Fähigkeit eines Babys, störende Reize auszublenden oder sich daran zu gewöhnen (das Baby kann dann zum Beispiel trotz Lärms schlafen). Einige Babys können sich in so einem Fall selbst beruhigen, indem sie an ihrem Daumen, einem Schnuller oder einem Tuch nuckeln. Anderen hilft das Repertoire an Bindungsverhaltensweisen (siehe Seite 15 ff.), das innere Gleichgewicht wiederherzustellen. Werden sie getröstet, ist alles wieder in Ordnung.

Das Baby kann von sich aus Kommunikation fordern und sich auf diese Weise selbst regulieren. Wird ihm der Blickkontakt zu viel, wendet es seine Augen ganz einfach ab. Manchen Babys fällt es schwer(er), sich selbst zu regulieren, zum

Beispiel weil sie eine schwere Geburt hatten, krank sind oder körperliche Blockaden vorliegen. Ein Hinweis dafür könnte häufiges Weinen sein. Suchen Sie in solchen Fällen fachmännische Hilfe, zum Beispiel in einer Mütterberatung, einer Babysprechstunde, einer Praxis für Osteopathie oder einer Facharztpraxis für Kinder- und Jugendpsychiatrie.

NACHAHMUNG

Spiegelneuronen im Gehirn (siehe Seite 25) ermöglichen es dem Baby, die ersten Kontakte aufzunehmen. Mit ihrer Hilfe kann das Neugeborene seine Eltern nachahmen. Wenn Sie zum Beispiel Ihre Zunge weit herausstrecken, imitiert Ihr Baby Sie vermutlich. In den meisten Fällen gelingt es ihm auch, den Mund weit zu öffnen oder die Lippen zusammenzupressen, wenn Sie ihm dies vormachen.

»GRUSSREAKTION« UND BLICKKONTAKT

Wenn Eltern ihr Baby aus einer Entfernung von etwa 20 bis 25 Zentimetern betrachten, »antwortet« es ihnen in der Regel mit einem universellen »Gruß«: Es öffnet Augen und Mund weit, hebt die Augenbrauen und streckt den Kopf leicht nach hinten. Auf diese Weise »belohnt« das Kind den Versuch der Kontaktaufnahme – und die Kommunikation kann beginnen.

Schon ein Neugeborenes ist in der Lage, einen intensiven Blickkontakt zu seiner Mutter oder seinem Vater herzustellen. Es schafft damit die Grundlage für das gemeinsame Kennenlernen und die Bindung. Der relativ große Kopf (ein Viertel der Körpergröße), die hohe, gewölbte Stirn und die großen runden Augen – Experten nennen diese Kombination Kindchenschema – lösen bei fast allen Erwachsenen ein fürsorgliches Verhalten aus und fördern so die gegenseitige Kommunikation.

Zum Elternsein »geboren«

Aber nicht nur Babys, auch alle frischgebackenen Eltern verfügen über angeborene, intuitive Verhaltensweisen, die ganz unbewusst ablaufen.

AMMENSPRACHE

»Wie geeeht es dir? Bist du müüüde? Jaaa, du bist müüüde!« Nicht der Inhalt dieser Worte spricht Babys an, sondern die vereinfachte und übertriebene Sprachmelodie. Und Wissenschaftler haben festgestellt, dass Eltern dies intuitiv nutzen. Wenn sie ihr Baby beruhigen wollen, wählen sie eine tiefere Tonlage. Wenn sie es anregen und aufmuntern wollen, ist ihre Stimme höher und die Sprachmelodie steigt an.

RICHTIGER ABSTAND

Halten Eltern ihr Baby auf dem Arm, zum Beispiel beim Stillen oder Flaschegeben, wählen sie instinktiv den Abstand, in dem Neugeborene am besten sehen können (20 bis 25 Zentimeter).

RHYTHMISCHE STIMULATION

Mutter und Vater schaukeln das Baby auf dem Schoß oder in den Armen jeweils in ihrem eigenen Rhythmus. Sie beruhigen dadurch ihr Baby, geben ihm Sicherheit und Urvertrauen. Das trägt zur Bindung bei. Mit der Zeit (bis drei Monate) erkennt das Kind dann allein an den Bewegungen, wer es gerade schaukelt. Genauso lässt sich die persönliche »Handschrift« der Eltern übrigens auch beim Streicheln oder beim Klopfen auf den Rücken beobachten.

NACHAHMUNG

So wie das Baby die Mimik seiner Eltern nachzuahmen versucht, reagieren auch die Mutter und der Vater auf ihr Kind. Sie »antworten« auf sein Gähnen und seine Sauggeräusche, indem sie selbst ebenfalls laut gähnen oder mit den Lippen Nuckelbewegungen machen. Auch das ist eine frühe Form der Kommunikation miteinander – ganz intuitiv.

TIPP

Zeit für sich

Mit der Geburt Ihres Kindes ändert sich Ihr Leben von einem Tag auf den anderen vollkommen: Nichts ist mehr so, wie es war. Selbst wenn Ihr Baby kein »Schreibaby« ist, kann der Alltag mit ihm – so wundervoll es ist – manchmal auch ganz schön anstrengend sein. Ihr Baby bestimmt den Tag rund um die Uhr, und je jünger es ist, desto mehr braucht es Sie. Planen Sie daher immer wieder bewusst Zeit für sich selbst ein, damit Ihre inneren Ressourcen nicht völlig erschöpfen. Vielleicht einigen Sie sich mit Ihrem Partner oder Ihrer Partnerin, dass jeder ein, zwei Stunden pro Woche nur für sich hat – zum Lesen, Baden, Schlafen, Musikhören ... Manchmal können Mütter die zwei Stunden anfangs nicht am Stück genießen, weil sie zwischendurch noch stillen müssen. Aber schon bald können auch sie einfach mal aus dem Haus gehen und den Babyalltag kurz hinter sich lassen. Wenn Sie sich zuweilen ausgelaugt und müde fühlen, hilft es oft schon, sich an die schönen Momente mit dem Baby zu erinnern: wie herrlich es duftet, sein erstes Lächeln, wie es selig schlafend auf Ihrem Arm liegt oder zufrieden vor sich hin gluckst. Freuen Sie sich einfach darüber, dass Sie das schönste und süßeste Baby auf der Welt haben! Auch das gibt neue Kraft.

BABYS SIGNALE VERSTEHEN

Am Verhalten des Babys lässt sich ablesen, wie es ihm geht. Doch nicht immer sind seine Signale so deutlich, dass die Eltern sie sofort erkennen, deuten und entsprechend reagieren können. Manchmal signalisieren nur körperliche Zeichen, dass es dem Kleinen nicht gut geht: etwa eine unregelmäßige Atmung, eine veränderte Hautfarbe (rötlich, marmoriert oder blass) oder Zittern. Auch fahrige Bewegungen, eine starke oder schlaffe Körperspannung und das Vermeiden von Blickkontakt sind Zeichen, dass sich das Baby nicht wohlfühlt. Halten diese Symptome an und verstärken sie sich, sollten Sie den Kinderarzt aufsuchen.

Wenn Sie Ihr Baby genau beobachten, werden Sie bald merken, dass sich der Grad seiner Aufmerksamkeit anhand sieben unterschiedlicher Verhaltens- und Bewusstseinszustände zeigt, die sich bereits in den ersten Lebenstagen herausbilden. Gelingt es Ihnen, diese Zeichen zu erkennen, wissen Sie genau, wann es Zeit ist, mit Ihrem Baby zu spielen und zu kuscheln, wann es Trost braucht und wann es schlafen will.

Zeit zum Beobachten

Nehmen Sie sich regelmäßig Zeit, um Ihr Baby zu beobachten – und nichts anderes. Genießen Sie diese Phase des intensiven Kennenlernens. Schauen Sie genau, wie es liegt, wie es schaut, wie es atmet … Was könnte es in diesem Moment brauchen? Möchte es gerne mit Ihnen spielen? Will es eher allein sein oder lieber auf den Arm genommen werden?

RUHIGER WACHZUSTAND – »ICH BEOBACHTE DICH UND DIE WELT«

Das Baby bewegt sich kaum, seine Augen sind offen und strahlen. Seh- und Hörsinn sind aktiviert, es nimmt seine Umgebung wahr und re-

agiert, wenn Sie ihm zum Beispiel einen Gegenstand zeigen. In dieser Phase ist Ihr Baby bereit für ein ruhiges Spiel und Zwiegespräche.

AKTIVER WACHZUSTAND – »SPIEL MIT MIR«

Das Baby ist ausgeschlafen und satt, vergnügt und neugierig. Es bewegt sich viel, gibt Laute von sich und ist aktiv. Jetzt ist Zeit für gemeinsame Bewegungsspiele; das Baby kann sich aber auch gut allein beschäftigen.

QUENGELN – »MIR IST UNWOHL«

Ihr Kind macht ruckartige und unkoordinierte Bewegungen und quengelt vor sich hin. Es erscheint überreizt und hungrig (nach Nahrung und Nähe). In diesem Übergangsstadium will das Baby darauf aufmerksam machen, dass es sich unbehaglich fühlt. Wenn Sie das Signal rechtzeitig erkennen und herausfinden, was das Unwohlsein verursacht, ist Ihr Kleines meist schnell wieder zufrieden.

WEINEN UND SCHREIEN – »MIR GEHT ES NICHT GUT, ICH BRAUCHE DICH«

Schreien ist immer ein Signal für starkes Unbehagen (Hunger, Durst, Schmerzen, Wunsch nach Nähe), und Weinen ist oft die Vorstufe davon. Vielleicht ist das Baby überreizt und braucht eine Pause. Weil der Körper infolge des Schreiens Stresshormone ausschüttet, kann sich das Kind oft nicht allein beruhigen. Wenn Sie ihm dabei helfen, lernt es, dass seine Bedürfnisse befriedigt werden.

HALBSCHLAF – »ICH BIN NOCH ETWAS MÜDE« ODER »ICH WERDE MÜDE«

Ihr Baby braucht nicht nur einfach Schlaf. Es braucht auch genug Zeit zum Einschlafen und Aufwachen. Reibt es sich zum Beispiel die Augen oder zupft am Ohr, ist es Zeit, ins Bett zu gehen. Es findet in diesem Übergangsstadium viel besser in den Schlaf, als wenn es übermüdet und gereizt ist.

So wie Ihr Baby nicht von einem Moment auf den anderen schläft, dauert es auch seine Zeit, bis es ganz wach wird. Beim Aufwachen öffnet und schließt das Kind abwechselnd seine Augen oder lässt sie halb geöffnet. Es macht einen ruhigen Eindruck, scheint aber »geistig« noch abwesend. Es braucht noch ein bisschen, um völlig wach zu werden. Lassen Sie ihm diese Zeit. Genießen Sie die Ruhe, und beobachten Sie, wie Ihr Kleines langsam aus dem Traumland in den Alltag zurückkehrt – bereit für neue Abenteuer.

TRAUMSCHLAF – »MEIN GEHIRN IST AKTIV«

Die Augen Ihres Babys sind zwar geschlossen, hinter den Lidern sind aber deutlich Augenbewegungen zu erkennen; in der Fachsprache heißt dies REM-Schlaf-Phase (siehe Seite 115). Das Baby bewegt sich auch manchmal, zieht Grimassen, runzelt die Stirn und lächelt. Jetzt verarbeitet das kleine Gehirn, was es zuvor erlebt hat. Viele Eltern deuten diese Aktivitäten fälschlicherweise als Aufwachzeichen, nehmen ihr Baby aus dem Bett und behindern so ungewollt die geistige Verarbeitung der Geschehnisse. Warten Sie daher, wann immer es geht, ab, bis Ihr Kleines von allein aufwacht.

INFO

Warum weint mein Baby?

Wenn ein Baby weint oder schreit, ist das auf jeden Fall ein Alarmsignal. Sie sollten daher so schnell wie möglich versuchen herauszufinden, was die Ursache für sein Unbehagen ist. Leider gelingt dies jedoch nicht immer. Manche Eltern haben sogar das Gefühl, ihr Baby würde den ganzen Tag ununterbrochen schreien. Zwar sprechen Ärzte im Allgemeinen erst dann von einem Schreibaby, wenn das Kind mehr als drei Wochen am Stück an mehr als drei Tagen wöchentlich über drei Stunden schreit. Diese Regel ist aber nur eine Faustregel. Sie als Eltern entscheiden, ob Ihr Schreihals für Sie ein Schreibaby ist oder nicht. Holen Sie sich Hilfe, wenn Sie nicht weiterwissen. Fragen Sie Ihren Kinderarzt um Rat, ob organisch alles in Ordnung ist. In den ersten drei Monaten sind oft Koliken Grund für das Schreien. Vielleicht liegt aber auch eine Blockade vor (siehe Seite 66 f.), oder das Baby schafft es einfach nicht, sich selbst zu regulieren.

Denken Sie immer daran, dass Ihr Kind Sie mit seinem Weinen nicht ärgern will. Es geht ihm nicht gut und braucht Ihren Trost. Die häufigsten Ursachen, warum ein gesundes Baby weint:

- Es ist müde.
- Es langweilt sich und möchte mit Ihnen spielen.
- Es hat Hunger.
- Es hat Bedürfnis nach Nähe und Kuscheln.
- Seine Windel ist nass und voll.
- Es braucht Ruhe, um neue Eindrücke verarbeiten zu können.
- Ihm ist zu kalt oder zu warm.
- Sein Bauch tut weh (Blähungen).
- Die Kleidung drückt irgendwo.
- Es durchläuft gerade oder in Kürze einen neuen Entwicklungsschritt.
- Mama oder Papa sind unruhig oder gestresst.
- Die wichtigsten Bezugspersonen erleben eine Konfliktsituation.

TIEFSCHLAF – »ICH SCHLAFE GANZ TIEF«

Das Baby schläft jetzt ruhig, sein Gesicht ist entspannt, und die Augen sind fest geschlossen (Non-REM-Phase; siehe Seite 115). Es atmet tief und gleichmäßig, nur manchmal ist ein Seufzer zu hören; das Nervensystem kann sich beruhigen. Genießen Sie diese Zeit der Ruhe auch für sich.

Sozial-emotionale Entwicklung

Soziale und emotionale Entwicklung sind sehr eng miteinander verknüpft und voneinander abhängig. Wir leben in komplexen sozialen Systemen, in die auch Kinder langsam hineinwachsen müssen. Dazu lernen sie, positive Beziehungen zu anderen Menschen aufzubauen – nicht nur zu den eigenen Eltern. Auf einer Familienfeier anlässlich des 70. Geburtstags des Großvaters reagiert ein acht Monate altes Baby vermutlich eher ängstlich auf all die neuen Gesichter. Obwohl – oder gerade weil – alle es süß finden und gern auf den Arm nehmen wollen, fremdelt das Kind und weint. Ein Gefühl der Angst steuert sein Verhalten: »Ich muss durch das Weinen mein Unbehagen zum Ausdruck bringen. Ich brauche Trost und Sicherheit.«
Beim 75. Geburtstag des Opas wird alles ganz anders ausschauen: Das Kind ist jetzt schon fast sechs Jahre alt und hat mittlerweile nicht nur viele unterschiedliche soziale Systeme kennengelernt. Es kann auch seine Emotionen besser und vielfältiger steuern. Es hat gelernt, seine eigenen Gefühle zu erkennen und zu kontrollieren, vermag aber gleichzeitig auch, die Gefühle der anderen Menschen – klein und groß – zu deuten. Daher kann es dementsprechend darauf reagieren (Experten bezeichnen diese Fähigkeit als emotionale Intelligenz).

1. bis 3. Monat

An der warmen und weichen Haut der Mutter erlebt das Neugeborene das erste Mal eine positive Begegnung mit einem anderen Menschen. In Kombination mit dem Stillen ist dieser Hautkontakt das Größte und Schönste fürs Baby. Kinder brauchen unendlich viel Zärtlichkeit (»Vitamin Z«), damit aus ihnen (sozial) liebenswerte Erwachsene werden, die selbst wieder positive Gefühle weitergeben können.

DIE WICHTIGSTEN GEFÜHLE

Babys bringen ein angeborenes mimisches Ausdrucksrepertoire mit. Schon mit wenigen Wochen können sie die wichtigsten Gefühle mimisch ausdrücken: Angst, Ärger, Ekel, Freude, Traurigkeit, Erstaunen. Weil diese Emotionen in allen Kulturen bekannt sind und auch überall verstanden werden, bezeichnen Wissenschaftler sie als primäre Basisemotionen.

ERSTE KOMMUNIKATION

Bis zum dritten Lebensmonat werden die Basisemotionen weiter ausgebildet. Mit ungefähr sechs bis acht Wochen lächelt das Baby einen Erwachsenen an, wenn dieser es anspricht und anlacht. Diesem sozialen Lächeln kann sich keiner entziehen; fast jeder lächelt spontan zurück.

BINDUNGEN

In den ersten drei Lebensmonaten lässt sich ein Baby von fast allen Personen trösten. Es beruhigt sich auch, indem es an Fingern und Handrücken lutscht. Erst gegen Ende des dritten Monats reagiert es plötzlich deutlich auf bekannte Gesichter und Stimmen: Es blickt die Person direkt an, strampelt, zappelt und hört oft auf zu weinen. Bei Unbekannten dagegen fühlt es sich jetzt meist unbehaglich: Die kurze Zeit der Drei-Monats-Angst beginnt.

4. bis 6. Monat

Das zweite Vierteljahr wird auch als Wonnezeit bezeichnet. Denn das Baby gluckst und lacht jetzt am laufenden Band – vorausgesetzt, es ist gesund und satt und erfährt viel Nähe und Vertrauen. Wer immer es freundlich anlacht: Es wird zurückgestrahlt. Wahrscheinlich lachen wir nie mehr so viel wie in diesen Monaten.

ANDERE BABYS

Das Baby ist mittlerweile in der Lage, Menschen von Gegenständen zu unterscheiden – nur die Ersteren lächelt es an. Sein besonderes Interesse gilt dabei nicht immer den Erwachsenen: Ab dem dritten Lebensmonat nehmen die Kleinen Kontakt zu Gleichaltrigen auf, indem sie sich gegenseitig anschauen oder anlächeln, wenn sie zum Beispiel nebeneinander auf dem Boden liegen. Und sie lachen sich selbst im Spiegel an, weil sie denken, sie sähen ein anderes Kind.

ERSTE »FREUNDSCHAFT«

Die Kontaktaufnahme zu Gleichaltrigen erfolgt nicht nur über Blicke. Wenn das Baby die Gelegenheit hat, zum Beispiel in einer PEKiP-Gruppe (siehe Seite 140 f.), versucht es auch, die anderen mit der Hand zu berühren, und streckt dazu gezielt seinen Arm aus. Oder es dreht sich auf den Bauch oder zur Seite, um einem anderen Baby nahe zu sein. Immer öfter beginnen die Babys, miteinander zu brabbeln – und: Sie reagieren auf die unterschiedlichen Gefühlsäußerungen des anderen, indem sie ebenfalls lächeln, weinen oder gestikulieren. Wieder einmal sind die Spiegelneuronen (siehe Seite 25) am Werk. Erst gegen Ende des sechsten Monats beginnt das Baby, bei Erwachsenen wie bei Altergenossen bekannte und fremde Gesichter zu unterscheiden. Jetzt dauert es nicht mehr lange, bis es zu fremdeln beginnt.

7. bis 9. Monat

Immer öfter äußern sich Erinnerungen: Wenn abends die Babysitterin kommt, klammert das Baby (Bindungsverhalten wird aktiviert), weil es weiß, dass Mama und Papa bald weggehen. Vielleicht weint es beim Kinderarzt, weil der es beim letzten Impftermin gepikst hat. Genauso aber kann es sich auch an schöne Dinge erinnern und freut sich zum Beispiel schon beim Anblick seiner Flasche auf das Trinken. Denken Sie immer daran, dass Ihr Nachwuchs erst wenige Monate auf dieser Welt ist und trotzdem schon zu solchen geistigen Leistungen fähig ist.

FREMDELN

Die Skepsis unbekannten Erwachsenen gegenüber wächst von Monat zu Monat. Wie stark und wie lange ein Baby fremdelt (Acht-Monats-Angst), hängt dabei stark von seinem individuellen Charakter ab. So unangenehm es den Eltern zuweilen sein mag, wenn ihr Baby plötzlich nicht mehr mit der Oma oder der Tante kuscheln will: Diese Phase gehört wie das später auftretende Trotzalter (siehe Seite 179 ff.) zur Ich-Entwicklung. Nicht zuletzt ist das Fremdeln auch ein Zeichen von sicherer Bindung. Bis vor Kurzem hat Ihr Wonneproppen noch alle aus ganzem Herzen angelacht – den freundlichen Handwerker ebenso wie die nette Kassiererin im Supermarkt. Jetzt aber weiß das Baby ganz genau, wer in den engen Kreis der Bindungspersonen gehört und wer nicht.

Manchmal fremdeln Babys sogar beim eigenen Vater, wenn dieser zum Beispiel die Woche über in einer anderen Stadt arbeitet oder abends immer erst vom Büro nach Hause kommt, wenn das Kind schon schläft. In so einem Fall ist viel Geduld und Liebe gefragt. Gibt man dem Baby die Zeit, die es auf dem Arm der Mutter braucht, freut es sich bald auf das gemeinsame Spiel; sein

»Arbeitsgedächtnis« hat registriert, dass auch Papa zu den Vertrauten gehört.

Gegen Ende des ersten Lebensjahres ist das gröbste Fremdeln normalerweise überstanden. Eine gesunde Skepsis Fremden gegenüber ist aber noch immer völlig normal – und auch wichtig. Sie wird daher auch in den kommenden Jahren weiter »geübt« und beibehalten.

10. bis 12. Monat

Das Baby macht in der sozialen Entwicklung große Sprünge, weil es immer mehr durch Gesten ausdrücken kann, was es möchte. Dadurch nehmen Missverständnisse in der Kommunikation zwar ab, sie bleiben aber noch lange ein fester Bestandteil des Zusammenlebens.

SICH AUSTAUSCHEN

Wahrscheinlich robbt oder krabbelt Ihr Kind bereits und kann aktiv den Kontakt zu Ihnen suchen, ohne zum Beispiel durch Weinen auf sich aufmerksam zu machen. Es ist jetzt auch so groß, dass es bereits einige Anweisungen verstehen und befolgen kann. Am besten gelingt ihm dies, wenn Sie Ihre Forderungen mit den passenden Gesten untermalen: »Gib mir!« (Hand ausstrecken), »Komm her!« (herbeiwinken), »Leg dich hin!« (Kopf schief legen). Mit jeder Woche wird die Kommunikation leichter.

Babys in diesem Alter haben schon verstanden, dass ihre Mutter und ihr Vater auch dann noch da sind, wenn sie sie gerade nicht sehen. Trotzdem krabbeln sie ihren Eltern in den meisten Fällen hinterher, wenn sie den Raum verlassen.

REAKTION AUF DIE ELTERN

Das Baby reagiert mit unterschiedlichen Gefühlen auf das Verhalten seiner Eltern. Es hält inne, wird still oder weint sogar, wenn sie »schimpfen« und damit Grenzen setzen. Es strahlt aber auch, wenn die Mutter seine Bemühungen (zum Beispiel einen Ball zurückgeben) belohnt, indem sie lächelnd »Danke« sagt.

WINKEN

Etwa mit neun Monaten reagieren Babys auf die Aufforderung »Mach winke, winke« oder ahmen ihre Eltern beim Winken nach. Gegen Ende des ersten Lebensjahres winken sie dann

---

INFO

Nehmen Sie Gefühle ernst

Stellen Sie sich vor, Sie gehen mit Ihrem neun Monate alten Baby spazieren. Es sitzt im Kinderwagen und blickt interessiert umher. Sie begegnen einer Nachbarin und halten einen kurzen Plausch mit ihr. Ihre Nachbarin streichelt sanft den Kopf Ihres Kindes: »Du bist aber süß.« Dem Baby jedoch ist das Ganze offensichtlich unangenehm. Es dreht den Kopf zur Seite und senkt verlegen den Blick.

Nehmen Sie solche Gefühlsäußerungen ernst, und verharmlosen Sie sie nicht, indem Sie zum Beispiel sagen: »Aber Schatz, Frau Maier wollte dich doch nur begrüßen, sie mag dich und freut sich, wenn sie dich sieht.« Versuchen Sie stattdessen, die Gefühle Ihres Kindes richtig »widerzuspiegeln«: »Mein Kleines ist wirklich süß. Aber es mag es nicht, wenn man seinen Kopf streichelt.« Weil Ihr Baby immer genauer in Ihrem Gesicht »lesen« kann, merkt es dadurch mit großer Wahrscheinlichkeit, dass Sie seine Gefühle ernst nehmen. Es fühlt sich sicher und geborgen.

spontan, wenn jemand den Raum verlässt – später heißt es »Auf Wiedersehen«. Auch Zärtlichkeiten werden jetzt aktiv erwidert: Wenn Sie ihm ein Küsschen geben, schmatzt es freudestrahlend zurück. Und das Gleiche geschieht beim Streicheln, Umarmen, Kitzeln …

SPIEGELBILD

Sieht sich Ihr Baby in einem großen Spiegel, begrüßt und betastet es freudig das »andere« Kind und lacht es an. Weil der vermeintliche Spielkamerad auch lacht, lacht es zurück. Es bietet ihm sogar Spielsachen an, sucht ihn hinter dem Spiegel und ist ganz erstaunt, wenn es feststellt, dass da niemand ist. Denn noch erkennt sich Ihr Kleines nicht selbst im Spiegel.

SOZIALE KONTAKTE ZU KINDERN

Soziale Kontakte zu Gleichaltrigen oder anderen Kindern (zum Beispiel Geschwistern) nehmen zu. Begegnen sich auf der Straße zufällig zwei Frauen, in deren Kinderwagen jeweils ein Kind sitzt, nehmen die beiden Kleinen sich schon von Weitem wahr: Sie rudern mit den Armen und lächeln, brabbeln oder juchzen. Wenn die Mütter dies bemerken und es in der Situation passt, verlangsamen die Mamas automatisch ihr Tempo oder halten sogar an. In der Krabbel- oder PEKiP-Gruppe schließt das Baby sogar schon richtige kleine Freundschaften. Wenn Sie aufpassen, werden Sie schnell feststellen, wer der oder die »Auserwählte« ist.

STREIT UNTER KINDERN

Jetzt können auch bisher unbekannte Situationen in der Beziehung zu Gleichaltrigen auftreten. Wenn das Baby zum Beispiel ein anderes Kind sieht, das einen interessanten Gegenstand in den Händen hält, will es diesen auch erkunden und nimmt ihn dem anderen einfach weg.

Beim Gegenüber löst dieses ganz natürliche, von kindlicher Neugier getriebene Verhalten prompt negative Emotionen aus: Erst staunt es skeptisch, dann beginnt es zu weinen. Schalten Sie sich in solchen Situationen als »Streitschlichter« ein. Denn soziales Verhalten ist nicht angeboren ist, sondern muss erlernt werden (»Schau, Felix spielt doch gerade mit dem Eimer. Du kannst ihn nachher haben. Hier hast du so lange die Schaufel.«). Etwas anderes ist es, wenn sich die beiden allein »einigen« und sich das Kind, das den Gegenstand zuerst hatte, etwas anderes zum Spielen sucht. Eltern sollten sich in diesem Fall zurückhalten, denn noch gibt es keine echten Opfer und/oder Täter, sondern nur wissbegierige junge Forscher.

INFO

Entwicklungsängste

Im ersten Lebensjahr lassen sich mehrere entwicklungsbedingte Ängste beobachten. Sie sind völlig normal, und die Kinder entwachsen ihnen ebenso wie Kleidungsstücken oder Spielsachen:

○ Drei-Monats-Angst (Seite 39)
○ Acht-Monats-Angst (Fremdeln, Seite 40 f.)
○ Trennungsangst (ab 6. bis 8. Monat); sie zeigt sich immer dann, wenn die Bindungsperson den Raum verlässt, und hängt von der Qualität der Bindung ab.
○ Angst vor lauten Geräuschen wie Staubsauger, Bohrmaschine, laut bellenden Hunden oder zerplatzenden Luftballons; sie ist die häufigste Form unter den Entwicklungsängsten und bleibt oft bis zum vierten Lebensjahr bestehen.

Die Welt verstehen – die geistige Entwicklung

Um die Welt zu verstehen, muss ein Baby jeden Tag Denken, Lernen, Wahrnehmungsfähigkeit, Vorstellungs- und Auffassungsvermögen schulen. Es setzt sich dabei immer aktiver mit der Umwelt auseinander. Im ersten Lebensjahr verläuft die Entwicklung derjenigen Funktionen, mit deren Hilfe das Kind sich selbst und seine Umwelt erkennt und erfasst (kognitive Entwicklung), so rasant wie nie wieder im Leben: Kein Wunder, dass viele Eltern gar nicht richtig mitkriegen, welche Riesenschritte ihr Baby Woche um Woche macht.

Begleiten Sie Ihr Baby auf seiner geistigen Entwicklungsreise. Beobachten Sie es, und freuen Sie sich mit ihm, wenn es etwas Neues gelernt hat.

1. bis 3. Monat

In den ersten Monaten nimmt Ihr Kleines die Eindrücke aus der Außenwelt über Hautkontakte sowie durch Schauen und Hören wahr.

SEHEN LERNEN

Um einen Gegenstand überhaupt anschauen zu können, muss das Baby zunächst lernen, ihn zu fixieren. Erst mit drei Monaten kann es die Augen und den Kopf so bewegen, dass es unterschiedliche Informationen über diesen Gegenstand erhält. Jetzt betasten ihn auch die kleinen Hände immer länger, und der Mund liefert zusätzlich Auskunft über seine Beschaffenheit. Geben Sie Ihrem Baby schon in den ersten Monaten Gegenstände mit unterschiedlichen Oberflächen und Formen in die Hand. Das schult nicht nur die Feinmotorik, sondern fördert auch die geistige Entwicklung. Denn Ihr Baby benutzt all seine Sinne, um die Welt zu verstehen.

ERSTE ERINNERUNGEN

Die ersten zwei Lebensjahre werden auch vorsprachliche Denkphase genannt. Es ist erstaunlich, zu welchen Gedächtnisleistungen schon die Jüngsten in der Lage sind. Wissenschaftler haben festgestellt, dass bereits zwei Monate alte Babys gelerntes Verhalten – etwa mit dem Bein ein Mobile über dem Stubenwagen zu bewegen – bis zu drei Tage lang »abrufen« können. Mit drei Monaten behalten sie solche Erfahrungen sogar schon eine ganze Woche im Gedächtnis, wenn sie den ursprünglichen Reiz (hier das Mobile) sehen. Dabei bleiben Ereignisse, die mit motorischer Aktivität zusammenhängen, wie eben das Strampeln, länger im Gedächtnis als andere.

Aus der Nähe kann ein Baby Mamas Gesicht und Mimik gut beobachten und ihre Aufmerksamkeit genießen.

4. bis 6. Monat

Je mehr sich Ihr Baby bewegen kann, desto genauer nimmt es seine Umwelt wahr. Dabei hilft auch, dass sich seine Feinmotorik immer weiter ausbildet und es zunehmend besser greifen und somit be-greifen kann.

DAS HÖRVERMÖGEN NIMMT ZU

Immer besser kann Ihr Baby Töne und Geräusche wahrnehmen und unterscheiden – ein wichtiger Schritt, um Sprache zu entwickeln (siehe Seite 76). Mit ungefähr sechs Monaten merkt es sicher, aus welcher Richtung ein Geräusch kommt, und dreht suchend und interessiert seinen Kopf danach. Nutzen Sie diese Neugier, indem Sie unterschiedliche Geräusche erzeugen, zum Beispiel mit der Spieluhr, einem Glöckchen oder raschelndem Papier. Lassen Sie die Geräusche aus unterschiedlichen Richtungen kommen. Das schult die räumliche Wahrnehmung (und obendrein noch die Beweglichkeit Ihres Babys).

DIE ERINNERUNG WÄCHST

Aus den Augen, aus dem Sinn: Bis zum vierten oder fünften Monat hatte das Baby einen Gegenstand, der aus seinem Blickfeld verschwand, sofort vergessen. Das ändert sich jetzt. Wenn Ihr Kind auf dem Bauch liegt und interessiert mit etwas spielt und Sie seine Hand und das Spielzeug mit einem Tuch abdecken, zieht es die Hand mitsamt dem Spielzeug wieder heraus. Bis vor wenigen Wochen noch hätte es nur den eigenen Arm zurückgezogen und das Spielzeug unter dem Tuch liegen gelassen.

Überhaupt nehmen die Gedächtnis- und Erinnerungsleistungen der Kleinen immer mehr zu. Mit etwa sechs Monaten zeigt sich das Baby freudig erregt, wenn es beobachtet, wie Sie beispielsweise sein Fläschchen vorbereiten, den Wasserball aufblasen oder das Wasser fürs heiß geliebte Wannenbad einlassen. Es weiß, dass jetzt etwas Schönes folgt, weil es sich erinnert.

NEUES AUSPROBIEREN

Wenn Mama oder Papa das Baby auf dem Arm halten und es den Löffel, den es eben noch in der Hand hatte, auf den Boden fallen lässt, schaut es nach ihm. Noch versucht es jedoch nicht, erneut nach ihm zu greifen. Um die Fallhöhe einigermaßen richtig einschätzen zu können, bedarf es erst noch unzähliger physikalischer Experimente mit unterschiedlichen Materialien – doch auch das dauert nicht mehr lange.

7. bis 9. Monat

Das Bild, das sich Ihr kleiner Entdecker von der Welt macht, wird immer vielfältiger.

GENAUE BEOBACHTER

Die Welt wird für den kleinen Entdecker immer größer. Wenn Sie auf dem Boden sitzen und Ihr Baby auf dem Schoß halten, holt es heruntergefallenes Spielzeug, indem es sich so weit hinabbeugt, bis es das ersehnte Objekt greifen kann. Liegen Puppe oder Teddy so unter einem Tuch versteckt, dass nur noch ein Bein herausschaut, zieht das Kind erwartungsvoll das Tuch weg: Puppe! Auch wenn Sie vor seinen Augen einen Becher über ein kleines Spielzeugauto stülpen, sucht das Kind sofort danach und hebt den Behälter wieder hoch.

Variieren Sie dieses Versteckspiel beliebig, denn Kinder in dem Alter lieben die Spannung: Stellen Sie zum Beispiel ein Buch vor einen Bauklotz, oder breiten Sie zwei Tücher aus und legen unter eines ein Spielzeug (das Kind schaut dabei zu). Die Freude Ihres Kindes, wenn es anschließend das richtige Tuch lüftet, beflügelt es zu weiteren Gedächtnisleistungen.

RAUMEMPFINDEN

Wenn Sie ein begehrtes kleines Spielzeug in einen Becher stecken (beide sollten sich farblich möglichst stark unterscheiden), wird Ihr Baby zunächst den Becher am Rand greifen und schütteln. Anschließend greift es bewusst hinein und zieht das Teil heraus. Da ist es! Eine neue Entwicklungsstufe ist erreicht: Ihr Baby hat die dritte Dimension kennengelernt – Tiefe. Ganz spielerisch und nebenbei lernen Kinder jetzt auch, vorne, unten und hinten zu unterscheiden. Wenn Ihr kleiner Forscher einen Bauklotz hinter einem Buch findet, fängt das Verhältniswort »hinten« an, in seinem Gehirn Spuren zu hinterlassen.

HANDLUNGEN VERKNÜPFEN

Im dritten Quartal des ersten Lebensjahres entwickelt das Baby nach und nach die Fähigkeit, zwei Tätigkeiten miteinander zu verknüpfen. Wenn es zum Beispiel gerade aus einer Flasche oder einem Trinkbecher Wasser trinkt und plötzlich in einiger Entfernung etwas Interessantes entdeckt, unterbricht es das Trinken und rollt oder robbt sofort zielstrebig zu dem Objekt. Nach einer Weile kommt es jedoch wieder zu seinem Wasserbecher zurück und beginnt erneut zu trinken. Das Ganze funktioniert natürlich auch andersherum: Das Kleine spielt, hat Durst, weiß, wo sein Becher steht, robbt hin, trinkt und wendet sich dann wieder seinem Spielzeug zu.

ZUSAMMENHÄNGE ERKENNEN

Wenn das Telefon klingelt oder jemand an der Haustür läutet, schaut das Baby Sie erwartungsvoll an. Es hat erkannt, dass bestimmte Geräusche zwangsläufig mit dazugehörenden Tätigkeiten in Verbindung stehen, zum Beispiel: Erst läutet der schwarze Apparat, dann spricht Mama, und ich höre Omas Stimme aus dem Kästchen. Dieses vorausschauende Denken ermöglicht es dem Baby, der Routine des Alltags immer näher zu kommen.

10. bis 12. Monat

Durch die zunehmende Beweglichkeit – dem Krabbelalter folgen bald die ersten Laufversuche – erweitert sich der Horizont Ihres Kindes. Aber auch die Eltern entdecken viele Dinge (wieder), die sie ohne die Kinderaugen wahrscheinlich übersehen hätten.

INTENSIVES STUDIUM

Ab dem zehnten Monat entwickeln sich zwei wichtige Grundfähigkeiten immer mehr: Beobachtung und Konzentration. Ihr Baby beobachtet mit zunehmendem Interesse und sehr genau, was Sie machen – und ahmt Sie nach. Diese »So tun als ob«-Spiele verlangen ihm hohe geistige Fähigkeiten ab, zum Beispiel wenn es sich ohne Bürste die Haare kämmt.

Hoch konzentriert untersucht Ihr Baby noch die kleinsten Details an den Dingen um sich herum, wie die Räder an seinem Spielzeugauto oder die Augen der Puppe (oder die seines Spielkameraden in einer PEKiP-Gruppe). Dabei speichert sein Gehirn jede Information.

WERKZEUGGEBRAUCH

Das Kind lernt in diesen Monaten, dass es einen weiter entfernten Gegenstand zum Beispiel mithilfe eines Stocks oder eines Kochlöffels zu sich holen kann, wenn die eigenen Arme zu kurz sind. Das birgt natürlich auch Gefahren, etwa wenn es irgendetwas auf dem Tisch sieht und an der Tischdecke zieht, um daranzukommen. Versuchen Sie, das Unfallrisiko so weit es geht zu mindern, indem Sie die Wohnung kindersicher machen (siehe Seite 206 f.).

DIE KÖRPERLICHE ENTWICKLUNG

Das erste Lebensjahr ist ein ganz bewegendes – für die Eltern ebenso wie für das Baby. In den ersten zwölf Monaten verdreifacht sich das Geburtsgewicht des Kindes, es wächst um etwa 20 Zentimeter und schult seine Sinne im rasanten Tempo. Nie wieder erlebt ein Mensch so viele Premieren wie in diesem Jahr: vom ersten Schrei bis zum ersten Lächeln, vom ersten Mal auf den Bauch kullern bis zum ersten Schritt, vom ersten Sitzen bis zum ersten Wort.

Dabei wirkt ein neugeborenes Baby – nüchtern betrachtet – auch nach 40 Wochen im Mutterleib eher hilflos und unreif. Während etwa ein Kalb oder Rehkitz bereits wenige Minuten nach der Geburt aufstehen kann und läuft, braucht der Mensch rund ein Jahr, um frei auf eigenen Beinen zu stehen, zu laufen und seine Hände gezielt benutzen zu können. Ein Baby ist daher voll und ganz auf die Fürsorge seiner Eltern angewiesen. Doch es sind ihm auch schon eine Menge Fähigkeiten in die Wiege gelegt worden. Es ist in der Lage, von einem Moment auf den anderen selbstständig zu atmen. Es kann von Anfang an die Brustwarze seiner Mutter finden und daran saugen. Es kann die Milch schlucken, die aufgenommene Nahrung verdauen und alles, was es nicht benötigt, wieder ausscheiden. Außerdem ist das Baby bereits unmittelbar nach der Geburt in der Lage, sich ohne Worte mitzuteilen. Wenn es Hunger hat oder sich sonst unwohl fühlt, gibt es lauthals Bescheid. All diese Fähigkeiten müssen gesunde Neugeborene nicht erst erlernen, sondern sie bringen sie mit – für einen wunderbaren Start ins Leben.

Die Sinne

Vom ersten Tag spürt ein Neugeborenes seinen Körper und nimmt seine Umwelt wahr. Doch auch wenn es mithilfe seiner Sinne eine Vielzahl an Informationen einfangen kann – in der Regel kann es mit seinen Augen sehen, mit den Ohren Geräusche wahrnehmen und seinen Körper fühlen –, ist das Baby anfangs noch nicht in der Lage, all diese Empfindungen auch einzuordnen. Es kann beispielsweise noch nicht abschätzen, wie weit das Kuscheltier von ihm entfernt liegt oder wo genau die Spieluhr hängt, aus der die schöne Melodie erklingt. Erst durch die Vielzahl von Erfahrungen, die es im Laufe seines Lebens macht, lernt sein Gehirn, die Informationen zu ordnen und zu deuten. Die Sinne stellen die Basis für diese Entwicklung dar.

Hören

Bereits im Mutterleib konnte das Ungeborene zahlreiche Geräusche wahrnehmen, allen voran den Herzschlag der Mutter und das Rauschen des Blutes. Aber auch Geräusche von außen drangen an sein Ohr. Darum sind dem Baby manche Stimmen vertraut, sobald es geboren ist – besonders die seiner Mutter. Die Ohren eines Neugeborenen können auch andere Laute wahrnehmen, wie ein leises Rascheln, Schritte auf Teppichboden oder das Ticken einer Uhr. Doch erst nach und nach lernt das Baby, die Geräuschquellen zu orten und zu deuten.

Sehen

Auch wenn die Augen bereits so gut wie ausgereift sind, sieht das Neugeborene noch nicht so scharf wie Erwachsene. Im eher dunklen Mutterleib konnte es den Sehapparat einfach noch nicht trainieren. Erst nach der Geburt lernen die Augen, mit der Helligkeit umzugehen, erst langsam stellen sich die Sehschärfe und die Fähigkeit, Kontraste wahrzunehmen, ein. Aus diesem Grund sieht ein Neugeborenes in den ersten Tagen nach der Geburt vieles verschwommen. Nur was weniger als 25 Zentimeter entfernt ist, nimmt ein Baby schemenhaft wahr – am leichtesten fällt ihm dies bei großen Gegenständen mit starken Kontrasten (zum Beispiel dunkle Linien auf weißem Grund). Allein das Gesicht der Mutter kann es relativ gut erkennen und sogar von anderen unterscheiden.

Riechen

Der Geruchssinn eines Neugeborenen ist stark ausgeprägt. Legt man ein Baby sofort nach der Geburt auf den Bauch der Mutter, nimmt es ihren Geruch auf und speichert ihn ab. Von nun an kann es seine Mutter immer wieder am Geruch erkennen – und ein paar Tage später sogar ihre Milch von der Milch anderer Frauen unterscheiden. Seine feine Nase findet die Brustwarze der Mutter selbst im Dunkeln.
Kommt dem Baby etwas unter die Nase, was ihm nicht behagt, reagiert es mit heftigem Strampeln. Darum empfiehlt es sich, den Geruchssinn nicht durch starke körperfremde Gerüche wie Parfüms oder Cremes zu irritieren.

Schmecken

Geruchs- und Geschmackssinn sind eng miteinander verbunden. Dementsprechend kann ein Neugeborenes auch gut schmecken. Es ist von Anfang an in der Lage, die Geschmacksrichtungen süß, sauer, bitter und salzig zu unterscheiden, wobei es Süßes eindeutig bevorzugt.

Fühlen

Die Haut ist unser größtes Organ. Auf jedem Quadratzentimeter sitzen einige Millionen Zellen und Nervenfasern, die jede Berührung umgehend als Impuls an das Gehirn weiterleiten. Ein Neugeborenes spürt, wenn es hochgehoben, gehalten und gedrückt wird. Es nimmt Schmusen als etwas Schönes wahr und signalisiert, wenn ihm eine nasse Windel auf der Haut nicht behagt. Das Baby kann bald unterscheiden, ob sich etwas glatt oder rau, weich oder hart anfühlt. Je mehr angenehme Eindrücke es über seine Haut sammeln darf, desto besser.

Reflexe

Neben den fünf Sinnen haben Neugeborene ein weiteres Rüstzeug im Gepäck, das ihnen ihr Überleben sichern kann: die Reflexe. Dabei handelt es sich um unwillkürliche Vorgänge, die nach einem bestimmten Schema ablaufen, sobald ein bestimmter Reiz ausgelöst wird. Man unterscheidet:

○ **Angeborene Reflexe:** Sie werden durch Berührungen (zum Beispiel der Schluck- und Suchreflex) oder durch ein Schreckerlebnis (wie der Moro-Reflex) ausgelöst.

○ **Schutzreflexe:** Das Baby dreht zum Beispiel in der Bauchlage sein Köpfchen umgehend auf die Seite, um besser atmen zu können; auch der Husten- und Niesreflex zählen unter anderem zu dieser Gruppe.

○ **Tonische Reflexe:** Sie bestimmen die Stellung der Körperteile zueinander.

○ **Stellreaktionen:** Dank ihrer Hilfe ist das Kind fähig, Kopf- und Rumpfbewegungen sowie Arme und Beine der Schwerkraft entsprechend einzustellen.

○ **Statokinetische Reflexe:** Diese Gleichgewichtsreaktionen bleiben das ganze Leben lang erhalten und ermöglichen uns, das Gleichgewicht zu halten. Sie bilden sich etwa ab dem siebten Monat und sollten ab dem zwölften Lebensmonat voll entwickelt sein.

Eine Auswahl reflektorischer Reaktionen im Überblick

Genau genommen sollte man die frühkindlichen angeborenen Reflexe besser als Reaktionen bezeichnen, da sich Reflexe in der Regel nicht verändern – Reaktionen dagegen schon.

Zu den wichtigsten reflektorischen Reaktionen gehören unter anderem:

○ **Suchreflex:** Nimmt Ihr Baby eine Berührung an seiner Wange wahr, etwa weil Sie es sanft mit dem Zeigefinger streicheln oder es die Brustwarze seiner Mutter berührt, dreht es seinen Kopf automatisch in diese Richtung und beginnt zu saugen. Diese Reaktion ist etwa bis zum dritten Monat nachweisbar.

○ **Saugreflex:** Sobald Sie den Mundwinkel Ihres Babys berühren (mit dem Finger, der Brustwarze oder dem Sauger einer Babyflasche), öffnet es seinen Mund und beginnt an allem zu saugen, was Sie ihm in den Mund stecken. Auch diese Reaktion verschwindet innerhalb der ersten zwölf Wochen.

○ **Greifreflex:** Spürt das Baby Ihren Finger oder einen Gegenstand (zum Beispiel eine Rassel) in seiner Handinnenfläche, umklammert es diesen umgehend mit allen Fingern und hält ihn kräftig fest. Ähnlich reagieren die Zehen des Babys, wenn Sie mit dem Finger die vordere Fußsohle unterhalb der Zehen sanft berühren – sie beugen sich und versuchen, den Finger zu umklammern. Diese Reaktion verschwindet etwa bis zum fünften Monat.

○ **Moro-Reflex:** Sobald der Säugling das Gefühl hat, zu fallen (also wenn sein Köpfchen nach hinten kippt), oder wenn er aufgrund abrupter Bewegungen oder Reize erschrickt, löst er sich umgehend aus der Beugehaltung, spreizt seine Arme weit auseinander und legt sie dann sofort wieder um seinen Körper. Dieselbe Reaktion lässt sich wunderbar bei Affenbabys beobach-

was geschieht, und Sie können es vor Stress bewahren. Der Moro-Reflex ist bis zum dritten Monat stark ausgeprägt, aber schon mit einem halben Jahr nur noch schwach auslösbar.

○ **Schreitreflex:** Wenn Sie Ihr Baby unter den Achseln festhalten und so halten, dass seine Füße festen Boden unter sich spüren, hebt es umgehend einen Fuß, beugt das Knie und deutet einen Schritt nach vorne an. Diese Reaktion ist bis zum dritten Monat auslösbar.

○ **Bauer-Reflex:** Liegt das Baby auf dem Bauch und nimmt es einen sanften Druck auf den Fußsohlen wahr (etwa weil Sie Ihre Hand dagegenhalten), stößt es sich ab und deutet eine Kriechbewegung an. Auch diese Reaktion lässt sich bis zum dritten Monat auslösen.

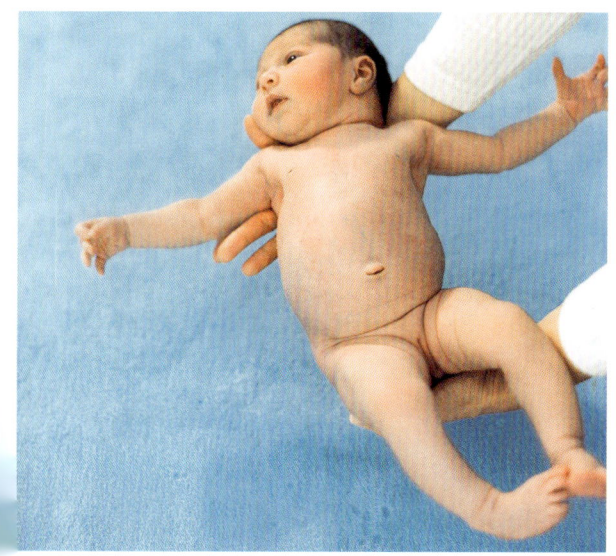

In den ersten Lebensmonaten reagiert das Baby auf unerwartete Bewegungen mit dem Moro-Reflex.

ten, die von ihrer Mutter herumgetragen werden: Wenn durch eine Bewegung der Mutter der Kopf des kleinen Affen nach hinten kippt, umklammert das Junge seine Mutter noch stärker, damit es nicht herunterfällt. Uns Eltern kann der Moro-Reflex als Mahnung dienen, stets behutsam mit dem Köpfchen des Babys umzugehen, solange es ihn noch nicht selbstständig halten kann.

Versuchen Sie, das Auslösen des Moro-Reflexes so gut wie möglich zu verhindern. Unterstützen Sie Ihr Baby darin, sich stets sicher und geborgen zu fühlen, und vermeiden Sie plötzliche und hastige Handlungen, wie rasches Hochheben oder unvermitteltes Ablegen. Das Gleiche gilt für starke Reize wie zu helles (grelles) Licht oder unerwartete laute Geräusche. Sprechen Sie Ihr Baby bei allem, was Sie mit ihm vorhaben, an, und erklären Sie, was Sie tun werden. Auf diese Weise ist Ihr Baby »vorbereitet« auf das,

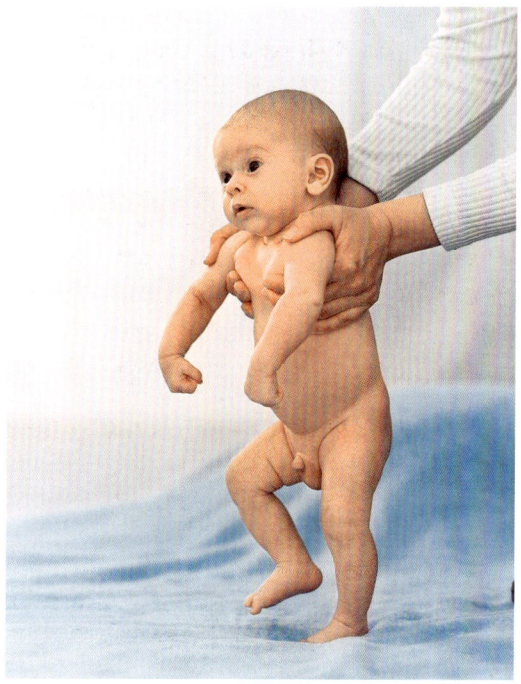

Schon die Kleinsten heben die Beinchen wie zum Laufen an, wenn ihre Füße den Boden berühren.

Die Bewegungsentwicklung vom 1. bis 3. Monat

Die motorischen Fähigkeiten eines Säuglings entwickeln sich von Kopf bis Fuß – im wahrsten Sinne des Wortes. Die Muskeln der Augen und des Nackens sind die ersten Körperteile, die das Baby beherrschen kann. Während die Augen vollends damit beschäftigt sind, einen Menschen oder Gegenstand anzuschauen, versucht die Nackenmuskulatur, den Kopf gerade zu halten, damit das Bild vor den Augen nicht verschwimmt. Sobald sein Blick etwas fixiert hat,

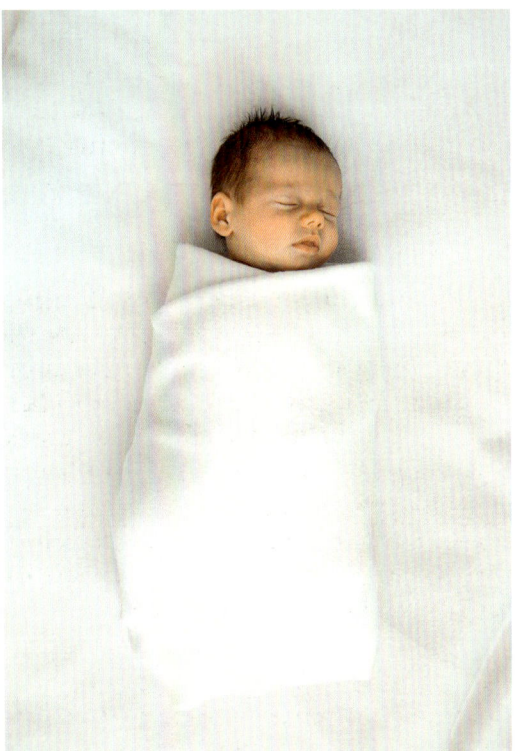

Im Bauch hatte das Baby wenig Platz. Daher genießt es in den ersten Wochen, eingewickelt (gepuckt) zu sein.

zeigt der Säugling gegen Ende des dritten Lebensmonats heftige Reaktionen darauf: Indem er mit Armen und Beinen strampelt, deutet er an, etwas im Blick zu haben. Die ganz cleveren Babys sind sogar schon imstande, beide Händchen in die Richtung des Gesehenen zu bewegen.

Die totale Beugehaltung

In den ersten Lebenswochen nehmen Neugeborenen sowohl in der Rücken- als auch in der Bauchlage die totale Beugehaltung ein: Die Ellbogen sind gebeugt, die Arme dicht am Brustkorb angewinkelt. Ebenso hat das Baby seine Beinchen angewinkelt und in Richtung Bauch gezogen. Mit den Händchen bildet es Fäuste, die den Daumen ganz umschließen. Noch kann es seine Hände nicht bewusst öffnen und seine Fingerchen ausstrecken.

Bereits im zweiten Monat ist die totale Beugehaltung jedoch deutlich weniger stark ausgeprägt; das Gleiche gilt für die Fausthaltung. Gegen Ende des ersten Lebensmonats hat das Baby seine Händchen immer häufiger und immer länger leicht geöffnet.

INFO

Das kann ein Neugeborenes

- Es liegt vermehrt in der Beugehaltung.
- In der Rückenlage liegt der Kopf auf der rechten oder linken Seite.
- Die Hände bilden Fäuste, der Daumen liegt unter den anderen Fingern.
- In der Bauchlage hebt es den Kopf kurz von der Unterlage ab.
- Es greift, sobald ihm etwas in die Handinnenfläche gegeben wird (Greifreflex).

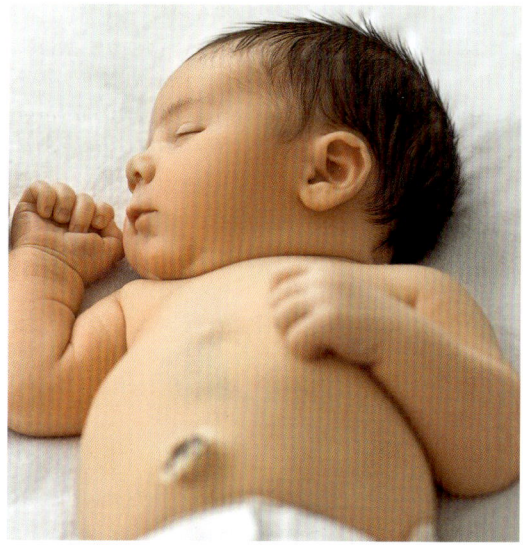

In der Rückenlage ist der Kopf zur Seite gedreht. Achten Sie darauf, dass er mal nach links, mal nach rechts zeigt.

INFO

Bauchlage und Kindstod

Immer wieder beobachten Experten, dass Eltern ihr Baby nicht gern auf den Bauch legen. »Die meisten Babys, die am plötzlichen Kindstod gestorben sind, lagen auf dem Bauch«, argumentieren die besorgten Mütter und Väter. Tatsächlich haben Babys, die mehrere Stunden auf dem Bauch oder in der Seitenlage schlafen, ein deutlich höheres Risiko, am plötzlichen Kindstod zu sterben (siehe Seite 122 f.). Das bedeutet jedoch nicht, dass sie tagsüber nicht auf dem Bauch liegen dürfen. Im wachen Zustand, mit möglichst leerem Magen und vor allem unter Beobachtung ist die Bauchlage eine gute Alternative zu anderen Liegepositionen. Ihr Kind kräftigt dadurch seine Nacken-, Schulter- und Rumpfmuskulatur, die es schon bald zum Krabbeln braucht.

Liegt das Baby auf seinem Rücken, ist sein Köpfchen zunächst nach rechts oder nach links gerichtet. Es dauert aber nur wenige Wochen, bis das Baby in der Lage ist, in dieser Position sein Köpfchen in der Mitte zu halten. Spätestens zum Ende des dritten Monats ist es meist so weit.

In der Bauchlage

Schon jetzt kann Ihr Baby sein Köpfchen für einen Moment taumelnd anheben, wenn es auf dem Bauch liegt. Nicht selten gelingt es ihm sogar, seinen Kopf aus dieser mittigen Position zur Seite zu drehen und dann wieder abzulegen. Durch dieses in der Regel reflektorische Aufrichten des Köpfchens und die anschließende Kopfdrehung weitet sich der Brustkorb, und die kindlichen Lungen können sich besser entfalten: Es fällt dem Baby leichter, zu atmen. Das Heben des Köpfchens in der Bauchlage ist aber weit mehr als eine hervorragende Leistung in den ersten Lebenstagen. Sie ist auch ein erster wichtiger Schritt auf dem Weg, die Wirbelsäule aufzurichten. Durch tägliches Üben und dank des unbändigen Willens, aufzustehen und gehen zu können, durchläuft Ihr Baby in den ersten zwölf Monaten einen enormen motorischen Entwicklungsprozess. Und der Weg zum ersten eigenen Schritt beginnt mit dem Kopfheben in den ersten Lebenstagen, gefolgt von der stabilen Bauchlage in den kommenden Wochen.

KOPF HOCH, KLEINES …

Nach etwa drei Monaten kann das Baby sein Köpfchen in der Rückenlage aktiv in der Mitte halten und willentlich zur Seite drehen, etwa um einem Geräusch zu folgen oder einen Gegenstand zu fixieren. Wenn es auf dem Bauch liegt, kann es seinen Kopf in einem Winkel von 45 bis 90 Grad anheben und für etwa eine Minute selbstständig halten. Weil er durch diese Haltung seine Hals- und Brustwirbelsäule von der Unterlage abhebt und streckt, kann der Säugling die Oberarme unter dem Brustkorb hervorholen und sich auf seine Unterarme stützen. Seine Händchen öffnen sich dabei immer mehr und bieten ihm eine stabilere Basis für den Unterarmstütz. Geschafft!

Während das Baby den Kopf anhebt, kann es allmählich auch sein Becken auf der Unterlage ablegen. Die ausgestreckten Beine bieten ihm zusätzlich sicheren Halt. Mit der Zeit verlagert sich der Schwerpunkt seines Körpers immer mehr in Richtung Becken. Diese Position verhilft zu einem ausgezeichneten Blick auf alles, was sich im näheren Umfeld befindet, und ist ein tolles Training für Bauch- und Rückenmuskeln.

BAUCHLAGE LEICHT GEMACHT

Solange Ihr Baby noch nicht von alleine in die Bauchlage kommt und sein Köpfchen noch nicht selbstständig halten kann, benötigt es dafür Ihre Hilfe. Idealerweise unterstützen Sie es dabei, indem Sie es aus der Rückenlage über die Seite in die Bauchlage drehen. Wenn Sie das Kind dabei einmal zur linken, das andere Mal zur rechten Seite bewegen, fällt es ihm später leichter, sich über beide Körperseiten zu drehen. In der Bauchlage zu verweilen erfordert vom Baby viel Kraft und Körpereinsatz. Nicht selten ist es schlichtweg zu schwach, diese Position zu halten. Dabei wäre gerade für solche Kinder diese »Übung« so wichtig, um die Rumpfmuskulatur zu kräftigen. Um das Baby nicht zu überfordern, drehen Sie es immer nur ein paar Sekunden, dafür aber öfter auf den Bauch – zum Beispiel bei jedem Wickeln.

Noch ist das Baby zu schwach, um sich im Unterarmstütz zu halten. Doch täglich wird es kräftiger.

DAS BABY KANN DEN KOPF NICHT HEBEN

Einige Babys liegen zwar auf dem Bauch, sind aber nicht in der Lage, das Köpfchen zu heben, und schaffen es dementsprechend auch nicht, in den Unterarmstütz zu kommen. Stattdessen verweilen sie in einer einseitigen Vorzugshaltung – schauen also nur noch rechts oder nur nach links. Kein Wunder, dass diese Position nicht angenehm ist und das Babys quengelt oder weint. Zuweilen liegt die Ursache für eine einseitige Vorzugshaltung nicht nur an der mangelnden Kraft, sondern in einer Blockade in der Wirbelsäule, im Kopfgelenk oder im Brustkorb (siehe Seite 66 f.). Vielleicht lehnt Ihr Schatz die Bauchlage auch ab, weil es wegen Druck im Bauchraum, Blähungen, Reflux (Aufstoßen) oder anderen Verdauungsproblemen diese Position als unangenehm empfindet. Versuchen Sie es einfach später noch einmal.

Aber ganz gleichgültig aus welchen Grund Ihr Baby partout nicht auf dem Bauch liegen mag:

So klein das Baby noch ist: Dank des Greifreflexes kann es schon richtig fest zupacken.

zeug (etwa eine Rassel), das Ihr Baby ablenkt. Um Ihrem Baby die Bauchlage zu erleichtern, können Sie ein kleines Handtuch aufrollen und es quer unter dem Brustkorb positionieren, sodass die Arme im Unterarmstütz gehalten werden und das Brustbein sich darauf abstützen kann. Dadurch wird der Unterarmstütz bequemer, und das Baby kann ein bisschen länger in der Bauchlage verweilen.

Das Greifen

In den ersten sechs Wochen ist der Greifreflex sehr deutlich ausgeprägt. Sobald Sie die Handinnenfläche Ihres Babys berühren (zum Beispiel mit dem Finger), greift es automatisch mit der ganzen Hand zu. »Mein Kind kann schon ganz schön fest zupacken«, beschreiben viele Eltern begeistert diese reflektorische Reaktion.

Zwingen Sie es nicht, in dieser Position zu verweilen, denn das macht die Situation auch nicht besser. Sprechen Sie spätestens bei der U4 den Kinderarzt darauf an. Auch speziell für Kinder ausgebildete Osteopathen, Cranio-Sacral-Therapeuten und Physiotherapeuten können sehr oft helfen, eventuell vorhandene Blockaden zu lösen – damit Ihr Baby gern auf dem Bauch liegt.

BABY MAG NICHT AUF DEM BAUCH LIEGEN

Immer wieder gibt es Babys, die zwar kräftig genug wären, sich kurz in der Bauchlage zu halten, es aber trotzdem ungern tun. Sie sind einfach zu bequem. In diesem Fall liegt es an Ihnen, Ihr Kleines zu motivieren, einen kurzen Moment auf dem Bauch liegen zu bleiben. Am einfachsten gelingt dies, wenn Sie sich vor ihm auf den Boden legen oder vor dem Wickelplatz etwas in die Hocke gehen; so sind Sie beide auf einer Augenhöhe. Loben Sie es mit sanfter Stimme, dass es so tapfer »trainiert«. Mitunter hilft ein Spiel-

⌒INFO

Das kann ein Baby am Ende des dritten Lebensmonats

- Es streckt sich vermehrt.
- Es öffnet seine Hände.
- Es stützt sich auf beiden Unterarmen ab.
- Es hält seinen Kopf mittig und dreht ihn von der einen Seite zur anderen.
- Es hebt in der Bauchlage den Kopf etwa eine Minute zwischen 45 und 90 Grad.
- Es fixiert mit den Augen das Gesicht einer Person oder einen Gegenstand.
- Es bewegt seine Hand halb geöffnet in die Richtung eines für ihn erkennbaren Gegenstandes.
- Es reagiert bewusst auf den Ton eines Glöckchens.

Die Bewegungsentwicklung vom 4. bis 6. Monat

In den ersten drei Monaten hat sich Ihr Baby von den Geburtsstrapazen erholen können und Energie getankt. Jetzt stehen die Kräftigung der Muskulatur und die Beweglichkeit der Gelenke auf seinem »Trainingsplan«. Und darin übt sich der Säugling täglich und fleißig …

In der Bauchlage

Bereits Anfang des vierten Monats liegen viele Babys sicher und selbstbewusst auf dem Bauch. Und weil mittlerweile die Händchen immer mehr geöffnet sind, stellt auch der Unterarm-

Jetzt stützt sich das Baby mit gestreckten Armen ab, die Ellbogen berühren den Boden kaum noch.

stütz eine stabile Position für sie dar. Die meisten Kinder können ihren Kopf in dieser Haltung mühelos eine Minute und länger halten.

Wahrscheinlich dauert es jetzt nur noch wenige Wochen, bis ein neuer Entwicklungsschritt beginnt. Denn Ihr Baby fühlt sich so sicher im Unterarmstütz, dass es erst einen und dann sehr bald beide Ärmchen vom Boden heben wird. Bald folgen die Beinchen, sodass sein gesamtes Gewicht allein auf dem Bauch ruht und es wie ein kleiner Schwimmer aktiv mit Armen und Beinen in der Luft rudert.

Gegen Ende des sechsten Monats stützt sich das Baby mit gestreckten Armen auf seine geöffneten Handflächen, die Ellbogen berühren den Boden nicht mehr. Sein Körpergewicht verlagert sich Richtung Schambein, der Rumpf ist bis zur Lendenwirbelsäule gestreckt – ein gutes Training für die Rücken- und Bauchmuskulatur. Gegen Ende des ersten Halbjahres lässt sich eine weitere Fertigkeit beobachten: Die meisten Babys versuchen etwa um die 26. Woche herum, in der Liegeposition ihr Gleichgewicht zu halten. Probieren Sie es spielerisch aus: Drehen Sie Ihr Baby auf einer Decke oder einem Handtuch in die Bauchlage. Sobald es seinen Kopf angehoben hat, die Wirbelsäule aufrichtet und sich mit beiden Händen fest vom Boden abstützt, heben Sie die Unterlage vorsichtig seitlich an. Erfahrungsgemäß reagiert das Baby umgehend, indem es einen Arm und ein Bein dagegenstemmt. Es versucht automatisch, das Gleichgewicht zu halten, um nicht auf die andere Seite zu kippen. Behalten Sie Ihr Baby genau im Blick, damit es nicht unkontrolliert auf den Rücken plumpst.

Das Greifen

Erfahrungsgemäß ist spätestens mit etwa vier Monaten der Greifreflex erloschen. Dafür entdecken die meisten Babys zu diesem Zeitpunkt, dass sie zwei Hände haben – und dass es sich mit ihnen hervorragend spielen lässt. Man kann sie berühren, zusammenführen und sogar in den Mund stecken. Spätestens jetzt ist kaum mehr etwas vor Ihrem Baby sicher.

Indem das Baby immer wieder seine Hände berührt und sie dabei anschaut, entwickelt es ein Bewusstsein dafür, wo sie sich befinden. In den kommenden Wochen arbeitet es kontinuierlich an seiner Hand-Auge-Koordination: Es greift gezielt nach einem Spielzeug, das Sie ihm anbieten – etwa einen Holzwürfel, einen Löffel oder ein Kuscheltier. Dabei ist deutlich das »palmare Greifen« erkennbar: Das Baby umschließt den Gegenstand mit der ganzen Handfläche samt gestrecktem Daumen. Es dreht und wendet ihn, um ihn von allen Seiten zu begutachten. Von nun an wird es dies immer wieder versuchen.

Mit etwa einem halben Jahr nutzen viele Säuglinge nur noch eine Hand, um gezielt nach einem Gegenstand zu greifen. Meistens strecken sie dabei ihren Arm mit geöffneter Hand und nach unten gerichteter Handfläche aus. Sie greifen jetzt auch über die Mittellinie hinaus nach etwas – dies ist wichtig für das nachkommende selbstständige Drehen. Wenn Sie genau hinschauen, können Sie noch einen weiteren wichtigen Meilenstein in puncto Hand-Auge-Koordination erkennen: Fasst Ihr Baby gezielt nach einem Gegenstand, muss seine Hand unmittelbar vor dem Gegenstand die Geschwindigkeit abbremsen und kann erst dann zugreifen.

Ebenfalls mit etwa sechs Monaten sind viele Babys in der Lage, ein Spielzeug von der einen Hand in die andere zu wechseln. Was sich im ersten Moment vielleicht wenig spektakulär anhört, ist durchaus eine sensationelle Leistung, schließlich führen beide Hände zur selben Zeit zwei unterschiedliche Tätigkeiten aus. Dies erfordert eine hohe Koordinationsfähigkeit.

PALMARES GREIFEN

Die ganze Hand samt gestrecktem Daumen umschließt den Gegenstand.

Der Traktionsversuch

Wenn der Kinderarzt während der U4 versucht, das Baby vorsichtig an den Händchen hochzuziehen (Traktionsversuch), beugt dieses seine Knie und hebt die Beine einige Zentimeter von der Unterlage ab. Anfangs kann der Säugling sogar aus eigener Kraft den Kopf für einige Momente mit anheben, ehe es ihn wieder erschöpft zurücksinken lässt.

Bereits zum Ende des fünften Monats ist das Baby in der Lage, den Kopf in der Sitzposition (immer noch an den Händchen gehalten) für eine Minute gerade aufrecht zu halten (siehe auch Seite 59!). Außerdem wird es versuchen, mit dem Kopf einer Schräglage entgegenzusteuern, wenn man seinen Oberkörper aus der Sitzposition heraus vorsichtig zur Seite kippt. Bis zum Ende des sechsten Lebensmonats greifen die meisten Kinder dann mit sichtbarer Freude nach den Fingern, die man ihnen entgegenstreckt. Nicht selten versuchen sie, sich selbst daran hochzuziehen. Sie können das Köpfchen jetzt beim Traktionsversuch so gut halten, dass es ihnen manchmal sogar gelingt, die Brust mit dem Kinn zu berühren.

Am Ende des sechsten Monats können viele Babys ihren Kopf sowohl im (gehaltenen) Sitz als auch in der Bauch- oder Rückenlage sehr gut kontrollieren. Damit ist ein entscheidender Grundstein für das baldige selbstständige Sitzen gelegt. Außerdem drehen die Kinder nun bewusst den Kopf bis Schulterhöhe zu beiden Seiten.

WARUM STRECKT MEIN BABY DEN KOPF NACH HINTEN?

Ein Baby sucht sich immer die bequemste Position aus. Daher kann eine überstreckte Körperhaltung darauf hindeuten, dass die kindliche Wirbelsäule durch die Geburt gestaucht wurde beziehungsweise das Kopfgelenk, also die Stelle zwischen Schädelbasis und erstem Halswirbel, blockiert ist (siehe Seite 66 f.). Diese Blockade verhindert, dass das Baby seinen Kopf entspannt nach vorne Richtung Brustbein bewegen kann. Stattdessen »legt« es sein Köpfchen dauerhaft in den Nacken, als würde es nach oben und hinten schauen. Es liegt »überstreckt«.

Die Gründe für das Überstrecken sind vielfältiger Natur: Vielleicht hat die Geburt sehr lange gedauert? Eventuell ist das Kind nicht ins Becken gerutscht? Ein vorzeitiger Blasensprung kann ebenso die Ursache für das Überstrecken sein wie eine Sturzgeburt. Auch Babys, die so auf die Welt kommen, dass sie beim Verlassen des Geburtskanals nach oben blicken, wenn die Mutter auf dem Rücken liegt (im Volksmund heißen diese Babys »Sternengucker«), leiden manchmal als Folge der Geburt unter einer Kopfgelenksblockade. Ebenso kann der Kopf eines Babys stark überstreckt sein, wenn zuerst das Gesicht oder die Stirn geboren werden. Denn diese Geburtsposition übt einen starken Druck auf das kindliche Gesicht aus. Dagegen zählt die Hinterhauptslage, bei der das Köpfchen des Babys mit dem Kinn an der Brust liegt und sein Gesicht zum Kreuzbein der Mutter zeigt, zu den sanftesten Geburtsstellungen. In dieser Position ist die kindliche Halswirbelsäule stabil und wird nicht überstreckt.

(INFO

Das kann ein Baby bis zum Ende des sechsten Lebensmonats

- In der Rückenlage liegt es entspannt und gerade (symmetrisch).
- Es stützt sich auf den Zehenspitzen ab, wenn man es aufrecht hält. Zwischendurch setzt es auch den Fuß mit ganzer Sohle auf.
- Es führt seine Händchen vor dem Körper zusammen und steckt sie in den Mund.
- Es dreht sich selbstständig auf die Seite – aus der Bauch- und aus der Rückenlage.
- In der Bauchlage kann es im Unterarmstütz liegen und die Hände zwischendurch kurz hochheben (Schwimmen).
- Es hebt in der Bauchlage eine Hand und greift nach einem Gegenstand.
- Es greift mit seiner ganzen Hand; der Daumen ist dabei abgespreizt.
- Es wechselt Spielzeug zwischen seinen beiden Händen.
- In der Rückenlage spielt es mit seinen hochgezogenen Knien und Füßen.
- Es blickt einem heruntergefallenen Spielzeug hinterher.

Die Bewegungsentwicklung vom 7. bis 9. Monat

In den vergangenen Wochen und Monaten stand die Kräftigung der Muskulatur im Vordergrund. Das Zusammenführen der Hände zur Körpermitte stand ebenso auf dem täglichen »Trainingsplan« wie der symmetrische Stütz, um den Kopf stabil in der Mitte zu halten. Mittlerweile sind Nacken-, Schulter- und Rumpfmuskulatur stark genug, dass das Baby einseitige Bewegungen ausüben kann: Es kann sein Gewicht verlagern und sich auf die Seite drehen, es kann einen Arm heben und gleichzeitig ein Bein vorziehen, so wie es zum Robben erforderlich ist. Gegen Ende des siebten Monats ist das Baby in der Lage, einen Arm aus der Bauchlage heraus für wenigstens drei Sekunden auszustrecken. In diesem Moment übernimmt der stabile Rumpf einen Großteil der Haltearbeit.

Liegen auf dem Rücken und dem Bauch

Viele Kinder entdecken in dieser Zeit ihre Füße, wenn sie auf dem Rücken liegen. Die ganz Beweglichen stecken sogar ihre Zehen in den Mund – eine beeindruckende Fertigkeit, die zeigt, wie beweglich die kindliche Hüfte sein kann. Gleichzeitig lässt sich hierbei die Hand-Fuß-Koordination erkennen. Eine weitere wichtige Stufe auf der Entwicklungsleiter ist erklommen. In den kommenden Wochen hat Ihr Baby nur ein Ziel vor Augen: Es möchte sich endlich selbstständig fortbewegen können. Robben, Kriechen und Krabbeln zu können sind ein bedeutender Meilenstein in der kindlichen Entwicklung – schließlich ermöglichen sie es dem Kind erstmals, mobil zu sein. Aber vorher muss es noch fleißig üben …

Laut Kinderärzten und Physiotherapeuten ist die Fähigkeit, sich aktiv vom Rücken auf den Buch zu drehen, etwa um den siebten Monat herum voll ausgebildet. Der Moment ist gekommen, an dem die erstaunten Eltern ungläubig in der Familie fragen: »Hast du unser Baby so hingelegt, oder hat es sich von alleine gedreht?« Dabei entwickelt jedes Baby eine eigene Technik, um seine Position zu verändern: Die Drehung kann zum Beispiel an den Füßen und Beinen beginnen, worauf das Becken auf die andere Seite kippt und zum Schluss die Schultern in die neue Position kommen. Andere Kinder drehen sich von der oberen Körperhälfte aus: Sie legen zuerst ein Ärmchen über die Körpermitte auf die andere Seite, folgen dann mit Blick, Kopf und Schultern, ehe das Becken kippt und sich zuletzt die Beine samt Füßen drehen. Gleichgültig welche Technik Ihr Baby bevorzugt: Es ist einfach wundervoll, dass es sich jetzt drehen kann. Ab jetzt heißt es für das Baby: Ich brauche euch nicht mehr, um mich vom Fleck zu rühren. Ich werde jetzt endlich mobil!

Es geht vorwärts

Abhängig von ihren Möglichkeiten entwickeln Babys ganz unterschiedliche Strategien, sich vom Fleck fortzubewegen.

○ Etwa mit fünf bis sieben Monaten dreht sich das Baby vom Rücken auf den Bauch – und kurze Zeit später auch umgekehrt vom Bauch auf den Rücken. Zeitgleich kann es sich um seine eigene Achse drehen (kreiseln), wenn es auf dem Bauch liegt.

○ Mit acht bis neun Monaten können viele Babys robben: Sie liegen mit Bauch, Armen und Beinen auf dem Boden, heben den Kopf und »schleifen« sich vorwärts. Wenn der rechte Arm nach vorne greift, zieht das Baby zeitgleich das linke Knie Richtung Hüfte. Nun holt es den linken Arm nach vorne, während es im gleichen Zug das rechte Knie anwinkelt und zur Hüfte zieht. Die Phase des Robbens dauert nicht sehr lange an und ist in der Regel nach zwei bis drei Wochen wieder vorbei. Denn schon nach wenigen Tagen hat das Baby seine Muskeln so sehr trainiert, dass es seine Unterarme vom Boden abheben kann und stattdessen nur noch die Hände auf dem Boden hält. Jetzt ist es nur noch ein kleiner Schritt zum Krabbeln.

Das Greifen

Etwa mit sieben Monaten können Sie die kindliche Hand-Auge-Koordination Ihres Kindes weiter fördern. Wenn Sie Ihrem Baby zwei Gegenstände auf einmal anbieten, etwa zwei Bau-

klötze oder zwei Löffel, wird es vermutlich mit beiden Händen danach greifen. Anfangs mag vielleicht das erste Teil wieder aus der Hand fallen, wenn die zweite Hand das andere umfasst. Doch bereits gegen Ende des achten Monats können die meisten Kinder mit beiden Händen für einige Sekunden je einen Gegenstand ergreifen und halten. Experten nennen diese Fähigkeit doppelseitige Koordination – ein weiterer Meilenstein in der Entwicklung eines Kindes.

Allmählich wird auch das Greifen exakter. Ihr Baby packt nicht mehr unbedingt mit der ganzen Handfläche zu, sondern immer öfter mit gebeugten Fingern und gestrecktem Daumen. Sie können diesen »Scherengriff« sehr gut beobachten, wenn Sie dem Kind kleinere, dünnere Dinge anbieten, zum Beispiel einen Wollfaden, ein dünnes Buch oder eine Wäscheklammer.

HOPPLA, WAS SCHEPPERT DENN DA?

Nicht nur die Greiftechnik wird akkurater, sondern auch der Umgang mit dem Spielzeug än-

Wenn etwas sein Interesse geweckt hat, gibt es für das Baby kein Halten mehr, und es robbt los.

dert sich. Gegen Ende des neunten Monats realisiert das Baby, dass es mit seiner Hand nicht nur nach einem Gegenstand greifen kann und ihn damit aufnimmt, sondern dass es ihn auch wieder loslassen kann. Es lernt: Wenn ich meine Hand öffne, fällt der Bauklotz runter. Und scheppert dabei so schön …

Sitzen

Wenn Ihr Baby auf dem Rücken liegt und Sie ihm Ihre Hände reichen, zieht es sich vermutlich selbst in die Sitzposition. Viele Kinder können im Alter von etwa sieben Monaten sogar schon für einige Sekunden alleine sitzen, auch wenn sie sich dabei noch auf ihren Armen nach vorne abstützen. Zum Ende des achten Monats verbleiben dann viele Babys mindestens fünf Sekunden ohne jede Hilfe in der Sitzposition.

Wenn Sie Ihr Baby nach einem kurzen Moment wieder auf den Rücken ablegen, kann es selbst die »liegende Gartenzwerghaltung« einnehmen. Es dreht sich auf die Seite, hält den Kopf in Schräglage und stützt sich nur noch auf dem unten liegenden Arm ab. Mit der anderen Hand kann es gezielt nach etwas greifen. Diese Position stärkt den Gleichgewichtssinn und ist zugleich eine hervorragende Ausgangsposition, um bald von der Bauchlage ins freie Sitzen zu kommen.

DER RICHTIGE ZEITPUNKT

Die oben beschriebene Halteübung ähnelt dem Traktionsversuch, den auch der Kinderarzt durchführt (siehe Seite 55 f.) und der ihm entscheidende Hinweise liefert, ob der Entwicklungszustand des Babys seinem Alter entspricht. Ganz wichtig: Als Eltern sollten Sie den Versuch auf keinen Fall nachahmen. Erst wenn die entsprechende Muskulatur Ihres Babys ausreichend entwickelt ist, ist der Zeitpunkt da, an dem es von alleine in den freien Sitz kommen

INFO

Das kann ein Baby bis zum Ende des neunten Lebensmonats

- Es dreht sich willentlich von der Rückenlage in die Bauchlage – und umgekehrt.
- Es kreiselt in der Bauchlage um die eigene Achse.
- Es kann robben beziehungsweise kriechen.
- Es kommt in den Vierfüßlerstand, kann vor- und zurückwippen.
- Es kommt selbstständig zum Sitzen, sitzt etwa eine Minute frei und stützt sich mit den Händen nach vorne ab.
- Es ergreift mit beiden Händen einen Gegenstand und kann ihn für einen Moment festhalten.
- Es kann einen Gegenstand von einer Hand in die andere übergeben und ihn absichtlich fallen lassen.
- Es beherrscht den Scherengriff.

kann und sich, wenn es schwankt, nach vorne oder zur Seite abstützen kann, damit es nicht unglücklich auf den Kopf fällt. Wird das Baby zu früh in eine sitzende Position gebracht und soll es womöglich gut gestützt auch so verharren, kann sich das zudem ungünstig auf den kindlichen Rücken auswirken – und im Extremfall sogar zu einem späteren Sitzbuckel führen. Haben Sie Geduld! Schon bald wird sich Ihr Baby ganz ohne Hilfe hinsetzen – erfahrungsgemäß ist es im Alter von neun oder zehn Monaten so weit. Dann halten die Kleinen beim Sitzen auch den Kopf wacker aufrecht, können bereits mit ihm nicken oder ihn schütteln – ein Zeichen dafür, dass sie ihr Kopfgelenk frei bewegen können.

Im stabilen Sitz lässt sich die Welt aus einer anderen Perspektive betrachten. Und die Hände sind auch frei.

VERSCHIEDENE SITZWEISEN

Kinder sind äußerst kreativ und fantasievoll wenn es darum geht, sich alleine aufzusetzen. Eine besonders beliebte Methode: Sie setzen den Po aus dem Vierfüßlerstand neben dem rechten oder linken Fuß am Boden ab und kommen dann über diesen Seitsitz zum eigentlichen Langsitz, also dem Sitzen mit ausgestreckten Beinen. Andere Kinder gelangen über die Gartenzwergposition (siehe Seite 64) in den Langsitz, indem sie sich erst seitlich aufrichten und dann in den Sitz hochdrücken. Äußerst akrobatisch, aber weniger populär ist eine Variante, bei der sich das Baby zunächst aus der Bauchlage heraus mit beiden Händen auf dem Boden abstützt, um sich dann über den Spagat zum Sitzen zurückzuschieben. In der Regel vermeiden es diese Kinder, aus der Mitte heraus zu kommen, und spielen am liebsten im Sitzen – mit einem Gegenstand, den sie unmittelbar vor sich haben. Auf keinen Fall wollen sie aus dem Gleichgewicht gebracht werden. Das bedeutet, sie umgehen eine Gewichtsverlagerung auf eine Gesäßseite. Wenn man diese Kinder zum Beispiel vorsichtig nach hinten drücken würde, bekämen sie Angst.

Manchen Kindern fehlt schlichtweg die Weichheit im Becken und eine entspannte hintere Beinmuskulatur, die nötig ist, um locker im Langsitz zu sitzen. Andere Kinder haben recht angespannte Beine, die sie eher wegstrecken und so gut wie nie in Richtung Bauch ziehen. Dies kann ein Hinweis auf eine frühe Blockade im Kopfgelenk beziehungsweise Becken sein. In diesem Fall können krankengymnastische oder osteopathische Behandlungen helfen.

Wieder andere Kinder kommen zwar über den Vierfüßlerstand zum Sitz, jedoch immer nur über eine bevorzugte Seite. Diese Babys sitzen meist auch nur auf einer Pobacke. Ihre Wirbelsäule weist erfahrungsgemäß eine »C-Form« auf, während ihr Köpfchen zur gegenüberliegenden Körperseite geneigt ist. Wenn auch Ihr Kind diese Sitzvariante bevorzugt, reichen Sie ihm von der Seite aus, zu der es den Kopf neigt, ein Spielzeug. Fast immer siegt die kindliche Neugier – und sorgt so dafür, dass das Baby seine Schräghaltung im Nu von alleine ausgleicht. Ist dies innerhalb einiger Tage trotz mehrmaliger Versuche nicht der Fall, sollten Sie den Kinderarzt, einen Osteopathen oder Physiotherapeuten zu Rate ziehen, ob eventuell eine einseitige Bewegungseinschränkung besteht.

Die Bewegungsentwicklung vom 9. bis 12. Monat

In den kommenden Wochen sollten Sie beobachten, ob Ihr Kind krabbeln (kann) oder nicht, denn Krabbeln im Kleinkindalter ist extrem wichtig. Will Ihr Kind nicht von alleine krabbeln, empfiehlt sich ein Besuch beim Osteopathen, um zu klären, ob eine Blockade diesen Entwicklungsschritt verhindert (siehe Seite 66 f.).

Vom Robben zum Krabbeln

Gegen Ende des zehnten Monats wandert auch Babys Hinterteil allmählich in die Höhe, sodass aus dem Robben ein Kriechgang wird. Auf den Händen und Knien kann das Baby nun vor- und zurückschaukeln. Ist es erschöpft, setzt es sich auf seine Unterschenkel. Es kriecht nun auch, anstatt zu robben.

Sobald sich das Gesäß im Kriechgang auf Schulterhöhe befindet, spricht man vom Krabbeln. Anfangs wirkt alles noch etwas unkoordiniert, schließlich muss das wechselseitige Vorwärtssetzen von Hand und gegenüberliegendem Bein erst noch geübt werden. Doch schon bald können sich die meisten Babys im harmonischen Rhythmus vorwärtsbewegen: rechter Arm, linkes Bein, linker Arm, rechtes Bein … Mit täglichem Training wird die gekreuzte Koordination von Mal zu Mal schneller und flüssiger.

WARUM KRABBELN SO WICHTIG IST

Alle gesunden Babys lernen irgendwann, zu stehen und die ersten Schritte zu gehen. Die einen sind dabei etwas fixer und schaffen es bereits mit zehn Monaten, während andere sich etwas mehr Zeit lassen und erst im Alter von 18 Monaten alleine gehen. Jedes Kind entwickelt sich nach seinen Möglichkeiten und bringt dabei

sein eigenes Tempo mit. Wenn Eltern dies stets im Hinterkopf haben, erleben sie die Entwicklung ihres Kindes deutlich gelassener. Es ist nämlich gar nicht so bedeutend, *wann* ein Baby alleine laufen kann. Viel wichtiger ist, welche Fortbewegungstechniken ein Baby vor dem Laufen entwickelt hat – genauer gesagt, ob ein Baby krabbeln kann oder nicht. Denn Krabbeln ist eine wichtige Fertigkeit.

Krabbeln führt nicht nur dazu, eine harmonisch zusammenarbeitende Rücken- und Bauchmuskulatur auszubilden und Bewegungsabläufe zu koordinieren. Ein Kind mit stabilem Schultergürtel wird auch in Zukunft seinen Stift lockerer halten können. Und mehr noch: Es gibt Hinweise darauf, dass Kinder, die als Kleinkind kaum oder gar nicht gekrabbelt sind, ein erhöhtes Risiko haben, später Lernschwierigkeiten zu entwickeln, weil die beiden Gehirnhälften noch nicht ausreichend geschult werden konnten, optimal zusammenzuarbeiten.

Zwar entwickelte sich um die Jahrtausendwende der Trend, dass jedes Kind die Chance haben sollte, seine eigene Fortbewegungstechnik zu entwickeln, und die motorische Entwicklung nicht streng nach Lehrbuch verlaufen müsse (robben, Vierfüßlerstand, krabbeln, laufen). Wenn ein Baby fortan mit abgespreizten Beinen vorwärtsrobbte, ein Bein nachzog, auf einer Pobacke durch die Wohnung rutschte, sich über den Teppich rollte oder gar schlängelte, werteten Eltern, Freunde und Verwandte dies als drolligen und eigenwilligen persönlichen Stil, der auf die selbstbewusste Persönlichkeit des Babys hinweise. So weit, so gut.

EIN VERGLEICH AUS DEM TIERREICH

Wenn Sie ein Fohlen sehen, das beim Laufen ein Hinterbein nachzieht oder sonst eine eigentümliche Fortbewegungstechnik entwickelt hat, wür-

INFO

Schon als Baby zum Therapeuten?

Kein Zweifel: Ein Kind ist kein Automat, den man einfach an- und ausschalten kann. Und so legt jedes Baby in Sachen Entwicklung und Fortschritt sein eigenes Tempo an den Tag. Als Eltern sollten Sie sich daher auch beim Krabbeln nicht zwingend an Zeitplänen und Tabellen orientieren. Die einen sind etwas schneller, die anderen etwas langsamer. Bei einer Frage jedoch scheiden sich die Geister: Ist Krabbeln notwendig für die weitere Entwicklung? Die einen beschwichtigen, dass Kinder, die nicht krabbeln, später trotzdem auf beiden Beinen stehen und laufen können. Die andere Partei kontert: »Stimmt. Um später laufen zu können, ist Krabbeln nicht zwangsläufig notwendig. Aber es ist ungemein hilfreich, die Zusammenarbeit beider Gehirnhälften zu unterstützen.« Trotzdem müssen sich Eltern von Nicht-Krabblern immer noch rechtfertigen, wenn sie ihr Kind bereits im Säuglingsalter zum Therapeuten bringen. Zu Unrecht: Jedes gesunde Baby bringt die Voraussetzung zum Krabbeln mit – und sollte dieses aus oben beschriebenen Gründen auch wahrnehmen dürfen. Notfalls mithilfe einer kurzen therapeutischen Unterstützung.

den Sie dann vermuten, dass sich dieses Jungtier aufgrund seiner eigenwilligen Persönlichkeit anders fortbewegt als seine Altersgenossen? Oder würden Sie nicht eher darauf tippen, dass es ein Problem mit seinem Hüftgelenk oder seinem Hinterbein hat und tierärztliche Hilfe benötigt? Tatsächlich zeigt die Erfahrung, dass sich auch

bei Babys hinter ungewöhnlichen Fortbewegungstechniken sehr oft Blockaden im Bereich der Halswirbelsäule und/oder im Schulter- und Beckenbereich verbergen. Die Kinder haben kaum eine andere Möglichkeit, auf herkömmliche Art und Weise mobil zu werden. Daher empfiehlt es sich bei Bedarf, einen Osteopathen zu konsultieren, der diese Blockaden durch eine entsprechende Behandlung lösen kann. Eine krankengymnastische Behandlung (nach Bobath oder Vojta) kann dem Baby zusätzlich Reize fürs Krabbeln liefern. Hier bekommen Sie auch Tipps, wie Sie Ihr Kind zu Hause unterstützen können, sich auf allen Vieren fortzubewegen. Diese therapeutischen Maßnahmen können sehr wirkungsvoll sein.

KRABBELN: TRAINING FÜRS GEHIRN

Unser Gehirn besteht aus zwei Hälften (Hemisphären), die nicht nur unterschiedliche Aufgaben haben, sondern auch auf ihre jeweils eigene Weise Informationen sammeln und verarbeiten. Klares oder effektives Denken ist nur möglich, wenn die beiden Gehirnhälften gut zusammenarbeiten (synchronisieren).

Beide Gehirnhälften sind über einen Steg verbunden. Dieser Corpus callosum besteht aus einer Ansammlung von markhaltigen Nervenfasern, über die eintreffende Informationen von der einen Gehirnhälfte in die andere geleitet und die Funktionen der beiden Hemisphären koordiniert werden. Sämtliche Sinneseindrücke der linken Körperseite werden zur rechten Gehirnhälfte geleitet und dort verarbeitet. Zugleich steuert die rechte Gehirnhälfte die Muskulatur der linken Körperseite. Im Gegenzug ist die linke Hemisphäre für die Verarbeitung der Sinneseindrücke zuständig, die von der rechten Körperhälfte kommen. Gleichzeitig steuert sie die Muskeln auf dieser Körperseite.

Bewegungen, bei denen wir gleichzeitig die Muskulatur der rechten und linken Körperseite benutzen – die Extremitäten also nicht parallel zueinander, sondern überkreuz »arbeiten« –, aktivieren und fördern die Zusammenarbeit der beiden Gehirnhälften. Je früher und flüssiger diese Überkreuzbewegungen erlernt und trainiert werden (so wie das beim Krabbeln der Fall ist), desto rascher funktioniert der Informationsfluss zwischen rechter und linker Hemisphäre. Außerdem tragen die Überkreuzbewegungen von Armen und Beinen dazu bei, dass im Gehirn neue Nervenschaltstellen angelegt werden.

Vom Krabbeln in den Stand und zum ersten Schritt

Vom Krabbeln ist es nicht mehr weit zum nächsten Entwicklungsschritt: Die Kinder heben ihre Knie vom Boden, indem sie das Gesäß noch höher nehmen, und laufen im Vierfüßler- oder Bärengang über den Boden – lediglich Hand- und Fußflächen berühren den Boden. Jetzt dauert es nicht mehr lange, bis das Kind sich traut, in den Stand zu kommen. Der ist zwar anfangs noch recht wackelig. Doch weil die Tragfähigkeit der Beine täglich wächst, kann das Kind mit etwa zehn Monaten über eine Minute auf seinen Beinchen stehen. Weil ihm jedoch auch das noch nicht genügt, widmet es seine volle Aufmerksamkeit all den Dingen, an denen es sich hochziehen kann – egal ob es sich dabei um eine Tischkante, einen Stuhl, einen Karton oder eine Treppenstufe handelt. Sobald es sich dabei einigermaßen sicher fühlt, beginnt das Baby, seitlich entlang der Kante zu gehen. Zum Zeitpunkt ihres ersten Geburtstages können 90 Prozent aller gesunden Babys in beiden Richtungen an Möbeln entlanggehen.
Sobald Sie Ihrem Kind Ihre Hände hinhalten, greift es danach, richtet sich aus dem Sitz auf und stellt sich auf die Beine. Wenn Sie es nun an die Hand nehmen, folgen die ersten Gehversuche. Die breitbeinigen Schritte wirken anfangs zwar noch etwas unkoordiniert und wackelig.

TIPP

Krabbeln lernen

Wenn Sie sehen, dass Ihr Kind sich immer wieder in den Vierfüßlerstand begibt, sich aber nicht weiter traut, können Sie ihm helfen, das Krabbeln zu lernen. Wie? Machen Sie es ihm schmackhaft, und krabbeln Sie mit. Zögern Sie nicht, sich ebenfalls auf alle viere zu begeben, und ermuntern Sie Ihr Kind, es Ihnen gleichzutun. Eine andere Möglichkeit: Strecken Sie Ihrem Baby Ihre Hand oder einen attraktiven Gegenstand (zum Beispiel einen Holzlöffel, einen Ball oder eine kleine Box) entgegen, damit es sich aus reiner Neugierde auf den Weg macht: »He, was ist denn das?«
Sollte Ihr Baby trotz allem keine Anstalten machen, sich aus dem Vierfüßlerstand zu bewegen, hilft vielleicht dieser Trick: Führen Sie ein größeres Handtuch der Länge nach unter dem Brustkorb des Kindes hindurch, und legen Sie die Enden über seinem Rücken zusammen. Heben Sie dann das Handtuch gerade so weit an, dass die Handflächen und Knie des Babys noch am Boden bleiben. Geben Sie nun einen sachten Impuls in Richtung Vorwärtsbewegung, indem Sie das Handtuch ganz sanft nach vorne bewegen – es genügt dabei, das Tuch zu halten, Sie müssen nicht damit »spazieren gehen«.

Doch je weniger Stütze Sie Ihrem Baby dabei anbieten, desto eher lernt es, seinen Rumpf und Kopf selbstständig über den Beinen auszubalancieren. Geben Sie daher nicht zu viel Hilfestellung. Auch hier gilt: Übung macht den Meister, sodass rund 60 Prozent aller Kinder bis zu ihrem ersten Geburtstag die ersten eigenen Schritte ohne weitere Hilfe machen können.

Sitzen

Mittlerweile bewegen sich die meisten Babys so routiniert, dass es ihnen immer häufiger und leichter gelingt, sich allein aus der Rückenlage über den Vierfüßlerstand und Seitsitz oder über den Gartenzwergsitz aufzusetzen. Sobald sie dann sitzen, strecken sie ihre Beine lang nach vorne aus, wobei die Wirbelsäule in der Regel vollkommen gestreckt ist. Experten nennen diese Haltung Langsitz – eine stabile Position, in der sich ein Baby sicher aufgehoben fühlt und eine Weile spielen kann. Erblickt es in greifbarer Nähe einen Gegenstand, zögert es nicht, sich nach vorne oder zur Seite zu beugen, um danach zu fassen. Dabei kann das Kind Schräglagen mittlerweile gut ausgleichen. Liegt der Kuschelhase dagegen etwas weiter entfernt, verlagert das Baby das Gewicht zur Seite, dreht sich in den Vierfüßlerstand und krabbelt darauf los. In den kommenden Wochen trainiert das Baby die Fähigkeit, schneller in den Sitz zu kommen, sein Gleichgewicht zu halten und weitere Bewegungen aus dieser Position zu erlernen. Wenn es das Gefühl hat, umzukippen, stützt es sich prompt mit gestreckten Armen in die entsprechende Richtung ab.

Einen krönenden Abschluss in der Entwicklung des Sitzens bildet die Fähigkeit des Kindes, sein Gleichgewicht so ideal auszubalancieren, dass es nicht umkippt, wenn seine Beinchen im Langsitz angehoben werden.

Das Greifen

In den kommenden Wochen wird der Scherengriff (siehe Seite 58) immer weiter ausgefeilt, bis er schließlich zum Pinzettengriff wird. Der feine Unterschied: Beim Scherengriff liest das Baby einen feinen Gegenstand zwischen ausgestrecktem Daumen und Zeigefinger auf. Beim Pinzettengriff pickt es selbst kleinste Krümel mit den Kuppen von Daumen und Zeigefinger auf. Zwischen dem elften und zwölften Monat wird aber sogar der Pinzettengriff nochmals verfeinert und abgelöst: Mit dem Zangengriff fasst das Kind einen winzigen Gegenstand zwar weiterhin mit Daumen- und Zeigefingerkuppe, der Zeigefinger ist dazu jedoch noch gebeugt. Spätestens ab diesem Moment erwacht in Ihrem Baby die Liebe zum Detail: Von nun an erweckt jeder noch so winzige Gegenstand die kindliche

PINZETTENGRIFF

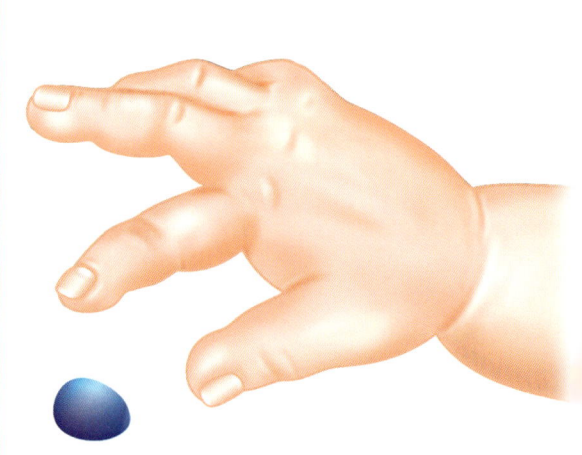

Gegen Ende des 10. Lebensmonats pickt das Baby auch kleinste Krümel mit den Kuppen von Daumen und Zeigefinger auf.

ZANGENGRIFF

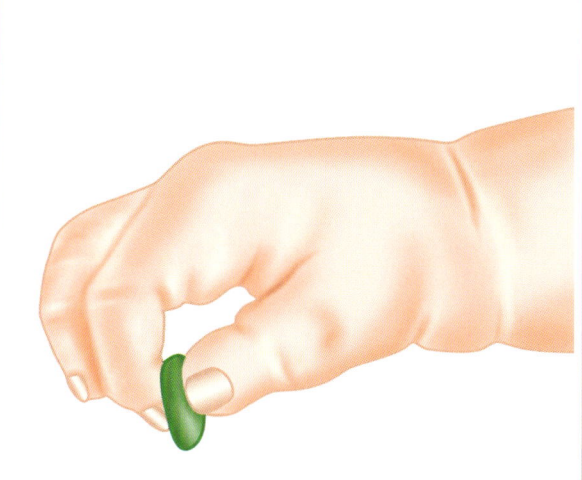

Gegen Ende des 11. bis 12. Lebensmonats des Babys ist der Zeigefinger beim Greifen gebeugt.

○ **Palmares Greifen:** Bereits einige Wochen später ist das Baby in der Lage, gezielt und mit der gesamten Handfläche inklusive dem gestreckten Daumen nach einem Gegenstand zu greifen, zum Beispiel nach einem Würfel oder einem Bauklotz.

○ **Scherengriff:** Nach und nach entwickelt sich der Scherengriff, bei dem das Baby mit leicht gebeugten Fingern und gestrecktem Daumen greifen lernt, etwa nach einem Stift.

○ **Pinzettengriff:** Das Baby »pickt« mit den Kuppen von Daumen und Zeigefinger nach winzigen Dingen, etwa einer Wimper oder einer Brotkrume.

○ **Zangengriff:** Das Baby greift einen Gegenstand mit der Kuppe des gebeugten Zeigefingers und Daumens.

Neugier und muss genauestens untersucht werden, egal ob es sich um eine Wimper in Mamas Gesicht handelt, eine Fluse auf dem Pullover, ein Papierschnipselchen auf dem Teppich oder einen Kuchenkrümel neben dem Teller. Das schult die Feinmotorik enorm.

Die Koordination der Hände klappt gegen Ende des zehnten Monats so gut, dass das Baby sie auch dann vor dem Körper zusammenführen kann, wenn es in beiden Händen etwas hält (zum Beispiel zwei Löffel). Genauso gut kann es den einen Gegenstand näher betrachten, während die andere Hand den Gegenstand einfach nur festhält.

CHRONOLOGISCHE ENTWICKLUNG DES GREIFEN-LERNENS

○ **Greifreflex:** Von Geburt an packt das Baby mit allen Fingerchen fest zu, sobald etwas seine Handinnenfläche berührt.

 INFO

Das kann ein Baby bis zum Ende des zwölften Monats

○ Es krabbelt koordiniert und geplant vorwärts.

○ Es sitzt selbstständig mit nach vorn ausgestreckten Beinen.

○ Es spielt im Sitzen mit einem Gegenstand.

○ Es steht auf, indem es sich zum Beispiel an einem Möbelstück hochzieht.

○ Es gelangt über den »Bärenstand« zum Stehen.

○ Es läuft seitlich an Möbeln und Ähnlichem entlang oder geht sogar die ersten Schritte alleine.

○ Es beherrscht den Scheren-, Pinzetten- und Zangengriff.

Blockaden

Orthopäden, Chiropraktiker, Heilpraktiker, Osteopathen, Physiotherapeuten und Kinesiologen sprechen immer dann von einer Blockade, wenn die Funktion des menschlichen Körpers in einer bestimmten Art eingeschränkt ist. Blockaden sind hinderlich und verzögern die menschliche Entwicklung. Aber sie lassen sich beheben, wenn man etwas über ihre Entstehung und ihre Ursachen weiß. Dazu bedienen sich die oben genannten Fachleute keiner Medikamente, sondern ihrer Hände. Durch gezieltes Tasten und Fühlen sind sie in der Lage, Blockaden zu erspüren und auf sanfte Art schmerzlos zu beseitigen (entsprechende Adressen der Verbände finden Sie ab Seite 404).

Verschiedene Arten von Blockaden

Blockaden können an vielen Stellen des Körpers entstehen und auftauchen, an Organen und am Bindegewebe ebenso wie am Knochenapparat.

BLOCKADEN IM SCHÄDELBEREICH

Der Kopf eines Säuglings ist zum Zeitpunkt der Geburt weich und bis zu einem bestimmten Grad beweglich. Bei jeder Geburt auf natürlichem Wege verschieben sich die Schädelplatten innerhalb des knöchernen Schädels und überlappen sich. Dadurch nimmt der Umfang des Schädels ab, damit der Kopf durch den Geburtskanal passt. In der Regel nehmen die Schädelplatten nach der Geburt wieder ihre ursprüngliche Position ein. Dies ist jedoch nicht immer der Fall.

ATLAS- UND KOPFGELENKSBLOCKADE

Das Kopfgelenk befindet sich zwischen der Schädelbasis (unteres Ende des Hinterkopfs) und dem ersten Halswirbel. Dieses Gelenk ermöglicht es, den Kopf zur Seite zu drehen oder nach oben und unten zu bewegen. Die Beweglichkeit des Kopfgelenks kann während der Geburt einseitig oder symmetrisch beeinträchtigt werden, etwa durch den enormen Druck unter den Wehen oder durch das Einwirken verschiedener Kräfte bei der Geburt, die das Kopfgelenk zerren oder stauchen können.

WIRBELBLOCKADE

Von einer Wirbelblockade spricht man, wenn ein oder mehrere Wirbel weniger beweglich sind, weil sie zum Beispiel gestaucht, verdreht oder gezerrt wurden. Manchmal sind sie in Verbindung mit einer Rippe in ihrer Beweglichkeit stark eingeschränkt.

BECKENBLOCKADE

Das menschliche Becken lässt sich mit einem knöchernen Ring vergleichen. Er setzt sich zusammen aus dem Kreuzbein (einem Knochen, der durch die Verschmelzung der untersten fünf Wirbel der Wirbelsäule entstanden ist) und den beiden Darmbeinen. Letztere sind durch zwei Gelenke (Darmbeingelenke) mit dem Kreuzbein verbunden. Sind diese Gelenke in ihrer Funktion beeinträchtigt, spricht man von einer Beckenblockade. Nicht selten ist jedoch das Kreuzbein selbst gestaucht, zum Beispiel bei Steißgeburten.

Ursachen von Blockaden

Die Gründe für eine Blockade beim Säugling können bereits in der Schwangerschaft liegen. Etwa dann, wenn sich die Gebärmutter nicht genug ausdehnen kann, weil die Muskelgruppen, die sie umgeben, nicht weich und elastisch genug sind oder eine Narbe an der Gebärmutter selbst dies verhindert. In beiden Fällen muss der Embryo im Mutterleib eine unnatürliche Haltung einnehmen. Auch bei Mehrlingsschwangerschaften reduziert sich der Bewegungsraum, was Blockaden verursachen kann. Wenn das Baby kompliziert liegt, außergewöhnlich schwer und groß ist oder sich die Geburt aus anderen Gründen über viele Stunden hinzieht, können geburtsbedingte Zerrungen, Quetschungen und Verdrehungen am Körper des Neugeborenen vorliegen, die nicht selten ebenfalls Blockaden verursachen. Ähnliches gilt für Sturzgeburten und Kaiserschnitt (vor allem Notkaiserschnitt).

FALSCHE BELASTUNGEN

Leider kommt es immer wieder vor, dass sich Säuglinge im Mutterleib prächtig entwickeln und eine problemlose Geburt erleben dürfen, denen aber dann später Dinge widerfahren, die Blockaden auslösen. Dass erschöpfte Eltern ihr Neugeborenes heftig schütteln, gehört sicherlich zu den Extrembeispielen, ebenso wie ein Sturz vom Wickeltisch oder aus dem Kinderwagen. Nicht zu unterschätzen ist allerdings der falsche Ehrgeiz mancher Eltern, die ihr Baby gerne früher sitzen oder laufen sehen möchten, als es seine individuelle Entwicklung zulässt. Wenn der Nachwuchs zu früh (vor dem neunten Monat) und/oder zu lange in der Wippe liegen oder durch Kissen abgestützt im Hochstuhl sitzen muss, wirkt sich dies rasch nachteilig auf die Gelenke, Wirbel und Knochen des kindlichen Skeletts aus. Das Gleiche gilt, wenn das Baby mithilfe eines Laufhilfe unnatürlich früh das Laufen lernen soll. Die unphysiologischen Belastungen können den Bewegungsapparat frühzeitig in seiner natürlichen Entwicklung stören.

Merkmale, die auf eine Blockade hinweisen können

Neben motorischen Auffälligkeiten (etwa wenn ein Baby sich nicht dreht oder nicht krabbelt) können noch andere Symptome auf eine Blockade hinweisen, sofern sie *deutlich* ausgeprägt und *über einen längeren Zeitraum* auftreten (so hat ein Säugling nicht gleich eine Blockade, wenn er einmal spuckt). Folgende Merkmale können ein Hinweis auf eine Blockade sein:

- asymmetrische Körperhaltungen
- Überstreckung der Wirbelsäule (das Baby geht stark ins Hohlkreuz und schaut nach oben)
- asymmetrische Kopfform
- verzögerte motorische Entwicklung
- häufige und unerklärliche Schreiattacken
- starke Blähungen mit wenig Stuhlgang
- motorische Unruhe, Zappeligkeit
- Vorzugshaltung
- Ängstlichkeit bei Bewegung oder akustischen und visuellen Reizen
- Bewegungsunlust
- Das Baby hat oft verklebte Augen.
- Es leidet häufig an Atemwegsinfekten unter Einbeziehung der Ohren (Mittelohrentzündungen) und röchelt.
- Es hat Schwierigkeiten beim Saugen und damit Trinkschwierigkeiten.
- Es trinkt bevorzugt an einer Brustseite.
- Bei Lageveränderung spuckt das Baby schwallartig.
- Es hat Schluckbeschwerden.
- Es atmet vorwiegend durch den Mund; der Mund ist immer leicht geöffnet, und die Zunge ist zwischen den Lippen sichtbar.
- Das Baby fühlt sich ganz offensichtlich unbehaglich, wenn es Auto fährt beziehungsweise sich im Kindersitz befindet.
- Es streckt häufig die Zunge heraus (zu enger Gaumen).
- Das Baby schielt über den sechsten Lebensmonat hinaus.
- Es hat ein ausgeprägtes Bedürfnis, ständig bewegt und getragen zu werden (Stimulation des Gleichgewichtssystems).
- Die Augenhöhlen sind unterschiedlich groß.

Wachstum und Gewichtsentwicklung

Wenn ein Mensch auf die Welt kommt, misst er im Durchschnitt 52 Zentimeter. Wie groß und wie schwer er als Erwachsener einmal sein wird, hängt von mehreren Faktoren ab. Die genetische Veranlagung spielt dabei ebenso eine Rolle wie die Ernährung und Krankheiten.

Die Phasen des Wachstums

Nie wieder wächst ein Mensch so viel und so schnell wie im ersten Jahr. Bis zu seinem ersten Geburtstag hat ein Baby etwa 25 Zentimeter an Körperlänge zugelegt – damit wächst es im Monat durchschnittlich rund zwei Zentimeter. Aber aufgepasst: Diese Angaben sind keine festen Größen. Denn das Wachstum schreitet in unterschiedlicher Geschwindigkeit voran und lässt sich entsprechend in einzelne Phasen oder Wachstumsschübe einteilen. Aus diesem Grund ist es ganz normal, wenn das Baby einmal nur einen Zentimeter im Monat wächst. Und genauso normal ist es, wenn es einmal vier sind.

WACHSTUMSPHASE 1 (SEHR SCHNELL)

Am schnellsten wachsen Kinder in den ersten drei Lebensjahren: Rund 43 Zentimeter lassen sich von der Geburt bis zum dritten Geburtstag auf der Messlatte ablesen. Man kann aber auch feststellen, dass sich die Wachstumsgeschwindigkeit von Jahr zu Jahr reduziert. Am stärksten wächst ein Baby in seinem ersten Lebensjahr (rund 25 Zentimeter), im zweiten Jahr sind es dann nur noch halb so viel (ca. 11 Zentimeter) und im dritten Lebensjahr sogar nur noch etwa 8 Zentimeter.

WACHSTUMSPHASE 2 (LANGSAM)

Diese zweite Wachstumsphase erstreckt sich vom Beginn des vierten Lebensjahres bis zum Einsetzen der Pubertät. Diese beginnt bei Mädchen etwa zwischen 9 und 14 Jahren, bei Jungen zwischen 10 und 15 Jahren. Während dieser Zeit wachsen Kinder durchschnittlich weitere 5 bis 6 Zentimeter pro Jahr.

WACHSTUMSPHASE 3 (SCHNELL)

Mit Beginn der Pubertät legt die Wachstumsgeschwindigkeit nochmals zu, bis sie zur Mitte

Wachstumsphasen		
Phase 1 Geburt bis 3 Jahre Sehr schnelles Wachstum	**Phase 2** 3 Jahre bis kurz vor der Pubertät Langsames Wachstum	**Phase 3** Pubertät Schnelles Wachstum
In Phase 1 wachsen Kinder um durchschnittlich 43 cm.	In Phase 2 wachsen Kinder durchschnittlich 5 bis 6 cm pro Jahr.	Teenager wachsen durchschnittlich um 7 bis 9 cm pro Jahr.
Erstes Jahr + 24 cm Zweites Jahr + 11 cm Drittes Jahr + 8 cm	Im letzten Teil der Phase 2 verlangsamt sich das Wachstum.	Das jährliche Wachstum erreicht während der Pubertät seinen Höhepunkt: Erfahrungsgemäß wachsen Mädchen 17 bis 20 cm, Jungen etwa 20 bis 24 cm.

dieser Entwicklungsperiode hin ihren Höhepunkt erlebt. Erfahrungsgemäß erreichen Mädchen ihren maximalen Wachstumsschub vor der Menarche (Eintritt der ersten Periodenblutung) im Alter von etwa 12 Jahren. Jetzt wachsen sie rund 7 Zentimeter pro Jahr. Bei Jungen tritt das größte Längenwachstum (etwa 9 Zentimeter pro Jahr) ungefähr mit 15 ein. Zum Ende der Pubertät – etwa mit 20 – stagniert das rapide Wachstum dann wieder.

Babys Gewichtszunahme

Ein neugeborenes Baby bringt durchschnittlich etwa 3400 Gramm auf die Waage – Tendenz: steigend. Heutzutage ist es keine Seltenheit mehr, wenn ein Neugeborenes vier Kilogramm und mehr wiegt. Dabei sind Jungen in der Regel etwas schwerer als Mädchen.

In den ersten drei bis vier Tagen nach der Geburt verlieren gestillte Säuglinge etwa sieben Prozent ihres Geburtsgewichtes. Zum einen sind viele Babys in den ersten Lebenstagen noch müde und erschöpft von der Geburt und wollen erst einmal ihre Ruhe haben – und sind darum schlichtweg manchmal trinkfaul. Zum anderen verliert der Säugling mit dem ersten Stuhlgang (Kindspech) und Urin an Gewicht. Das ist völlig normal und nicht besorgniserregend. Gewöhnlich haben die Kleinen das Geburtsgewicht bereits in der zweiten Lebenswoche schon wieder erreicht.

GRAMM FÜR GRAMM NACH OBEN

Eine alte Ammenweisheit sagt, dass sich das Geburtsgewicht eines Babys nach etwa fünf Monaten verdoppelt und bis zum ersten Lebensjahr sogar verdreifacht hat. Die aktuellen Wachstumskurven der Weltgesundheitsorganisation (WHO) bestätigen diese Aussage.

INFO

Woher weiß ich, dass mein Baby ausreichend trinkt?

Ein voll gestilltes Baby hat etwa fünf bis sechs nasse Windeln in 24 Stunden. Dabei ist sein Urin nahezu farblos und nicht gelb verfärbt. In den ersten vier bis sechs Wochen können Sie etwa zwei- bis fünfmal täglich den Muttermilchstuhl in der Windel vorfinden. Er ist senffarben und hat eine dünnflüssige bis körnige Konsistenz.

Bei einem gesunden, voll gestillten Baby verläuft die Gewichtszunahme unabhängig vom Geschlecht im ersten Jahr etwa folgendermaßen:

- **1. bis 4. Monat:** 120 bis 220 Gramm pro Woche
- **5. bis 6. Monat:** 115 bis 140 Gramm pro Woche
- **7. bis 12. Monat:** 60 bis 120 Gramm pro Woche

Achten Sie darauf, dass die Gewichtszunahme bei einem gesunden und altersgerecht entwickelten Baby ungefähr in diesen Bereichen liegt.

NUR KEINEN WIEGESTRESS

Falls es Ihr Kinderarzt oder Ihre Hebamme nicht anders empfohlen hat, ist es nicht notwendig, das Baby täglich zu wiegen. Es gibt auch andere Anhaltspunkte, anhand derer Sie erkennen können, ob sich Ihr Schatz prächtig entwickelt oder nicht. Allen voran stehen dafür neben dem aktuellen Körpergewicht auch noch andere Hinweise, wie beispielsweise: Wirkt das Kind satt und zufrieden? Ist es fröhlich und munter? Hat es einen guten Muskeltonus (Muskelspannung)? Leuchten seine Augen vor Lebensfreude, und ist seine Haut schön warm und rosig? Dann scheint sich Ihr kleiner Schatz gut und angemessen zu entwickeln.

DIE SPRACH-ENTWICKLUNG

Ein Neugeborenes kann nicht auf Anhieb sprechen. Sprache muss erlernt werden – und das ist gar nicht so einfach. Es lässt sich auch nicht mit dem Aneignen einer neuen Fremdsprache vergleichen, wie es bei Erwachsenen der Fall ist.

Bevor ein Baby aber überhaupt ein Wort sprechen kann, muss es viele Dinge lernen. Dabei helfen ihm seine Sinne, die Umwelt wahrzunehmen. Hören, aus welcher Richtung Mamas Stimme kommt; sehen, wie Mama aussieht, und tasten, wie sich Mama anfühlt. Das sind wichtige Wahrnehmungen, die im kindlichen Gehirn verankert werden müssen. Außerdem lernt das Baby, dass es seinen Mund verformen und mit Lippen, Zunge und Gaumen spielen kann – und dass auf diese Weise Töne und Laute über seine Lippen kommen.

Auch wenn ein Säugling noch nicht nicht in der Lage ist, sich seiner Umwelt durch Worte mitzuteilen, sammelt er doch vom ersten Lebenstag an unzählige Empfindungen und Eindrücke, die sein junges Gehirn regelrecht fluten. Die unterschiedlichsten Impulse laufen über die Nervenbahnen zusammen, werden miteinander verknüpft und strukturiert. Durch die Wellen der Wahrnehmungen reift das kindliche Gehirn von Tag zu Tag mehr heran, und seine geistigen Fähigkeiten nehmen immer mehr zu. Das Erinnerungsvermögen wird aufgebaut. Auf diesen Speicher kann der Mensch sein Leben lang zurückgreifen. Er kann zum Beispiel Dinge und Personen wiedererkennen, sich an ihre Namen erinnern und sie von anderen Dingen und Personen unterscheiden.

Was braucht ein Baby,
um Sprache zu erlernen?

Früher gaben Geburtshelfer gerne den berühmten Klaps auf den Po, um ihn zu hören: den ersten Schrei unmittelbar nach der Geburt. Er gilt als Beweis dafür, dass sich der kindliche Organismus auf das eigene Atmen umgestellt hat. Doch das ist noch nicht alles. Mit dem Schrei nimmt das Neugeborene zum ersten Mal Kontakt mit der Umwelt auf. Und diese Form der Kommunikation wird das Baby zumindest in den ersten Lebensmonaten noch öfter anwenden.

Das Gefühl von Liebe und Geborgenheit

Die Natur hat es auch diesmal wieder perfekt gemacht: Wenn Eltern mit ihrem Baby sprechen, bekommt ihre Stimme automatisch einen anderen Klang. Ganz selbstverständlich reden wir mit unserem Baby anders als mit einem Erwachsenen. Unsere Stimme ist leiser und der Klang weicher, behutsamer. Intuitiv sprechen wir automatisch höher und langsamer mit Babys, weil sie hohe Töne besser wahrnehmen können als tiefe. Ohne Hemmungen sprechen wir in einer Art Ammensprache und fragen schon fast zwitschernd: »Na wo ist denn der kleine süße Schatz?« Oder: »Wie hat denn die süße Maus geschlafen?« Dieser rücksichtsvolle Umgang, kombiniert mit sanften Streicheleinheiten, liebevoller Fürsorge und dauerhafter Zuneigung, hilft, dass ein Säugling Vertrauen zu seinen Mitmenschen aufbauen kann. Vertrauen zu den Menschen, die ihm das Gefühl geben, willkommen zu sein und geliebt zu werden. Zuneigung und Akzeptanz spielen eine ganz entscheidende Rolle, um lernen und wachsen zu dürfen. Das gilt auch für das Sprechenlernen. Sprechen bedeutet, mit seiner Umwelt in Kontakt zu treten und zwischenmenschliche Beziehungen aufzubauen. Noch geschieht dies vor allem durch Mimik und Gesten, später dann durch Worte.

Liebevolle Ansprache

Babys brauchen Worte. Wenn Sie bei allem, was Sie mit Ihrem Baby unternehmen, mit ihm sprechen, nehmen Sie Kontakt auf. Auch wenn es anfangs noch nicht antworten kann, werden Sie schnell erkennen, ob und wann es mit Ihnen verbunden ist. Zuerst lauscht ein Baby Ihren Worten und hält inne, wenn Sie ihm etwas erzählen. Sehr bald wird es seine Freude über Ihre Anwesenheit mit einem Lächeln oder freudigem Strampeln belohnen. Es dauert nicht mehr lange, dann wird es Ihrer Stimme lauschen und gleichzeitig Ihren Blickkontakt suchen, wenn Sie mit ihm sprechen. Und es wird Ihnen

INFO

Training schon im Mutterleib

Schon während der Schwangerschaft trainiert ein Baby alle Körperteile, die es später benötigt, um sprechen lernen zu können. Dazu gehören zum Beispiel seine Lippen, seine Zunge und der Gaumen, die immer wieder im Einsatz sind, wenn das Baby an seinen Fingern lutscht. Indem es Fruchtwasser schluckt, trainiert das Baby das Zusammenspiel von Zunge, Gaumen und Rachen. Etwa um den fünften Schwangerschaftsmonat herum ist das Baby in der Lage, Stimmen und Geräusche durch Mamas Bauchwand zu hören. Das schult sein Gehör.

zulächeln aus tiefer Dankbarkeit, dass Sie sich so liebevoll um es kümmern.

Babys ab einem guten halben Jahr sind ebenfalls stark auf den verbalen Kontakt angewiesen. Denn nun beginnen die ersten Versuche, die Eltern zu imitieren und ihre Worte nachzuahmen. Je intensiver der Austausch, desto größer ist die Freude am Sprechen. Natürlich gibt es auch hier Grenzen. Mütter, die ohne Punkt und Komma auf ihren Säugling einreden und ihm kaum eine Chance lassen, selbst zu antworten, verhalten sich hinsichtlich der Sprachentwicklung nicht gerade förderlich.

Dabei können Sie den Spracherwerb Ihres Kindes durchaus unterstützen. Etwa mit sieben bis acht Monaten bestimmen unter anderem die Anreize, die es bekommt, die Sprechfreude Ihres Babys. Die Leichtigkeit, mit der Ihr Baby Laute hervorbringt und später Silben formt,

hängt aber auch damit zusammen, wie viel kindgerechte Worte Sie Ihrem Schatz zukommen lassen. Ihr Baby möchte unterhalten werden und Sie dabei so erleben, wie es Ihrem Naturell entspricht. Sprechen Sie daher so mit Ihrem Baby, wie es Ihnen am leichtesten fällt – unkompliziert und natürlich. Sie müssen dabei nicht extra langsam oder betont deutlich sprechen. Viel lieber ist es Ihrem Baby, wenn Sie sich so geben, wie Sie sind.

Bitte zuhören!

Ebenso wichtig wie das gemeinsame Plaudern und Erzählen ist das Zuhören. Auch wenn es Ihnen anfangs ungewohnt erscheint, Ihrem Baby zu »antworten«, sollten Sie es stets wie einen vollwertigen Gesprächspartner behandeln. Das bedeutet auch, dass Sie ihm zuhören und es ausreden lassen. Geben Sie Ihrem Baby die Möglichkeit, alleine brabbeln zu können, und zeigen Sie ihm Ihre volle Aufmerksamkeit. Sie können es währenddessen immer wieder ermuntern, weiterzuplaudern, oder kleine »Zwischenfragen« stellen. Ihr Baby erwartet keine langen Monologe von Ihnen und möchte auch selbst keine einseitige Konversation betreiben. Es möchte gehört und beachtet werden, wenn es in seiner Lautsprache bei Ihnen »anklopft«. Und es freut sich, wenn Sie sich auf ein Plauderstündchen mit ihm einlassen.

Wenn Sie Ihrem Baby eine Frage stellen, werden Sie sicher automatisch eine kleine Pause einlegen, so als ob Sie auf seine Antwort warten würden. Gut so! Denn durch dieses achtsame Verhalten steigern Sie die Sprechfreude Ihres Babys, weil Sie es zu einer Reaktion ermutigen. In den meisten Fällen lässt die Antwort nicht lange auf sich warten – und schon sind Sie mittendrin in der Unterhaltung: »Was du nicht sagst? Nein – das musst du mir genau erzählen …«

TIPP

Zeit zum Reden

Gehören Sie zu jenen Menschen, die in der Öffentlichkeit eher Hemmungen haben, mit ihrem Kind zu plaudern? Dann planen Sie feste Zeiten in den Tagesablauf ein, an denen Sie Ihrem Baby Geschichten erzählen. Das kann zu einem festen Ritual werden und hilft zugleich, den Alltag im Babyleben sinnvoll zu strukturieren.

Wenn Sie nicht gerne lange Reden halten und frei Geschichten erzählen, können Sie natürlich genauso gut ein Bilderbuch anschauen und ihm die Dinge darin zeigen und aufzählen: »Schau, da ist der Hund. Siehst du den schönen Ball? Das Auto ...«

Blickkontakt halten

Ihr Baby lernt sprechen, weil Sie sich mit ihm unterhalten. Eltern sind also maßgeblich am Sprecherfolg ihrer Kinder beteiligt. Ein ganz entscheidender Faktor ist dabei der Blickkontakt zwischen Ihnen und Ihrem Baby. Idealerweise gewöhnen Sie es sich vom ersten Tag an, Ihrem Sprössling volle Aufmerksamkeit zu schenken und ihn anzuschauen, wenn Sie mit ihm sprechen. Dieser Augenkontakt gibt Ihrem Baby das Gefühl, dass es gesehen, gehört und akzeptiert wird. Hinzu kommt, dass Sie über den Blick eine emotionale Verbindung herstellen. Indem Sie Ihr Baby anschauen, bringen Sie ihm eine Form der Wertschätzung entgegen: »Ich bin meiner Mama so viel wert, dass sie ihre Arbeit unterbricht, um mir zuzuhören.« Nicht zuletzt spielt auch der Nachahmungseffekt eine wesentliche Rolle. Nur wenn Ihr Baby Ihnen ins Gesicht schaut und Ihre Lippenbewegungen sieht, ist es in der Lage, seinen Mund so zu formen und Laute hervorzubringen, die den Ihren ähneln. Wenn Sie es so wollen, lernt es sprechen, indem es die Worte von Ihren Lippen abliest.

SPRACHPYRAMIDE

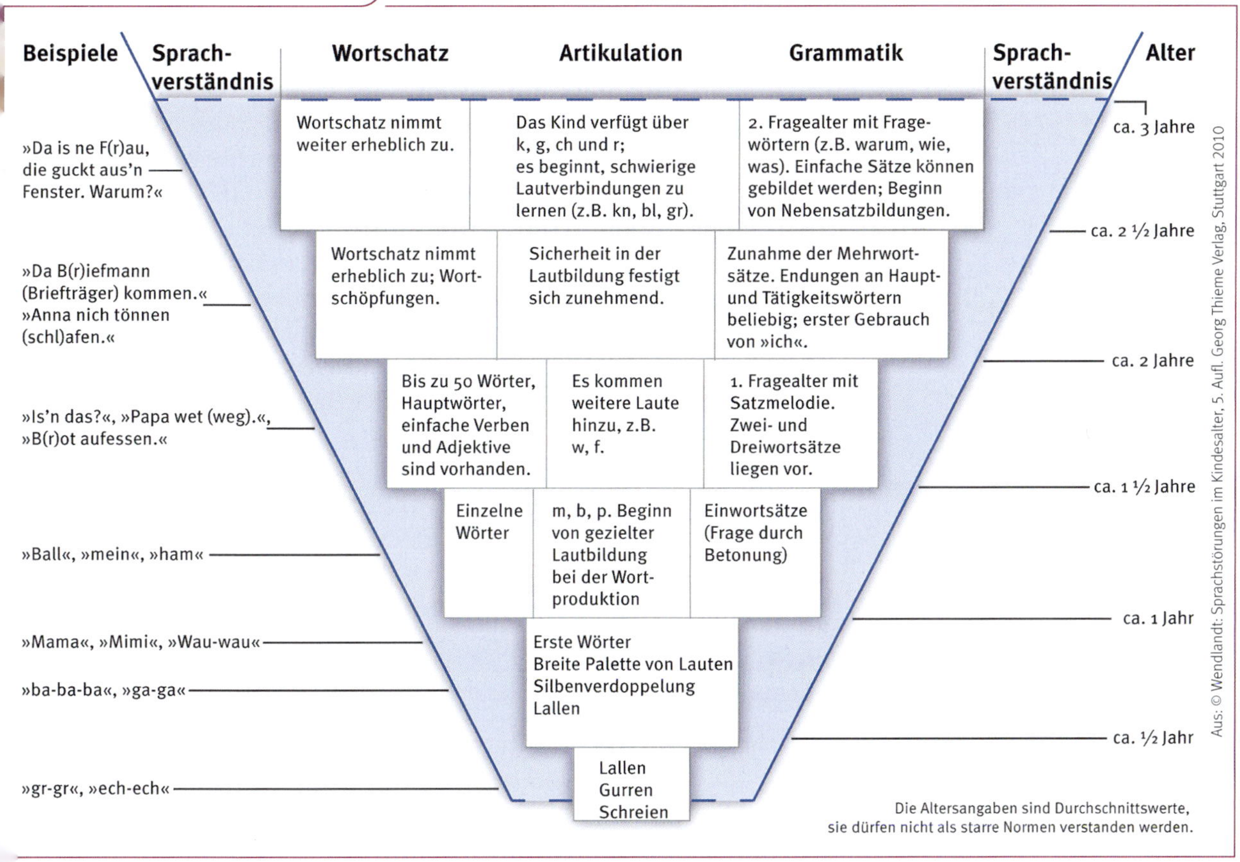

Beispiele	Sprach-verständnis	Wortschatz	Artikulation	Grammatik	Sprach-verständnis	Alter
		Wortschatz nimmt weiter erheblich zu.	Das Kind verfügt über k, g, ch und r; es beginnt, schwierige Lautverbindungen zu lernen (z.B. kn, bl, gr).	2. Fragealter mit Fragewörtern (z.B. warum, wie, was). Einfache Sätze können gebildet werden; Beginn von Nebensatzbildungen.		ca. 3 Jahre
»Da is ne F(r)au, die guckt aus'n Fenster. Warum?«						
		Wortschatz nimmt erheblich zu; Wortschöpfungen.	Sicherheit in der Lautbildung festigt sich zunehmend.	Zunahme der Mehrwortsätze. Endungen an Haupt- und Tätigkeitswörtern beliebig; erster Gebrauch von »ich«.		ca. 2 ½ Jahre
»Da B(r)iefmann (Briefträger) kommen.« »Anna nich tönnen (schl)afen.«						ca. 2 Jahre
		Bis zu 50 Wörter, Hauptwörter, einfache Verben und Adjektive sind vorhanden.	Es kommen weitere Laute hinzu, z.B. w, f.	1. Fragealter mit Satzmelodie. Zwei- und Dreiwortsätze liegen vor.		
»Is'n das?«, »Papa wet (weg).«, »B(r)ot aufessen.«						ca. 1 ½ Jahre
		Einzelne Wörter	m, b, p. Beginn von gezielter Lautbildung bei der Wortproduktion	Einwortsätze (Frage durch Betonung)		
»Ball«, »mein«, »ham«						ca. 1 Jahr
»Mama«, »Mimi«, »Wau-wau«			Erste Wörter Breite Palette von Lauten Silbenverdoppelung Lallen			
»ba-ba-ba«, »ga-ga«						ca. ½ Jahr
»gr-gr«, »ech-ech«			Lallen Gurren Schreien			

Die Altersangaben sind Durchschnittswerte, sie dürfen nicht als starre Normen verstanden werden.

Aus: © Wendlandt: Sprachstörungen im Kindesalter, 5. Aufl. Georg Thieme Verlag, Stuttgart 2010

Kleines Schreilexikon

Wenn ein Baby schreit oder weint, hört es sich im ersten Moment vielleicht immer gleich an. Doch wenn Sie Ihr Kind beobachten, bevor es zu schreien beginnt, erkennen Sie unterschiedliche Ausprägungen.

Hungerschreien: Bevor das energische Schreien losgeht, schickt Ihr Baby andere Signale voran: Es gibt schmatzende Geräusche von sich, lutscht an der Faust, fängt an zu murren und zu quengeln, weint.

Müdigkeitsschreien: Das Baby reibt sich die Augen oder die Nase, kneift die Augen zu, gähnt und meckert. Seine Botschaft: »Leute, der Tag war gut, aber mir reicht's jetzt. Ich will ins Bett!« Wird dem Bedürfnis nicht schnell nachgegeben, kann das Baby trotz enormer Müdigkeit lauthals schreien.

Langeweileschreien: Wach, satt, gut gelaunt – und keiner da, der mit mir spielt? Das Baby strotzt vor Energie, strampelt mit den Beinen und rudert mit den Armen, will sagen: »Los, was kommt jetzt?« Nichts? In den meisten Fällen wird das Baby erst einmal quengeln und jammern. Passiert dann immer noch nichts Spannendes, kommt's ...

Stressschreien: Wenn das Tagesprogramm anstrengend war oder dem Baby alles zu viel ist, macht es nicht selten seinen Rücken steif, ballt die Hände zu Fäusten und lässt kurze, schrille Schreie erklingen. »Mir reicht's, ich will Ruhe haben.« Wenn dies nicht passiert, kann dem Schreien ein untröstliches, verzweifeltes Weinen folgen.

Schmerzschreien: Ein einziger Hilferuf. Meist schreit das Baby aus Leibeskräften in hoher Tonlage und japst nach Luft.

Die Sprachentwicklung vom 1. bis 3. Monat

Zugegeben, es kann manchmal ohrenbetäubend und außerordentlich anstrengend sein, wenn ein Neugeborenes kräftig schreit. Es schreit, wenn es Hunger hat. Es schreit, wenn es müde ist. Es schreit, wenn ihm langweilig ist. Es schreit, wenn die Windel voll ist. Es schreit, weil es mit sich und der Welt unzufrieden ist. Doch so anstrengend es auch sein mag, für einen Säugling ist das Schreien nun einmal die einzige Möglichkeit, sich bemerkbar zu machen. Und ein Baby schreit grundsätzlich nie ohne Grund. Es hat immer ein dringliches Anliegen, und wenn Eltern dieses herausgefunden haben und die Ursache beheben können, tritt meistens Ruhe ein. Auf diese Weise erfährt der Säugling, dass sein Schreien bestimmte Auswirkungen hat. Etwa dass die Mutter kommt, ihn mit tröstenden Worten zu beruhigen versucht und ihn liebevoll auf den Arm nimmt und mit ihm kuschelt. Durch das Schreien und die darauf folgende Reaktion (Mama kommt) erleben Baby und Mutter ihren ersten kommunikativen Austausch – ein wichtiger Grundstein in der sozialen Entwicklung.

Die erste Lallphase

Nach und nach lernt das Kind, dass es noch andere Möglichkeiten gibt, mit seiner Umwelt in Kontakt zu treten. Viele Babys können zum Beispiel bereits mit vier Wochen Laute von sich geben, wenn sie auf dem Rücken liegen. Dann nämlich rutscht die Zunge des Babys ein kleines Stück nach hinten, wodurch eine Art Gurgellaut zu hören ist.

Diese erste Lallphase lässt sich bei Kindern in allen Kulturen beobachten. Überall auf dem

Erdball produzieren Säuglinge ähnliche Laute, und das Repertoire ist in diesem Alter oft größer, als es für die Muttersprache, die sie bald erlernen werden, nötig wäre. So sollen japanische Babys noch den Laut »R« über ihre Lippen bringen, obwohl sie ihn später gar nicht mehr benötigen. Wenn sie beim Sprechen nicht benötigt werden, verschwinden viele Laute nach und nach wieder, sodass nur noch an solchen gefeilt wird, die für das Erlernen der Muttersprache nötig sind.

Die anfänglichen Laute hören sich am ehesten an wie »ä« oder »a« und entstehen mitunter eher zufällig durch Muskelbewegungen in Mund, Hals und Kehlkopf. Täglich investiert das Baby jetzt in seinen wachen Phasen viel Zeit und Mühe, alle möglichen Laute zu produzieren. Es betreibt kontinuierliches Stimmtraining. Sogar taube Kinder gurgeln in diesen Wochen, was ein Hinweis dafür sein kann, dass die Babys sich selbst nicht zuhören.

Erste Silben

Etwa mit sechs bis acht Wochen vergrößert ein Säugling seinen »Wortschatz« und bringt bereits Kehllaute hervor. Kombiniert mit den Vokalen hören sie sich wie »e-che«, »ek-che« oder auch »e-rrhe« an. Genauere Beschreibungen sind schwierig, weil jedes Baby die unterschiedlichen Laute sehr kreativ kombiniert.

Auch wenn zu diesem Zeitpunkt annähernd jeder Laut, den das Baby von sich gibt, willkommen ist: Weit wichtiger ist, dass der Säugling auf Ansprache reagiert und sogar antwortet. Wenn Sie also Ihrem Baby zureden und es ermuntern, doch noch mehr zu erzählen, reagiert Ihr Baby vermutlich sehr positiv und brabbelt erst recht los. Dies ist ein erster wichtiger Schritt in einer sich anbahnenden Kommunikation zwischen Säugling und Erwachsenem.

Der Säugling antwortet, wenn Sie ihn ansprechen und ihm dabei freundlich zulächeln: Er strampelt mit seinen Beinchen, rudert mit seinen Armen und strahlt über das ganze Gesicht, um seine Freude zum Ausdruck zu bringen. Mit etwa acht Wochen bringt der Säugling sogar selbst schon ein paar glucksende Laute als Zeichen der Freude über seine Lippen. Jetzt dauert es nicht mehr lange, dann kann Ihr Baby unterscheiden, ob Sie es freundlich anlächeln oder ihm etwas Schönes erzählen, und tut es Ihnen gleich: Wenn Sie lächeln, lächelt auch das Kind. Wenn Sie ihm etwas erzählen, antwortet es Ihnen in seiner Brabbelsprache.

Viele Babys sind gegen Ende des dritten Monats so weit, erste Silbenketten zu kreieren. Das bedeutet, sie hängen viele Vokale (bevorzugt »e«- und »i«-ähnliche) aneinander. Die Babys experimentieren mit dem Mund, der Stimme und dem Atem und genießen jeden einzelnen Laut, der über ihre Lippen kommt.

INFO

Vom »echten« Lächeln

Das allererste Lächeln, das sich auf dem Gesicht eines Säuglings beobachten lässt, heißt Engelslächeln. Es entsteht eher zufällig durch das Zusammenziehen der Gesichtsmuskeln. Anders ist es mit dem »echten« Lächeln, das um den zweiten Lebensmonat herum auf Babys Gesicht blitzt: Dieses Lächeln ist eine bewusste positive Reaktion auf Ihre Zuwendung – ein Zeichen der Freude. Das Baby fühlt sich wohl.

Einladung zum Sprechen

Wenn Sie Ihr Baby zum Sprechen animieren möchten, reden Sie selbst mit liebevollen Worten in einer ruhigen, kindgerechten Stimme zu ihm. Sie werden sehen, dass Ihr Kind sehr bald der »Einladung« folgt und dabei schon fast die Regeln einer gepflegten Konversation beherrscht: Es lauscht Ihren Worten begeistert (auch wenn es deren Bedeutung noch nicht versteht) und wartet, bis Sie fertig sind. Nach einem kleinen Moment beginnt es dann selbst zu brabbeln. Ist es fertig ist, macht es eine Pause – ganz so, als warte es auf Ihre Antwort. Wichtig dabei ist, dass ein Baby nur dann redet, wenn man mit ihm spricht, während es zum Beispiel auf das Klingeln einer Glocke nicht mit Lauten reagiert. Das haben Versuche gezeigt. Das Baby »antwortet« also nicht auf irgendeinen Laut, sondern nur auf Ihre Stimme. Ihr Kind antwortet, weil Sie mit ihm sprechen.

Ein Baby reagiert zudem auf ihm vertraute Stimmen in seiner unmittelbaren Nähe deutlich mehr als auf solche, die vom Tonband oder aus dem Fernseher zu hören sind.

Der Hörtest

Je früher eine Hörstörung erkannt wird, desto mehr wertvolle Zeit des Sprechenlernens ist gewonnen. Denn nur wer Töne, Laute und Geräusche über die Ohren wahrnehmen kann, ist in der Lage, diese zu wiederholen. Mittels eines Screening des Hörvermögens im Innenohr (OAE = Otoakustische Emission) lässt sich schon beim Neugeborenen feststellen, ob eine Verbindung zwischen äußerem Ohr und Innenohr besteht. Ist das Ohr in der Lage, auf einen bestimmten Ton in einer bestimmten Lautstärke zu reagieren? Nur dann kann Schwerhörigkeit weitgehend ausgeschlossen werden. Der Arzt steckt dem Baby dazu einen kleinen weichen Stöpsel ins Ohr, der mit einem Kabel am Testgerät verbunden ist. Nach weniger als einer Minute steht das Ergebnis fest.

Der für den Säugling schmerzlose Test wird meist bereits in den Geburtskliniken durchgeführt. War dies bei Ihrem Baby nicht der Fall, bietet auch der Kinderarzt diesen Test an (die Kosten von etwa 20 Euro müssen Sie selbst zahlen). Oder Sie lassen sich an einen Hals-Nasen-Ohren-Arzt überweisen, der die Untersuchung dann wiederum kostenlos durchführt.

INFO

Das kann ein Baby am Ende des dritten Monats

○ Es schreit auf unterschiedliche Weise und weist damit auf unterschiedliche Bedürfnisse hin.
○ Es lernt, verschiedene Stimmen und Sprechmelodien zu unterscheiden.
○ Es nimmt Blickkontakt auf und hält ihn.

Die Sprachentwicklung vom 4. bis 6. Monat

In den kommenden Wochen entdecken viele Babys, dass sie Lippen haben – und dass man mit ihnen tolle Laute erzeugen kann. Besonders wenn sie satt und wach sind, erzählen sich die Kleinen gerne selbst Geschichten. Sie scheinen sogar beim Einschlafen zu helfen, denn im Bettchen hört man Babys besonders oft brabbeln.

Kräftig blubbern

Pressen die Babys Luft durch die locker aufeinanderliegenden Lippen, ertönen Laute, die an »w«, »f« oder »s« erinnern. Experten nennen diese Töne Blasreiblaute. Viel Freude bereiten auch jene Töne, die sich mit geschlossenem Mund produzieren lassen. Bei diesen Lippenverschlusslauten sind die Lippen fest verschlossen und die Luft wird aus dem Mundraum herausgepresst. Das klingt dann wie »m«, »b« oder »p«. In diesen Wochen werden aus den bisher eher zufälligen Bewegungen der Mund-, Zungen- und Rachenmuskulatur immer kontrolliertere Bewegungen. Das Baby spielt mit allem, was es im Mund fühlen kann – vor allem mit seiner Spucke und seiner Zunge. Besonders beliebt: Das Baby presst die Lippen aufeinander und pustet einen längeren Luftstrom aus. Das dabei ertönende »brrr« – am liebsten in allen Tonlagen – wird von vielen kleinen Spuckebläschen begleitet.

Lachen und juchzen

Weil es permanent mit der eigenen Stimme herumprobiert und spielt, ist das Baby sehr bald in

TIPP

Lachen ist gesund

Entlocken Sie Ihrem Sprössling ein Lachen, wann immer es Ihnen möglich ist und Ihr Baby dazu aufgelegt ist. Finden Sie heraus, was Ihrem Baby gefällt, und machen Sie weiter, solange es Ihrem Kind Freude macht. Denn nur zwei Minuten Lachen am Tag soll für Körper und Geist ebenso gesund sein wie 20 Minuten Joggen. Lachen lockert die Muskeln, befreit aufgestaute Emotionen und setzt körpereigene Glückshormone frei. Das können Mutter und Kind gleichermaßen brauchen. Wissenschaftler haben darüber hinaus herausgefunden, dass Kinder etwa 400-mal am Tag lachen, Erwachsene dagegen im Schnitt nur noch 15-mal – viel zu selten. Übrigens: Der Ausdruck von Freude ist für Neugeborene sehr prägend.

der Lage, zu lachen und zu juchzen. Wenn es sich spontan freut, strampelt es nicht mehr nur aufgeregt mit seinen Beinchen, es bringt dies auch stimmlich zum Ausdruck: Das Baby juchzt und quietscht vor Vergnügen. Und es trainiert auf spielerische Weise alles, was es zum Sprechen braucht. Ganz zu schweigen von den Eltern, denen es mindestens ebenso viel Freude bereitet, dass ihr Baby so quietschvergnügt ist. Das Juchzen lässt sich wunderbar spielerisch auslösen, etwa indem Sie Ihr Baby auf liebevolle Art »erschrecken« (»Huh, da bin ich«) oder es am Bauch kitzeln. Viele Babys reagieren ebenso fröhlich auf Küsschen – etwa auf den Bauch, hinter den Ohren oder auf die Händchen.

Die zweite Lallphase

Gegen Ende des fünften Monats reihen viele Babys immer wieder dieselben Silben zu einer Lautkette aneinander. »Gi-gi-gi«, »Da-da-da« oder »Mäm-mäm-mäm«: Die Kleinen brabbeln vor sich hin und sind damit auf dem besten Wege, sich zu kleinen Plaudertaschen zu entwickeln. Durch kontinuierliches Training der

Mundmuskulatur (Lippen, Wangen und Zunge) entstehen täglich neue Laute, die den Konsonanten (Mitlauten) der eigenen Muttersprache immer ähnlicher klingen. Durch das Aneinanderhängen einzelner Silben entstehen manchmal richtige kleine »Sätze«.

ALLES ZU SEINER ZEIT

Wie immer entwickeln sich nicht alle Babys gleich. Manche ziehen es vor, im Hinblick auf die Sprache eine Pause einzulegen. Sie haben einfach keine Lust, die Stimme zu trainieren und neue Laute und Töne auszuprobieren. Stattdessen beschränken sie sich auf das bisherige Gurren und eher wenige Laute. Manche Babys wirken in sich gekehrt, weil sie vielleicht erst einmal alle Eindrücke, die sie über ihre Ohren wahrnehmen, verarbeiten müssen. Diese Ruhephase ist nicht ungewöhnlich.

Wachsende Ausdrucksformen

Doch gleichgültig, ob es eine Pause einlegt oder nicht: Schon bald lernt Ihr Baby, seine eigenen Stimmungen auszudrücken – stimmlich wie körperlich. Es lächelt, wenn es sich wohlfühlt, und strampelt freudig, wenn Sie es liebevoll ansprechen. Genauso gut kann es weinen, wenn Mamas Stimme laut und ernst klingt, weil sie zum Beispiel mit einem Geschwisterkind schimpft. Dazu kommt, dass Ihr Baby in den vergangenen Monaten durch den gegenseitigen Blickkontakt stets auf Ihr Gesicht geachtet hat. Es hat sich die Mimik eingeprägt und mittlerweile ein Gespür dafür entwickelt, ob ein Gesichtsausdruck freundlich oder eher ärgerlich ist. Und so versteht ein Säugling in den ersten Monaten zwar noch nicht, *was* man sagt. Er erkennt aber, *wie* man es sagt. Dabei helfen ihm alle Erfahrungen mit Gesichtern und Tonlagen, die er bisher sammeln konnte.

INFO

Das kann ein Baby am Ende des sechsten Monats

o Es erzeugt Blasreiblaute und Lippenverschlusslaute.

o Es juchzt.

o Es unterscheidet Geräusche und Laute.

o Es lächelt und zeigt seine Freude.

o Es verbindet Laute zu Silben und wiederholt diese bewusst.

o Es brabbelt.

Die Sprachentwicklung vom 7. bis 9. Monat

Das Baby brabbelt vor allem dann mit Vorliebe, wenn es sich in seiner vertrauten Umgebung wohlfühlt und wenn es allein ist. Es schöpft dabei aus dem Vollen, reiht Vokallaute, »rrr«-Ketten, Blasreiblaute und Lippenverschlusslaute aneinander oder wechselt munter alles miteinander ab. Es ist eine wahre Freude, ihm zuzuhören.

Auf dem Weg zu den ersten Worten

Mit etwa acht Monaten ist das Baby, auch was die Lautstärke anbelangt, sehr flexibel. Mal krächzt es laut, dann flüstert es beinahe. Das Gleiche gilt für die Tonhöhe: Von hellen, hohen Tönen bis zu den tieferen Varianten – alles ist möglich. Weil es von dieser Fähigkeit selbst vollkommen entzückt ist, beginnt es verstärkt, die unterschiedlichsten Äußerungen in jeder ihm möglichen Lautstärke preiszugeben.

Gegen Ende des neunten Monats verbinden viele Babys gerne und häufig zwei gleiche Silben miteinander – eigentlich nichts Neues, denn dies üben sie bereits seit Wochen. Jetzt allerdings sprechen Experten von der »deutlichen Silbenverdoppelung«, weil die Kinder immer mehr dazu übergehen, nur zwei gleiche und klar verständliche Silben aufeinanderfolgen zu lassen. Diese Silbenverdoppelungen werden dann unzählige Male wiederholt: »da-dda-da«, »ba-bba-ba« oder »dei-dei–dei«. Nicht selten kommt ihnen in diesem Alter auch das erste »ma-ma-ma« oder »pa-pa« über die Lippen – sehr zur Freude der Eltern.

Im Unterschied zur ersten und zweiten Lallphase lässt die »Internationalität« der Lautäußerungen allmählich nach; das Baby orientiert sich von nun an ganz klar an seiner Muttersprache

Gemeinsam zu spielen und zu singen fördert das Sprachverhalten eines Kleinkinds ganz nebenbei und ohne Druck.

und bringt vorwiegend solche Laute hervor (beziehungsweise präzisiert sie), die es auch in dieser wahrnimmt. Gezielt achtet es auf die Mundbewegungen seines Gegenübers und versucht, sie nachzuahmen. Auch das, was es hört, versucht das Baby so gut wie möglich zu kopieren und nachzuplappern.

KANN DAS BABY AUCH WIRKLICH HÖREN?

Auch wenn Ihr Baby in den letzten Wochen viel »erzählt« und sich rege mit Ihnen ausgetauscht hat, dürfen Sie als Eltern nicht automatisch davon ausgehen, dass es normal hören kann. Wenn Ihr Baby von einem Tag auf den anderen aufhört, zu brabbeln und zu lallen, könnte das ein Hinweis auf ein Hörproblem sein. Kinder, die taub geboren wurden, hören erfahrungsgemäß in diesem Zeitraum ebenfalls auf zu »sprechen«. Der Grund: Etwa mit einem halben Jahr beginnen Babys, ihre Fähigkeit, Geräusche und Stimmen nachzuahmen, auszubauen. Dies gelingt natürlich nur, wenn ihre Ohren überhaupt etwas Interessantes aufnehmen.

Waren bisher bestimmte Berührungsreize (beispielsweise von Lippen und Zunge) ausschlaggebend, um Töne und Laute zu formen, ist es für die weitere Sprachentwicklung entscheidend, dass ein Kind sich selbst hören kann.

Sie können aber noch weitere Hinweise auf das Hörvermögen Ihres Babys bekommen: Bewegt Ihr Baby niemals seinen Kopf in Ihre Richtung, wenn Sie mit ihm sprechen, oder zuckt es nicht, wenn Sie hinter ihm laut mit den Händen klatschen, kann das ebenfalls auf ein vermindertes Hörvermögen hinweisen. Suchen Sie in diesem Fall immer den Arzt auf, auch wenn Ihr Baby noch so viel brabbelt.

NACHAHMEN ERWÜNSCHT

In den kommenden Wochen erzählt das Baby so viel, dass die meisten Eltern gerne in die Plauderei einsteigen. Wenn sie zum Beispiel zwei Silben laut und deutlich vorsprechen, wird das Kleine sich bemühen, diese genauso nachzusprechen (bei Müttern ist die Silbenkombination »ma-ma« sehr beliebt, Väter trainieren mit ihren Babys auch gerne »pa-pa«). Mit der Zeit gelingt es dem Kind immer besser, die Eltern nachzumachen – vorausgesetzt, die Silben gehören zu seinem derzeitigen Lautrepertoire. Das Nachahmen ist ein wichtiger Schritt in der kindlichen Sprachentwicklung. Denn durch das »Rede- und Antwortspiel« lernt Ihr Baby, sich Ihre Sprache und Ihre Sprechweise anzueignen. Ein Baby kann immer nur so gut sprechen, wie es sein Vorbild kann. Es ist daher auf Ihre Art der Kommunikation ebenso angewiesen wie auf den Wortschatz, dem Sie ihm bieten. Lassen Sie es täglich aus dem Vollen schöpfen, indem Sie ihm viele verschiedene Laute, Töne und Worte präsentieren. Dabei lautet gerade anfangs die Devise: Lieber einfach, dafür aber häufiger. So fällt es dem kindlichen Gehirn leichter, sich Worte und Laute einzuprägen. Sprechen Sie Ihr Baby immer wieder mit seinem Namen an, und nennen Sie die Namen von Gegenständen. Sie werden sehen: In den kommenden Wochen werden ihm die Worte immer leichter über die Lippen kommen.

VOM REIMEN UND SINGEN

Babys lieben die Kombination aus zärtlichen Berührungen und der Stimme ihrer Eltern – vor allem dann, wenn Mama und Papa singen. Reime oder Bewegungsspiele bieten eine schöne Möglichkeit, beides miteinander zu verbinden. Einfache Kinderlieder, -reime und Kniereiterverse sind leicht verständlich und mit vielen Wortwiederholungen gespickt. Sie schlagen damit mindestens fünf Fliegen mit einer Klappe: Sie präsentieren Ihrem Baby neue Laute, widmen ihm Zeit und Aufmerksamkeit, schulen sein Hörvermögen, fördern seine Körperwahrnehmung und seine Motorik und schenken ihm liebevolle Zuwendung. Kurzum: Solche Reime und Lieder sind Labsal für die kindliche Seele und die kleinen Ohren. Anregungen erhalten Sie auf Seite 163.

INFO

Das kann ein Baby am Ende des neunten Monats

- Es plaudert.
- Es flüstert.
- Es bildet Silbenketten.
- Es kann imitieren, was Sie ihm sprachlich vormachen.

Das Wortverständnis bildet sich

Ihr Kind versteht immer mehr, was verschiedene Worte bedeuten, und weiß langsam, was zum Beispiel mit »Auto« oder »Ball« gemeint ist. Schließlich hat es inzwischen viele Erfahrungen sammeln dürfen und bereits unzählige Male die einzelnen Namen von Gegenständen gehört. Es hat sein Spielzeug Hunderte Male mit Händen, Füßen und Mund erkundet und parallel dazu von Ihnen erfahren, dass es sich bei dem viereckigen Holzwürfel um einen Bauklotz oder dem menschenähnlichen Stoffwesen um eine Puppe handelt. Eltern und Baby standen mittlerweile viele Male im Austausch – beim Füttern, Wickeln, Baden, Schmusen oder Spielen. Ihr Baby hatte genug Zeit, Ihnen zuzuhören, Sie nachzumachen und mit Ihnen zu plaudern. Einmal haben Sie Ihrem Baby etwas erzählt und vorgemacht – und es hat Ihnen mit Bewunderung zugehört. Im Gegenzug haben Sie ihm Ihre Aufmerksamkeit geschenkt und seine »Worte« aufgegriffen und imitiert. Dieses wechselseitige Geben und Nehmen liefert eine wundervolle Basis für das Sprechenlernen.

DIE SPRACHE VERSTEHEN

Mit dem Moment, in dem Ihr Baby den Worten eine spezielle Bedeutung zuordnen kann, ist es auch immer mehr in der Lage, sich selbst verständlich zu machen. Dabei zeigt es zuweilen vollen Körpereinsatz: Indem es zum Beispiel mit dem Finger auf einen Hund deutet und dabei die Silbenkombination »wau-wau« äußert, gibt es klar zu verstehen, was es sieht. Schnell hat es auch einen ganz eigenen Ausdruck für Essen oder Trinken kreiert und verlangt mitunter mit Nachdruck danach. Wenn Sie seine Aufforderung verstehen und ihm geben, was es will (oder auch nicht), lernt das Baby, dass seine Eltern auf seine Äußerungen reagieren.

INFO

Wenn sich die Atmung verändert

Wenn es die anatomischen Verhältnisse zulassen, atmet ein gesundes Baby fast ausschließlich durch die Nase und mit geschlossenem Mund. Vergrößerte Mandeln und Polypen im Nasen-Rachen-Raum, immer wiederkehrende Infekte und Erkältungen, Mittelohrentzündungen oder eine schiefe Nasenscheidewand können jedoch dazu führen, dass das Kind dauerhaft durch den Mund atmet. Die betroffenen Babys haben den Mund stets geöffnet; es tropft immer wieder Speichel aus dem Mund. Lippen, Zunge und Wangen können keine ausgeprägte Muskelkraft entwickeln, weil die Muskeln den Mund nicht geschlossen halten und somit nicht kräftig genug sind. Das bleibt auch fürs spätere Sprechen nicht ohne Folgen:

○ Die Zunge findet keinen Halt, sondern drückt stattdessen gegen die Zähne und den Zahnbogen. Neben einer Kiefer- und Zahnfehlstellung kann dies dazu führen, dass das Kind später lispelt.

○ Aufgrund der fehlenden Muskelkraft ist die Zunge in ihren Bewegungen eingeschränkt. Das Kind kann bestimmte Laute nicht eindeutig bilden.

○ Die Nase kann nicht als »Schmutzfilter« gegen Keime wirken; Atemwegserkrankungen und Mittelohrentzündungen häufen sich. Letztere können das Hörvermögen reduzieren, was wiederum zu Sprachentwicklungsstörungen führen kann. Schließlich muss das Kind hören, was es lernen soll. Machen Sie daher bald einen Termin beim Kinderarzt aus, um die Gründe abzuklären.

Vom Zusammenhang zwischen Essen und Sprechen

Um überhaupt sprechen zu können, bedarf es neben einem ausgeprägten Hörvermögen und einer ansprechenden Umwelt auch der Entwicklung der Mundmotorik. Ohne Lippen, Zunge, Gaumen und Wangen ist Sprechen unmöglich, und wenn das Zusammenspiel nicht reibungslos funktioniert, wirkt sich das häufig auf die Sprachentwicklung aus. Auch wenn es auf den ersten Blick seltsam anmuten mag: Die Geschicklichkeit der Zunge ist für das Sprechen ausschlaggebend. Und wie könnte man die Zunge besser trainieren als beim Essen?

Der kindliche Mundraum

Die Zunge eines Neugeborenen ist so groß, dass sie seinen ganzen Mundraum ausfüllt. Die obere Begrenzung der Zunge ist der Gaumen, die untere der Mundboden und nach vorne schließen die Lippen den Mundraum ab. Viel Platz für Bewegung hat die Zunge im Moment noch nicht, dafür aber umso mehr Kraft fürs Saugen. Der kindliche Kehlkopf ist in den ersten Wochen und Monaten nach der Geburt noch relativ hoch gestellt. Wenn das Baby schluckt, schließt sich der Verschlussmechanismus zum Schutz der Luftröhre noch nicht automatisch, weshalb Säuglinge annähernd gleichzeitig schlucken und atmen können.

Stillen trainiert die Mundmuskeln

Idealerweise stillt eine Mutter ihr Baby etwa sechs Monate lang. Denn neben vielen anderen sinnvollen Gründen für das Stillen fördert es auch die kräftige Ausbildung der Mundmuskulatur. Warum? Der Unterkiefer liegt bei Neugeborenen etwas hinter dem Oberkiefer, und er ist schmaler als dieser (das nennt man Neugeborenen-Rückbiss). Diese anatomische Besonderheit erleichtert dem Baby nicht nur den Weg durch den engen Geburtskanal, sondern bietet auch die Voraussetzung für das optimale Saug-Schluck-Muster. Beim Saugen schiebt sich die Zunge des Babys über die untere Zahnleiste, wodurch es das Brustgewebe von unten gegen den Gaumen drückt. Im Zusammenspiel mit dem Vor- und Zurückbewegen des Unterkiefers entsteht dadurch die klassische Saugbewegung. Es mag noch so einfach aussehen, aber das Saugen an der mütterlichen Brust erfordert eine enorme Mundmuskelkraft. Dabei trainiert ein Säugling sämtliche Gesichts- und Nackenmuskeln, bis hinunter zu den Schultern. Vor allem aber kräftigt das Saugen seine Kiefer-, Wangen- und Zungenmuskulatur, was wiederum den Weg für die spätere Lautbildung ebnet. Denn wenn Zunge, Lippen und Kaumuskulatur ausreichend trainiert und in Form sind, fällt es dem Baby leichter, eine bestimmte Menge an Luft anzusaugen, sie am richtigen Punkt zu stoppen und sinnvoll wieder einzusetzen, um damit Laute zu erzeugen.

Beim Trinken aus der Flasche muss ein Baby weniger Muskelkraft aufwenden. Wenn Sie auf Flaschennahrung zurückgreifen, sollten Sie daher besser nicht das Saugloch nachträglich vergrößern (um Zeit zu sparen). Sonst trainiert das Baby seine Mundmuskulatur kaum.

Feste Nahrung fördert das Sprechen

Etwa mit einem halben Jahr vergrößert sich der Mundraum, wodurch die Zunge mehr Bewegungsspiel hat. Sie kann sich jetzt nicht mehr nur vor und zurück bewegen, sondern auch auf und ab. Weil langsam die ersten Zähne durchbrechen, wird der Raum der Zunge darüber hinaus noch einmal neu definiert.

Ebenfalls mit etwa sechs Monaten, parallel mit dem Einschießen oder sogar Durchbruch der Schneidezähne, rückt der kindliche Kehlkopf samt Zungenbein und Zungenwurzel weiter nach unten. Von nun an verlagert die Zunge ihren Stammplatz ein wenig weiter nach hinten, sodass sie nicht an den vorderen Zähnen anstößt. Damit ist das Baby in der Lage, Nahrung mit der Zunge nach hinten zu transportieren und herunterzuschlucken. Da trifft es sich gut, dass gerade um diese Zeit ein weiterer Reflex abhanden kommt: Die Mutter muss nicht mehr den Mund berühren, damit das Baby ihn öffnet. Es sperrt seinen Schnabel jetzt ganz von alleine auf, wenn es essen will. Aus diesem Grund sollten Sie auch keinen Brei aus der Flasche anbieten, sondern mit dem Löffel füttern.

Es empfiehlt sich zudem, langsam mit der Umstellung auf festere Nahrung zu beginnen – ganz abgesehen davon, dass das stetige körperliche Wachstum reichlich Energie erfordert. Denn je fester die Kost wird, desto mehr unterstützt sie die Rückverlagerung der Zunge.

VOM MEILENSTEIN DER ZUNGENDREHUNG

Jetzt geschieht etwas Faszinierendes: Ungefähr zur gleichen Zeit, zu der sich das Baby von alleine aus der Rücken- in die Bauchlage drehen kann (und umgekehrt), ist es auch in der Lage, seine Zunge zur Seite hin und her zu bewegen. Die Zunge kann damit festere Nahrungsbestandteile immer geschickter im Mund hin und her bewegen und einspeicheln, um sie anschließend leichter schlucken zu können. Und diese Geschicklichkeit kommt später auch dem Sprechvermögen zugute.

Ab jetzt heißt es, die Neugier der kindlichen Zunge durch unterschiedliche Geschmacksrichtungen und Konsistenzen zu wecken. Denn je wacher die Zunge ist, desto experimentierfreu-diger wird ein Baby mit seinen Lippen und der Spucke spielen, lallen und unterschiedliche Laute bilden. Für jeden einzelnen Laut nehmen Zunge, Lippen und Unterkiefer eine andere Position ein. Je besser das Zusammenspiel der Mundmotorik gefördert wird, desto leichter fällt es dem Baby, sprechen zu lernen.

ZAHNEN UND MUNDMOTORIK

Wenn Zähne einschießen, stecken viele Babys ihre Fingerchen oder ein Spielzeug in den Mund, um die Stelle, unter der bald das Zähnchen hervorblitzt, zu massieren und die mitunter schmerzende Empfindung zu reduzieren. Ein positiver Nebeneffekt dieses »Alles-in-den-Mund-Steckens«: Lippen, Zunge und Wangen erhalten mehr sinnvolle Reize, die Mundmotorik und der Spürsinn werden geschult – denn Mund und Zunge erkunden anfangs genauer als Hände. Ob Hände, Füße oder Spielzeug – nichts ist vor dem Mund sicher …

Mit dem Löffel zu essen ist erst mal gar nicht so einfach. Aber es macht auf alle Fälle viel Spaß.

Die Sprachentwicklung vom 10. bis 12. Monat

Wenn Sie Ihrem Kind häufig die beiden Silben »ma-ma« vorsprechen, wird es Sie bald nachahmen. Und sich freuen, dass Sie sich so darüber freuen. Dank dieser positiven Verstärkung wird es die Silbenfolge gerne wiederholen. Ganz nebenbei erkennt Ihr Baby auf diese Weise auch den Zusammenhang zwischen den beiden Silben »ma-ma« und Ihrer Person. Und genauso wird es auch die nächsten Wörter lernen: Indem Sie ihm immer wieder bekannte Silben vorsagen, dabei gezielt auf den entsprechenden Gegenstand zeigen (etwa in einem Buch) und es für sein Nachahmen loben.

Von nun an ordnet Ihr Kind spontan bestimmte Silben, Doppelsilben oder eine andere Lautäußerung für einen bekannten Gegenstand, Situationen oder für Personen. Es sind seine eigenen ersten »Worte«, die unter anderem eine sehr allgemeine Aussagekraft haben können. So kann es mit seinem »wau-wau« nicht nur einen Hund meinen, sondern alle Tiere auf vier Beinen. Mit seinem »brrrr« bezeichnet es vielleicht nicht nur sein Spielzeugauto, sondern auch den Bagger auf der Baustelle nebenan oder die Straßenbahn. Und mit der Doppelsilbe »pa-pa« meint es vielleicht nicht nur seinen Vater, sondern jeden Mann.

Die ersten Wörter

Um den ersten Geburtstag herum sprechen Kinder ihre ersten Wörter. Allerdings gibt es große Unterschiede, was die Häufigkeit und die Anzahl der Wörter betrifft. Manche Babys (meist sind es Mädchen) sprechen bereits mit neun Monaten erstaunlich viel, andere bringen bis zum 30. Lebensmonat kaum etwas über die Lippen. Das Gros der Kinder spricht zwischen 12 und 18 Monaten die ersten verständlichen Worte. Und: Selten lernen Kinder Sprechen und Laufen zeitgleich; erst das eine, dann das andere. Wenn Ihr Baby also bereits recht mobil ist, könnte es mit dem Sprechen ein bisschen länger dauern – und umgekehrt.

Das Sprachverständnis wächst

Allmählich versteht Ihr Baby seinen Namen und reagiert auf ihn. Wenn Sie außer Sichtweite sind und es rufen, wird es den Kopf zu Ihnen drehen. Zum einen, weil es neugierig ist, wo Sie stecken, zum anderen, weil es Ihre Stimme orten will.

Jetzt wird auch deutlich, dass Ihr Kind weitaus mehr versteht, als es bisher selbst sprechen kann; das sogenannte Sprachverständnis wird immer deutlicher erkennbar. Wenn Sie Ihr Kind zum Beispiel fragen: »Wo ist das Auto?«, wird es vermutlich seinen Kopf in die Richtung drehen und dadurch signalisieren, dass es Ihre Frage verstanden hat – auch wenn das Wort »Auto« noch nicht zu seinem eigenen Wortschatz gehört. Beliebt ist auch die Frage: »Wie groß bist du?«, worauf das Kind freudig die Arme nach oben streckt. Mit jedem Tag erweitert sich das Sprachverständnis des Kindes. Auf die Frage »Wollen wir

INFO

Das kann ein Baby am Ende des zwölften Monats

- Es ahmt Silben laut und deutlich nach.
- Es versteht die ersten Begriffe.
- Es spricht erste sinnvolle Silben (auch in der Kindersprache wie »wau-wau« für Hund, »ato« für Auto oder Ähnliches).

Bitte und Danke

Früh übt sich – und auch die Worte »Bitte« und »Danke« können Eltern spielerisch in den Wortschatz ihrer Kinder einbauen. Halten Sie Ihrem Schatz ein Spielzeug entgegen und sagen Sie dabei »Bitte«. Strecken Sie anschließend Ihre Hand aus und signalisieren Sie Ihrem Kind, dass Sie den Gegenstand wiederhaben möchten. Wenn es ihn zurückgegeben hat, sagen Sie deutlich »Danke«.

einmal die Oma anrufen?« machen sich die viele Kinder gleich Richtung Telefon auf, weil sie verstehen, dass »anrufen« etwas mit diesem Apparat zu tun hat – und gleich ist daraus Omas Stimme zu hören. Wenn Sie Ihrem Kind mitteilen »Komm, wir gehen jetzt spazieren«, wird es zur Tür blicken oder seine Jacke holen wollen. Es zeigt dadurch, dass es die Botschaft verstanden hat. Um den ersten Geburtstag herum ist das Kind in der Lage, kleinere Aufträge entgegenzunehmen. Wenn es in seiner Spielecke sitzt und Sie es bitten: »Gib mir mal bitte den roten Ball«, wird es nach dem Ball greifen und ihn freudestrahlend überreichen.

Ihr Kind begreift immer mehr, welche Kraft in einem einzelnen Wort steckt und dass es zum Beispiel mit einem »ham-ham« oder »mi-mi« ebenso erfolgreich um Trinken bitten kann wie durch hartnäckiges Quengeln und Daraufzeigen. Täglich kommen neue Wortkreationen hinzu. Manche Kinder können schon ein paar richtige Wörter sagen; beliebt ist zum Beispiel das Wort »heiß«, vermutlich weil es so schön kurz ist und weil die Eltern es oft sagen (etwa »Vorsicht, der Kaffee/der Tee/der Topf/die Kerze ist heiß«).

DAS WÖRTCHEN »NEIN«

Bereits mit elf Monaten wissen viele Babys genau, was »Nein« bedeutet. Das mag zum einem mit dem Tonfall, der strengen, ernsten Mimik und der Gestik zusammenhängen, mit der Eltern ihr Missfallen äußern. Darüber hinaus trägt aber auch der Forscherdrang der kleinen Experten in Windeln dazu bei, dass sie dieses kleine Wörtchen relativ häufig zu hören bekommen. Und was man oft hört, prägt man sich auch schneller ein. Darum nehmen die meisten Babys dieses Wort auch schneller in ihren eigenen Wortschatz auf als das »Ja«.

Wenn Ihr Kind etwas unternimmt, das Ihnen nicht recht ist, und Sie tun dies mit einem deutlichen »Nein« kund, wird es vermutlich für einen Augenblick irritiert innehalten und sein Vorhaben unterbrechen. Vielleicht schüttelt es auch selbst sein Köpfchen, um die Aussagekraft Ihrer Worte noch zu unterstreichen – schon wieder eine geniale Form der Kommunikation.

Das sollte Ihr Baby am Ende des ersten Lebensjahres können

- Es sollte durch die Nase atmen und dabei den Mund geschlossen halten können.
- Es sollte seinen Speichel herunterschlucken können und nicht dauernd sabbern.
- Es sollte einen Löffel mit Zunge und Lippen ablecken können.
- Es sollte husten, quietschen, gurren und Laute nachahmen können.
- Es sollte Silben plappern.
- Es sollte seiner momentanen Laune mithilfe seiner Stimme Ausdruck verleihen.

Ihr Baby wächst in einem enormen Tempo, täglich macht es in seiner Entwicklung einen Schritt nach vorn. Manchmal sind diese Entwicklungsschübe für alle deutlich sichtbar, etwa wenn sich das Baby zum ersten Mal auf den Rücken dreht, alleine sitzt oder das erste Mal »Mama« sagt. Unzählige andere Leistungen vollziehen sich jedoch im Verborgenen.

Die Vorsorgeuntersuchungen

Mithilfe der von den Krankenkassen angebotenen Vorsorgeuntersuchungen kann der Kinderarzt feststellen, ob sich ein Kind altersentsprechend entwickelt. Weil jede dieser Untersuchungen in einem strikt vorgegebenen Zeitfenster liegt, hat er sichere Vergleichspunkte.

Im ersten Lebensjahr stehen sechs Vorsorgeuntersuchungen (U1 bis U6) an. Bis ins Vorschulalter folgen dann nochmals drei Untersuchungen im jährlichen Abstand (U7 bis U9). Fast alle Kassen übernehmen sogar die Kosten für die relativ neue U10 und U11 im Schulkindalter, manche auch die für die J2, den letzten Check vor dem 18. Lebensjahr. Nutzen Sie dieses Angebot, um eventuell vorhandene Entwicklungsverzögerungen so früh wie möglich zu erkennen und, falls nötig, zu therapieren. Nicht zuletzt helfen die regelmäßigen Vorsorgetermine dem Kinderarzt, eine Beziehung zu Ihrem Baby aufzubauen. Auch das ist wichtig, damit das Kleine erfährt, dass es keine Angst vor dem Arzt haben muss. Die Ergebnisse der Vorsorgeuntersuchungen werden in das gelbe Vorsorgeheft eingetragen, das Sie bei der Geburt erhalten. Es dokumentiert – ähnlich wie der Mutterpass in der Schwangerschaft – über die nächsten Jahre die Entwicklung des Kindes. Bewahren Sie dieses Heft sorgfältig auf, denn Sie müssen es immer wieder einmal vorlegen: nicht nur beim Kinderarzt, sondern zum Beispiel auch bei der späteren Schulanmeldung.

Der APGAR-Test

Der allererste Gesundheitscheck eines Babys erfolgt unmittelbar nach der Geburt. Während sich Mutter und Neugeborenes von den Strapazen der Geburt erholen und die ersten kostbaren Momente des gemeinsamen Lebens miteinander genießen, werfen routinierte Geburtshelfer einen Blick auf den Säugling.

Die amerikanische Ärztin Virginia Apgar entwickelte dazu um 1950 ein Bewertungsschema, das Kinderärzte und Hebammen bis heute benutzen, um den klinischen Zustand eines Neugeborenen sofort nach der Geburt bemessen zu können: den APGAR-Test. Er bewertet fünf Kriterien: **A**tmung, **P**uls, **G**rundtonus (Bewegung und Muskelspannung), **A**ussehen (Hautfarbe) und **R**eflexe.

Noch während es auf dem Bauch der Mutter liegt, beurteilt die Hebamme oder der Arzt den Zustand des Babys. Kann es alleine und regelmäßig atmen? Hat es einen stabilen Puls? Welchen Eindruck macht seine gesamte Muskelspannung? Welche Farbe hat seine Haut? Wie steht es mit den ersten Reflexen? Dieser Check erfolgt das erste Mal etwa eine Minute nach der Geburt und dann im Fünf-Minuten-Abstand noch weitere zwei Mal.

Nach einem festen Schema erhält das Neugeborene für jedes der fünf Kriterien Punkte von 0 bis 2 – maximal sind also 10 Punkte möglich. Das Ergebnis des Tests wird im Mutterpass und im gelben Vorsorgeheft eingetragen.

Je höher die Punktzahl, desto lebensfrischer wirkt das Neugeborene. Allerdings erreichen die wenigsten Babys beim ersten Check die volle Punktzahl, sodass kein Grund zur Unruhe besteht, wenn auch Ihr Kleines zu diesen »Kandidaten« gehört. Weitaus aussagekräftiger ist die Summe beim zweiten und dritten Durchlauf. In der Regel lautet der Wert eines gesunden Babys 9–10–10. Liegen die Werte unter 7, sollte der Säugling intensiver überwacht werden, um sicherzustellen, dass er auch wirklich gesund ist.

APGAR-Test			
Anzeichen	**0 Punkte**	**1 Punkte**	**2 Punkte**
Atmung	keine	flach	regelmäßig
Puls	nicht feststellbar	unter 100	über 100
Grundtonus	schlaff, keine Bewegung	wenig Bewegung	aktive Bewegung
Aussehen	blass/blau	rosa Körper, Arme und Beine blau	rosa am ganzen Körper
Reflexe (Reaktionen)	keine	macht Grimassen	niest, hustet oder schreit

Erste Vorsorgeuntersuchung (U1)

Die erste Vorsorgeuntersuchung (U1) durch einen Kinderarzt erfolgt innerhalb der ersten ein bis vier Stunden nach der Geburt; kommt das Baby im Geburtshaus oder bei der Hausgeburt zur Welt, übernimmt die Hebmamme die U1. Im Gegensatz zum APGAR-Test beurteilt die U1 den allgemeinen Gesundheitszustand des Neugeborenen. Der Arzt wiegt und misst dazu das Neugeborene, prüft Herzschlag, Atmung, Puls und Muskelspannung und kontrolliert, ob Geburtsverletzungen oder äußerlich erkennbare Fehlbildungen vorhanden sind. Die U1 vermittelt auch einen Eindruck über den tatsächlichen Reifezustand des Babys: Feste Ohrmuscheln mit Knorpel bis zum Rand, vorhandene

Brustwarzen, Furchen (Rillen) an den Fußsohlen, Fehlen der Lanugobehaarung und bei Jungen mindestens ein vollständig in den Hodensack gewanderter Hoden deuten auf ein ausgetragenes und damit »reifes« Baby hin.

ZUSÄTZLICHE PROPHYLAXE

Neben der allgemeinen Kontrolle dient die erste Vorsorgeuntersuchung in der Regel auch einer möglichen Augenprohylaxe sowie der Grundversorgung mit Vitamin K und Vitamin D.

Vitamin K: In vielen Kliniken erhält das Baby innerhalb der ersten 24 Stunden Vitamin-K-Tropfen; weitere Gaben erfolgen bei der U2 und U3. Vitamin K reduziert als Blutgerinnungsvitamin die Gefahr einer Gehirnblutung. Beim Erwachsenen wird Vitamin K von Bakterien im Dickdarm gebildet; der Körper eines Neugeborenen ist dazu jedoch noch nicht in der Lage. Der Säugling bekommt das wichtige Vitamin erst, wenn er gestillt wird oder mit Vitamin K angereicherte Flaschennahrung erhält – immer vorausgesetzt, Fettverdauung und Fettaufnahme im kindlichen Darm sind intakt (denn Vitamin K zählt zu den fettlöslichen Vitaminen).

Da man nicht genau weiß, wie viel Vitamin K die Muttermilch enthält beziehungsweise wie der Gehalt schwanken kann, sollte Vitamin K zugeführt werden. Die dreimalige Gabe übernimmt die Geburtsklinik und/oder der Kinderarzt.

Vitamin D: Nur wenn dem kindlichen Körper genügend Vitamin D zur Verfügung steht, kann der Organismus Kalzium aus dem Darm aufnehmen und in den Knochen einbauen. Ein Vitamin-D-Mangel macht die Knochen weich und kann dadurch unter anderem zu Knochenverformung (Rachitis) führen.

Kinderärzte empfehlen daher von Geburt an täglich eine Dosis Vitamin-D-Tabletten (500 I.E.) – mindestens ein Jahr und idealerweise

INFO

Vorsorgetermine im Überblick

Zu welchem Zeitpunkt finden die Vorsorgeuntersuchungen statt?

- o U1 kurz nach der Geburt
- o U2 zwischen dem 3. und 10. Lebenstag
- o U3 zwischen der 4. und 6. Lebenswoche
- o U4 zwischen dem 3. und 4. Lebensmonat
- o U5 zwischen dem 6. und 7. Lebensmonat
- o U6 zwischen dem 10. und 12. Monat
- o U7 zwischen dem 21. und 24. Monat
- o U7a zwischen dem 34. und 36. Monat
- o U8 zwischen dem 43. und 48. Monat
- o U9 zwischen dem 60. und 64. Monat
- o U10 zwischen dem 7. und 8. Lebensjahr
- o U11 zwischen dem 9. und 10. Jahr
- o J1 zwischen dem 12. und 15. Lebensjahr
- o J2 zwischen dem 16. und 18. Lebensjahr
  (wird von vielen Kassen nicht erstattet)

noch eine weitere Wintersaison (weil die Sonnenstunden in unseren Breiten im Winter reduziert sind). Schieben Sie Ihrem Baby die Tablette vor dem Stillen in die Backentasche, oder lösen Sie sie auf einem kleinen Löffel in etwas Muttermilch oder Wasser auf.

Homöopathisch therapierende Kinderärzte empfehlen zur Rachitisprophylaxe Rohstoffe aus der Natur, die ebenso wirksam sind wie synthetisches Vitamin D: Phosphorus compositum und Quercus compositum (aus der Apotheke). Die beiden Kalke in Tropfen- beziehungsweise Pulverform können einer Rachitis ebenfalls vorbeugen. Fragen Sie bei Interesse Ihren Kinderarzt.

Fluorid: Noch immer sind Kinderärzte angehalten, ab dem zehnten Lebenstag Fluoridtabletten zu verordnen. In der Regel handelt es sich dabei um ein Kombipräparat aus Fluorid und Vitamin D. Fluorid festigt den Zahnschmelz und kann die Zähne vor Karies schützen. Es ist in geringen Mengen im Wasser und in der Luft enthalten und somit auch in fast allen pflanzlichen und tierischen Geweben zu finden. Kritiker halten jedoch dagegen, dass aus zahnärztlicher Sicht bis zum Durchbruch des ersten Milchzahns kein Fluorid erforderlich ist. Sie empfehlen stattdessen, bei der Zahnpflege von Anfang an fluoridhaltige Zahnpasta zu verwenden.

Augenprophylaxe: Während der Geburt können Erreger der Geschlechtskrankheit Gonorrhö (Tripper) auf das Neugeborene übertragen werden, die zu schweren Augeninfektionen führen können. Um einer möglichen Infektion vorzubeugen und die Augen zu schützen, bieten einige Kliniken prophylaktisch Augentropfen an. Stimmen die Eltern zu, tropft man in jedes Auge des Babys einen Tropfen Silbernitratlösung. Weil die Tropfen einen unangenehmen Schmerz verursachen können, schließt das Baby seine Augen für eine Weile. Nicht selten tritt als Folge der Therapie eine vorübergehende Bindehautentzündung auf. Eltern sollten daher gründlich abwägen und sich nur dann für eine Behandlung mit den Augentropfen entscheiden, wenn die Mutter an einer entsprechenden Geschlechtserkrankung leidet.

Zweite Vorsorgeuntersuchung (U2)

In den meisten Geburtskliniken erfolgt zwischen dem dritten und fünften Tag nach der Geburt eine weitere intensivere Untersuchung des Babys: die U2. Bei Hausgeburten oder einer Entbindung im Geburtshaus findet diese Kontrolle zwischen dem dritten und zehnten Lebenstag durch den Kinderarzt statt. Erneut wird das Neugeborene gemessen und gewogen: Wie viel hat das Kind abgenommen? Oder hat es vielleicht schon wieder sein Geburtsgewicht erreicht? Entwickelt sich das Baby gut? Kann es gleichmäßig atmen? Wie schnell atmet es? Schlägt sein Herz dem Alter entsprechend

INFO

Blut aus der Ferse

Zum Zeitpunkt der U2 wird in der Regel ein Stoffwechseltest durchgeführt. Dazu pikst die Hebamme, die Säuglingsschwester oder der Kinderarzt dem Neugeborenen leicht in die Ferse und drückt einige Tropfen Blut heraus. Dieses wird auf ein spezielles Filterpapier geträufelt und im Labor auf Stoffwechselkrankheiten, wie zum Beispiel Schilddrüsenunterfunktion oder eine Störung im Aminosäure-Stoffwechsel, untersucht. Bei frühzeitiger Diagnose können diese meist gut behandelt werden.

schnell? Wie steht es um die Reflexe? Gibt es Anzeichen für eine Neugeborenen-Gelbsucht? Die Haut wird ebenso untersucht wie der Bauchnabel (verheilt er gut?) und die Funktion der inneren Organe. Seit 2009 gehört auch ein Hörscreening zur U2. Nicht zuletzt hat die Mutter Gelegenheit, über ihre ersten Erfahrungen mit dem Säugling zu sprechen. Läuft alles so weit gut? Und wenn nicht: Wo drückt der Schuh? Wie die Nachsorgehebamme hat auch der Kinderarzt jahrelange Erfahrung mit Babys.

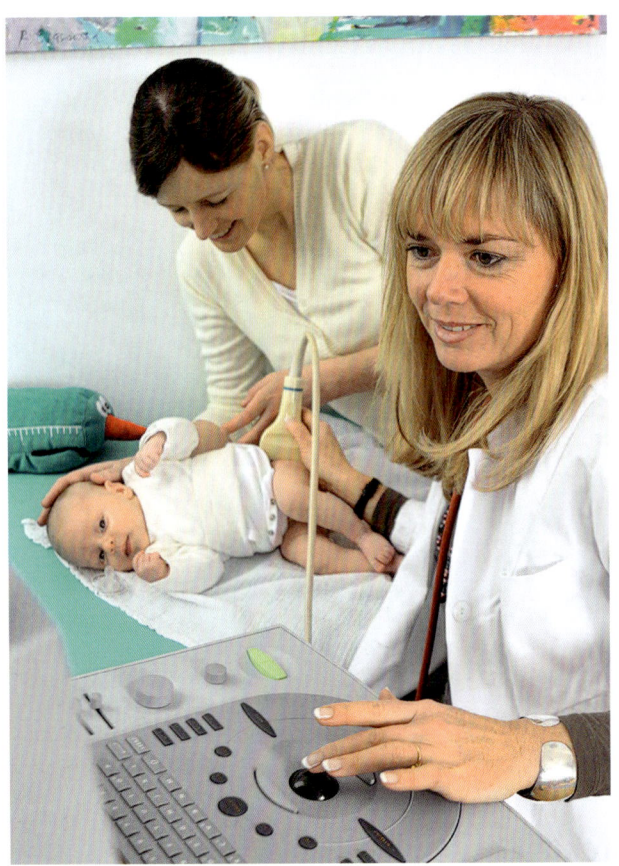

Dank des schmerzfreien Hüftultraschalls lassen sich Fehlentwicklungen frühzeitig erkennen und behandeln.

HÜFTULTRASCHALL

Einige Geburtskliniken bieten bereits zum Zeitpunkt der U2 einen Hüftultraschall an, um zu kontrollieren, wie weit die kindliche Hüfte zum Zeitpunkt der Geburt entwickelt ist. Dieses Angebot sollten Sie wahrnehmen. Mithilfe des Ultraschalls können Fehlentwicklungen frühzeitig entdeckt und durch gezielte Behandlungen behoben werden. Wenn Ihre Klinik diesen Service nicht anbietet, wenden Sie sich an Ihren Kinderarzt. Er kann den Ultraschall entweder selbst durchführen oder Ihr Baby für diese Untersuchung zum Orthopäden überweisen.

Erfahrungsgemäß weisen Mädchen siebenmal häufiger eine Hüftfehlentwicklung auf als Jungen, wobei wiederum die linke Seite stärker betroffen ist als die rechte. Kinder, die entweder eine familiäre Veranlagung mitbringen (Eltern oder Geschwister hatten auch eine Fehlentwicklung an der Hüfte) oder im Mutterleib in Steiß- oder Beckenendlage lagen, haben allgemein ein höheres Risiko für eine Hüftreifungsstörung.

WAS IST EINE HÜFTDYSPLASIE?

Im Idealfall ist die Hüftgelenkpfanne so weit ausgereift, dass der kugelige Gelenkkopf des Oberschenkelknochens später sicheren Halt in ihr findet. Dies ist jedoch nicht immer der Fall: Etwa 3 von 100 Neugeborenen weisen eine Fehlbildung auf – die Hüftdysplasie.

Ärzte unterscheiden dabei verschiedene Grade der Fehlentwicklung: Beim Typ II a+ beispielsweise handelt es sich um eine geringe Hüftreifeverzögerung. Viele Jahre galt in diesem Fall die kinderärztliche Empfehlung, das Baby »breit« zu wickeln. Dazu werden mithilfe eines gefalteten Baumwolltuchs über der Windel die kleinen Beinchen in einem gewissen Winkel so weit von der Hüfte abgespreizt, dass die Hüftgelenkpfannen nachreifen können. Bis heute konnte die

Wirksamkeit dieser Methode jedoch nicht eindeutig nachgewiesen werden, weshalb über die Empfehlung des breiten Wickelns diskutiert wird. Fest steht dagegen, dass ein Baby mit höhergradiger Reifeverzögerung oder sogar einer Fehlbildung (Typ Iab, IIa+, IIc, III und IV) einige Wochen eine Spreizhose oder eine Abspreizschiene tragen sollte. Manche Kinderärzte und Orthopäden verschreiben die entsprechenden Hilfsmittel, passen sie individuell an und kontrollieren in regelmäßigen Abständen die Wirkung.

Dritte Vorsorgeuntersuchung (U3)

Zwischen der vierten und sechsten Lebenswoche wird das Baby das nächste Mal untersucht: Wieder prüft der Arzt, wie viel das Kleine in den letzten Wochen zugenommen hat – oder hat es gar abgenommen? Wie viele Zentimeter ist es gewachsen, wie groß ist sein Kopfumfang jetzt? All diese Werte trägt er in die Tabellen auf den hinteren Seiten des gelben Vorsorgeheftes ein und ermittelt so die Wachstumskurve.

Des Weiteren wird der Arzt Sie fragen, ob Ihr Baby gut trinkt oder ob es Schwierigkeiten und/oder gar Schluckstörungen hat. Wie sieht der Stuhlgang aus? Schreit das Kind schrill oder eher kraftlos? Reagiert es auf Geräusche? Er überprüft den Bauchnabel und die Fontanelle, beurteilt die geistige und motorische Entwicklung: Kann das Baby einen Gegenstand fixieren und diesem mit den Augen folgen, wenn er sich langsam bewegt? Wie verhält es sich in der Bauchlage? Kann es seinen Kopf zur Seite drehen oder für einen kurzen Moment anheben? Wie hält es seinen Kopf, wenn es von der Rückenlage in eine sitzende Position gebracht wird? Sind die frühkindlichen Reflexe altersentsprechend und seitengleich? Um der letztgenannten Frage auf den Grund zu gehen, bedient sich der Kinderarzt der »Vojta-Lagereaktionen«: Er bringt das Baby für einen kurzen Moment in verschiedene Lagen (indem er es zum Beispiel an einem Arm und einem Bein seitlich hochhebt) und testet so die reflektorischen Reaktionen.

Auch das Herz-Kreislauf-System des Babys nimmt der Kinderarzt bei der Vorsorgeuntersuchung genauer unter die Lupe: Schlägt das kindliche Herz normal oder sind auffällige Herzgeräusche wahrzunehmen? Ist der Puls in den Armen und Leisten auf beiden Seiten gleichermaßen tastbar? Und wie sieht die Babyhaut aus? Ist sie rosig oder eher auffallend blass? Gibt es Pigmentstörungen, Wasseransammlungen oder sind erst kürzlich Hautveränderungen aufgetreten, wie beispielsweise die Babyakne?

Das Hüftscreening ist ebenfalls fester Bestandteil der U3, auch wenn es bereits zum Zeitpunkt der U2 durchgeführt wurde (siehe Seite 90). Denn jetzt lassen sich Fehlentwicklungen am besten erkennen.

Vierte Vorsorgeuntersuchung (U4)

Wie bei jeder Vorsorgeuntersuchung wird das Baby auch bei der U4 zwischen dem dritten und vierten Lebensmonat erst einmal gewogen und gemessen. Wie viel ist es in den letzten Wochen gewachsen? Wie hat sich der Kopfumfang verändert, und wie schwer ist es mittlerweile?

Abermals verschafft sich der Kinderarzt einen genauen Überblick über die geistige und motorische Entwicklung Ihres Babys: Wie gut kann es jetzt einen Gegenstand mit den Augen fixieren? Folgt der Blick, wenn der Arzt ihn vor dem Kind bewegt? Ist es in der Lage, einem Menschen nachzuschauen, wenn er sich von ihm abwendet? Dreht es sein Köpfchen zur Geräuschquelle, und sucht es mit fragendem Blick, wenn es nicht sicher weiß, woher das Geräusch stammt? Lauscht es aufmerksam, wenn es die Stimme von Mama oder Papa hört? Wie ist die Muskelspannung am gesamten Körper? Ist die Beugehaltung noch stark ausgeprägt? Sind die Fäuste noch fest verschlossen, oder haben sie sich bereits geöffnet? Hält das Baby seinen Kopf sicher und mittig, wenn es auf dem Bauch liegt? Stützt es sich in dieser Position auf den Unterarmen ab? Kann es bereits seine beiden Hände zusammenführen, wenn es auf dem Rücken liegt? Wie gut kann es seinen Kopf halten, wenn es von der Rückenlage in die sitzende Position gebracht wird?

Spätestens bei der U4 sollte auch die OAE-Messung (Hörtest) durchgeführt werden (siehe Seite 76). Erfahrungsgemäß wurde diese Messung bereits wenige Tage nach der Geburt in der Klinik durchgeführt. War dies nicht der Fall, sollten Sie Ihren Kinderarzt jetzt daran erinnern.

INFO

Die erste Impfung

Die offizielle Impfempfehlung der Ständigen Impfkommission (STIKO) am Robert Koch-Institut sieht bereits zum Zeitpunkt der U4 (beziehungsweise ab dem vollendeten zweiten Lebensmonat) die erste Impfung vor. Ob und wann Sie Ihr Baby impfen lassen, entscheidet jedoch nicht der Kinderarzt, sondern Sie, denn in Deutschland besteht keine Impfpflicht. Es gibt plausible Gründe, sich rechtzeitig mit dem Thema Impfen auseinanderzusetzen. Idealerweise haben Eltern sich bereits vor dem planmäßigen Termin ausreichend Zeit genommen und die Gelegenheit gehabt, dies zu tun, zum Beispiel im Gespräch mit dem Kinderarzt oder über entsprechende Fachliteratur.

Fünfte Vorsorgeuntersuchung (U5)

Mit der fünften Vorsorgeuntersuchung zwischen dem sechsten und siebten Lebensmonat endet die engmaschige Kontrolle über die Entwicklung des Babys; die folgenden Untersuchungstermine finden in größeren Abständen statt. Zunächst geht es bei der U5 wieder einmal darum, wie viel das Baby gewachsen ist, wie viel Kilogramm es mittlerweile auf die Waage bringt und welchen Kopfumfang es hat.

KÖRPERBEHERRSCHUNG

Großes Augenmerk legt der Kinderarzt diesmal auf die altersentsprechende Geschicklichkeit Ihres Kindes: Kann es sich bereits von alleine aus der Rückenlage auf den Bauch drehen? Kommt es selbstständig in den Unterarmstütz mit geöffneten Händen und hält es sein Köpfchen wacker aufrecht? Wie gut kann das Baby seinen Kopf halten, wenn es von der Rückenlage in die sitzende Position gebracht wird? Versucht es, sich selbst hochzuziehen, wenn man ihm zwei Finger als Hilfe anbietet? Gelingt es ihm, aus dieser Position einen Arm auszustrecken, um nach einem interessanten Gegenstand zu greifen, den es vor sich sieht?

Kann das Baby gezielt mit der ganzen Hand einen Gegenstand greifen und festhalten? Gelingt es ihm, einen Gegenstand von der einen Hand in die andere zu übergeben? Kann es mit seinen Fingern die Füße berühren, mit ihnen spielen oder die Füße gar zum Mund führen?

WIE WEIT IST DAS BABY?

Wieder testet der Arzt das kindliche Hörvermögen: Dreht das Baby sichtbar seinen Kopf, um die Geräuschquelle zu finden? Wie reagiert es auf akustische Reize, zum Beispiel leises Glöckchenläuten, Klingeln, in die Hände klatschen oder ein Türschlagen?

Nicht weniger interessant im Hinblick auf die Entwicklung ist, wie Ihr Baby auf Fremde reagiert. Um dies beurteilen zu können, ist der Arzt vor allem auf die Unterstützung der Eltern angewiesen. Beantworten Sie seine Fragen ehrlich und nach bestem Gewissen, damit er sich ein möglichst genaues Bild machen kann.

Laut der offiziellen STIKO-Empfehlung sind die ersten Impfungen zwar bereits alle durchgeführt. Noch ausstehende Impfungen können jedoch problemlos bei der U5 nachgeholt werden, um weitere Kinderarztbesuche zu vermeiden.

Sechste Vorsorgeuntersuchung (U6)

Kurz vor dem ersten Geburtstag steht zwischen dem zehnten und zwölften Monat die U6 an. Länge, Gewicht und Kopfumfang werden routinemäßig ermittelt und im gelben Vorsorgeheft dokumentiert. Neben diesen obligatorischen Informationen interessiert sich der Kinderarzt unter anderem für die Grob- und Feinmotorik des Kindes, die sprachliche Entwicklung, die Hand-Auge-Koordination und den aktuellen Stand der emotionalen Entwicklung. Wie reagiert das Baby auf fremde Personen? Fremdelt es? Wie verhält es sich, wenn Mama kurz außer Sichtweite ist? Ist es in der Lage, für eine kurze Weile alleine zu spielen? Was macht es, wenn ein interessanter Gegenstand in seiner Reichweite ist? Bemüht es sich, diesen zu erreichen? Wie bewegt es sich fort? Kann es robben oder auf Händen und Knien krabbeln? Zieht es sich bereits am Tisch oder einer Bank hoch? Kommt das Baby ohne fremde Hilfe in die Sitzposition und kann es eine Weile alleine mit geradem Rücken und locker gestreckten Beinen aufrecht sitzen? Wie sieht es mit dem Greifen aus? Kann es mit gestrecktem Zeigefinger und Daumen nach kleinen Gegenständen picken (Pinzettengriff)? Ist es vielleicht sogar schon in der Lage, mit den

Fingerkuppen des gebeugten Zeigefingers und Daumens kleinste Dinge wie Haare oder einen Faden aufzunehmen (Zangengriff)?

SPRICHT DAS BABY SCHON?

In diesem Alter kommt auch die erste Sprachbetrachtung hinzu: Wie gut kann das Baby bereits kommunizieren? Beherrscht es die Silbenverdopplung wie »da-da«? Sind schon Lallketten wie »ma-ma-ma« zu hören? Kann es vielleicht sogar schon einige wenige Worte sprechen beziehungsweise Laute nachmachen, wie »wauwau« für Hund oder »brrr« für Auto?

Nicht weniger wichtig ist sein Sprachverständnis: Schaut Ihr Kind auf einen Gegenstand, wenn man danach fragt (»Wo ist der Ball«)? Wie reagiert es, wenn es seinen Namen hört? Laut offizieller Impfempfehlung steht zum Zeitpunkt der U6 erneut eine Impfung an.

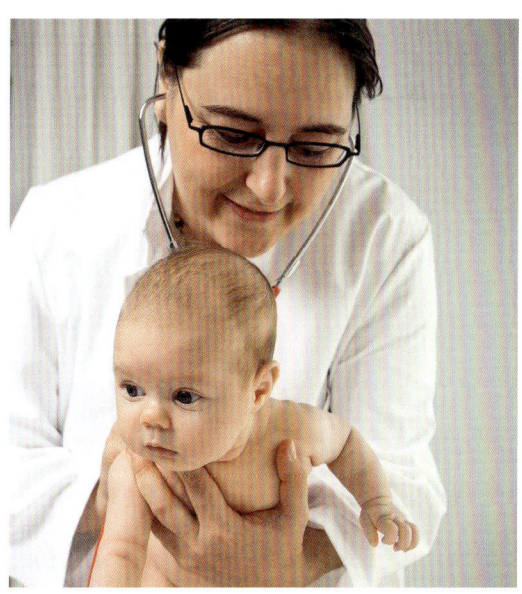

Na, was passiert denn hier? Die meisten Babys finden die Vorsorgeuntersuchungen spannend.

Babys Ernährung vom 1. bis 6. Monat

Nahrung ist lebensnotwendig – denn sie ist der Treibstoff für unseren Motor. Das gilt natürlich auch für ein Baby. Doch wie ernährt man ein kleines Baby überhaupt richtig? In den ersten Wochen oder Monaten stillen die meisten Mütter; wird ein Baby nicht gestillt, bekommt es Fertigmilchnahrung. Nach etwa sechs Monaten bricht dann ein neues Zeitalter an: der allmähliche Umstieg auf feste Kost, bis das Kind etwa um den ersten Geburtstag herum die Familienkost isst. Alles ist von der Natur sinnvoll durchdacht: Die Milch seiner Mutter ist für ein frisch geborenes Säugetier das erste Nahrungsmittel. Kälber trinken Kuhmilch, Fohlen Stutenmilch – und auch für ein Neugeborenes ist Muttermilch in den ersten Lebensmonaten zweifelsohne die beste Ernährung. Ihre Zusammensetzung ist einzig-

Beim Stillen versorgt sich das Baby nicht nur mit Milch, sondern auch mit Wärme und Zuneigung.

artig und unnachahmlich. Bisher haben Wissenschaftler bereits über 200 Inhaltsstoffe und Bestandteile erforscht.

Muttermilch ist flüssig, warm und nahrhaft und bietet alles, was ein junger Mensch in den ersten Wochen und Monaten zum Leben braucht. Dabei fließt nicht immer das gleiche Elixier: Die Milch passt sich automatisch an die Bedürfnisse des wachsenden Babys an (siehe Kasten Seite 95) und sorgt so dafür, dass sich der kindliche Organismus optimal entwickeln kann.

VORTEILE DES STILLENS

Die Weltgesundheitsorganisation (WHO) hat über 3000 Studien zum Thema Stillen ausgewertet und kommt zu dem Ergebnis: Wenn Sie Ihr Baby stillen, ermöglichen Sie ihm einen optimalen Start ins Leben. Denn durch das Saugen an der Brust tankt Ihr Baby nicht nur lebenswichtige Nährstoffe, sondern auch eine große Portion Zuwendung und Liebe. Bereits mit dem ersten Zug an der mütterlichen Brust nach der Geburt knüpfen Mutter und Kind ein zartes, aber wichtiges Band. Durch diese erste innige Begegnung halten sie auch außerhalb des Mutterleibes ihre enge Verbindung aufrecht. Dieses erste Kennenlernen bezeichnet man als Bonding: der Beginn der Mutter-Kind- beziehungsweise Eltern-Kind-Beziehung (siehe Seite 17).

Darüber hinaus gibt es aber noch weitere gute Gründe, warum Muttermilch das perfekte Nahrungsmittel für ein Baby ist.

○ **Stets parat:** Stillende Mütter haben die Nahrung ihres Kindes stets griffbereit (auch unterwegs); sie ist immer ideal temperiert und ohne viel Aufwand rasch verfügbar.

○ **Immunschutz:** Gestillte Babys profitieren von den wertvollen Antikörpern (Immunglobuline), die das noch unreife kindliche Abwehrsystem stärken und vor Krankheiten schützen.

○ **Sinnvoll im wahrsten Sinne des Wortes:** Stillen fördert alle menschlichen Sinne des Babys: Es sieht, hört, riecht, fühlt und schmeckt seine Mutter ganz unmittelbar.

○ **Wichtige Bindung:** Stillen ist eine sehr intime Zweisamkeit zwischen Mutter und Kind – so nah sind sich beide in den folgenden Jahren nur noch selten. Daher fließt weit mehr als Milch zum Leben – das Kind kann auch große Men-

gen Sicherheit, Geborgenheit und Liebe tanken und Urvertrauen aufbauen.

○ **Preiswert:** Muttermilch ist mehr als seinen Preis wert – wer stillt, spart monatlich etwa 100 Euro für Babynahrung.

○ **Stärkt die Mundmotorik:** Saugen an der Brust ist anstrengend und erfordert einen hohen Kraftaufwand der Mundmuskulatur. Dies ist ein perfektes Training und fördert die Entwicklung des Kiefers: gute Voraussetzungen für richtige Zahnstellungen und das Sprechenlernen (siehe auch Seite 82 f.).

○ **Schützt vor Brustkrebs:** Mehrere Studien belegen, dass stillende Mütter ein reduziertes Risiko haben, an Brustkrebs zu erkranken.

○ **Still sein:** Stillen bedeutet auch immer »still sein«. Auch für Mütter ist das Stillen eine Möglichkeit des Rückzuges; sie sitzen oder liegen bequem und genießen die Ruhe mit dem Baby.

○ **Beruhigend:** Die beiden Stillhormone Prolaktin und Oxytocin tragen dazu bei, dass die Mutter entspannter und ausgeglichener ist.

NACHTEILE DES STILLENS

Keine Frage – Stillen ist die optimale Ernährung für ein Kind. Aber jede Medaille hat zwei Seiten, und daher sollen der Fairness halber an dieser Stelle auch die Nachteile des Stillens genannt werden. Sie haben bei jeder Mutter eine unterschiedliche Gewichtung: Während die einen sagen »Das sind doch keine Hindernisse«, empfinden andere Frauen diese Gründe durchaus als Manko.

○ **Alleinversorgerin:** Mütter, die stillen, sind allein für die Ernährung ihres Kindes zuständig, es sei denn, sie pumpen hin und wieder ab. (Dabei ist das Abpumpen der Muttermilch für viele Frauen ein eigenes Thema – auch wenn es sich dabei um eine reine Kopfsache handelt. Hier hilft auf jeden Fall die positive Beratung einer

---

INFO

Wie Muttermilch aufgebaut ist

Muttermilch stellt sich von Natur aus auf die momentanen Bedürfnisse des Babys ein:

○ **Stufe 1:** Die Vormilch (Kolostrum) wird bereits in der Schwangerschaft produziert und steht direkt nach der Geburt zur Verfügung. Vormilch ist dicklich und leicht gelb. Sie enthält im Vergleich zur reifen Übergangsmilch weniger Fett und Kohlenhydrate, dafür aber deutlich mehr wichtiges Eiweiß. Vormilch ist reich an Mineralien, Vitaminen und Immunglobulinen und daher sehr nahrhaft. Schon kleine Mengen sättigen.

○ **Stufe 2:** Die Übergangsmilch entsteht etwa zwischen dem 3. und 14. Tag nach der Geburt, wenn der weibliche Körper von der Vormilch auf die reife Frauenmilch umsteigt. Ihre Zusammensetzung liegt zwischen der der Vormilch und der reifen Frauenmilch.

○ **Stufe 3:** Reife Frauenmilch ist zwar wässriger und damit in ihrer Konsistenz deutlich dünnflüssiger als das Kolostrum, aber ihr Fettgehalt ist doppelt so hoch. Außerdem enthält sie mehr Milchzucker, weshalb reife Frauenmilch leicht süß schmeckt.

INFO

Stillen will gelernt sein

Stillen trägt wesentlich zur optimalen Entwicklung eines Babys bei und ist ganz natürlich. Aber besonders beim ersten Kind und bei schwierigen Situationen brauchen Mütter Unterstützung. An dieser Stelle können wir aus Platzgründen nicht auf das Thema »So klappt das Stillen« eingehen. Auch Stillen will gelernt sein, und zum Glück stehen jeder Mutter professionelle Helferinnen zur Seite: Hebammen, Still- und Laktationsberaterinnen sind Fachfrauen auf diesem Gebiet und beraten Sie darüber gerne. Bitte zögern Sie nicht, ihre Hilfe in Anspruch zu nehmen (Adressen finden Sie auf den Seiten 404 bis 407).

Hebamme oder Stillberaterin.) Eine stillende Mutter ist also in manchen Situationen »unfrei«, weil sie an einen Stillrhythmus gebunden ist. Hinzu kommt, dass sie auch nachts immer aufstehen muss, um sich darum zu kümmern, dass ihr Baby satt wird.

○ **Körpergefühl:** Außerdem macht sich manche Frau Sorgen, dass sich Stillen langfristig nachteilig auf die Form und Straffung ihrer Brüste auswirken kann.

○ **Einschränkung:** Nicht zu vergessen ist, dass eine stillende Mutter für die Dauer der Stillzeit in ihrer eigenen Ernährungsweise eingeschränkt sein kann, falls sie auf blähende Nahrungsmittel wie Zwiebeln, Knoblauch und Kohl oder auf säurehaltige Nahrungsmittel, wie zum Beispiel Zitrusfrüchte, die Babys Po wund machen, reagiert. Auch auf Alkohol sollten Frauen während der Stillzeit verzichten.

STILLEN – WIE LANGE?

Die Deutsche Gesellschaft für Ernährung (DGE), die Deutsche Gesellschaft für Kinder und Jugendmedizin e. V. (DGKJ), das Forschungsinstitut für Kinderernährung (FKE), die Nationale Stillkommission am Bundesinstitut für Risikobewertung (NSK), die Weltgesundheitsorganisation (WHO), der Deutsche Hebammenverband e. V. (DHV) und noch viele weitere Organisationen: Sie alle befassen sich mit dem Thema Stillen. Und leider liefern sie häufig unterschiedliche Aussagen. Zum Glück gibt es jetzt das »Netzwerk Junge Familie« (siehe Adressen ab Seite 404), ein berufsgruppen- und verbandsübergreifendes Gremium, welches das Bundesministerium für Ernährung, Landwirtschaft und Verbraucherschutz (BMELV) ins Leben gerufen hat. Es sorgt unter anderem dafür, dass sich alle oben genannten Institutionen auf einheitliche Botschaften verständigen, die von allen Netzwerkpartnern getragen werden und somit eine Basis für eine effektive Kommunikation liefern.

Im Hinblick auf die Stilldauer heißt das: Weil Stillen das Beste für Mutter und Kind ist, sollten Säuglinge im ersten Lebensjahr gestillt werden, mindestens bis zum Beginn des fünften Monats sollten sie ausschließlich Muttermilch trinken. Das gilt auch für Kinder mit erhöhtem Allergierisiko. Zudem sollten Mütter ihre Babys auch nach der Einführung der Beikost – spätestens mit Beginn des zweiten Lebenshalbjahres – weiter stillen. Die Stilldauer insgesamt bestimmen Mutter und Kind.

ÜBERGANG ZUR BEIKOST

Der Saugreflex eines Babys ist im ersten Halbjahr noch sehr stark ausgeprägt und lässt erst im zweiten Halbjahr allmählich nach. Dann schießen verstärkt die Zähnchen ein, und das Baby versucht, sein Zahnfleisch zu massieren und zu beruhigen, in dem es sämtliche greifbaren Gegenstände in den Mund steckt und darauf herumbeißt – ein guter Zeitpunkt, mit der Beikost zu beginnen. Hinzu kommt: Etwa zur gleichen Zeit, in der sich das Baby selbstständig vom Rücken auf den Bauch drehen kann (etwa mit sechs Monaten), wird auch seine Zunge wendiger. Sie kann jetzt flexibler von einer Seite zur anderen sowie vor und zurück wandern. Dies ist ein weiteres Zeichen dafür, dass das Baby mit festerer Nahrung umgehen kann.

Auch wenn Muttermilch weiterhin reichlich Energie und Nährstoffe liefert, gilt es von nun an, die Fähigkeit des Beißens und Schluckens auszubilden. Darum ist es wenig sinnvoll, im zweiten Halbjahr ausschließlich flüssige Nahrung in Form von Milch oder flüssigem Brei aus der Flasche anzubieten. Jedes junge Kind sollte die Möglichkeit haben, kauen und beißen zu lernen und seine Zunge darin zu trainieren, die Nahrung nach hinten in den Rachen zu transportieren und hinunterzuschlucken.

Doch selbst mit dem Beginn des Zufütterns sollte das Baby nicht abgestillt werden, sondern weiterhin eine Zeitlang Muttermilch bekommen – so lange wie Mutter und Kind es wünschen (das kann im zweiten Lebensjahr zum Beispiel noch morgens nach dem Aufwachen sein). In diesen innigen Minuten der Zweisamkeit steht weniger die Ernährung im Vordergrund (auch wenn sich viele Kinder auf diese Weise noch erhebliche Mengen an Nahrung holen), sondern Mutterliebe und Geborgenheit. Davon kann ein Kind nie genug bekommen, egal wie alt es ist.

INFO

Zwischen vier und sechs Monate ausschließlich stillen

Lange Zeit galt die Empfehlung, volle sechs Monate zu stillen und erst dann mit der Einführung der Beikost zu beginnen. Heute liest und hört man immer öfter, dass es bereits ausreiche, nur volle vier Monate zu stillen. So rät zum Beispiel die Europäische Behörde für Lebensmittelsicherheit (EFSA), zwischen dem Beginn des fünften und siebten Monats zuzufüttern. Denn in der S3-Leitlinie zur Allergieprävention heißt es, dass es keine gesicherten Daten gibt, die belegen, dass sich eine Stilldauer von mehr als vier Monaten auf die Vorbeugung einer Allergie sinnvoll auswirkt. Daraus leiten die Experten im Umkehrschluss ab, dass eine längere Stilldauer im Hinblick auf Schutz vor Allergien nicht sinnvoll beziehungsweise notwendig ist.

WHO und UNICEF dagegen sehen die Lage anders. Sie empfehlen weltweit, sechs Monate ausschließlich zu stillen und selbst nach der Einführung von Beikost bis zum Alter von zwei Jahren weiter zu stillen (und sogar noch länger, wenn Mutter und Kind dies wünschen). Dabei gilt diese Empfehlung nicht nur für die Völker ärmerer Länder, weil sie vor Infektionskrankheiten schützt. Auch in den Industrienationen profitieren Säuglinge und ihre Mütter von der langen Stilldauer, weil diese zum Beispiel die Bindung unterstützt (siehe Seite 15 f.).

Kurzum: Wie lange Sie Ihr Baby stillen möchten, entscheiden Sie und Ihr Kind. Im Idealfall darf ein Baby bis zum Ende des sechsten Lebensmonats ausschließlich Muttermilch trinken.

Fertigmilch statt Muttermilch

Auch wenn Stillen die optimale Ernährungsform für einen Säugling darstellt, gibt es zahlreiche Babys, die nicht gestillt werden. Ihre Mütter haben dafür triftige Gründe, die es zu respektieren gilt. Vor allem aber: Eine Mutter, die ihr Baby nicht stillt, ist keine schlechte Mutter!

Auf vielen frischgebackenen Müttern lastet ein großer Druck, ihr Baby mit der Brust zu füttern. Und wenn dies nicht gelingt – aus welchen Gründen auch immer –, fühlen sie sich nicht selten schlecht. Doch das muss nicht sein, denn es gibt heutzutage gelungene Alternativen zur Muttermilch. Die im Handel erhältlichen Fertigmilchnahrungen sind dieser so weit wie möglich »nachgebaut«.

Fertigmilch im Überblick

Für das erste Lebensjahr werden derzeit vier verschiedene Nahrungen auf Basis von Kuhmilch angeboten. Fast jede ist für ein ganz bestimmtes Alter entwickelt worden und sollte daher auch nur in diesem begrenzten Zeitraum gefüttert werden.

PRE-NAHRUNG

Diese Säuglingsanfangsnahrung ist für Neugeborene eine sinnvolle Alternative zur Muttermilch, denn sie ist stark an ihren Fett-, Eiweiß- und Mineralstoffgehalt angeglichen (»adaptiert«). Pre-Milch enthält ähnlich wie Muttermilch außer dem wenig süßen Milchzucker (Laktose) keine Kohlenhydrate. Darum ist sie recht dünnflüssig und kann wie Muttermilch nach Bedarf gereicht werden – immer dann, wenn Ihr Baby hungrig ist. Viele Pre-Nahrungen sind zusätzlich mit mehrfach ungesättigten Fettsäuren angereichert, die in ähnlicher Form auch in Muttermilch enthalten sind.

1ER-NAHRUNG

Auch diese Milch gilt als Säuglingsanfangsnahrung. Allerdings muss das Milcheiweiß im Gegensatz zur Pre-Nahrung nicht komplett dem der Muttermilch angepasst sein (darum heißt diese Milch auch »teiladaptiert«).

1er-Nahrung ist meist glutenfrei (also frei vom Klebereiweiß Gluten) und mit Eisen angereichert. Allerdings ist diesem Fertigmilch-Typ sättigende Stärke zugesetzt. Diese Milch kann nicht nach Bedarf gegeben werden. Achten Sie daher exakt auf die Zubereitungsanleitung der Packung.

Viele 1er-Nahrungen enthalten neben dem Milchzucker weitere Kohlenhydrate, etwa Saccharose (Kristallzucker) und Fructose (Fruchtzucker). Weil Fruchtzucker im Verdacht steht, Blähungen zu verursachen, und Kristallzucker nachweislich schlecht für die Zähne und den Stoffwechsel ist, sollten Sie auf entsprechend angereicherte Produkte verzichten.

2ER-NAHRUNG

Diese Fertigmilch wird erst mit der Einführung der Beikost gereicht, weil ihre Nährstoffe den Bedarf des Kindes allein nicht komplett decken würden. 2er-Nahrung ist eine Folgenahrung für das zweite Lebenshalbjahr eines Kindes. Sie enthält anders als die Pre- und 1er-Nahrung mehr Eiweiß und mehr Stärke. Außerdem werden ihr mitunter künstliche Aromen zugesetzt.

Da die Säuglingsanfangsnahrungen auch das ganze erste Jahr gegeben werden können (im zweiten Halbjahr parallel zur Beikost), ist es nicht notwendig, die 2er-Nahrung anzubieten. Lassen Sie sich nicht von der Aufschrift »2er« irritieren – sie ist nicht für das zweite Lebensjahr gedacht. Ab dem ersten Geburtstag kann Ihr Kind am Familientisch mitessen und benötigt keine Milch aus der Flasche mehr.

3ER-NAHRUNG

Der Vollständigkeit halber soll an dieser Stelle noch die 3er-Nahrung genannt werden, die auch als »Kindermilch« beziehungsweise »Juniormilchnahrung« bezeichnet wird. Sie ist in unterschiedlichen Geschmacksrichtungen erhältlich und enthält mitunter reichlich Zucker sowie künstliche Aromastoffe.

3er-Nahrung ist reich an Stärke und dadurch im Vergleich zu anderer Babymilch eher dickflüssig. Die Zugabe von Stärke hat unter anderem das Ziel, das Baby länger zu sättigen. Aus ernährungsphysiologischer Sicht gibt es allerdings keine Notwendigkeit für die Gabe dieser Milch.

SPEZIELLE FERTIGMILCHNAHRUNGEN

Besondere Situationen erfordern eine besondere Fertigmilch. Dazu gehören zum Beispiel:

○ **Hypoallergene Nahrung:** Sie wird empfohlen für Kinder, die ein erhöhtes Allergierisiko tragen, zum Beispiel weil eines der Elternteile eine Allergie hat. Das Kuhmilcheiweiß dieser Nahrung ist so verändert, dass der Organismus des Babys es leichter vertragen kann. Hypoallergene Nahrung erkennen Sie an dem Kürzel »HA«. Üblicherweise wird das Eiweiß in dieser Milch sehr stark aufgespalten; wenn Eltern diese Milch probieren, sind sie nicht selten vom bitteren Geschmack irritiert. Süßen Sie die Milch trotzdem nicht nach. Bieten Sie Ihrem Baby auch keine wohlschmeckendere (eventuell sogar zuckerhaltige) Alternative an, sonst könnte es die andere Milch ablehnen.

○ **Nahrung bei Kuhmilchallergie:** Wenn ein Baby bereits eine Kuhmilchunverträglichkeit oder eine Allergie auf Kuhmilch entwickelt hat, kommt diese Nahrung zum Einsatz. Sie sollte nur nach vorheriger Absprache mit dem Kinderarzt gefüttert werden und ist daher ausschließlich in der Apotheke erhältlich.

○ **Nahrung bei Verdauungsproblemen:** Es gibt Spezialnahrungen für Babys, die viel spucken (Anti-Reflux-Nahrung) oder zu Blähungen mit Verstopfung oder Durchfall neigen. Ebenso gibt es Spezialprodukte für Babys, die oft Verstopfung oder Durchfall haben, die nicht von Blähungen begleitet werden.

EMPFEHLUNGEN FÜR DIE ZUBEREITUNG

Wenn Sie eine Fertigmilchnahrung zubereiten, ist es wichtig, dass Sie sich immer exakt an die Dosierungsanleitung halten. Wird die Milch falsch dosiert, bekommt das Baby zu viel Eiweiß und Fett, gleichzeitig aber zu wenig Wasser. Das kann zu Überernährung, Verstopfung oder Durchfall führen. Bereiten Sie Säuglingsmilchnahrung immer frisch zu. Rühren Sie das Pulver stets mit frischem Leitungswasser an (aber auf keinen Fall aus alten Bleileitungen). Wenn Sie unsicher sind, greifen Sie besser auf ein Mineralwasser zurück, das für die Zubereitung von Säuglingsnahrung zugelassen ist. Bewahren Sie Milchreste nicht auf, sondern schütten Sie sie weg.

Alternative zum Stillen: Fertigmilch versorgt das Kind im ersten Lebensjahr mit allen wichtigen Nährstoffen.

Babys Ernährung vom 7. bis 10. Monat

Frühestens mit Beginn des fünften Monats, spätestens mit Beginn des siebten sollte der erste Brei für Ihr Baby auf den Tisch kommen. Zum einen ist seine Zunge um den sechsten Monat herum in der Lage, Nahrungsmittel nach hinten zu transportieren, sodass es nicht alles wieder unmittelbar ausspuckt. Zum anderen sind die meisten Babys jetzt sehr interessiert an fester Nahrung und können es kaum erwarten, all die Leckereien in den Mund zu stecken und sie sogar hinunterschlucken zu dürfen.

Weil das Bedürfnis zu kauen und lutschen den Saugreflex immer mehr ablöst, ist die Gelegenheit des Zufütterns günstig. Noch dazu sorgt ein stetig wachsender Energiebedarf dafür, dass mehr und vor allem festere Nahrung gefüttert werden sollte. Erfahrungsgemäß hat ein Baby nach etwa sechs Monaten sein Geburtsgewicht mindestens verdoppelt. Und es wächst immer noch in rasantem Tempo. Ab jetzt braucht es aber nicht nur mehr Energie, sondern auch noch einige lebensnotwendige Nährstoffe wie zum Beispiel Eisen.

Aller Anfang ist schmierig

Der erste Löffel Brei ist ein weiterer Meilenstein im Leben Ihres Kindes. Es ist für beide Seiten ein spannendes Erlebnis. Wie wird das Baby auf diese neue Erfahrung reagieren? Öffnet es seinen Mund, oder verweigert es gar den Brei? Schmeckt es ihm, oder kommt gleich alles wieder heraus? Wie reagiert Ihr Kind auf das Geschmackserlebnis und die Konsistenz? Ist es offen für neue Leckereien?

DER WECHSEL AUF BEIKOST

Die Mittagsmilch ist die erste, die durch einen Brei (ab dem fünften bis siebten Lebensmonat) ersetzt wird. Es hat sich gezeigt, dass sich diese Mahlzeit meist gut organisieren lässt (etwa wenn Sie für sich ein Mittagessen zubereiten und gleich noch den Brei für Ihren Sprössling anrühren). Außerdem haben Sie nach dieser Mahlzeit noch einige Stunden Gelegenheit, um zu beobachten, wie Ihr Kind den Brei verträgt. Sollte es unerwarteterweise mit Spucken, Blähungen oder Durchfall reagieren, haben Sie nachmittags vermutlich mehr Energie und Geduld für diese Wehwehchen als in der Nacht.

In den ersten vier bis sieben Tagen sollte der Mittagsbrei nur aus einer Gemüsesorte und

Das benötigen Babys täglich			
0 bis 3 Monate			**4 bis 12 Monate**
	Mädchen	Jungen	Mädchen und Jungen
Energie	450 kcal	500 kcal	700 kcal
Eiweiß	8,4 g	9,4 g	26,3 g
Fett	23,8 g	26,4 g	31,1 g
Kohlenhydrate	50,6 g	56,3 g	78,8 g

etwas Pflanzenöl (zum Beispiel Rapskernöl) oder Butter bestehen. Möhren eignen sich hervorragend, weil sie sich fein pürieren lassen und leicht süßlich schmecken. Zwar wurde in den vergangenen Jahren immer wieder behauptet, dass Möhren für das Ausbrechen von Allergien verantwortlich seien. Aktuelle wissenschaftliche Studien geben aber Entwarnung: Derzeit lässt sich kein Zusammenhang nachweisen. Später können Sie anstatt des reinen Gemüsebreis einen Brei mit Fleisch füttern (Rezept siehe Kasten).

Als nächste Breimahlzeit führen Sie zwischen dem sechsten und achten Lebensmonat abends einen Milch-Getreide-Brei ein (auch dieses Rezept finden Sie im Kasten). Nach wenigen weiteren Tagen ersetzt ein Getreide-Obst-Brei (siehe Kasten) die Stillmahlzeit am Nachmittag. Wieder etwas zeitversetzt füttern Sie dann zwischen dem siebten und neunten Monat auch anstelle des zweiten Milchfrühstücks am Vormittag einen Getreide-Obst-Brei (siehe Kasten). Die erste Mahlzeit des Tages, also das Frühstück, sollte bis zum ersten Geburtstag eine reine Milchmahlzeit bleiben (Muttermilch oder Fertigmilchnahrung).

ÜBUNG MACHT DEN MEISTER

Wenn Ihr Baby noch große Schwierigkeiten hat, sich an die Beikost, den Löffel und das Schlucken zu gewöhnen, ist es vielleicht noch nicht reif fürs Zufüttern. In diesem Fall kann es sinnvoll sein, das Zufüttern abzubrechen und erst einmal wieder auf die herkömmliche Milchnahrung (Stillen oder Flasche) zurückzugreifen.

INFO

Rezepte für den Babybrei

Alle Angaben gelten für eine Portion.

Gemüse-Kartoffel-Fleisch-Brei

- 20–30 g mageres Bio-Fleisch (Geflügel, Rind oder Lamm, eher kein Schwein)
- 100 g frisches Bio-Gemüse
- 50 g Bio-Kartoffeln
- 3 EL Obstpüree oder frisch gepresster Obstsaft (z. B. Orangensaft)
- 1 EL Rapskernöl oder ½ TL Butter

Fleisch klein schneiden und in wenig Wasser weich dünsten, herausnehmen und pürieren. Gemüse und Kartoffeln waschen, schälen oder putzen, würfeln und in wenig Wasser garen. Fleisch, Gemüse und Kartoffeln mit dem Pürierstab fein mixen, zum Schluss Obstpüree oder Saft und Fett zugeben. Sollte der Brei zu fest sein, etwas Wasser unterrühren.

Milch-Getreide-Brei

- 20 g Vollkorn-Getreideflocken (z. B. Hafer, Dinkel oder Hirse)
- 200 ml frisch zubereitete, heiße Säuglingsmilch (Pre- oder 1er-Nahrung , alternativ Getreidemilch)
- 20 g Obstpüree
- ½ TL Öl (z. B. Rapskernöl) oder Butter

Getreideflocken mit der Milch verrühren und kurz quellen lassen. Anschließend Obstpüree und Fett unterrühren und abkühlen lassen.

Getreide-Obst-Brei

- 20 g Vollkorn-Getreideflocken
- 150 g Obstpüree
- 1 TL Öl oder ½ TL Butter

Alle Zutaten verrühren und servieren.

So könnte Babys Ernährungsplan aussehen										
	1.–4. Monat	Ab 5. Monat	Ab 6. Monat	Ab 7. Monat	Ab 8. Monat	Ab 9. Monat	Ab 10. Monat	Ab 11. Monat	Ab 12. Monat	
Morgens	Stillen oder Flasche				Milch-(Brot-)Mahlzeit					
Vormittags	Stillen oder Flasche				Zwischenmahlzeit, z. B. Apfel, Banane, Reiswaffel					
Mittags	Stillen oder Flasche			Gemüse-Kartoffel-Fleisch-Brei						
Nachmittags	Stillen oder Flasche				Obst-Getreide-Brei			Zwischenmahlzeit, z. B. Apfel, Reiswaffel		
Abends	Stillen oder Flasche				Milch-Getreide-Brei			Milch-(Brot-)Mahlzeit		

Gönnen Sie Ihrem Kind ein paar Tage Pause, warten Sie ein bis zwei Wochen, bis Sie ihm die Löffelmahlzeit erneut anbieten.

KAUEN MACHT SCHLAU

Um den siebten Monat herum sollten Babys unbedingt die Möglichkeit bekommen, ihre Mundmuskulatur zu trainieren. Dazu gehört auch der Umgang mit verschiedenen Konsistenzen. Kauen fördert die Kaumuskulatur, sensibilisiert die Geschmacksnerven, hilft beim Einschießen der Zähne und unterstützt das Sprechenlernen (siehe Seite 82 f.). Zerdrücken Sie die Zutaten für den Brei nach einiger Zeit nur noch grob mit der Gabel, und bieten Sie Ihrem Kind hin und wieder etwas zum Knabbern an, zum Beispiel einen Apfelschnitz, eine Reiswaffel oder einen ungesüßten Keks.

Getränke fürs Baby

Wenn Ihr Baby auf feste Nahrung umsteigt, braucht es neben der Muttermilch oder Fertigmilchnahrung zusätzliche Flüssigkeit. Der ideale Durstlöscher ist nicht zu kaltes stilles Mineralwasser. Je früher Sie Ihr Kind daran gewöhnen können, umso besser. Dann fällt es ihm auch später nicht schwer, auf Aroma- und Farbstoffe oder Zucker zu verzichten. Wenn das Wasser in guter Qualität aus der Leitung kommt, können Sie auch Leitungswasser reichen. Sie müssen es vorher nicht extra abkochen (Infos erhalten Sie beim zuständigen Wasserwerk Ihrer Stadt). Ungesüßte (Bio-)Kräutertees eignen sich ebenfalls als Getränk für Babys und Kinder. Sollten Sie ab und zu Fruchtsaft reichen, verdünnen Sie diesen im Verhältnis 1:2 mit Wasser. Jetzt ist auch ein guter Zeitpunkt, Getränke aus der Tasse oder dem tropffreien Becher anzubieten. Je früher Ihr Kind damit beginnt, umso schneller lernt es, mit der ungewohnt hohen Menge Flüssigkeit im Mund umzugehen und zu schlucken. Es ist nicht notwendig, eine Nuckelflasche anzubieten. Im Gegenteil – sie verleitet nur zum Dauernuckeln. Das wiederum erhöht das Risiko der Kariesbildung, denn die Flüssigkeit verdünnt den zahnschützenden Speichel. Außerdem fördert Dauernuckeln die Bildung zahnschädigender Bakterien.

Babys Ernährung vom 10. bis 12. Monat

Ihr Kind wird immer mehr mobil und erobert die eigenen vier Wände auf allen vieren – vielleicht sogar schon auf zwei Beinen. Weil es dazu in den kommenden Wochen deutlich mehr Energie braucht, sollte der Brei gehaltvoller sein als bisher (Rezepte siehe Seite 101). Erhöhen Sie deshalb die Fettmenge: ein Esslöffel Öl oder Butter pro Portion statt dem bisherigen Teelöffel ist genau richtig.

Essen (fast) wie die Großen

Die Breiphase hält nicht lange an. Etwa mit zehn Monaten passt sich der Speiseplan Ihres Kindes immer mehr der Familienkost an. Der Mittagsbrei weicht allmählich dem herkömmlichen Familien-Mittagessen, aus dem Milch-Getreide-Brei am Abend wird das Abendbrot mit einem Getränk, und die beiden Breimahlzeiten am späten Vormittag und Nachmittag können durch zwei Zwischenmahlzeiten aus Brot plus Obst oder Rohkost ersetzt werden.

Das (frühe) erste Frühstück sollte weiterhin noch mindestens bis zum ersten Geburtstag aus einer flüssigen Milchmahlzeit bestehen, ehe es langsam in ein Familienfrühstück übergeht, zum Beispiel Brot mit Aufstrich und ein Getränk oder Müsli mit Obst.

NICHT FÜR DEN KINDERMUND GEEIGNET

Auch wenn Ihr Kind allmählich am Familienessen teilnimmt, sollten Sie ihm folgende Nahrungsmittel noch vorenthalten:

○ Quark, Sahne, Joghurt und andere fette Milchprodukte enthalten zu viel Fett und/oder Eiweiß und strapazieren damit die kindliche Niere unnötig.

○ Blattsalate können viel Nitrat und Rückstände von Dünge- und Spritzmittel enthalten.

○ Hülsenfrüchte können zu Blähungen führen. Das Gleiche gilt für Kohlgemüse wie Grün-, Weiß-, Rot- und Rosenkohl. Bekömmlicher sind Brokkoli und Blumenkohl sowie Kohlrabi.

○ Rohe Tomaten sind schwer verdaulich.

○ Pilze sind grundsätzlich schwer verdaulich. Außerdem stehen Wildpilze nach wie vor im Ruf, stark schadstoffbelastet und radioaktiv verstrahlt zu sein.

○ Nüsse gelten als hochgradig allergieauslösend. Hinzu kommt die Gefahr des Verschluckens (Aspiration).

○ Süßigkeiten, Eis und Schokolade – je länger Sie Ihrem Kind diese Zuckerbomben vorenthalten können, desto besser.

○ Auch künstliche Süßstoffe sind nicht empfehlenswert, da sie den kindlichen Organismus stark belasten können und das Kind an einen süßen Geschmack gewöhnen.

○ Wegen der Gefahr von Keimlingen (Bakterienbefall) sollten Kinder im ersten Jahr außerdem keinen Honig essen.

○ Viele Wurstsorten sind reich an Phosphaten, Nitritpökelsalz und Co. Greifen Sie daher zu Bio-Produkten. Aufgrund der hohen Fettmenge sollten Sie Ihrem Kind auch möglichst keine fetten Wurstsorten wie Salami, Fleischwurst, Streich- und Leberwurst anbieten. Dass Fleischereifachleute gerade die fette Fleischwurst als »Kinderwurst« bezeichnen, ist ein Unsinn. Denn sie ist aufgrund des hohen Fettgehalts alles andere als geeignet für Kinder.

○ Verzichten Sie bei der Zubereitung auf scharfe Gewürze wie Chili oder Ingwer. Sie können den zarten Geschmackssinn des Kindes irritieren.

○ Limonaden, Cola und isotonische »Sportgetränke« enthalten mitunter viel weißen Zucker und künstliche Aromen.

Von Schnullern und Saugern

Babys kommen mit einem ausgeprägten Saugbedürfnis auf die Welt. Am liebsten saugen sie an Mamas Brust. Dieser Ort kommt einem Paradies gleich: Er ist warm, es duftet vertraut, köstliche Milch fließt – kurzum, hier fühlt sich das Neugeborene sicher und geborgen. Und wann immer es ihm unwohl ist, sehnt es sich am meisten nach diesem vertrauten Platz.

Aber nicht immer kann Mamas Brust dafür herhalten, das Saugbedürfnis eines Babys zu stillen. Und das muss sie auch gar nicht, denn zum Glück gibt es adäquate Alternativen. Die einen Babys finden Trost und Entspannung beim Daumenlutschen, andere haben ein Nuckeltuch oder einen Schnuller. Letzterer hat übrigens fast so viele »offizielle« Namen wie inoffizielle: Nuckel, Nuki, Duddu, Dizl oder Diddi; in der Schweiz nennt man ihn oft Nuggi und in Österreich Luller, Fopper oder Zuzzi. Doch trotz der verschiedenen Bezeichnungen soll er bei allen Kindern auf der Welt die gleiche Aufgabe erfüllen: die Kleinen beruhigen. Daher auch der Name Beruhigungssauger.

Was spricht für den Schnuller ...

Darf ein Baby seinem Saugbedürfnis nachgeben, kann sich das durchaus positiv auf seine momentane Gemütslage auswirken. Der Säugling wird ruhiger und entspannt sich. Für viele Babys ist der Schnuller daher ein idealer Trostspender – stets griffbereit und allzeit verfügbar. Das rhythmische Saugen erleichtert ihnen, sich zu entspannen, und lässt sie die Eindrücke des Tages leichter verarbeiten. Mit dem Schnuller im Mund kehrt erst einmal Ruhe ein. Schließlich ist der Mundraum vollends damit beschäftigt, sich auf das Saugen zu konzentrieren. Ein Baby, das »schnullert«, muss und kann gar nicht nicht mehr weinen.

LEBENSRETTER SCHNULLER

Mehrere internationale wissenschaftliche Studien konnten in den letzten Jahren belegen, dass Babys, die mit einem Schnuller schlafen, ein deutlich geringeres Risiko haben, durch den plötzlichen Kindstod (SIDS, siehe Seite 122f.) zu sterben. In den Niederlanden ergab eine Untersuchung sogar, dass Babys durch die Kombination Rückenlage plus Schnuller dem plötzlichen Kindstod 20-mal seltener zum Opfer fallen. Für Eltern, deren Säugling ein erhöhtes Risiko für SIDS hat, eine wichtige Botschaft.

... und was dagegen?

Zuweilen ist es wie verhext: Erst haben die Eltern Schwierigkeiten, dem Säugling den Schnuller schmackhaft zu machen. Wenn Sie ihm das Nuckeln wieder abgewöhnen wollen, will er ihn nicht mehr hergeben – und das ist nicht der einzige Grund, der gegen einen Schnuller spricht.

DAUERNUCKELN IST SCHLECHT FÜR DIE ZÄHNE

Gleichgültig ob ein Säugling Schnuller, Daumen oder Nuckeltuch bevorzugt: Sobald er über einen längeren Zeitraum (mehrere Stunden) und dauerhaft (über viele Monate oder gar Jahre) daran saugt, führt dies zu mehr oder weniger gravie-

INFO

Schnuller kontra Stillen?

Lange Zeit hielt sich das Gerücht, ein Säugling lehne die Brustwarze ab, wenn er zu früh einen Schnuller bekäme. Dem ist nicht so. Mittlerweile belegen zahlreiche internationale Studien, dass der Schnullergebrauch keinerlei Einfluss auf das Stillverhalten hat.

FREIER MUNDRAUM

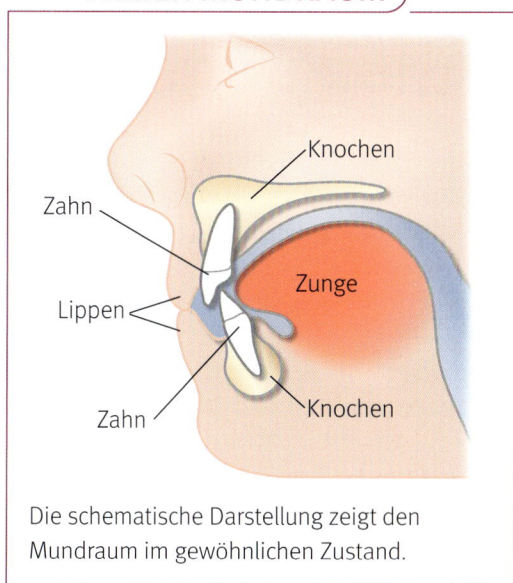

Die schematische Darstellung zeigt den Mundraum im gewöhnlichen Zustand.

MIT SCHNULLER

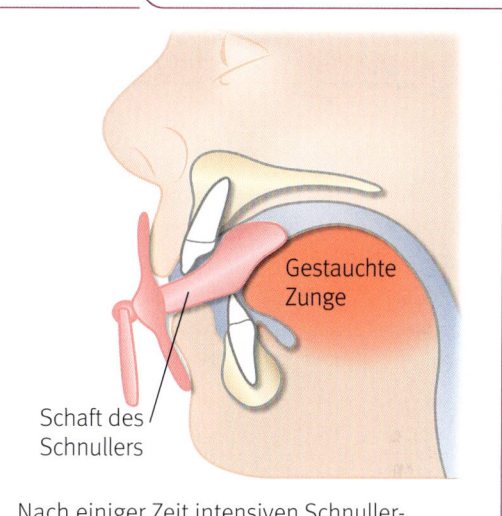

Nach einiger Zeit intensiven Schnuller-gebrauchs verändert sich der Mundraum.

renden Zahnfehlstellungen. Schließlich muss das Kind, um den erforderlichen Unterdruck zu bilden, die Lippen schließen und den Schaft mit den Zähnen fest zusammenbeißen und dabei noch knicken, weil die unteren Schneidezähne naturgemäß hinter den oberen Schneidezähnen liegen. Ein enormer Kraftaufwand der Kiefer; kein Wunder, dass die Zähne nach vorne ausweichen. Natürlich ist gegen die Befriedigung des Saugbedürfnisses nichts einzuwenden. Doch jeder Fremdkörper zwischen den Zähnen – egal ob Schnuller oder Daumen – ist und bleibt ein Fremdkörper. Wie so oft macht aber auch hier die Dosis das Gift. Im Fall des Schnullers bedeutet das: Es kommt darauf an, wie lange er im Mund bleibt und wie groß und dick das Saugteil ist.

DAS NADELÖHR: DIE SCHAFTDICKE

Lutschoffener Biss, seitlicher Kreuzbiss, Rücklage des Unterkiefers, Zungenfehlstellungen oder Mundatmung: Zahnärzte und Kieferorthopä-

den kennen die Folgeschäden von zu intensivem Schnullergebrauch nur zu gut. Schuld daran ist vor allem ein zu dicker Schaft – jene elastische Verbindung zwischen dem Lutschteil, das der Säugling in den Mund steckt, und dem Schnullerschild, das außen vor den Lippen bleibt. Je dicker dieser Schaft ist, desto mehr stehen die vorderen Schneidezähne von Ober- und Unterkiefer auseinander. Im Extremfall kann durch ein dauerhaftes Nuckeln an herkömmlichen Schnullern mit dickem Schaft sogar ein lutschoffener Biss entstehen: Die oberen Zähne sind deutlich nach vorne verschoben.

Nicht selten haben sich die Zähne nach häufigem Schnullern auch so verformt, dass zwischen den oberen und unteren Schneidezähnen ein regelrechtes Loch (»Schnullertor«) entsteht. In diesem Fall passt der Schnuller auch dann mühelos zwischen die vorderen Zähne, obwohl das Kind zubeißt. Eine spätere kostspielige kieferorthopädische Behandlung ist dann unumgänglich.

SPRACHFEHLER DURCH SCHNULLER

Nicht nur Zahnärzte und Kieferorthopäden werden mit den Folgen von Dauernuckeln konfrontiert. Auch Logopäden und Sprachtherapeuten behandeln die Auswirkungen zu intensiven Nuckelns. Der Grund: Das natürliche Zusammenspiel von Kiefer, Gaumen, Zunge, Lippen und Zähnen ist die beste Voraussetzung für eine gute Sprachentwicklung. Dauerhaftes Saugen an einem herkömmlichen Schnuller (oder auch am Daumen) kann dagegen Probleme mit sich bringen:

○ Durch den lutschoffenen Biss verliert die Zunge durch die auseinanderklaffenden Schneidezähne ihre vordere räumliche Begrenzung. Es sind keine normalen Zischlaute mehr möglich. Das Kind lispelt.

○ Hat ein Baby immer den Schnuller im Mund und nimmt es ihn später nicht einmal zum Sprechen heraus, atmet es bevorzugt durch den Mund. Die meisten Kinder saugen dann nämlich gar nicht, sondern halten den Schnuller nur locker mit den Lippen. Weil die eingeatmete Luft nicht durch die Nase »gefiltert« und befeuchtet wird, kommt es häufiger zu Infekten. Mundatmer verlieren zudem häufig ihre Wahrnehmung für den Mundraum. Verstärkter Speichelfluss (Sabbern) kann die Folge sein. Durch die verminderte Mundmotorik fehlen die Muskulatur und Beweglichkeit, um unterschiedliche Laute zu formen.

Natürlich ist es angenehm, dass der Schnuller für Ruhe sorgt, weil das Baby abrupt aufhört zu weinen. Eltern die immer gleich zum Schnuller greifen, bringen ihr Kind jedoch um die Gelegenheit, seiner Unzufriedenheit Ausdruck zu verleihen. Schnuller-Kritiker befürchten, dass die Kinder dadurch frühzeitig dazu »erzogen« werden, Kummer nicht kund zu tun, sondern sich stattdessen etwas in den Mund zu stecken.

Ist jeder Schnuller schlecht?

Jein – es gibt heute sehr viele Schnuller mit unterschiedlichen Saugerformen. Wer die Ursachen von Zahnfehlstellungen kennt, die durch das Nuckeln entstehen, kann selbst gut abwägen, welches Modell infrage kommt und welches nicht. Die derzeit gängigsten Modelle sind:

○ **Kirschförmig geformter Schnuller:** Rundes, ballonförmiges Lutschteil mit dementsprechend rundem, dickem Verbindungssteg. Beim kirschförmigen Ballonteil gibt es kein Oben und Unten, denn es soll an die Brustwarze erinnern. Dabei ist diese im Mund eines Säuglings alles andere als rund und dick …

○ **Symmetrisch geformte Schnuller:** Auch hier gibt es kein Oben und Unten. Weder die dem Gaumen noch die der Zunge zugewandte Seite hat eine spezielle Form oder Funktion; beide sind länglich und am Lutschteil etwas abgeflacht. Auch diese Schnuller haben in der Regel einen relativ dicken Schaft, auf den das Kind mehrere Hundert Mal am Tag beißen muss.

○ **Kiefergerecht geformte Schnuller:** Das Lutschteil ist an der Unterseite abgeflacht; die Form soll an die Form der Brustwarze während des Stillens erinnern. Kritiker führen an, dass bei diesem Modell die Zunge nach unten und zu den Seiten hin verdrängt wird. Außerdem kann die Zungenspitze beim Saugen ungehindert nach vorne gleiten und sich zwischen die Schneidezähne schieben. Mögliche Folgen: Die Zähne verschieben sich, späteres Lispeln.

○ **Schnuller mit abgewinkeltem Schaft:** Die Form dieser neuen Schnullergeneration erinnert an eine Treppe. Der Schaft zwischen Außenschild und Lutschteil ist dünn und flach und zudem auch noch abgewinkelt. Dadurch wird zum einen die Öffnung zwischen den oberen und unteren Schneidezähnen so klein wie möglich gehalten. Zum anderen hat die Zunge mehr Freiraum, weil das Lutschteil mehr Richtung Gaumen zeigt. Zu guter Letzt passt sich der stufige Schaft an die anatomische Zahnstellung an, bei der die unteren Schneidezähne hinter den oberen liegen, wenn der Mund geschlossen ist.

○ **Schnuller mit adaptivem (angepasstem) Schaft:** Das jüngste Objekt der modernen Schnullerwelt entstand aus dem beschriebenen Schnullermodell mit abgewinkeltem Schaft. Neu ist jedoch das Material: speziell entwickeltes, besonders weiches, »biegeschlaffes« Silikon, das sich individuell an die Form der Kiefers beziehungsweise die Zahnstellung anpassen kann (derzeit noch in der Entwicklungsphase).

Was Sie beim Nuckeln noch beachten sollten

Ein guter Schnuller verdrängt die Zunge nicht, sondern lässt ihr maximalen Freiraum. Doch neben der anatomisch geeigneten Form beeinflussen noch andere Faktoren die Auswirkungen eines Schnullers auf das kindliche Gebiss.

Schnullermodelle: kirschförmig, symmetrisch, mit abgewinkeltem Schaft, »kiefergerecht« (im Uhrzeigersinn).

AB WELCHEM ALTER?

Nuckeln wirkt sich nicht negativ auf das Stillverhalten aus, daher »darf« ein Schnuller schon bei Neugeborenen zum Einsatz kommen. Landet er nur ab und zu im Mund, ist das in den ersten Lebensmonaten völlig in Ordnung. Gerade in diesem Alter kommt es vor allem darauf an, zu welchem Modell Sie greifen (dicken Schaft vermeiden) und *wie lange* es im Mund bleibt. Lassen Sie den Schnuller nur so lange im Mund des Babys, bis es sich beruhigt und entspannt hat. Danach ziehen Sie ihn vorsichtig wieder heraus, streicheln das Kind zärtlich und trösten es mit liebevollen Worten.

107

INFO

Schadstoff Bisphenol A

Achten Sie beim Schnullerkauf unbedingt auf ein Modell ohne Bisphenol A (das gilt übrigens auch für Spielzeug, Trinkflaschen und Flaschensauger). Diese hormonartigen Schadstoffe können das empfindliche Gleichgewicht der natürlichen Botenstoffe eines Babys stören. Außerdem stehen sie im Verdacht, in späteren Jahren Krankheiten zu begünstigen wie Unfruchtbarkeit, Brustkrebs und Hirnentwicklungsstörung. Das Schild des Schnullers (Mundplatte) sollte nicht aus Polycarbonat hergestellt sein.

IN WELCHEN SITUATIONEN?

Ein Schnuller erfüllt immer dann seine Pflicht, wenn das Baby zur Ruhe kommen soll. Können Sie ausschließen, dass Ihr Kind sich beschwert, weil es Hunger, Langeweile, Schmerzen oder eine volle Windel hat, möchte es vielleicht einfach mal »runterkommen« und entspannen. Vielleicht war der Tag sehr anstrengend? Gab es viel Action? Dann kann der Schnuller ein guter Trostspender sein.

WIE LANGE AM TAG?

Hier lautet die Devise: So wenig wie möglich, so viel wie nötig. Beobachten Sie Ihr Baby: Wie lange dauert es, bis es sich wirklich beruhigt hat und glücklich ist? Sobald dieser Zustand erreicht ist, hat der Schnuller seinen Dienst erfüllt – und kann eigentlich wieder raus.

WIE LANGE ÜBERHAUPT?

Ginge es nach den meisten Kinderärzten, Logopäden, Zahnärzten und Kieferorthopäden, müsste der Schnuller nach dem ersten Geburtstag, spätestens aber nach dem zweiten weg (wie das klappen kann, lesen Sie ab Seite 227). Tatsächlich jedoch nuckeln die meisten Kinder viel länger am Schnuller. Dabei sind es sehr oft die Eltern, die über viele Monate (manchmal sogar Jahre) hinweg den Schnuller tolerieren oder ihn sogar gezielt anbieten. Warum? Ganz einfach: Der Schnuller verhilft zu Ruhe, und die haben Eltern manchmal bitter nötig.

Tatsache ist, dass der Saugreflex etwa mit einem halben Jahr deutlich nachlässt; ab dann steht Kauen auf dem Programm. Es gibt also keinen Grund, den Saugreflex künstlich in die Länge zu ziehen, indem man dem Baby weiterhin den Schnuller anbietet. Läuten Sie daher das Ende der Schnullerzeit ein, sobald die ersten Zähnchen durchgebrochen sind und das Baby festere Nahrung zu sich nimmt – also etwa um den ersten Geburtstag herum. Beißringe sind ein idealer Nachfolger des Schnullers.

WELCHES MATERIAL IST DAS BESTE?

Für das Saugteil des Schnullers haben sich zwei Materialien bewährt: Latex und Silikon.

○ **Latex:** Ein Latexschnuller ist bräunlich, sehr elastisch und reißfest; das Naturmaterial fühlt sich angenehm weich an. Nach einigen Wochen zeigt dieser Schnuller Gebrauchsspuren (nicht zuletzt durch das häufige Auskochen) und wirkt unappetitlich. Darum sollten Sie ihn nach vier bis sechs Wochen austauschen.

○ **Silikon:** Der durchsichtige, geruchsneutrale Kunststoff ist sehr strapazierfähig, dafür aber nicht so weich und elastisch wie Latex. Das Saugen am Silikonschnuller erfordert daher einen größeren Kraftaufwand.

Weil größere Kinder das Material durchbeißen können, gibt es Schnuller aus Silikon nur in kleinen Größen.

WARUM GIBT ES UNTERSCHIEDLICHE GRÖSSEN?

Die Schnuller-Industrie möchte ihr Produkt so lange wie möglich im Einsatz wissen und bietet daher – je nach dem Alter des Babys – Schnuller in unterschiedlichen Größen an. Latexschnuller gibt es in den Größen 1 bis 3, Silikonschnuller in Größe 1 und 2. Dabei entspricht klassischerweise die Größe 1 dem Alter zwischen 0 und 6 Monaten und die Größe 2 dem Alter zwischen 6 und 18 Monaten. Größe 3 ist für Kinder ab 18 Monaten gedacht. Manche Hersteller bieten sogar Schnuller für Frühchen oder Modelle für die ersten acht Lebenswochen.

Tatsächlich wird immer wieder darüber diskutiert, ob die großen Größen überhaupt notwendig sind. Der Hersteller des Schnullers mit abgewinkeltem Schaft betont dabei, dass der kindliche Kiefer hauptsächlich bis zum dritten Lebensmonat wächst; danach verändert er sich durch das Auftreten der Backenzähne nur noch in der Tiefe, nicht aber in der Breite. Ein Schnuller müsse daher nicht mitwachsen. Im Gegenteil: Ein zu großer Schnuller erfordert beim Schlucken und Saugen einen hohen Kraftaufwand (beeinträchtigt die Zahnstellung) und nimmt der Zunge Platz weg.

WIE PFLEGE ICH SCHNULLER?

Um sicherzugehen, dass der Schnuller wirklich sauber ist, sollten Sie ihn vor dem ersten Benutzen in einem Topf mit sprudelnd kochendem Wasser fünf bis zehn Minuten sterilisieren. Das Auskochen empfiehlt sich außerdem immer dann, wenn der Schnuller auf den Boden gefallen ist, ihn ein anderes Kind in den Mund gesteckt hat oder er schmutzig ist. Anfangs kann das durchaus alle ein bis zwei Tage der Fall sein. Manche Experten lehnen ein zu häufiges Auskochen ab: Was uns nicht umbringt, stärkt das

Immunsystem – so ihre Argumentation. Schließlich kann sich das kindliche Immunsystem nur durch den Kontakt mit Keimen und Bakterien entwickeln und heranreifen.

GIBT ES EINE ALTERNATIVE ZUM SCHNULLER?

Egal ob Schnuller, Daumen, Schmusetuch oder Kuscheltier – alles, was ein Baby über einen längeren Zeitraum in seinen Mund steckt, um daran zu nuckeln, ist ein Fremdkörper. Daher gibt es eigentlich keine Alternative zum Schnuller. Im Gegenteil: Wenn schon saugen, dann doch lieber am Schnuller. Denn die Folgeschäden durch zu intensives Daumenlutschen – über viele Stunden am Tag und über viele Monate hinweg – können noch gravierender sein. Der Daumen hat zwar den Vorteil, dass er stets griffbereit ist und nicht verloren gehen kann. Aber hat ein Baby seinen Finger einmal als Trostspender entdeckt und lieb gewonnen, ist es doppelt schwer, ihn später wieder abzugewöhnen. Viele Kinder lutschen daher bis weit ins Schulalter am Daumen – manchmal sogar noch als Erwachsene. Babys mit Schnuller zeigen dagegen in der Regel kein Interesse am Daumenlutschen. Aber auch hier bestätigen Ausnahmen die Regel. Denn einige wenige Kinder nehmen auch beide Beruhigungsvarianten gerne an.

Nicht abschlecken

Um zu verhindern, das sich Kariesbakterien übertragen, sollten Sie den Schnuller Ihres Babys nie selbst in den Mund stecken und ablutschen, um ihn zwischendurch auf die Schnelle zu »säubern«.

Tragehilfen fürs Baby

Ein Blick auf die Tierwelt zeigt, dass sich die Tierbabys grob in zwei Kategorien einteilen lassen: in Nesthocker und Nestflüchter. Nesthocker sind bei der Geburt taub, blind und nackt und werden von der Mutter allein im Nest zurückgelassen, während sie selbst auf Nahrungssuche geht. So ist es beispielsweise bei Mäusen, Katzen oder Kaninchen. Nestflüchter, wie Kühe, dagegen stehen schon bald nach der Geburt auf den eigenen Beinen und folgen der Mutter, wenn sie loszieht. In welche Kategorie aber passt das Menschenbaby, der Säugling?

Wieder bringt ein Vergleich mit dem Tierreich Klarheit: Affenbabys fühlen sich am wohlsten, wenn sie dicht bei ihrer Mutter sind. Allein der Umwelt ausgesetzt, stehen sie viele Ängste aus. Daher tragen Affenmütter ihre Jungen huckepack auf dem Rücken und nehmen sie überall mit hin. Da trifft es sich, dass der Nachwuchs sich aufgrund des ausgeprägten Klammerreflexes sehr gut im Fell der Mutter festhalten kann.

Der Mensch ist ein »Tragling«

Tatsächlich fühlen sich die meisten Babys am wohlsten, wenn sie getragen werden. Auf dem Arm einer vertrauten Person – meist ist es die Mutter oder der Vater – fühlen sie sich im wahrsten Sinne des Wortes getragen: Hier haben sie direkten Körperkontakt, spüren Mamas (oder Papas) Atem und Herzschlag, riechen einen vertrauten Geruch und hören eine bekannte Stimme. Der Säugling spürt jede Bewegung des Trägers und darf auf diese Weise erfahren, dass sich das Leben außerhalb der Gebärmutter ähnlich anfühlen kann wie während der Schwangerschaft. Und es gibt noch weitere gute Gründe, warum das Tragen Babys Entwicklung fördert.

Positive Aspekte des Tragens

Früher galt, dass ein Baby am besten im Liegen ruhen kann, also in seinem Bettchen oder Kinderwagen. Dort könne es sich ausstrecken, hätte einen geraden Rücken und die Eltern könnten für eine ruhige Umgebung sorgen, indem sie Bett oder Wagen an einer ruhigen Stelle »parken«. Befürworter des Tragens nennen jedoch plausible Argumente dagegen: Ein Neugeborenes ist es gar nicht gewöhnt, sich auszustrecken, schließlich lag es über neun Monate zusammengerollt im Mutterleib. Entsprechend liegt ein Kind in den ersten Wochen in der Beugehal-

In dieser Position am liebsten ganz nah bei Mama und Papa: mit gespreizten, angehockten Beinchen und leicht gerundetem Rücken Bauch an Bauch.

tung, also mit angewinkelten Beinchen und Armen. Auch absolute Ruhe ist dem Neugeborenen fremd, denn im Mutterleib kamen ihm viele Geräusche zu Ohren: Mutters Herzschlag, das Rauschen des Blutstroms oder das Rumoren der Verdauungsorgane. Wer kann da schon sagen, dass ein Baby Stille gewohnt ist?

TRAGEN SCHAFFT URVERTRAUEN

Nähe erfahren zu dürfen gehört zu einem Grundbedürfnis eines jeden Menschen. Getragene Babys fühlen sich geborgen und sicher, sie fühlen sich nicht einsam, sondern geschützt. Kein Wunder, denn wenn ein Baby so dicht an Mamas (oder Papas) Brust liegt, können ganz leicht Streicheleinheiten und liebevolle Worte ausgetauscht werden. Das wiederum vermittelt dem Baby das Gefühl, gesehen und geachtet zu werden. Außerdem dürfen getragene Babys erfahren, sich selbst und ihre Grenzen wahrzunehmen. Bereits im Mutterleib spürte das Baby die Begrenzung durch die Gebärmutter, in dieser Höhle fühlte es sich geborgen. Keine Grenzen erfahren zu dürfen bedeutet, haltlos zu sein – das kann verunsichern. Getragene Babys können ihren »Gefühlstank« dank körperlicher Zuneigung und empfundener Zuwendung sehr schnell füllen. Und das stärkt ihr Urvertrauen. Es heißt, Babys, die viel getragen werden, werden früher selbstständig. Haben Sie also keine Bedenken, dass Sie Ihr Baby verwöhnen.

TRAGEN MACHT ZUFRIEDENE BABYS

Babys, die viel getragen werden, sind zufriedener und schreien weniger. Auch Schreikinder können durch Tragen eher entspannen, da sich der Körperkontakt, eine liebevolle Ansprache und die Bewegung beruhigend auf ihr Gemüt auswirken. Außerdem fördert die Nestwärme eine gute Mutter-Kind-Bindung.

TRAGEN FÖRDERT DIE SINNE

Schon mehrfach wurde in Untersuchungen belegt, dass sich Körperkontakt positiv auf die Entwicklung eines Babys auswirken kann. So werden zum Beispiel durch die Bewegungen beim Tragen Tast- und Gleichgewichtssinn angesprochen und gefördert, die bereits sehr früh ausgebildet sind. Studien haben außerdem gezeigt, dass sich diese Sinnesförderung positiv auf die Gehirnentwicklung auswirkt. Ebenso spielen soziale und emotionale Aspekte eine positive Rolle. Vor dem Bauch getragene Babys (Blick zum Gesicht des Trägers) sind dicht dran am Geschehen und können viel vom Verhalten des Erwachsenen lernen: von seiner Mimik, seiner Gestik und seinem Tonfall …

TRAGEN KANN DIE HÜFTREIFUNG SINNVOLL UNTERSTÜTZEN

Wenn Sie Ihr Neugeborenes auf den Arm nehmen, winkelt es automatisch seine Beinchen an und spreizt sie auseinander, als wollte es sich mit Armen und Beinen an Ihnen festklammern. Diese natürliche Beinspreizung fördert das endgültige Ausreifen der kindlichen Hüfte. Anatomische Untersuchungen zeigen, dass der Oberschenkelkopf in dieser »Anhock-Spreizhaltung« genau richtig zur Hüftgelenkspfanne orientiert ist. Idealerweise sind die Beinchen in einem Winkel von etwa 100 Grad angezogen und in einem Winkel von ca. 40 Grad auseinandergespreizt.

Welche Tragemöglichkeiten gibt es?

Um dem Tragebedürfnis Ihres Babys gerecht zu werden, dürfen Sie Ihr eigenes Bedürfnis nach einem gesunden und beschwerdefreien Rücken nicht außer Acht lassen. Denn auch das leichteste Baby kann auf Dauer ganz schön schwer werden. Egal ob Tragetuch oder Tragesack: Eine gute Tragehilfe stützt das Baby und verteilt sein

Von Anfang an können Sie Ihr Baby im Tragetuch tragen: In den ersten Wochen zum Beispiel liegend …

… später dann Bauch an Bauch. So sieht es die Welt und kann sich an Sie kuscheln, wenn es müde ist.

Gewicht, sodass es für Sie leichter wird. Sie umschließt den Körper des Säuglings ebenso gleichmäßig wie den Körper des Erwachsenen. Beide sind eng miteinander verbunden, damit das Baby beim Gehen nicht locker herumbaumeln kann und eine Fehlhaltung der Wirbelsäule vermieden wird. Trotzdem darf die Tragehilfe an keiner Stelle drücken, scheuern oder das Baby gar einquetschen.

Mit einer Tragehilfe sind Sie viel mobiler als mit dem Kinderwagen – etwa auf Treppen, in Bus und Bahn, in den Bergen oder am Strand. Zu Hause ist die Tragehilfe ebenfalls praktisch, zum Beispiel wenn Sie das ein oder andere im Haushalt zu erledigen haben. Denn Sie können Ihr Baby bei sich tragen und haben trotzdem die Hände frei. Noch ein Pluspunkt: Die leichte Tragehilfe ist schnell verstaut, wenn sie gerade nicht im Einsatz ist.

TRAGETÜCHER

Tragetücher von guter Qualität werden nach einem bestimmten Webverfahren produziert. Sie sind daher elastisch, leiern aber nicht aus. Sie müssen haltbar und reißfest verarbeitet sein, gleichzeitig leicht und nicht zu stark wärmen. Idealerweise lässt sich das Tuch in der Maschine waschen, und die verwendeten Materialien sollten möglichst aus kontrolliert biologischem Anbau stammen. Hierzulande gibt es gängige und bewährte Modelle, die schon seit Jahrzehnten auf dem Markt sind.

Die lange Stoffbahn kann auf unterschiedliche Arten gewickelt werden, etwa zur Wiege oder zur doppelte Kreuztrage, zum Känguru, Hüftsitz oder zur Rückentrage. So können Sie Ihr Baby liegend oder hockend tragen, auf dem Bauch, der Hüfte oder dem Rücken – je nachdem, welche Position am besten passt.

Eine gute Trage- und Wickelanleitung ist das A und O. Achten Sie daher beim Kauf eines Tragetuchs unbedingt auf eine ausführliche Anleitung der Bindetechniken. Noch besser ist es, wenn Sie sich die verschiedenen Tragevarianten persönlich erklären lassen, etwa von der Hebamme oder einer »Trageberaterin«. Auch viele Praxen zur Geburtsvorbereitung und Rückbildung bieten entsprechende Kurse an.

Doch nicht nur das Binden will gelernt sein, auch das Bücken, Beugen oder In-die-Hocke-Gehen mit Tragetuch oder -sack erfordert Training. Schließlich schränkt das Baby die Beweglichkeit erheblich ein. Aber wie so oft gilt auch hier: Nichts ist unmöglich. Haben Sie es einmal gut gelernt, werden Sie es nicht mehr vergessen – ähnlich wie beim Schuhebinden.

TRAGESÄCKE

Wem es zu aufwendig ist, die Binde- oder Wickeltechniken eines Tragetuchs zu lernen, der ist mit einem Tragesack gut bedient: Ähnlich wie bei einem Rucksack schlüpft man einfach in die Schultergurte, schließt den Hüftgurt und setzt dann das Baby hinein.

Tragesäcke unterscheiden sich nicht nur im Design, sondern auch in der Handhabung. Zögern Sie daher nicht, in einem Fachgeschäft verschiedene Modelle auszuprobieren, und lassen Sie sich jeweils die Vor- und Nachteile genau erklären. Sollte kein passendes Modell dabei sein, suchen Sie ruhig noch in einem zweiten Geschäft mit anderer Auswahl. Auch gut: Holen Sie sich den Rat erfahrener Mütter oder Ihrer Nachsorgehebamme.

INFO

Grundregeln fürs Tragen

Ein Baby gesund und bequem zu tragen ist nicht schwer, wenn Sie ein paar Hinweise beherzigen:

○ Das Tuch muss korrekt gebunden sein und soll fest sitzen – das Gleiche gilt für den Tragesack.

○ Rücken und Kopf des Kindes müssen optimal gestützt sein. Das gilt auch für ältere Kinder, wenn sie in der Tragehilfe eingeschlafen sind.

○ Die Beine des Babys dürfen nicht gerade herunterbaumeln, sondern müssen in der richtigen Anhock-Spreiz-Haltung liegen. Dabei sollten die Beinchen so hoch in angewinkelter Position liegen, dass der Po des Babys unterhalb der Knie liegt.

○ Ihr Baby darf nicht so hoch fixiert sein, dass Ihr Kinn auf sein Köpfchen stoßen kann.

○ Tragen Sie Ihr Baby niemals so, dass sein Rücken an Ihrem Bauch liegt. Nur bei der Gesicht-zu-Gesicht-Position bleiben Becken und Wirbelsäule in einer gesunden Position. Außerdem kann sich ein Baby der Flut an Reizen, die auf es einströmen, nicht entziehen, wenn es mit dem Gesicht nach vorne getragen wird.

○ Neugeborene unter zwölf Wochen sollten aus gesundheitlicher Sicht eigentlich nur liegend getragen werden (zum Beispiel in der Kreuzwiege), um den Halteapparat zu schonen, auch wenn einige Hersteller andere Informationen verbreiten.

○ Lassen Sie sich auf jeden Fall vor der ersten Anwendung von einer erfahrenen Trägerin oder in einem entsprechenden Kurs beraten und helfen.

○ Einige wenige Babys lehnen Tragehilfen ganz ab. Bitte respektieren Sie dies, und üben Sie keinen Zwang aus.

Es ist bei Babys nicht anders als bei uns Erwachsenen: Der Schlaf ist die einzige Phase des Tages, an dem sie nicht »arbeiten« müssen. Sie müssen weder trinken noch beobachten, zuhören, brabbeln oder krabbeln. Können stattdessen einfach einmal nichts tun. Herrlich …
Doch die Ruhe trügt: Auch wenn es nach außen nicht so wirkt, passiert im Körper eine ganze Menge, während ein Säugling schläft. Schließlich muss das Kind nachts verarbeiten, was es tagsüber erlebt hat. Und so schläft das Gehirn nie. Es speichert, was wichtig ist, und löscht das Unwichtige aus der Erinnerung. Gleichzeitig verdaut der kleine Organismus die Nahrung und wandelt sie zu Energie um, die er zum Wachsen braucht, während die Überreste Richtung Ausgang befördert werden.

Die verschiedenen Schlafphasen

Wenn Sie Ihr schlafendes Baby beobachten, werden Sie feststellen, dass es beim Schlafen unterschiedliche Phasen durchläuft. Mal atmet es tief und gleichmäßig, dann wiederum schnell und erregt. Mal zuckt sein ganzer Körper, dann liegt es wieder regungslos da. Mal sind die Lider ganz ruhig, mal sieht man, dass die Augäpfel dahinter wild hin und her wandern. Schlaf ist eben nicht gleich Schlaf; er lässt sich grob in drei Phasen unterteilen, die sich immer wieder abwechseln:

- Tiefschlaf (ruhiger Schlaf, Non-REM-Phase)
- Traumschlaf (aktiver Schlaf, REM-Phase)
- Übergangsstadium zwischen diesen beiden

114

Sind alle drei Schlafphasen einmal durchlaufen, ist ein Schlafzyklus abgeschlossen. Weil jeder Mensch in der Nacht mehrere dieser Zyklen durchläuft, schläft man also nicht in einem durch, sondern ist immer wieder für einen Moment wach. Auch ein »normal« schlafendes Baby wacht nachts etwa sechs- bis achtmal auf.

Der Tiefschlaf (Non-REM-Phase)

Im Tiefschlaf ist die Atmung ruhig, das Herz schlägt gleichmäßig, und das Gehirn kann zur Ruhe kommen. Weil dadurch auch das zentrale Nervensystem weniger aktiv ist, erhalten die Muskeln kaum Reize; das Baby bewegt sich im Tiefschlaf kaum. Fachleute bezeichnen diese Schlafphase auch als »Non-REM«-Schlaf, weil sie nicht durch REM (Rapid Eye Movement, zu Deutsch: schnelle Augenbewegungen) gekennzeichnet ist.

Einmal tief eingeschlafen, kann den Säugling so gut wie nichts erschüttern. Freiwillig wacht er jetzt nicht (oder zumindest sehr ungern) auf.

Der Traumschlaf (REM-Phase)

Nach der Tiefschlafphase wacht das Kind für einen kurzen Moment auf und fällt dann unmittelbar in die Traumschlafphase. Jetzt beginnt der aktivere Teil des Schlafes: Die Augäpfel bewegen sich schnell nach rechts und links – daher auch die Bezeichnung REM-Phase. Das Herz schlägt schneller, die Atmung wird unruhiger und erfordert mehr Sauerstoff. Das Baby schneidet Grimassen und gibt Geräusche von sich. Das Gehirn nimmt seine Tätigkeit wieder auf und schickt Impulse an die Muskeln. Diese werden zwar vom Rückenmark abgefangen, trotzdem zuckt das Kind, etwa mit den Mundwinkeln oder den Beinen. Im Unterschied zur Tiefschlafphase erwacht es aus der Traumschlafphase schnell und ist ruck-zuck wieder munter.

Das Übergangsstadium

Wenn die Tief- in die Traumschlafphase übergeht – und umgekehrt –, wacht das Baby (wie wir Großen auch) kurz auf. Mitunter dauert die Übergangsphase einige Minuten. Doch während Erwachsene sich am nächsten Morgen gewöhnlich nicht mehr daran erinnern können, ist ein Baby tatsächlich kurz wach. Denn es kontrolliert kurz, ob noch alles so ist, wie es beim Einschlafen war. Falls dies der Fall ist: wunderbar; dann schläft es idealerweise gleich wieder ein. Hat sich jedoch irgendetwas verändert, wird es entsprechend protestieren: Wo ist Mamas Busen, an dem ich eingeschlafen bin? Wo ist Papas Bauch, auf dem ich eben noch kuscheln konnte? Und es protestiert mit Recht, denn aus seiner Sicht zählt das Motto: Was einmal gilt, sollte immer gelten. Überlegen Sie sich daher gut, welche Einschlafhilfen Sie Ihrem Kind anbieten. Denn Sie müssen sie über die nächsten Monate beibehalten (mehr dazu auf Seite 128 ff.).

INFO

Babys erste Schlafphase

○ Neugeborene tauchen nach dem Einschlafen zuerst in den leichteren Traumschlaf. Dies erklärt, warum Ihr schlafendes Baby sehr leicht wieder aufwacht, wenn Sie es aus Ihren Armen in sein Bettchen legen.

○ Ungefähr ab dem dritten Lebensmonat fällt der Säugling zuerst in den Tiefschlaf. Ältere Babys lassen sich im Schlaf daher meist problemlos hochheben und ins Bett legen – etwa wenn sie im Autorsitz eingeschlafen sind. Manche schlafen sogar so tief, dass man sie im Schlaf wickeln kann.

Wie Schlaf die Entwicklung beeinflusst

Ein Neugeborenes verschläft in der Regel von 24 Stunden 15 bis 20 – das sind mehr als zwei Drittel des Tages. Nach vier Wochen schläft das Baby dann durchschnittlich 17 Stunden. Zwischen dem dritten bis sechsten Lebensmonat schließlich passt sich der Wechsel zwischen Ruhe und Aktivität allmählich einem 24-Stunden-Rhythmus an. Von nun an verlegen sich die Schlafphasen vermehrt in die Nacht, während das Baby tagsüber länger wach bleiben kann.

Der Nachtschlaf ist eine äußerst wichtige Zeit für das Baby. Schließlich verarbeitet es während der Schlafphasen alle Eindrücke des Tages. Alles, was es gesehen, gehört, gefühlt und sonst wie erlebt hat, wird im Gehirn gesammelt, eingeordnet und abgespeichert. Und das kann schon jetzt eine ganze Menge sein. Damit das Gehirn von der Flut an Neuigkeiten und Eindrücken nicht überfordert wird, sorgt der Schlaf für die nötige Ruhepause. Wenn es dem Baby zu viel wird, dreht es seinen Kopf weg und schläft ein. Es signalisiert: Stopp, mehr geht jetzt nicht.

Schlaf macht nicht nur schön

Schlafen zu können ist ein traumhafter Zustand – im wahrsten Sinn des Wortes. Aber Schlaf sorgt nicht nur für wertvolle Ruhepausen, sondern hat noch weitere wertvolle Folgen.

SCHLAFEN MACHT KLUG

Es ist für ein Baby unabdingbar, dass es die Gelegenheit hat, Erlebtes zu reflektieren und im Gehirn abzuspeichern. Es ist nachgewiesen, dass sich Babys besser an das Gelernte erinnern können, wenn sie nach dem Lernvorgang eine Runde schlafen. Dabei spielt es keine Rolle, ob es sich um Verhaltenslernen handelt oder um die Fähigkeit, mit Emotionen, Wahrnehmungen und Gedanken umzugehen.

Besonders im ersten Lebensjahr ist der Schlaf enorm wichtig für die Entwicklung des kindlichen Gehirns, weil es während des Schlafs reifen kann. Etwa zum Zeitpunkt des ersten Geburtstags hat es bereits rund 75 Prozent der Größe eines Erwachsenen erreicht.

SCHLAFEN MACHT GLÜCKLICH

Was für uns selbst gilt, gilt auch für unsere Kinder: Wer ausgeruht ist, ist ausgeglichener und geselliger. Babys, die über einen längeren Zeitraum zu wenig Schlaf abbekommen, sind tagsüber oft quengelig, schlecht gelaunt und manchmal auch tollpatschig. Vor lauter Müdigkeit haben sie meist keine Lust, aktiv an der Umwelt teilzunehmen. Sie haben eigentlich auf gar

So nah beieinander zu schlafen, macht nicht nur Babys glücklich, sondern auch viele Mamas.

nichts Lust, und deshalb scheinen alle Bemühungen der Eltern vergebens; nichts vermag ihre Laune aufzuhellen.

Ausgeschlafene Babys dagegen sind im wahrsten Sinne des Wortes hellwach. Sie sind tagsüber offen für Neues und brennen darauf, die Welt zu erkunden. Nachts, während sie schlafen, laufen in ihrem Kopf noch einmal alle positiven Dinge ab, die sie in den vergangenen Stunden erleben durften. Es wundert also nicht, dass Babys und Kinder, die gut und ausreichend schlafen, häufig ein eher ruhiges Temperament haben. Weil sie ihre Umwelt als angenehm und freundlich empfinden, verhalten sie sich gegenüber ihren Mitmenschen auch selbst so.

SCHLAFEN MACHT GESUND

Schlechter Schlaf und ein großes Schlafdefizit können das Immunsystem schwächen. Die Folge: Ein angeschlagenes Abwehrsystem begünstigt die Anfälligkeit für Krankheiten. Im Schlaf kann das Immunsystem regenerieren. Bei älteren Babys kommt noch hinzu, dass ausreichend Schlaf das Verletzungsrisiko reduziert, da die Babys aufmerksamer und bedachter umgehen. Außerdem können sie in bestimmten Situationen weniger impulsiv reagieren.

SCHLAFEN MACHT GROSS

Haben Sie auch manchmal den Eindruck, Ihr Baby sei über Nacht gewachsen? Das ist tatsächlich so. Denn im Tiefschlaf schüttet der Körper Wachstumshormone aus.

Wie viel Schlaf braucht ein Baby?

So wie der Schlaf-wach-Rhythmus selbst bei gleichaltrigen Erwachsenen völlig verschieden ist, ist das individuelle Schlafbedürfnis auch von Kind zu Kind unterschiedlich. Tatsächlich haben nur recht wenige Menschen tagsüber einen gleichmäßigen Ruhe-Aktivitäts-Rhythmus und sind daher abends immer etwa zur gleichen Zeit müde beziehungsweise stehen morgens immer ungefähr zur gleichen Zeit auf. Vermutlich sind Schlaf-wach-Rhythmus und Schlafdauer sogar genetisch festgelegt – ähnlich wie die Haarfarbe oder die Körpergröße. Nicht umsonst spricht der Volksmund von »Lerchen« (Frühaufstehern) und »Eulen« (Nachtmenschen oder Morgenmuffel). Dementsprechend gibt es auf die Frage »Wie viel Schlaf braucht mein Baby?« auch nur grobe Richtwerte. Die Tabelle spiegelt das statistisch ermittelte Schlafbedürfnis von Kindern im ersten Lebensjahr wider. Wenn Sie wissen möchten, wie viel Schlaf Ihr Baby benötigt, um munter und zufrieden zu sein, hilft ein Schlafprotokoll (siehe Seite 402 f.). Darin tragen Sie die Schlaf- und Wachzeiten innerhalb eines Tag-Nacht-Rhythmus ein. Wenn Sie alles gewissenhaft notieren, können Sie bereits nach wenigen Tagen eine Tendenz erkennen, wie viel Stunden Ihr Kind tatsächlich schläft. Idealerweise vermerken Sie noch, in welcher Stimmung Ihr Kind tagsüber ist: Ist es eher wach, ausgeglichen und zufrieden? Oder mussten Sie es wecken, war es quengelig oder weinte es viel?

Schlaf	
Alter	Schlafstunden am Tag
1 Woche	15–20
1 Monat	17
3 Monate	16
6 Monate	15
9 Monate	14
12 Monate	knapp 14

Voraussetzungen für einen guten Schlaf

Nicht ohne Grund bieten immer mehr Geburtskliniken das »Rooming in« an: Mutter und Neugeborenes sollen ab der ersten Minute so viel Zeit wie möglich miteinander verbringen können. Je intensiver ein Baby auch außerhalb des Mutterleibes mit seiner Mutter (und dem Vater) verbunden sein kann, desto besser. Aus diesem Grund ist es auch sinnvoll, das Baby im Elternschlafzimmer schlafen zu lassen. Darüber hinaus müssen noch einige andere Bedingungen erfüllt sein, damit Ihr Baby gut schlafen kann. Neben den äußeren Faktoren wie Tageslicht, Geräuschpegel und Schlafplatz beeinflusst nicht zuletzt auch die kindliche Psyche die Qualität des Schlafes.

Wenn das Kind klein ist, gib ihm Wurzeln

Ein Baby ist auf die Fürsorge und Liebe seiner Eltern angewiesen. Es erlebt unzählige Dinge zum ersten Mal und soll diese Herausforderungen täglich meistern. Am leichtesten gelingt ihm dies, wenn es das Gefühl hat, dabei nicht allein zu sein. Wenn es jemanden in seiner Nähe weiß, der ihn bekräftigt und ermuntert, die kleinen und großen Schritte des Lebens zu gehen: »Du machst das gut so. Ich bin bei dir.« Für ein Baby ist dieses Gefühl der Geborgenheit extrem hilfreich. Ein Baby, das sich geborgen und sicher fühlt, hat gute Voraussetzungen, entspannt durchs Leben zu gehen. Und diese entspannte Grundhaltung fördert auch ein gutes Schlafverhalten.

LIEBE MACHT STARK

Mit jedem Einschlafen durchlebt Ihr Baby eine Form von Trennung. Schließlich gehen Sie nicht mit ins Schlummerland. Es »reist« von der Wirklichkeit ins Reich der Träume, und es muss diesen Übergang selbstständig bewältigen. Dies gelingt ihm umso leichter, wenn es sich sicher sein kann, dass es, obwohl es sich von Ihnen trennt, nicht allein ist. Ihr Baby möchte die Sicherheit haben, dass Sie bei ihm sind. Es braucht die Gewissheit, dass Sie jederzeit verfügbar sind, wenn es Ihre Hilfe nötig hat. Das bedeutet nicht, dass Sie das Kleine rund um die Uhr auf dem Arm tragen sollen. Aber es ist wichtig, dass besonders in den ersten Wochen ein tiefes Urvertrauen wachsen kann – das Vertrauen, nicht allein zu sein und immer auf die Hilfe von Mama (und Papa) bauen zu können. Je stärker dieses Band der Verbundenheit ist, desto (selbst-)sicherer wächst ein Baby auf. Wenn Ihr Kind also viel elterliche Liebe und Zuwendung tanken darf, profitiert es davon auch in der Nacht. Es kann gut einschlafen, denn es ist nicht alleine.

INFO

Besser nicht im Elternbett

Es ist zwar relativ unwahrscheinlich, dass Eltern ihr Baby im Schlaf erdrücken. Davor schützt schon der mütterliche Instinkt und Mamas leichter Schlaf. Trotzdem ist es riskant, wenn ein Baby bei den Eltern im Bett schläft. Denn das Kleine kann unbemerkt unter die elterliche Decke rutschen und dadurch überhitzen (was das Risiko des plötzlichen Kindstods erhöht, siehe Seite 122 f.) oder gar ersticken. Wenn Sie Ihr Baby mit in Ihr Bett nehmen wollen, sollten Sie ihm daher unbedingt einen Schlafsack anziehen. Dann muss es nicht unter Ihre warme Decke – und die Gefahr ist gebannt.

Der richtige Schlafplatz

Da ein Kind in seinem ersten Lebensjahr mehr als die Hälfte des Tages schläft, ist es besonders wichtig, den Schlafplatz gesund und sicher einzurichten – denn es verbringt hier sehr viel Zeit.

KINDERBETT UND ZUBEHÖR

In den ersten Wochen und Monaten eignet sich als Schlafstätte anstelle eines Kinderbetts auch ein Stubenwagen, ein Korb oder eine Wiege. Spezielle »Still- oder Balkonbetten«, die mit mindestens zwei Metallwinkeln seitlich am Elternbett befestigt werden, sind ebenfalls eine gute Alternative. Das Baby hat seine eigene Liegefläche und ist trotzdem nah bei der Mama. Beachten Sie bei der Bettenwahl Folgendes:

○ Es dürfen keine scharfen oder spitzen Kanten und Lücken vorhanden sein, damit das Baby nicht mit Kordeln, Gurten oder seiner Schnullerkette daran hängen bleibt.

○ Der Abstand der Gitterstäbe sollte mindestens 4,5 und maximal 6,5 Zentimeter betragen.

○ Der Lattenrost sollte höhenverstellbar sein. Ein Neugeborenes wird in den ersten Wochen noch keine Anstalten machen, sich zu drehen oder zu klettern – und dabei aus dem Bett zu fallen. Dafür wird es Ihnen Ihr Rücken danken, wenn Sie sich nicht täglich mehrmals tief bücken müssen, um Ihr Baby hochzuheben. Je mobiler der Nachwuchs wird, desto tiefer kann die Matratze nach unten versetzt werden. Als Faustregel gilt: In der höheren Position sollte der Abstand zwischen Matratze und Oberkante Gitter mindestens 30 Zentimeter betragen, in der niedrigsten mindestens 60 Zentimeter.

○ Kinderbetten auf Rollen sollten mit Bremsen ausgestattet sein.

○ Die Lackierung des Gestells oder Geflechts sollte speichelfest sein; noch besser ist unbehandeltes Holz beziehungsweise Weide.

○ Die Matratze darf nicht zu weich sein, denn das Baby sollte nicht tiefer als zwei Zentimeter einsinken (die kindliche Wirbelsäule hat noch nicht ihre spätere S-Form; die Matratze muss also nichts ausgleichen). Die Matratze sollte garantiert schadstofffrei sein; neuere Studien zeigen, dass viele Modelle giftige Gase ausdünsten. Sie darf auch keine Flammschutzmittel und Weichmacher aus Arsen-, Antimon- oder organischen Phosphorverbindungen enthalten, weil diese sich unter dem Einfluss bestimmter Bakterien und Pilze in giftige Gase umwandeln können.

○ Damit weder Schweiß, Urin oder Erbrochenes auf dem Matratzenbezug landen, ist es sinnvoll, einen Matratzenschoner (extra Bezug) zwischen Matratze und Laken zu legen.

○ Stellen Sie das Bett nicht in die Nähe von Steckdosen, Verlängerungskabeln oder Nachtspeicheröfen. Zwischen Bett und Babyphon, Telefon und Handy sollte mindestens ein Meter Abstand liegen. Wissenschaftliche Arbeiten bestätigen, dass sich elektromagnetische Strahlung negativ auf den Hormonhaushalt sowie das Immun- und Nervensystem auswirken kann.

Die Schlafkleidung

Neugeborene brauchen anfangs keine besondere Kleidung zum Schlafen. Wenn der Strampler vom Tag noch sauber ist, tut er es genauso gut. Erst im Laufe der nächsten Wochen (etwa ab dem dritten Monat) macht es Sinn, das Baby abends umzuziehen. Damit vermitteln Sie ihm, dass die Nacht bevorsteht und es schlafen soll. Schlafanzug und Schlafsack sind die perfekte Kombination für eine traumhafte Nachtruhe. Allerdings sollte beides nicht zu dick sein, damit das Baby nicht überhitzt. Natürlich darf das Baby aber auch nicht frieren. Am besten können Sie seine Temperatur ermitteln, indem Sie Ihre (warme) Hand unterhalb des Nackens zwischen die kleinen Schulterblätter legen. Fühlt sich die Stelle eher kühl oder heiß an? Ist sie verschwitzt? Hände und Füße sind zum Temperaturcheck eher ungeeignet. Denn sie sind erfahrungsgemäß eher kühler – das ist völlig normal.

DER RICHTIGE SCHLAFSACK

Eine dicke Decke ist nicht dazu geeignet, um Ihr Baby in der Nacht warm zu halten. Schließlich besteht immer die Gefahr, dass es sich die Decke im Schlaf über den Kopf zieht und dann keine Luft mehr bekommt. Abgesehen davon, dass es darunter schnell zu heiß wird und der kleine Körper überhitzt. Verwenden Sie lieber einen Schlafsack. Dabei sollten Sie Folgendes beachten:

○ **Größe:** Sie muss mit der Körpergröße des Säuglings übereinstimmen. Kaufen Sie kein zu großes Modell, in der Hoffnung, es so lange wie möglich nutzen zu können. Ein zu großer Schlafsack schadet mehr, als er nutzt: Das Baby könnte hineinrutschen und friert außerdem schneller. Als Faustregel zur Ermittlung der richtigen Länge gilt: Körperlänge des Babys minus Länge seines Kopfes plus 10 bis maximal 15 Zentimeter zum Strampeln und Wachsen.

○ **Weite:** Ein zu langer Schlafsack ist häufig auch zu breit. Das kann dazu führen, dass der Säugling nicht ausreichend gewärmt wird. Zudem besteht die Gefahr, dass er sich in den Stoffmassen verwickelt.

○ **Futter:** Ihr Baby sollte im Schlafsack weder schwitzen noch frieren. Wie der Sack gefüttert ist, hängt daher weniger von der Jahreszeit ab als von der Schlafzimmertemperatur.

○ **Gewicht:** Generell sollte der Schlafsack nicht mehr wiegen als zehn Prozent des Körpergewichts Ihres Babys. Ziehen Sie dem Kleinen lieber etwas mehr an, als es in einen zu dicken Schlafsack zu stecken.

○ **Halsausschnitt:** Der Halsausschnitt eines Schlafsacks sollte deutlich kleiner sein als der Kopf des Babys, damit es nicht hineinrutschen kann. Der Ausschnitt darf den Babyhals aber auch nicht einengen. Ideal ist es, wenn Sie rundum noch bequem Ihren Zeigefinger zwischen Hals und Ausschnitt schieben können.

○ **Armausschnitte:** Auch sie sollten nicht zu weit sein, damit das Baby nicht in den Schlafsack hineinrutscht. Sie sollen aber auch nicht so eng sein, dass sie die Arme einschnüren (zwei bis drei Finger sollten schon noch Platz haben).

○ **Verschlüsse:** Ideal ist es, wenn sich der Reißverschluss nur nach unten verschließen lässt. Das erleichtert das nächtliche Wickeln und Sie vermeiden, versehentlich die zarte Haut am Babyhals zu verletzen. Knöpfe sollten nur im Schulterbereich oder in der Mitte angebracht sein, damit das Baby nicht daran nuckelt und sie versehentlich verschluckt. Und sie sollten – wie auch der Reißverschluss – nickelfrei sein, um allergische Reaktionen auszuschließen.

○ **Pflege:** Es versteht sich von selbst, dass der Schlafsack waschbar sein sollte, und zwar bei mindestens 40 °C. Praktisch ist natürlich auch, wenn er dazu noch in den Wäschetrockner darf.

MÜTZE – JA ODER NEIN?

Neugeborene verlieren einen Großteil der Körperwärme über den Kopf. Viele Eltern ziehen ihrem Baby darum nachts (besonders im Winter) ein Mützchen auf. Ist das sinnvoll? Wie so oft gibt es keine allgemeingültige Empfehlung. Haben Sie das Gefühl, Ihr Kind fühlt sich nachts deutlich kühler an als tagsüber, kann ein Mützchen Abhilfe leisten. In allen anderen Fällen ist es nicht nötig. Haben Sie ein Frühchen, und/oder hat Ihr Baby ein besonderes Risiko für den plötzlichen Kindstod, sollten Sie, wenn überhaupt, nur ein dünnes Mützchen wählen.

Die Schlafposition

Zumindest im ersten Lebensjahr sollten Sie Ihr Baby ausschließlich auf dem Rücken zum Schlafen legen. Diese Position ist deutlich sicherer als die Bauch- oder Seitenlage. Viele wissenschaftliche Studien beweisen, dass die Seitenlage ein zwei- bis sechsfaches Risiko für den plötzlichen Kindstod mit sich bringt (mehr Informationen dazu siehe Seite 122 f.). Trotzdem glauben manche Eltern immer noch, dass die Seitenlage vor allem für jene Babys gut sei, die häufig spucken oder unter einem Reflux (Rückfluss der Milch vom Magen in die Speiseröhre) leiden. Dem ist nicht so. Noch dazu ist die Seitenlage eine recht instabile Position. Denn ein Baby wird von Tag zu Tag mobiler und könnte sich (auch aus Versehen) von alleine in die Bauchlage drehen. Dies gilt auch, wenn man das Kind mit einer Handtuchrolle oder einem Kissen im Rücken abstützt. Die Rückenlage führt auch nicht zu einer erhöhten Aspirationsgefahr (Risiko des Verschluckens), da reife Babys auch im Schlaf einen ausgeprägten Hustenreiz haben. Hinzu kommt, dass in der Rückenlage die Luftröhre oberhalb der Speiseröhre liegt. Dadurch ist die Luftröhre vor einem Rückfluss der Nahrung weitgehend geschützt.

Die Raumtemperatur

Die Temperatur im Schlafzimmer sollte weder zu hoch noch zu niedrig sein, idealerweise liegt sie zwischen 16 und 18 Grad – rund 2 Grad weniger, als es tagsüber im Wohnzimmer sein sollten. Auch frische Luft gehört zu einem guten Raumklima. Lüften Sie daher das Schlafzimmer mehrmals täglich ein paar Minuten stoßweise, das bringt mehr, als das Fenster den ganzen Tag über zu kippen. Zu trockene Luft beeinträchtigt die Atmungsorgane – besonders im Winter, wenn die meisten Räume geheizt werden. Als besonders angenehm wird eine Luftfeuchte von 50 bis 65 Prozent empfunden (eine Überprüfung mit dem Hygrometer verschafft Klarheit). Liegt der Wert dauerhaft unter 40 Prozent, können Sie einen Luftbefeuchter aufstellen oder feuchte Handtücher auf die Heizung legen.

> **TIPP**
>
> **Hinterkopf drückt sich platt**
>
> Wenn ein Baby stets auf dem Rücken schläft, kann dies dazu führen, dass sein Hinterkopf mit der Zeit immer flacher wird. Etwa eines von 60 Babys weist diese Verformung auf. Sie können diese »Nebenwirkung« der Rückenlage vermeiden, indem Sie die Rückenlage hin und wieder durch eine wechselnde Seitenlage unterbrechen. Auch bei einer bevorzugten Seitenlage weisen viele Kinder Schädelverformungen auf. Hier hilft es, wenn Sie das Baby abwechselnd mit dem Kopf an das Fuß- oder Kopfende des Bettes legen. Außerdem können Sie Ihr Baby mal auf dem linken, mal auf dem rechten Arm tragen.

Gefahr im Schlaf – der plötzliche Kindstod

Es ist mit das Schlimmste, was Eltern sich vorstellen können: Das eigene Baby liegt tot in seinem Bettchen. Leider passiert dies in Deutschland gar nicht so selten. Etwa 350 Babys sterben hierzulande am plötzlichen Kindstod; statistisch ereignet sich diese Tragödie also täglich bei einer Familie. Umgerechnet kommt in Deutschland auf 2000 Neugeborene ein Todesfall. Damit gehört der plötzliche Kindstod zu den häufigsten Todesarten im gesamten Kindesalter bis zum 15. Lebensjahr.

Kindstod – was ist das genau?

Als plötzlichen Kindstod, auch plötzlicher Säuglingstod oder Sudden Infant Death Syndrome (SIDS) genannt, bezeichnen Mediziner den plötzlichen und unerwarteten Tod eines anscheinend gesunden Babys. Er tritt ohne ersichtliche Ursachen in einer unbeobachteten Schlafphase ein. Auffällig ist lediglich, dass die meisten Babys, die dem plötzlichen Kindstod erliegen, zwischen zwei und vier Monate alt sind. Außerdem sterben mehr Säuglinge in den Wintermonaten als im Sommer am SIDS.

Es gibt zwar einige Hinweise darauf, welche Faktoren das SIDS-Risiko erhöhen. Was jedoch genau zum Tod führt, ist wissenschaftlich bis heute nicht hundertprozentig belegt. Man geht aber davon aus, dass die kindliche Atemregulation im Tiefschlaf versagt, ohne dass der Säugling dadurch aufwacht. In den letzten Jahrzehnten haben Kinderärzte in vielen Ländern zahlreiche Untersuchungen durchgeführt, um weitere Hinweise auf die Entstehung dieser Todesursache zu bekommen. Deutsche Kinderärzte beispielsweise untersuchten Ende der 1990er-

Jahre in Norddeutschland über 50 SIDS-Fälle. Sobald ein Notruf mit plötzlichem Kindstod einging, machte sich ein Medizinerteam auf den Weg zur Familie. Dort untersuchten sie Raumtemperatur, Schlafunterlage, Schlafposition und die Körpertemperatur des Babys. Das Ergebnis war eindeutig: Alle betroffenen Babys waren zu warm angezogen, schliefen in zu warmen Räumen (über 18 Grad) und lagen auf dem Bauch.

WELCHE BABYS SIND GEFÄHRDET?

Folgende Faktoren weisen möglicherweise auf eine erhöhte Gefährdung hin:

○ Der Säugling läuft wiederholt ohne erkennbare Grunderkrankung blau an oder wird extrem blass.

○ Längere Atempausen während des Schlafens bei gleichzeitigem Abfall der Herzfrequenz und des Sauerstoffs im Blut. Lassen Sie die Ursachen dafür unbedingt beim Kinderarzt oder im Krankenhaus abklären.

○ Die Nahrung fließt regelmäßig vom Magen in die Speiseröhre zurück, weshalb das Baby spuckt oder im Schwall speit.

○ Das Baby nimmt schlecht zu und/oder …

○ … zeigt auffallende Entwicklungsverzögerungen.

○ Der Säugling schwitzt beim Schlafen ungewöhnlich stark, zeigt aber keine Anzeichen eines Infekts. Das Schwitzen ist auch keine Folge zu warmer Kleidung, eines zu dicken Schlafsacks oder zu hoher Raumtemperaturen.

Neben den genannten Risiken gefährden auch »äußerliche« Faktoren die Sicherheit des Babys:

○ Das Baby schläft auf dem Bauch oder in einer instabilen Seitenlage.

○ Die Eltern rauchen stark (durch Passivrauchen entfällt die Aufwachreaktion des Babys, siehe Seite 126).

○ Es ist bereits ein Geschwisterkind am SIDS gestorben.

○ Der Säugling hat zwischendurch immer wieder Atemaussetzer.

○ Es ist ein Frühchen (vor der 32. Schwangerschaftswoche geboren) oder eine Mangelgeburt.

○ Das Geburtsgewicht lag unter 2000 Gramm.

○ Das Baby wird nicht gestillt oder wurde frühzeitig abgestillt.

○ Das Baby schläft auf weichen Unterlagen.

○ Die Eltern trinken viel Alkohol oder nehmen Drogen. In diesem Fall besteht die Gefahr, dass sie weniger auf das Kind achten beziehungsweise Symptome nicht rechtzeitig erkennen.

So können Sie vorbeugen

Mit folgenden Maßnahmen können Sie das Risiko für Ihr Kind enorm reduzieren:

○ **Rückenlage:** Lassen Sie Ihr Baby nur auf dem Rücken schlafen! Schlafen in der Bauchlage erhöht das Risiko für den plötzlichen Kindstod um das Sieben- bis Vierzehnfache. Aber auch die Bauchlage ist für die Entwicklung Ihres Babys unabdingbar, denn sie kräftigt die Nacken-, Schulter- und Rumpfmuskulatur. Legen Sie Ihr Baby deshalb so oft wie möglich auf den Bauch, aber nur wenn es wach und zufrieden ist und Sie bei ihm sind, niemals zum Schlafen.

○ **Rauchfreie Umgebung:** Neben der Bauchlage begünstigt kein anderer Faktor SIDS mehr als das Rauchen. Das Kind bekommt schlechter Luft, weil der Rauch die Atemwege einengt. Dadurch steigt die Erstickungsgefahr. Zugleich schadet die hohe Schadstoffkonzentration dem kleinen Organismus.

○ **Kühle Temperaturen:** Die Temperatur im Schlafzimmer sollte 16 bis 18 Grad betragen. Stellen Sie das Kinderbett weder neben die Heizung noch in die Sonne. Vermeiden Sie alles, was zur Überhitzung führen könnte: dicke De-cken, dicke Socken, dicke Mütze, dicke Schlafkleidung, große Kuscheltiere oder ein Schaffell.

○ **Unter Aufsicht:** Lassen Sie Ihr Baby im ersten halben Jahr in Ihrem Zimmer schlafen – in seinem eigenen Bett. Ihre Schlafgeräusche animieren den Säugling, ebenfalls zu atmen. Sollten Sie Atemaussetzer bemerken, können Sie den Schlaf Ihres Babys mithilfe eines Monitors überwachen. Fragen Sie Ihren Kinderarzt um Rat.

○ **Schnuller:** Eine US-Studie kam zu dem Ergebnis, dass Schlafen mit Schnuller das SIDS-Risiko um 90 Prozent senken kann. Offensichtlich verhindert ein Schnuller, dass das Baby sein Gesicht nach unten dreht und dadurch keine Luft mehr bekommt. Außerdem könnte das Saugen die Entwicklung der Nervenbahnen verbessern, welche die Funktion der Atemwege im oberen Atemtrakt kontrollieren. Wenn Sie ein Baby mit SIDS-Risiko haben, kann der Schnuller also durchaus eine Berechtigung haben.

So schläft Ihr Baby sicher: In der Rückenlage kann es gut atmen, leichte Kleidung schützt vor Überhitzung.

Das Schlafverhalten im ersten Jahr

Viele Funktionen des Körpers werden vom Tag-Nacht-Rhythmus gesteuert. Da dieser Rhythmus nicht bei jedem Menschen genau 24 Stunden dauert, bezeichnet man ihn als zirkadianen Rhythmus (aus dem lateinischen: cirka = ungefähr, dies = Tag). Ein Neugeborenes unterliegt noch keinem zirkadianen Rhythmus, das heißt, seine angeborene innere Uhr hat sich noch nicht dem natürlichen Wechsel von Tag und Nacht angepasst. Für das Neugeborene ist es völlig unerheblich, ob gerade die Sonne scheint oder der Mond am Nachthimmel steht: Wenn es Hunger hat, will es trinken – und zwar sofort. Und wenn es müde ist, will es schlafen. Kurzum: Der neue Erdenbürger trinkt, spielt und schläft, wann immer es seine innere Uhr es ihm vorgibt. Kein Wunder, er war es ja bisher auch nicht anders gewohnt. Im Mutterleib konnte er selbst bestimmen, wann er aktiv war und wann nicht.

Die ersten Wochen

In den ersten vier Lebenswochen gibt es noch keine Schlafregelmäßigkeit. Die rund 17 Stunden Schlaf, die der Säugling pro Tag braucht, verteilen sich auf sieben bis neun Schlafperioden. Ein Schlafzyklus dauert anfangs rund zwei Stunden. Dabei halten sich Tief- und Traumschlafphasen in etwa die Waage – das Baby befindet sich also je eine Stunde in der Tief- und Traumschlafphase. Erfahrungsgemäß wachen viele Säuglinge in den ersten Wochen etwa alle zwei bis drei Stunden auf. Die wenigsten schlafen mehr als vier Stunden am Stück.

In den ersten Tagen nach der Geburt ist das Bedürfnis nach Nahrung stärker ausgeprägt als das Bedürfnis nach Schlaf. Der verhältnismäßig kleine Magen kann einfach noch nicht genügend Milch aufnehmen, um durchzuschlafen. Nach ein paar Stunden haben die meisten Babys wieder Hunger und wachen auf. Ihr Schlaf-wach-Rhythmus ist also stark vom Hunger-Sättigungs-Zyklus beeinflusst.

TRINKEN, WACH SEIN, SCHLAFEN

Der Rhythmus eines neugeborenen Babys entspricht genau seinen Grundbedürfnissen: Es möchte satt sein, animiert, unterhalten, berührt und liebevoll umsorgt werden und anschließend all diese Eindrücke im Schlaf verarbeiten. Eigentlich fällt es bei einem (gesunden) Baby nicht schwer, diese Wünsche zu erfüllen. Die Eltern müssen nur wissen, wann ihr Baby welches Bedürfnis anmeldet. Die »Kunst« liegt also darin, die Signale des Babys richtig zu verstehen und zu deuten (siehe auch Kasten Seite 125).

In den ersten Wochen brauchen Babys viel Schlaf, um alle neuen Eindrücke verarbeiten zu können.

Der Schlaf-wach-Rhythmus entwickelt sich

Etwa nach drei bis vier Wochen beginnt das Schlafverhalten regelmäßiger zu werden. Um den ersten Monat herum schafft es ein Baby, abends immer etwa zur gleichen Zeit einzuschlafen. Außerdem wacht es nachts ungefähr immer um die gleiche Zeit auf. Manchmal schläft ein Baby sogar nachts schon mehrere Stunden am Stück (meist um die zehnte Woche herum), aber das ist wirklich die Ausnahme. Denn immer noch gilt, dass die Schlafzyklen kurz sind und der Magen klein ist.

Etwa mit drei Monaten laufen die körpereigene innere Uhr des Babys und der 24-Stunden-Tag in ihrem Rhythmus annähernd synchron. Nach vier Monaten haben dann viele Babys einen beständigen Schlaf-wach-Rhythmus entwickelt. Und mit jedem Tag wird das Baby etwas wacher und munterer. Es nimmt stetig immer mehr am Geschehen innerhalb der Familie teil und verfolgt, was tagsüber los ist. Auf diese Weise verschiebt sich Schritt für Schritt der Schlaf-wach-Zyklus zugunsten eines Tag-Nacht-Rhythmus. Dabei helfen dem Nachwuchs unter anderem der Wechsel von Tageslicht und Dunkelheit, von Aktivitäten am Tag und Ruhe in der Nacht, von wärmeren Temperaturen am Tag und kühleren nachts, von Tageskleidung und Schlafanzug. Sie haben als Eltern also durchaus die Möglichkeit, Einfluss auf das Schlafverhalten Ihres Babys zu nehmen.

MÜDIGKEITSSIGNALE ERKENNEN

Leider passiert es immer wieder, dass Eltern die Signale ihres Babys falsch interpretieren. Wenn ein Baby zum Beispiel weint, heißt das nicht zwangsläufig, dass es Hunger hat. Weinen kann viele Ursachen haben (siehe Seite 74) und muss nicht durch Stillen oder Füttern gestoppt wer-

---

INFO

Rhythmus eines Neugeborenen

Etwa so könnte der Trink-wach-Schlaf-Rhythmus eines Säuglings in den ersten drei Monaten aussehen:

○ **Trinken:** Trinken, saugen und schlucken will gelernt sein. Darum kann es in den ersten Tagen nach der Geburt bis zu einer Stunde dauern, ehe Ihr Baby satt ist. Das mag lange erscheinen, doch schon bald hat sich alles eingespielt. Dann pendelt sich die Zeit fürs Stillen beziehungsweise Flaschegeben auf etwa eine halbe Stunde pro Mahlzeit ein.

○ **Wach sein:** Nach dem Trinken schaffen es die kleinen Babys meist nur etwa eine halbe bis dreiviertel Stunde, wach zu bleiben. Nutzen Sie diese Phase zum Wickeln, Schmusen und Spielen.

○ **Schlafen:** Spätestens nach eineinhalb Stunden Wachsein ist das Baby wieder müde – manche Kinder halten auch länger durch. Achten Sie auf die Müdigkeitssignale, damit die Stimmung nicht rapide umschlägt. Wenn Ihr Baby anfängt zu weinen, dann mit hoher Wahrscheinlichkeit deshalb, weil es schlafen und nicht noch einmal trinken will. Je größer das Baby wird, desto mehr Durchhaltevermögen bringt es mit – die einzelnen Phasen verschieben sich dann. Weil das Kind mit zunehmendem Alter zügiger trinken kann, reduziert sich die Zeit, die bisher fürs Stillen oder Füttern nötig war, während gleichzeitig die Zeitspanne zwischen Trinken und Schlafen länger wird. Wichtig ist, dass Sie weiterhin den richtigen Zeitpunkt erkennen, wenn Ihr Baby Ruhe braucht und schlafen möchte.

Die Atemregulation

Die Steuerung unserer Atmung geht vom Atemzentrum aus, kann aber im wachen Zustand willentlich beeinflusst werden. Wir können die Luft anhalten, bis sich ein Sauerstoffmangel bemerkbar macht, der uns zum nächsten Atemzug zwingt. Im Schlaf jedoch hat der Mensch keinen Einfluss auf seine Atmung. Besonders bei jungen Säuglingen kommt es immer wieder vor, dass sie unbewusst Atempausen einlegen – je jünger das Kind ist, umso häufiger treten diese Pausen auf. Sie sind dann besorgniserregend, wenn die Schutzmechanismen des Organismus gegen den bedrohlichen Sauerstoffmangel nicht reibungslos funktionieren. Nur wenn alles gut läuft, steigt aufgrund einer überhöhten Atempause der Kohlendioxidgehalt im Blut, was wiederum das Baby stimuliert, einen tiefen Atemzug zu machen. Und davon wacht es auf. Diese Aufwachreaktion ist ein natürlicher Schutzmechanismus. Problematisch wird es dann, wenn sie zu spät oder gar nicht einsetzt. Aus Tierversuchen weiß man, dass Infekte oder eine erhöhte Körpertemperatur des Babys die lebenswichtige Aufwachreaktion behindern können – ebenso wie Passivrauchen und das Einatmen ausgeatmeter Luft (zum Beispiel durch das Liegen in der Bauchlage). Mit dem Risiko für Atempausen steigt auch das Risiko für den plötzlichen Kindstod (siehe Seite 122 f.). Eltern sollten daher immer wachsam sein, wenn das Baby die Luft anhält. Schon eine Atempause von mehr als 15 Sekunden ist untypisch und kann ein Alarmzeichen sein.

den. Babys können auch ihr Bedürfnis nach Ruhe durch Weinen zum Ausdruck bringen. Vorher senden sie dann noch andere Signale:

○ Viele Neugeborene drehen ihren Kopf zur Seite (zur Brust), wenn sie müde sind, und fangen von jetzt auf gleich zu quengeln an.

○ Wenn ältere Säuglinge müde sind, drehen sie meistens den Kopf zur Seite, gähnen und bekommen einen verträumten Blick.

○ Klare Müdigkeitssignale bei älteren Babys: Augen reiben, an den Ohren zupfen, Haare verdrehen oder den Kopf auf den Boden legen.

Wenn Sie diese Signale erkennen, sollten Sie Ihr Baby zum Schlafen legen und nicht mehr mit ihm spielen, ihm laut vorsingen, es herumtragen oder sonst wie bei Laune halten. Es will einfach nur Ruhe.

Wie Eltern den Schlaf-wach-Rhythmus beeinflussen können

Schlafen will gelernt sein – und als Eltern können Sie die Schlafentwicklung Ihres Babys durchaus unterstützen. In den ersten drei Monaten bestimmt immer noch das Kind, wie dieser Rhythmus ungefähr aussieht, weil es versucht, seinen eigenen Rhythmus zu finden. Zeitgleich ist der kindliche Organismus aber bestrebt, sich an den äußerlichen Tag-Nacht-Wechsel anzupassen. Der Rhythmus eines Babys hängt im Wesentlichen von drei Faktoren ab:

○ **Innere Faktoren:** Die innere Uhr ist angeboren und lässt sich daher so gut wie nicht durch Äußerlichkeiten beeinflussen.

○ **Äußere Faktoren:** Füttern Sie das Kind vor dem Schlafen. Auch Tageslicht und Dunkelheit sind ebenso wie Hunger und Sättigung äußere Zeitgeber, auf die Eltern durchaus Einfluss haben, etwa indem sie das Rollo herunterlassen oder den Vorhang zuziehen und das Licht im Schlafzimmer ausmachen.

○ **Soziale Zeitgeber:** Diese Faktoren können von den Eltern am meisten beeinflusst werden. Damit das Baby gut schlafen kann, empfiehlt es sich etwa, dass sich die Familienmitglieder zu den Schlafenszeiten des Babys ruhiger verhalten als in seinen aktiven Wachphasen. Außerdem kann man den Tag des Babys so gestalten, dass er dem Schlaf-wach-Rhythmus entgegenkommt.

UNTERSCHEIDUNG VON NACHT UND TAG

Idealerweise kann Ihr Baby durch Ihr Verhalten lernen, dass der Tag anders verläuft als die Nacht. Babys sind Gewohnheitsmenschen. Immer wiederkehrende, fest in den Alltag eingebaute Rituale und eindeutige Regeln liefern ihnen wichtige Orientierungshilfen. Wach sein, spielen, lachen, singen, spazieren gehen, ein angeregter Austausch: All diese Aktivitäten finden am hellen Tag statt. Dagegen sollte es nachts ruhig zugehen: Es ist dunkel, das Licht ist möglichst gedämpft, man spricht leise. Es wird nicht mehr ausgedehnt geschmust und nicht mehr »wild« getobt. Auch wenn Sie Ihr Baby nachts wickeln, füttern, beruhigen oder trösten, geschieht dies zwar liebevoll, aber ohne großes Aufsehen im Flüsterton und bei schwachem Licht.

Auf diese Weise kann Ihr Baby lernen, dass es nachts zwar was zum Essen gibt, aber ansonsten nicht viel Programm angesagt ist. Es lohnt sich nicht, dafür lange wach zu bleiben. Es gibt eben Zeiten zum Schlafen und Zeiten zum Spielen.

DIE ABENDLICHE ZEREMONIE

Die Art und Weise, wie Sie Ihr Baby ins Bett bringen, hat einen entscheidenden Einfluss auf seine Schlafentwicklung. Babys lernen schnell – und arbeiten täglich an der Entwicklung ihres Erinnerungsvermögens. Wenn sich bestimmte Handlungen regelmäßig wiederholen, wissen sie nach und nach, was mit ihnen geschieht.

Ein Beispiel: Wenn Sie Ihr Baby vor dem Schlafengehen baden, ihm einen Schlafanzug anziehen, es stillen oder ihm die Flasche geben und es dann im abgedunkelten Zimmer ins Bettchen legen, ihm eine Gute-Nacht-Geschichte erzählen und es noch liebevoll streicheln, wird es bald verstehen, dass all diese »Ereignisse« die Nachtruhe einläuten. Nach und nach weiß es, was auf es zukommt – und diese Orientierung vermittelt ihm eine gehörige Portion Sicherheit. Damit es jedoch so weit kommen kann, muss das abendliche Zubettgeh-Programm annähernd zur gleichen Zeit und nach der gleichen Reihenfolge ablaufen. Ansonsten kann das Baby kein deutliches Muster erkennen.

INFO

Von Eulen und Lerchen

Sobald sich die innere Uhr Ihres Babys an die äußeren Zeitgeber Tag und Nacht angepasst hat und synchron dazu verläuft, kann man vom zirkadianen Schlaf-wach-Rhythmus sprechen. Dies ist erfahrungsgemäß etwa im Alter von drei Monaten der Fall.

Aber nicht immer hält sich die innere Uhr exakt an die äußere: Dauert der eigene Rhythmus länger als 24 Stunden, entpuppt sich Ihr Baby vermutlich als kleiner Morgenmuffel, der in der Früh kaum die Augen aufbekommt und noch schläfrig ist.

Ist der zirkadiane Rhythmus Ihres Babys dagegen kürzer als 24 Stunden, haben Sie eher eine »Lerche« im Haus, einen Frühaufsteher, der bereits mit Tagesanbruch wach und putzmunter ist – und sich wünscht, dass seine Eltern es ebenso sind …

Wie Babys besser einschlafen können

Neugeborene können sich bis zu einem gewissen Grad selbst beruhigen und in den Schlaf bringen. Dabei wirkt der Saugreflex unterstützend. Dementsprechend nuckeln die Kleinen an ihren Fingern, strecken sich ganz lang oder schaukeln sich selbst, bis sie in den Schlaf fallen. Zwar sind diese Fähigkeiten anfangs noch nicht stark ausgeprägt, aber sie entwickeln sich rasch weiter. Das ist gut so, denn eine der Hauptvoraussetzungen dafür, dass Ihr Baby bald durchschläft, ist, dass es alleine einschlafen kann. Je eher ein Baby die Gelegenheit hat, von alleine einschlafen zu können, desto besser. Ob und wann dies gelingt, hängt sehr stark von Ihrem Verhalten ab.

Selbstverständlich ist es völlig in Ordnung, wenn Ihr Baby in den ersten Wochen auf Ihrem Arm ein Nickerchen hält oder im Tragetuch einschläft. Gönnen Sie Ihrem Baby diese Nähe und genießen Sie den engen Körperkontakt. Versuchen Sie aber trotzdem schon in den ersten Wochen, das Kleine auch wach in sein Bettchen zu legen, wenn es Signale der Müdigkeit aussendet. Ab dem vierten Monat sollten Sie Ihr Baby möglichst jedes Mal wach ins Bett legen, wenn Schlafenszeit ist.

Erfahrungsgemäß berauben aber viele Eltern ihre Babys der Möglichkeit, von alleine einschlafen zu können. Sie meinen es nur gut und glauben, ihrem Kind beim Einschlafen helfen zu müssen. Die beiden folgenden Beispiele zeigen, wie Eltern das Einschlafverhalten beeinflussen können – negativ und positiv.

○ **Baby schläft nicht allein ein:** Das Baby ist satt und müde vom Spielen, seit dem letzten Aufwachen sind drei Stunden vergangen; das Baby beginnt zu quengeln. Wenn die Mutter es ins Bettchen legt, fängt es an zu weinen und lässt sich

INFO

Ein leichter Klangteppich

Wissenschaftliche Studien kommen zu dem Ergebnis, dass viele Babys einen gleichbleibenden »Klangteppich« in angenehmer Lautstärke absoluter Stille eindeutig vorziehen. Aus diesem Grund schlafen viele kleine Säuglinge tagsüber selbst dann tief und zufrieden, wenn sich andere Familiengehörige im Raum aufhalten und miteinander reden, wenn im Hintergrund die Spülmaschine läuft, Geschirr klappert oder Mama und Papa telefonieren.

nicht beruhigen. Weil sie denkt, dass es Hunger haben könnte, legt die Mutter es nochmals an, und schon nach wenigen Schlucken schläft das Baby friedlich ein – dank Mamas Brust.

○ **Baby schläft allein ein:** Wieder liegen zwischen dem letztem Trinken und dem Quengeln drei Stunden. Die Mutter erkennt sehr bald, dass ihr Baby keinen Hunger hat, sondern müde ist. Wie in den Wochen zuvor legt sie es in sein Bettchen, streichelt sanft seine Hand und spricht beruhigende Worte. Dadurch bestärkt sie ihr Baby in seinem Bemühen, von alleine in den Schlaf zu kommen.

SINNVOLLE EINSCHLAFHILFEN

Natürlich gibt es einige sinnvolle Maßnahmen, die Ihrem Baby das Einschlafen erleichtern – immer vorausgesetzt, Sie erkennen die Müdigkeitssignale Ihres Babys auf Anhieb.

○ Das Baby fühlt sich sicher, wenn Sie in seiner Nähe sind, sobald es in seinem Bettchen liegt. Dafür muss es nicht unbedingt auf den Arm oder gar an die Brust (vorausgesetzt, es ist müde und satt). Ihre gedämpfte und fürsorgliche Stimme – vielleicht in Kombination mit einer Gute-Nacht-Musik aus der Spieluhr – reicht völlig aus, um ihm das Gefühl von Geborgenheit zu vermitteln.

○ Noch mehr Nähe spürt das Baby durch Körperkontakt, etwa liebevolles Streicheln am Händchen oder an der Stirn.

○ Mit einem Kuscheltier oder Tuch, das nach Ihnen duftet, hat das Baby ein »Stückchen« Mama. Sehr gut eignet sich dazu auch eine gerade benutzte Stilleinlage.

Durch diese kleinen Tricks erfährt das Baby: »Mama ist da, wenn ich sie brauche. Ich bin nicht allein, ich fühle mich sicher und geborgen, und ich kann deshalb einschlafen.« Aufwendige Einschlafhilfen sind dann gar nicht nötig. Mit der Zeit genügt es dann meist, wenn Sie zum Einschlafen noch ein paar Worte mit Ihrem Baby sprechen, ein vertrautes Kuscheltier im Bettchen liegt und aus der Spieluhr eine bekannte Melodie erklingt.

Zugegeben: Eltern brauchen Geduld und Ausdauer, ihr Baby auf dem Weg des Alleine-einschlafen-Könnens zu begleiten. Denn in den meisten Fällen dauert es einige Tage (oder Wochen), bis es klappt. Verständlicherweise ist daher die Verlockung groß, zu Einschlafhilfen zu greifen, die schneller wirken – wie nächtliche Autofahrten im Kindersitz, ein angeschalteter Föhn unter dem Stubenwagen, Herumtragen oder natürlich das Anlegen an die Brust.

INFO

Die Kraft der Rituale

Unter einem Ritual versteht man einen konkreten Ablauf von Handlungen, der durch stetige Wiederholung zur festen Gewohnheit wird. Rituale haben für Kinder eine ganz besondere Bedeutung: Sie vermitteln ihnen Sicherheit. Und wer sich sicher fühlen darf, braucht keine Angst zu haben. Aber auch für die Eltern haben Rituale einen positiven Effekt, weil sie helfen, bestimmte Regeln zu »zelebrieren«. Und vielen Kindern fällt es leichter, diese Regeln anzuerkennen, weil sie zur Gewohnheit werden.

Durch Zubettgeh- oder Einschlafrituale kann ein Baby eine Erwartungshaltung aufbauen; es weiß, was es am Schluss erwarten kann – in diesem Falle das Bett. Welche Rituale Sie dabei in Ihr Familienleben einbauen möchten, können Sie selbst entscheiden. Hier einige Möglichkeiten, die das Ende des Tages einläuten können:

○ Baden am Abend macht müde und entspannt. Eine anschließende sanfte Massage hilft dem Baby, den Tag besser zu verarbeiten, und liefert eine Extraportion Zuwendung.

○ Ziehen Sie Ihrem Baby zum Schlafen einen Schlafsack an. Sobald Sie ihm diesen anziehen, ist die Nacht nicht mehr weit.

○ Nehmen Sie Ihr Baby noch einmal auf den Arm, bevor Sie es ins Bett legen. Kuscheln Sie mit ihm an einem bestimmten Platz, zum Beispiel auf dem Sofa oder in Ihrem Bett – das ist dann der »Letztes-Mal-vor-dem-Schlafen-Kuschelplatz«.

○ Singen Sie Ihrem Baby ein Schlaflied vor – möglichst immer dieselben Strophen. Abwechslung ist im ersten Jahr nicht notwendig – es kommt mehr auf Ihre Stimme, weniger auf den Inhalt an. Wer nicht singen will: Summen tut's auch.

Mit Nachtlicht schlafen?

Viele Eltern glauben, ihr Baby könne besser schlafen, wenn es nichtganz dunkel ist. Dabei ist es die dunkle Umgebung bereits aus dem Mutterleib gewöhnt. Konkrete Ängste vor Dunkelheit entwickeln sich – wenn überhaupt – frühestens im zweiten bis dritten Lebensjahr. Ein Säugling braucht daher kein Schlaflicht. Ein kleines Nachtlicht kann eher Ihnen helfen, sich nachts im Zimmer besser zurechtzufinden (zum Beispiel beim Stillen).

Aber so schnell diese Methoden auch wirken mögen, hindern sie das Baby doch daran, selbst einzuschlafen, weil es später vielleicht glaubt, dass es ohne die Einschlafhilfe nicht geht.

Dasselbe gilt, wenn Ihr Baby nach dem Einschlafen noch einmal wach wird und leise schmatzt oder vor sich hinquengelt: Sie müssen es nicht gleich auf den Arm nehmen. Ist die letzte Mahlzeit erst eine Weile her (kann es also gar nicht hungrig sein), sollten Sie ihm die Chance geben, von allein wieder in den Schlaf zu finden. Versuchen Sie zuerst, es durch liebevolle Worte zu trösten. Erst wenn es droht, richtig wach zu werden, sich gar nicht beruhigen lassen will oder laut weint, sollten Sie zu ihm gehen.

TRINKZEITEN UND SCHLAFZEITEN BESSER VONEINANDER TRENNEN

Hunger und Schlaf sind zwei völlig unterschiedliche Bedürfnisse. Und die Befriedigung dieser Bedürfnisse sollte nicht miteinander gekoppelt werden. Im Idealfall sollte Ihr Baby also erfahren, dass Trinken an der Brust oder aus der Flasche nicht zwangsläufig etwas mit Einschlafen zu tun hat. Auch wenn beides wie beim Neugeborenen zeitlich nah aufeinander folgt. Sicher, anfangs dauert das Trinken noch etwas länger und macht nebenbei auch ganz schön müde. Kein Wunder also, wenn das Baby einschläft. So schön das auch sein mag, sollte es doch keine Gewohnheit oder gar zu einem Ritual werden. Je früher Sie es schaffen, die Mahlzeiten vom Schlafen zu trennen, desto leichter kann Ihr Baby bald das Durchschlafen lernen. Die Kunst besteht für die Eltern darin, dem Baby einen Rahmen zu schaffen, in dem es beide Bedürfnisse unabhängig voneinander befriedigen kann.

Nachts trinken bei jüngeren Babys: Wenn Ihr Baby nachts Hunger hat, lassen Sie es bis zum Ende der Mahlzeit saugen. Dabei ist gerade bei Neugeborenen die Zeitspanne zwischen Trinken und Schlafen nicht sehr groß. Sobald Sie aber merken, dass Ihrem Baby noch an der Brust oder Flasche die Augen zufallen, können Sie es noch einmal hoch nehmen und ein Bäuerchen machen lassen. In diesen Momenten ist es wach – und so können Sie es auch in sein Bettchen legen, damit es richtig einschläft.

Nachts trinken bei älteren Babys: Mit etwa einem halben Jahr können Babys nachts nach und nach ohne Nahrung auskommen und werden daher nicht mehr wie zuvor wach, weil sie hungrig sind – immer vorausgesetzt, sie bekommen tagsüber genug Nahrung. Schwierig wird es dann, wenn ein Baby sich daran gewöhnt hat, einen erheblichen Teil an Nahrung in der Nacht zu sich zu nehmen. In diesem Fall steht ein Umgewöhnungsprogramm an, das Zeit und Geduld erfordert. Folgende Tricks haben sich dabei bewährt:

○ Zögern Sie bei Stillbabys die Abstände zwischen den nächtlichen Mahlzeiten täglich um einige Minuten weiter hinaus.

○ Verkürzen Sie alternativ die Stillmahlzeiten in der Nacht minutenweise.

○ Bei Flaschenbabys hat es sich bewährt, die Fertigmilch mit Wasser zu verdünnen (anfangs um 10–20 ml, dann jede Nacht etwas mehr) oder die Trinkmenge jede Nacht zu reduzieren (ebenfalls um jeweils 10–20 ml). Auf diese Weise animieren Sie Ihr Baby dazu, seinen Kalorienbedarf tagsüber zu decken und nicht wie bisher in der Nacht.

AUCH DAS NICKERCHEN AM TAG ZÄHLT

Wann immer er müde ist, hält ein neugeborener junger Säugling ein Nickerchen. Diese Pausen sind wichtig, das Baby braucht sie. Etwa ab dem vierten Lebensmonat verlegt das Baby einen Großteil der Schlafration in die Nacht. Tagsüber kristallisieren sich zusätzlich noch zwei feste Schlafenszeiten heraus – am Vormittag und am Nachmittag. Diese Nickerchen sind bei allen Babys unterschiedlich lang; in der Regel schlafen die Kleinen zwischen 30 Minuten und zwei Stunden. In dieser Zeit sollte auch die Mutter sich eine Pause gönnen. Denn so sehr das Wohl des Babys im Vordergrund steht, sollte sie doch aufpassen, vor lauter Fürsorge die eigenen Bedürfnisse nicht aus den Augen zu verlieren. Wenn die Mama nicht fit ist, hat ihr Baby gar nichts von ihr. Achten Sie also darauf, dass Sie ausreichend schlafen und dadurch zu Kräften kommen. Wenn es nachts noch nicht so gut klappt, legen Sie tagsüber die Füße hoch, wann immer dies möglich ist. Am besten halten Sie ebenfalls ein Nickerchen, wenn Ihr Baby schläft, besonders dann, wenn Sie in der Nacht kaum ein Auge zugetan haben. Die Hausarbeit läuft nicht weg – leider …

Ist das Baby zur üblichen Schlafenszeit am Abend noch putzmunter, hat es entweder tagsüber zu viel oder am Nachmittag zu lang ge-

Damit ein Baby nachts müde ist, darf es tagsüber nicht zu lang schlafen. Notfalls muss es sanft geweckt werden.

schlafen. So himmlisch die Ruhe am Nachmittag auch sein mag, sollten Sie nicht vergessen, dass die Anzahl der täglich benötigten Schlafstunden weitgehend konstant bleibt. Je mehr Ihr Baby tagsüber schläft, desto kürzer sind seine Schlafphasen in der Nacht – und umgekehrt. Je älter Ihr Baby wird, umso mehr können Tagesnickerchen den Tag-Nacht-Rhythmus verschieben. Erfahrungsgemäß ist das Kleinkind im Kindergartenalter tagsüber rund 12 Stunden am Stück wach, dafür schlummert es nachts genauso viele Stunden am Stück fest und tief.

So klappt es mit dem Durchschlafen

Einige Neugeborene schaffen es tatsächlich, mehr als vier Stunden am Stück zu schlafen – auch in der Nacht. Sobald die Kleinen reif genug sind, um nach dem kurzen Aufwachen zwischen Traum- und Tiefschlafphase erneut einzuschlafen, sind manchmal sogar sechs bis acht Stunden Schlaf drin. Dann hört man viele Eltern stolz verkünden: »Unser Kind schläft bereits durch.« Aber was heißt eigentlich »Durchschlafen«? Experten verstehen darunter, dass ein Säugling zwischen zwei Schlafzyklen von drei bis vier Stunden Dauer nicht aufwacht und ohne Nahrung auskommt – was voraussetzt, dass er in der Lage ist, während der Übergangsphase vom Traumschlaf in den Tiefschlaf alleine wieder einzuschlafen. Denn Eltern werden nachts nicht davon geweckt, weil ihr Baby aufwacht, sondern weil es nicht wieder alleine einschlafen kann.

In den ersten Wochen bedeutet Durchschlafen also in der Regel eine Zeitspanne von maximal fünf Stunden – später sind es auch einmal sechs bis acht Stunden. Keinesfalls bedeutet es, dass das Baby von 20 Uhr an bis zum nächsten Morgen 6 oder 7 Uhr durchschläft.

Jedes Baby schläft anders

Eine Befragung unter 500 deutschen Müttern zum Schlafverhalten ihrer Kinder zeigte, dass nur die Hälfte aller Einjährigen durchschlafen kann (ein einmaliges kurzes Aufwachen wurde toleriert). Dieselbe Studie ergab, dass nur 6 von 100 der vier bis sechs Wochen alten Babys durchschlafen. Ab dem dritten oder vierten Monat schaffen es immerhin schon 36 Prozent, mit gut einem halben Jahr 38 Prozent.

Bleiben Sie also gelassen, wenn Ihr Baby erst einmal nicht durchschläft. Es braucht einfach seine Zeit, bis sich der Rhythmus einspielt; mitunter vergehen dabei einige Wochen.

Messen Sie Ihr Baby daher nicht an Gleichaltrigen. Es gibt Kinder, die bereits in den ersten Lebenswochen durchschlafen, andere erst mit einem Jahr. Ihr Baby ist einzigartig und hat sein eigenes Tempo und sein eigenes Temperament. Geben Sie ihm die Möglichkeit, erst einmal auf dieser Welt anzukommen. Je früher es sich sicher und geborgen fühlt, desto leichter findet es einen Schlaf-wach-Rhythmus.

Grundlagen fürs Durchschlafen

Erfahrungsgemäß sind die meisten Babys etwa mit sechs Monaten so weit, einige Stunden am Stück durchzuschlafen. Die Grundlage dafür ist, dass das Kleine gelernt hat, allein einzuschlafen. So schön es auch ist, wenn Ihr Baby nach dem Trinken an der Brust in Ihrem Arm einschlummert: Spätestens wenn es nachts nicht mehr gestillt wird, kann daraus ein »Einschlafhindernis« werden. Denn wenn Ihr Baby aufwacht, wird es weiterhin nach Ihrer Brust verlangen – schließlich war sie doch beim Einschlafen gerade noch da. Kein Wunder, dass das Baby irritiert ist: »Warum liege ich im eigenen Bett und nicht wie vorher auf Mamas Arm? Wo ist sie überhaupt?« Sie unterstützen Ihr Baby daher ungemein beim Durchschlafen, wenn Sie ihm ermöglichen, allein einzuschlafen.

Die folgenden Faktoren erleichtern das Durchschlafen ebenfalls; sie gelten für Babys ab sechs Monaten:

○ Je mehr Liebe und Geborgenheit ein Baby tagsüber aufnehmen kann, desto besser kann es abends – und auch nachts wieder – einschlafen. Es fühlt sich trotz der Trennung bei seiner Reise ins Schlummerland nicht allein gelassen.

○ Schaffen Sie alle »Einschlafhilfen« ab, die nachts Ihren eigenen Schlaf und den Ihres Babys stören, etwa den brummenden Föhn unter dem Gitterbettchen oder das Kraulen am Ohr.

○ Nicht alle Kinder brauchen gleich viel Schlaf. Ein Baby kann nur so lange schlafen, wie es sein Schlafbedarf vorgibt – länger sollte es auch nicht im Bett bleiben müssen. Verschaffen Sie sich einen Überblick, wie viele Stunden Schlaf Babys unterschiedlichen Alters ungefähr benötigen (siehe Seite 117). Mit der Zeit oder mithilfe eines Schlafprotokolls (siehe Seite 402 f.) finden Sie dann heraus, wie viel Ihr Baby schlafen muss, um gut gelaunt den Tag zu erleben.

○ Satt schläft es sich hervorragend. Wenn Sie sicher sein möchten, dass Ihr Baby nicht gerade dann vor Hunger aufwacht, wenn Sie gerade eingeschlafen sind, können Sie ihm noch eine (letzte) Mahlzeit anbieten, bevor Sie selbst ins Bett gehen. Nehmen Sie dazu das schlafende Kind aus seinem Bettchen und legen Sie es an die Brust an oder geben Sie ihm die Flasche. Wenn Brustwarze oder Sauger die Unterlippe berühren, öffnen die meisten Babys ihren Mund und beginnen zu saugen. Ganz wichtig: Achten Sie darauf, dass Sie kein großes Aufsehen um diese nächtliche Mahlzeit machen. Das Baby sollte gar nicht richtig wach werden. Daher ist auch ein Bäuerchen nicht zwingend notwendig – ebenso wenig wie eine frische Windel, wenn diese nicht übermäßig nass ist.

NATÜRLICHE SCHLAFRÄUBER

Selbst wenn ein Baby einige Nächte hintereinander durchgeschlafen hat, ist dies noch keine Garantie dafür, dass auch die nächsten Nächte so ruhig verlaufen. Es gibt schließlich eine Reihe von Gründen, die dafür sorgen können, dass ein Baby außerplanmäßig nicht durchschläft. Dazu gehören zum Beispiel:

○ **Entwicklungsschübe:** Im ersten Lebensjahr macht das Baby mehrere Entwicklungsschübe durch, die alle paar Wochen aufs Neue auftreten und einige Tage anhalten können. Während dieser Zeit steht die Welt des Babys Kopf, vieles erscheint ihm neu. Richtig sicher und geborgen fühlt es sich in diesen Phasen nur an Mamas Brust oder auf ihrem Arm – das gilt nicht nur tagsüber, sondern auch in der Nacht.

○ **Zahnen:** Wenn um den sechsten Monat herum die Zähne einschießen und durchbrechen, kann das sehr schmerzhaft sein – besonders in der Nacht. Zuweilen rauben die Schmerzen dem Baby regelrecht den Schlaf. In diesem Fall können homöopathische Mittel und/oder Zahnungsgel helfen (beides gibt es in der Apotheke). Sprechen Sie mit Ihrem Kinderarzt oder Ihrer Hebamme.

○ **Blähungen:** Etwa mit einem halben Jahr beginnen die meisten Eltern, Beikost zu füttern. Dabei kann die Umstellung auf feste Kost schon einmal Verdauungsbeschwerden verursachen. Und die sind mitunter so stark, dass das Baby nachts schlechter schläft. Das hilft im Notfall: Kümmelzäpfchen (aus der Apotheke), Fliegerhaltung auf dem Arm, eine sanfte Bauchmassage, bei der Sie im Uhrzeigersinn mit der flachen Hand um den Nabel streichen (am besten verwenden Sie dazu noch ein »Vier-Winde-Öl« aus der Apotheke – eine Mischung aus ätherischen Ölen, die Blähungen und Koliken lindern), ein warmes Kirschkernkissen oder eine kleine, nicht zu schwere, warme (auf keinen Fall heiße!) Wärmflasche mit Überzug.

○ **Selbstständigkeit:** Je älter ein Baby wird, desto selbstständiger wird es – und erlebt tagsüber auch ohne seine Mama viele kleine Höhepunkte. Das wiederum kann gelegentlich zu Trennungsängsten führen, die ihrerseits den Schlaf rauben können.

DIE ERZIEHUNG

Entgegen einer weitverbreiteten Meinung beginnt Erziehung nicht erst mit dem berühmten Nein, sondern schon gleich nach der Geburt. Allerdings hat die Erziehung im ersten Jahr nichts mit Verboten und Maßregelung zu tun. Sie äußert sich vielmehr im achtsamen und respektvollen Umgang mit dem Säugling – eine Grundhaltung, die überhaupt erst die Basis für die Erziehung bildet.

Zum achtsamen Umgang gehört zum Beispiel, wie Sie Ihr Baby wickeln. Säubern Sie es rein routinemäßig und fast ohne Worte? Oder erklären Sie ihm liebevoll, was Sie machen wollen und was Sie gerade tun? »Ich ziehe jetzt gleich deine Hose aus. Schau, jetzt das linke Hosenbein …« Zugegeben, nicht immer ist genug Zeit und Muße, sich so zu verhalten; manchmal muss es eben schnell gehen. Es zahlt sich jedoch aus, wenn Sie sich um einen respektvollen Grundstil bemühen. Denn Ihr Kind wird auf die gleiche Weise mit Ihnen umgehen – schließlich haben Sie eine Vorbildfunktion.

Grenzenlos glücklich?

Zum respektvollen Miteinander gehören auch bestimmte Regeln, die den Verhandlungsraum vorgeben, innerhalb dessen man sich bewegen darf. Dabei gibt es nicht nur für Eltern Grenzen, die nicht überschritten werden dürfen (zum Beispiel Schlagen als Erziehungsmethode einsetzen). Auch Babys sollten schon im ersten Jahr Grenzen gesetzt werden. Ein Beispiel: Ihr Sprössling auf Ihrem Arm greift nach Ihren

Haaren und zieht fest daran. Oder er beißt Sie mit den ersten Zähnchen beim Stillen in die Brust. In beiden Fällen hilft es nicht viel, wenn Sie nur »Nein« sagen. Denn diese verbale Botschaft allein versteht Ihr Baby noch nicht. Sagen Sie mit ernster Miene »Nein, das tut mir weh«, und ziehen Sie gleichzeitig die Hand aus den Haaren, oder nehmen Sie die Brustwarze aus dem Mund des Babys.

Die meisten Grenzsituationen werden den Eltern aber erst bewusst, wenn ihr Baby mobiler wird: Steuert das Krabbelkind zum Beispiel auf die Musikanlage zu, um an den vielen interessanten Knöpfen zu drehen und zu drücken, sollten Sie sofort einschreiten. Wieder empfiehlt sich: Sprechen Sie ein konsequent »Nein« aus und tragen Sie den kleinen Forscher in seine Spielecke (»Hier darfst du spielen«). Außerdem empfiehlt es sich, die Musikanlage außer Reichweite zu stellen.

Die Wahrscheinlichkeit, dass Ihr Kleines in ein paar Monaten auf »Nein« reagiert, ist umso größer, je konsequenter Sie sich verhalten. Natürlich gibt es wie immer im Leben keine Regel ohne Ausnahme. Wichtig ist aber, dass die Grundhaltung stimmt.

Richtig »Nein« sagen

Fast noch wichtiger als ihre Konsequenz ist in solchen Übertrittssituationen das Gesamtverhalten der Eltern. Wenn Sie zum Beispiel nur lächelnd den Zeigefinger heben und liebevoll »Nein, nein, du Lausbub« sagen, wenn Ihr Sohn mit seinen Fingern die Steckdose erforschen will, senden Sie ihm eine doppelte Botschaft, Sie irritieren (Nein) und ermutigen (Lachen) ihn gleichzeitig. Weil Lachen ein positives Gefühl vermittelt, überhört das Baby das Verbot. Sie müssen in so einer Situation klar und deutlich »Nein« sagen und das Kind wegtragen. Viele El-

> ## TIPP
>
> ### Mit Maß Grenzen setzen
>
> Um Stresssituationen im Alltag zu reduzieren, sollten Sie überlegen, was Sie vor dem Krabbel- und Kleinkind schützen wollen. Verstauen Sie wertvolle Bücher und Vasen außerhalb seiner Reichweite. Platzieren Sie aber bitte nicht alles erst ab einem Meter Höhe. Denn wenn Sie Ihrem Kind nie Grenzen aufzeigen, ihm nie Einschränkungen auferlegen (Experten sprechen in diesem Fall von einer Non-Frustrations-Erziehung), verwöhnen Sie Ihr Kind unnötigerweise.

tern haben jedoch Angst, dass sie zu autoritär handeln – die eigene Kindheit wirft ihre Schatten. Dabei gibt es durchaus (mehr oder weniger feine) Unterschiede in Bezug auf die Strenge.

WISSEN IST KEINE NEGATIVE AUTORITÄT

Machtautorität versucht, das Verhalten des Kindes zu beeinflussen, etwa durch Strafen wie einen Klaps auf die Finger oder den Po. Dieses Verhalten ist Kindern – und noch mehr Babys – gegenüber heute zu Recht verpönt.

Als erwachsene Person haben Sie gegenüber Ihrem Baby jedoch einen großen Erfahrungsvorsprung. Sie wissen, dass Steckdosen zwar das kindliche Interesse wecken, aber auch, dass nicht alle Dosen kindgerecht gesichert sind und das Spiel schnell lebensgefährlich wird. Deswegen sagen Sie bei allen Steckdosen »Nein«. Genauso wissen Sie auch, dass Kinder im Auto in altersgerechten Kindersitzen am besten geschützt sind. Daher dürfen Sie Ihre Wissensmacht einsetzen und Ihr Baby auch dann festhalten und anschnallen, wenn es sich steif macht und laut-

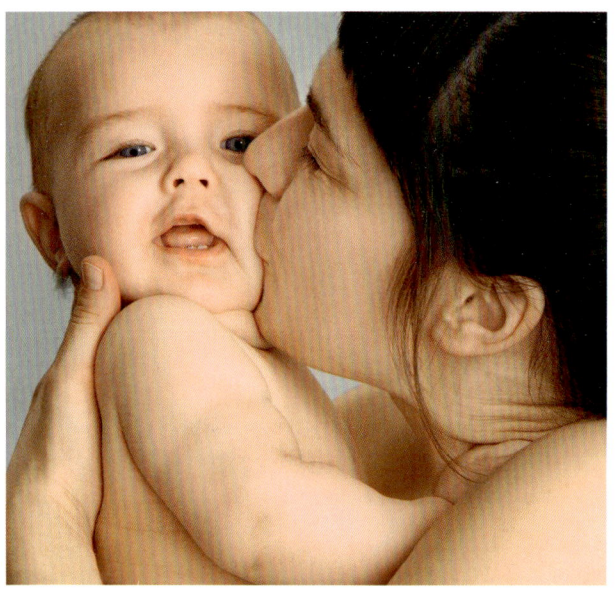

Sie können gar nicht genug mit einem Baby schmusen und kuscheln, denn diese Zuwendung stärkt sein Ego.

stark protestiert. Nichts anderes ist es, wenn Sie sich für bestimmte Impfungen entschieden haben: Erinnert sich Ihr Kind, dass es das letzte Mal wehgetan hat, müssen Sie es liebevoll, aber mit sanfter »Gewalt« durch die Situation begleiten und es, wenn nötig, entsprechend festhalten. Keine Sorge: Wenn Sie von Anfang an immer prompt auf die negativen Gefühle Ihres Kindes reagiert haben – etwa wenn es Hunger hatte oder ihm etwas wehtat, hat es ein Urvertrauen und eine sichere Bindung zu Ihnen entwickelt. Es kann damit umgehen, dass Sie auch einmal streng sind, und lernt die Grenzen des gemeinsamen Lebens kennen und akzeptieren.

Behalten Sie immer im Auge, dass Ihr Kind aus Neugierde und nicht aus Bosheit handelt. Das hilft, zu erkennen, dass Sie infolge Ihrer Wissensmacht Grenzen setzen und nicht das Verhalten des Babys bestrafen.

Kann man Babys verwöhnen?

Eine ähnliche Situation haben manche Eltern schon einmal erlebt: Sie haben Besuch. Aus der Wiege im Nebenzimmer ist das zu Weinen des sechs Wochen alten Säuglings zu hören. Der Vater steht auf und bringt das Kleine ins Wohnzimmer. Auf Papas Arm weint das Baby nicht mehr, seine Saugbewegungen lassen aber deutlich erkennen, dass es Hunger hat. Der Besuch reagiert überrascht bis verständnislos: »Warum hast du ihn/sie denn gleich geholt? Das bisschen Weinen schadet doch nicht«, »Schreien kräftigt die Lunge« oder »Das Kleine hat euch aber ganz schön im Griff«.

Es ist unumstritten, dass man Kinder zu egozentrischen »Haustyrannen« erziehen kann, denen die Eltern noch mit acht das Butterbrot schmieren, die Schuhe binden oder den Ranzen in die Schule tragen. Doch ob man schon Babys im ersten Lebensjahr verwöhnen kann, darüber diskutieren Eltern und Experten.

BABYS SOLLEN LERNEN

Sie verwöhnen Ihr Baby nicht, wenn Sie in den ersten drei, vier Monaten prompt auf sein Weinen reagieren. In diesen Wochen lernen Eltern ihr Kind erst kennen; sie hören oft schon, ob es Hunger oder nasse Windeln hat oder »nur« aus Langeweile weint. Selbst Letzteres ist das Zeichen einer inneren Krise und wird vom Baby nicht bewusst eingesetzt, um die Eltern zu tyrannisieren. In den ersten drei Monaten hat Ihr Baby allerhand zu meistern und ist voll und ganz auf Ihre Hilfe und Fürsorge angewiesen: Es muss erst einmal auf dieser Welt »landen«, seine Familie kennenlernen, Vertrauen aufbauen, trinken, schlafen, verdauen, alle Sinneseindrücke verarbeiten, wachsen … Vor allem aber muss es seinen Tank mit Ihrer Liebe auffüllen, damit es in Krisensituationen umgehend darauf zurückgreifen kann. Dieser Tank muss täglich neu gefüllt werden – mit Liebe, Fürsorge, Zuneigung, Körperkontakt und Sicherheit.

Mit zu viel Liebe, Zärtlichkeit (»Vitamin Z«) und Geborgenheit können Sie Ihr Baby in den ersten Monaten auf keinen Fall verwöhnen. Ganz anders sieht es aus, wenn Sie ihm ständig die »Arbeit« abnehmen, die es schon selbst machen kann. Denn damit berauben Sie es der wichtigsten Gelegenheiten, selbst lernen zu dürfen. Wenn Ihr Baby zum Beispiel schon genug Zähne hat, um damit feste Nahrung zu kauen, verwöhnen Sie es, wenn Sie weiterhin alles ganz fein pürieren. Sie bringen es damit nicht nur um den Genuss, den es beim Knabbern an einem Stück Brot oder Apfel hat. Sie enthalten ihm auch wichtige Erfahrungen vor. Nicht zuletzt kann dies auch die Sprachentwicklung verzögern (siehe Seite 82 f.).

GEFÜHLE ERNST NEHMEN, ABER BITTE NICHT ÜBERTREIBEN

Wenn Eltern die Entwicklung ihres Babys zur Eigenständigkeit und Selbstverantwortung be- oder verhindern, schnappt die Verwöhnfalle zu. Dabei geschieht das Ganze oft unbewusst: Sie verwöhnen Ihr Kind zum Beispiel auch dann, wenn es beim Versuch, unter dem Tisch hindurchzukrabbeln, seinen Kopf zu früh hebt, sich anstößt und »meckert«, und Sie es sofort übertrieben trösten (»Oh, mein Armes, du hast dir wehgetan«). Auch Laufanfänger fallen oft hin und tun sich etwas weh. Doch das dicke Windelpaket funktioniert wie ein Stoßdämpfer – alles halb so schlimm. Immer behütet zu werden führt schon im ersten Lebensjahr zu mehr Abhängigkeit. Warten Sie also einen kurzen Moment ab, bevor Sie reagieren. In den meisten Fällen wird das Kind allein mit dem Misserfolg fertig (Selbstregulation und Resilienz, siehe Seite 20).

Trauen Sie Ihrem Kleinen ruhig etwas zu. Geben Sie ihm aber trotzdem das Gefühl, dass es sich immer bei Ihnen Hilfe holen kann. Das stärkt sein Selbstvertrauen und motiviert es, weiter Erfahrungen zu sammeln und zu lernen.

INFO

Die Verwöhnfalle

Die meisten Eltern wollen ihre Kinder nicht bewusst verwöhnen, und doch schnappt diese Falle irgendwann zu. Wann aber wird aus Zuwendung überhaupt Verhätschelung? Und warum?

Häufig geben Eltern den (quengeligen) Wünschen ihres Kindes aus Bequemlichkeit nach, weil es dann schneller geht oder Konflikte vermieden werden, zum Beispiel wenn das Kind im Supermarkt etwas Süßes will oder nicht im Kinderwagen sitzen, sondern getragen werden möchte. Sie verwöhnen ihre Kinder aber auch oft aus Angst, sonst nicht von ihnen geliebt zu werden. Sie haben zum Beispiel ein schlechtes Gewissen, weil sie meinen, zu wenig Zeit für den Nachwuchs zu haben (weil sie zum Beispiel arbeiten).

Natürlich scheint dieses Verhalten verständlich. Doch wenn Mutter und Vater alle Probleme von ihrem Kind fernhalten und jeden inneren Konflikt lösen, verwöhnen sie es. Sie berauben es der Möglichkeit, sich in Konfliktfähigkeit zu üben. Das beeinflusst das spätere Sozialverhalten und kann sich nicht selten bis hin zur Partnerschaft und ins Berufsleben auswirken. Immer behütet und verhätschelt zu werden führt zudem zu Abhängigkeit.

Zurück in den Beruf – wohin mit meinem Kind?

Familie und Beruf, geht das überhaupt zusammen? Schadet es meinem Kind, wenn ich wieder zu arbeiten anfange? Soll ich lieber nur einen Tag in der Woche arbeiten oder doch drei? Halbtags oder ganztags? Kaum ein anderes Erziehungsthema wird so emotional und kontrovers diskutiert wie die Erwerbstätigkeit der Mütter. Dass Männer berufstätig sind, scheint dagegen selbstverständlich zu sein. Zumindest in einigen Familien ändert sich das. Dort fragen sich beide Elternteile gemeinsam: Soll ich berufstätig bleiben oder sollst du es? Sollen (und wollen) wir beide arbeiten?

Von »Rabenmüttern« und »Fremdbetreuung«

Berufstätige Mütter wurden und werden immer noch gerne als »Rabenmütter« bezeichnet – vom »Rabenvater« dagegen ist nie die Rede. Die abwertende Bezeichnung unterstellt den betroffenen Frauen, dass sie ihr Kind vernachlässigen, wenn sie arbeiten gehen. Interessanterweise scheint die »Rabenmutter« auch nur in der deutschen Sprache vorzukommen. In anderen Sprachen kennt man sie nicht.

Der Begriff »Fremdbetreuung« ist genauso irreführend: Wer lässt schon sein Kind von einem Fremden betreuen – wohl kaum jemand. In den letzten Jahren haben sich daher zwei neue, positive Bezeichnungen durchgesetzt: familienergänzende oder außerelterliche Betreuung.

FAMILIENERGÄNZENDE BETREUUNG

Eltern, die wieder arbeiten möchten (oder müssen), haben folgende Möglichkeiten, um ihr Baby betreuen zu lassen:

Kontakte zu Gleichaltrigen sind wichtig für die Entwicklung. Babys brauchen diese Begegnungen.

○ Oma und Opa
○ Krippe
○ Tagespflege beziehungsweise Tagesmutter
○ Freundin
○ Au-pair
○ Kinderfrau

Unabhängig davon, für welche Betreuungsvariante Sie sich entscheiden: Bevor Sie wieder in den Beruf einsteigen, muss sich Ihr Kind langsam eingewöhnen.

KINDERNEST ODER KINDERKRIPPE?

Vor einigen Jahrzehnten gab es einmal die Diskussion, ob »Krippe« die passende Bezeichnung für eine Tagesstätte für Babys und Kleinkinder sei. Als in den 80er-Jahren des vergangenen

Jahrhunderts zahlreiche private Elterninitiativen zur Betreuung von Ein- bis Dreijährigen gegründet wurden, wollten sich diese Einrichtungen von den damaligen Krippen abheben, zum Beispiel durch einen höheren Personalschlüssel. Um dies nach außen deutlich zu machen, wählte man für die Tagesstätten Namen wie Kindernest, Kleinkindgruppe oder Kinderstube. Nichts sollte den Eindruck erwecken, die Krippe sei nur eine Notunterkunft bei der Herbergssuche. Heute sind sich die Fachleute darüber einig, dass es nicht nötig ist, eine so bewährte Institution wie die Kinderkrippe umzutaufen. Nicht zuletzt ist der Name durch die zunehmende Qualität der Einrichtungen mittlerweile salonfähig geworden.

Wenn Sie in absehbarer Zeit wieder in Ihren Beruf zurückkehren wollen, sollten Sie sich rechtzeitig um eine Betreuuug für Ihr Kind kümmern. Ab Seite 278 erfahren Sie, wie Sie eine gute Krippe finden und was bei der Eingewöhnung zu beachten ist.

INFO

Eltern- und Familienbildungsangebote

Auch wenn sie noch nicht wieder an den Arbeitsplatz zurückkehren wollen, möchten viele Eltern nicht immer allein mit ihrem Baby zu Hause bleiben und suchen Kontakt zu anderen Eltern, die ebenfalls Kinder in einem ähnlichen Alter haben. Mit ihnen können sie sich austauschen: So manche schlaflose Nacht, manches Stillproblem erscheint in anderem Licht, wenn man erfährt, dass es anderen ähnlich geht. Auch lassen sich die schönen oder lustigen Geschehnisse aus dem Alltag im Kreis der Gleichgesinnten doppelt genießen. Zu guter Letzt können auch die Babys erste »Freundschaften« zu Altersgenossen knüpfen. Vielleicht haben sich bereits im Geburtsvorbereitungskurs oder in der Rückbildungsgymnastik neue Bekanntschaften ergeben? Wenn nicht, haben Familienbildungsstätten, Familienzentren, Hebammenpraxen und Gemeinden Angebote für Eltern mit kleinen Kindern im Programm:

○ Eltern-Kind-Gruppen und Kurse, die das jeweilige Alter der Kinder berücksichtigen, wie zum Beispiel Babymassage, Babyschwimmen und PEKiP.

○ Viele Einrichtungen bieten offene Treffs für Eltern und Kinder an, etwa ein wöchentliches Elterncafé. Sie müssen sich dazu nicht anmelden und können einfach vorbeischauen, wenn Sie Zeit und Lust dazu haben.

○ Kurse und Gesprächsangebote beziehungsweise Gesprächskreise zu bestimmten Themen aus dem Erziehungsalltag, wie beispielsweise Stillen, Grenzen-Setzen und Zufüttern. Ziel solcher Angebote ist, die Eltern in diesen Fragen zu begleiten, nicht zu belehren.

○ Angebote für Familien in besonderen Lebenslagen (beispielsweise Gruppen für Alleinerziehende oder für Patchworkfamilien).

○ Einige Familienbildungsstätten und Familienzentren bieten auch Beratungsgespräche wie Erziehungs- und Paarberatung oder Schreibabysprechstunden an. Babysitterkurse und/oder die Vermittlung von erfahrenen Babysittern ergänzen oft das Angebot. Familienfreizeiten und Mütter- oder Väterwochenenden runden das Kursangebot ab, sodass jeder fündig werden kann.

PEKiP

PEKiP wurde in den 1970er-Jahren durch Prof. Dr. Christa Ruppelt und Prof. Dr. Hans Ruppelt und ihre Mitarbeiterinnen entwickelt. Die erste PEKiP-Gruppe fand 1973 statt. Und es ist wirklich bemerkenswert, dass in einer Zeit, in der sich vieles in der Pädagogik schnell ändert und manche Ansätze sogar ganz verschwinden, PEKiP besteht. Rund 60000 Familien nehmen heute jede Woche an PEKiP-Gruppen in ganz Deutschland teil.

PEKiP und Prag

In seinem Ursprung geht das Prager-Eltern-Kind-Programm auf den Psychologen Dr. Jaroslav Koch zurück. Er entwickelte in den 1960er-Jahren im Rahmen seiner Forschungsarbeiten am Institut für Mutter und Kind in Prag eine Reihe von Spiel- und Bewegungsanregungen, die als intensive Stimulation die gesamte Entwicklung des Säuglings fördern und unterstützen sollten.

Christa Ruppelt lernte Koch und sein Spiel- und Bewegungskonzept auf einem psychologischen Kongress in Göttingen kennen und besuchte ihn einige Male in Prag. Dr. Jaroslav Koch zu Ehren nannte sie das pädagogische Konzept Prager-Eltern-Kind-Programm – kurz PEKiP.

Vom Neugeborenen bis zum ersten Lebensjahr

Die PEKiP-Spiele begleiten Eltern und ihre Babys durchs erste Lebensjahr, bis diese sicher laufen. Das Besondere: Bei den PEKiP-Spielen werden die Babys nicht passiv bewegt und schon gar nicht »beturnt«. Stattdessen bietet man ihnen Lagen und Haltungen an, in denen sie selbst aktiv werden können. Das fördert die Eigenaktivität: »Ich kann es selber.«

Im PEKiP-Kurs erfährt das Baby auf spielerische Art, dass es selbst schon eine Menge kann.

Ein typisches PEKiP-Spiel für das erste Vierteljahr (im Vergleich zur passiven Säuglingsgymnastik): Sie befestigen einen Wasserball an einer Schnur und halten ihn so über Ihr auf dem Rücken liegendes Baby, dass er dessen Fußsohlen berührt. Beobachten Sie, wie Ihr Kleines reagiert. Wahrscheinlich fängt es von sich aus an, gegen den Ball zu treten; anfangs hilft es ihm dabei, wenn Sie eine Hand unter seinen Popo legen. So macht es schon früh die Erfahrung: »Ich kann etwas. Ich kann alleine den großen Ball in Bewegung bringen.«

ENTWICKLUNGSGERECHT SPIELEN

Bei der Auswahl des jeweiligen Spiels ist nicht das biologische Alter wichtig, sondern das aktuelle Entwicklungsalter. Denn jedes Baby entwickelt sich individuell. Darüber hinaus kommt es auch auf den momentanen Zustand des Kindes an: Wie geht es dem Baby? Ist es schläfrig, oder befindet es sich im passiven oder aktiven Wachzustand? Durch Signale wie Atem (schnell oder gleichmäßig), Haut (rosig oder marmoriert) und Bewegungen (fahrig oder normal) zeigt das Baby, ob der Zeitpunkt zum gemeinsamen Spielen geeignet ist.

PEKIP IN DER GRUPPE

○ Das Prager-Eltern-Kind-Programm ist ein Angebot der Elternbildung im Sinne einer Entwicklungsbegleitung während des ersten Lebensjahres des Kindes beziehungsweise bis zum sicheren Laufenlernen.

○ Ab der vierten bis sechsten Lebenswoche treffen sich sechs bis acht Erwachsene mit ihren ungefähr gleichaltrigen Babys in kleinen Gruppen.

○ Die Gruppentreffen finden einmal pro Woche statt und dauern jeweils eineinhalb Stunden.

○ Die Gruppe bleibt während des ersten Lebensjahres der Kinder zusammen.

○ Die PEKiP-Gruppe trifft sich in einem warmen Raum, der mit Matten ausgelegt ist. Die Eltern machen sich frei von ihren sonstigen Verpflichtungen und spielen mit ihren Babys auf dem Boden. Die Babys sind nackt. Dadurch haben sie mehr Bewegungsfreiheit, bewegen sich spontan und intensiv.

○ Gruppenleiter oder Gruppenleiterin geben Anregungen, die dem Entwicklungsstand der Kinder entsprechen.

○ Bei dem Spielangebot werden die Babys nicht »bespielt«, sondern sind aktiv.

○ Die Eltern werden unterstützt, sich an den Bedürfnissen ihres Babys zu orientieren. Sie spielen mit dem Baby, wenn es wach ist. Wenn es müde ist, darf es schlafen. Wenn es hungrig ist, darf es essen.

○ Die PEKiP-Spiele sollen Groß und Klein Spaß machen. Die Spiele sind keine Übungen, sondern verstehen sich als Anregungen.

○ PEKiP-Gruppen werden von zertifizierten PEKiP®-Gruppenleitern/-leiterinnen organisiert.

ZIELE DER PEKIP-GRUPPEN

Die Teilnahme an einer PEKiP-Gruppe ist für Eltern und Kind gleichermaßen erfüllend, weil

○ das Kind durch Bewegungs-, Sinnes- und Spielanregungen in seiner Entwicklung begleitet und gefördert wird;

○ sie die Beziehung zwischen Kind und Eltern stärkt und vertieft;

○ die Gruppe gegenseitigen Erfahrungsaustausch erleichert, den Kontakt unter den Eltern fördert;

○ sie den Kindern ermöglicht, erste Kontakte zu Gleichaltrigen zu knüpfen.

Zeit zu zweit: In der PEKiP-Gruppe bleibt der Alltag draußen. Nur Sie und Ihr Kind sind wichtig.

Sexualerziehung im ersten Lebensjahr

Schon im ersten Jahr Grenzen zu setzen und Verwöhnfallen ausfindig zu machen ist das eine. Aber ist jetzt auch schon tatsächlich Sexualerziehung nötig? Geht das nicht zu weit? Nein, denn heute empfehlen Experten eine natürliche Sexualerziehung oder Erziehung zur Liebesfähigkeit; einige Fachleute sprechen auch von der »sexuellen Bildung«. Typisch ist, dass Eltern Intimität und Individualität ihres Kindes akzeptieren und Liebe, Zärtlichkeit und Geborgenheit im Mittelpunkt stehen. Dabei sollten auf beiden Seiten Grenzen gewahrt werden: Wenn das Kind nicht schmusen will, darf es »Nein« sagen – und die Erwachsenen (aber auch andere Kinder) müssen das respektieren. Genauso aber muss zum Beispiel ein dreijähriges Kind, das die Brust seiner Mama anschauen will, akzeptieren, wenn sie seinem Wunsch nicht nachgibt.

Lust auf Wohlbehagen

In ihrer psychosexuellen Entwicklung durchlaufen Kinder unterschiedliche Phasen, in denen verschiedene Körperteile die Quelle von Lustgefühlen sind. Anders als bei Erwachsenen sind diese Lustgefühle nicht sexuell gefärbt, sondern lediglich ein Zeichen für körperliches Wohlbehagen und Entdeckungslust.

Im ersten Lebensjahr sind der Mund (oral) und die Haut (kutan) die wichtigsten Sinnesorgane: Über die Haut, das größte menschliche Organ, erfährt das Baby durch Zärtlichkeiten, Schmusen, Liebkosungen und Wohlbehagen »Hautlust«. Das beginnt gleich nach der Geburt mit dem ersten Hautkontakt zur Mutter, bei dem der kleine Körper reichlich Wohlfühlhormon Oxytocin ausschüttet (siehe Seite 16). Auch das Saugen – sei es an der Mutterbrust, am Schnuller, Daumen oder einem Tuch – erzeugt ein schönes Gefühl und wird auch als »Wonnesaugen« bezeichnet. Fachleute sprechen von der oralen Phase. Dabei muss der neue Erdenbürger das Saugen nicht einmal lernen; er bringt den Saugreflex mit.

Anfangs geschieht die Befriedigung noch zufällig. Später dann sucht das Baby aktiv danach. Denn Wonnesaugen und Hautlust helfen ihm, ein Urvertrauen zu sich selbst und zu seiner Umwelt zu entwickeln. Und so kann es sein, dass ein älteres Kind wieder anfängt, am Daumen zu lutschen, wenn ein Geschwisterchen auf die Welt kommt: Mit diesem schönen, lustvollen Gefühl beruhigt es sich.

Den eigenen Körper kennenlernen

Mit der Zeit lernen die Babys langsam ihren Körper kennen: Sie lutschen an ihrem Daumen, an den Fingern und stecken sogar die ganze Faust in den Mund. Sie schauen ihre Hände an und drehen sie vor den Augen. Sie betasten ihren Körper: Bauch, Geschlechtsteil, Oberschenkel, Knie und dann die Füße – schließlich befindet sich der große Zeh im Mund.

Nehmen Sie sich mindestens einmal am Tag genügend Zeit für das Wickeln, damit Ihr Kleines unter der Wärmelampe seine Nacktheit genießen kann. Lassen Sie Ihr Baby seinen ganzen Körper kennenlernen. Schauen Sie dabei nicht verlegen weg, und lenken Sie es auch nicht ab. Sie müssen die Erkundung am eigenen Körper bei Ihrem Kleinen aber auch nicht extra anleiten. Wenn Sie den Penis oder die Scheide säubern oder eincremen, kann es sein, dass Ihr Baby juchzt. Doch diese Empfindung wurde nicht von Ihnen provoziert, sie ergab sich aus der natürlichen, achtsamen Pflegesituation. Auch das ist natürliche Sexualerziehung.

AUCH BABYS KENNEN LUST

Immer noch gibt es Menschen, die meinen, Babys seien geschlechtsneutrale Wesen. Doch auch diese kommen spätestens dann ins Wanken, wenn sie sehen, wie genüsslich ein neun Monate alter Junge seinen Penis anfasst. Oder wenn sie merken, dass ein Mädchen seine Oberschenkel gegeneinanderdrückt oder das Becken bewegt, um Druck auf die Klitoris zu erzeugen. Irgendwann berühren seine Finger zuerst zufällig das Geschlechtsteil, später wird dieses schöne Gefühl bewusst erzeugt.

Geschieht all dies beim Wickeln, ziehen Eltern ihren Kindern aus Verlegenheit oft abrupt die Windel wieder an. Doch Babys haben einen feinen Sinn. Wenn sich so eine Situation öfter wiederholt, prägen sie sich ein: »Wenn ich ein bestimmtes Körperteil anfasse, habe ich ein schönes Gefühl, das aber ganz schnell beendet wird«, und dass Erwachsene dies verhindern wollen.

ALLE KÖRPERTEILE BENENNEN

Wo ist deine Nase? Wo sind die Ohren? Und wo ist dein Mund? Das Spiel kennen Sie oder werden es bald kennenlernen. Freudig zeigt das Kleine auf den jeweiligen Körperteil und sagt vielleicht sogar schon »Da«. Eltern und Babys auf der ganzen Welt lieben dieses schöne Spiel. Erstaunlicherweise geht es nach der Frage »Wo ist dein Bauch?« fast überall mit den Knien weiter. Der Unterleib wird beinahe immer ausgelassen; er ist ein Bereich »ohne Namen«. Viele Eltern behelfen sich, indem sie, wenn sie das Baby waschen, sagen: »Jetzt wirst du da unten gewaschen«, wobei »da unten« Po, Penis oder Scheide sein kann. Kein Wunder, dass so viele Vorschulkinder nicht wissen, wie ihre Geschlechtsteile heißen.

Unterscheiden Sie zwischen den Begriffen, und benennen Sie die Geschlechtsteile genauso normal wie die anderen Körperteile. Ob Sie dabei die medizinischen Begriffe oder Ihnen geläufige Kosenamen benützen, ist erst einmal unerheblich. Bis zum Schuleintritt sollten die Kinder jedoch die richtigen Bezeichnungen kennen.

Kinder spielen und forschen beinahe den ganzen Tag über, und so nimmt das Spiel neben dem Schlafen den größten Teil der Kindheit ein. Erwachsene vergleichen das kindliche Spiel daher oft mit ihrer eigenen Arbeit. Würde man nur den Zeitfaktor berücksichtigen, ergäbe das vielleicht Sinn. Was jedoch fehlt, ist das Ergebnis: Kinder müssen nichts »produzieren«, nichts fertigbringen. Sie dürfen einfach nur spielen. Trotzdem betonen Wissenschaftler immer wieder, dass das Spiel nicht ganz zweckfrei ist.

Warum spielen Kinder?

Ab dem Ende des ersten Lebensjahres bis weit ins zweite Jahr hinein lieben Kinder das »Ausschüttspiel«: Sie füllen einen Behälter mit Wasser oder Sand und leeren ihn wieder aus. Warum sie daran so viel Freude haben? Ganz einfach: Sie üben im Spiel, was sie zuvor beobachtet haben; Erwachsene schenken Milch, Kaffee und Saft ein oder geben Mehl in eine Schüssel. Schon mit drei Jahren kippen Kinder einen Behälter nur noch dann aus, wenn es erforderlich ist. Dann interessieren sie andere Spiele.

Ebenso spielerisch übt das Baby durch Nachahmung, in die Hände zu klatschen oder zu winken, und wird durch die Freude der Erwachsenen darin bestärkt. Bei älteren Kindern ist Nachahmung deutlich in Rollenspielen zu beobachten: Sie spielen Szenen aus dem Alltag nach und verarbeiten so das Gesehene. Egal wie alt ein Kind ist: Im Spiel erwirbt es durch Nachahmung verschiedene Fähigkeiten.

Verhaltensweisen verfeinern

Wenn ein Baby krabbeln gelernt hat, macht es ihm Spaß, diese Fähigkeit immer wieder spielerisch zu üben. Fast alle Kinder lieben daher Fangenspielen: Mama oder Papa krabbeln hinter ihrem Kleinen her und wollen es fangen – und später dann umgekehrt.

Auch seine Fingerfertigkeit entwickelt das Baby spielerisch weiter, zum Beispiel indem es mit dem Pinzetten- oder Zangengriff (siehe Seite 64 f.) Kuchenkrümel oder andere Kleinteile vom Tisch aufnimmt. Sicher würde es ihm auch großen Spaß bereiten, den Kartoffelbrei zu kneten.

Sich räumlich und physikalisch weiterbilden

Um den neunten Monat herum werfen Kinder gerne Gegenstände auf den Boden. Sie schauen ihnen nach und registrieren genau, welche Geräusche die Dinge machen, wenn sie unten ankommen: Plastik klingt anders als Holz, Holz anders als Metall … Wenn alles auf dem Boden liegt, protestieren sie so lange lauthals, bis Mama die Dinge wieder aufhebt. Dann geht das Spiel von vorne los – und das nicht nur einmal. Kinder wollen ihre Eltern damit nicht ärgern. Sie spielen einfach und lernen dabei. Ihr Verhalten als böswillig zu bezeichnen wäre also falsch.

Kausale Zusammenhänge finden

»Wenn ich das mache, dann passiert das.« Mit der Zeit finden die Kinder heraus, dass ihr eigenes Verhalten Folgen hat. So ertönt zum Beispiel die Spieluhr nicht dann, wenn man das gute Stück durchs Zimmer schleudert, sondern nur, wenn man an der Schnur zieht, die unten aus der Uhr herauskommt.

Mit etwa zehn Monaten finden die Kleinen heraus, dass sie Dinge als »Werkzeug« benutzen können, und holen zum Beispiel mit einem Kochlöffel einen etwas weiter entfernten Gegenstand zu sich heran. Gegen Ende des ersten Lebensjahres fangen die Kinder an, Gegenstände nach Farbe und Größe zu sortieren: Dies sind erste Ansätze des Kategorisierens.

»Angstlust«

Ein weiterer Motor für das Spielen lässt sich beim »Kuck-Kuck«-Spiel beobachten, das Babys auf der ganzen Welt lieben (etwa ab dem siebten Monat). Wenn Sie Ihrem Kleinen beispielsweise auf dem Wickeltisch ein zartes Tuch auf das Gesicht legen, gerät es in einen starken Erregungszustand, zappelt heftig und atmet schnell und stoßweise. Fast könnte man meinen, das Kind sei in Not. Sobald es ihm jedoch gelingt, das Tuch vom Gesicht zu ziehen, lächelt es Sie entspannt an, und sein Atem beruhigt sich. Der erwartungsvolle Blick aber fordert: noch einmal! Wenn Sie nicht gleich reagieren, wird Ihr Baby vermutlich protestieren. Später legt es sich das Tuch sogar selbst über die Augen. Und dann fängt alles von vorne an: zappeln, schnelles Atmen, das Glück, Sie wiederzusehen … Die Angstlust oder Wonneangst lässt sich übrigens auch später noch beobachten, zuweilen sogar bis ins Erwachsenenalter – etwa beim Rutschen, Karussell- oder Achterbahn-Fahren.

Spaß haben

Kinder sammeln beim Spielen Basiserfahrungen, die sie im Alltag nutzen können. Dies machen sie ganz nebenbei und spielerisch, die Förderung ist eine erfreuliche Nebenwirkung. Beobachtet man ein Kind beim Ausschüttspiel, könnte man denken, dass es voller Ernst seine Handfertigkeit übt. Kinder sind aber immer mit Emotionen am Spiel beteiligt. Spielen heißt, Spaß zu haben, und dient keinem anderen Zweck als diesem.

Spielentwicklung bei Neugeborenen und Babys

Das Spielverhalten des Kleinkinds spiegelt seine körperliche und geistige Entwicklung wider. Wie bei der Gesamtentwicklung gibt es dabei von Kind zu Kind Unterschiede, etwa wann ein bestimmtes Spiel bevorzugt wird. Die Reihenfolge des Spielverhaltens ist jedoch bei allen Kindern die gleiche. Bevor ein Kind beispielsweise einen Zug aus Bauklötzen bauen kann, hat es erst einmal zwei, später auch mehrere Steine zu einen Turm gestapelt – nicht umgekehrt.

1. bis 3. Monat

Babys saugen an einem Tuch – nicht weil sie hungrig sind, sondern weil sie spielen wollen. Sie wiederholen spielerisch Laute und fixieren das Gesicht der Eltern, einen Gegenstand oder eine Lichtquelle (zum Beispiel das Fenster).
Gegen Ende des dritten Monats haben sie gelernt, dass sich das Mobile über ihrer Schlafstatt bewegt, wenn sie gegen das Bett strampeln. Sie spielen mit ihren Händen und Fingern vor dem Gesicht, später auch mit einem Gegenstand.
So fördern Sie die Spielentwicklung im Alltag:
○ »Spiegeln« Sie die Laute Ihres Kleinen wider, indem Sie sie wiederholen.
○ Zeigen Sie Ihr Gesicht (später einen Gegenstand, etwa einen roten Ball) zuerst, ohne es zu bewegen. Später können Sie Ihr Gesicht ganz langsam nach links und rechts wandern lassen.
○ Unterbrechen Sie Ihr Baby nicht, wenn es intensiv seine Hände betrachtet und/oder sie in den Mund führt.
○ Bieten Sie ihm etwa 20 Zentimeter von seinem Händchen entfernt leichte Gegenstände aus unterschiedlichen Materialen an (beispielsweise Stoff oder Butterbrotpapier).

4. bis 6. Monat

Immer bewusster spielen die Babys mit ihren Händen, ballen sie zu Fäusten und öffnen sie wieder. Sie hantieren nun auch mit Gegenständen: greifen, festhalten, loslassen (Spannungsabbau) – und sie erkunden die Dinge mit dem Mund. Neugierig betasten die Kleinen alles mit den Händen: Zuerst werden die eigenen Schenkelchen, Knie und Füße untersucht. Bald weichen die ersten zufälligen Greiferfolge dem immer gezielteren Greifen. Jetzt können sie (mit Händen und Füßen) bereits einen großen Gegenstand halten, etwa einen Wasserball.

Mit Augen und Händen wird alles untersucht, was dem Baby in den Blick beziehungsweise in die Finger kommt.

So fördern Sie die Spielentwicklung im Alltag:

○ Bieten Sie in der Bauch- und Rückenlage unterschiedliche Dinge an. Auf diese Weise erfährt das Baby, dass ein Gegenstand sich »verändert« – je nachdem, ob er auf dem Boden vor ihm liegt oder ob ihn jemand über sein Gesicht hält.

○ Wenn Ihr Baby auf dem Rücken liegt, können Sie eine Socke oder ein dickes Haargummi locker über seinen Fuß legen; es macht Spaß, danach zu angeln.

7. bis 9. Monat

Je älter Ihr Baby wird, umso länger beschäftigt es sich auf unterschiedliche Weise mit ein und demselben Gegenstand. Wenn Sie ihm zum Beispiel einen Kochlöffel geben, klopft es damit auf den Boden, betrachtet ihn von allen Seiten, lässt ihn immer wieder fallen. Ihr Kind hat jetzt Lust, etwas Neues auszuprobieren. Dazu spielt es gerne mit alltäglichen Dingen wie Löffeln, Kunststoffflaschen oder Bechern.

Immer mehr beginnt das Kind, Ihre Gesten und Bewegungen nachzuahmen: Es schüttelt den Kopf, winkt oder klatscht. Sie können dies unterstützen, indem Sie Spiele wählen, die das vorausschauende Denken fördern, wie »Kuck-Kuck« oder Fangen. Orientieren Sie sich bei der Spielauswahl jedoch immer am Entwicklungsstand Ihres Kindes. Sicher bereiten ihm auch die meisten Spiele aus dem ersten Halbjahr nach wie vor viel Spaß.

So fördern Sie die Spielentwicklung im Alltag:

○ Geben Sie Ihrem Entdecker Löffel und Becher zum Spielen.

○ Variieren Sie das beliebte »Kuck-Kuck«-Spiel – mit einem Tuch, den Händen …

○ »Wie groß bist du?« (Arme hoch) »Soo groß bist du!«

○ Einfache Nachahmspiele wie »Winke-Winke« bereiten dem Nachwuchs große Freude.

○ Spielen Sie mit Ihrer Stimme, oder ahmen Sie die Laute des Babys nach.

10. bis 12. Monat

Erworbene Verhaltensweisen wie Krabbeln und Greifen werden immer zielgerichteter eingesetzt, um etwas zu erreichen. Und Ihr Kind wird immer neugieriger; Schranktüren, Drehverschlüsse, Schachteln: Alles, was sich öffnen und schließen lässt, weckt sein Interesse und wird ausprobiert. Wenn Sie etwas hinter Ihrem Rücken verstecken, sucht es aufgeregt danach. Das macht ihm so viel Spaß, dass es bald selbst beginnt, Dinge zu verstecken und wieder zu suchen. Der Wechsel von Spannung und Entspannung gefällt ihm einfach zu gut.

Reingreifen, rausholen – auch das ist jetzt interessant, bis das Baby etwa gegen Ende des ersten Lebensjahres einen Gegenstand zielgerichtet irgendwo hineinstecken kann. Kinder in diesem Alter lieben es außerdem, ihre Eltern bei Alltagsdingen nachzuahmen, zum Beispiel beim Kämmen, Putzen oder Telefonieren.

Manche Kinder haben in diesem Alter schon ihr Lieblingsspielzeug auserkoren; Teddy, Auto oder Püppchen dürfen dann nicht mehr fehlen, damit Ihr Schatz rundum glücklich ist.

So fördern Sie die Spielentwicklung im Alltag:

○ Versteckspiele bereiten große Freude (Angstlust, siehe Seite 145).

○ Legen Sie Wäscheklammern oder andere kleinere Gegenstände in einen Behälter. Anfangs müssen Sie sie wieder einräumen, bald aber macht Ihr Kind das selbst (und spielt lange Zeit alleine).

○ Geben Sie dem Kind Schraubgläser und -becher, die es nach Herzenslust auf- und zuschrauben kann.

○ »Kuck-Kuck«-Spiele und Fangen machen nach wie vor viel Spaß.

147

Gemeinsam spielen – spielerisch fördern

Wenn Ihr Baby gesund und satt ist und sich im aktiven oder ruhigen Wachzustand befindet, ist eine gute Zeit für das gemeinsame Spiel. Es ist entzückend, zu beobachten, wie es gluckst und ausdauernd mit einem Gegenstand spielt.

Planen Sie jeden Tag genug Zeit ein, in der Sie nur mit Ihrem Baby spielen und es Ihre ungeteilte Aufmerksamkeit genießt. Spielzeit ist Zeit für Sie beide, denn es fördert die Eltern-Kind-Bindung, wenn beide Seiten mit voller Freude dabei sind. Beobachten Sie Ihr Kind und überlegen Sie, welches Spiel ihm jetzt gefallen würde. Hat es Lust auf ein Schmusespiel, ein Spiel für die kleinen Hände, ein Bewegungsspiel oder ein Lied? Wählen Sie nicht zu viele verschiedene Spiele, dann weiß Ihr Kind schon bald, was

INFO

Bei der Sache sein

Natürlich ist es auch wichtig, dass Ihr Baby lernt, sich alleine zu beschäftigen. Dann kann es zum Beispiel in aller Ruhe mit den eigenen Händen und Fingern spielen. Es will auch gar nicht fortwährend etwas geboten kriegen und bespielt werden, sondern wünscht sich vielmehr, dass Sie gemeinsam mit ihm spielen. Dabei merkt es schnell, ob Sie selbst überhaupt Lust und Zeit zum Spielen haben. Denn mit Ihrer Mimik senden Sie unbewusst die Botschaft, dass Sie zwar spielen, aber mit Ihren Gedanken nicht richtig bei der Sache sind.

gleich passieren wird. Hat das Baby einmal keine Lust auf sein Lieblingsspiel, versuchen Sie es mit einem anderen. Vielleicht ist es aber auch müde? Achten Sie auf seine Signale.

»Ich kann es«

Laden Sie Ihr Baby bevorzugt zu solchen Spielen ein, in denen es selbst der Hauptakteur ist, während Sie nur eine Nebenrolle spielen. Leisten Sie nur so viel Hilfestellung wie nötig, indem Sie zum Beispiel einen Gegenstand über Ihr auf dem Rücken liegendes Baby halten, damit es danach greifen kann. Bewegen Sie das Kind nicht passiv, wie es in manchen Säuglingsgymnastikkursen üblich ist, sondern geben Sie ihm eine kleine Anregung, damit es den weiteren Schritt selbst machen kann. Reichen Sie dem Baby zum Beispiel, wenn es auf dem Rücken liegt, Ihre beiden Zeigefinger, damit es sich selbst hochziehen kann (siehe Seite 59). Auf diese Weise stärken Sie das kindliche Selbstbewusstsein und Selbstvertrauen und legen den Grundstein für eines der wichtigsten Gefühle: »Ich kann es alleine.«

Nackt sein macht Spaß – und beweglicher

Viele der Spielideen auf den nachfolgenden Seiten lassen sich in den ersten Monaten ganz einfach in die Wickelsituation einbauen. Nehmen Sie sich daher bewusst Zeit und Muße für das Wickeln. Ziehen Sie Ihr Baby nackt aus, denn Sie wissen ja aus eigener Erfahrung, dass jedes Kleidungsstück weniger mehr Bewegungsfreiheit bringt. Eine Wärmelampe über dem Wickeltisch sorgt dafür, dass es Ihrem Kind nicht zu kalt wird.

Wenn Sie die gemeinsame Spielzeit mit dem nackten Baby auf dem Boden verbringen möchten, sollten Sie den Raum kurz vorher auf 25 bis

27 Grad aufheizen, zum Beispiel mit einem Heizlüfter (ist Ihr Baby sehr mobil und bewegt es sich dementsprechend viel, genügen auch 24 bis 25 Grad). Legen Sie eine feste (Woll-)Decke auf den Boden und darüber noch ein großes Handtuch. Halten Sie außerdem ein Ersatzhandtuch bereit, falls das erste nass werden sollte. Ist einmal keine Zeit, um das Baby auszuziehen, oder fehlt die Gelegenheit dazu, kann es natürlich auch angezogen spielen. Achten Sie dann aber auf bequeme Kleidung. Babys in Jeans sehen zwar niedlich aus, aber die Bewegungsfreiheit ist durch den festen Stoff stark eingeschränkt. Selbst zweijährige Kletterer tun sich in einer Jogginghose leichter.

Spielzeug und Alltagsgegenstände

Welche Gegenstände sich zum Spielen eignen, entscheidet nur einer: Ihr Baby. Es kommt daher immer wieder vor, dass Kinder das teure, von Fachleuten empfohlene Spielzeug einfach links liegen lassen und stattdessen ausgiebig und ausdauernd mit einem ganz normalen Kochlöffel spielen.

Erfahrungsgemäß brauchen Babys im ersten Lebensjahr kaum »echte« Spielsachen. Es gibt jedoch Dinge, die gerne angenommen werden:

- leichte (!) Greiflinge
- ein Mobile über dem Bett
- eine Spieluhr
- ein kleines Kuscheltier oder eine kleine, weiche Puppe
- Bade- und Quietschtiere
- (Wasser-)Bälle in verschiedenen Größen
- ein Becherturm
- ein Auto zum Schieben
- ein paar bunte Bausteine
- eine Klopfbank
- ein Spielzeugtelefon
- Baby-Bilderbücher

ALLTAGSDINGE

In jedem Haushalt finden sich darüber hinaus eine Menge interessante Dinge, mit denen Babys sehr gerne spielen und forschen, wie zum Beispiel:

- kleine und große Löffel (aus Holz oder Plastik)
- Schneebesen
- leere Dosen, Schüsseln, Töpfe und Becher in allen Größen
- Pinsel
- Butterbrotpapier und -tüten
- kleine Plastikflaschen (am besten gefüllt mit bunten Papierschnipseln oder Erbsen; damit Ihr Baby nichts verschluckt, müssen Sie die Flasche wirklich fest verschließen)
- leere Pralinenschachteln
- unterschiedlich große Kartons und Schachteln (am besten mit Deckel)
- (Luft-)Matratze

TIPP

Steckturm – selbst gemacht

Sie brauchen dafür einen stehenden Küchenpapier-Halter. Sammeln Sie nun Gegenstände aus dem Alltag, die zum Aufstecken geeignet sind: Gardinenringe oder Armreifen eignen sich ebenso gut wie Haargummis oder ein Pfeifenputzer, auf den Sie Holzperlen gefädelt und ihn dann zu einem Ring gebunden haben. So hat Ihr Kleines bis weit ins zweite Lebensjahr Steckspaß und unterschiedliche taktile Materialerfahrungen in einem. Bevor Ihr Baby die Steckringe auf den Stab aufsteckt (ab etwa 10 Monaten), kann es die Materialien mit den Händen und Augen erkunden.

Spiele für den 1. bis 3. Monat

Die folgenden Spiele eignen sich auch für ältere Babys, sind aber besonders gut für die erste Zeit geeignet – Sie können dabei Ihr Baby spielerisch kennenlernen und fördern.

Schmuse- und Zärtlichkeitsspiele

Babys lieben es, gestreichelt und massiert zu werden. Beides regt Durchblutung und Stoffwechsel an und begünstigt das Entstehen neuer Nervenverbindungen (siehe Seite 23).
Die zarten Streicheleinheiten lassen sich sehr gut beim Wickeln einbauen. Sie können auch die gemeinsame Spielzeit damit beschließen.

STREICHELRUNDE

Streicheln Sie Ihr nacktes Baby, wenn es auf dem Rücken liegt, sanft mit der ganzen Handfläche – Brust, Bauch, Arme und Beine. Beobachten Sie dabei die Reaktion Ihres Kindes: War der Druck sanft genug? Will es nur leicht mit den Fingerspitzen gestreichelt werden? Wenn es dem Baby zu viel wird, dreht es höchstwahrscheinlich den Kopf zur Seite drehen. Zappelt es dagegen mit den Armen, bedeutet dies: »Das gefällt mir.« Und das ist Nahrung für die Bindung.

DEN RÜCKEN HINUNTER

Legen Sie Ihr Baby auf den Bauch, und streicheln Sie mit beiden Händen ganz zart links und rechts entlang der Wirbelsäule vom Nacken bis zum Po. Vielleicht hebt Ihr Schatz dabei ein bisschen den Kopf – mal sehen.

ARMMASSAGE

Wenn Ihr Baby auf dem Rücken liegt, halten Sie mit einer Hand sein Händchen und strecken den kleinen Arm vom Oberkörper weg. Mit der anderen Hand umschließen Sie seinen Oberarm und streichen (»melken«) dann mit sanftem Druck bis zum Handgelenk herunter. Lösen Sie den

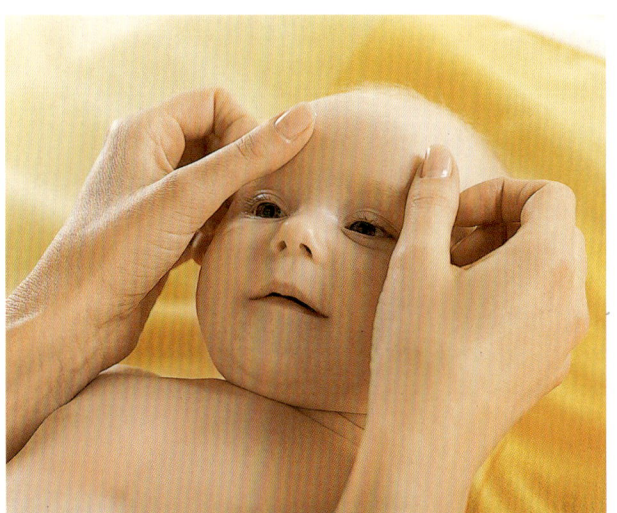

Gezielte Streicheleinheiten sind für Neugeborene eine schöne Art, Kontakt aufzunehmen.

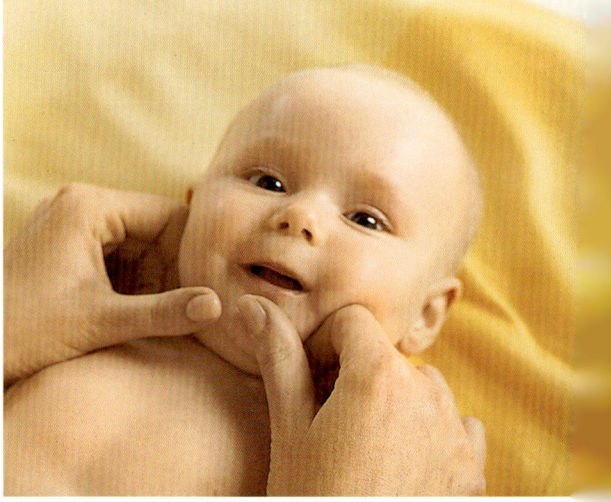

Beobachten Sie genau, wie das Kind auf die Berührungen reagiert. So lernen Sie sich besser kennen.

Griff, umschließen Sie wieder den Oberarm, und wiederholen Sie das Ganze fünf- bis zehnmal. Anschließend umfassen Sie den Oberarm mit beiden Händen. Drehen Sie die Hände ganz vorsichtig gegeneinander, als würden Sie ein Tuch auswringen. Arbeiten Sie sich so langsam bis zum Handgelenk nach unten. Wiederholen Sie die Massage wiederum fünf- bis zehnmal.

FÜSSCHEN KNETEN

Dieses Streichelspiel ist auch gut bei kalten Füßen: Umfassen Sie die kleinen Füße, und streicheln Sie mit dem Daumen immer wieder von der Ferse bis zu dem Zehballen. Ihr Baby spreizt dabei seine Zehen und schließt sie wieder.

AUSSTREICHEN

Da Babys im ersten Vierteljahr in totaler Beugehaltung und schief auf dem Rücken liegen, können sie sich noch nicht überall selbst berühren, denn sie haben noch keine Körpererfahrung. Mit diesem Spiel schenken Sie Ihrem Kind die Erfahrung und das Gefühl, mehr als nur die Summe einzelner Gliedmaßen zu sein: Legen Sie beide Hände links und rechts der Fontanelle auf den Kopf des Babys, und streicheln Sie mit den Handflächen langsam und ruhig seitlich am Gesicht entlang über die Schultern, den Rumpf und die Beine bis zu den Fußspitzen. Ein Küsschen, ein zärtlicher Blick, ein Wort ins Ohr geflüstert – so runden Sie das Spiel ab.

EINE GROSSE PORTION VITAMIN Z

Legen Sie sich mit nacktem Oberkörper auf das Sofa, und nehmen Sie Ihr nacktes Baby in die Arme. Diese Extraportion Zuneigung – Vitamin Z – kurbelt nicht nur die Produktion von Glückshormonen an, sondern ist auch gut für die Entwicklung des kleinen Gehirns. Unter Glücksgefühlen ist das Gehirn besser in der Lage, das Wahrgenommene zu speichern. Das beste an Vitamin Z: Sie können es nicht überdosieren. Wenn Sie die wunderbare Zeit der Zweisamkeit länger genießen wollen, decken Sie Ihr Baby zu, damit es nicht auskühlt.

ZWIEGESPRÄCH

Setzen Sie sich auf den Boden, und lehnen Sie sich mit einem Kissen bequem ans Sofa oder an eine Wand. Winkeln Sie die Beine an, und legen Sie Ihr Baby darauf. So sind Sie sich sehr nahe – ideal für innige Zwiegespräche und Liebkosungen. Weil es dem Baby in dieser Position leichter fällt, seinen Kopf in der Mitte zu halten, kann es auch gut Gegenstände fixieren. Mit der Zeit können Sie außerdem Ihre Beine langsam hin und her bewegen; so lernt Ihr Baby, seinen Kopf in der Mitte zu halten. Ältere Babys (vier, fünf Monate) mögen dieses Spiel gern etwas »wilder«. Für sie eignet sich die Schoßlage auch für Tastspiele (zum Beispiel ein Tastsäckchen).

»Was du nicht sagst!« Noch genießt es das Baby, Mama nur zuzuhören. Bald wird es selbst reden.

Bauchlagespiele

Viele Eltern sind unsicher, ob sie ihr Baby überhaupt auf den Bauch legen dürfen. Schließlich wird diese Lage oft mit dem plötzlichen Kindstod in Zusammenhang gebracht. Und tatsächlich empfehlen Experten, dass Babys nicht auf dem Bauch schlafen sollten (siehe Seite 122 f.). Ganz anders ist es im Wachzustand: Für die körperliche Entwicklung ist es sogar äußerst wichtig, dass Ihr Kind immer wieder einmal auch auf dem Bauch liegt. Und weil es sich (noch) nicht allein drehen kann, müssen Sie ihm helfen. Diese Spiele sind dazu ideal geeignet.

BAUCH AN BAUCH

Legen Sie sich bequem auf das Sofa oder auf den Boden (Kissen unter dem Kopf), und legen Sie Ihr Baby auf Ihren Oberkörper. Die Kombination aus Körperkontakt und Bauchlage animiert schon wenige Wochen alte Säuglinge, den Kopf zu heben und kurz oben zu halten. Später schaffen sie es immer länger, weil die Nackenmuskulatur kräftiger wird, aber auch weil der intensive Blickkontakt sie anspornt.

AUF DEM UNTERARM BÄUCHLINGS

Legen Sie sich seitlich auf den Boden, und betten Sie Ihren Kopf auf ein großes Kissen, damit Sie es richtig gemütlich haben. Strecken Sie den unteren Arm nach vorne, und legen Sie Ihr Baby so darauf, dass sich zwar sein Brustkorb auf Ihrem Unterarm befindet, seine Schultern und Arme jedoch davor. So kann es sich mit den Unterarmen abstützen und den Kopf heben. Es erschließt sich damit eine völlig neue Perspektive: »Die Welt sieht ja ganz anders aus, als wenn ich immer nur auf dem Rücken liege und die Decke anstarre.« Anfangs können Sie Ihr Baby noch unterstützen, indem Sie mit Ihrer freien Hand sanft über seinen Rücken streichen.

AUF DER ROLLE

Sie können die voranstehende Spielidee erweitern und variieren, indem Sie Ihr Baby mithilfe einer aufgerollten Babydecke oder einer Handtuchrolle (etwa so dick wie Ihr Unterarm) stützen. Nun können Sie sich selbst bäuchlings vor das Baby legen und mit ihm plaudern. Das ist ein weiterer Anreiz für Ihren kleinen Schatz, den Kopf zu heben.

AUF DEM GROSSEN BALL

Legen Sie Ihr Baby bäuchlings auf einen Gymnastik- oder großen Wasserball. Halten Sie es dabei mit leicht gespreizten Fingern kurz unter den Achseln fest, damit es sicher liegt. Es ist erstaunlich, wie viele Babys in dieser Lage gerne auf dem Bauch liegen und den Kopf hochheben – auch wenn sie es auf dem Boden gar nicht oder nur ganz kurz tun.

Bewegen Sie den Ball nicht. Erst wenn das Baby nach einigen Malen sicherer ist, können Sie ihn sanft hin und her rollen.

Bewegungsspiele

In den ersten drei Lebensjahren sind Kinder fast die gesamte Zeit in Bewegung. Klar, dass sie deshalb gerade Bewegungsspiele von Herzen lieben. Schon die ganz Kleinen müssen nicht immer ruhig liegen.

DEN KOPF BALANCIEREN

Wenn Sie Ihr Kleines zum Mitmachen und Spielen aufmuntern wollen, nehmen Sie es über die Seite hoch. Liegt Ihr Baby auf dem Rücken, fassen Sie es dazu etwas unter den Achseln; die Daumen liegen auf seinem Brustkorb, die anderen Finger sind gespreizt und halten seinen Rücken fest. Mit diesem sicheren Griff drehen Sie es erst auf die Seite und nehmen es dann aus der Seitenlage hoch, ohne dabei seinen Kopf abstützen zu müssen. Vielleicht »stöhnt« Ihr Baby dabei, als wollte es sagen: »Es ist zwar anstrengend, aber ich mache es allein.« Lassen Sie sich davon nicht beunruhigen. Nur wenn der Säugling müde oder krank ist, nehmen Sie ihn besser über den Rücken hoch. In diesem Fall stützen Sie seinen Kopf mit der Hand ab.

Später, wenn Ihr Kleines das aktive Hochnehmen schon kennt, können Sie es kurz in der Seitlage lassen – etwa 30 Zentimeter vom Boden oder dem Wickeltisch entfernt. Durch Blickkontakt und liebevolles Sprechen ermuntern Sie es, seinen Kopf spielerisch zu balancieren. Das stärkt die Nackenmuskulatur.

HOCH IN DER LUFT

Nehmen Sie Ihr Baby über die Seite hoch und halten Sie es senkrecht vor Ihr Gesicht. In dieser Lage kann es seinen Kopf halten und den ganzen Körper ausbalancieren. Durch Ihren Blickkontakt stärken Sie zudem sein Selbstvertrauen. Gegen Ende des dritten Monats können Sie dieses Spiel weiterführen, indem Sie Ihren kleinen »Flieger« abwechselnd leicht zu beiden Seiten neigen. Achten Sie aber darauf, ob ihm das gefällt.

WASSERBALL

Für dieses Spiel benötigen Sie einen Wasserball (Durchmesser etwa 30 Zentimeter). Legen Sie Ihr Baby bäuchlings mit dem Brustkorb so auf den Ball, dass seine Füße den Boden berühren; halten Sie es dabei mit gespreizten Fingern von hinten am Brustkorb fest. Sobald das Baby den Boden spürt, wird es sich mit den Füßen abstoßen. Führen Sie es dann wieder langsam nach hinten – und weiter geht es. Das Tempo dieses Spiels bestimmt Ihr Baby, nicht Sie.

Wenn Ihr Kind das Spiel schon kennt, können Sie es variieren, indem Sie das Baby etwas zur Seite neigen und langsam hin und her »schaukeln«.

»Oh, das wackelt ja.« Je lebhafter und älter das Baby ist, desto wilder wird es sich auf dem Ball abstoßen.

SCHAUKELN IN DER DECKE

Legen Sie Ihr Kleines in der Rückenlage in die Mitte einer Babydecke. Nun fassen Sie und Ihr Partner die Decke sicher an den Ecken und heben sie vorsichtig hoch. Sprechen Sie mit Ihrem Kind, und beobachten Sie seine Reaktionen. Sie können Ihren Schatz langsam auf und ab bewegen. Das gefällt den meisten Babys sehr gut und wirkt beruhigend, außerdem fördert es den Gleichgewichtssinn.

Später dürfen Sie die Decke dann langsam nach links und rechts hin und her schaukeln. Ihr Baby hat in der Decke ein anderes Körpergefühl als auf einem festen Untergrund und kann seinen Kopf leichter in der Mitte halten. Sie können leise dazu summen oder ein Wiegenlied singen. Je älter Ihr Baby wird, umso schneller und wilder will es sicher geschaukelt werden.

Spiele für die kleinen Hände

Babys spielen mit ihren Händen, indem sie sie – anfangs noch zufällig, dann immer gezielter – in den Mund führen und an den Fingern oder am Fäustchen saugen. Oft schauen sie ihre kleinen Hände auch einfach nur an oder drehen sie vor den Augen hin und her, als gäbe es nichts Spannenderes auf der Welt.

HÄNDE AUFSTREICHEN

In den ersten Tagen und Wochen sind die Händchen Ihres Babys noch zur Faust geballt (Greifreflex, siehe Seite 48). Wenn Sie zart mit Ihrem Zeigefinger an seinem Handrücken entlangstreichen, öffnet das Baby die kleine Faust kurz und schließt sie dann wieder ganz automatisch. Ein schönes gemeinsames Spiel für die Anfangszeit.

MATERIALERFAHRUNGEN

Weil Ihr Baby noch nicht bewusst greift, können Sie dieses Spiel als Ausgangspunkt für unterschiedliche Materialerfahrungen nutzen. Streichen Sie das kleine Fäustchen auf, und legen Sie Ihren Finger, ein weiches Tuch, eine leichte Rassel oder ein Stück Butterbrotpapier in seine Hand. Bleiben Sie immer einige Tage bei einem »Material«, ehe Sie ein anderes ausprobieren. Nur durch die Wiederholung wird die neuronale »Datenbahn« breiter.

SPIELSACHEN AUS DER LUFT

Halten Sie in Greifhöhe ein Tuch über die Hand des Babys (im dritten Monat mittig über seinen Brustkorb). Durch zufällige Greifversuche spürt Ihr Baby etwas und öffnet reflexartig sein Händchen: »Ich habe selbst etwas erreicht.« Mit der Zeit greift es dann immer gezielter. Sie können für dieses Spiel auch breite, bunte Stoffbändchen an einem Kleiderbügel oder Ring befestigen.

Sprache, Lieder und Verse

Wenn Sie Ihr Baby direkt ansprechen oder spielerisch Sprache üben wollen, sollten Sie ihm so nahe sein, dass es Sie gut erkennen kann (etwa 25 Zentimeter Abstand). Ahmen Sie seine Mimik und Gestik ebenso nach wie seine Laute – in allen Fällen dürfen Sie gerne übertreiben. Und warten Sie immer seine Reaktion ab, bevor Sie Ihrerseits weitermachen. Vertrauen Sie auf Ihre Intuition und Ihre Fähigkeit im »Babytalk«. Da Babys Wiederholungen lieben und brauchen, reichen im ersten Jahr einige wenige Lieder und Verse aus. Vielleicht kommen Kindheitserinnerungen hoch, und Sie entscheiden sich für dasselbe Lied, das schon Ihre Eltern gesungen haben? Ihr Partner beziehungsweise Ihre Partnerin kann natürlich seine/ihre eigene Auswahl treffen. Das Baby unterscheidet bald zwischen Mamas und Papas Repertoire. In den ersten acht Wochen genügt es völlig, dem Kind leise vorzusingen.

Krabbelverse mit Spannung eignen sich erst ab dem dritten Lebensmonat. Die Verse sollten kurz sein; lieber wiederholen Sie sie immer wieder. Hier ein Beispiel:

»Kommt ein Bär,
tappt so schwer.
Kommt ein Floh,
und der pikst – so!
Kommt eine Maus,
die baut ein Haus.
Kommt ein Floh,
der pikst – so!
Kommt eine Mücke,
die baut eine Brücke.
Kommt ein Floh,
der pikst – so!«

(Jedes Mal, wenn der Floh »pikst«, stupsen Sie Ihr Baby mit dem Zeigefinger leicht in den Bauch oder auf die Nase.)

Spiele für den 4. bis 6. Monat

Ihr Kleines wird immer mobiler: Es dreht sich zur Seite und wahrscheinlich auch schon vom Rücken auf den Bauch. Die zufälligen Greiferfolge weichen dem immer gezielteren Greifen. Spielen Sie weiterhin die Spiele aus dem ersten Vierteljahr? Kein Problem, die meisten Babys liegen zum Beispiel nach wie vor liebend gern bäuchlings auf dem Wasserball. Sie stoßen sich aber jetzt viel kräftiger mit den Füßen ab.

Schmusespiele und Körperverse

Für Schmusespiele und Krabbelverse ist der Wickeltisch noch in Ordnung. Für alles andere ist er als »Spielplatz« bald zu gefährlich.

ZWIEGESPRÄCHE

Die Schoßlage (siehe Seite 151) ist weiterhin ideal, um gemeinsam zu spielen und zu schmusen. Ist Ihr Baby schon so gewachsen, dass sein Kopf über Ihre Knie hinausragt, können Sie Ihre Oberschenkel mit einem flachen (Keil-)Kissen verlängern. Sie dürfen jetzt schon etwas schneller zur Seite schaukeln und auch zusammen nach vorn und hinten wippen. Achten Sie dabei auf die Mimik Ihres Kindes: Soll es lieber ruhiger zugehen, oder darf es ein bisschen wilder sein? Wonneangst fliegt nämlich auch mit.

KÜSSCHEN HIN, KITZELN HER

Beim Wickeln, An- und Ausziehen und bei gemeinsamen Spielen – besonders wenn Ihr Baby nackt ist – sind Kuss- und Kitzelspiele angesagt. Pusten Sie den kleinen Bauch an, kitzeln Sie das Baby mit Ihren Haaren (falls die Haarlänge es erlaubt), und küssen Sie es mit lauten Schmatzern. Auf die Spannung (Kitzeln) folgt die Entspannung (Pause), aber gleich soll es weitergehen. Da Babys in diesem Alter besonders viel lachen – am allermeisten mit fünf Monaten –, sind solche herzlichen Spiele für Groß und Klein besonders beglückend.

Achten Sie aber darauf, dass Sie Ihr Baby immer so kitzeln, dass es Sie vorher von vorne sehen kann. Sonst erschrickt es. Behalten Sie außerdem seine Mimik im Auge. Haben Sie den Eindruck, das Ganze gefällt ihm nicht, unterbrechen Sie das Spiel; das Gefühl Ihres Babys ernst zu nehmen ist das oberste Gebot.

Bauchlagespiele

Mit vier Monaten haben viele Babys noch Mühe, den Kopf in der Bauchlage hochzuhalten und sich auf den Unterarmen aufzustützen. Lassen Sie Ihr Kleines daher tagsüber auch weiterhin oft auf dem Bauch liegen. Das kräftigt seinen Nacken, die Rückenmuskulatur und die Arme und ist daher eine hervorragende Vorbereitung für das spätere Krabbeln.

»HALLO DU«

Legen Sie sich vor Ihrem Baby auf den Bauch. Sprechen Sie mit ihm, und ziehen Sie übertriebene Grimassen. Reißen Sie zum Beispiel den Mund weit auf und rufen »Hallo duu«. Wenn es noch ein bisschen älter ist, zeigen Sie ihm einen interessanten Gegenstand, zum Beispiel einen roten Igelball – mal von links, mal von rechts. Ihr Baby dreht sich mit seinem Oberkörper in die entsprechende Richtung, was gar nicht so einfach ist. Schließlich muss es dabei sein Gleichgewicht halten.

Wenn Sie den Igelball seitlich vor ihm auf den Boden legen, wird es mit der Hand danach greifen. Für einen Moment muss es sich dazu auf nur einem Arm abstützen – am Anfang noch eine recht wackelige Angelegenheit. Aber mit etwas Übung wird Ihr Kind auch bei dieser Übung immer sicherer.

155

Von dieser Aussichtsposition kann man Gegenstände in aller Ruhe ganz genau untersuchen.

AUF DEM BERG

Legen Sie Ihr Baby bäuchlings auf ein festes Kissen oder eine gefaltete Decke (etwa fünf bis zehn Zentimeter hoch); Beine und Rumpf liegen auf, Schultern und Arme sind frei. Wenn Sie nun einen Gegenstand vor das Kind legen, kann es aus der »Gipfelposition« intensiv damit spielen – sogar mit beiden Händen.

Auch die ausgestreckten Beine können einen »Berg« bilden: Legen Sie Ihren Sprössling dazu quer auf Ihre Ober- oder Unterschenkel, und halten Sie seinen Po mit einer Hand – so kann es mit dem Gegenstand hantieren.

Variation: Halten Sie den Gegenstand in Greifweite vor ihm in der Luft. Wahrscheinlich stützt es sich schon bald auf einer Hand ab und streckt die andere neugierig nach vorne. Auch das ist eine gute Vorbereitung aufs Krabbeln.

Bewegungsspiele

Neben den Bewegungsspielen aus dem ersten Vierteljahr fördern auch folgende Ideen die Mobilität. Außerdem machen sie allen großen Spaß – Mama, Papa und Baby.

FLUGZEUG MIT PILOT

Setzen Sie sich mit angewinkelten Beinen auf den Fußboden, und lehnen Sie Ihr Kind bäuchlings an Ihre Unterschenkel, sodass es zu Ihnen schauen kann. Halten Sie es mit sicherem Griff am Rumpf oder unter den Achseln fest. Schaukeln Sie nun nach hinten und wieder zurück. Ihr »Pilot« muss dabei sein Gleichgewicht in der Bauchlage halten und lernt, auf Veränderungen seiner Körperlage zu reagieren. Später, ab etwa sechs Monaten, wird er sich beim »Landeanflug« mit den Händen abstützen. Auch dies ist eine weitere Voraussetzung für das spätere Krabbeln (Abstützreaktion).

Die meisten Kinder lieben dieses Spiel bis ins zweite Lebensjahr hinein – vorausgesetzt, Sie schaffen es, mit dem immer schwerer werdenden Piloten zu starten. Guten Flug!

AUF DEM WASSERBALL

Das Lieblingsspiel aus dem ersten Vierteljahr (siehe Seite 153) können Sie nach wie vor beibehalten, denn die meisten Babys liegen immer noch gerne bäuchlings auf dem Wasserball. Sie stoßen sich jetzt aber schon viel kräftiger und schneller mit den Füßen ab und bringen den Ball ins Rollen. Achten Sie auf sein Tempo.

Weil Ihr Baby ein ganzes Stück gewachsen ist, brauchen Sie nun allerdings einen größeren Ball (etwa 40 Zentimeter Durchmesser). Sie können das Spiel zudem variieren, indem Sie ein interessantes Spielzeug vor dem Ball auf den Boden legen. Ihr Baby stößt sich dann mit den Füßen ab, um das interessante Objekt zu erreichen.

GEGEN DEN WASSERBALL TRETEN

Knoten Sie eine Schnur an einen Wasserball, und halten Sie diesen über Ihr Baby, wenn es auf dem Rücken liegt. Rasch wird es versuchen, mit den Händen – später auch mit den Füßen – an den Ball zu kommen und diesen anzustupsen. Statt des Wasserballs können Sie auch einen mit Erbsen gefüllten, großen Gefrierbeutel an die Schnur binden. Der raschelt auch noch herrlich, und das ist doppelt spannend.

MIT DEN FINGERCHEN HOCH

Dieses Spiel kommt Ihnen vielleicht bekannt vor, denn eine ähnliche »Übung« macht der Kinderarzt bei der Vorsorgeuntersuchung (siehe Seite 55 f.): Legen Sie Ihr Baby auf den Rücken, und strecken Sie ihm Ihre beiden Zeigefinger entgegen. Wenn das Kind die Finger fest ergreift, ziehen Sie es ganz leicht nach oben.

Beim »Turnen« an Mamas Fingern erfährt das Baby, dass es aus eigener Kraft etwas bewirken kann.

Jetzt ist Ihre Beobachtungsgabe gefragt: Hält das Baby die Arme gestreckt, ziehen Sie es hoch. Genau das ist nicht der Sinn dieses Spiels, denn Ihr Baby soll sich selbst hochziehen. Wenn Ihr Kind dagegen seine Arme und Beine anwinkelt und Sie spüren, dass es sich aus eigener Kraft hochziehen will, verstärkt es sein Selbstwertgefühl: »Ich kann es alleine. Und ich schaffe es.« Lassen Sie Ihren Turner sich bis kurz vor die Sitzposition hochziehen, ehe Sie ihn sanft auf den Rücken zurückgleiten lassen.

HOPSEN IN DER LUFT

Beim Spiel »Hoch in der Luft« (siehe Seite 153) können Sie Ihr Kind jetzt ganz waagerecht zu beiden Seiten neigen. Wenn Sie beobachten, dass es beim Hochheben anfängt, mit seinen Beinen zu federn, ist es Zeit für das beliebte Hopsspiel: Dazu setzen Sie sich mit dem Baby bequem auf den Boden oder auf das Sofa und halten es am Oberkörper fest. Wenn es mit seinen Füßchen Ihre Oberschenkel leicht berührt, beginnt es recht bald, sich im eigenen Rhythmus mit seinen Beinen abwechselnd auf und ab zu stoßen. Wichtig: Ihr Kind soll nicht auf seinen eigenen Beinen stehen, dafür ist es noch zu klein. Halten Sie es daher im sicheren »Schalengriff« (Daumen vor der Brust, gespreizte Finger im Rücken), damit es den Untergrund nur leicht mit den Füßen berührt.

Hopsen auf Mamas oder Papas Schoß ist die bessere Alternative zu Babyhopsern auf dem Boden, bei denen das Kind wenig Halt hat und den Untergrund oft nur mit den Fußspitzen berührt. Diese Haltung schadet dem Rücken Ihres Babys und begünstigt Fehlstellungen der Füße. Zudem kann es das Spiel nicht allein beenden: Auch wenn es schon müde ist, federt es noch weiter. Auf Mamas oder Papas Schoß ist besser als auf dem Boden.

Sprachspiele

Rhythmische Verse und Lieder fördern die Sprachentwicklung. Wenn Ihr Baby von Ihnen oder den Großeltern weiterhin immer wieder dasselbe Liedchen hört, lernt es, auf feine Geräuschunterschiede zu reagieren. Es muss gar nicht immer ein Kinderlied sein, singen Sie ruhig auch mal Ihr eigenes Lieblingslied. Die Freude, die Sie dabei empfinden, überträgt sich auf Ihr Baby.

BABYTALK

Zum Ende des ersten Halbjahres brabbeln Babys immer mehr und üben dabei, Laute zu bilden. Machen Sie es Ihrem Schatz nach, und brabbeln Sie zurück. Dann warten Sie einen Moment, bis er wieder antwortet. So geht es hin und her, ein Dialog entsteht. Durch Ihr Lächeln oder durch zartes Streicheln belohnen Sie seine Bemühungen.

Mit fünf, sechs Monaten können Sie dieses Plauderspiel abwandeln, indem Sie aus größerer Entfernung mit Ihrem Kind brabbeln: Huch, das klingt ganz anders als aus unmittelbarer Nähe – lustig.

ERST DU, DANN ICH

Ebenfalls ein beliebtes Spiel in diesem Alter: Sobald Ihr Baby ein paar Laute von sich gibt, nehmen Sie es hoch. Lachen Sie es fröhlich an, und legen es dann wieder auf den Rücken. Jetzt heißt es abwarten: Beginnt das Kleine wieder zu brabbeln, heben Sie es erneut auf und belohnen es mit einem Lächeln. Und weiter geht das Spiel – immer wieder rauf und runter.

Anstatt es hochzuheben, können Sie Ihr Baby auch am Ohr kitzeln, ihm sanft ins Gesicht pusten oder ihm laut auf den Bauch prusten; ganz wie es ihm gefällt. Bleiben Sie aber immer bei einer Variation, um es nicht zu verwirren.

SPANNENDE KÖRPERVERSE UND -LIEDER

Jetzt darf es spannender werden: Beenden Sie ein Lied oder einen Vers mit einer Kitzelei, knuddeln Sie Ihren Schatz, oder prusten Sie laut auf seinen Bauch oder seine Wangen. Wenn Sie das oft genug wiederholen, wird Ihr Baby bald von Anfang an auf diesen Höhepunkt warten. Hier drei Klassiker:

Kleine Schnecke

»Eine Schnecke, eine Schnecke,
krabbelt rauf, krabbelt rauf.
Krabbelt wieder runter,
krabbelt wieder runter.
Kitzelt auf dem Bauch,
kitzelt auf dem Bauch.«
(Nach der Melodie von »Bruder Jakob« zu singen; verfolgen Sie die Spur der Schnecke mit den Fingern auf dem Körper Ihres Kindes.)

Da kommt die Maus

»Da kommt die Maus,
da kommt die Maus.
(Von den Füßen her langsam mit den Fingern hochwandern.)
Ist die Mia zu Haus?
(Am Ohrläppchen zupfen.)
Nein, nein, nein.
(Kopf schütteln.)
Da geht die Maus,
da geht die Maus!«
(Schnell mit den Fingern nach unten laufen.)

Miese, miese, Kätzchen

»Miese, miese, Kätzchen,
Wie weich sind deine Tätzchen!
Wie zierlich ist dein Näschen,
wie lustig deine Späßchen!«
(Zuerst streicheln Sie Ihr Kind, zum Schluss herzen, küssen und knuddeln Sie es.)

Spiele für die Hände

In der Entwicklung der Feinmotorik tut sich im zweiten Vierteljahr eine ganze Menge. Mit vier Monaten spielen die Babys noch intensiv mit ihren Händen, mit etwa sechs Monaten wechseln sie dann schon einen Gegenstand von einer Hand in die andere und greifen diagonal zur Seite. Diese Entwicklung können Sie unterstützen und fördern.

UNTERSCHIEDLICHE MATERIALIEN

Bieten Sie Ihrem Kind unterschiedliche Alltagsgegenstände an: Bürsten, Schwämme, lange und kurze Löffel, runde und eckige Dinge (zum Beispiel eine große Holzkugel und einen eckigen Baustein), Gegenstände mit glatter und noppiger Oberfläche (zum Beispiel einen kleinen Ball und einen stacheligen Igelball), Warmes und Kaltes (mit warmem und kaltem Wasser gefüllte Gefrierbeutel), Großes und Kleines. Lassen Sie Ihr Kind so lange mit einem dieser Gegenstände spielen, wie es will. Bleiben Sie auch am nächsten Tag dabei, und bieten Sie ihm dasselbe Objekt erneut an. Sie wissen ja, welch wichtige Rolle die Wiederholung spielt. Nach ein paar Tagen können Sie dann etwas anderes anbieten, um neue Erfahrungen zu ermöglichen.
Bedenken Sie: Wenn ein »Spielzeug« Woche für Woche auf dem Boden liegt, wird es mit der Zeit uninteressant, ebenso wie wenn Sie dem Baby alle Gegenstände gleichzeitig geben. Bieten Sie aber ruhig nach ein paar Monaten noch einmal dieselben Dinge an. Denn mit sieben Monaten entdecken die Kinder ganz andere Eigenschaften daran als mit vier.

MAL LIEGEND, MAL HÄNGEND

Es macht übrigens einen großen Unterschied, ob Ihr Kind aus der Bauch- oder Rückenlage nach Spielsachen und Gegenständen greift. Bieten Sie diese daher immer mal wieder aus einer anderen Position an, indem Sie sie vor dem Baby auf den Boden legen (Bauchlage) oder sie ihm über die Brust halten (Rückenlage). Bieten Sie die Dinge darüber hinaus einmal von der linken, dann von der rechten Seite an. Ihr Kind macht bei all dem ganz unterschiedliche Erfahrungen und erobert sich allmählich den Raum.

FORSCHUNGSOBJEKT

Befestigen Sie an einem Schnürsenkel eine dicke Holzperle und einen Greifring. Liegt Ihr Baby auf dem Rücken, halten Sie das Band so über Ihr Kind, dass es beide Dinge in aller Ruhe anfassen und untersuchen kann. Das nächste Mal liegt Ihr Kleines vielleicht auf dem Bauch. Dann legen Sie den Schnürsenkel vor das Baby auf den Boden. Sein Interesse wird ungebrochen sein, schließlich verhält sich Hängendes und Liegendes völlig unterschiedlich.

 TIPP

Einfache Rassel

Entfernen Sie von einem kleinen Trinkjoghurtbecher (etwa zehn Zentimeter hoch) Papierbande und eventuelle Kleberreste. Spülen Sie das Fläschchen aus und lassen Sie es trocknen.
Nun drücken Sie den Flaschenhals etwas breiter und schieben einen Dessertlöffel hinein. Wenn Sie den Flaschenhals wieder loslassen, bleibt der Löffel stecken – fertig ist die selbst gemachte Rassel. Was man damit alles machen kann: Klappern, Lutschen, Ziehen … Sie werden sehen: Ihr Baby wird entzückt sein.

Spiele für den 7. bis 9. Monat

Zunehmende Mobilität und Selbstständigkeit zeichnen diesen Entwicklungsabschnitt aus. Ihr Kind dreht sich um und wird bald robben und krabbeln. Seine kleinen Hände greifen immer differenzierter, und sein Brabbeln wird immer verständlicher – manchmal ist sogar schon ein »Da« zu hören.

Orientieren Sie sich bei der Auswahl der Spiele immer an dem Entwicklungsstand Ihres Kindes. Die meisten Ideen aus dem ersten Halbjahr bereiten nach wie vor viel Spaß.

Vorbereitungen für das Krabbeln

Lassen Sie Ihr Kleines jetzt viel in bequemer Kleidung auf dem Boden liegen. Legen Sie sich immer wieder auch selbst dazu, dann kann es Sie wie einen Berg erklimmen.

KREISELN

Kreiseln um die eigene Achse ist eine wichtige Voraussetzung für das Krabbeln. Sie unterstützen Ihr Kind dabei, indem Sie, wenn es auf dem Bauch liegt, ein Spielzeug ungefähr auf Rumpfhöhe neben es legen. Natürlich wird Ihr Baby versuchen, die Rassel, das Auto oder das Stoffhäschen zu erreichen.

Wenn Ihr Kleines hauptsächlich in eine Richtung kreiselt, locken Sie es gezielt zur anderen Seite, indem Sie dort interessante Dinge platzieren. Bald wird es sich zu beiden Seiten bewegen.

ARM HOCH

Liegt Ihr Baby auf dem Bauch, bieten Sie ihm immer abwechselnd von links und rechts einen Gegenstand an. Sicher wird es seinen Arm hochstrecken und danach greifen. Anfangs klappt das vielleicht noch nicht so gut, aber schon bald kann sich das Baby gut auf einem Arm ausbalancieren. Auf diese Weise fördern Sie spielerisch den Gleichgewichtssinn Ihres Babys, der auch wichtig für das Krabbeln ist.

HOCHGREIFEN

Bauen Sie aus einem festen Kissen, einer großen Schüssel oder einem flachen Karton ein »Tischchen«, und platzieren Sie einige interessante Gegenstände darauf. Legen Sie nun Ihr Baby bäuchlings davor (wenn es schon robbt, können Sie alles auch in einiger Entfernung aufbauen). Es dauert gewiss nicht lange, bis es den Arm ausstreckt und danach greift …

Dieses Spiel ist auch ideal, wenn sich das Kind kurze Zeit unter Ihrer Aufsicht alleine beschäftigen soll. Während Sie zum Beispiel kochen, spielt der Nachwuchs begeistert und übt dabei sein Gleichgewicht. Mindestens genauso viel Spaß macht es Ihrem Kind aber, wenn Sie sich selbst auf die andere Seite des »Tischchens« setzen und es ermuntern, die Dinge zu untersuchen.

ABSTÜTZEN VOM WASSERBALL

Noch immer lieben Kinder das Spiel mit dem Wasserball (siehe Seite 153). Legen Sie jetzt jedoch kein Spielzeug mehr vor dem Ball auf den Boden, sondern lassen Sie Ihr Kind sich vorne mit den Händen am Boden abstützen. Sichern Sie es aber nach wie vor gut, damit es nicht vom Ball herunterpurzelt.

SONDERFLUG

Auch beim »Fliegen« (siehe Seite 156) geht es jetzt ein wenig turbulenter zu als im ersten Halbjahr. Setzen Sie sich mit angewinkelten Beinen auf den Fußboden, und lehnen Sie Ihr Kind bäuchlings auf Ihre Unterschenkel; halten Sie es mit sicherem Griff am Rumpf fest. Heben Sie nun einen Ihrer Unterschenkel etwas an, dadurch wird eine Körperhälfte Ihres Piloten mehr belastet, während er mit der anderen versucht, sein Gleichgewicht zu halten. Das Baby hat einen Riesenspaß dabei, und für Sie selbst ist das Spiel eine gute Bauchmuskelübung.

Um das Spiel zu beenden, lassen Sie Ihr Kind langsam bäuchlings auf Ihren Bauch plumpsen. Jetzt sind erst einmal ein paar Minuten Kuscheln, Schmusen und Küssen angesagt, ehe es in die zweite Runde geht.

Spiele für die Hände

Bieten Sie weiterhin unterschiedliche Gegenstände und Materialien an, und beobachten Sie, wie Ihr Baby immer geschickter damit hantiert.

WIE GREIFE ICH?

Übergeben Sie dem Kind lange Gegenstände (zum Beispiel einen Kochlöffel) mal waagerecht, mal senkrecht. Ihr Baby passt seine Handbewegung schon vorher automatisch daran an (Experten nennen diesen Effekt »Vorweganpassung der Hand«).

WEGWERFEN ERLAUBT

Behalten Sie die Nerven, auch wenn Ihr Baby immer wieder Dinge vom Hochstuhl fallen lässt oder durch das Zimmer schleudert. Denn dabei macht es nicht nur wichtige physikalische und räumliche Erfahrungen, sondern übt auch bewusst das Loslassen.

ZWEI GLEICHZEITIG

Bieten Sie dem Baby zwei gleiche Gegenstände an (zum Beispiel zwei Bauklötze): Gar nicht so einfach, beide zu ergreifen, ohne eines davon wieder fallen zu lassen. Doch schon bald hält es begeistert und stolz in jeder Hand einen Bauklotz – denn natürlich macht auch hier die Übung den Meister. Wahrscheinlich dauert es

jetzt nicht mehr lange, bis das Baby die beiden Bauklötze gegeneinanderklopft. Das macht gleich noch mal so viel Spaß.

TIEFENFORSCHER

Was macht Ihr kleiner Entdecker mit einem Kunststoffbecher oder einer Dose? Wahrscheinlich wird er beides erst einmal genauestens untersuchen. Dabei verschwindet die Hand immer wieder im Becher, und das Verständnis für Tiefe entwickelt sich (siehe Seite 45). »In« ist später übrigens das erste Verhältniswort, das ein Baby bewusst versteht und spricht. Die Anfänge dazu liegen in diesem Alter.

»Welcher Becher passt noch mal in den blauen?« Beim Spielen bekommen Kinder ein Gefühl für Raum.

Sprachspiele

Ihr Baby benutzt seinen Mund immer bewusster als Spiel- und Musikinstrument: Es spielt laut und leise mit seiner Stimme, klopft sich mit der Hand auf den Mund – später auch auf den von Mama oder Papa – und produziert so die unterschiedlichsten Geräusche. Es brabbelt mit wachsender Begeisterung, und bald sind erste bekannte Silben zu hören (wie »da«).

NACHBRABBELN

Bis zum Alter von ungefähr fünf Monaten brabbeln Babys auf der ganzen Welt gleich (siehe Seite 74 f.). Jetzt aber können die Eltern immer deutlicher die Sprachmelodie ihrer eigenen Muttersprache heraushören. Wiederholen Sie Babys Doppellaute wie »ma-ma« oder »pa-pa« – und die Freude ist unermesslich.

GERÄUSCHE VORMACHEN

Babys in diesem Alter ahmen sehr gerne Geräusche und Stimmen nach. Machen Sie es Ihrem Kleinen daher immer wieder vor: Bis zum perfekten »Wauwau« dauert es zwar noch eine Weile, aber irgendwann ertönt das erste »Wawa« aus dem kleinen Mund. Außerdem macht dieses Spiel einfach sehr viel Spaß.

LAUT UND LEISE

Kein Mensch spricht immer gleich: Flüstern Sie mit Ihrem Baby, sprechen Sie mal etwas lauter, betonen Sie die Silben einmal überkorrekt, dann nuscheln Sie wieder. Das fördert die Sprachmodulation und das Hören.

HÖRST DU MICH?

Reden Sie mit Ihrem Kind, wenn Sie in einem anderen Zimmer sind. Ihre Worte hören sich ganz anders an, als wenn Sie nahe beieinander sitzen. Es macht dem Baby Spaß, Ihre Stimme

INFO

Musik liegt in der Luft

Spielen Sie Ihrem Baby immer wieder einmal unterschiedliche Musikstücke vor. Auf keinen Fall sollten Radio und CD-Player jedoch zur Dauerberieselung laufen.

aus unterschiedlichen Entfernungen zu hören. Und es bekommt ganz nebenbei ein Gefühl für Räumlichkeit.

SINGEN, SINGEN, SINGEN

Kinder lieben es, wenn man ihnen vorsingt. Singen Sie daher viel mit Ihrem Baby, auch wenn Sie selbst der Ansicht sind, dass Sie keine gute Stimme haben. Zum einen ist das in den wenigsten Fällen zutreffend, zum anderen betonen Musikpädagogen immer wieder, dass nicht die Stimme, sondern die Freude am Singen das Wichtigste ist.

VERSE UND KNIEREITER

Nicht weniger fasziniert sind Kinder in diesem Alter von Fingerspielen, die sie bald nachahmen wollen. Welcher Finger war es doch gleich? Die Kombination von Sprache und Körperkontakt ist doppelt spannend und fördert die Entwicklung ungemein. Kniereiter beglücken zusätzlich durch die großartige Kombination von Spannung und Entspannung – wie beim »Kuck-Kuck«-Spiel.

Nach wie vor braucht ein Baby in diesem Alter kein großes Repertoire an Liedern und Versen. Ihrem Kind wird sicher nicht langweilig. Wenn Sie selbst jedoch nach Abwechslung suchen, finden Sie auf der nächsten Seite vielleicht ein paar neue Anregungen.

Verse und Kniereiter

»Das ist der Daumen,
der schüttelt die Pflaumen,
der sammelt sie auf,
der trägt sie nach Haus,
und der Kleinste, der isst sie alle auf.«
(Bei jeder Zeile nehmen Sie einen Finger Ihres
Kindes, ziehen ihn leicht nach oben und schütteln ihn sanft. Mit dem Daumen beginnen und
mit dem kleinen Finger enden.)

»Das ist der Papa.
Das ist die Mama.
Das ist der Opa.
Das ist die Oma.
Und dieser Kleine bist du!«
(Bei jeder Zeile einen Zeh antippen –
vom großen bis zum kleinen.)

»Himpelchen und Pimpelchen
saßen auf einem Berg.
Himpelchen war ein Heinzelmann
und Pimpelchen ein Zwerg.
Sie blieben lange da oben sitzen
und wackelten mit den Zipfelmützen.«
(Die Fäuste mit den nach oben gestreckten Dau-
men wackeln wie Zipfelmützen.)
»Doch nach fünfundsiebzig Wochen
sind sie in den Berg gekrochen.«
(Die Daumen verschwinden in den Fäusten.)
»Schlafen dort in stiller Ruh.«
(Legen Sie den Kopf seitlich auf die gefalteten
Hände, als würden Sie schlafen.)
»Sei mal still und hör gut zu!«
(Jetzt schnarchen Sie los.)
»Doch dann sind sie aufgewacht
und haben ganz laut gelacht!«
(Laut lachen.)

»Backe, backe, Kuchen,
der Bäcker hat gerufen.
Wer will guten Kuchen backen,
der muss haben sieben Sachen:
Eier und Schmalz,
Butter und Salz,
Zucker und Mehl,
Safran macht den Kuchen gehl.
Schieb, schieb in den Ofen rein.«
(Klatschen Sie zu jeder betonten
Silbe in die Hände.)

»So reiten die Damen,
so reiten die Damen,
so reiten die Herren,
so reiten die Herren,
so reitet der Bauer,
so reitet der Bauer.«
(Das Kind sitzt auf Ihren Knien,
die immer schneller wackeln.)

»Hoppe, hoppe, Reiter.
Wenn er fällt, dann schreit er.
Fällt er in den Graben,
fressen ihn die Raben.
Fällt er in den Sumpf,
macht der Reiter plumps.«
(Das Kind hoppelt auf Ihren Knien
und »plumpst« zum Schluss zwischen
den Beinen ein Stück nach unten.)

»Hopp, hopp, hopp,
Pferdchen lauf Galopp.
Über Stock und über Steine,
brich dir aber nicht die Beine.
Hopp, hopp, hopp,
Pferdchen lauf Galopp.«
(Das Kind sitzt auf Ihren Knien, und
Sie wackeln gleichmäßig auf und ab.)

Spiele für den 10. bis 12. Monat

Bewegung rückt in diesem Alter immer mehr in den Vordergrund. Flinke Krabbler brauchen daher Möglichkeiten, ihre Fähigkeit ungefährdet auszuüben. Jetzt geht es außerdem aufwärts: Das Baby will sich hochziehen und aufrichten.

Krabbelspiele

Sobald Ihr Baby gelernt hat zu krabbeln, will es auch Hindernisse überwinden. Bauen Sie ihm einen kleine Parcours auf, zum Beispiel aus

○ einer kleinen (Luft-)Matratze, mehreren Kissen oder einem Koffer zum Darüberklettern;

○ einem Stuhl zum Durchkrabbeln; später könne Sie aus zwei Stühlen und einer Decke einen richtigen Tunnel bauen;

○ großen Kartons zum Reinkrabbeln, Hineinsetzen und Herauswinken;

○ einer leichten Schräge (zum Beispiel das zusammengeklappte Bügelbrett), um in »schwindelerregende« Höhen zu krabbeln.

Mit der beliebteste Krabbelplatz sind die Eltern selbst. Denn auf ihnen kann das Baby nicht nur herumturnen, sondern sich auch kitzeln lassen, Faxen machen, schmusen …

Lassen Sie Ihr Baby auch draußen viel krabbeln – im Sommer im Gras, im Sand oder im flachen Wasser, im Herbst auf dicken Laubschichten … Auf diese Weise kann es ganz nebenbei viele Informationen aufnehmen und spannende Erfahrungen sammeln.

Sich hochziehen und klettern

Je sicherer das Baby auf allen vieren vorankommt, umso mehr will es endlich auch nach oben. Bei jeder Gelegenheit versucht es, sich hochzuziehen und aufzurichten. Denn Kinder haben den inneren Drang, sich stets weiterzuentwickeln; sie wollen die nächste Entwicklungsstufe erklimmen. Das kann mitunter ziemlich anstrengend sein.

WACKELIG, ABER ICH SCHAFFE ES SCHON

Setzen Sie sich auf den Boden, damit Ihr Baby sich an Ihnen abstützen und hochstemmen kann. Knie, Schulter, Kopf – hier hat es viele Möglichkeiten. Je sicherer das Kind ist, desto mehr können Sie ein bisschen herumwackeln – welch ein Spaß!

NUR EINE STUFE

Für dieses gemeinsame Spiel benötigen Sie eine stabile Haushaltsleiter. Lassen Sie Ihr Kind unter Aufsicht die erste Stufe erklimmen. Von dort kommt es auch gut wieder allein zurück. Helfen Sie ihm nicht, sonst kommt es schnell auf die

Klettern ist lustig. Besonders, wenn man wie hier zwischendurch auf weichen Polstern federn kann.

Idee, weiter zu klettern, als es die eigene Kraft zulässt. Räumen Sie die Leiter nach dem Spielen wieder an einen sicheren Ort.

VERWANDLUNGSKORB

An einem umgedrehten Wäschekorb kann sich das Baby prima hochziehen. Wenn Sie gemeinsam einen Turm aus Bauklötzen auf dem Korb stapeln, kann Ihr Kind ihn anschließend mit einstürzen lassen. Zum Schluss drehen Sie den Korb um, und Ihr Schatz kann hineinklettern.

TREPPE VOR DEM SOFA

Noch ist das Sofa zu hoch, um allein hinaufzukommen. Stellen Sie Ihrem Baby daher einen »Tritt« auf, damit es zu Ihnen klettern kann. Als Treppenstufe eignet sich zum Beispiel ein Karton (mit alten Zeitungen gefüllt) oder ein umgedrehter, stabiler Wäschekorb.

UND WIEDER NACH UNTEN

Kaum hat man sich nach oben gezogen oder das Sofa erobert, stellt sich die nächste Frage: »Wie komme ich wieder runter?« Einige Kinder erschrecken sich sogar, weil sie schon wissen, dass ihre Kraft nicht mehr lange reicht, um sich zu halten. Sie können Ihrem Baby helfen, indem Sie ein Spielzeug auf seiner Kniehöhe halten. Es versucht dann, dieses mit einer Hand zu erreichen, und geht dabei wahrscheinlich leicht in die Knie. Prompt merkt es: »Ach, so komme ich runter.« Wenn das Spielzeug auf dem Boden liegt, ist das schon schwieriger.

HALT! UMDREHEN!

Leider sind Kinder oft genauso schnell vom Bett oder Sofa gepurzelt, wie sie hinaufkamen. Weil es unmöglich ist, sein Kind immer im Auge zu haben, sollten Sie ihm schon früh beibringen, wie es wieder herunterkommt.

Bringen Sie ihm sanft bei, dass es sich immer umdrehen muss, wenn es die Kante erreicht hat. Sagen Sie immer den gleichen Satz, wenn es an der Bett- oder Sofakante ist, zum Beispiel: »Halt! Umdrehen!« Geben Sie ihm dabei anfangs noch Hilfestellung. Auf diese Weise lernen Kinder recht schnell, dass sie sich erst umdrehen müssen, um mit den Füßen voran wieder herunterzukommen. Wie sehr Kinder einen solchen Satz verinnerlichen, erkennt man daran, dass sie zuweilen selbst niedrigste Schwellen mithilfe der bewährten Technik überwinden.

Laufen macht Spaß

Sobald Ihr Baby die ersten Schritte gemacht hat, will es ausschließlich laufen und die neu erworbene Fähigkeit immer wieder üben. Es krabbelt jetzt nur noch, wenn es ganz schnell ein Ziel erreichen will oder wenn es müde ist.

INFO

Laufhilfen

Vorsicht, der Name »Laufhilfen« ist irreführend. Denn die Geräte erschweren das Laufen, anstatt es zu erleichtern oder zu fördern. Im Gegenteil: Sie verzögern die Entwicklung sogar. Ihr Baby lernt in einer Laufhilfe nämlich nicht, sein Körpergewicht auszubalancieren. Außerdem »läuft« es darin meist in der Spitzfußstellung, und Füße und Zehen werden zu stark belastet. Nicht zuletzt erweisen sich die Laufhilfen immer wieder als Gefahrenquelle, weil die Babys damit oft schon über niedrige Schwellen schwer stürzen – von Treppen ganz zu schweigen.

BARFUSS

Lassen Sie Ihr Kind, so oft es geht, barfuß laufen. Schuhe braucht es nur gegen Kälte und Nässe. Ist es warm genug, können die Füße auch draußen nackt sein und die verschiedensten Untergründe erforschen – Gras, Kieselsteine, Sand …

ICH KANN ES

Es bereitet dem Kind viel Freude, große Dinge heranzuschaffen. Bitten Sie es daher immer wieder, Ihnen etwas zu bringen, zum Beispiel den Eimer im Sandkasten, den Korb aus der Küche oder die Schuhe aus dem Flur.

SCHIEB, SCHIEB …

Endlich bewegt sich etwas: Wenn Sie keinen Puppenwagen haben, kann Ihr Baby einen großen Karton, einen Stuhl (eventuell vorher Filzgleiter unter die Stuhlbeine kleben) oder einen Wäschekorb in der Wohnung herumschieben. Wenn ein Teddy oder eine Puppe mitfährt, macht es noch mehr Spaß.

HINDERNISLAUF

Was vor ein paar Wochen der Krabbelparcours war, ist jetzt der Hindernislauf: pure Unterhaltung. Das Kind kann über Deckenrollen stapfen, sich unter dem an der Wand lehnenden Besen hindurch ducken, über den Staubsauer steigen … Geben Sie auch Laufanfängern nur die Hand, wenn das Kind ausdrücklich danach verlangt. Dasselbe gilt – einmal abgesehen von Gefahrensituationen wie im Straßenverkehr – übrigens auch im Alltag.

Spiele für die Hände

Die Kinder bilden ihre Fingerfertigkeit weiter aus und untersuchen noch die kleinsten Details. Daher müssen Sie gerade jetzt besonders darauf achten, dass keine Kleinteile herumliegen, die das Kind in den Mund stecken und verschlucken kann.

BECHER IM BECHER

Kinder lieben es, einen Becher aus dem anderen zu ziehen. Sie brauchen dazu gar keine speziellen Stapelbecher. Ausgewaschene Joghurtbecher oder Trinkgefäße aus Kunststoff eignen sich für dieses Spiel genauso gut.
Am Anfang kann das Baby die Becher noch nicht selbst wieder ineinanderstapeln; das müssen Sie übernehmen. Aber bald braucht es Ihre Hilfe nicht mehr.

HIN UND HER

Stechen Sie mit einer Sticknadel oder einem Schraubenzieher Löcher quer durch eine dicke Papprolle (zum Beispiel Küchenrolle). Fädeln

Etwas zum Ziehen, zum Drehen und zum Reinstecken: Viel mehr kann ein Spielzeug kaum bieten.

Sie ein Stück Schnur durch die Löcher, und befestigen Sie an beiden Enden eine große Holzperle, eine leere Garnrolle oder einen Lockenwickler. Jetzt kann Ihr Baby die Schnur hin und her ziehen. Das macht Spaß.

EIN- UND AUSRÄUMEN

Eine leere Kaffeedose und ein paar Wäscheklammern: Mehr braucht es nicht, damit sich Ihr Kind ausdauernd beschäftigt. Erst räumt es alle Klammern heraus, dann wieder hinein … So geht es immer weiter. Später können Sie ein Loch in den Deckel der Kaffeedose schneiden, durch das die Wäscheklammern gerade durchpassen – jetzt ist mehr Zielgenauigkeit gefragt. Wenn Sie einen Wäschekorb mit Kunststoffgitter haben, kann Ihr Kind die Klammern auch durch die Gitterlöcher hindurchstecken. Sind alle Klammern im Korb, kann es sie wieder herausfischen – und es geht von vorne los.

TROMMLER

Auch wenn es die Ohren der Eltern manchmal überstrapaziert: Kinder lieben es, zu trommeln, egal ob sie dazu mit dem Löffel auf einen Topf hauen, zwei Äste gegeneinanderschlagen oder zwei Steine aufeinanderklopfen. Alles ist Musik. Ohren zu und durch.

MIT DER ZANGE

Weil Ihr Baby jetzt sehr genau greifen kann, interessiert es sich noch für die kleinsten Krümel. Bieten Sie ihm verschiedene Sachen zum Aufsammeln an, zum Beispiel kleine Knöllchen aus Butterbrotpapier, ein paar Wollfäden, Wattepads, klein geschnittene dicke Strohhalmstückchen, dicke Paketschnurstücke, Würfel oder kleine Legosteine. Damit Ihr Baby sich nichts davon in den Mund steckt, sollten Sie es bei diesem Spiel besser im Auge behalten.

AUSSCHÜTTEN

Gegen Ende des ersten Lebensjahres entdecken kleine Kinder das Ausschüttspiel. Geben Sie Ihrem Schatz beim Baden oder im Planschbecken zwei Kunststoffbecher, dann kann es mit dem Schütten beginnen. Wenn es noch ein bisschen größer ist, kann es auch am Waschbecken spielen: Pulli aus, auf den Tritthocker klettern und Wasser marsch.

Sprache spielerisch fördern

Noch immer liebt es Ihr Kind, wenn Sie seine Geräusche nachahmen oder wenn Sie laut und leise miteinander »sprechen« – mittlerweile kann auch das Baby ganz schön laut werden. Das gefällt ihm noch:

○ Machen Sie ihm vor, wie sich Tiere unterhalten – wau-wau, piep-piep, miau, muuh, quak-quak, määäh …

○ Neben Liedern, Versen und Kniereitern werden Bilderbücher immer interessanter. Gemeinsam lesen macht Spaß und fördert den Wortschatz (zuerst den passiven, später auch den aktiven).

○ Ja-Nein-Spiele sind auch beliebt: Zeigen Sie zum Beispiel auf ein Bild im Bilderbuch und fragen Sie: »Ist das ein Auto? Nein, das ist ein Hund – wau-wau.«

○ Ihr Kind versteht immer besser, was Sie ihm sagen, und kann bereits kleine Aufgaben erfüllen (»Bring mir bitte mal den Teddy« oder »Gib das bitte dem Papa«).

○ Benennen Sie seine Körperteile und fragen Sie dann: »Wo ist deine Nase? Wo ist der Mund? Wo ist der Bauch?«

○ Für eine liebevolle Sprachförderung bietet sich tagtäglich auch die Situation am Wickeltisch an: »Wo ist dein Bauchnabel? Zeig mir mal deinen großen Zeh. Kannst du ihn in den Mund stecken? Gib mir doch bitte die Windel …«

MEILENSTEINE IM ERSTEN LEBENSJAHR

Kopf hoch

In den ersten Tagen und Wochen ist es für das Baby ein immenser Kraftakt, den Kopf aus der Bauchlage heraus anzuheben. Doch mit jedem Tag trainiert es seine gesamte Muskulatur. Etwa mit **drei Monaten** ist es dann so weit: Viele Babys sind um diesen Zeitpunkt herum in der Lage, sich auf ihren Unterarmen abzustützen, wenn sie auf dem Bauch liegen; sie können dann ihr Köpfchen länger hochhalten und die Welt aus einer anderen Perspektive beobachten.

Das erste Lächeln

Wenn das Baby sein erstes Lächeln »verschenkt«, ist dies ein unvergesslicher Moment, bei dem allen Eltern das Herz aufgeht. Erfahrungsgemäß ist es im **zweiten Monat** so weit. Mithilfe dieses »Kontaktlächelns« kann Ihr Baby mit Ihnen kommunizieren.

Was ist das denn?

Es dauert einige Zeit, bis ein Säugling einen Gegenstand zuerst mit seinen Augen fixieren kann und dann seine Arme ausstreckt, um danach zu greifen. Doch viele Babys sind etwa mit **vier Monaten** so weit: Wenn Sie Ihrem Schatz ein interessantes Spielzeug anbieten, greift er mit der ganzen Hand danach.

Baby brabbelt

Ein Baby kann nicht nur schreien, sondern auch andere, leise Laute von sich geben: Bereits mit wenigen Wochen können Neugeborene Töne wie »ä«, »a« oder »ähä« von sich geben. Jeden Tag schult das Baby seine Stimme und vergrößert seinen »Wortschatz«. Und es ist bereits mit etwa **zwei Monaten** bereit, auf Ihre liebevolle Ansprache zu »antworten« – mit einem breiten Lächeln und freudigem Blick. Wunderbar!

Einmal hin, einmal her, rundherum, das ist nicht schwer

»Hoppla, eben lag ich noch auf dem Rücken. Und jetzt liege ich auf dem Bauch?!« Die einen Babys sind flinker, die anderen etwas bequemer, aber eines haben sie alle gemeinsam: Von einem Tag auf den anderen sind sie plötzlich so mobil, dass sie sich alleine umdrehen können. Meist geschieht das um den **sechsten Monat** herum.

Fremdeln

Langsam, aber stetig wird das Baby immer mobiler und bewegt sich Schritt für Schritt von Mama fort. Hinzu kommt, dass es bekannte und unbekannte Personen unterscheiden kann. Etwa um den **siebten Monat** herum beginnen Babys zu fremdeln; sie wenden den Kopf ab, weinen und haben Sehnsucht nach Mama oder Papa, wenn sie von Personen angesprochen werden, die sie nicht ständig um sich haben. Ein wichtiger Meilenstein, denn diese Reaktion zeigt, dass sich ein tiefes Vertrauen zwischen Mama (Papa) und dem Baby aufgebaut hat. Ihr Kind setzt sich mit Leibeskräften dafür ein, so nah wie möglich bei seinen Vertrauten bleiben zu dürfen.

Kleiner Papagei

Etwa mit **acht Monaten** beherrschen viele Babys ein großes Repertoire an Lauten und Silbenketten, die sie gerne aneinanderreihen und je nach Stimmungslage heiter und fröhlich oder eher missmutig von sich geben. Besonders faszinierend ist es, wenn Babys flüstern: Ganz leise und geheimnisvoll brabbeln sie mit leuchtenden Augen vor sich hin. Wenn Eltern ihr Baby animieren und in ein »Gespräch« verwickeln, können sie einen weiteren Meilenstein in der sprachlichen Entwicklung erkennen: Ebenfalls mit etwa acht Monaten gelingt es vielen Babys, leichte und deutlich vorgesprochene Silben genauso zu wiederholen. Genial!

Robben

Sich aktiv vom Rücken auf den Bauch zu drehen – und umgekehrt –, klappt bereits gut. Jetzt geht es in puncto Mobilität noch eine Etappe weiter. Viele Babys bewegen sich etwa um **den achten Monat** herum aus der Bauchlage heraus vorwärts und robben. Ab jetzt heißt es: Auf den Bauch, Kopf hoch und los! Ein Ärmchen vor, das gegenüberliegende Knie zur Hüfte ziehen. Dann das andere Ärmchen vor und das zweite Knie nachziehen. Na bitte, klappt doch.

Krabbeln

Meist klappt das Robben so gut, dass sich bei vielen Babys bereits nach wenigen Wochen das Krabbeln anschließt. Meistens ist es etwa um den **zehnten Monat** herum so weit. Das Kind hebt beim Robben den Po in die Höhe, sodass es den Boden nur noch mit den Knien und den Handflächen berührt. Auf allen Vieren krabbelnd begibt es sich auf Entdeckungsreise.

Baby setzt sich hin

Nur wenn seine Körpermitte über ausreichend Muskelkraft verfügt, kann ein Baby alleine und gerade sitzen. Erfahrungsgemäß ist dies erst mit etwa **neun Monaten** der Fall. Viele Babys drehen sich von der Rückenlage auf die Seite und hieven sich dann über die Seitenlage hoch in den Sitz. Auch gern gesehen: Um beim Krabbeln eine Verschnaufpause einzulegen, senkt das Baby seinen Popo auf die Unterschenkel – und sitzt. Was für eine wunderbare Position!

Das erste Mal auf eigenen Beinen

Es geht immer höher hinaus: Viele Babys beherrschen um den **elften Monat** herum den Vierfüßler- oder Bärengang, bei dem sie den Boden nur noch mit den Handflächen und Fußsohlen berühren. Am liebsten bewegt sich das Kind so in Richtung Tischbein, Stuhl oder Geländer, wo es sich mit den Händchen festhalten kann. Denn es hat ein klares Ziel vor Augen: sich daran hochzuziehen, um auf den Beinen zu stehen.

Der erste Schritt

Stehen macht einen Heidenspaß, und solange das Kind sicheren Halt hat, kann es auch die ersten Schrittchen wagen. Je kräftiger die Muskulatur und je größer der eigene Antrieb, desto trittsicherer setzen Kinder langsam einen Fuß vor den anderen – immer noch sicher unterstützt. Dies gelingt neun von zehn Kindenr etwa mit **zwölf Monaten.** 60 Prozent aller Kinder können um ihren ersten Geburtstag herum alleine laufen. Hut ab und herzlichen Glückwunsch!

»Mama«

Je mehr Anreize ein Kind zum Sprechen bekommt, desto lieber wird es Laute und Töne von sich geben. Da ein Baby im zweiten Lebenshalbjahr immer mehr Silbenketten produziert und auch mit Vorliebe lauscht, was man ihm vorspricht, ist es bis zum ersten »Ma-ma« oder »Pa-pa« nicht mehr weit: Meist um den **ersten Geburtstag** herum kommt den Kleinen diese Silbenkette über die Lippen. Und weil Mama so freudig auf dieses Wort reagiert und ihre Freude dem Kind gerne mitteilt, plappert dieses die Silbenkette genauso gerne immer wieder nach …. Wunderbar!

Das zweite Jahr

DIE VERHALTENS-ENTWICKLUNG

Die Zeit vergeht wie im Flug: Aus Ihrem Baby ist ein Kleinkind geworden. Es macht die ersten tapsigen Schritte und versucht sich voller Begeisterung an den ersten Wörtern. Die Verständigung wird immer einfacher, weil der Nachwuchs schon recht deutlich zeigen kann, was er will – zum Beispiel indem er auf einen begehrten Gegenstand zeigt und Sie gleichzeitig am Pullover zieht. Auf diese Weise lenkt das Kind Ihre Aufmerksamkeit auf das Objekt, das es gerne haben möchte. Und diesem Charme kann man sich kaum entziehen …

Ihr Kleines ist jetzt auch in der Lage, die universellen Basisemotionen deutlich auszudrücken: Jeder erkennt, ob es sich freut, ärgert, Angst hat oder traurig ist. Es sucht aktiv Unterstützung und Trost, wenn es sich zum Beispiel wehgetan hat; es weiß ja, wo sein sicherer Hafen ist (siehe Seite 15 ff.). Schließlich konnte das Vertrauen zu Ihnen in den vergangenen zwölf Monaten immer mehr wachsen und gedeihen.

Eins ist gewiss: Das zweite Lebensjahr Ihres Kindes wird genauso spannend werden wie das erste. Ihre Geduld wird zwar sicher manchmal auf eine harte Probe gestellt werden. Schließlich geht es in diesem Jahr um die wichtige Ich-Entwicklung – vielleicht hat sich hier und da die Trotzphase bereits angekündigt. Und auch die Schutzengel müssen in den folgenden Monaten so manche Überstunde und Zusatzschicht einschieben, wenn Ihr kleiner Forscher unterwegs ist. Lassen Sie trotzdem die Leine locker, denn jetzt heißt es für alle Beteiligten: Auf geht's zu neuen Ufern.

Sozial-emotionale Entwicklung

In der sozial-emotionalen Entwicklung wird Ihr Kind einen großen Sprung vollführen. Es macht zum Beispiel zum Abschied immer bewusster »Winke, winke«, ohne dass Sie es dazu auffordern müssen. Ziemlich bald streckt es auch seine Hand aus, um jemanden zu begrüßen oder zu verabschieden – genauso wie Sie es tun.

Nichtsdestotrotz fallen manche Kinder mit etwa eineinhalb Jahren noch einmal in die alte Ängstlichkeit zurück, wenn sie unbekannten Personen begegnen: Sie fremdeln wieder. Das ist jedoch kein Grund zur Sorge. Dieser »Fremdel-Schub« ist meist binnen weniger Tage oder Wochen wieder abgeschlossen.

Ihr Kleines wird in den nächsten Monaten immer mehr soziale Kontakte knüpfen und seinen Horizont immens erweitern. Vielleicht geht es zur Tagesmutter, in eine Krippe oder ist einige Nachmittage bei den Großeltern? Die Kind-Kind-Kontakte nehmen zu, und viele Zweijährige schließen schon echte Freundschaften. Auch wenn die Kleinen in diesem Alter eher noch nebeneinander als miteinander spielen, suchen sie bewusst Kontakt zu ihresgleichen. In Spielgruppen, bei der Tagesmutter und in der Krippe lässt sich beobachten, dass sie immer wieder dieselben Kinder ansprechen.

Die Entwicklung in der Familie

Bereits in den letzten Monaten seines ersten Lebensjahres hat Ihr Baby begonnen, andere Menschen nachzuahmen. Auf diese Art lernt und verinnerlicht es soziale Verhaltensweisen. Jetzt geht es rasant weiter. Ihr Kind beobachtet Sie nahezu ununterbrochen und ahmt Sie nach – meistens zeitversetzt. Besonders die häusli-chen Tätigkeiten imitieren die Kleinen: Sie werfen etwas in den Abfalleimer, tragen die Teller weg oder räumen die Spielsachen auf. All das erscheint ihnen nicht als Arbeit, sondern macht einfach nur Spaß. Auch die Eltern selbst sind ihnen Vorbilder. Kein Wunder, dass es ihnen zuweilen vorkommt, als blickten sie in einen Spiegel: Da sitzt der 14 Monate alte Sohn mit aufgestützten Ellbogen am Kindertischchen, hat den Kopf in die Hände gelegt und blickt nachdenklich ins Leere. Genauso sitzt sein Papa abends oft noch am Schreibtisch – es war ihm bisher nur nicht bewusst.

TIPP

Selber essen

Die Kleinen möchten jetzt gerne alles selbst machen – in ihren Augen sind sie ja schon groß. Gerade beim Essen kommt es oft zu den berühmten Trotzanfällen. Lassen Sie Ihr Kind daher so oft wie möglich selbstständig essen, auch wenn Tisch und Fußboden anschließend einem Schlachtfeld ähneln. Ein großes Handtuch unter dem Kinderstuhl hilft, dass alles schnell wieder sauber ist.

Viele Eltern füttern ihre Kinder bis weit ins dritte Jahr hinein und wundern sich irgendwann, dass die Kleinen so unselbstständig sind. Dabei ist es doch ganz einfach: Nur wenn Sie Ihrem Kind Zeit und Möglichkeit geben, selbst die weiche Butter aufs Brot zu streichen, den Kartoffelbrei mit dem Schöpflöffel auf den Teller zu befördern oder die Suppe zu löffeln, werden Sie bald ein selbstständiges Zweijähriges haben.

Ihr Kind wird immer selbstständiger: Um den ersten Geburtstag herum zieht es sich gerade einmal die Mütze vom Kopf, wenn es diese nicht tragen will, und isst Brotstückchen oder Nudeln mit den Fingern. Jetzt will es immer mehr alleine essen und nimmt sogar in Kauf, dass der Hunger langsamer als gewohnt gestillt wird, weil nur die Hälfte von dem, was auf dem Löffel liegt, tatsächlich im Mund landet.

Mit etwa eineinhalb Jahren trinken die meisten alleine aus einem Glas oder henkellosen Becher. Bis zum Ende des zweiten Jahres ziehen die Kleinen geöffnete Kleidungsstücke und Gummibundhosen alleine aus. Für all diese Dinge brauchen sie Sie nun nicht mehr. Und auch wenn es manchmal einiges an Geduld erfordert: Lassen Sie es Ihr Kind selbst versuchen, sonst nehmen Sie ihm die Chance, Erfahrungen zu machen.

STARKE GEFÜHLE

Schon mit etwa 14 bis 15 Monaten vermag Ihr Kind, Ärger, Zuneigung und Eifersucht klar und direkt auszudrücken. Es reagiert sensibel auf Lob und Tadel und zeigt seine Emotionen in seiner Mimik und Gestik deutlich. Es umarmt Sie liebevoll, blickt Sie mit seinem bezaubernden Lächeln an, »flirtet« und bietet als Liebesbeweis ein Spielzeug an. Seinem Ärger macht es durch Weinen und deutliche Wutanfälle Luft. Es zeigt auch erste Spuren von Eifersucht, zum Beispiel wenn Sie Ihre Aufmerksamkeit einem anderen Kind schenken – sei es die Schwester, der Bruder oder ein Besuch. In manchen Fällen äußert sich dieses Gefühl in aggressivem Verhalten (Kneifen, Schlagen) gegenüber dem anderen Kind. Ihr Schatz will damit den »Feind« aus dem Weg räumen.

Kinder in diesem Alter zeigen ihre Emotionen auch gegenüber einer Puppe, einem Teddy oder anderen Spieltieren: Sie drücken und streicheln sie zärtlich und geben ihnen sogar Küsschen. Auch Haustiere lieben die Kleinen innig.

Dennoch suchen Kleinkinder noch oft die Aufmerksamkeit der Eltern, indem sie zum Beispiel Blickkontakt knüpfen oder nach ihrer Kleidung greifen und daran zerren; es gibt ihnen Sicherheit, wenn man ihre Gefühle mit ihnen teilt.

KINDER FÜHLEN MIT

Schon vor dem 18. Lebensmonat empfinden Kinder Mitgefühl mit ihren Eltern und anderen nahestehenden Personen und sind in der Lage, dieses Mitgefühl auch auszudrücken. Wenn Sie zum Beispiel krank im Bett liegen, schaut es betroffen, umarmt Sie und bringt Ihnen vielleicht sogar sein Lieblingsspielzeug als Trost. Gegen Ende des zweiten Jahres zeigen die meisten Kinder großes Interesse für die Gefühle der anderen. Sie empfinden Empathie (einfühlendes Verstehen) für ihre Umwelt. Wissenschaftler nennen dieses Verhalten emotionale Intelligenz: die Gefühle des anderen (und natürlich auch die eigenen) zu erkennen, zu verstehen und damit umzugehen.

Soziale Kontakte unter Kindern

Dass Kinder im zweiten Lebensjahr mit Gleichaltrigen nebeneinander statt miteinander spielen, hat lange Zeit zu der Schlussfolgerung geführt, dass sie keine sozialen Kontakte zu ihresgleichen pflegen – dazu käme es erst im Kindergartenalter. Erst seit dem letzten Drittel des 20. Jahrhunderts beschäftigt sich die Wissenschaft damit, welche Rolle Kinder für die Entwicklung von Kleinkindern bedeuten. Dabei stellten die Forscher fest: Mutter und Vater können die Erfahrungen mit anderen Kindern nicht ersetzen und ihrem Jüngsten nicht alle notwendigen sozialen Erfahrungen vermitteln. Das Kind muss zum Beispiel seine Sachen nicht mit den Eltern teilen, und diese würden daher auch nie um ein Spielzeug kämpfen. Solche Erfahrung muss es unter seinesgleichen machen. Und so bleiben die Eltern zwar auch im Laufe der nächsten zwölf Monate die wichtigsten Interaktionspartner für ihr Kind. Gleichzeitig aber braucht es mehr Kind-Kind-Kontakte als bisher. Dabei lernt es zum Beispiel

○ zu kommunizieren,
○ Konflikte auszutragen,
○ sich gemeinsam für eine Sache einzusetzen,
○ sich in die Situation und Gefühlswelt des anderen zu versetzen (Empathie),
○ Toleranz.

KINDER BRAUCHEN KONTAKT ZU KINDERN

Kleinkinder können zwar schon alleine spielen, und auch die Eltern sind als Spielpartner unschlagbar, weil sie auf Impulse ihrer Kleinen eingehen und bewusst neue Anregungen geben. Junge Kinder wollen und sollen aber vor allem mit anderen Kindern zusammen sein. Sie schließen sich dabei meist zu Zweiergrüppchen zusammen; größere Gruppen übersteigen noch ihre kognitiven und sozialen Fähigkeiten.

Die gemeinsamen Alltagssituationen und Themen unter Kleinkindern unterscheiden sich deutlich von denen Erwachsener. Kinder haben untereinander eine andere Kultur – eine Kinderkultur. Ihre Beziehungen sind gleichwertig, die Kleinen sind auf derselben Wellenlänge. Kommt es zum Beispiel zu Streitereien, haben beide Seiten vergleichbare Machtmittel. In der Erwachsenen-Kind-Kultur sind die Beziehungen dagegen asymmetrisch, weil Erwachsene mehr Wissen und Erfahrung mitbringen. Außerdem gibt es bestimmte Dinge, die nur die Großen machen, etwa das Naseputzen oder das Windelwechseln. In der Kinderwelt sind solche Aufgaben nicht vorgesehen.

WEGE DER VERSTÄNDIGUNG

Wissenschaftler haben festgestellt, dass Kinder im zweiten Lebensjahr erstaunlich kompetent sind. Der sprachliche Austausch spielt zwar noch eine untergeordnete Rolle, aber die Jüngsten finden trotzdem Wege, sich auszudrücken und miteinander zu kommunizieren:

○ Sie setzen sich zum Beispiel zu einem Freund und machen überzogene Grimassen. Der andere ist zunächst überrascht, dann aber verzieht auch er das Gesicht, und beide lachen lauthals. Mimik, Gestik und Körperhaltung sind somit wichtige Bestandteile des sozialen Kontakts. Die gegenseitige Nachahmung wird als »Sprache« in der Kleinkind-Freundschaft bezeichnet.

○ Kinder sind ohne Worte in der Lage, einfache soziale Spiele zu initiieren. Wenn sie zum Bei-

Beim gemeinsamen Spiel bringen beide Kinder ihre Ideen ein. Jeder lernt vom anderen und gibt sein Wissen weiter.

spiel ein Kind zum Fangenspielen animieren wollen, laufen sie kurz weg, stoppen, drehen sich um und schauen das andere Kind auffordernd oder fragend an. Soziale Kontakte können auch durch Blödsinnmachen geknüpft werden. Klopft ein Kind beispielsweise mit einem Löffel auf die Heizung und schaut dabei das andere auffordernd an, dauert es in der Regel nicht lange, bis dieses ebenfalls zu trommeln beginnt.

○ Spielzeug und andere Gegenstände spielen im sozialen Austausch eine wichtige Rolle. Man gibt dem anderen den Ball in der Hoffnung, diesen wieder zu bekommen. Das gegenseitige Geben und Nehmen hat Ihr Kind beim »Bitte-Danke-Spielen« mit Ihnen gelernt. Jetzt überträgt es das Erlernte auf die Gleichaltrigen.

BESITZKONFLIKTE – MEINS UND DEINS

Noch versteht das Kind nicht, was ihm gehört und was nicht. Es kann noch nicht unterscheiden, ob ein Spielzeug tatsächlich sein Eigentum ist oder ob es ihm nur für den Moment »gehört«, weil es gerade damit spielt. Die Kleinen lernen zunächst das Besitzen (»Ich bin, was ich besitze«), miteinander teilen ist erst später angesagt. »Meins« ist das Wort, das oft – und laut – aus ihrem Mund zu hören ist. Und die Kinder verteidigen ihr Eigentum mit allen ihnen zur Verfügung stehenden Mitteln.

Besitzerkonflikte machen etwa die Hälfte aller Kind-Kind-Kontakte im zweiten Lebensjahr aus; als soziales Lernen sind sie wichtige soziale Erfahrungen in der Kinderkultur. Normalerweise sollten Eltern versuchen, sich nicht einzumischen, damit die Kinder selbst Lösungen finden. Und oft regeln die kleinen Streithähne den Konflikt tatsächlich alleine. Da das soziale Lernen jedoch nicht angeboren ist, sondern gelernt werden muss, braucht Ihr Kleines Sie manchmal als Vorbild oder Schlichter. Auch wenn Gewalt im Spiel ist, müssen Sie eingreifen. Egal welche Rolle Ihrem Kind zukommt: Nehmen Sie das Gefühl des »Opfers« ernst, und trösten Sie es. Erklären Sie im Gegenzug dem »Täter«, dass sein Verhalten nicht in Ordnung ist und dass er dem anderen Kind wehtut.

KIND-KIND-KONTAKTE FÖRDERN

Damit Ihr Kind soziales Verhalten entwickeln kann, braucht es ausreichend Gelegenheiten, mit anderen Kindern in Kontakt zu kommen. Diese ergeben sich (noch) nicht automatisch. Erst im Kindergartenalter kann sich Ihr Kind bewusst selbst verabreden (»Darf ich heute zu dir kommen?«). Bis dahin müssen Sie sich als Eltern fragen: Hat unser Kleines genug Kontakte zu anderen Kindern? Kennen wir andere Familien mit Kindern? Machen Sie sich aber auch keinen Stress, weil Sie denken, ein Sozialförderprogramm auf die Beine stellen zu müssen. Überlegen Sie einfach, wann Ihr Liebling Kontakt zu anderen Kindern knüpfen kann. Wichtig ist, dass diese Begegnungen in regelmäßigen Abständen zustande kommen, wie es zum Beispiel bei einer wöchentlichen Eltern-Kind-Gruppe oder beim Spielen mit dem Nachbarskind der Fall ist. Auch die abwechselnde Kinderbetreuung mit einer Freundin verschafft den Kleinen die Möglichkeit, erste Freundschaften aufzubauen. In der Kinderkrippe oder bei der Tagesmutter haben Kinder sogar beinahe täglich Kontakt zu Gleichaltrigen. Spielplatzkontakte sind dagegen meist zufällige Begegnungen, keine Dauerfreundschaften. Trotzdem lernen die Kleinen, wie sie sich in einem weiteren sozialen System zu verhalten haben – der Spielplatz hat seine eigenen Regeln. Spezielle Förderangebote wie musikalische Früherziehung sind nicht so kontaktfördernd. Hier steht die Förderung im Vordergrund, nicht der soziale Kontakt.

Die Trotzphase – wohin mit der Wut?

Da sitzt das eigene Kind in seinem Stühlchen und wartet sehnlichst auf das angekündigte Butterbrot. Als Papa endlich den Teller auf den Tisch stellt, genügt ein Blick, und Teller samt Brot fliegen auf den Boden, gefolgt von lautem Gebrüll. Was ist los? Es freut sich doch sonst immer, wenn es ein Butterbrot bekommt. Warum also der plötzliche Wutanfall – von einem Moment auf den anderen und ohne ersichtlichen Grund?

Verläuft so ein »Anfall« innerhalb der eigenen vier Wände, ist er für die Eltern meist leichter zu ertragen als in der Öffentlichkeit, wo einem nur allzu oft von allen Seiten Unverständnis entgegenschlägt. Verständlich, denn Sprüche wie »So ein Dickkopf«, »Du bist aber ein ungezogenes Kind«, »Jetzt lassen Sie doch, das kann man ja gar nicht mit anhören« sind mehr als unangenehm. Dasselbe gilt für jene Blicke der Außenstehenden, die ohne Worte signalisieren: »Zum Glück ist das nicht meins.«

Zwischen dem 18. und 30. Lebensmonat machen alle Kinder und damit auch zwangsläufig ihre Eltern eine Trotzphase durch. Wann, wie heftig und wie lange diese Entwicklungsphase dauert, ist individuell unterschiedlich, hängt vom Temperament des Kindes und von den Reaktionen der Eltern ab. Einige Kinder trotzen nur einmal in der Woche, andere sogar nur einige Male im Monat, dann aber richtig. Die Mehrzahl »kollert« mehrmals am Tag, beispielsweise beim Essen, beim Anziehen oder vor dem Zubettgehen – jeden Abend dieses Theater …

Die Wutanfälle der Trotzköpfe beginnen meist urplötzlich, ohne Vorwarnung und ohne offensichtlichen Grund. Da wurde die Butter dicker

INFO

Wenn das Kind vor Wut blau anläuft

Wenn ein Kind so laut und lange schreit, dass es blau anläuft, merkwürdig mit den Armen und Beinen zuckt, nur noch oberflächlich atmet und anschließend einige Minuten völlig erschlafft, erschrecken die meisten Eltern erst einmal gewaltig. Denn was sie da eben erleben, ähnelt stark einem epileptischen Anfall. Im Gegensatz zu diesem wird ein Affektkrampf beziehungsweise Weinkrampf jedoch immer durch Enttäuschung, Frustration, heftige Wut, Ärger oder auch Schmerzen ausgelöst. Zum Glück kommt so ein Tobsuchtsanfall sehr selten vor und ist immer harmlos – auch wenn der dramatische Verlauf anderes vermuten lässt. Die Kinder tragen in der Regel nie einen Spätschaden davon, auch nicht, wenn sie blau anlaufen.

Derartige Tobsuchtsanfälle kommen am häufigsten zwischen dem 6. und 18. Monat vor und können bis zum 6. Lebensjahr auftreten. Bei etwa 5 Prozent der Kinder sind sie zu beobachten und ein paar Mal im Jahr bis zu mehrfach täglich möglich. Im EEG zeigen sich diese Anfälle als verlangsamte Hirnströme; es gibt keine Anfallszeichen im Sinne einer Epilepsie. Da Sie trotzdem nie sicher sein können, ob es sich nicht doch um einen echten epileptischen Anfall handelt, sollten Sie unbedingt immer den Notarzt verständigen. Bis er eintrifft, ist das Ganze zwar normalerweise vorbei, aber Sie haben die Gewissheit, dass alles in Ordnung ist. Wenn Ihr Kind zu Tobsuchtsanfällen neigt, empfiehlt es sich, Verbote und Grenzen sehr behutsam zu setzen.

als gewohnt aufs Brot geschmiert – schon geht es los. Oder sie wollen partout die Ringelsöckchen anziehen – zack! Nur manchmal signalisieren der Schmollmund oder die zusammengekniffenen Augen, dass der Ausbruch jeden Augenblick bevorsteht.

Kinder brauchen oft Jahre, bis sie in der Lage sind, ihre Gefühle einigermaßen zu kontrollieren. Einige Menschen schaffen es sogar nie vollständig; jähzornige Ausbrüche älterer Kinder und Erwachsener sind Überbleibsel der frühkindlichen Trotzreaktionen.

TROTZ – STREBEN NACH AUTONOMIE

Viele Eltern reagieren auf den bisher kaum gekannten Widerspruchsgeist mit Selbstzweifeln: Ist das wirklich unser Kind? Haben wir irgendetwas falsch gemacht? Sie sind fassungslos und fühlen sich im ersten Moment hilflos und verloren. Dabei hat nur ein ganz normaler Entwicklungsschritt begonnen: Spätestens jetzt heißt es für Eltern und Kinder, Abschied zu nehmen von der Babyzeit. Und das, obwohl die kindlichen Fähigkeiten, selbst mit der Welt fertigzuwerden, noch in den Kinderschuhen stecken – im wahrsten Sinne des Wortes. Im Fachjargon wird die Trotzphase auch Autonomiebestreben oder Autonomiephase genannt.

Kind und Eltern werden auf dem Weg zur Selbstständigkeit höchstwahrscheinlich einige dramatische Szenen durchmachen. Die wohl schwierigste Aufgabe für Mutter und Vater ist dabei, zu lernen, die Trotzphase als eine positive Entwicklungsaufgabe zu sehen. Das mag zwar bei einem akuten Wutanfall keine große Hilfe sein. Wenn sie jedoch verstanden haben, worum es geht, lässt sich die Situation gelassener durchstehen. Zumindest im Nachhinein weiß man, dass ein weiterer Schritt in Richtung Autonomie zurückgelegt wurde.

EINE WICHTIGE ENTWICKLUNGSPHASE

Manche Kinder bringen ihren Willen schon in der Babyzeit lauthals zum Ausdruck: Sie schreien, weil sie zum Beispiel nicht in den Autositz wollen oder im Kinderwagen unbedingt auf dem Bauch liegen möchten. Mit zunehmender geistiger Entwicklung lernen die Kleinen, sich dann als Person zu erkennen: »Das bin ja ich da im Spiegel« (siehe Seite 186). Durch diese Selbstwahrnehmung merken Kinder, dass sie als Person etwas erreichen können. Sie setzen Handlungen und Wörter bewusst ein, um Entscheidungen herbeizuführen oder sich durchzusetzen. Sie können die Reaktionen ihrer Eltern beeinflussen.

Die Trotzphase ist ein deutlicher Ausdruck dafür, dass ein Kind seinen eigenen Willen entwickelt und sich als eigene Persönlichkeit empfindet. Auf dem Weg zu Autonomie und Selbstständigkeit stellen Kinder nämlich fest, dass nicht alles so läuft, wie sie es gern hätten. Andere Menschen können andere Gefühle und einen anderen Willen haben. Und sie erkennen, dass es zu jeder Entscheidung eine Alternative gibt: »Willst du einen Apfel oder eine Birne? Möchtest du Wasser oder Tee?« Sie entscheiden sich meistens schnell für die letztgenannte Alternative und sind später sauer, weil sie es doch anders wollten. Manchmal sind sie auch überfordert: Was schmeckt wirklich besser?

»Zeit der Ambivalenzen« nennen Experten diese oft schwierige Zeit. Die Jungen und Mädchen wollen alles alleine machen, scheitern aber oft noch an den Anforderungen; es ist eben gar nicht so einfach, eine Strumpfhose alleine anzuziehen oder Wasser aus einem Krug ins Glas zu gießen. Sie möchten groß sein und alles selbst machen, stoßen aber an ihre Grenzen. Sie geraten in Wut, und da sie sich sprachlich noch nicht so gut ausdrücken können, entladen sich die Emotionen in einem Tobsuchtsanfall.

Warum Autonomie so wichtig ist

Wenn ein Kind sich selbst als eigenständige Person entdeckt hat, beginnt die langsame Loslösung von den Eltern. Wie später in der Pubertät werden echte Machtkämpfe nur mit den nahen Bindungspersonen ausgetragen. Schließlich gehört zur Bindung auch das Loslassen (können).

○ Mit dem Zornausbruch zeigt Ihr Rebell ein völlig gesundes Verhalten: Er beginnt, sich abzugrenzen. Der Zorn ist der Drang zur Selbstständigkeit (Autonomie), der eigene Wille wird langsam geformt – Übung macht den Meister.

○ Tagtäglich erfahren Kinder in diesem Alter Konflikte und Grenzen oder merken, dass sie doch (noch) nicht alles so geschickt machen, wie sie sich es vorstellen. Diese innere Erregung (Wut) muss sich entladen können. Anfangs steht den Kleinen als Ventil »nur« Toben, Stampfen und Sichfallenlassen zur Verfügung.

○ Stellen Sie sich einen Zornanfall wie eine Art Kurzschluss vor: Ihr Kind verliert den Kontakt zur Umwelt. Diskutieren und Klären sind in diesem Moment sinnlos, ebenso wie das Trotzen völlig kontraproduktiv ist. Nach dem Anfall ist der Auslöser für den Konflikt vergessen.

○ Ihr Kind hat ambivalente Gefühle: Einerseits will es seinen Willen durchsetzen, andererseits hat es Angst, dass dies auf Kosten Ihrer Liebe gehen könnte. Denken Sie jedes Mal daran, dass Ihr kleiner Rebell nicht böse auf Sie ist, auch wenn er Ihnen gegen das Schienbein tritt oder wild um sich schlägt. Verantwortlich dafür ist der Gefühlsstau im Gehirn.

○ Wut wirkt oft negativ, gehört aber zur gesunden Entwicklung: Ihr Kind lernt, seine Gefühle zu zeigen. Mit der Zeit kann es seine Emotionen immer besser steuern. Ein selbstsicheres Kind wird später versuchen, seine Wünsche ohne Wutanfall durchzusetzen.

○ Durch die Auseinandersetzungen lernt Ihr Kind, dass Konflikte zum Alltag gehören und gelöst werden können. Es erfährt, dass Konflikte Beziehungen vertiefen können. Wenn Sie zwar sein momentanes Verhalten missbilligen, aber anschließend nicht nachtragend sind, geben Sie ihm das Gefühl, dass Sie Ihren Trotzkopf als Person wertschätzen und lieben. So bieten Sie Verlässlichkeit und Sicherheit.

○ Es ist tatsächlich eine Kunst, gelassen zu bleiben, aber Ihr Kind braucht die Erfahrung, dass es etwas ändern und bewirken kann. Geben Sie ihm immer wieder Möglichkeiten, sich in einem bestimmten Spielraum zu bewegen und eigene Entscheidungen zu treffen und sich in Selbstbestimmung zu üben. Auf der anderen Seite braucht es aber auch klare Spielregeln, die ihm innerhalb seines sozialen Umfelds Orientierungshilfe bieten.

»Ich will aber!« Kleinkinder müssen erst lernen, mit emotionalen Spannungen umzugehen, ohne zu bocken.

181

Auslöser für den Koller – und was dagegen hilft

Da der Zornausbruch meist wie ein Blitz aus heiterem Himmel einschlägt, bleibt für die Eltern oft unverständlich, was das Kind gerade so wütend macht. Doch es gibt ein paar Standardsituationen, die fast immer zu einem mehr oder weniger heftigen Koller führen.

ENTSCHEIDEN ÜBERFORDERT

Je jünger Ihr Kind ist, desto schneller fühlt es sich durch seine Entscheidungsfreiheit überfordert und ist verunsichert. »Wollen wir zum Zoo oder zum Spielplatz?« Das ist eine schwierige Frage, schließlich sind beides attraktive Angebote. Wenn Ihr Kind drei Jahre alt ist, können Sie es ruhig fragen, ob es mittags Nudeln oder Kartoffelbrei essen will. Jetzt aber ist damit noch Ärger vorprogrammiert: Sie servieren den gewünschten Kartoffelbrei, und Ihr Kleines fängt an zu brüllen, weil es keine Nudeln bekommt. Denn in diesem Moment glaubt Ihr Schatz wirklich, er hätte Nudeln gewollt, und ist nun verärgert, da er den Kartoffelbrei serviert bekommt.

Sicher ist es wichtig, dass Ihr Kind auch einmal entscheiden und seinen Willen kundtun kann, aber nicht von früh bis spät. Weniger ist oft mehr. Es ist ihm keine Hilfe, ständig zwischen Alternativen wählen zu müssen.

»ALLEINE! LEINE!«

Die Devise im zweiten Lebensjahr lautet eindeutig: Alles selbst machen. Überlegen Sie daher, was Ihr Kind schon alleine machen kann, und stellen Sie ihm kleine Aufgaben. Es kann zum Beispiel beim Einkaufen die Tüte in den Wagen legen. Fast immer lässt sich dadurch vermeiden, dass das Kind die Regale leer räumt. Wenn Sie wissen, dass Ihr Kind etwas nicht alleine schafft (etwa das Fleisch klein schneiden),

sagen Sie nicht: »Du bist noch zu klein, das mache ich.« Schneiden Sie seine Portion besser schon vorher in Stückchen und reichen sie erst dann weiter. Den Kartoffelbrei kann Ihr Schatz selbst auf den Teller schöpfen.

ZU VIELE VERBOTE

Überlegen Sie, wie oft Sie am Tag »Nein« sagen. Wenn Sie es ganz genau wissen wollen, empfiehlt es sich, ein Nein-Tagebuch zu führen, in das Sie von morgens bis abends notieren, was das Kind nicht darf. Anhand der Aufzeichnungen können Sie dann überprüfen, welche »Neins« Sie umgehen könnten, indem Sie Ihr Kind entweder gewähren lassen oder die Situation entschärfen – etwa durch Vorankündigung: »Ich nehme die schweren Sachen und spitzen Messer aus der Spülmaschine, du die anderen.« Erklärungen und Alternativen helfen oft vorbeugend. Hören die Kinder dagegen den ganzen Tag »Lass das!« oder »Nein, das darfst du nicht«, wächst die Wut, bis sie sich irgendwann ein Ventil verschafft.

RITUALE UND AUSNAHMEN

Rituale helfen Ihrem Kind, sich im Alltag zu orientieren. Nach dem Aufwachen gibt es Frühstück und anschließend wird sich gewaschen und angezogen – oder umgekehrt. Vor dem ins Zubettgehen gibt es eine kleine Bilderbuchgeschichte und ein Gute-Nacht-Lied. Wenn Sie wissen, dass es Veränderungen im Tagesablauf geben wird, kündigen Sie diese rechtzeitig an. Denn plötzliche Veränderungen können im Gefühlschaos enden.

EIN SPIEL ABRUPT BEENDEN

Wenn Ihr Kleines im Spiel vertieft ist, vergisst es die Zeit. Wenn Sie weg müssen oder wollen, kündigen Sie dieses einige Minuten vorher an:

»Bau noch den Turm fertig, dann gehen wir.« Wenn Sie das Spiel abrupt beenden, kann dies einen Koller auslösen.

LANGE WARTEZEITEN

Weil Kinder noch kein Gefühl für Zeit haben, kann schon ein Satz wie »Gleich gehen wir zum Spielplatz« Anlass für einen Wutanfall sein. Es genügt, dass Sie noch einmal schnell ans Telefon müssen, während Ihr Sprössling mit den Schuhen in der Hand im Gang steht und auf Ihre Hilfe wartet. Er will wirklich genau in diesem Moment zum Spielplatz gehen.

MÜDIGKEIT MACHT TROTZIG

Müde Kinder sind gereizter und trotzen deswegen schneller als ausgeschlafene. Sorgen Sie also für genügend Schlaf; auch Sie sind weniger belastbar, wenn Sie müde sind.

Gelassen bleiben, handeln und Halt geben

Es ist nicht immer leicht, bei einem Wutanfall Ruhe zu bewahren. Doch schimpfen, drohen, schreien oder gar schlagen bringt gar nichts. Auch wenn Sie Ihr Kind durch Streicheln beruhigen wollen, bewirkt dies meist das Gegenteil: noch mehr Wut. Geben Sie trotz allem nicht nach, sondern versuchen Sie, die Nerven zu behalten. Wenn Sie nachgeben, wird Ihr Kind die Wutanfälle bald ganz bewusst einsetzen – Erziehungsexperten nennen dies »fixierten Trotz«. Zählen Sie bis 10 oder 20, und denken Sie daran, dass Ihr Kind in diesem Moment einfach nicht erreichbar ist und in seinem Gefühlschaos steckt. Schweigen Sie eine Zeitlang. Vielleicht hilft es, an das Positive zu denken: Ihr Kind entwickelt sich genau in diesem Moment wieder ein Stückchen weiter. Das Zimmer zu verlassen kann, muss aber keine Lösung sein: Bei einigen Kindern verstärkt es die Wut zusätzlich, weil sie Ihr Weggehen als eine Form von Liebesentzug deuten. Sie haben Angst, dass sie nicht mehr geliebt werden.

Das Wichtigste ist, dass Sie Ihrem Kleinen nach seinem Anfall Halt geben, indem Sie es auf den Arm oder Schoß nehmen. Denken Sie daran, dass Ihr Kind von seinen Gefühlen gerade regelrecht überflutet wurde – jetzt braucht es erst mal Luft zum Atmen. Übrigens: In manchen Situationen, wie beim Anschnallen im Autositz, müssen Sie handeln, egal ob Ihr Liebling es versteht oder nicht und wütend wird. Sie können sein Gefühl spiegeln, indem Sie sagen: »Ich verstehe, dass du ärgerlich bist, aber es muss jetzt sein.« In diesem Fall haben Sie die Wissensmacht.

Die Welt verstehen – die geistige Entwicklung

Die Art und Weise, wie das Kind seine Umwelt erkundet, ändert sich zusehends. Es reicht jetzt nicht mehr, Probleme zu lösen, indem es zum Beispiel dem Ball hinterherkrabbelt und ihn so wieder holt. Der kleine Forscher will auch selbst Probleme schaffen, um zu experimentieren, Erfahrungen zu sammeln und Ergebnisse zu analysieren: Was passiert, wenn ich den Trinkbecher in den Kartoffelbrei drücke? Was geschieht wohl, wenn ich der Katze auf den Schwanz trete, die Reiswaffel in den DVD-Recorder stecke oder das Telefon ins Aquarium werfe? Situationen wie diese bringen die Neuronen zum Knistern wie bei einem Lagerfeuer. Nicht selten überschreiten die Kleinen dabei ihre Grenzen und müssen in die Schranken verwiesen werden: Mit Kartoffelbrei spielt man nicht, aber im nassen Sand lässt sich gut experimentieren.

Von Forschern und Dreckspatzen

Wenn Ihr Baby nicht viel gespuckt oder gesabbert hat, war es bisher wahrscheinlich den ganzen Tag sauber angezogen; Breiflecken blieben meistens am Latz hängen und kleine Kleckereien landeten auf dem Tisch. Zudem hatten Sie es vermutlich bisher recht gut im Griff, wie sauber die Dinge waren, mit denen Ihr Kind gespielt hat. Das ändert sich jetzt: Das Kind springt schwuppdiwupps in eine Pfütze und ist bis zu den Knien nass und dreckig. Es legt sich in einem unbeobachteten Augenblick bäuchlings auf den Gehweg, um in den Gulli zu spähen. Es hebt alte Dinge von der Straße auf oder steckt seine Finger in den beschmierten Parkscheinautomaten. Die Kleinen ekeln sich eben noch nicht und machen daher keinen Unterschied zwischen sauberen und dreckigen Gegenständen. Deshalb sollten sie sich ab nun angewöhnen, dass man sich nach dem Spazierengehen zu Hause erst einmal die Hände wäscht.

MIT ALLEN SINNEN DIE WELT ENTDECKEN

Nehmen Sie es mit Gelassenheit, wenn Ihr Kind mit matschigen Schuhen und Hosentaschen voller Sand vom Spazierengehen heimkehrt. Spiel und Schmutz gehören einfach zusammen, ebenso wie Spiel und geistige Entwicklung. Freuen Sie sich, dass es die Welt mit allen Sinnen entdeckt und verstehen lernt. Sie ersparen sich selbst und Ihrem Kind viel Ärger, wenn Sie

Erde ist ein tolles Forschungsobjekt. Es lässt sich herrlich darin wühlen, und sie klebt so schön an den Händen.

ihm nur solche Sachen anziehen, die es auch schmutzig machen darf und die man mindestens hundertmal waschen kann. Übertriebene Sauberkeit bremst die Entdeckerlust und kann zu Verhaltenshemmungen führen. Natürlich müssen Sie aber auch Grenzen setzen, was Ihr Kind auf der Straße und in der Natur anfassen darf und was nicht. Manches ist unhygienisch und sogar lebensgefährlich. Benutzte Taschentücher, Zigarettenreste oder Hundekot gehören nicht in Kinderhände. Hier müssen Sie Ihren Forscher bremsen. Schimpfen Sie aber nicht einfach drauflos, sondern erklären Sie ruhig und sachlich, dass man durch dreckige Taschentücher oder Hundekot krank werden kann.

Stationen des Forschertrips

Die spannende kognitive Reise Ihres Kindes geht weiter: Die Welt zu verstehen ist aufregend. Begleiten Sie Ihren Schatz dabei.

12. BIS 18. MONAT

○ Die »Erinnerungsautobahn« im Gehirn wird von Monat zu Monat breiter: Ihr Kind erinnert sich an Menschen, Gegenstände und Plätze, mit denen es vor Kurzem Kontakt hatte. Es sucht und fragt nach, wo das Feuerwehrauto ist, mit dem es gestern gespielt hat: »Feueauto?«
○ Noch immer macht es den Kleinen viel Spaß, Gegenstände fallen zu lassen. Sie experimentieren dabei aber auf immer höherem Niveau: Was passiert, wenn ich meinen Löffel nicht einfach vom Hochstuhl aus fallen lasse, sondern mich vorher selbst noch hinstelle? Was macht die Spieluhr, wenn ich sie aus dem Bett werfe? Wie weit kann ich den Teddy schmeißen, wenn ich dabei auf dem Bett hopse?
○ Ihr Kleines ist stark erregt, wenn es in einem Buch etwas sieht, das es gerne mag, zum Beispiel einen Teddy. Wahrscheinlich wird es sogar versuchen, danach zu greifen, denn noch kann es Fiktion und Realität nicht unterscheiden.
○ Wenn Sie es fragen, wo sich die Katze oder das Auto im Bilderbuch »versteckt« hat, wird es voller Begeisterung darauf zeigen.
○ Das Kind kann einfache Formen nach ihrer Größe unterscheiden und zuordnen. Es gelingt ihm zum Beispiel, bei einem Puzzle zwei unterschiedlich große Kreise in die entsprechenden Vertiefungen einzupassen. Dabei wird ausprobiert, gedreht und eventuell ausgetauscht.

18. BIS 24. MONAT

○ Der Nachwuchs kann mittlerweile mindestens drei Personen mit Vornamen benennen. Auch die Eltern gehören zu diesem Kreis: Obwohl das Kind sie mit Mama und Papa anspricht, weiß es, wie sie heißen. Nicht immer gelingt es ihm zwar, die Vornamen vollständig auszusprechen, aber es verwendet sie immer gleich: Susanne ist Sanne, Johanna Anna.
○ Jetzt erkennt Ihr Kind den Unterschied zwischen einem Bild und einem wirklichen Gegenstand. Wenn Sie in einem Buch einen Ball sehen und es fragen »Wo ist dein Ball?«, wird es aufstehen und ihn suchen.
○ Schon mit etwa einem Jahr zeigen Kinder die meisten Körperteile bei sich selbst richtig. Nun können sie dieses Wissen auch auf die Puppe übertragen: Augen, Ohren, Haare …
○ Gegen Ende des zweiten Lebensjahres können die Kleinen drei Becher der Größe nach ineinanderstecken – vorausgesetzt, sie hatten vorher die Möglichkeit, damit zu experimentieren. Sie können symmetrische Formen (Dreieck, Kreis, Rechteck) erkennen und sie in die passenden Aussparungen eines Steckwürfels stecken.
○ Knapp Zweijährige ordnen leidenschaftlich gern gleiche Gegenstände wie Autos, Tiere oder Bauklötze zu Gruppen (Kategorisieren).

Das »Ich« im Spiegel

Schon im Alter von wenigen Monaten betrachten sich die meisten Babys gern im Spiegel. Auf den Armen ihrer Eltern entdecken sie sich im Wandspiegel oder lachen sich in einem Handspiegel an. Dabei erkennen sie aber noch nicht, dass ihnen da das eigene Gesicht entgegenschaut und kein fremdes Baby. So groß die Faszination auch sein mag, die von einem Spiegel ausgeht: Erst ab einem bestimmten Alter hilft das Spiegelbild, sich ein Bild von sich selbst zu machen. Doch ab wann erkennt ein Kind sich selbst im Spiegel? Und was bedeutet dieses Sich-Erkennen für seine Entwicklung?

Weil Spiegeln bei der Ich-Entwicklung eine wichtige Rolle zugeschrieben wird, raten Entwicklungspsychologen, einen großen Wandspiegel im Kinderzimmer zu installieren, in dem sich die Kinder vollständig sehen können. Zwar gibt es in den meisten Haushalten so einen Spiegel im Flur. Aber gerade im dritten und vierten Lebensjahr wollen Kinder ihr Spiegelbild auch einmal ungestört betrachten (gern auch nackt). Von Spiegelelementen auf dem Boden ist dagegen zumindest bis zum Alter von 18 Monaten eher abzuraten. Sie sind für die Kleinen zu verwirrend und irritieren sie. Krabbeldecken mit Folienspiegel und Eckspiegeln können in diesem Alter sogar Angst auslösen, weil sie die Wahrnehmung irritieren. Ältere Kinder finden den Eckspiegel jedoch ganz toll.

Manche Babys lieben Spiegel auf dem Boden, andere haben Angst. Achten Sie auf die Signale Ihres Kindes.

Hallo, Spiegelbild

So sieht sich Ihr Kind im Spiegel:

○ **4 bis 5 Monate:** Das Baby lacht sein Spiegelbild fröhlich an. Es sieht dabei noch nicht sich selbst, sondern ein anderes Baby, das ihm ebenfalls freundlich zulächelt.

○ **6 Monate:** Nun blickt Ihr Baby das »andere« Baby skeptisch an, und weil dieses auch etwas düster zurückblickt, bleibt es ernst und argwöhnisch. Wenn Sie jedoch zusammen mit Ihrem Kleinen vor einem Wandspiegel stehen oder einen großen Handspiegel so halten, dass es beide Köpfe sehen kann, lächelt Ihr Kind Sie an. Es erkennt Sie.

○ **7 bis 12 Monate:** Das Kind wird auffällig aktiver, wenn es sich im Spiegel sieht. Es macht ihm nun großen Spaß, mit dem Spiegelkameraden zu »kommunizieren«: Es lächelt ihn an, bewegt Kopf und Arme, betastet und berührt den Freund im Spiegel. Ab und an küsst es ihn sogar begeistert. Kurz betrachtet das Kind erstaunt seine Lippenspuren auf dem Glas, aber dann folgt auch schon das nächste Küsschen. Mit etwa 12 Monaten bietet es seinem Gegenüber

Spielzeug oder einen Keks an und sucht nach ihm. Doch leider ist hinter dem Spiegel kein Zwilling zu entdecken.

○ **12 bis 15 Monate:** In dieser Phase wirken Spiegel auf viele Kinder etwas unheimlich. Sie betrachten das Spiegelkind und seine Bewegungen aufmerksam. Wenn Sie Ihr Kind unbemerkt beobachten, entdecken Sie wahrscheinlich eine bestimmte Ratlosigkeit in seiner Mimik: »Wer ist das Kind eigentlich?« Einige Kinder wirken befangen und scheu, andere rennen weg oder legen den Spiegel beiseite, manche weinen sogar. Bahnt sich das Erkennen des eigenen Spiegelbildes und somit des eigenen Ichs an?

Die Kinder haben zwar ihren ganzen Körper kennengelernt und wissen, dass die Füße und Beine, der Rumpf sowie die Arme und Hände ihnen gehören. Sie haben ein Bild von sich, aber das reicht nur bis zum Hals. Sie wissen nicht, wie ihr Gesicht aussieht. Daher betrachten sie das fremde Kind jetzt oft ganz genau von oben bis unten, erkennen aber noch nicht, dass sie es selbst sind – aber bald ist es so weit.

○ **18 bis 24 Monate:** In den letzten Monaten vor seinem zweiten Geburtstag macht Ihr Kind einen großen kognitiven Entwicklungssprung: Es erkennt sich selbst im Spiegel: »Das bin ich.« »Visuelles Selbsterkennen« nennen die Fachleute diesen Meilenstein. Noch ist das Selbstbild aber ziemlich instabil, und die Kinder brauchen auf dieser geistigen Reise weiterhin die Unterstützung der Eltern. Das zeigt sich auch in der Form, wie sie von sich selbst sprechen. Zunächst redet der Nachwuchs von sich selbst in der dritten Person; erst mit zwei oder drei Jahren sagt er »Ich« (und auch »mein, mir, mich«). Doch auch wenn das Ich-Bewusstsein jetzt noch lange nicht vollständig entwickelt ist: Die Eigenwahrnehmung des Spiegelbilds ist immerhin ein wichtiger Schritt in diese Richtung.

Wer ist das Mädchen? Erst mit rund zwei Jahren begreifen Kinder, dass sie sich selbst im Spiegel sehen.

Der Spiegel-Test

Mit einem einfachen Trick können Sie zu Hause ausprobieren, ob Ihr Kind sich bereits selbst im Spiegel erkennt. Wissenschaftler haben dazu den sogenannten Rouge- oder Spiegel-Test entwickelt: Nehmen Sie mit der Fingerspitze etwas knalliges Rouge oder kräftigen Lidschatten auf und streichen Sie damit beim Schmusen oder Vorbeigehen unbemerkt über die Nase, die Wange oder die Stirn Ihres Kindes. Jetzt heißt es abwarten. Wie reagiert Ihr Schatz, wenn er sich kurz darauf in einem Spiegel sieht? Berührt er den lustigen Farbklecks auf der glatten Glasfläche? Dann hat er noch nicht erkannt, wer ihm da entgegenblickt. Greift er jedoch nach einiger Zeit in sein eigenes Gesicht, ist es offensichtlich so weit: Ich bin ich.

DIE KÖRPERLICHE ENTWICKLUNG

Nie mehr wieder wächst ein Mensch so schnell wie in den ersten zwölf Lebensmonaten. An seinem ersten Geburtstag misst ein Kind durchschnittlich 20 Zentimeter mehr als bei der Geburt. Unglaublich viel Energie setzte der kindliche Körper in das Wachstum – ohne dabei andere Bereiche wie die Verhaltensentwicklung, die sprachliche oder die soziale Entwicklung zu vernachlässigen.

Natürlich geht es auch weiterhin mit voller Kraft voraus, und Ihr Sprössling geht mit großen Schritten durch das neue Lebensjahr – im wahrsten Sinn des Wortes. Denn spätestens ab jetzt kommt das Kind allmählich von alleine auf die Beine (wenn es nicht bereits schon laufen kann) und ist rund um die Uhr in Bewegung – es sei denn, es schläft.

Weil sich ein junger Mensch stets ganzheitlich entwickelt, feilt Ihr Schatz weiterhin in jedem Moment seines Lebens an seinen Fähigkeiten, wie Krabbeln, Sitzen, Stehen, Gehen, Hocken, Greifen, Sprechen oder Spielen. Doch auch wenn in seiner Gesamtentwicklung stets alles parallel verläuft, kann es für Eltern manchmal so wirken, als käme es in dem ein oder anderem Bereich zu einer kurzzeitigen Stagnation. So ist das eine Kind zum Beispiel bereits sehr früh auf zwei Beinen unterwegs ist, während es in seiner sprachlichen Entwicklung etwas »hinterherhinkt«. Ein Gleichaltriger plappert dagegen bereits munter drauflos, steht dafür aber noch ein wenig unsicher auf den Beinen. Auch hier heißt es: Alles zu seiner Zeit. Jedes Kind bringt sein eigenes Tempo mit.

Die Bewegungsentwicklung vom 12. bis 18. Monat

Bevor ein Kind gehen kann, muss es erst einmal selbstständig in den Stand kommen. Am besten gelingt ihm dies, wenn es sich an einem Gegenstand hochziehen kann, etwa am Treppengeländer oder der Sofasitzfläche. Wenn es sich aufgerichtet hat und sein Körpergewicht über den Fußsohlen ausbalanciert, sodass Fußballen und Ferse gleichmäßig belastet werden, steht das Kind. Arme und Hände sind ihm dabei eine große Hilfe – es braucht sie zum Ausbalancieren oder um sich festzuhalten. Nicht selten sind die Kleinen selbst überrascht, wenn sie auf beiden Beinen stehen: Da schau her, in dieser Position sieht die Welt doch schon ganz anders aus.

Zuerst war der Stand

Viele Kinder stehen anfangs noch sehr breitbeinig und beugen dabei die Knie- und Hüftgelenke. In dieser Position lässt sich das Gleichgewicht leichter halten. Manchmal sind zusätzlich auch die Füße etwas nach außen gerichtet, was für noch mehr Standfestigkeit sorgt. Nach und nach jedoch gewinnt das Kind an Sicherheit und richtet sich weiter auf. Es streckt seine Knie- und Hüftgelenke, die Füße stehen parallel zueinander und das Kind kann in dieser Position Kopf, Rücken, Arme und Beine frei bewegen, ohne dabei sein Gleichgewicht zu verlieren. Ihr kleiner Schatz kann nun stehen.

Viele Kinder üben ihre neu gewonnene Standfestigkeit ausgiebig und ziehen sich an allem hoch, was den nötigen Halt bietet. Das ist gut, denn so können sie ihre Muskeln kräftigen. Solange sich das Kind festhalten kann, sind zudem viele neue Bewegungen möglich, wie auf den Zehenspitzen stehen oder wippen. Indem es

Knie- und Hüftgelenke beugt und streckt, trainiert das Kind alle unteren Gliedmaßen. Es dauert dann meist nicht lange, bis Ihr Kind entdeckt, dass es im Stand einen Fuß anheben und trotzdem noch auf dem anderen stehen kann. Dies ist der erste Schritt in Richtung Gehen.

DEN STAND VERÄNDERN

Stehen zu können ist ein wichtiger Meilenstein im Leben des Kindes – denn von hier aus sind mehrere Positionswechsel möglich.

○ **Hocken:** Um etwas vom Boden aufzuheben, aber trotzdem auf beiden Beinen stehen zu bleiben, geht das Kind langsam in die Hocke. Häufig steht es dazu breitbeinig, beugt Knie-, Hüft- und Fußgelenk und streckt einen Arm zum Boden. Um das Gleichgewicht besser halten zu können, strecken viele Kinder den anderen Arm hinter ihrem Rücken lang aus.

○ **Knien:** Diese Position verlangt ein hohes Maß an Koordination. Das Kind beugt zunächst ein Knie, lässt es auf den Boden nieder und beugt erst dann das zweite Knie; in manchen Fällen geht es mit beiden Knien gleichzeitig nach unten. Um vom Kniestand wieder nach oben zu kommen, hält sich Ihr Kind anfangs mit einer oder beiden Händen fest, stellt einen Fuß vor, verlagert sein Gewicht auf diesen und richtet sich anschließend auf.

○ **Bärenstellung:** Das Kind bückt sich und stützt sich mit beiden Händen auf dem Boden ab. Um aus dieser Position wieder aufstehen zu können, verlagert es zunächst sein Gewicht auf die Fußsohlen und richtet dann den Rumpf auf.

Mobil auf zwei Beinen

Wie in den anderen Bereichen auch ist die zeitliche Spannbreite, wann ein Kind zu gehen beginnt, groß. Während die einen schon vor dem ersten Geburtstag auf zwei Beinen mobil waren, lassen sich andere noch ein paar Monate Zeit. Das ist kein Grund zur Sorge. Im Durchschnitt schaffen es 90 Prozent aller gesunden Babys um den ersten Geburtstag herum, einige wenige Schritte zu gehen, wenn sie sich an einem Möbel oder Ähnlichem festhalten können; meist klappt das Gehen in beide Richtungen (nach links und rechts; Rückwartsgehen kommt erst später). Diejenigen Kinder, die schon immer einen ausgeprägten Bewegungsdrang hatten, schaffen es zu dem Zeitpunkt sogar, ihre ersten Schritte ohne fremde Hilfe zu wagen.

DIE ERSTEN WACKELIGEN SCHRITTE

Wenn ein Kind sicher steht, dauert es in der Regel nicht mehr lange, bis es auch die ersten Schritte wagt. Dazu hält es sich anfangs noch an einem Gegenstand fest und verlagert sein Gewicht von einem Fuß auf den anderen, um sich seitlich fortzubewegen – mit Vorliebe am Sofa, an einem Stuhl oder niedrigen Tisch entlang. Wenn es ihm zu anstrengend wird und es eine kleine Pause braucht oder wenn es zwischendurch etwas Interessantes entdeckt, lässt sich Ihr Kind mühelos aus der aufrechten Haltung heraus über die Knie nieder und setzt sich auf den Boden.

Je häufiger das Kind übt, desto sicherer werden seine Schritte. Als Trainingshilfe ist ihm dabei alles willkommen, was einen guten Halt bietet oder – noch besser – sich dabei über den Boden schieben lässt, wie ein Hocker, eine solide Kiste oder ein stabiler Puppenwagen. Diese mobilen »Laufhilfen« bieten eine perfekte Möglichkeit, die Wohnung im Laufschritt zu erkunden. Wunderbar! Wenn Sie Ihrem Kind Ihre beiden (Zeige-)Finger anbieten, wird es diese vermutlich ebenfalls gerne umklammern und – sich daran festhaltend – munter durch die Wohnung spazieren. Es freut sich über Ihr Angebot, seinen Lebensraum auf diese unkonventionelle Weise entdecken zu können. Dank Ihrer Hilfe kommt es leichter über die Teppichschwelle, Ihre Füße verursachen keine Quietschgeräusche auf dem Fliesenboden, und an Ihrer Hand kommt man auch viel leichter in die hintersten Ecken.

AB DURCH DIE MITTE

Streng genommen bedeutet es nicht, dass Ihr Kind gehen kann, wenn es ein paar Schritte macht und sich dabei festhält – auch dann nicht, wenn es den Parcours um den Tisch oder entlang dem Sofa souverän meistert. Die bekannte ungarische Kinderärztin und Forscherin der kindlichen Bewegungsentwicklung Emmi Pikler (1902–1984) bezeichnet diese »Küstenschiffahrt«, bei der das Kind nur von Erwachsenen geführte Schritte machen kann beziehungsweise sich an Hilfsmitteln festhält, daher als »vom Erwachsenen gestütztes oder geführtes Gehen«.

Ein Kind kann dann gehen, wenn es sich mit geradem und aufgerichtetem Rumpf selbstständig

INFO

Der »feine« Unterschied zwischen Gehen und Laufen

Beim Gehen bleibt stets ein Fuß mit dem Boden verhaftet. Er sorgt für Standfestigkeit, während der andere Fuß abhebt und eine neue Position anstrebt. Egal, wie schnell ein Kind vorwärts kommt: Solange immer ein Fuß den Boden berührt, geht das Kind. Im Unterschied dazu gibt es beim Laufen eine kurze Flugphase, bei der beide Füße für einen Augenblick gleichzeitig in der Luft sind und keine Bodenhaftung haben.

und ohne fremde Hilfe fortbewegt, indem es sein Gewicht mit jedem Schritt von einem auf den anderen Fuß verlagert und dabei sein Gleichgewicht zu halten vermag.

Sobald sich ein Kind sicher fühlt und das Gleichgewicht halten kann, unternimmt es seine ersten freien Schritte. Es traut sich nun zu, den gewohnten Halt loszulassen, nutzt beide Arme, um sich auszubalancieren – und geht in kleinen Schritten vorwärts. Anfangs wieder eher breitbeinig und meist mit nach innen gerichteten Füßen und Zehen, setzt es wagemutig einen Fuß vor den anderen. Dabei helfen die Arme mit, das Gleichgewicht zu halten, und die Konzentration ist voll und ganz auf das Gehen gerichtet. Manche Kleinkinder halten in einer Hand ein Spielzeug, und zwar ganz fest, als wollten sie sich daran in der Luft abstützen.

DER WEG IST DAS ZIEL

Am Anfang haben die wenigsten Kinder ein klares Ziel vor Augen, auf das sie zusteuern. Das Motto: Der Weg ist das Ziel. Denn gehen zu können ist faszinierend und spannend zugleich. Die neu erworbene Fertigkeit muss von nun an immer und immer wieder geübt werden. Sie bietet Ihrem Kind ein Stück Freiheit und bisher ungewohnte Unabhängigkeit – endlich kann es ohne Ihre Hilfe dahin gelangen, wo es schon immer hin wollte. Genial!

Wann immer es die Gelegenheit dazu bekommt, möchte ein Kind gehen dürfen. Je mehr es dies ohne fremde Hilfe trainieren kann, desto besser. Wenn es sein Gleichgewicht nicht halten kann oder die Füße schneller trippeln, als ihm lieb ist, plumpst das Kind um, denn es kann sein Tempo anfangs noch nicht drosseln oder bremsen. Zum Glück schützt es das dicke Windelpaket. Außerdem animiert jeder Versuch (auch der missglückte), es noch einmal zu versuchen, bis es endlich funktioniert. Entsprechend groß ist der Jubel, wenn das Kind die Teppichkante oder Türschwelle gemeistert hat, ohne umzufallen.

Nach einigen Wochen kann das Kind sicher gehen. Es gelingt ihm nun mit Leichtigkeit, die Richtung zu wechseln, das Tempo zu drosseln oder abzubremsen, wenn es sein Ziel erreicht hat. Nach und nach automatisiert sich der Vorgang des Gehens, sodass es sich immer weniger darauf konzentrieren muss. Es kann seine Aufmerksamkeit wieder anderen Dingen widmen – etwa dem Spielzeug auf dem Tisch oder der Mutter, die in der Küche kocht und der es einen Besuch abstatten möchte.

Endlich ist richtig was los. Sobald es mit dem Laufen klappt, sind Kinder kaum mehr zu bremsen.

191

Augen auf beim Schuhkauf

Wenn der Nachwuchs die ersten Schritte macht, können es manche Eltern kaum erwarten, ein Paar Schuhe für ihren Sprössling zu besorgen. Aber hätten Sie gedacht, dass Ihr Kind bald schon etwa acht (!) Paar Schuhe im Jahr braucht? Kaum zu glauben, aber wahr: zwei Paar Halbschuhe (Frühjahr und Herbst), ein Paar Gummistiefel, ein Paar Sandalen, ein Paar Winterstiefel, zwei Paar Hausschuhe (für zu Hause und für die Kinderkrippe, die Tagesmutter oder den Kindergarten) und nicht zuletzt ein Paar Turnschuhe oder Turnschläppchen.

Das erste Paar Schuhe muss her

Doch wann sollte ein Kind eigentlich Schuhe tragen? Tatsächlich sind sie erst dann nötig, wenn Ihr Kind sicher auf eigenen Füßen steht und laufen kann. Ein Babyschuh ist nicht dazu da, das selbstständige Stehen und Gehen zu fördern – das sollte ein Kind allein beherrschen. Kinder, die noch nicht selbst gehen können, brauchen auch noch keine festen Schuhe.

Auch zu Hause und im Kinderwagen sind Schuhe unnötig. Anti-Rutschsocken oder Strumpfhosen mit verstärktem Fußbereich reichen völlig aus. Noch besser ist es, wenn Ihr Kind, wann immer es möglich ist, barfuß gehen kann. Dies fördert nicht nur die ganzheitliche Wahrnehmung des Kindes über seine Fußrezeptoren, sondern trainiert auch die kleinen Fußmuskeln optimal. Denken Sie nur einmal daran, wie aufregend es ist, mit nackten Füße über den Sand oder warme Steine zu laufen oder in eine kleine Pfütze zu steigen.

Wenn weder die Jahreszeit noch die Bodenbeschaffenheit in der Wohnung es zulassen, mit nackten Füßen zu gehen, ist der Zeitpunkt für ein Paar Schuhe gekommen.

MATERIAL UND QUALITÄT

Schuhe bis Größe 26/27 werden in der Regel als Lauflernschuhe bezeichnet. Ihr knöchelhoher Schaft schützt das Fußgelenk. Denn die kindlichen Muskeln und Sehnen sind noch nicht so gut entwickelt, dass sie das Gelenk vor dem Umknicken bewahren können. Ebenso ist eine verstärkte Fußspitze sinnvoll, damit sich das Kind nicht seine Zehen verletzt. Kaufen Sie einen bequemen Schuh mit weicher, aber rutschfester Sohle mit ausgeprägtem Profil, den Sie wie einen Putzlappen »auswringen« können. Um sicherzugehen, dass keine Schadstoffe enthalten sind, lohnt es sich, auf TÜV-geprüfte Schuhe beziehungsweise auf den Hinweis »Öko-Tex Standard 100« zu achten. Wenn das Schuhmaterial sogar speichelfest oder speichelecht ist, können Sie davon ausgehen, dass er ganz frei von

TIPP

Schablone als Größenmesser

Aus den meisten Schuhen lässt sich heute die Sohle herausnehmen. So können Sie sehr gut überprüfen, ob ein Schuh (noch) passt. Wenn das Kind auf der Sohle steht, sollte zwischen Sohlen- und Zehenspitze gut ein Daumen breit Platz sein.

Ist die Sohle fest im Schuh verklebt, können Sie eine Schablone anfertigen. Stellen Sie dazu den Fuß Ihres Kindes auf einen dünnen Karton, zeichnen Sie seinen Umriss nach, und schneiden Sie die Kontur dann aus. Passt die Schablone mühelos in den gewählten Schuh und haben die Zehen vorne noch einen guten Zentimeter Platz, passt der Schuh.

Schad- und Giftstoffen ist. Lederschuhe haben den Vorteil, dass sie atmungsaktiv und weich sind und sich dadurch der Form des Kinderfußes anpassen. Immer praktisch ist es, wenn sich der Kinderschuh möglichst weit öffnen lässt. Dann kann der Fuß leichter hinein- und herausschlüpfen, was das Anziehen enorm vereinfacht.

DIE RICHTIGE GRÖSSE

Die Schuhgröße Ihres Kindes lässt sich nur feststellen, indem Sie Länge und Breite des Kinderfußes im Fachgeschäft messen lassen. Doch die Größe allein sagt noch nicht, ob der Schuh auch optimal passt, schließlich ist jeder Fuß so einzigartig wie das Kind selbst. Als Faustregel gilt: Der Schuh sollte immer etwa einen Zentimeter größer sein als der Fuß. Diesen zusätzlichen Platz im Zehenraum braucht der Fuß, um richtig abrollen zu können – und um weiterhin ungestört zu wachsen. Trotzdem ist es für einen ungeübten Kinderschuh-Käufer nicht einfach zu erkennen, ob ein Schuh gut passt oder nicht. Besonders beim ersten Paar sollten Sie sich daher unbedingt von einem Experten beraten lassen; er weiß genau, welcher Schuh der richtige ist. Denn Ihr Kind ist noch zu klein, um zu sagen, ob und wo der Schuh drückt. Hinzu kommt, dass kleine Kinder die Angewohnheit haben, ihre Zehen einzuziehen, sobald etwas von außen auf den Schuh drückt. Leicht passiert es so, dass man zur falschen Größe greift, weil das Kind seine Zehen anwinkelt, wenn man mit dem Daumen prüfen möchte, wie viel Platz diese noch haben. Viele Kinderschuh-Fachgeschäfte bieten außerdem an, den Kinderfuß alle vier bis sechs Wochen nachzumessen, um zu prüfen, ob der Schuh noch richtig sitzt. Schließlich wächst ein Kinderfuß im ersten Lauflernjahr durchschnittlich um drei Größen; dementsprechend braucht es neue Schuhe.

ZU KLEINE SCHUHE

Folgende Merkmale können darauf hinwiesen, dass der Schuh zu klein (geworden) ist:

○ Der Fuß gleitet schlecht in den Schuh hinein (allerdings kann dies auch am ungünstigen Schnitt des Schuhs liegen).
○ Die Zehenspitzen sind gerötet, wenn das Kind aus dem Schuh schlüpft.
○ Ihr Kind lehnt seine Schuhe plötzlich partout ab und will sie nicht mehr anziehen.

Kinder brauchen erst dann Schuhe, wenn sie laufen können. Interessant finden sie diese aber schon früher.

193

Das Sitzen

Sich ständig auf zwei Beinen zu bewegen macht müde. Wann immer eine Verschnaufpause angesagt ist, kann Ihr Kind selbstständig entscheiden, ob und wie es sich hinsetzen mag. Wenn ein Kind auf dem Boden sitzt, ist sein Rücken in der Regel gerade aufgerichtet. Sein Gewicht ruht weitgehend auf den Sitzbeinhöckern, wobei die angewinkelten oder langgestreckten Beine eine weitere Unterstützungsfläche bieten. Sitzt es auf einer Treppenstufe, einem kleinen Stuhl oder einer anderen Erhöhung, unterstützt der Bodenkontakt seiner beiden Füße, dass es im Gleichgewicht bleiben kann. Natürlich kann es auch vorkommen, dass ein sitzendes Kind sich hin und wieder auf seinen Händen abstützt, etwa dann, wenn es nach einem Spielzeug in der Nähe greifen möchte.

Die bekannte ungarische Kinderärztin und Forscherin Emmi Pikler hat eine klare Definition geprägt: Ein Kind kann dann alleine sitzen, wenn es in der Lage ist, seinen Rumpf über den beiden Sitzbeinhöckern auszubalancieren, ohne dass es sich mit seinen Händen abstützen muss. Außerdem kann es ohne fremde Hilfe in die sitzende Position kommen beziehungsweise sie wieder verlassen, ohne das Gleichgewicht zu verlieren. Ein Kind kann (noch) nicht sitzen, solange es auf die Hilfe von Erwachsenen oder unterstützende Hilfsmittel angewiesen ist, die ihm dabei helfen, in einer sitzenden Position zu bleiben, zum Beispiel durch mehrere Kissen im Rücken.

VERSCHIEDENE SITZMÖGLICHKEITEN

Sitzen ist nicht gleich sitzen – und so verfügen viele Kinder über ein großes Repertoire an »Sitzpositionen«. Wenn das Kind auf dem Boden sitzt, unterscheidet man folgende Varianten:

○ **Fersensitz:** Hüft- und Kniegelenke sind gebeugt, das Kind sitzt auf oder zwischen seinen Fersen. Um diese Position wieder zu verlassen,

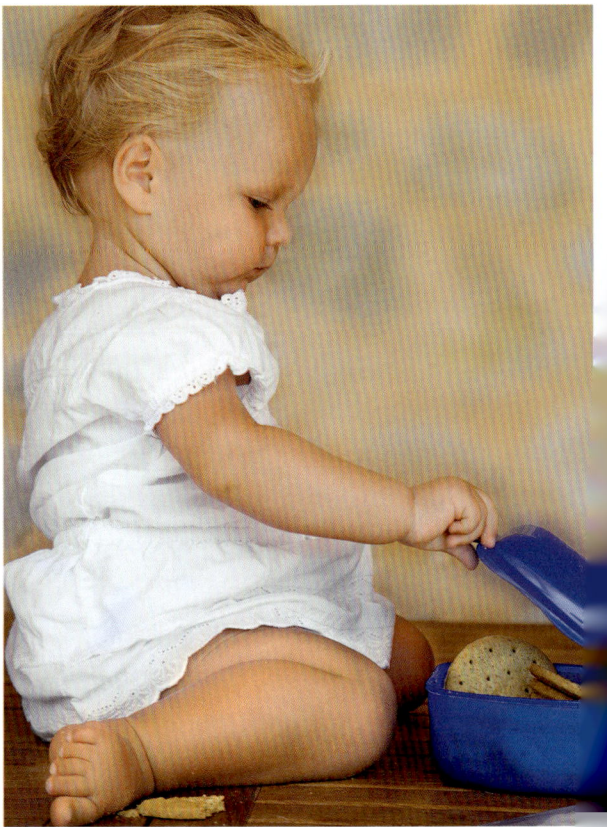

Der Fersensitz erscheint Erwachsenen ziemlich unbequem, aber viele Kleinkinder sitzen besonders gerne so.

stützt es seine Hände vor sich auf dem Boden ab, hebt das Hinterteil an und verlagert sein Gewicht auf die Knie (Knie-Hände-Stütz). Jetzt kann es leicht in den Kniestand gelangen, wenn es seinen Po und den Oberkörper aufrichtet.

○ **Seitsitz:** Das Kind sitzt auf seinem Po und hat beide Füße zu einer Seite ausgerichtet.

○ **Langsitz:** Das Kind sitzt auf dem Boden und streckt beide Beine lang aus – entweder geschlossen nach vorne oder gespreizt.

Innerhalb dieser drei beschriebenen Sitzpositionen stecken noch zahlreiche weitere, die sich aus der Grundstellung ergeben können, zum Beispiel der Sitz auf nur einer Ferse, während das andere Bein anwinkelt ist, oder ein Langsitz, bei dem das Kind ein Bein nach vorne streckt, das andere nach hinten anwinkelt.

Gleichgültig, für welche Sitzposition sich Ihr Schatz entscheidet, eines haben sie alle gemeinsam: Sie erlauben dem Kind, seinen Kopf frei zu bewegen, es kann seinen Rücken zu beiden Seiten drehen und bewegen sowie nach vorne und nach hinten beugen. Außerdem kann das Kind im Sitzen seine Arme, Hände und Finger benutzen, ohne dass es sich festhalten muss.

AUFSTEHEN AUS DEM SITZEN

Um direkt vom Boden aufstehen zu können, braucht das Kind aus der sitzenden Position

Im Sitzen (hier Langsitz mit gespreizten Beinen) kann das Kind ausruhen, spielen oder mit Mama scherzen.

eine weitere Übergangsposition – etwa den Knie-Hände-Stütz. Leichter fällt ihm das Aufstehen von einer erhöhten Sitzposition, zum Beispiel von einem Kinderstuhl. Dann beugt sich das Kind mit seinem Oberkörper etwas nach vorne, damit sich das Gleichgewicht auf die Füße verlagert und streckt anschließend Hüft- und Kniegelenke. Möchte es sich wieder auf eine Sitzerhöhung setzen, geschieht das Ganze anders herum: Das Kind beugt sich ein wenig vor, beugt Knie- und Hüftgelenke und lässt sich nieder, bis es auf der Sitzfläche angekommen ist. Das Gewicht wird von den Fußsohlen wieder auf die Sitzbeinhöcker verlagert.

TIPP

Runde Sache für die Muskeln

Der spielerische Umgang mit dem Gymnastikball macht nicht nur Spaß, sondern schult auch Gleichgewicht und Koordination und sorgt für eine kräftige Muskulatur. Knien Sie sich auf den Boden, setzen Sie Ihr Kind auf den Ball, und halten Sie es am Becken gut fest. Durch sanftes, minimales Hin-und-her-Bewegen zur Seite oder vor und zurück unterstützen Sie die Beweglichkeit der kindlichen Hüfte. Sorgen Sie dafür, dass Ihr Kind aufrecht auf dem Ball sitzt. Das können Sie unterstützen, indem Sie sich beispielsweise einen Hut aufsetzen, den das Kind erreichen will. Auch gut: Geben Sie Ihrem Kind einen großen Luftballon in die Hand, der es zum Geradesitzen animiert.

Hauptsache hoch hinaus – die Welt der Klettermaxe

Durch jeden Schritt seines täglichen Lauftrainings bekommt Ihr Kind mehr Übung. Anfangs fällt ihm das abrupte Stehenbleiben noch schwer, und es landet immer mal wieder auf seinem Hinterteil. Dann kann es in der Wohnung schon mal rumpeln, zum Beispiel wenn das »Stehaufmännchen« mit dem Telefonschränkchen oder der Stehlampe kollidiert. Das ist auch der Grund, warum Sie Ihre Wohnung so bald wie möglich kindersicher gestalten sollten – zum Wohle Ihres Kindes ebenso wie zu dem Ihrer Einrichtung. Mehr Informationen dazu lesen Sie auf Seite 206 f.

ES GEHT NOCH HÖHER: TREPPEN STEIGEN

Treppen üben auf Kinder eine geradezu magische Anziehungskraft aus. Treppensteigen ist für die Kleinen der pure Genuss – sie trainieren damit die Koordinationsfähigkeit von Armen und Beinen, kräftigen ihre Muskeln, gewinnen an Selbstsicherheit und sind nicht zuletzt unglaublich stolz, wenn sie oben angekommen sind. Anfangs krabbeln die Kinder noch auf allen vieren die Stufen hoch, später dann schon auf zwei Beinen stehend. Sicherheitshalber halten sie sich dabei am Geländer fest.

In den ersten Tagen und Wochen stellt das Kind beim Treppensteigen erst den einen Fuß auf die Stufe und zieht dann den zweiten auf die gleiche Stufe nach. Erst wenn dieser ebenfalls auf der Trittfläche steht, nimmt es wieder den ersten Fuß, stellt ihn auf die nächsthöhere Stufe und macht mit dem anderen Fuß erneut diesen Nachstellschritt. Es dauert oft bis zum Ende des dritten Lebensjahres, bis ein Kleinkind so viel Sicherheit und Vertrauen beim Treppensteigen entwickelt hat, dass es die Füße ohne Nachstellschritt direkt hintereinander von der unteren auf die nächsthöhere Stufe setzt. Aber wenn es das erst einmal verstanden hat, wird es dies immer so tun.

UND SO GEHT ES WIEDER NACH UNTEN

Den Weg nach unten legen die Kleinen am Anfang meist rückwärts und auf allen Vieren zurück – das ist sicherer. Instinktiv versucht das Kind, Sicherheit zu gewinnen, indem es die Wand entlang nach unten krabbelt oder sich an den Sprossen des Treppengeländers festhält, sobald es eine Hand dafür frei hat. Nicht selten setzen sich die Kinder auf die Stufen und bezwingen als »Poporutscher« Stufe für Stufe auf dem Weg nach unten.

LIEBER MUT STATT VERBOT

Viele Eltern sehen im Treppensteigen eine permanente Herausforderung und sind ständig auf der Hut, damit ihr kleiner Liebling nicht kopfüber hinunterpurzelt. Vor lauter Angst erklärt manche Mutter die Treppe gerne zur kompletten Sperrzone. Doch damit beraubt sie ihr Kind wichtiger Trainingseinheiten. Statt die Treppe dauerhaft zu verbieten, sollten Sie Ihrem Kind lieber so oft wie möglich helfen, die Stufen hinauf und hinunter zu gehen. Denn Übung macht den Meister: Je häufiger Ihr Kind trainiert, desto früher und selbstsicherer kann es mit einer Treppe umgehen. Loben Sie es für jede gemeisterte Stufe. Auch wenn Sie dafür Geduld brauchen: Diese Zeit ist gut investiert.

SEIEN SIE TROTZDEM VORSICHTIG

Keine Frage – auch wenn Treppen für die Bewegungsentwicklung eines Kindes hilfreich sind, stellen sie doch auch ein hohes Unfallrisiko dar – und zwar immer dann, wenn das ungeübte Kleinkind unbeaufsichtigt auf ihnen herumklettert. Darum gilt: Lassen Sie Ihr Kind nie ohne Aufsicht an einer Treppe spielen. Damit Sie nicht dauerhaft in Sprungbereitschaft sein müssen, helfen spezielle Treppenschutzgitter. Es gibt verschiedene Modelle mit unterschiedlichen Befestigungstechniken. Lassen Sie sich im Baby-Fachhandel oder Fachgeschäft beraten, welches Modell zu Ihrer Treppe passt.

Laufstall – Paradies oder Babyknast?

Bewegungsdrang und Freiraum für die Entwicklung in allen Ehren, aber manchmal müssen Eltern auch einmal durchschnaufen oder für kurze Zeit etwas Dringendes erledigen. Leider stimmen diese Momente nicht immer mit den Schlafenszeiten des Kindes überein. Was also tun, wenn man das Kind einige Momente unbeaufsichtigt lassen muss?

Ein Laufstall kann hier ein guter Kompromiss sein. Keine Frage: Auf Mamas Arm oder Papas Schoß ist es natürlich noch schöner – und ungeteilte Aufmerksamkeit ist das Allerbeste. Aber es gibt Situationen, in denen eine Mutter ihr Kind für eine kleine Weile nicht auf dem Arm brauchen kann, zum Beispiel wenn sie kurz in den Keller, in die erste Etage oder an die Haustür muss. In all diesen Fällen kann aus dem oft verpönten »Babyknast« eine gemütliche und kuschelige Spielfläche werden. Schließlich können Sie den Laufstall mit einer Spieldecke, Kuscheltieren, Spielzeugen und Bauklötzen durchaus attraktiv einrichten. So manches Baby findet diesen besonderen Spielplatz einladend und angenehm. Allerdings kommt es auch hier auf die (Zeit-)Dosis an, denn der Laufstall darf nicht zum »Dauerparkplatz« werden. Eine Aufenthaltsdauer von 20 bis 30 Minuten, maximal zweimal am Tag, ist ein guter Richtwert. Mehr sollte es nicht sein.

INFO

Am liebsten allein unterwegs – für immer mit Mama

Sobald Kinder auf zwei Beinen unterwegs sind, beginnt eine anstrengende Phase – für die Kleinen und für ihre Eltern. Im zweiten Lebensjahr erkennt das Kind immer mehr, dass es keine Einheit mit seiner Mutter bildet, sondern eine eigene Identität besitzt. Es fühlt sich bei seiner Mama zwar sicher und geborgen, andererseits muss es sich einen (oder mehrere) Schritt(e) aus ihrer Obhut lösen, damit es zu seiner eigenen Persönlichkeit findet. Was also tun?

Für Eltern kann diese Phase schwierig werden: Ist ihr Kind in einem Moment noch sehr anhänglich, reagiert es im nächsten Augenblick eher abweisend. Auch das Kind selbst ist verwirrt – es liebt seine Mutter so sehr, dass es (eigentlich für immer) in ihrer Nähe sein möchte. Andererseits möchte es aber auch seinen eigenen Weg gehen, ohne seine Mutter durch die »Trennung« zu verletzen. Ein wahres Dilemma.

Gerade jetzt heißt es für Sie als Eltern: Zeigen Sie Verständnis und geben Sie Ihrem Kind das Gefühl, dass es sich ausprobieren darf. Auch wenn es quengelt, unzufrieden ist und sich manchmal bockig verhält, sollten Sie stets versuchen, Ihrem Kind Rückhalt zu vermitteln. Egal was kommt: »Ich liebe dich, so wie du bist. Denn nicht du bist anstrengend, sondern dein Verhalten ist anstrengend. Aber ich verstehe, warum du so reagierst.«

Die Feinmotorik

Weil Kinder im zweiten Lebensjahr den Zangengriff beherrschen, eröffnet sich ihnen das weite Feld des Greifens: Alles kann gepickt, gepackt und gegriffen werden. Egal ob es sich dabei um die Haarbürste oder ein einzelnes Haar, ein Buch oder einen winzigen Papierschnipsel, einen Wanderstock oder einen Zahnstocher handelt – das Zusammenspiel von Händen und Fingern klappt reibungslos. Ihr Kind weiß genau, welcher Gegenstand welche Greiftechnik erfordert. Bei feinen kleinen Dingen entscheidet es sich für den Pinzetten- oder Zangengriff, bei größere Sachen packt es mit beiden Händen zu.

Farben sind ein tolles Erlebnis für Kinder, vor allem wenn man auch noch die Finger hineinstecken darf.

Aber nicht nur das Greifen und Festhalten funktioniert immer besser, sondern auch das Loslassen. Und diese Fertigkeit bildet sich in den kommenden Wochen immer mehr heraus. Ihr kleiner Schatz bringt Ihnen dann nicht nur gerne einen Bauklotz, er legt ihn auch noch in Ihren Händen ab.

FLINKES HAND-WERKZEUG

Nachdem das freie Sitzen, Stehen und Gehen immer besser klappt, hat das Kind wieder mehr Zeit, seine Umwelt besser zu be-greifen. Ein äußerst beliebtes Spiel in dieser Altersgruppe ist, kleine Dinge in großen verschwinden zu lassen: Eine kleine Rosine oder ein Mensch-ärgere-dich-nicht-Spielfigürchen passt zum Beispiel prima durch den Hals einer leeren Saft- oder Wasserflasche – klasse! Noch besser ist, wenn ganz viele davon in der Flasche verschwinden. Dann sind sie weg, aber trotzdem noch zu sehen, weil die Flasche ja durchsichtig ist. Die ganz Cleveren hantieren so lange herum, bis sie die Flasche schließlich auf den Kopf stellen und alles zuvor Versenkte wieder herausschütteln. Eine hervorragende Denkleistung!

ZUSAMMENSTECKEN

Genauso spannend ist es, Dinge zusammenzufügen und wieder auseinanderzunehmen. Die Kinder verbringen mit Vorliebe viel Zeit beim Experimentieren. Sie stecken kleinere Becher in größere, stapeln sie aufeinander oder entdecken die vielen hölzernen »Babys« im Bauch einer russischen Matrioschka-Puppe. Jede Art von Schachtel, Dose oder Flasche ist höchst interessant – solange sie nur einen Deckel hat, den man leicht abnehmen und wieder aufstecken kann. Noch spannender sind eigentlich nur Behältnisse, die ein geräuschvolles Innenleben haben, etwa eine kleine (Trinkjoghurt-)Flasche, die Sie zuvor mit Reis, Erbsen oder Sand gefüllt haben. Das rasselt herrlich!

Ebenfalls hoch im Kurs stehen dicke Holzperlen, welche die Kleinen auf eine Schnur fädeln oder Ringe, die sich auf eine Stange stecken lassen. Da wird gesteckt, geschoben, geschüttelt und gerüttelt – und ganz nebenbei werden spielerisch alle Sinne trainiert.

KLEINE ARCHITEKTEN

Mit der Fertigkeit, einen Gegenstand zu greifen und ihn anschließend wieder loszulassen, ist eine weitere Etappe erreicht. Denn jetzt ist Ihr Kind in der Lage, etwas zu geben oder aufzubauen. Was bietet sich da mehr an, als Holzwürfel übereinanderzustapeln? Anfangs, etwa mit 12 bis 15 Monaten, stapelt Ihr Kind zwei Bauklötze aufeinander. Mit etwa 18 Monaten, spätestens mit zwei Jahren kommt noch ein dritter Stein dazu. Je mehr der Turm in die Höhe wächst, desto größer ist der Jubel, wenn er wieder einstürzt – vor allem dann, wenn Sie diesen Turm gebaut haben und Ihr Kind ihn mit Freude abreißen darf.

BALLKÜNSTLER IN KINDERSCHUHEN

Mit ziemlich großer Sicherheit weiß Ihr Kind Anfang des zweiten Lebensjahres, was sich hinter dem Begriff »Ball« verbirgt, und hat eine ungefähre Vorstellung von diesem Gegenstand: Er ist rund und rollt. Einige Kinder schaffen es mit 15 Monaten sogar schon, einen Ball zu werfen – zwar nur über eine kurze Distanz, aber immerhin. Noch mehr Spaß macht es ihnen, wenn sich die Eltern vor sie hinstellen oder -knien und versuchen, den Ball aufzufangen. Andersherum funktioniert das jedoch noch nicht: Die Fängerqualitäten Ihres Kindes stecken noch in den Kinderschuhen. Spaß macht das gemeinsame Spielen aber trotzdem.

JUNGE KÜNSTLER SIND AM WERK

Wenn es stimmt, dass Malen die Vorstufe des Schreibens ist, ist Kritzeln vermutlich die Vorstufe des Malens. Geben Sie Ihrem Kind einen Stift in die Hand, weiß es, was damit zu tun ist. Prompt greift es mit seiner ganzen Faust nach ihm und kritzelt drauflos – wenn Sie Glück haben auf ein Blatt Papier.

Was anfangs noch krakelig und unkoordiniert aussieht, wird im Laufe der kommenden Monate immer ausgefeilter. Zugegeben, es kann noch viele Monate (oder wenige Jahre) dauern, bis ein deutliches Bild zu erkennen ist. Aber der Spaß und der Umgang mit Stift und Papier sind bereits jetzt enorm. Auf diese Weise kann die Lust aufs Malen erwachen.

FLINKE FINGER MIT LIEBE ZUM DETAIL

Im zweiten Lebensjahr schult ein Kleinkind täglich seinen Blick für Details. Eine kleine Fluse auf der Bluse, ein Haar am Trinkbecher oder glitzernde Pailletten an der Handtasche – jede noch so kleine Einzelheit fällt dem Kind auf. Und ist sie einmal entdeckt, muss sie auch genau inspiziert werden. Da kann es schon mal passieren, dass Sie Ihren Sprössling unter der Kleiderstange in der Garderobe wiederfinden, völlig versunken in die Welt der Knöpfe. Wie fühlen sie sich an? Wie sind sie befestigt? Wie bekomme ich sie ab? Und wie mache ich sie auf? Dass eine Jacke zum Anziehen da ist, hat Ihr Kind mittlerweile verstanden, und mit der Zeit zieht es seine Jacke auch einmal selbst an – allein schon wegen der Knöpfe, die sich auf- und zumachen lassen (wobei das Aufknöpfen deutlich einfacher ist). Auch Reißverschlüsse wecken das Interesse des Kindes, weil sie sich so schön hoch- und runterziehen lassen. Am besten bei anderen, etwa an Mamas Handtasche oder Papas Pullover.

Die Bewegungsentwicklung vom 18. bis 24. Monat

Nachdem es so wunderbare Fertigkeiten wie Stehen, Gehen, Laufen und Treppensteigen erworben hat, gilt für einen Zweijährigen nur noch eins: ab durch die Mitte.

Gehen und Laufen

Mit 18 Monaten können die meisten Kinder auf ebener Fläche gut und sicher gehen. Ihre Schritte sind gleichmäßig und gut koordiniert, Fehltritte sind eher selten. Auch die Gangart hat sich verändert: Die meisten Kinder gehen nicht mehr so breitbeinig wie am Anfang, sondern halten die Füße schon ziemlich parallel. Noch kann das Kleinkind schon mal stolpern, wenn der Boden uneben ist oder ein Teppich im Weg liegt. Aber es übt weiterhin stetig daran, seine Füße so weit hochzuheben, dass es Stolpersteine bezwingen kann, ohne dabei umzufallen.

Mit dem zweiten Lebensjahr ist die Becken-, Rumpf- und Schultermuskulatur so weit ausgereift, dass sie den Anforderungen des Gehens entspricht. Dies führt dazu, dass die Kleinen durch ihren ausgeprägten Gleichgewichtssinn immer besser mühelos kleine Hindernisse überwinden und dabei sogar noch in beiden Händen Gegenstände tragen können, ohne sich aufs Gehen konzentrieren zu müssen. Stattdessen können Arme und Hände wieder frei eingesetzt werden – für wichtigere Dinge. Sie können zum Beispiel Spielzeuge festhalten, am besten in jeder Hand ein anderes.

JETZT ABER FLOTT

Auch das Tempo ändert sich gegen Ende des zweiten Halbjahres. Durch die zahlreichen Wegstrecken, die Ihr Kind in den vergangenen Wochen und Monaten zurückgelegt hat, hat es immer mehr Trittsicherheit erfahren und konnte seinen Gleichgewichtssinn trainieren. Kein Wunder, dass es einen Gang hochschaltet und jetzt auch schon mal richtig schnell läuft (siehe Kasten Seite 190). Wenn Sie einmal darauf achten, können Sie erkennen: Ihr Kind legt ein so flottes Tempo an den Tag, dass es mit beiden Füßen »abhebt« und dabei intuitiv ganz sicher wieder landet. Eine beachtliche Leistung!

INFO

Trennungsangst

Allmählich bahnt sich eine neue Konfliktsituation an: Der Bewegungsdrang hält Ihr Kind am Laufen. Es sehnt sich geradezu nach Eigenständigkeit und möchte (muss!) eigene Erfahrungen machen. Auf der anderen Seite machen ihm die neu erworbenen Fähigkeiten – (von Mama) wegzugehen und um die Ecke zu laufen, bis es sie nicht mehr sieht – auch Angst. Das Kind fühlt sich daher unsicher und sucht nach einem vertrauten, sicheren Platz. Und der ist meist auf Mamas (oder Papas) Arm. Das Dilemma ist eindeutig: Auf der einen Seite möchte Ihr Liebling eigenständig werden, auf der anderen Seite will er Sie nicht verlieren. Helfen Sie Ihrem Kind mit Zuspruch und Ermunterungen durch diese schwierige Phase. Motivieren Sie es beim Gehen und Laufen, auch wenn es bereits um die Ecke gebogen ist und Sie sich dadurch außerhalb seiner Sichtweite befinden. Denn wenn es Ihre Stimme hören kann, fühlt es sich nicht allein gelassen.

Doch Ihr Kind kann nicht nur langsam gehen oder schneller laufen, sondern auch abrupt stoppen und stehen bleiben, ohne sein Gleichgewicht zu verlieren. Hindernissen geht es gekonnt aus dem Weg, indem es einfach einen Bogen um sie schlägt. Nur mit dem Richtungswechsel klappt es noch nicht einwandfrei: Wenn es sich beim Gehen umdrehen möchte, kehrt es anfangs eher noch in die andere Richtung zurück. Doch schon bald wird aus der Bewegung immer mehr ein Drehen auf der Stelle.

RÜCKWÄRTSGEHEN

Gehen, Laufen, Stehen und Umdrehen: Jetzt fehlt eigentlich nur noch das Rückwärtsgehen. Um den zweiten Geburtstag herum – einige schon früher, andere etwas später – schaffen es viele Zweijährige, vier bis fünf Schritte rückwärts zu gehen. Und wieder sehen sie die Welt aus einer anderen Perspektive.

BALLSPIELE

Das Interesse an einem Ball und was man alles mit ihm anstellen kann, wächst immer mehr. Viele Kleinkinder können im Alter von 24 Monaten einen Ball werfen, ohne dabei vornüberzukippen und umzufallen. Auch die Zielgenauigkeit ist schon ein bisschen besser als mit 18 Monaten. Trotzdem ist es für Ihr Kind noch schwer, den Kraftaufwand abzuschätzen, der notwendig ist, damit der Ball fliegen kann. Um selbst einen Ball fangen zu können, muss die Hand-Auge-Koordination erst weiter entwickelt sein. Erwarten Sie also nicht zu viel, wenn Sie miteinander Ball spielen. Es ist großartig genug, dass Ihr Kind in diesem Alter schon weiß, was ein Ball ist, wo er sich befindet, was man mit ihm machen kann, und dass es ihn schon ein wenig wirft. Alles Weitere kommt dann im nächsten Jahr.

Ähnliches gilt auch für das Fußballspielen: Ihr Kind muss dazu mit leichtem Schwung mit einem Bein ausholen, den Ball treten und gleichzeitig mit dem anderen Bein fest auf dem Boden stehen bleiben. Auch das ist eine beachtliche Glanzleistung. Wenn das Kicken tatsächlich gelingt, ist der Jubel groß. Manchmal freuen sich die Kinder so stark über ihre Leistung, dass sie vor lauter Freude anfangen, zu springen und zu hüpfen.

TREPPEN UND STUFEN

Noch immer lieben die meisten Kinder das Treppensteigen. Einige Kinder schaffen es bereits im Alter von zwei Jahren, die Treppe nach oben zu gehen, ohne sich festzuhalten. Auch den Weg nach unten beherrschen Zweijährige immer besser. Anstatt auf dem Bauch oder Popo hinunterzurutschen, steigen manche die Treppe herunter, indem sie sich nur noch am Geländer oder an der Wand festhalten. Dabei ist der Nachstellschritt in der Regel noch sehr hilfreich.

Klettern

Sobald ein Baby krabbeln gelernt hat, ist es mobil – auf zwei Beinen ist es noch größer und will vor allem eines: hoch hinaus.

HOCH, HÖHER, AM HÖCHSTEN …

Im zweiten Lebensjahr erwacht in vielen Kleinkindern die Lust zum Klettern – auf Stühle, auf das Sofa, auf den Tisch, die Treppe, das kleine Schränkchen, ins Bettchen rein oder vom Bett heraus. Egal worauf, egal wie hoch – Hauptsache, es geht nach oben. Mit gut eineinhalb Jahren kann Ihr Kind auf fast alles klettern, was ihm Halt bietet. Um den zweiten Geburtstag herum – die ganz Mutigen schon früher – sind die meisten Kinder dann völlig furchtlos und steuern jedes Hindernis an. Nichts erscheint ihnen

TIPP

Kletterübungen zu Hause

Kinder haben nun mal einen ausgeprägten Kletterdrang – und den gilt es zu befriedigen, statt zu unterdrücken. Denn je mehr Erfahrungen sie machen können, umso besser sind sie in der Lage, ihre eigenen Fähigkeiten und ihre Umwelt einzuschätzen. Wie wäre es mit einem kleinen Wohnzimmer-Bewegungsparcours für Ihren Schatz? Von einem kleinen Stuhl lässt es sich prima in Ihren Arm springen, eine Treppenleiter kann man hochkraxeln (nur unter Aufsicht), ein glattes Brett, vom Sofa auf den Boden gelegt, ist herrlich zum Balancieren (an Ihrer Hand), und auf zwei oder drei Matratzen, die übereinander auf dem Boden liegen, lässt es sich prima hüpfen oder der Reihe nach hinunterklettern.

BEWEGUNG MACHT MÜDE

Laufen, Klettern und Treppensteigen schult nicht nur die körpereigene Wahrnehmung und kräftigt die Muskeln, sondern macht auch müde. Nach all der körperlichen Anstrengung sorgt guter Schlaf für Entspannung. Er hilft, das Erlebte besser zu verarbeiten (siehe ab Seite 254). Bewegung und Schlaf sind also ideale Partner. Wann immer es Ihnen möglich ist, sollten Sie einen gemeinsamen Spaziergang an der frischen Luft einplanen – idealerweise nachmittags nach dem Mittagsschlaf. Im Park, im Wald und auf Wiesen kann Ihr Kind sich bewegen und Erfahrungen sammeln. Dies gelingt in freier Natur besser als umringt von lauten Autos auf einem schmalen Gehsteig. Positiver Nebeneffekt: Ihr Kind fällt abends müde und erschöpft ins Bett, beeindruckt von seinen vielen Erlebnissen. Große Runden sind allerdings noch kaum machbar, deshalb sollten Sie den Kinderwagen sicherheitshalber immer noch mitnehmen.

zu hoch oder unmöglich. Notfalls werden eben Hilfsmittel herangeschleppt, um ans Ziel zu kommen, wie etwa Stühle, Koffer, Kissenstapel, umgedrehte Einkaufskörbe, Bücher oder Spielzeugkisten. Sie helfen dabei, nach oben zu kommen. Notfalls tun es auch die Fachböden im Bücherregal.

Die Lust zum Klettern ist eine Herausforderung für Ihr Kind (»Ich kann das schaffen!«), aber auch für Sie. Denn Sie können Ihren kleinen Entdecker in solchen Momenten kaum aus den Augen lassen. Denn leider erkennt er nicht immer, ob das Klettergerüst auch wirklich stabil ist. Treffen Sie daher die nötigen Vorkehrungen, und schaffen Sie mögliche Gefahrenquellen aus der Wohnung beziehungsweise stellen Sie diese in unerreichbare Höhe (siehe Seite 206 f.).

Die meisten Kinder können es kaum erwarten, das Umfeld auf eigenen Beinen zu erkunden.

Kleine Bewegungsmuffel

In der Regel sind gesunde Kinder fröhlich, munter und sehr aktiv. Manchmal sind sie sogar so unternehmungslustig und neugierig, dass man kaum mit ihrem Tempo mithalten kann. Freuen Sie sich über so viel Leben! Denn diese Kinder sprühen geradezu vor Aktivität und Entdeckungslust. Es gibt aber auch Kinder, die sich eher ungern bewegen. In den seltensten Fällen sind diese Kinder wirklich faul. Meist gibt es eine andere Ursache.

BREITBEINIGER MATROSENGANG

Manche Kinder haben mit fast zwei Jahren noch einen ungewöhnlich breitbeinigen Gang. Und auch sonst scheinen sie weniger wendig und flink als ihre Altersgenossen. Die Kinder wirken eher starr, ihre Wirbelsäule und ihr Brustkorb sind wenig flexibel. Nicht selten lassen sie sich auf den Boden plumpsen, wenn sie sich hinsetzen wollen, und zeigen wenig Engagement, sich über ihre eigene Mitte hinaus zu bewegen. Kurzum: Irgendwie wirken die Kinder steif. Und das zeigte sich bereits im Babyalter: Erfahrungsgemäß waren neun von zehn dieser Kinder schon als Säugling wenig mobil. Sie lagen lieber auf dem Rücken, statt sich zu drehen und ihr Gleichgewicht von einem auf den anderen Punkt zu verlagern.

DAS KIND IST HÄUFIG KRANK

Nicht selten neigen die betroffenen Kinder vermehrt zu Infekten im Atemwegsbereich. Denn eine mangelnde Beweglichkeit der Lungen im Brustkorb aufgrund der »Steifheit« des Kindes kann die Infektanfälligkeit begünstigen. Daher ist es sinnvoll, Brustkorb und Wirbelsäule zu mobilisieren. Das erreichen Sie zum Beispiel, indem Sie Ihr Kind bäuchlings über einen Gymnastikball legen, diesen sachte hin und her rollen und dabei Ihr Kind am Becken festhalten. Am einfachsten gelingen solche Übungen vor einem großen Spiegel, dann können sich die Kinder selbst beobachten und machen mitunter interessiert mit. Erst recht, wenn Sie dazu noch einige witzige Grimassen schneiden. Anschließend legen Sie Ihr Kind in Rückenlage auf den großen Ball und kreisen diesen vorsichtig von einer Seite zur anderen – eine wunderbare Dehnübung für Wirbelsäule und Brustkorb.

DAS KIND MAG NICHT KLETTERN, IST EHER ÄNGSTLICH UND SPRICHT SCHLECHT

Es gibt Kinder, die zeigen wenig Freude an der Bewegung. Im Gegenteil: Auf Lageveränderungen reagieren sie ängstlich und klammern sich stattdessen lieber an Mamas Bein. Das muss nicht unbedingt ein Grund zur Sorge sein. Schließlich muss nicht jedes Kind kopfüber die Rutsche heruntersausen oder im Hochstuhl einen Spagat ausprobieren. Manchmal jedoch gibt es noch andere medizinisch erklärbare Gründe für die Zurückhaltung: So ist zum Beispiel auffällig, dass gerade ängstliche Kinder häufig unter Ohrenentzündungen leiden. Im Innenohr liegt das Gleichgewichtsorgan, das durch Infekte durchaus in Mitleidenschaft gezogen und dadurch in seiner Funktion beeinträchtigt werden kann. Ebenso können wiederholte Paukenergüsse Sprachverzögerungen nach sich ziehen. Doch die Flüssigkeitsansammlung hinter dem Trommelfell ist nicht immer schmerzhaft und bleibt daher oft unentdeckt. Trotzdem behindert sie das Kind, weil es deutlich schlechter hört. Wenn Sie generell bemerken, dass Ihr Kind wenig Freude an Bewegung hat, also nicht gerne hüpft, springt, balanciert oder klettert, und es häufig unter Ohrenentzündungen leidet (oder litt), sollten Sie einen Kinderarzt oder Osteopathen zu Rate ziehen.

Die Feinmotorik

Die Finger Ihres Kindes werden immer geschickter: Sie wickeln Bonbons aus dem Papier, öffnen Hosenknöpfe, drehen Schraubverschlüsse auf, ziehen Stiftkappen ab und blättern in Büchern. Mit wachem Blick und vollen Händen nimmt Ihr Kind seine Umwelt auf und möchte bei allem dabei sein. Am liebsten mittendrin.

KLEINE HOCHSTAPLER

Während viele Kinder in den ersten sechs Monaten des zweiten Lebensjahres Interesse an Behältern, Boxen und Dosen samt Innenleben zeigen, folgt im zweiten Halbjahr die Phase des Stapelns. Neben den klassischen Holzklötzen, Plastikdosen oder Legosteinen versuchen sie es auch mit Kuscheltieren und anderen mehr oder weniger geeigneten Dingen – ganz gleich, ob es gelingt oder nicht. Probieren geht wie so oft über Studieren.

Erfahrungsgemäß schaffen es Kinder mit 18 Monaten, etwa drei Bauklötze übereinanderzustapeln, ein halbes Jahr später können es doppelt so viele werden. Mit großer Sorgfalt und Begeisterung versuchen sie, den Turm so weit wie möglich in die Höhe wachsen zu lassen. Im Gegensatz zu den vorhergegangenen Monaten ist die Freude nicht mehr so riesig, wenn der Turm zusammenfällt. Schließlich war das Ganze ein gutes Stück Arbeit. Etwas anderes ist es, wenn Sie gemeinsam mit Ihrem Kind etwas bauen und es diesen Turm umschmeißen darf.

KLOTZ AN KLOTZ

Etwa um den zweiten Geburtstag herum lässt das Interesse am Türmchenbauen nach. Viel spannender erscheint es dem Kind jetzt, Dinge in der Horizontalen aneinanderzureihen. Auf diese Weise kann aus einer kleinen Reihe von Bauklötzen schon mal ein Zug entstehen, aus

Erst wird nach oben gestapelt, dann geht es am Boden weiter. So entstehen bereits komplexe »Bauwerke«.

drei Klötzen übereinander eine Brücke oder aus einer Ansammlung von Toilettenpapierrollen eine Schlange. Noch interessanter wird es, wenn sich das Ganze bewegt (etwa weil Klebeband oder eine Schnur die Rollen zusammenhält). Der Höhepunkt ist die Holzeisenbahn, deren Waggons das Kind erst aneinanderhängen muss, um dann den ganzen Zug in Bewegung zu setzen. Vielleicht eine Geschenkidee zum zweiten Geburtstag?

MALEN UND ZEICHNEN

Wenn ein etwa 18 Monate altes Kind einen Stift in die Hand nimmt, beschäftigt es sich etwa ein bis zwei Minuten damit, indem es auf einem Blatt Papier (und daneben) herumkritzelt. Noch umschließt es dabei den Stift mit der ganzen Faust und schwingt beim Malen mit dem ganzen Arm. Bereits ein halbes Jahr später ist das Kind schon deutlich routinierter. Es hält den Stift mit den Fingern – ähnlich wie ein Erwachsener dies tut. Am liebsten malen die Kinder jetzt große Kreise, manchmal auch schon einzelne Striche oder kleine Punkte. Weil das Handgelenk wesentlich geschmeidiger ist als noch vor einem halben Jahr, kann das Kind einzelne Bewegungen bald sprichwörtlich aus dem Ärmel schütteln. Es verfügt damit über mehr Bewegungsmöglichkeiten und kann zum Beispiel auch Türgriffe drücken und Türen öffnen. Und schneller entschwinden, als Sie glauben.

ANZIEHEN

Gegen Ende des zweiten Lebensjahres »helfen« einige Kinder kräftig dabei mit, sich an- und vor allem wieder auszuziehen. Kaum hat die Mama das Kleine fertig angezogen, präsentiert es auch schon sein persönliches Erfolgserlebnis – gewöhnlich in Form einer ausgezogenen Socke.
Um sich selbst anzuziehen, braucht Ihr Kind einiges an Geschick. Mit 24 Monaten klappt das Ganze aber schon ganz gut. Sehr beliebt bei Zweijährigen ist zum Beispiel, sich selbstständig die Schuhe an- und auszuziehen.

DER BLICK FÜRS WESENTLICHE

Zweijährige lieben es, Dinge einzuordnen. Sie sortieren Stifte nach Farben, Perlen nach ihrer Größe und Bauklötze nach der Form. Auch viele alltägliche Dinge aus dem Haushalt wecken das Interesse eines Zweijährigen, zum Beispiel Wäscheklammern. Mit ihnen kann das Kind seine Fingerfertigkeit üben (auf- und zumachen) und die Hand-Auge-Koordination perfektionieren (Klammer in die Hand nehmen und irgendwo befestigen). Nicht zuletzt lassen sie sich so schön sortieren. Sie helfen ihm, eine Vorstellung von Farben zu bekommen, indem Sie gemeinsam die blauen Klammern in ein blaues Eimerchen stecken, die roten auf ein rotes Blatt Papier legen und die gelben in eine gelbe Schachtel. Sie werden sehen: Bald sortiert Ihr Kind alleine.
Auch Puzzles werden interessant, wenn sie aus großen, nicht zu vielen Teilen bestehen. Schließlich muss Ihr Kind ein Puzzlestück erkennen, in die Hand nehmen und an die richtige Stelle legen.

INFO

Rechts- oder Linkshänder?

Ob ein Kind später einmal Rechts- oder Linkshänder wird, stellt sich erst im Laufe der Jahre heraus. Etwa bis zum achten Monat benutzen Babys ihre Hände gleich oft, danach haben die meisten Kinder eine Hand, die sie bevorzugen; bei neun von zehn Kindern ist das die rechte. Vor allem wenn Kinder anfangen zu malen, wird die Händigkeit deutlich. Als Test können Sie später versuchen, Ihrem Kind den Stift in die andere Hand zu geben. Steht die bevorzugte Hand schon fest, wird es den Stift sofort in diese wechseln. Bis es so weit ist, sollten Sie Ihrem Kind Spielzeug, Besteck und Co. stets aus der Mitte heraus geben. So kann es selbst entscheiden, mit welcher Hand es die Dinge annimmt, und wird nicht unbewusst beeinflusst.

So machen Sie Ihre Wohnung kindersicher

Jährlich verunglücken in Deutschland etwa 290 000 Kinder unter 15 Jahren im häuslichen Umfeld. Die meisten Unfälle passieren im Wohn- und Kinderzimmer, dicht gefolgt vom Garten, der Küche und dem Treppenhaus. Über die Hälfte dieser Unfälle sind Stürze, zum Beispiel vom Etagenbett, gefolgt von Zusammenstößen, Schnittverletzungen und – besonders schwerwiegend – Verbrennungen, Verbrühungen und Vergiftungen.

Die Unfallursachen liegen oft im kindlichen Naturell begründet: Die Kleinen sind abgelenkt, in Eile, übermütig oder wissen einfach nicht um die Gefahr. Zum Glück können die Eltern durch ein paar einfache vorbeugende Maßnahmen viele dieser Unfälle vermeiden.

Blick aus der Froschperspektive

Wenn Sie wissen wollen, wie kindgerecht Ihre Wohnung zurzeit eingerichtet ist, dann nehmen Sie für eine kurze Weile die Perspektive Ihres Kindes an. Knien Sie sich auf den Boden, und krabbeln Sie auf allen vieren durch die Räume. Auf diese Weise bekommen Sie eine Vorstellung, wie das Zuhause auf Ihr Kind wirkt.

SICHERHEITSVORKEHRUNGEN

Um potenzielle Unfallgefahren aus dem Weg zu räumen, sollten Sie Folgendes beachten:

○ **Steckdosen:** Sichern Sie alle Steckdosen, die Ihr Kind erreichen kann, mit Kindersicherungen (diese sind in vielen Baumärkten oder Haushaltsgeschäften erhältlich).

○ **Kabel:** Wenn Ihr Kind auf ein herumliegendes Kabel stößt, mag es denken: »Mal sehen, was passiert, wenn ich kräftig daran ziehe …«

Lassen Sie es erst gar nicht so weit kommen, und verstauen Sie alle Kabel gut.

○ **Fenster:** Kinder sind sehr bald in der Lage, selbstständig Klinken zu betätigen. Verschließen Sie Fenster und Balkontüren unbedingt mit speziellen Kindersicherungen aus dem Baumarkt, oder tauschen Sie die Griffe durch absperrbare Modelle aus.

○ **Treppen:** Versperren Sie den Durchgang zur Treppe (auch Keller- und Speichertreppen) mit speziellen Treppengittern. Im Baumarkt und Baby-Fachhandel gibt es verschiedene Modelle, die sich später problemlos wieder abmontieren lassen, ohne Spuren an den Wänden oder Mauern zu hinterlassen.

○ **Türen:** Es passiert schneller, als man denkt: Sie huschen nur kurz vor die Tür, und prompt fällt sie ins Schloss. Der Schlüssel steckt von innen, und Ihr Kind sitzt auf der anderen Seite der Tür. Ziehen Sie vorsichtshalber prinzipiell alle Türschlüssel ab, damit sich Ihr Kind nicht versehentlich ein- und Sie aussperren kann. Deponieren Sie für alle Fälle einen Zweitschlüssel bei geeigneten Nachbarn oder Freunden außerhalb der Wohnung.

○ **Herd:** Damit sich Ihr Kleines nicht an heißen Herdplatten verbrennt oder einen Topf mit heißem Inhalt herunterzieht, sollten Sie eine Schutzvorrichtung (aus dem Baumarkt oder Baby-Fachhandel) anbringen. Drehen Sie beim Braten den Pfannenstiel immer nach hinten, sodass Ihr Kind nicht danach greifen kann.

○ **Wasserkocher, Kaffeemaschine, Bügeleisen, Fritteuse, Inhaliergeräte und Co.:** Diese Elektrogeräte sollten stets außerhalb der Reichweite von Kindern stehen. Lassen Sie das Kabel niemals herunterhängen, damit die Kleinen nicht daran ziehen können.

○ **Putz- und Reinigungsmittel, Medikamente und Zigaretten (auch Aschenbecher!):** Stellen

Sie alle für ein Kind giftigen Dinge unbedingt außer Reichweite. Am besten weit oben in den Hängeschrank oder in ein hohes Regal.

○ **Tischkanten:** »Entschärfen« Sie spitze Ecken und Kanten an Tischen und anderen Möbelstücken. Wenn Ihr Kind bei seinen ersten Gehversuchen stürzt, könnte das ins Auge gehen. Spezielle Schutzkappen aus weichem Kunststoff gibt's im Baumarkt.

○ **Schränke und Kommoden:** Sämtliche Schubladen und Schrankfächer, die Ihr Kind nicht ausräumen darf, sollten Sie mit Kindersicherungen oder breiten Gummibändern versperren. Füllen Sie für Ihr Kind eine Schublade mit Spielzeug oder altem Küchenwerkzeug – das ist dann sein »Reich«.

○ **Kosmetika:** Räumen Sie im Badezimmer die Körperpflegeprodukte außer Reichweite, sonst besteht die Gefahr, dass sie ins Auge kommen oder verschluckt werden.

○ **Elektrogeräte:** Nehmen Sie elektrische Geräte wie Föhn und Rasierapparat immer vom Netz, und räumen Sie sie weg.

○ **Glas und Porzellan:** Zerbrechliche Haushaltswaren, wie Glas oder Porzellan, gehören in die oberen Schrank- und Regalfächer.

○ **Kleinmöbel:** Befestigen Sie Kleinmöbel, wie Nachttische, Telefonschränkchen, Bücher- oder CD-Regale unbedingt an der Wand, damit sie nicht umfallen können. Kleinkinder halten sich nicht nur daran fest, um sich aufzurichten, sondern versuchen auch, an ihnen hochzuklettern.

○ **Teppiche:** Lose Läufer im Flur und rutschige Teppiche können schnell zu Stolperfallen werden. Fixieren Sie sie daher mit Klebeband.

○ **Kleinteile:** Achten Sie darauf, dass keine Kleinteile (Perlen, Murmeln, ungekochter Reis, Erbsen oder Nudeln) auf dem Boden herumliegen – Ihr Kind könnte sie in den Mund stecken und verschlucken.

○ **Glatte Böden:** Strumpfsockig auf dem Holzboden herumzuflitzen kann gefährlich sein. Lasen Sie daher Ihr Kind auf glatten Böden nur barfuß oder mit Anti-Rutsch-Socken laufen.

○ **Tischdecken:** Verzichten Sie auf Tischdecken, denn Ihr Kind könnte sich daran festhalten und Geschirr samt heißen Speisen herunterreißen. Nehmen Sie nichts Heißes zu sich, solange Sie Ihr Kind auf dem Schoß haben.

○ **Draußen:** Pool, Teich und Regentonnen abdecken oder einzäunen, Gartentore schließen, Dünger und Co. wegstellen, Gartenwerkzeuge und Rasenmäher sicher verräumen …

TIPP

Umgang mit Zimmerpflanzen

Da Erde oder Granulat in Blumentöpfen oft viele Keime enthält, sollten Sie die Töpfe von Zimmerpflanzen, die auf dem Boden stehen, mit Plastikauflagen abdecken (gibt's in der Haushaltswarenabteilung). Alternativ können Sie ein Bein von einer alten Nylonstrumpfhose abschneiden und von unten über den Topf ziehen. Das obere Ende eng um die Pflanze schlingen und zuknoten. Diese Methode ist zwar rein optisch betrachtet keine Augenweide, aber sehr hilfreich. Vorsicht ist bei giftigen Zimmerpflanzen geboten; auf sie sollten Sie am besten ganz verzichten. Dazu gehören unter anderem: Alpenveilchen, Amaryllis, Azalee, Becherprimel, Begonie, Dieffenbachie, Gummibaum, Korallenbäumchen, Kroton, Madagaskar-Immergrün, Prachtlilie, Ritterstern, Ruhmeskrone, Weihnachtsstern, Wüstenrose und der Wunderstrauch.

Um den ersten Geburtstag herum plappern viele Kinder ein persönliches Kauderwelsch – eine Mischung aus eigenen Lautkreationen, die sich in Rhythmus und Tonfall der Familiensprache angepasst hat. Häufig unterhalten sich die Kinder selbst, etwa wenn sie morgens wach im Bett liegen oder in ein Spiel vertieft sind. Mit großen und wachen Augen beobachten sie ihre Mitmenschen und versuchen immer mehr, ihr Verhalten nachzuahmen. Das gilt für sämtliche Geräusche, die an ihre Ohren dringen: für Schmatzen, Husten und Niesen ebenso wie für Hundegebell, Vogelgezwitscher, Motorengeräusche oder Baustellenlärm.

Beeindruckend am Sprechenlernen ist die Tatsache, dass Eltern ihrem Kind das Sprechenlernen nicht beibringen müssen. Ein Kind lernt zu sprechen, indem es die Erwachsenen beim Sprechen anschaut und genau zuhört, was und wie sie etwas sagen. Es imitiert ihre Mundbewegungen und Lautäußerungen und kommt auf diese Weise mit ihnen ins Gespräch. Zum Glück spüren Eltern intuitiv, wie viel sie ihrem Kind zumuten können und wie viel es bereits verstehen kann. Daher sprechen sie anfangs langsamer und in einer höheren Tonlage (Ammensprache, siehe Seite 71). Später geben sie sich Mühe, die Wörter gut zu betonen, wiederholen sie mehrmals und achten darauf, dass sie ihr Kind anschauen, wenn sie mit ihm reden. Erwachsene bilden einfache und leicht verständliche Sätze mit wenig Fremdwörtern und Adjektiven. Sie laden das Kind ein, ins Gespräch zu kommen, und regen zum Nachdenken und Sprechen an.

12. bis 18. Monat: Das große Plaudern beginnt

Sobald Eltern die ersten wortähnlichen Äußerungen ihres Babys vernehmen, ändern sie ihm gegenüber automatisch ihr Sprechverhalten. Sie sprechen immer weniger im bisher gewohnten Baby-Singsang und bauen stattdessen die Lautäußerungen ihres Kindes in ihre eigenen Formulierungen ein. Sagt das Kind beispielsweise zu einem Auto »brumm-brumm«, greifen Eltern diesen Ausdruck auf. Intuitiv verbinden sie die Bezeichnung aus der Kindersprache mit dem richtigen Begriff aus der Erwachsenensprache (»Brumm brumm – ja, das ist dein rotes Auto«). Das Kind beobachtet seine Eltern sehr genau und versucht gleich, sich dieses Wort einzuprägen. Eltern präsentieren also genau im richtigen Augenblick die Bezeichnung für einen Gegenstand, für den sich ihr Kind im Moment besonders interessiert. Und so tragen sie auf hervorragende Art und Weise dazu bei, den Sprachschatz ihres Kindes zu vergrößern. Experten nennen dieses »neue« Sprachverhalten (statt der bisherigen Ammensprache) »stützende Sprache«.

Sie können die stützende Sprache wunderbar im alltäglichen Zusammensein anwenden und Ihrem Kind behilflich sein, indem Sie ihm seine Welt benennen: Gegenstände, Körperteile, Namen, Lebensmittel – einfach alles, wofür es sich interssiert. Etwa beim Sockenanziehen (»Wo sind die kleinen Zehen?«), beim Bücherlesen (»Wie macht das Feuerwehrauto?«) oder beim Spazierengehen (»Wo ist der kleine Hund?«). Indem Sie auf den Gegenstand zeigen (in einem Buch oder auf der Straße) oder ihn berühren (ein Körperteil) und ihn gleichzeitig benennen, lernt Ihr Kind die richtigen Wörter kennen.

Ursprung der Sprachentwicklung

Damit Ihr Kind dieses liebevolle Angebot auch nutzen kann, muss es seine Aufmerksamkeit zwei unterschiedlichen Bereichen widmen können: der Person, die gerade mit ihm spricht, und dem Gegenstand, über den gerade gesprochen wird. Um die Verbindung zwischen Wort (»Auto«) und Objekt (»Fahrzeug im Bilderbuch«) knüpfen zu können, schaut es sehr aufmerksam erst auf Sie, dann auf den Gegenstand. Es hört, was Sie sagen, registriert, was es sieht, und speichert die Informationen in seinem Gehirn ab (»Das Ding sieht so aus und heißt Auto«). Der junge Zuhörer bildet also eine Art imaginäres Dreieck zwischen Ihnen, dem Gegenstand und sich selbst. In der Spracherwerbsforschung bezeichnet man dies als »triangulären Blick« (»tri« kommt aus dem Lateinischen und steht für drei, »angulus« für Ecke, Winkel). Die Triangulierung gilt als der Ursprung der Sprachentwicklung und damit als Grundstein für das Sprachverständnis und die Begriffsbildung.

Der Wortschatz wächst

Am Anfang des zweiten Lebensjahres können Kinder bereits einige Wörter verstehen, die sogenannten Schlüsselwörter. Außerdem verstehen sie Verbote, Fragen und Aufforderungen. Ebenso können sie auf Gegenstände zeigen und sie sogar holen, wenn man sie darum bittet. Die meisten Kinder verstehen bis zum 18. Monat etwa 80 bis 100 Wörter. Und Wissenschaftler gehen davon aus, dass die Kleinen ihren passiven Wortschatz im Laufe des zweiten Lebensjahres täglich um fünf bis sechs Wörter vergrößern. Eine ganze Menge. Der aktive Wortschatz ist jedoch um ein Vielfaches geringer – geschätzt sind es etwa zwei bis zehn Wörter.

Die wenigen Wörter, die Kinder in den ersten sechs Monaten nach dem ersten Geburtstag sprechen können, sind Wörter aus ihrer eigenen Babysprache, die sogenannten Protowörter. Da heißt ein Hund »Wauwau«, die Milch »Mi-mi« und ein Vogel »Piep-Piep« – je nach Fantasie und Kreativität. Dabei beziehen sich die Wörter noch ausschließlich auf Gegenstände aus der direkten Umgebung. Aber immerhin: Mithilfe ihres bereits angelegten Wissens über die Begriffe und der wenigen Wörter, die sie in Babysprache über die Lippen bringen, sind die Kleinkinder schon jetzt in der Lage, Dinge zu benennen oder Wünsche auszudrücken, zum Beispiel »Ei haben« (»Eis haben«).

BABYS »GEHEIMSPRACHE«

Neue Wörter erfordern oft auch neue Laute – und die müssen erst einmal über die Lippen kommen. Bisher hat das Kind in der Lallphase einfach Silben aneinandergereiht. Jetzt kommt es auf eine erweiterte Lautbildung an, um Kombinationen bilden zu können. Weil sich manche davon leichter aussprechen als andere – zum Beispiel »P«, »B« und »M« –, benutzt es diese Buchstaben besonders gerne und kreiert daraus eigene Wörter. Zum Glück sind Eltern geborene Dolmetscher und wissen so immer, was ihr Baby ihnen in seiner »Geheimsprache« sagen will. Manche Bezeichnungen sind dabei so witzig, dass sie noch lange im Familienwortschatz beibehalten werden, wie zum Beispiel »ham tam« für Haarspange, »schunka« für Entschuldigung oder »moi ma« für Windel.

Die ersten Ein-Wort-Sätze

Im ersten Moment mag die Bezeichnung »Ein-Wort-Satz« irreführend klingen, denn gewöhnlich besteht ein Satz ja aus mehr als nur einem Wort. Aber bei jungen Kindern ist das anders. Sie verwenden einzelne Wörter, in ihrer individuellen Weise ausgesprochen, wie einen Satz.

Erfahrungsgemäß ist dies das ganze erste Halbjahr nach dem ersten Geburtstag der Fall. In diesem Zeitraum hört Ihr Kind Wörter, speichert sie ab, spricht sie selbst aus und feilt immer wieder an ihnen.

Ein-Wort-Sätze bestehen meist aus einem Substantiv (Hauptwort), wie Haus oder Bett, manchmal auch aus einem Verb (Tunwort). Sagt ein Kleinkind beispielsweise »lafen« (ein beliebtes Protowort für Schlafen), können verschiedene Dinge gemeint sein: Das Kind selbst ist müde und möchte sich hinlegen. Die Katze im Bilderbuch schläft auf der Fensterbank. Die Mutter gähnt und ist vermutlich müde. Das Lieblingskuscheltier schläft im Puppenbett oder das Nachbarsbaby im Kinderwagen. Die Bedeutung

TIPP

Geben Sie Rückmeldung

Wenn Sie verstanden haben, was Ihr Kind mit seinem Ein-Wort-Satz sagen will, können Sie ihm das rückmelden und sein Wort in einen kompletten Satz verpacken. Ein Beispiel: Ihr Kind steht in der Küche, zeigt auf den Wasserhahn und sagt: »Tin-ken.« Sie könnten nun antworten: »Tin-ken? Ich verstehe, du hast Durst und möchtest Wasser trinken. Ich gebe dir einen Schluck Wasser, ich hole nur noch einen Becher zum Trinken. Hier hast du einen Becher mit Wasser, daraus kannst du trinken.« Damit zeigen Sie Ihrem Kind, dass Sie es verstanden haben. Gleichzeitig bieten Sie die Vorlage, dass »tin-ken« korrekt »trinken« heißt. Das tolle Gefühl, verstanden worden zu sein, motiviert und erhöht die Sprechfreude.

des kleinen Wortes ist also äußerst vielschichtig. Und das Kind kann damit eine Menge Botschaften transportieren. Es kann Fragen stellen, sich selbst eine Antwort geben, etwas kommentieren oder einfach nur zum Erzählen einladen.

Das Sprachverständnis

Neben dem Sprechenlernen vergrößert Ihr Kind täglich sein Sprachverständnis. Dabei ist das Sprachverständnis gewissermaßen die Vorausetzung fürs Sprechen, denn Ihr Kind kann ein Ding nur dann mit Namen benennen, wenn es das Wort schon verstanden hat.

Es versteht die Bedeutung der vielen Wörter unter anderem auch aufgrund Ihrer Mimik und Tonlage, wenn Sie das Wort aussprechen. Sagen Sie beispielsweise »Bleib weg von der Treppe«, weiß Ihr Kind vermutlich noch nicht, was eine Treppe ist. Wenn Sie dabei jedoch auf die Treppe zeigen und ernst schauen, versteht es die Botschaft mit Sicherheit. Genauso bekommt es eine Vorstellung von dem Satz »Komm, wir gehen spazieren«, wenn Sie dabei zur Tür gehen und auf die Schuhe zeigen. Auch hier gilt: Übung macht den Meister. Wenn Sie Ihr Kind bitten, seine Schuhe zu holen, und es bringt Ihnen stattdessen den Regenschirm, werden Sie es vermutlich korrigieren. »Du bringst mir den Regenschirm, das ist prima. Aber den brauchen wir nicht für die Füße. Wir brauchen die Schuhe. Wo sind denn deine Schuhe?« Das Wort, auf das es ankommt, findet besondere Beachtung und wird automatisch mehrmals wiederholt. Meistens orientiert sich das Kind an dem Wort, das am Ende des Satzes steht und am stärksten betont wird. Dies ist eine geniale Gelegenheit für Ihr Kind, ein immer größeres Verständnis für den Ablauf »Spazierengehen« zu entwickeln. Und nach und nach bekommen die Wörter ihre jeweilige Bedeutung, unabhängig vom Ablauf.

Die wenigen Schlüsselwörter reichen aus, um zu verstehen, dass es jetzt an die frische Luft geht. Stehen mehrere Dinge zur Auswahl (zum Beispiel eine Puppe, ein Auto, ein Ball und ein Plastikhammer), kann Ihr Kind Ihnen dasjenige davon geben, um das Sie es bitten. Ganz konkret bedeutet das: Wenn Sie Ihre Hand ausstrecken und sagen »Gib mir bitte den Hammer«, wird es diesen wahrscheinlich in Ihre Hand legen. Sagen Sie »Klopfe mit dem Hammer«, wird es den Inhalt des Satzes zwar nicht verstehen (was ist Klopfen?), Ihnen das Werkzeug aber trotzdem reichen. Etwas ganz anderes ist es, wenn Sie es beim Spielen bitten: »Hol mir mal den Hammer aus dem Keller.« Weil Ihr Kleines keinerlei Vorstellung von einem Hammer hat, wenn er nicht direkt vor ihm liegt, weiß es nicht, was es tun soll. Das Sprachverständnis ist zu diesem Zeitpunkt also noch situativ gebunden – ein abstrahiertes Verstehen von Gegenständen oder Personen, die nicht in der Situation vorhanden sind, ist noch nicht möglich. Das Gleiche gilt übrigens auch für ironische Bemerkungen. Erst im Laufe der Zeit ist Ihr Kind in der Lage, von Personen und Dingen zu sprechen, die es nicht sehen kann. Es weiß dann, dass Oma zu Hause ist oder Papa in der Arbeit.

MEISTER DER NACHAHMUNG

Ihr Kind lernt nicht nur durchs Hören, sondern auch dadurch, wie Sie mit Gegenständen umgehen. Wenn Sie zum Beispiel einen Telefonhörer in die Hand nehmen, schaut es Ihnen interessiert zu. Es versucht, sich zu merken, wie Sie dieses Teil nennen und was Sie damit machen. Und so wird es, wenn es den Telefonhörer in die Finger bekommt, sich diesen sehr bald selbst ans Ohr halten. Ähnlich ist es mit Stiften: Es sieht, wie Sie einen Stift in die Hand nehmen und damit über ein Blatt Papier fahren. Daher

Wenn Ihr Kind Sie oft beim Telefonieren beobachtet, will es auch selbst einmal auf die Tasten drücken.

wird es bei der nächstbesten Gelegenheit versuchen, ebenfalls auf Papier zu malen.

Es sieht: Eine Zahnbürste gehört an die Zähne, der Deo-Roller unter die Achseln und der Schuhanzieher zwischen Fuß und Schuh. Dabei ist das Ergebnis weniger wichtig – vielleicht hält es den Telefonhörer sogar falsch herum oder versucht, mit dem Radiergummi zu schreiben. Viel entscheidender ist seine eigene Handlung und dass es in der Lage ist, Dinge zu tun, wie Mama (und Papa) es auch tun.

REDEN IST GOLD …

Das Beste, was Sie für die Sprachentwicklung Ihres Kindes tun können: Reden Sie viel mit ihm. Verwenden Sie dabei keine langen und komplizierten Sätze. Manchmal reicht es schon, wenn Sie, beispielsweise beim Wickeln, nur kurz kommentieren, was Sie tun. Etwa so: »Hose an – ein Bein – noch ein Bein …« Halten Sie Blickkontakt zu Ihrem Kind. Versuchen Sie, ihm in die Augen zu schauen, wenn Sie mit ihm sprechen. Auch wenn Ihnen viele Dinge alltäglich und »nicht der Rede wert« erscheinen: Ihr Kind empfindet die Situation anders. Alles, was Sie machen, ist hochinteressant, und es möchte am liebsten an allem teilhaben dürfen. Zögern Sie daher nicht, auch über Routineangelegenheiten zu plaudern. »Komm, wir gehen ins Bad und ziehen dir eine neue Windel an. Wo ist denn die Windel?« Oder: »Jetzt ziehen wir deine Socken aus. Schau, wir legen sie zu den anderen, da sind schon ganz viele Socken.« Ihr Kind ist hungrig nach Wörtern und Erklärungen – und kann davon kaum genug kriegen.

VORLESEN

Eines der schönsten Rituale im Babyalltag ist das Vorlesen. Schon mit den ersten Bilderbüchern können Sie das Sprachverständnis und den Wortschatz Ihres Kindes erweitern. Greifen Sie anfangs zu ganz einfachen Büchern, auf deren Seiten nur ein einziges Bild oder wenige Motive abgebildet sind. Wenn die schön farbenfroh sind, gibt es genug zu sehen. Auf Ihrem Schoß sitzen und ein Bilderbuch anschauen, Ihre Stimme hören, selbst umblättern dürfen und erfahren, wie die Dinge genau heißen – das fördert nicht nur das Sprechverhalten, sondern auch das Gefühl von Liebe und Geborgenheit.

Bei alldem ist wichtig, dass Sie auf das Tempo Ihres Kindes eingehen. Sprechen Sie so, dass es Ihnen folgen kann. Sonst kann es nicht lernen. Aus demselben Grund sind Fernsehen und CDs kein Ersatz zum Vorlesen, wenn es ums Sprechenlernen geht. Denn dort wird viel zu schnell geredet, was das Auffassungsvermögen des Kindes auf jeden Fall überfordert.

Wenn Ihr Kind nicht spricht

Der Zeitrahmen, wann ein Kind zu sprechen beginnt, erstreckt sich in der Regel vom 12. Bis zum 18. Lebensmonat. Doch wann es tatsächlich so weit ist, bestimmt allein das Kind. Einige Eltern werden bereits von ihren neun Monate alten Babys mit den ersten Wörtern verwöhnt. Andere müssen extrem lange warten – mitunter bis zum 20. oder 30. Monat. Und auch zwischendurch kann es einmal zu einem kurzen Stopp kommen, wenn das Kind alleine laufen kann (und dann noch einige Tage die eigenen Schritte trainiert). In dieser Phase muss es sich so auf diesen Entwicklungsbereich konzentrieren, da kann das ein oder andere Wort schon mal »stecken bleiben«. Sobald es mit dem Gehen sicher klappt, holen die meisten Kinder die Sprachentwicklung zügig wieder auf.

Nichtsdestotrotz kann es auch auf eventuelle Sprachprobleme hinweisen, wenn ein Kind sehr lange nicht zu reden beginnt. Einer der häufigsten Gründe dafür sind Beeinträchtigungen des Gehörs. Denn wer nicht richtig hören kann, kann auch nicht sprechen lernen – und wird sich vermutlich später auch beim Lesen und Schreiben schwertun. Anzeichen für mögliche Sprachprobleme können sein, wenn Ihr Kind …

- mit 12 Monaten nicht plappert,
- mit 12 Monaten nicht auf Ansprache reagiert,
- mit 18 Monaten weniger als sechs Wörter spricht,
- nur Vokallaute (a, e, i, o, u) bildet.

Augen auf!

Die visuelle Wahrnehmungsfähigkeit ist beim Sprechenlernen ebenso wichtig wie das Hören. Denn Kinder, die schlecht sehen, können sich kein Bild von ihrer Umwelt machen – und dadurch schlechter einen Begriff bilden. Wie sieht es mit den Augen Ihres Kindes aus? Wenn Sie gemeinsam ein Bilderbuch anschauen, können Sie sich ein Bild über sein Sehvermögen machen:

- Sind Ihrem Kind seine Bücher vertraut? Hat es ein Lieblingsbilderbuch oder eine Lieblingsseite, auf die es mit Vorliebe blättert?
- Erkennt Ihr Kind auf den Seiten Dinge oder Details, die es mit seinen Worten benennt?
- Schaut Ihr Kind da hin, wo Sie hindeuten?
- Dreht es den Kopf oder hält es ihn schräg, um etwas zu sehen, oder geht es deutlich näher an das Buch heran?
- Hat es keine Lust, Dinge länger anzuschauen?
- Werden seine Augen rasch müde oder röten sie sich?
- Schielt Ihr Kind leicht?

Falls Sie unsicher sind, wie es um die auditive und visuelle Wahrnehmungsfähigkeit Ihres Kindes steht, sollten Sie Ihren Kinderarzt darauf ansprechen. Er hat die nötige Erfahrung.

Wenn Kinder nicht reden, brauchen sie Unterstützung.

Die Sprachentwicklung vom 18. bis 24. Monat

In der Regel gehören mit eineinhalb Jahren neben »Mama« und »Papa« wenigstens drei weitere Wörter zum aktiven Wortschatzes eines Kindes. Das Lautinventar erweitert sich, zum Beispiel um »l«, »f«, »n«, »j«, »t« und »d«. Sogar manche Zischlaute wie »ch« (Ich-Laut) oder »s« kommen ihm bereits über die Lippen.

Langsam begreift Ihr Kind, dass es durch die Laute, die es von sich gibt, etwas bewirken kann. Wenn es zum Beispiel »Mama« sagt, schaut die Mutter zu ihm. So entzückt die Eltern darüber auch sind: Am meisten beeindruckt sind die Kinder selbst. Einige legen daraufhin sogar erst einmal eine kleine Pause ein. Anstatt sich an neuen Wörtern zu versuchen, hören sie erst einmal genau zu und speichern das Erlebte ab. Und eines Tages, wenn der richtige Zeitpunkt gekommen ist, überraschen sie ihre Eltern mit einem beeindruckend großen Wortschatz, bei dem viele Wörter bereits korrekt ausgesprochen werden. Andere Kinder dagegen plappern lieber von Anfang an drauflos und ahmen hemmungslos nach, was sie hören. Diesen kleinen »Papageien« kommt es mehr darauf an, *dass* sie sprechen als *wie* sie sprechen.

Die Wortschatz-Explosion

Egal zu welchem Typ Ihr Kind gehört: Das zweite Halbjahr des zweiten Lebensjahres ist ein regelrechtes »Wort-sammel-Jahr«. Die Kinder beobachten ihre Umwelt sehr aufmerksam, suchen den Blickkontakt, wenn man mit ihnen spricht, schauen auf die Lippenbewegung der Eltern, hören mit wachen Ohren auf Aussprache, Tonfall und Sprechmelodie und speichern alle Eindrücke in ihrem jungen Gehirn. Sobald ihr Wortschatz auf etwa 50 Worte gewachsen ist, scheint die nächste Etappe in der Sprachentwicklung erreicht zu sein.

ZWEI-WORT-SÄTZE

Sobald der aktive Wortschatz einen gewissen Umfang erreicht hat und das Kind eine Vorstellung davon hat, wie man die Wörter einsetzen kann (etwa als Frage, Antwort, Ausruf oder Ausdruck der Überraschung beziehungsweise des Schreckens), verbindet es zwei Wörter zu einem kleinen Satz. Dabei kombinieren Kinder zwei Substantive (»Lina Schuhe«, »Mama Auto«, »Papa Arbeit«), ein Substantiv und ein Verb in seiner Grundform (»Mama kommen«, »Hund bellen«) oder Substantiv und Adjektiv (»Hund lieb«, »Sonne hell«, »Tee heiß«). Die meisten Wörter sprechen die Kleinen zwar nach wie vor lautlich vereinfacht aus. Sie sagen etwa »tul« für Stuhl oder »neena« für Schneemann. Doch die Worte stehen jetzt in einem direkten Zusammenhang, wie zum Beispiel »Flasche trinken« oder »Auto weg«.

Von nun an erwacht das Interesse des Kindes daran, wie die Dinge zueinander in Bezug stehen. Es entwickelt nach und nach ein Verständnis für die Zusammenhänge von Ursache und Wirkung. Die kindliche Sprachentwicklung legt nun ein enormes Tempo an den Tag. Der Austausch mit Mama und Papa gelingt immer besser, und es bereitet dem Kleinkind immer mehr Freude, sich mit ihnen zu unterhalten. Auch die Eltern haben Freude daran, wie zügig das Sprechenlernen verlaufen kann, und ermuntern ihr Kind zum aktiven Austausch.

Anfangs ist die Aussage der Zwei-Wort-Sätze noch vieldeutig – ähnlich wie beim einzelnen Wort. Steht das Kind beispielsweise vor einer Treppe und erklärt »Treppe rauf«, kann dies zum einen bedeuten, dass es gerne die Treppe hinaufsteigen möchte, zum anderen aber auch, dass Treppensteigen gefährlich ist oder die Mama soeben die Treppe hochgegangen ist. Mit der Zeit jedoch lassen sich seine Aussagen immer leichter deuten.

»IS DES?«

Zwei-Wort-Äußerungen sind ein Segen fürs Kind, denn jetzt kann es noch leichter mit den Eltern kommunizieren. Es kann gezielter Wünsche äußern und auf Dinge zeigen, es kann deutlich kundtun, was ihm gefällt und was nicht, es kann auf etwas hinweisen, erzählen und scherzen. Vor allem aber kann es fragen.

Bis etwa um den zweiten Geburtstag herum haben die meisten Kinder herausgefunden, wie sie ihre Eltern zum Sprechen bringen. Während die Kleinen immer sicherer durch die Wohnung spazieren und geschäftig ihre Dinge regeln, ver-

INFO

Klipp und klar verstehen

Anstelle der bisherigen Lautmalereien kommen immer mehr konkrete Begriffe, vor allem kleine Wörter wie »ab« und »da«. Im Laufe des zweiten Lebensjahres bekommt das Kind außerdem eine Vorstellung für die Verhältniswörter (Präpositionen) »in« und »auf«. Spiele, bei denen ein kleinerer Gegenstand in einem größeren verschwindet oder mehrere Teile aufeinandergestapelt werden, fördern dies. Danach folgt in der Regel das Wort »auf« – gerne trainiert durch den Zwei-Wort-Satz »Mama auf«, wenn das Kind auf den Arm genommen werden möchte, aber auch wenn es wieder auf den Boden zurück will.

gessen sie dabei nicht, neue Wörter aufzuschnappen oder zu erfahren. Alles wird kommentiert, begutachtet und erfragt. Auch wenn ein Kind schon oft eine Kaffeemaschine gesehen hat, weiß, wie es sich anhört, wenn das Wasser durchläuft, und wie es duftet, wenn der Kaffee fast fertig ist, kann es unzählige Male nachfragen: »Is des?« Das Interesse an seiner Umwelt ist einfach ungebrochen – wer nicht fragt, der nicht gewinnt. Ganz Pfiffige setzen in den letzten Monaten des zweiten Lebensjahres bereits das Fragewort »Warum« ein: »Rum?« Damit stellen sie ihre Eltern vor die Herausforderung, stets eine passende Antwort zu finden. Jetzt sind starke Nerven gefragt. Aber je eher das Kind eine plausible und ehrliche Antwort hört (am besten recht freundlich), desto schneller realisiert es die Zusammenhänge. Kein Kind stellt die vielen Fragen nur zum Spaß. Es steckt ein klarer innerer Auftrag in ihm: Entdecke die Welt. Und fang damit zuerst zu Hause an.

»NEIN« SAGEN

Wer viel fragt, bekommt (hoffentlich) auch viele Antworten. Und dazu gehört hin und wieder auch das Wörtchen »Nein« – etwa dann, wenn Ihr Kind Sie mit großen Augen anschaut, während es einen Stift auf das neue Ledersofa legt und fragt: »Sofa malen?« Oder wenn es Ihnen beim Apfelschneiden helfen möchte und mit den Worten »Leine neiden?« (alleine schneiden) nach dem Messer greift.

Je nachdem, wie energisch Ihr »Nein« ausfällt, wird auch Ihr Kind reagieren. Verbieten Sie etwas ganz unmittelbar, deutlich und konsequent und schütteln dabei auch noch den Kopf, wird das Kleine vermutlich erst einmal innehalten. »Was meint sie mit n-e-i-n?« Doch schon sehr bald bekommt es eine Vorstellung davon, dass dieses Wörtchen so viel wie »Stopp« bedeutet.

215

Kinder brauchen klare Ansagen. Nur so können sie verstehen, was zu Hause erlaubt ist und was nicht.

AUFTRÄGE ERFÜLLEN – UND ANWEISEN

Viele Kinder verstehen ab dem zweiten Halbjahr des zweiten Lebensjahres kleinere Aufträge. Und sie können die Aufgaben auch dann erfüllen, wenn sich der Gegenstand nicht in ihrer unmittelbaren Nähe befindet. Auf die Frage »Wo ist der rote Bleistift?«, springt Ihr Kind auf, läuft zum Schreibtisch und holt Ihnen den Stift. Gleichzeitig kann Ihr Kind auch selbst immer besser Anweisungen geben. Es ist in der Lage, sich differenzierter zu äußern, indem es Sie zum Beispiel an die Hand nimmt und dahin führt, wo es Ihnen etwas zeigen will oder etwas haben möchte. Außerdem kann es deutlich machen, was ihm gefällt – und was nicht.

»DAS BIN ICH«

Ihr Kind kann mit seinen Händen den Schalter drücken und so das Licht an- und ausschalten. Es kann eine Türklinke herunterdrücken und

Und dass das Kopfschütteln eine einfache Geste ist, die es sich lohnt gleich mitzulernen. Wen wundert es da, dass »Nein« sehr bald zum Lieblingswort wird. »Nein« zum Essen, »Nein« zum Wickeln und »Nein« zum Am-Tisch-Sitzen: Mit diesem einzigen Wort kann Ihr Kind plötzlich seine eigenen Gefühle und Absichten mitteilen und Sie gleichzeitig auffordern, mit ihm ins Gespräch zu kommen. Fantastisch! Als wäre das noch nicht genug, entwickeln Kinder durch dieses »Nein« auch noch eine Vorstellung vom sozialen Miteinander und von den Wünschen ihrer Mitmenschen. Denn was hören sie, wenn sie einem anderen Kind etwas wegnehmen oder es an den Haaren ziehen? Genau: »Nein!«

INFO

Bitte nicht korrigieren

Es ist eine beachtliche Leistung, wenn Ihr Kind zu sprechen beginnt. Und es ist nur allzu natürlich, dass seine Aussprache nicht immer perfekt ist – darauf kommt es momentan auch gar nicht an. Korrigieren Sie daher weder seine Aussprache noch die Grammatik, denn das würde die Freude am Sprechen schnell mindern. Sinnvoller ist, Ihrem Kind zu signalisieren, dass Sie es verstanden haben. Dann können Sie seinen Satz grammatikalisch verbessert noch einmal wiederholen. Beispiel: »Eule lafen?« wird zu »Ja, die Eule schläft«.

TIPP

Erzählen statt abfragen

Fragen Sie nicht immer nach dem Namen der abgebildeten Motive, wenn Sie mit Ihrem Kind ein Bilderbuch anschauen. Denn darauf kann das Kind nur mit einem einzigen Wort antworten. Erzählen Sie ihm lieber, was auf den Bilderbuchseiten geschieht, zum Beispiel »Schau, der Traktor fährt« oder »Guck mal, die Katze schläft«. Dadurch lernt Ihr Kind, die Zusammenhänge zu verstehen und später selbst in mehreren Wörtern zu antworten.

die Tür selbst öffnen und schließen. Und wenn es den Mund öffnet und nach Ihnen ruft, schauen Sie oder kommen sogar zu ihm. Im gleichen Maße, in dem Ihr Kind erkennt, dass es mit seinen Handlungen und Wörtern etwas bewirken kann, realisiert es auch, dass es eine eigenständige Person ist. Und diese Person hat auch einen eigenen Namen.

Etwa zum Zeitpunkt des zweiten Geburtstags gebrauchen Kinder ihren eigenen Vornamen. Sie haben eine Vorstellung von ihrer eigenen Person und sind in der Lage, von sich selbst zu sprechen. Allerdings geschieht das noch nicht in der Ich-Form, sondern mittels ihres Vornamens. In ein paar Monaten können sie auch die Fürwörter (Pronomen) »mein« und »mir« aussprechen, gegen Ende des dritten Lebensjahres – folgen dann »du« und »ich« (siehe Seite 336).

SPIELERISCH LERNEN

Etwa ab dem 18. Monat nimmt das funktionelle Spielen immer mehr zu (siehe Seite 283), und das ist auch wichtig zum Sprechenlernen: Ihr Kind nimmt sämtliche Gegenstände genauer unter die Lupe: Es dreht, wendet, überprüft und vergleicht. Dabei kommt es weniger auf die äußerliche Beschaffenheit des Objekts an (ist es weich, hart, rau oder glatt?), und es muss auch nicht mehr zwangsläufig alles mit dem Mund untersucht werden. Stattdessen steht die Funktion im Vordergrund: Das Kind füllt Boxen und Dosen – und schüttet sie wieder aus. Es steckt Puzzleteile zusammen – und nimmt sie wieder auseinander. Es sortiert Formen, stapelt Becher und Holzklötze – und lässt die Türme wieder einstürzen. Am liebsten hat es Sie dabei in seiner Nähe. Denn dann kann es sich mit Ihnen austauschen und besprechen oder alles gar gemeinsam erleben. Auch hier funktioniert das »Triangulieren« bestens (siehe Seite 209): Der Blick des Kindes schweift zwischen Ihnen und dem Spielzeug hin und her. Wenn es auf einen Gegenstand zeigt, können Sie ihm diesen reichen – und umgekehrt. Auf diese Weise entsteht spielerisch ein Geben und Nehmen, was sehr bald zum »Erst ich, dann du«- und zum »So tun als ob«-Spiel wird (siehe Seite 283 f.). Durch dieses gemeinsame Spielen können Sie Ihr Kind unterstützen, seine Erfahrungen, Erlebnisse und Absichten in Worte zu fassen.

Selbstständigkeit fördert Sprechen

Die Sinne des Kindes sind geschärft und versuchen, alles Wichtige aufzunehmen. Das Kleine beginnt immer mehr, seine Mitmenschen nachzuahmen, nicht nur in der Sprache, sondern auch in den Handlungen. Zeitgleich erlebt es sich immer mehr als eigenständige Persönlichkeit und will – getrennt von seiner Mutter – am liebsten alles alleine machen. Das ist auch gut so, denn wer selbstbewusst durchs Leben geht, ist sich »seiner selbst bewusst« – und traut sich eine Menge zu. Das gilt auch fürs Sprechen.

Endlich alleine den Löffel halten: So macht Essen mehr Spaß. Wen kümmert es da, wenn es mal tropft?

selbstständig zu werden. In diesem Falle möchte es eben seine Socken alleine (!) ausziehen …

Versuchen Sie, ihm in vielen Angelegenheiten entgegenzukommen, sodass es sich von Ihnen verstanden fühlt und zufrieden ist. Dabei können zahlreiche Tricks behilflich sein. Um »modische« Fehlgriffe beim »leine antien« (alleine anziehen) zu vermeiden, können Sie Ihrem Schatz zum Beispiel die Option geben, das weiße oder das rote T-Shirt (alleine) anzuziehen. Wenn dabei die Vorderseite auf dem Rücken landet – macht nichts. Auch beim Essen können Sie Ihrem Kind einen Löffel in die Hand geben und parallel mit einem zweiten Löffel mithelfen, dass die Mahlzeit auch wirklich im Mund landet. Beim Zähneputzen darf erst das Kind putzen, dann sind Sie dran. Genauso können Sie es beim Haarebürsten handhaben. Je selbstständiger Ihr Kind hantieren darf (Ihre Aufsicht vorausgesetzt), desto leichter kann es Handlungsabläufe verstehen, nachvollziehen, ausüben und in Worte fassen – und immer wieder üben.

ALLEINE MACHEN

Ihr Kind versucht immer mehr, die Abläufe des Tages selbstständig zu bewältigen. Ein gutes Zeichen, denn dieser Wille setzt immerhin voraus, dass es Sie ausreichend beobachtet und dann in seinem Köpfchen realisiert hat: Das kann ich auch – und zwar alleine. Viele Kinder möchten sich bereits im zweiten Lebensjahr alleine an- und ausziehen, mit einem eigenen Löffel essen, alleine aus einem Becher trinken, sich selbst die Haare bürsten und die Zähne putzen. Auch wenn es Ihre Nerven manchmal überstrapaziert, wenn Sie zum 15. Mal am Vormittag den Strumpf Ihres Kindes wieder anziehen müssen: Freuen Sie sich über seinen Willen,

Hindernisse beim Sprechen

Auch die Sprachentwicklung ist ein sehr individueller Prozess. Nichts verläuft nach Lehrplan, schließlich müssen zahlreiche Bedingungen erfüllt sein, damit ein Kind sprechen lernen kann. Manchmal hat man das Gefühl, das Kind lerne über Wochen keine neue Wörter dazu – und ist kurze Zeit darauf überrascht, welche neuen Ausdrücke ihm plötzlich über die Lippen kommen. Wo hat es die nur her?

Mit 24 Monaten kennt Ihr Kind die Namen der Menschen, mit denen es täglich zusammen ist, und kann sehr viele Gegenstände benennen. Und selbst wenn es einmal nicht weiß, wie ein bestimmtes Ding heißt, weiß es in vielen Fällen zumindest, was man damit macht (etwa trocknet man Haare mit dem Föhn). Doch nicht immer klappt das Sprechen reibungslos, wenn äußerliche Faktoren der Entwicklung im Weg stehen und ihr entgegensteuern.

Daumenlutschen und Schnuller

Keine Frage: Ein Schnuller kann helfen, das starke Saugbedürfnis eines Babys in den ersten Monaten nach der Geburt zu befriedigen. Es soll daher an dieser Stelle nicht darum gehen, ob Babys einen Schnuller brauchen, sondern vielmehr darum, wann und vor allem wie lange man ihnen diesen anbieten sollte (mehr zum Thema Schnuller lesen Sie ab Seite 227).

Es ist eine Tatsache, dass die meisten Kinder nicht nur beim Einschlafen zum Schnuller greifen, sondern ihn häufig auch tagsüber beim Spielen oder Spazierengehen im Mund haben – und nicht selten leider auch beim Sprechen. Das kindliche Verhalten ist dabei nur zu verständlich. Wie sollte das Kleine in dem Alter verstehen, dass es nur zum Einschlafen am Schnuller nuckeln soll? Gelegenheit macht Diebe …

Wenn Sie verhindern wollen, dass Ihr Kind mit Schnuller im Mund spricht, müssen also Sie den ersten Schritt machen. Und dazu müssen Sie erst einmal begreifen, wie gravierend Schnuller oder Daumenlutschen den Spracherwerb verzögern können. Denn mit vollem Mund lässt es sich nicht deutlich sprechen.

Logopäden kennen die Folgen vom Dauernuckeln nur zu gut: Ganz vorne auf der Liste steht das gestörte Zusammenspiel von Kiefer, Gaumen, Zunge, Lippen und Zähnen. Durch den massiven Druck auf die vorderen Schneidezähne kann ein lutschoffener Biss entstehen (siehe Seite 105). Weil die Zunge dadurch ihre vordere räumliche Abgrenzung verliert, kann das Kind eine Vielzahl normaler Zischlaute nicht bilden. Lispeln kann die Folge sein.

ERHÖHTE INFEKTANFÄLLIGKEIT

Ein gesundes, entspanntes Kind atmet durch die Nase. Seine Lippen sind geschlossen, und die Zungenspitze liegt am oberen Gaumen. Atmet es dagegen ständig mit offenem Mund oder liegt seine Zunge zwischen den Zähnen, erschlafft die Mundmotorik. Und genau das wird durch das Schnullern (oder Daumenlutschen) begünstigt. Denn wenn das Kind nicht kräftig am Schnuller saugt, liegt er eher locker im Mund; dies ist tagsüber meist der Fall. Das wiederum schwächt die Mundmuskulatur, da sie nicht benutzt wird. Der Mund steht daher auch dann offen, wenn das Kleine keinen Schnuller im Mund hat. Nicht selten sabbert es viel.

Die Folge: Das Kind atmet kaum mehr durch die Nase und ist daher einer erhöhten Infektionsgefahr ausgesetzt. Denn die eingeatmete Luft umgeht den körpereigenen Reinigungsfilter und »Luftbefeuchter« Nase. Das Problem dabei: Ein Schnupfen mit verstopfter Nase führt abermals dazu, dass das Kind seinen Mund

Schnuller und Flasche ade

Das permanente Trinken aus einer Flasche mit Sauger sowie das dauerhafte Nuckeln an einem Schnuller tagsüber sollte aus sprachtherapeutischer Sicht spätestens zum zweiten Geburtstag aufhören. Es ist nicht notwendig, einem gesunden, altersgerecht entwickelten Kind weiterhin eine Flasche oder einen Schnuller anzubieten. Einzige Einschränkung: Je nach Familiensituation (zum Beispiel die Geburt eines Geschwisterkindes, ein Umzug oder der Tod eines Angehörigen) kann ein Schnuller in Ausnahmesituationen noch eine Weile seine Berechtigung zum Einschlafen haben – aber ausschließlich dafür. Tagsüber sollte er trotzdem verschwinden.

Wut statt Worte

Natürlich gibt es Viel- und Wenig-Sprecher; manche Kinder beobachten erst einmal und lassen anderen beim Reden den Vortritt. Zuweilen ist das Sprachverständnis zwar altersgerecht entwickelt, aber es hapert noch an der Mundmotorik. Die betroffenen Kinder wissen dann zwar genau, was sie sagen wollen. Doch das Wort kommt ihnen nicht oder nicht deutlich genug über die Lippen, sodass seine Mitmenschen nicht verstehen, was es meint. Wenn Eltern dann mehrmals nachfragen »Was sagst du? Ich verstehe dich nicht. Probiere es noch einmal«, wächst die Frustration. Meistens behelfen sich die Kinder mit einer ausgeprägten Mimik und Gestik. Und wenn das immer noch nicht hilft, folgt nicht selten ein Tobsuchtsanfall. Kein Wunder: Es ist zum »Aus-der-Haut-Fahren«, wenn man nicht verstanden wird. Hier ist besonderes Feingefühl seitens der Eltern gefragt: Warum reagiert das Kind so? Was kann die Ur-

nicht schließen kann, um durch die Nase zu atmen – eine unendliche Spirale. Als Langzeitfolge kommt es nicht selten zu Polypenbildung, die den Kreislauf der geschwächten Mundmuskulatur aufrechterhalten und so die Sprachentwicklung verzögern können. Wiederkehrende Mittelohrentzündungen sowie deren Vorstufe (Paukenerguss) infolge der Infekte unterstützen diesen negativen Prozess, weil sie das Hörvermögen einschränken.

Um den Misstand zu beheben, ist es wichtig, Ursachenforschung zu betreiben: Warum atmet das Kind durch den Mund? Warum liegt seine Zunge im Ruhezustand zwischen den Zähnen? Haben Sie das Gefühl, es handelt sich dabei um einen Dauerzustand, sollten Sie baldmöglichst einen Termin beim Kinderarzt oder beim Hals-Nasen-Ohren-Arzt für Ihr Kind vereinbaren.

Raus aus dem Mund und ran an den Baum: Solche »Schnullerbäume« helfen beim Schnullerabschied.

sache sein? Warum hat es Probleme, die Buchstaben in Wörtern auszusprechen? Wie sieht es mit der Mundmotorik aus?

WENN DAS SPRECHEN SCHWERFÄLLT

Der Mund- und Rachenraum besitzt eine Vielzahl von Muskeln, die es uns ermöglichen, zu sprechen, saugen, essen, schlucken, schreien und weinen. Damit wir all diese Fähigkeiten nutzen können, müssen Zunge, Lippen und Wangenmuskulatur außerordentlich flexibel sein. Beim Sprechen beispielsweise wechselt ihre Stellung zueinander innerhalb von Augenblicken unzählige Male. Zunge, Lippen und Wangen bewegen sich bei jedem Laut anders. Daher kann ein

Kind, wenn es einen Buchstaben erlernt, diesen zwar einzeln oder in einfachen Wörtern bilden, lässt ihn in komplexen Lautstrukturen oder längeren Äußerungen jedoch noch aus. Und so kann es zum Beispiel das »l« bilden, bezeichnet eine Blume aber vereinfacht als »bume«.

Von einer Störung der Mundmotorik spricht man dann, wenn das Kind insgesamt Schwierigkeiten hat, seine Mundmuskeln zu bewegen und zu koordinieren. Dafür können verschiedene Dinge verantwortlich sein:

○ organische Ursachen wie ein verkürztes Zungenbändchen
○ eine verzögerte Gehirnentwicklung
○ eine zu geringe Muskelspannung (Hypotonie).

INFO

Was versteht man unter Motorik?

Der Begriff Motorik leitet sich vom griechischem »motorikè téchne«, was so viel wie Bewegungswissenschaft bedeutet, sowie vom lateinischen »movere« (bewegen, antreiben) ab. Im Allgemeinen versteht man unter Motorik die gesamte Tätigkeit der Muskulatur. Dabei lässt sich die Motorik in verschiedene Bereiche unterteilen, unter anderem in:

○ **Großmotorik (Grobmotorik):** Sie hilft dabei, dass der Körper seine Position und Lage im Raum verändern kann. Ein Baby strampelt, dreht sich, rollt, kriecht, krabbelt, sitzt, steht und geht. Durch diese grobmotorischen Handlungen kann es Erfahrungen sammeln, seine Umwelt begreifen und verstehen, um anschließend über sie zu sprechen. Beispiel: Ein Kleinkind krabbelt die Treppe hinauf und schaut von oben herab. Durch seine eigene Erfahrung erhält es ein Verständnis für »krabbeln«, »Treppe«, »hoch«, »oben« und »unten«.

○ **Feinmotorik:** Sie betrifft die Fertigkeit der Hände. Damit diese überhaupt beweglich sind, sind Hand- und Fingerkraft, Geschicklichkeit und Zielgenauigkeit erforderlich. Zusammen mit dem Sehen, dem Tastsinn und der Motivation, etwas zu berühren oder anzupacken, kann ein Kind seine Umwelt durch Anfassen be-greifen – eine wesentliche Voraussetzung zur Entwicklung von Intelligenz und Sprache.

○ **Grafomotorik (Schreibmotorik):** Sie ermöglicht durch differenziertes, gleichmäßiges Bewegen der Finger das Schreiben und gilt neben der Mundmotorik als die feinste Koordinationsleistung des Menschen. Weist ein Kind Auffälligkeiten in der Feinmotorik auf, wird es zum Beispiel ungern malen. Dadurch wiederum hat es wenig Übung beim Schreibenlernen und zeigt wahrscheinlich auch später Auffälligkeiten in der Grafomotorik.

Das Kind ist dann allgemein eher schlaff und hat insgesamt einen geringen Muskeltonus.

- Dauerlutschen am Schnuller, Daumenlutschen oder Nuckeltuch
- Wahrnehmungsstörungen: Sie bedingen die mangelnde Bewegung der Muskulatur.

FEINMOTORIK UND SPRECHEN KÖNNEN

Logopäden und Ergotherapeuten bestätigen immer wieder, dass Kinder, deren Feinmotorik (Einsatzfähigkeit der Hände) nicht vollends ausgebildet ist, häufig auch Schwierigkeiten beim Sprechen haben. Welches könnte der Grund dafür sein? Bereits in der Schwangerschaft ist die Entwicklung von Händen, Füßen und Mund eng miteinander verknüpft. Man hat sogar festgestellt, dass sich ungefähr zum gleichen Zeitpunkt, an dem sich die Finger des Ungeborenen aus der Handfläche herausbilden, sich auch die kindliche Zunge vom Mundboden löst. Hebammen nutzen diese Erkenntnis und empfehlen Müttern von trinkschwachen Neugeborenen, die Saugkraft ihrer Babys zu unterstützen, indem sie seine Handinnenflächen beim Stillen sanft kneten. Vorschulkindern mit Sprachstörungen fällt die Lautanbahnung leichter, wenn sie beim Sprechen gleichzeitig bestimmte Hand- und Fingerbewegungen ausüben. Wer zum Beispiel gleichzeitig seinen Zeigefinger anhebt, schafft es besser, die Zungenspitze anzuheben (wie es etwa für den Buchstaben »L« nötig ist).

TRAINING FÜR EINE GUTE MUNDMOTORIK

Übungen für die Lippen- und Zungenmuskulatur können helfen, eine bessere Muskelspannung im Mund aufzubauen. Nur diese gewährleistet, dass sich die Lippen schließen und die Zunge ausreichend beweglich ist, um deutliche Laute bilden zu können. Trainieren Sie bei Bedarf gezielt an vier bis fünf Tagen pro Woche für jeweils etwa zwei Minuten. Sie können die Übungen aber auch in die Spielzeit einbauen.

Wenn es dem Sprechenlernen dient, kann man ausnahmsweise auch mal auf Tischmanieren verzichten.

Auch eine gute Übung für die Lippenmuskeln: Kerzen ausblasen – am liebsten beim Geburtstagskuchen.

○ **Tiere spielen:** Schneiden Sie Grimassen – mal schmatzen und hauchen Sie laut, dann reißen Sie Mund und Augen weit auf, grinsen breit oder schauen ganz ernst. Machen Sie verschiedene Tiere nach. Legen Sie zum Beispiel wie ein Hase die oberen Zähne auf die Unterlippe. Strecken Sie wie eine Kuh die Zunge seitlich aus dem Mund heraus, oder lassen Sie sie wie eine Eidechse plötzlich herausschnellen. Formen Sie mit dem Mund ein Fischmaul und klappen dieses stumm auf und zu. Animieren Sie dabei Ihr Kind immer wieder, es Ihnen gleichzutun.

○ **Watte oder Federn pusten:** Legen Sie einen Wattebausch auf den Tisch und lassen Sie ihn Ihr Kind quer über die Platte pusten. Oder spielen Sie zusammen Luft-Fußball. Um den Schwierigkeitsgrad zu erhöhen, können Sie auch durch einen Strohhalm pusten. Eine kleine Feder fliegt schon beim zartesten Hauch hoch und trudelt dann langsam wieder runter.

○ **Kerzen ausblasen:** Lassen Sie Ihr Kind eine brennende Kerze auspusten – mal von ganz nah, mal aus größerer Entfernung. Gar nicht so einfach. Noch schwieriger wird es, wenn Sie drei brennende Teelichter nebeneinanderstellen, Ihr Schatz aber nur eines davon auspusten soll.

○ **Badespaß:** Beim Baden kann Ihr Kind wunderbare Schaumwolken von der Hand pusten oder mit einem Strohhalm lustige Blubberblasen aus dem Wasser sprudeln lassen. Auch gut: Ihr Kind ist der Sturm, der kleine Schiffchen aus Papier oder Plastik durch das Wannenmeer treibt.

○ **Spaghetti essen:** Wenn es um den Muskelaufbau geht, stehen die Tischmanieren ausnahmsweise mal hintenan: Spaghetti mit den Lippen einzusaugen erfordert eine Menge Mundkraft.

○ **Handarbeit:** Generell gilt: Feinmotorische »Übungen«, wie Perlen auffädeln, kneten, basteln, Papier falten oder malen, fördern automatisch auch die Mundmotorik.

(INFO

Das sollte ein Kind am Ende des zweiten Lebensjahres können

○ Zwei-Wort-Sätze sagen.

○ Tierlaute nachmachen.

○ Die (Vor-)Namen von wichtigen Bezugspersonen kennen und diese auch ansprechen.

○ Viele verschiedene Wörter kennen und benutzen.

○ Diverse Konsonanten (Mitlaute) in seinen wortähnlichen Lautäußerungen einsetzen, etwa M, B, P, D, F, L, N, T und W.

○ Adjektive, wie lieb, heiß, kalt, schön oder weich, kennen und verwenden.

○ Wünsche äußern, beispielsweise wenn es etwas trinken oder essen möchte.

Es sollte außerdem

○ Nicht mehr ständig sabbern, weil dies ein Hinweis auf eine schlaffe Mundmotorik ist.

○ Feste Nahrung ohne Probleme kauen (und das auch dürfen, damit es seine Mundmotorik ausbilden kann).

○ Selbstständig mit dem Löffel essen (alles andere wäre ein Hinweis auf Probleme mit der Feinmotorik – und die hängt eng mit dem Sprechen zusammen).

○ Zusammenhänge herstellen und kleine Aufträge ausführen.

○ Aus einem offenen Becher trinken; das bringt drei Vorteile: 1. Die Flasche kann weg. 2. Das Kind bekommt Selbstvertrauen, denn Sie trauen ihm zu, aus dem Becher trinken zu können. 3. Es ist ein Hinweis, dass Ihr Kind Zusammenhänge versteht (Becher – trinken).

Das erste Jahr ist geschafft, und das Neugeborene, das noch vor einem Jahr sehr hilflos und schutzbedürftig wirkte, ist mittlerweile zu einer selbstbewussten kleinen Persönlichkeit herangewachsen. Weiterhin verläuft die Entwicklung Ihres Kindes auch im zweiten Jahr in einem rasanten Tempo. Und in puncto Pflege und Gesundheit kommen andere und sogar ganz neue Aspekte auf Sie zu.

Vorsorgeuntersuchung

Im ersten Jahr war Ihr Kind bereits sechsmal zu einer Vorsorgeuntersuchung beim Kinderarzt. Jetzt sind nicht mehr so viele »Körper-Checks« nötig. Sie müssen daher nur einmal im zweiten Lebensjahr zum Vorsorgetermin.

Siebte Vorsorgeuntersuchung (U7)

Die U7 – auch »Zweijahresuntersuchung« genannt – findet in den letzten drei Monaten vor dem zweiten Geburtstag statt, also zwischen dem 21. und 24. Lebensmonat; zu diesem Zeitpunkt liegt die letzte Vorsorgeuntersuchung etwa ein Jahr zurück. Genau wie im ersten Jahr überprüft der Arzt bei der U7, ob die Entwicklung Ihres Kindes altersentsprechend verläuft.

DIE KÖRPERLICHE UNTERSUCHUNG

Wie gewohnt beginnt der körperliche Check mit dem Wiegen und Messen, um Körpergewicht, Länge und Kopfumfang zu ermitteln. Diese Werte werden in das Somatogramm auf den hinteren Seiten des gelben Vorsorgehefts eingetragen. Anschließend verschafft sich der Kinderarzt ein Bild über die körperliche Entwicklung des Kindes: Ist es unter- oder übergewichtig? Ist es auffallend klein (Minderwuchs)? Wie ist sein Hautbild beschaffen? Ist die Haut auffällig blass, sind Pigmentstörungen, Hämatome, chronisch entzündliche Hautveränderungen oder sogar Folgen einer ernsthaften Verletzung zu erkennen? Des Weiteren gibt die körperliche Untersuchung Hinweise auf die Funktion der Sinne und der Organe. Kann Ihr Kind gut hören und wendet es seinen Kopf seitlich zur Geräuschquelle, wenn es diese vernimmt? Kann es mit geschlossenem Mund durch die Nase atmen? Kann es gut sehen? Schielt es? Besteht auf einem Auge eine Sehschwäche? Oder hält es den Kopf auffällig, wenn es einen Gegenstand fixiert? Schlägt sein Herz normal oder auffällig anders? Weist die Lunge beim Abhören irgendwelche Auffälligkeiten auf? Indem der Kinderarzt den Bauchraum abtastet, verschafft er sich einen Überblick über die inneren Organe wie Leber und Milz. Ebenso wirft er einen Blick auf die Geschlechtsorgane, um zum Beispiel bei Jungen einen Hodenhochstand oder bei Mädchen eine Verklebung der Schamlippen ausschließen zu können.

Dem Blick auf die inneren Organe folgt die aufmerksame Untersuchung des Knochenapparats. Weist die Wirbelsäule Fehlbildungen wie Skoliose (eine seitliche Verbiegung bei gleichzeitig verdrehten Wirbeln) oder einen Beckenschiefstand auf? Wie sehen die Beine des Kindes aus: Hat es X- oder O-Beine? Zeigt sich eine Fehlstellung der Füße? In diesem Zusammenhang wird der Arzt Sie sicherlich auch auf das richtige Schuhwerk hinweisen, das Ihr Kleines jetzt, wenn es zu laufen begonnen hat, braucht. Nur in guten Schuhen können die kleinen Füße natürlich wachsen. Mehr Informationen dazu finden Sie auf Seite 192 f.

TIPP

Wenn Ihr Kind nicht kooperiert

Manche Kinderärzte bezeichnen die U7 als »Angst-« oder »Schrei-Vorsorgeuntersuchung«. Denn nicht selten sind Kinder bei der U7 ängstlich, sehr anhänglich oder trotzig. Das liegt weniger an der Untersuchung an sich als an der mangelnden Kooperationsbereitschaft der Kleinen. Denn die befinden sich gerade wieder einmal in einer Phase des Umbruchs. Um den zweiten Geburtstag herum beginnt der Loslöseprozess von Mama – und damit auch die erste Trotzphase. Ärgern Sie sich daher nicht über Ihr Kind. Und vereinbaren Sie, wenn bei der Untersuchung gar nichts klappen will, einfach einen neuen Termin in drei bis vier Monaten. Meistens sind die Kinder dann wieder bereit, den Anweisungen des Arztes zu folgen.

SPRACHVERSTÄNDNIS UND SPRECHEN

Zur Einschätzung des Sprech- und Hörvermögens befragt der Kinderarzt zum einen die Eltern, zum anderen führt er kleine Tests durch. Das Kind soll zum Beispiel Fragen beantworten wie: »Wo ist deine Nase?« Oder er fordert es auf: »Bring mir bitte den roten Ball.«

Generell sollte ein Kind zum Zeitpunkt seines zweiten Geburtstags in der Lage sein, mindestens zehn Worte zu sprechen; sein passiver Wortschatz sollte etwa 250 Wörter umfassen. Darüber hinaus sollte es zwei Wörter sicher kombinieren können (Zwei-Wort-Sätze), wie »Papa Auto« oder »Hund lieb«.

In diesem Alter können die meisten Kinder einfache Zeichnungen von Tieren und Menschen benennen, also zum Beispiel auf einen Hund im Bilderbuch zeigen und diesen gleichzeitig beim Namen nennen (»Wauwau«). Mit etwa 24 Monaten wissen erfahrungsgemäß dann viele Kinder ihren Vornamen und setzen ihn auch ein, kombiniert mit einem Verb (»Basti essen«).

GROB- UND FEINMOTORIK

Durch spielerische Aktivitäten kann sich der Kinderarzt ein Bild über den Zustand der Motorik verschaffen. Dabei achtet er darauf, ob und wie das Kind geht, ob es sich ohne festzuhalten bückt und wieder aufsteht, ob es schon einen Ball wirft und einige Schritte rückwärtsgeht. Kann das Kind Hindernissen ausweichen, ohne umzufallen? Vielleicht legt er Ihrem Kleinen auch einen Ball vor die Füße: Kickt es ihn weg, ohne sich dabei festhalten zu müssen? Ob Ihr Kind bereits in der Lage ist, Treppen zu steigen, wird er Sie fragen.

Im Umgang mit Spielzeug lässt sich anschließend gut die Feinmotorik beobachten. Ist das Kind in der Lage, mit jeder Hand einen Turm aus etwa vier bis acht Klötzchen zu bauen? Kann es mit beiden Händen eine Flüssigkeit (zum Beispiel Wasser) aus einer Flasche gießen? Steckt es mit beiden Händen eine Perle in eine Flaschenöffnung? Wie geht das Kind mit Stiften um? Zeichnet es damit eine senkrechte Linie auf Papier? Ist sein Bewegungsablauf fließend und nicht abgehackt?

DAS SOZIALVERHALTEN

Um Informationen über das altersgerecht entwickelte Sozialverhalten zu bekommen, ist der Kinderarzt auf die Hilfe der Eltern angewiesen. Darum folgen Fragen wie: Wie verhält sich das Kind zu Hause? Zeigt es Interesse an Büchern? Kann es sich einige Minuten alleine beschäftigen? Wie sieht es mit dem Schlafverhalten aus?

Im Spiel ahmen Kinder nach, was sie beobachten. Nicht selten erkennen Eltern sich selbst darin wieder.

Schläft das Kind in der Nacht durch? Kann es sich zum Teil schon alleine anziehen und zum Beispiel in die Socken, die Hose oder den Pullover schlüpfen? Wäscht es selbstständig seine Hände und trocknet diese ab? Ahmt es alltägliche Handlungen nach, indem es zum Beispiel seine Puppe mit dem Löffel füttert oder das Kuscheltier ins Bettchen bringt? Spielt es mit anderen Kindern Fangen?

Nicht zuletzt werden bei der U7 Themen wie Zahnpflege, Fluoridprophylaxe, Karies, Ernährungsverhalten (Umgang mit Süßigkeiten) sowie Schutzimpfungen angesprochen.

Schnuller ade

Manchmal ist es wie verhext: Um dem starken Saugbedürfnis nachzugeben, bieten viele Eltern ihrem Neugeborenen einen Beruhigungssauger an. In den meisten Fällen klingt das einfacher, als es tatsächlich ist. Denn nicht selten spuckt das Baby den Schnuller erst einmal wieder in weitem Bogen aus oder verliert ihn im Schlaf und wird dadurch immer wieder wach. Eltern müssen sich also einiges einfallen lassen, damit der Schnuller während des Schlafs ganz sicher im Mund ihres Babys bleibt. Doch zum Glück sind sie dabei recht kreativ. Und so bleibt der Schnuller irgendwann tatsächlich dort, wo er hingehört: im Mund. Hat das Baby ihn akzeptiert und findet es durch ihn tatsächlich zur Ruhe, scheint alles perfekt. Doch es dauert gar nicht lange, dann ist der Zeitpunkt gekommen, an dem der Schnuller wieder abgewöhnt werden sollte. Und genau das ist erfahrungsgemäß gar nicht so einfach.

Warum muss der Schnuller weg?

Zahlreiche Argumente sprechen gegen einen Schnuller: Zum einen begünstigt er Zahnfehlstellungen und Sprachentwicklungsverzögerungen (siehe Seite 219). Zum anderen besteht das Risiko, dass die Anfälligkeit für Infekte steigt, weil viele Babys aufgrund des Schnullers vorwiegend durch den Mund atmen. Im Gegensatz zur Nasenatmung strömt dadurch die Atemluft ungefiltert in den Körper, und Krankheitserreger haben leichtes Spiel.

Es ist übrigens selbst dann noch nicht zu spät für die Schnullerentwöhnung, wenn die Zähne bereits schief sind. Denn ein lutschoffener Biss kann sich innerhalb von wenigen Monaten ganz von alleine schließen – wenn der Schnuller konsequent weg bleibt.

WANN IST DER RICHTIGE ZEITPUNKT ZUR SCHNULLERENTWÖHNUNG?

Das Ende der Schnullerzeit sollte idealerweise dann eingeläutet werden, wenn die ersten Zähne durchgebrochen sind. Dies ist in der Regel um den ersten Geburtstag herum der Fall – meist zu einem Zeitpunkt also, an dem die Beruhigung durch den Schnuller geradezu perfekt funktioniert. Kein Wunder, dass viele Eltern bei dieser Nachricht erst einmal einen Schreck bekommen. Doch Zahnärzte, Kieferorthopäden und Logopäden bleiben bei ihrer Empfehlung: Der Saugreflex des Kindes sollte nicht künstlich über das erste Lebensjahres hinaus verlängert werden. Sobald die Kleinen feste Nahrung kauen können, sollten Eltern ihnen anstelle des Schnullers lieber einen Beißring anbieten und dadurch den Kaureflex unterstützen, was ebenfalls zur Schnullerentwöhnung beiträgt.

So gut wie nie gelingt es, sich das Schnullern von einem Tag auf den anderen abzugewöhnen; dies ist erfahrungsgemäß ein längerer Prozess. Sie müssen sich vorstellen, dass Ihr Kind in seinem Schnuller eine Art Freund gefunden hat, einen Trostspender, der in Notsituationen immer zur Verfügung ist. Er hilft äußerst zuverlässig, wenn sich das Kind beruhigen will oder soll. Und von so einem guten Freund kann man sich eben nicht einfach von jetzt auf gleich trennen. Aus diesem Grund sollten Eltern den Schnuller ihres Kindes auch niemals vor seinen Augen in den Abfalleimer werfen, denn dort kann es dem geliebten Freund einfach nicht gut gehen.

In der Regel dauert die Schnullerentwöhnung zwei bis vier Wochen. Dabei hängt der Erfolg wie so oft maßgeblich von der elterlichen Konsequenz ab. Daher ist es wichtig, dass sich Mutter und (!) Vater über den richtigen Zeitpunkt einig sind und – wenn das Ganze beschlossene Sache ist – am gleichen Strang ziehen.

TAGSÜBER KEINEN SCHNULLER

Spielen Sie beim Abgewöhnen auf Zeit. Wenn Ihr Kind den Schnuller zum Einschlafen benötigt, sollten Sie darauf achten, dass es ihn auch ausschließlich zu diesem Zweck in den Mund steckt. Zu jeder anderen Tageszeit hat der Schnuller nichts im Mund zu suchen – schon gar nicht aus Langeweile. Es ist also Ihre strikte Konsequenz gefragt: Lassen Sie keine Schnuller in der Wohnung herumliegen. Reduzieren Sie die Schnulleranzahl, indem Sie ältere Modelle direkt entsorgen (nicht vor den Augen des Kindes). Auf diese Weise können Sie festlegen, wann (und wie lange) der Schnuller zum Einsatz kommt.

DAS ENDE DER SCHNULLERKETTE

Die Schnullerkette diente bisher dazu, dass das Kind uneingeschränkt Zugriff auf den Schnuller hatte. Dies soll jetzt nicht mehr so sein. Entsorgen Sie die Kette, oder bewahren Sie sie als Erinnerungsstück an die Babyzeit bei den anderen abgelegten Dingen auf.

ALTERNATIVEN ZUM SCHNULLER

Pocht Ihr Kind tagsüber auf sein Gewohnheitsrecht, sind Ihre Kreativität und Geduld gefragt. Denn jetzt muss ein Ersatz für den Schnuller her. Halten Sie nach Alternativen Ausschau. Fragen Sie sich dazu, warum Ihr Kind ausgerechnet jetzt nach dem Schnuller verlangt. Ist ihm langweilig, können Sie es spielerisch ablenken und zum Beispiel ein Bilderbuch anschauen, Perlen fädeln, einen Kniereiter hopsen oder einen Spaziergang machen. Ist Ihr Kind traurig und möchte getröstet werden? Dann sollten Sie sich ihm voll und ganz widmen. Nehmen Sie sich die Zeit, und kuscheln Sie mit ihm. Liebevolle Wörter und Streicheleinheiten wirken mindestens genauso gut wie ein Trostspender aus Kunststoff. Versprochen!

BITTE LOB STATT TADEL

Auf seinen geliebten Schnuller verzichten zu müssen ist für ein kleines Kind nicht leicht. Und daher ist es bei diesem großen Schritt vollkommen auf Ihre Unterstützung angewiesen. Schimpfen hilft hier wenig. Zeigen Sie lieber Verständnis für seine Situation, denn das (leider oftmals künstlich verlängerte) Bedürfnis, zu saugen, sowie die Macht der Gewohnheit sind groß. Kein Wunder, dass es zu Rückschlägen kommen kann. Sie verlangen von Ihrem Kind, dass es schon »groß« ist und ohne Schnuller leben kann. Das klappt natürlich am leichtesten mit Ihrer tatkräftigen Unterstützung. Dank Ihrer Geduld, unzähliger Ablenkungsmanöver und liebevoller Aufmerksamkeit ist auch der kindliche Verstand leichter dazu bereit, Abschied zu nehmen.

INFO

Schnuller zum Schlafen

Die meisten Kinder brauchen ihren Schnuller in der Nacht zum Einschlafen. Und meist erfüllt der Sauger diese Aufgabe auch perfekt. Dennoch ist es sinnvoller, wenn ein Kind lernt, ohne Hilfsmittel einzuschlafen – damit es auch in der Nacht den Wechsel zwischen zwei Schlafphasen alleine meistern kann (mehr Infos dazu lesen Sie auf Seite 132 f.). Je eher sich Eltern also die Mühe machen, ihrem Kind zu helfen, ohne Schnuller einzuschlafen, desto besser. Liebevolles Streicheln, ein zusätzliches Gute-Nacht-Lied oder eine extra Geschichte können ein Ersatz für den Sauger sein.

leicht kein Geld für einen Schnuller haben). Als Dankeschön für die Schnullerspende hinterlässt die Fee ein kleines Geschenk – idealerweise erfüllt sie damit einen lang ersehnten Wunsch …

Bevor sie dem Kind von der Schullerfee erzählen, müssen die Eltern entscheiden, auf welche Art und Weise sie in »Erscheinung« treten soll. Das Kind kann zum Beispiel gemeinsam mit den Eltern ein Päckchen schnüren, es an die Schnullerfee adressieren und zur Post bringen (informieren Sie den Postmitarbeiter vorher, dass Sie das Päckchen später wieder abholen). Im Gegenzug schickt die Schnullerfee (also Sie) ihr Geschenk dann ebenfalls per Post. Oder Ihr Kind legt seinen Schnuller eines Abends draußen auf die Fensterbank. In der Nacht, wenn alles schläft, kommt dann die Fee, nimmt den Schnuller mit und lässt stattdessen eine Überraschung für den kleinen Spender liegen.

DER SCHNULLERBAUM

Diese Tradition stammmt angeblich aus Dänemark und findet auch bei uns immer mehr Anhänger: Kinder hängen ihren Schnuller an einen Baum, und wann immer sie Sehnsucht nach ihm haben, können sie ihn besuchen. Mancherorts werden regelrechte »Baumfeste« veranstaltet, bei denen das Kind samt Papa oder Mama mit einer Hebebühne nach oben gehievt werden, damit sie den Schnuller in die Baumkrone binden können. Die vielen anderen Schnuller, die bereits im Baum hängen, wirken in der Regel motivierend: »Andere Kinder haben es auch geschafft.« Unter dem Stichwort »Schnullerbaum« können Sie übers Internet herausfinden, ob auch in Ihrer Nähe eine solche Aktion geplant ist oder ob sogar schon irgendwo ein Schnullerbaum steht. Manchmal entstehen die Bäume aufgrund von Elterninitiativen nach Absprache mit der Gemeinde auch auf Spielplätzen.

Stolz darauf, dass es schon so groß ist: Das ältere Kind schenkt dem kleinen seinen Schnuller.

Rituale zur Schnullerentwöhnung

Wie gut, dass sich Eltern beim Entwöhnen unterstützen lassen können, zum Beispiel von der Schnullerfee, die nachts durch die Kinderzimmer fliegt und Geschenke verteilt. Ein paar bodenständige Tricks erleichtern es dem Kind ebenfalls, in Zukunft auf den Schnuller zu verzichten.

DIE SCHNULLERFEE

Welches Märchen sich um die Schnullerfee rankt, bleibt der Fantasie der Eltern oder einem guten Buch überlassen. Erfahrungsgemäß bereitet man das Kleinkind über einige Tage auf das große Ereignis vor (ähnlich wie beim Weihnachtsfest): Es gibt eine ganz liebe Fee, die sammelt Schnuller von Kindern ein, die ihn eigentlich gar nicht mehr brauchen, und bringt sie dann neugeborenen Babys (deren Eltern viel-

SPENDE FÜR TIERBABYS

In Schweden soll es einen Streichelzoo geben, der es aufgrund unzähliger Schnullerspenden bereits ins Guinnessbuch der Rekorde geschafft hat. Die Kinder »verschenken« nämlich ihre Sauger an Tierbabys und werfen sie dafür in eine eigens zu diesem Zweck aufgestellte Tonne. Hierzulande unterstützt so manche Kinderarztpraxis Familien bei der Schnullerentwöhnung, indem sie zum Beispiel einen großen Plüschbär an den Empfang setzt, den die Kinder mit Schnullern füttern können. Im Gegenzug erhalten sie ein kleines Geschenk. Fragen Sie einfach einmal bei Ihrem Kinderarzt nach, ob es dort eine ähnliche Aktion gibt.

EIN GESCHENK FÜR EIN NEUES BABY

Manche Eltern motivieren ihr Kind, den Schnuller an ein Neugeborenes aus dem Familien- oder Freundeskreis abzugeben – sozusagen als Willkommensgeschenk für den neuen Erdenbürger. Einem älteren Kind können Sie so recht gut verständlich machen, dass dieses kleine Baby den Schnuller viel dringender braucht als es selbst. Wenn es den Schnuller schön verpackt überreichen darf, kann es zu Recht stolz darauf sein, dass es selbst schon so groß ist.

SAUGEIGENSCHAFT MANIPULIEREN

Immer wieder hört man die vermeintliche Empfehlung, Eltern sollten ein Loch in den Schnuller piksen oder ein kleines Stück von der Spitze abschneiden, damit die Schnullerentwöhnung leichter fällt. Dadurch verlöre der Sauger Luft, ließe sich nicht mehr so schön lutschen und würde unattraktiv für das Kind.
Das mag vielleicht tatsächlich funktionieren. Allerdings versteht das Kind mit dieser Methode nicht, warum es nicht mehr zum Schnuller greifen soll. Es will einen neuen als Ersatz.

Die Zahnentwicklung

Zähne bilden sich nicht erst kurz bevor sie durchbrechen – im Gegenteil. Die Zahnentwicklung beginnt schon etwa 40 Tage nach der Befruchtung der Eizelle. Zahn und Kiefer wachsen von da an unaufhaltsam weiter, bis der Zahn irgendwann durchbricht und auf der Zahnleiste des Kindes zu sehen ist.

Die ersten 20 Zähne im menschlichen Gebiss heißen Milchzähne. Sie bleiben nur die ersten Jahre im Mund, etwa ab dem Schulalter verliert das Kind sie nach und nach wieder. Die nachfolgenden Zähne werden ergänzt von acht bis zwölf Seitenzähnen. Vier davon bezeichnet man

INFO

Warum sind Milchzähne so wichtig?

Milchzähne bleiben nur ein paar Jahre, dann fallen sie sowieso heraus. Warum sollen wir die überhaupt putzen? Viel wichtiger sind doch die bleibenden Zähne. Falsch! Es ist äußerst wichtig, den ersten Zahn ebenso gut zu pflegen wie die späteren Zähne. Anderenfalls kann Karies entstehen, die nicht nur schmerzhaft ist, sondern auch die nachfolgenden Zähne negativ beeinflussen kann. Abgesehen davon ist der Milchzahn maßgeblich am Kieferwachstum beteiligt und erfüllt eine Platzhalterfunktion für die späteren Zähne. Muss ein Milchzahn vorzeitig gezogen werden, entsteht eine Lücke im Milchgebiss, die sich nach und nach verkleinert und damit den folgenden Zahn an seinem Durchbruch behindern kann.

als »Weisheitszähne«, die erst im Erwachsenenalter erscheinen (manchmal auch nie).

Die Bezeichnung »Milchzähne« rührt vermutlich von der Tatsache, dass sie zu einer Zeit einschießen, in der sich der Säugling noch vorwiegend von Milch ernährt. Eine weitere Erklärung ist ihre helle, milchige Farbe. Tatsächlich sind Milchzähne deutlich weißer als die zweiten Zähne. Hinzu kommt ihre Beschaffenheit: Aufgrund ihres Mineraliengehalts sind Milchzähne weicher als die bleibenden Zähne. Außerdem ist ihr Zahnschmelz dünner.

Zeitpunkt des Durchbruchs

Wann der erste Milchzahn durchbricht, ist von Baby zu Baby sehr unterschiedlich. In der Regel zeigt sich der erste Zahn mit sechs bis acht Monaten, dann kommt jeden Monat ein neuer Zahn hinzu. Mit zweieinhalb bis drei Jahren sind üblicherweise alle 20 Milchzähne durchgebrochen, und das Gebiss ist damit erst einmal vollständig. Die Reihenfolge, in der die einzelnen Zähne auftauchen, ist dagegen erfahrungsgemäß bei jedem Baby die gleiche. Zuerst brechen die beiden unteren mittleren, dann die oberen mittleren Schneidezähne durch das Zahnfleisch. Es schließen sich die oberen äußeren und die unteren äußeren Schneidezähne an. Erst dann kommen nach und nach die Backenzähne (erst oben, dann unten).

Schmerzen beim Zahnen

Fast jedes Kind produziert während des Zahnens verstärkt Speichel. Außerdem wird zum Zeitpunkt des Zahnes fast alles in den Mund gesteckt, um den Juckreiz zu mildern. Sehr viele Babys haben jedoch keinerlei Probleme mit dem Zahnen. Dennoch haben Studien ergeben, dass Säuglinge während des Zahnens ihr Zahnfleisch oft bearbeiten, ihr Ohr reiben, immer

wieder unruhig sind, häufig im Schlaf aufwachen, weniger saugen und weniger Appetit haben. Manche Kinder sind während des Zahnens schlichtweg gereizt. Dieses Verhalten wird oftmals noch unterstützt, weil meist zeitgleich mit dem Durchbruch der ersten Milchzähne die Nahrung umgestellt wird. Diese Umgewöhnung von Milch auf festere Speisen kann dem Kind ebenfalls Probleme bereiten.

LINDERUNG BEIM ZAHNEN

Einen Zusammenhang zwischen dem Einschießen der Zähne und körperlichen Symptomen wie Fieber, Durchfall, Erbrechen, Nahrungsverweigerung oder Husten gibt es nicht – entgegen langjährigen Vermutungen. Zwar hieß es viele Jahre schnell »Das Kind zahnt«, sobald etwas körperlich Ungewöhnliches auftrat. Doch mittlerweile belegen aktuelle Studien, dass beides nichts miteinander zu tun hat.

DIE MILCHZÄHNE

In der Regel brechen die Milchzähne in einer bestimmten Reihenfolge durch. Der Zeitpunkt des Zahndurchbruchs kann stark variieren; angegeben sind nur Mittelwerte.

TIPP

Alternative Bernstein?

Für die einen ist sie absoluter Humbug, für die anderen eine echte Hilfe beim Zahnen: die Bernsteinkette. Sein deutscher Name leitet sich vom niederdeutschen Begriff »bernen« für »brennen« ab, denn Bernstein ist organisches Material und damit entflammbar. Der Berufsverband der Kinder- und Jugendärzte warnt Eltern vor dem Einsatz dieser Ketten, weil sich die Kinder daran strangulieren und ersticken können. Anhänger des Bernsteins sind jedoch von seiner schmerzlindernden und harmonisierenden Wirkung überzeugt. Sie denken, dass eine Kette aus Bernsteinperlen geradezu ideal ist, dem Baby zum Durchbruch der Zähne zu verhelfen. Wissenschaftliche Untersuchungen, die diese Wirkung belegen, gibt es zwar nicht – aber auch keine, die das Gegenteil beschreiben würden. Folgendes sollten Sie beachten, wenn Ihr Baby eine Bernsteinkette bekommen soll:
○ Die Kette darf weder zu eng am Hals liegen, noch zu lang sein.
○ Die Steine müssen einzeln verknotet sein, damit keine losen Perlen herumliegen können, falls die Kette einmal reißt.
○ Die Perlen müssen abgerundet sein, damit die Zunge nicht verletzt wird, wenn das Kind auf der Kette kaut.
○ Der Verschluss sollte ebenfalls aus Bernstein und nicht aus Metall sein.
○ Achten Sie beim Kauf auf naturreine, nicht hitzebeständige braune Steine, und lassen Sie sich nicht von unechten künstlichen Modellen aus Plastik verleiten.

Dennoch kann es zu Beschwerden kommen. Wenn Sie merken, dass Ihr Kind deutlich unter dem Zahnen leidet und Sie sich nicht zu helfen wissen, sollten Sie Ihren Kinderarzt um Rat fragen. Er kann dem Kind zwar die Schmerzen nicht nehmen, kennt aber Mittel, die das Zahnen erleichtern. Dazu gehören auch diverse frei verkäufliche Mittel wie:

○ **Zahngel:** Für etwa 4 Euro erhalten Sie in der Apotheke ein Lokalanästhetikum, das Sie mit dem Finger auf die Zahnleiste des Kindes streichen können. Leider öffnet jedoch nicht jedes Kind bereitwillig seinen Mund. Außerdem hält die betäubende Wirkung des Zahngels im Allgemeinen nur kurz an (meist weniger als eine Stunde).

○ **Globuli:** Auch ein homöopathisches Komplexmittel mit den Wirkstoffen Calcium phosphoricum, Chamomilla recutita, Calcium carbonicum Hahnemanni, Ferrum phosphoricum und Magnesium phosphoricum zählt zu den Klassikern bei Zahnungsbeschwerden. Allerdings helfen die Kügelchen aus der Apotheke (Preis 6–8 Euro für 7,5 Gramm) nicht jedem Baby. Es ist daher ratsamer, für jedes Kind das geeignete Einzelmittel zu finden (siehe Seite 233).

○ **Beißring und Co.:** Da viele Babys jetzt gerne auf härteren Gegenständen kauen, empfiehlt sich ein leicht gekühlter Beißring, der angenehm auf der schmerzenden Stelle wirken kann. Wichtig: Lagern Sie den Beißring im Kühlschrank und nicht im Tiefkühlfach. Denn tiefgefroren darf er nicht auf die Zahnleiste kommen (Verletzungsgefahr). Achten Sie außerdem darauf, dass der Beißring weder Weichmacher noch Bisphenol A enthält.

Genauso wirkungsvoll wie Beißringe sind härtere Nahrungsmittel, auf denen das Kind lutschen kann. Das kann eine gekühlte und geschälte Möhre sein oder ab und an auch eine nicht zu dunkel gebackene Brotrinde (sie enthält jedoch Stärke, was die Kariesbildung fördert). Lassen Sie Ihr Kind nicht unbeaufsichtigt damit allein, damit es sich nicht daran verschlucken kann. Manche Eltern schwören auf die Hilfe von »Veilchenwurzeln« aus der Apotheke, gut sortierten Drogeriemärkten oder dem Baby-Fachhandel. Die getrockneten Pflanzenteile (Rhizom der Schwertlilie) massieren die Zahnleiste des Kindes, wenn es darauf kaut. Gleichzeitig wirkt der austretende Saft lokal betäubend. Weil das Kind die Wurzel überall ablegt, können sich jedoch Bakterien darauf ansammeln. Spülen Sie die Wurzel daher vor jedem Gebrauch unbedingt gründlich unter heißem Wasser ab.

○ **Zuwendung:** Während des Zahnens kann Ihr Kind eine große Extraportion Zuwendung brauchen. Liebevolles Trösten, Auf-den-Arm-Nehmen, Streicheleinheiten und Kuscheln wirken dem größten Schmerz entgegen. »Du bist nicht allein. Ich helfe dir« – dieses Gefühl verschafft Linderung. Aber auch Ablenkungen, zum Beispiel ein schöner Spaziergang oder ein lustiges Spiel, können dem Kind helfen, die Schmerzen für einen Moment zu vergessen.

○ **Zäpfchen:** Haben Sie das Gefühl, Ihr Kind kommt während des Zahnens überhaupt nicht mehr zur Ruhe, kann ein schmerzlinderndes (Fieber-)Zäpfchen abends zumindest zu einer guten Nacht verhelfen.

Das hilft bei Zahnungsbeschwerden

Beschwerde	Das will das Kind	schlechter/besser	Symptome	Mittel
Zahndurchbruch	Das Kind will herumgetragen werden; es weiß nicht, was es will, ist zornig	- nachts, Wärme + herumtragen	Eine Gesichtshälfte ist oft rot und heiß, die andere blass; Zahnungsdurchfall	Chamomilla D12 3-mal täglich 3 Globuli
	Das Kind will herumgetragen werden; es ist extrem reizbar	- nachts, Bewegung + Wärme, bedecken	Zahnungsdurchfall; Stuhl ist sauer; das ganze Kind riecht	Rheum D12 3-mal täglich 3 Globuli
	Das Kind will nicht herumgetragen werden	- Licht, Lärm, Erschütterung + beugen nach hinten, harte Unterlage	Kind schreit heftig mit rotem Kopf; überstreckt sich nach hinten; will ins eigene Bett	Belladonna D12 3-mal täglich 3 Globuli
	Das Kind will nicht herumgetragen werden; Rötungen um Mund und Gesäß	- Kälte, Ruhe + Wärme, Bewegung, heiße Speisen	Mundgeruch; entzündetes Zahnfleisch; starker, wund machender Speichel	Kreosotum D12 3-mal täglich 3 Globuli
- verschlimmert/+ verbessert				

Der Griff der Kinderzahnbürste ist so gestaltet, dass das Kleine ihn gut halten kann: nicht zu lang und nicht zu dick.

Gesund im Mund – die Pflege der Milchzähne

Sobald das erste Zähnchen herausblitzt, sollten Sie mit seiner Pflege beginnen. Das mag anfangs vielleicht ungewöhnlich klingen, besonders wenn das Baby noch voll gestillt wird. Doch es geht nicht nur um den Reinigungseffekt, sondern auch um einen Rhythmus der täglichen Zahnpflege. Eltern können daraus ein kleines Ritual werden lassen, indem sie zum Beispiel mit einer kleinen Zahnbürste sanft über die Kieferleisten streichen, während sie ihr Kind auf dem Arm halten. Dadurch lernt es, dass die Zahnpflege ebenso zum Tagesablauf gehört wie das Spielen, das Essen und das Schlafen.

Die erste Zahnbürste

Zur Reinigung der ersten Zähnchen genügt es, diese mit einem Wattestäbchen oder fusselfreien Tuch behutsam abzutupfen. Wischen Sie sanft vom Zahnfleisch her über den Zahn. Ebenso gut eignet sich eine Fingerzahnbürste (gibt's in Apotheken und gut sortierten Drogeriemärkten). Spezielle »Putztrainer« können ebenfalls helfen, das Kind auf das Ritual der Zahnpflege einzustimmen. Sie sehen aus wie eine Zahnbürste, haben anstelle der Borsten jedoch weiche, bissfeste Lamellen.

Ab dem zweiten Geburtstag sollten die Milchzähne zweimal täglich von den Eltern geputzt werden (mit Zahncreme). Schaffen Sie dazu eine spezielle Kinderzahnbürste an. Sie hat einen kleinen, schmalen Kopf mit weichen Borsten, sodass sich die Zähne bequem reinigen lassen, ohne dass die Zungen- und Wangenmuskulatur in die Quere kommen.

Zahnpasta – ab wann?

Im ersten Lebensjahr brauchen Sie noch keine Zahnpasta, schließlich sind erst wenige Zähne durchgebrochen. Sollten Sie allerdings einen »Frühzahner« haben, der schon jetzt sechs oder mehr Zähne hat, können Sie eine Zahnpasta ohne Fluorid benutzen, wenn Ihr Kind regelmäßig Fluoridtabletten bekommt (siehe Seite 89).

Für Kinder zwischen zwei bis sechs Jahren gibt es spezielle Kinderzahncremes mit reduziertem Fluoridgehalt (250–500ppm). Erfahrungsgemäß schlucken Kinder bis zum Schulalter immer wieder einmal Zahncreme herunter und nehmen dadurch größere Mengen Fluorid auf.

Erst mit etwa sechs Jahren sind Kinder in der Lage, die Zahnpasta nach dem Zähneputzen wieder richtig auszuspucken. Daher werden erst ab diesem Alter Produkte mit erhöhtem Fluoridgehalt angeboten.

(K)EINE GESCHMACKSFRAGE

Zahncremes für Kinder sind auf den Geschmack von Kindern ausgerichtet. Sie schmecken eher fruchtig und süß als minzig scharf. Sehr wichtig, aber keinesfalls selbstverständlich ist, dass die Zahnpasta zuckerfrei sein sollte. Werfen Sie unbedingt einen kritischen Blick auf die Inhaltsstoffe. Sonst kann das Zähneputzen eventuell mehr schaden als nutzen.

Die richtige Zahnputztechnik

Ganz klar: Kleine Kinder benötigen Hilfe beim Zähneputzen. Darum sollten (müssen) Eltern ihren Kindern anfangs einmal täglich die Zähne putzen, ab dem zweiten Lebensjahr zweimal täglich. Damit Zähne und Zahnfleisch dabei nicht geschädigt werden, kommt es auf die richtige Zahnputztechnik an. Denn einmal »weggeschrubbte« Zahnsubstanz bildet sich leider nicht wieder neu. Zahnärzte empfehlen die KAI-Methode: K (Kaufläche), A (Außenseiten) und I (Innenseiten). So funktioniert sie:

○ Geben Sie eine erbsgroße Menge Zahncreme auf die Kinderzahnbürste. Für Babys im ersten Jahr genügt die halbe Menge.

○ Bewegen Sie die Zahnbürste zuerst auf den Kauflächen (K) sanft hin und her – oben wie unten, rechts wie links.

○ Nun kommen die Außenseiten (A) dran: Halten Sie die Zahnbürste senkrecht und führen Sie sie kreisförmig über die Außenfläche der Zähne (Kreise malen) – von hinten nach vorne. Dann soll das Kind die Schneidezähne »fletschen«, damit Sie auch dort Kreise »malen« können.

○ Zum Schluss sind die Innenflächen (I) dran: Das Kind öffnet den Mund und Sie bürsten die Zähne vorsichtig vom Zahnfleisch Richtung Schneidekante (»von Rot nach Weiß«).

⌐ TIPP

»Ich kann das alleine«

Will Ihr Schatz alles »leine« machen – und ganz besonders das Zähneputzen? Dann schaffen Sie sich einfach zwei Zahnbürsten an. Mit der einen darf das Kind seine Zähne alleine putzen, und Sie schauen zu. Mit der anderen dürfen Sie nachputzen. Bleiben Sie bei positiven Formulierungen: »Du hast das ganz toll gemacht, ich habe ja fast nichts mehr zum Putzen.« Das motiviert Ihr Kind mehr als »Du kannst das nicht, du bist noch zu klein, jetzt putze ich mal richtig«.

Die Ernährung im zweiten Lebensjahr

Im zweiten Lebensjahr ist Ihr Kind kein Säugling mehr – es ist also nicht mehr ausschließlich auf flüssige Nahrung wie Milch angewiesen. Im Gegenteil: Kau- und Schluckreflex sind stark ausgeprägt. Immer mehr Zähne schießen ein und damit kribbelt es auf der Zahnleiste. Durch Laute und Töne trainiert das Kind seine Mundmotorik und damit seine Zunge, Wangen und Lippen. Überhaupt wandert alles Ess- und Ungenießbare in den Mund und wird dort dank der vielen Wahrnehmungsrezeptoren gründlich untersucht und »ermundet«.

Auch die Breiphase endet allmählich, und so steht jetzt (bis auf einige Ausnahmen) der normalen Familienkost nichts mehr im Wege. Immer mehr Nahrungsmittel, welche auch die Großen essen, kommen auf den Teller. Das ist gut, denn gerade zwischen dem ersten und dritten Lebensjahr sind Kleinkinder sehr unvoreingenommen

INFO

Kauen statt saugen

Helfen Sie Ihrem Kind, kauen und schlucken zu lernen. Sobald die ersten Schneidezähne da sind, kann Ihr Kind abbeißen. Jetzt müssen Sie nicht mehr alles fein pürieren oder gar flüssig in der Flasche servieren. Je häufiger und je länger Sie die Flasche anbieten, desto länger halten Sie das Saugbedürfnis (künstlich) aufrecht – das gilt auch für das permanente Saugen am Schnuller.

und haben Lust, alles auszuprobieren – auch »neue« Nahrungsmittel und Gerichte: Das knusprige Brötchen, das so prima krümelt; die Weintraube, die sich im Mund wie eine Kugel anfühlt und ganz süß schmeckt, wenn man sie zerbeißt; die Karotte, hart und knackig, und erst die Banane: weich, süß und so schnell breiig …

Der eigene Platz am Tisch

Die meisten Kinder können nach ihrem ersten Geburtstag alleine sitzen, aufstehen, stehen und gehen. Sie können durch Laute und Handlungen zum Ausdruck bringen, ob sie hungrig oder durstig sind. Sie haben Zähne und können abbeißen – und vieles mehr. Täglich machen sie einen großen Schritt in Richtung Selbstständigkeit, wollen endlich auch groß sein. Das Gefühl, dazuzugehören, ist einfach wundervoll. Daher sollte Ihr Kind spätestens ab jetzt auch ein Mitglied der Tafelrunde sein dürfen, aus den Familienschüsseln schöpfen und mit allen gemeinsam essen. Unterstützen Sie das wichtige Gefühl der Zugehörigkeit, indem Sie die Runde am Tisch um einen Hochstuhl für den jüngsten Sprössling erweitern. Hier darf das Kind in Zukunft sitzen – mit seinem eigenen Teller, seinem eigenen Besteck, seinem eigenen Becher, seinem eigenen Tischset und vielleicht sogar einer eigenen Serviette. Die klare Struktur vermittelt ihm Sicherheit und Geborgenheit. Ihr Kind darf spüren: »Hier gehöre ich hin, meine Eltern sehen mich, sie nehmen mich wahr, und ich bin genauso viel wert wie ein Großer.«

Wie viel Energie braucht mein Kind?

Die offiziellen Empfehlungen lauten: Kinder zwischen zwei und drei Jahren benötigen etwa 1100 Kalorien (kcal) am Tag. Dabei kann dieser Wert durchaus variieren: Lebhafte und aktive Kinder brauchen mehr Energie als Altersgenos-

INFO

er Ernährungskreis der Deutschen Gesellschaft für
nährung zeigt, wie sich der Speiseplan täglich zu-
ammensetzen sollte.

---

sen mit eher ruhigem Temperament, groß ge-
wachsene und schwere Kinder mehr als kleine,
zart gebaute Kinder. Auch in den verschiedenen
Wachstumsphasen kann der Bedarf kräftig
schwanken: Wenn das Kind wächst, nimmt
meist auch der Hunger zu – die Nahrungsaufnahme passt sich dem aktuellen natürlichen Bedürfnis an.

Entscheidend ist die Zusammensetzung der
Mahlzeiten: Das Forschungsinstitut für Kinder-
ernährung in Dortmund hat dafür eine einfache
Faustregel erstellt. Demnach brauchen Kinder

- reichlich pflanzliche Nahrungsmittel und
  (zuckerfreie) Getränke,
- verschiedene tierische Lebensmittel in mäßi-
  ger Menge,
- wenig fettreiche Lebensmittel und Süßwaren.

Gesunde Kinder, die täglich abwechslungsreiche und vollwertige Mischkost essen, gedeihen
in der Regel gut. Eltern können dies anhand der
Wachstumskurven von Gewicht und Länge im
gelben Vorsorgeheft erkennen. Weitere Anzeichen, dass es Ihrem Kind gut geht, sind:

- Es wirkt gesund und munter.
- Es ist zufrieden und aktiv.
- Sein Stuhl ist weich und normal geformt.

Kleine Ernährungskunde

Abwechslungsreiche, vollwertige Mischkost ist
wichtig, damit Ihr Kind auch im zweiten Jahr
optimal versorgt ist. Nur so bekommt es alles,
was es braucht, um gesund zu bleiben und zu
wachsen. Wie so eine gesunde Mischkost aussieht, stellt der Ernährungskreis der Deutschen
Gesellschaft für Ernährung (DGE) sehr an-
schaulich dar. Der Ernährungskreis der DGE
zeigt, welchen Anteil die verschiedenen Lebensmittelgruppen an der täglichen Ernährung haben sollten. Je größer das »Tortenstück« des Er-
nährungskreises ist, desto mehr von diesen Lebensmitteln sollten tagtäglich auf dem Teller
Ihres Kindes liegen.

GRUPPE 1: GETREIDE, GETREIDEPRODUKTE UND KARTOFFELN

Die Basis der Ernährung hierzulande – für kleine Menschen ebenso wie für große – stellen Getreide und Kartoffeln dar. Daher sollte mehr als
ein Viertel der täglichen Nahrungsmittel aus der
Kohlenhydratgruppe kommen.

Getreide gibt es zum Beispiel in Form von Brot
und Backwaren, Nudeln, Flocken und pur als
Körner (beispielsweise Reis, Hirse, Quinoa und
Amarant). Die wertvollen Inhaltstoffe des Ge-
treides – Vitamine, Mineralien, Spurenelemen-
te, Ballaststoffe und ungesättigte Fettsäuren –
befinden sich in den Randschichten und im

Keimling des Getreidekorns. In weißem Mehl (etwa Typ 405) und Produkten daraus (wie weißes Toastbrot, helle Nudeln, geschälter Reis oder weiße Brötchen) ist dagegen so gut wie nichts mehr von diesen »Schätzen« enthalten. Greifen Sie daher so oft wie möglich zu Vollkornprodukten wie Vollkornbrot und -backwaren, Vollkornflocken oder Vollkornnudeln. Mindestens die Hälfte (besser noch mehr) der täglichen Getreidemenge sollte vollwertig sein. Je früher Sie Ihr Kind auf den Geschmack bringen, desto selbstverständlicher wird es diese gesunden Produkte später essen. Viele Brote und Getreideerzeugnisse enthalten mittlerweile sehr fein gemahlenes Vollkorn, wodurch sich langes Kauen erübrigt – auch wenn dies in vielerlei Hinsicht förderlich ist. (Kauen kräftigt die Mundmuskulatur, unterstützt die Mundmotorik, fördert die Verdauung und macht früher satt.) Kartoffeln liefern zwar ebenfalls reichlich Kohlenhydrate in Form von Stärke. Sie enthalten aber im Vergleich zu Vollkornprodukten deutlich weniger Ballaststoffe und Vitamine und keine lebenswichtigen Fettsäuren.

GRUPPE 2: GEMÜSE UND HÜLSENFRÜCHTE

Diese Gruppe bildet gemeinsam mit den Kohlenhydraten über die Hälfte der täglichen Ernährung. Und das zu Recht: Denn frisches Gemüse liefert reichlich Vitamine, Mineralien und Ballaststoffe, und das alles bei geringem Energiegehalt. Das bedeutet: Gemüse macht satt, aber nicht dick. Anhänger der grünen Frischkost loben Gemüse daher schon seit Langem als »das bessere Obst«. Denn es enthält im Gegensatz zu süßen Früchten kaum Zucker.

Sie können Gemüse als Rohkost reichen – als Salat oder Streifen (etwa von Möhren, Gurken, Paprika, Kohlrabi und anderen Sorten), oder Sie dünsten es, wodurch es in der Regel leichter ver-

daulich ist: eine gute Alternative, wenn Ihr Kind empfindlich auf Rohkost reagiert. Damit der Körper alle wertvollen Vitamine verwerten kann (auch die fettlöslichen), müssen Sie immer etwas Fett zugeben. Dazu dünsten Sie das Gemüse in etwas Öl oder reichen zur Rohkost zum Beispiel einen Joghurt-Dip.

Hülsenfrüchte wie Bohnen, Erbsen oder Linsen gehören zu den wichtigsten pflanzlichen Eiweißlieferanten. Sie eignen sich vor allem für Eintöpfe und Suppen, aber auch als Brotaufstrich (zum Beispiel Tofu-Aufstrich oder Kichererbsenmus). Auch hier gilt: Geben Sie immer etwas Öl in das Gericht. Zusammen mit den Lebensmitteln der Gruppe 1 stellen Gemüse und Hülsenfrüchte die Hälfte der täglichen Mahlzeiten.

GRUPPE 3: OBST UND NÜSSE

Obst gilt nicht nur als Vitaminbombe, es ist auch reich an Wasser, Mineralstoffen und sekundären Pflanzenstoffen. Zudem liefert es durch seinen hohen Fruchtzuckergehalt schnell verfügbare Energie. Darum eignet sich zum Beispiel ein Stück Apfel bestens als Zwischenmahlzeit, denn durch den Zuckerschub lässt sich ein »biologisches Leistungstief« leichter überstehen. Von der Menge her fällt das »Tor-

⌒INFO

Wann ist Ernährung vollwertig?

Wenn mehr als die Hälfte der täglich benötigten Energiemenge durch Kohlenhydrate gedeckt wird und diese zum Großteil aus Vollkorngetreide, Hülsenfrüchten, Gemüse und Obst stammen, bezeichnet man die Ernährung als vollwertig.

tenstück« Obst im Ernährungskreis kleiner aus als das von Gemüse und Getreide

Gehört Ihr Kind eher zu den Obstmuffeln, können Sie es mit Mus oder Püree als Nachtisch versuchen. Oft hilft es auch, wenn der Nachwuchs beim Einkaufen die Früchte selbst aussuchen und zu Hause zubereiten darf (waschen, schälen, in Stücke teilen). Wie immer spielt auch bei der Ernährung die Vorbildfunktion eine wichtige Rolle. Wenn Sie selbst täglich frisches Obst (und Gemüse) essen, wird es wahrscheinlich auch Ihr Kind gerne tun.

Nüsse sind reich an wertvollen pflanzlichen Fettsäuren. Als Knabberei eignen sie sich jedoch nur für größere Kinder; die Kleinen könnten sich leicht verschlucken. Deshalb ist es besser, wenn Sie anfangs zu Nussmus (ohne Zucker oder Nugat) greifen – als Brotaufstrich oder nussiges Aroma im Brei oder in der Nachspeise.

GRUPPE 4: GETRÄNKE

Trinken ist lebensnotwendig. Ohne Flüssigkeit funktioniert der Stoffwechsel nicht, das gilt für Kinder ebenso wie für Erwachsene. Entscheiden Sie sich für Durstlöscher, die keine oder nur wenig Energie liefern, wie Wasser oder ungesüßte Früchte- und Kräutertees. Es ist auch nicht notwendig, einem Kind von Anfang an kohlensäurehaltiges »Kitzelwasser« (Mineralwasser) anzubieten. Erfahrungsgemäß ist die Qualität des Leitungswassers hierzulande je nach Region gut bis sehr gut. Es eignet sich somit bestens als Durstlöscher.

Vermeiden Sie auf jeden Fall gesüßte Getränke wie Cola, Limonade, Brause, Malzbier oder zuckerhaltige Fruchtsaftgetränke und Fruchtnektare. Sie belasten den kindlichen Organismus durch ihren hohen Zuckergehalt unnötig stark, fördern die Bildung von Karies und die Lust auf Süßes. Ähnliches gilt auch für manche Instant-

tees für Kinder. Werfen Sie daher immer einen kritischen Blick auf die Inhaltsstoffe. Milch ist wegen ihres Fettgehalts nicht als Durstlöscher geeignet. Weil sie stark sättigt, zählt sie zu den Nahrungsmitteln. Kakao enthält noch dazu eine hohe Menge an Zucker und gehört damit eher in die Kategorie »Süßigkeiten«.

GRUPPE 5: MILCH UND MILCHPRODUKTE

Milch zählte hierzulande viele Jahre als das Grundnahrungsmittel für Kinder überhaupt. Sie ist reich an Kalzium, das der Körper für den Zahn- und Knochenaufbau benötigt, enthält Phosphor, Eiweiß, Zink, Jod sowie die Vitamine B1 und B2. Heute sieht man es anders: Milch- und Milchprodukte, wie Joghurt, Quark, Sahne und Käse (die alle Inhaltsstoffe der Milch enthalten, wenn auch zum Teil in deutlich geringeren Maßen), können zwar täglich auf den Tisch kommen, aber nur in kleinen Portionen. Besser Finger weg heißt es bei Frucht- und Sahnejoghurt, Fruchtquark und Fertigpuddings, Kakao- und Milchmischgetränken. Sie enthalten meist zu viel Zucker, oft viel Fett und häufig künstliche Farb- und Aromastoffe.

Ist Kuhmilch wirklich lebensnotwendig?

Kinder mit Kuhmilchallergie oder einer Laktoseunverträglichkeit vertragen keine Milch und Milchprodukte. Ihre Eltern sind also aufgefordert, für einen möglichst gleichwertigen Ersatz zu sorgen. Dies gelingt durch Getreidemilch (zum Beispiel aus Reis, Dinkel, Hafer oder Hirse) oder Sojadrinks (gibt's in leckeren Geschmacksrichtungen wie Vanille, Schokolade oder Erdbeere). Um den Kalziumbedarf zu decken, hilft grünes Gemüse. Es gibt aber auch viele Kinder, die Milch von sich aus kategorisch ablehnen, weil sie ihnen einfach nicht schmeckt. Eltern neigen häufig dazu, ihren Kindern Milch mit allen Mitteln schmackhaft zu machen – notfalls rühren sie eben reichlich Schokoladenpulver hinein. Dabei ist es gar nicht notwendig, darauf zu bestehen, dass ein Kind Milch trinkt – schon gar nicht, wenn das Kleine sie verweigert. Die meisten Kinder haben ein sehr feines Gespür für Nahrungsmittel und wissen intuitiv, ob sie ihnen guttun oder nicht. Im Falle der Kuhmilch erfordert es zwar etwas Kenntnisse über Nahrungsmittel, aber es ist nicht unmöglich, auf andere geeignete Kalziumquellen zurückzugreifen – so wie es Millionen anderer Eltern auf der ganzen Welt tun, deren Kinder keine Milch bekommen, weil sie schlichtweg nicht zur Verfügung steht.

Kühe trinken keine Milch

Ist Milch also wirklich das Grundnahrungsmittel überhaupt oder nur ein Mythos unserer Milchindustrie? Alle Eltern sind eingeladen, sich darüber selbst ein Bild zu machen; im Internet und in Fachbüchern gibt es zahlreiche Informationen zu diesem Thema. Dabei finden sich viele Beiträge, die den bisher so hohen Stellenwert von Milch in der Ernährung infrage stellen. Zweifelsohne steckt in Kuhmilch eine große Menge Kalzium, und das ist nachweislich entscheidend für den Aufbau von Knochen und Zähnen. Aber naturgemäß ist Kuhmilch für Kuhbabys gedacht, also für Kälber. In der freien Natur trinkt keine Säugetierart die Milch einer anderen Art. (Das Wildschwein von der Hirschkuh? Die Katze vom Hund? Das Zebra vom Büffel?) Auch Tierärzte raten, ausgewachsenen Katzen und Igeln keine Kuhmilch zu geben.

Selbst Kühe trinken nach der Entwöhnungsphase keine Kuhmilch mehr, sie könnten sie auch gar nicht mehr verdauen. Nur Jungtiere produzieren in ihrem Magen das Enzym Lab, das die Milch für sie verträglich macht (in der Käseherstellung bedient man sich dieses Enzyms aus dem Kälbermagen zur Herstellung von Käse; es lässt die Milch gerinnen). Erwachsene Kühe produzieren kein Lab mehr.

Interessant ist auch diese Frage: Welcher Kalziumquellen bedient sich eine Kuh, die viel kalziumreiche Milch produziert, selbst aber keine kalziumreiche Milch trinkt? Die Antwort ist einfach: Eine Kuh ernährt sich rein vegetarisch – hierzulande hauptsächlich von frischem, getrocknetem oder vergorenem Gras (Heu beziehungsweise Silage). Diese rein pflanzliche Nahrung versorgt sie offensichtlich ausreichend mit dem lebenswichtigen Mineralstoff.

»Grüne« Kalziumlieferanten

Auch für den Menschen sind Pflanzen gute Kalziumspender als Alternative zur Kuhmilch. Dazu gehört zum Beispiel grünes Gemüse wie Salat, Grünkohl, Spinat, Fenchel, Mangold, Kohlrabi oder Brokkoli. Auch Sojamilch und Sojamilchprodukte wie Sojajoghurt oder Sojaquark (Tofu, beispielsweise in Form von Wurst,

Milch und Milchprodukte sind klassische Kalzium-lieferanten. Aber es gibt auch gute Alternativen.

Schnitzel oder Creme) sowie Nüsse und Samen (Mandeln, Haselnüsse, Sesam sowie das Mus daraus) zählen zu geeigneten Kalziumquellen.

Lexikon der Kuhmilcharten

Bei den im Handel erhältlichen Milchprodukten unterscheidet man verschiedene Fettstufen:

○ **Vollmilch:** Enthält 3,5 Prozent Fett oder mehr.

○ **Fettarme Milch:** Sie hat lediglich einen Fettgehalt von 1,5 bis 1,8 Prozent. Sie enthält ähnlich viele Inhaltsstoffe wie Vollmilch.

○ **Magermilch:** Diese entrahmte Milch darf nicht mehr als 0,5 Prozent Fett aufweisen.

○ **Rohmilch:** Sie ist das »Ursprungsprodukt«, also jene Milch, die aus dem Euter der Kuh kommt. Rohmilch wird nach dem Melken lediglich gefiltert und gekühlt. Darum bleiben sämtliche Vitamine und der natürliche Fettgehalt erhalten. Rohmilch gibt es im konventio-

nellen Handel nicht zu kaufen, sondern nur auf dem Hof des Erzeugers oder als Vorzugsmilch (siehe unten) im Naturkostladen oder Reformhaus. Wichtig: Rohmilch könnte Krankheitserreger (etwa Salmonellen) enthalten. Daher sollten Sie diese vor dem Verzehr immer abkochen.

○ **Vorzugsmilch:** Rohmilch, deren hygienische Qualität durch regelmäßige Kontrollen überprüft wird. Vorzugsmilch ist in Reformhäusern und Naturkostläden erhältlich. Um sicherzugehen, gilt auch hier die Empfehlung: Für Kleinkinder, Schwangere und Kranke sollte diese Milch vor dem Verzehr kurz abgekocht werden.

○ **Frischmilch:** Die Milch wurde für mehrere Sekunden auf etwa 75 Grad erhitzt (pasteurisiert), um eventuelle Krankheitserreger sowie Hefen und Schimmelpilze abzutöten. Die Milch ist somit keimarm und hält sich gekühlt ungeöffnet etwa sechs bis zehn Tage. Im Handel heißt sie »traditionell hergestellt« und unterscheidet sich so von der länger haltbaren Frischmilch.

○ **ESL-Milch:** ESL steht für »Extended Shelf Life«, was so viel bedeutet wie »verlängertes Leben im Regal«. Durch ein spezielles Verfahren soll diese hocherhitzte Milch den Charakter von Frischmilch bewahren, gleichzeitig aber ungeöffnet bis zu 21 Tage haltbar sein. Sie finden ESL-Milch im Kühlregal mit der Bezeichnung »länger haltbar«.

○ **H-Milch:** Diese Milch ist ultrahocherhitzt, das bedeutet, sie wurde für ca. 2 bis 20 Sekunden auf etwa 135 bis 150 Grad erhitzt. Dadurch werden zwar sämtliche Keime und Bakterien abgetötet, die Milch verliert aber auch an Geschmack. H-Milch ist ungeöffnet viele Wochen lang haltbar.

○ **Laktosefreie Milch:** Diese Milch ist für alle Menschen mit Laktoseunverträglichkeit geeignet. Die ursprünglich enthaltene Laktose (Milchzucker) ist in leichter verdauliche Einzelzucker zerlegt.

GRUPPE 6: FLEISCH, WURSTWAREN, FISCH UND EIER

Diese tierischen Nahrungsmittel beziehungsweise Produkte sollten nicht täglich, sondern nur ein- bis zweimal pro Woche und auch immer nur in geringen Mengen auf dem Speiseplan Ihres Kindes stehen.

Fleisch enthält zwar verschiedene Mineralien (zum Beispiel wichtiges Eisen) und Vitamine (etwa A, D und B-Vitamine). Aber es liefert auch reichlich Energie. Sein hoher Fettanteil dient als Geschmacksträger – das animiert zum Weiteressen. Ein- bis zweimal pro Woche eine kleine Fleischportion ist völlig ausreichend. Greifen Sie dabei bevorzugt zu Geflügel und fettärmeren Sorten (mageres Schnitzel statt fettem Hackfleisch). Das Gleiche gilt für Fleisch- und Wurstwaren (Schinken statt Salami oder Leberwurst). Ähnliches gilt für Eier – ein bis zwei Stück pro Woche sind genug für zwei- bis dreijährige Kinder. Schließlich kommen dazu noch weitere Eier in »versteckter« Form, etwa in Backwaren oder Aufläufen.

Fisch ist vor allem wegen seines natürlichen Jodgehaltes ein- bis zweimal wöchentlich zu empfehlen. Die fettreicheren Sorten wie Lachs, Makrele und Hering liefern zudem wertvolle Omega-3-Fettsäuren, die sich positiv auf das Herz-Kreislauf-System und das Gehirnwachstum auswirken können.

GRUPPE 7: FETTE UND ÖLE

Hochwertige Pflanzenöle sind reich an einfach und mehrfach ungesättigten Fettsäuren sowie Vitamin E. Vor allem naturbelassene (nicht raffinierte) Sorten wie Rapskern-, Oliven-, Lein-, Hanf-, Distel-, Maiskeim- oder Sonnenblumenöl haben eine sehr positive Fettsäurenzusammensetzung und sind daher für den Organismus besonders wertvoll. Trotzdem sollten sie sparsam dosiert werden. Der Grund: Schon unsere Kinder nehmen viele »versteckte« Fette auf, zum Beispiel in Wurst, Käse, Nüssen, Eis, Schokolade, Keksen oder Kuchen. Zwei bis vier Esslöffel Pflanzenöl am Tag (im Brei oder Dip) sind ideal für junge Kinder; ältere brauchen etwas mehr. Unbedingt sparsam dagegen sollten Sie mit tierischen Fetten wie Sahne, Butter, Schmalz und künstlich hergestellten Pflanzenfetten (Margarine) sein. Sie haben keine günstige ernährungsphysiologische Bedeutung – im Gegenteil. Im Übermaß genossen belasten sie den jungen Organismus unnötig.

INFO

Ist Fleisch der einzige Eisenlieferant?

Der Mineralstoff Eisen ist wichtig für die Bildung des sauerstofftragenden Blutfarbstoffs Hämoglobin und somit indirekt für die Sauerstoffversorgung in den Zellen zuständig. Fleisch ist eine hervorragende Eisenquelle, noch dazu ist es für den menschlichen Organismus leichter zu verwerten. Doch der Eisenbedarf lässt sich auch durch eine vegetarische Ernährung decken. Pflanzliche Eisenquellen sind zum Beispiel Gemüse wie Möhren, Fenchel, Spinat und Mangold, Getreide (Hafer, Hirse), Hülsenfrüchte (Erbsen, Bohnen und Linsen) sowie Nüsse und Saaten (beispielsweise Leinsamen und Sesam). Wichtig: Damit der Körper Eisen optimal aufnehmen kann, benötigt er Vitamin C. Es ist daher sinnvoll, Gemüse oder Getreidebrei mit Vitamin-C-haltigem Obst oder einigen Spritzern Fruchtsaft abzuschmecken.

Die Ernährungspyramide

Ein zweites und anderes System, um Eltern zu unterstützen, ihr Kind, ohne Kalorien zu zählen, ausgewogen und gesund zu ernähren, hat der aid (Allgemeiner Informationsdienst) in Kooperation mit dem Bundesministerium für Ernährung, Landwirtschaft und Verbraucherschutz entwickelt: die Ernährungspyramide. Sie enthält im ähnlichen Verhältnis dieselben Nahrungsmittelgruppen wie der Ernährungskreis der DGE (siehe Seite 237 ff.), berücksichtigt dabei aber auch noch Süßwaren oder herzhafte Snacks, die im Ernährungskreis fehlen.

Auf die Portionen kommt es an

Wissenschaftler haben festgestellt, dass wir in der Regel alles verputzen, was auf dem Teller liegt – ganz gleich, wie groß die Portion oder der Appetit ist. Es entscheidet also (leider) weniger das natürliche individuelle Sättigungsgefühl, als vielmehr das Auge, das den leeren Teller sieht und daraufhin dem Hirn signalisiert »Teller leer – Hunger einstellen«. Im Zeitalter von »XXL-Menüs« mischt sogar die Werbeindustrie mit, denn sie bestimmt die Menge, die auf den Teller (oder in die Pappschachtel) kommt.

DAS EIGENE HANDMASS

Aber welche Portionsgröße ist die richtige für ein Kind? Die Ernährungspyramide des aid beantwortet die Frage sehr bildhaft: Die Portionsgröße richtet sich in etwa nach der Größe der eigenen Hände – kleine Kinder, die weniger Nahrung brauchen, haben kleinere Hände; größere Kinder haben größere Hände und vermutlich auch einen größeren Appetit. Eine Portion entspricht also in etwa der Menge eines Lebensmittels, die eine Hand füllt – in einigen Ausnahmen auch zwei Hände.

○ **Portionsgröße für eine Hand:** ein Glas (Wasser oder Saft), ein ganzer Apfel oder eine Karotte, eine fingerdicke Scheibe Brot oder ein Brötchen, eine Fleisch- oder Fischportion, die etwa so groß ist wie der Handteller, sowie eine Handvoll Süßigkeiten und Knabbereien

○ **Portionsgröße für zwei Hände** (zur Schale geformt): zerkleinertes oder kleinstückiges Obst, ebenso Salat, Beilagen wie Kartoffeln oder Nudeln sowie Müsli

○ **Ausnahme:** Fett und Öl wird in Esslöffeln gemessen. Die Portionsgröße richtet sich nach dem Alter. Bei Kleinkindern zwischen einem und drei Jahren entspricht diese einer Menge von ca. 20 Gramm Fett pro Tag. Auf einen Esslöffel passen etwa 10 Gramm Öl.

Natürlich gibt es immer wieder einmal Ausnahmen. Und so dient das Handmaß lediglich als gute Orientierung. Nehmen Sie es also nicht zu

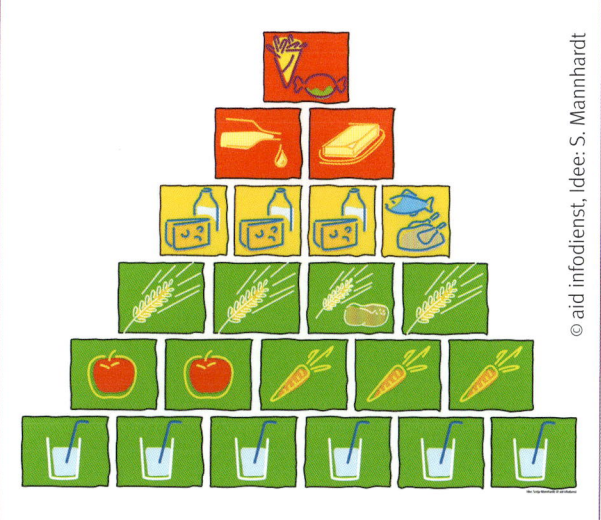

ERNÄHRUNGSPYRAMIDE

© aid infodienst, Idee: S. Mannhardt

Die Pyramide zeigt, wie sich die Portionen des täglichen Speiseplans idealerweise zusammensetzen.

streng. Nicht jeder Tag ist gleich – mal hat Ihr Kind mehr Hunger, mal weniger. Es kommt auch auf die Bewegung an, denn aktive und muntere Kinder benötigen mehr Energie als Stubenhocker. Eltern sollten also das Handmaß auf die jeweilige Situation des Kindes anpassen.

DIE FELDER DER PYRAMIDE

Die einzelnen Kästchen im Schaubild stehen für die Menge an Portionen, die das Kind am Tag von der jeweiligen Produktgruppe essen darf. Von den Lebensmittelgruppen in den unteren »Etagen« ist mehr erlaubt, zur Spitze hin wird es immer weniger. Ziel ist, dass am Ende des Tages kein Feld mehr übrig bleibt beziehungsweise das Kind nicht mehr als diese Portionen zu sich nimmt. Das bedeutet für Ihr Kind:

○ Es sollte sechs Gläser Wasser am Tag trinken.

○ Es sollte zwei Portionen (je eine Handvoll) Obst (zum Beispiel ein kleiner Apfel oder eine Handvoll Beeren) und drei Portionen Gemüse essen (bei Letzterem ist ohne Bedenken auch die doppelte Menge erlaubt).

○ Es sollte vier Handvoll Getreide beziehungsweise vier handtellergroße Stücke Getreideprodukte essen, davon darf eine Portion auch gern durch Kartoffeln ersetzt werden.

○ Es sollte drei Portionen Milchprodukte essen oder trinken, zum Beispiel ein Glas Milch, einen Joghurt und eine handtellergroße Scheibe Käse.

○ Es sollte ein handtellergroßes Stück mageres Fleisch, Geflügel, Wurst oder Fisch beziehungsweise ein Ei essen.

○ Fett und Öl werden in Esslöffeln gemessen; zwei sind erlaubt.

○ Auch bei der Pyramidenspitze gilt die »bewährte« Regel: Die Menge Gummibärchen, Chips oder Pommes frites, die in etwa in eine Hand des Kindes passt, können toleriert werden – wenn es sein muss, sogar täglich.

Gesund naschen: Schon ein Schälchen Kirschen deckt die Hälfte des Tagesbedarfs an frischem Obst.

Die Ampelfarben

Neben der »Mengenempfehlung« zeigen auch die Farben Rot, Gelb und Grün, ob das Kind beim Genuss der jeweiligen Lebensmittel Vollgas geben darf, auf die Bremse treten sollte oder sogar stoppen muss – wie bei einer Ampel.

»GRÜNE« LEBENSMITTEL

○ **Erste Ebene:** Mineral- und Leitungswasser, Kräuter- und Früchtetee, stark verdünnte Fruchtsäfte (im Verhältnis 2:1)

Nicht dazu gehören: Milch und Kakao. Sie dienen nicht als Flüssigkeitslieferanten, sondern liefern Eiweiß, Fett und Kohlenhydrate und zählen zur gelben Gruppe der Milchprodukte. Unverdünnte Getränke wie Limonade, Eistee, Cola, Nektare und Fruchtsaftgetränke gehören wegen ihres hohen Zuckergehalts in die oberste rote Gruppe (Süßwaren).

○ **Zweite Ebene:** Salat, Gemüse, entweder gegart oder roh; hin und wieder kann eine Portion durch ein Glas Gemüsesaft ersetzt werden. Auch Hülsenfrüchte zählen zu dieser Gruppe. Außerdem gehört in diese Ebene frisches Obst – ungespritzt und der Saison entsprechend. Trockenobst ist aufgrund des fehlenden Wassergehalts sehr süß und sollte in der Portionsgröße halbiert werden. (Auch wenn vier bis fünf getrocknete Aprikosen oder Mangostreifen in die Hand des Kindes passen, sollten Sie nur zwei pro Portion zuteilen.) Wie beim Gemüse kann ein Glas Fruchtsaft (ohne Zuckerzusatz) ab und zu eine der beiden Obstportionen ersetzen.

Nicht dazu gehören: Der Saft und die Früchte von gezuckerten Obstkonserven zählen zur roten Gruppe der Süßigkeiten.

○ **Dritte Ebene:** Getreide in Form von Brot, Brötchen, Körnermischungen, Getreideflocken, Müsli sowie Reis, Nudeln und Kartoffeln (zum Beispiel als selbst gemachtes Püree, Salz-, Pell- oder Folienkartoffeln)

Nicht dazu gehören: gezuckerte Cornflakes und andere Getreidemischungen (Zerealien), die viel Zucker enthalten. Sie gehören in die rote Gruppe der Süßigkeiten. Dasselbe gilt für gesüßte Müsliriegel und alle anderen »Schnitten«, die als gesunder Milchsnack beworben werden. Auch sehr fettreiche Kartoffelgerichte wie Gratin, Reibekuchen, Rösti, Pommes frites und Chips gehören in die Gruppe der Fette oder in die oberste rote Spitze (Chips, Pommes).

»GELBE« LEBENSMITTEL

○ **Vierte Ebene:** Milch und Milchprodukte wie Joghurt, Kefir, Buttermilch, Quark oder Käse (unter 45 % Fett i. Tr.); Fleisch, Geflügel, Wurst, Fisch oder Ei

Nicht dazu gehören: Diätquark, spezielle Kinderjoghurts und »Kindermilchprodukte« zählen aufgrund des hohen Zuckergehalts (das gilt auch für Traubenzucker, der gerne positiv beworben wird mit dem Hinweis: »Mit der Süße nur aus Früchten«) und Fettanteils zur Kategorie Süßigkeiten (Pyramidenspitze). Butter und Sahne gehören zwar zu den Milchprodukten, ihr hoher Fettgehalt hebt sie allerdings in die rote Ebene der Fette und Öle. Speck ist fett und gehört ebenfalls zu den Fetten und Ölen (rote Gruppe). Wichtig: Besonders fettreich zubereitete Produkte wie Wiener Schnitzel, Hähnchen-Nuggets und Fischstäbchen gehören sowohl in die gelbe Fleisch- als auch in die rote Fettgruppe. Wenn Sie diese oder ähnliche Gerichte auf den Tisch bringen, sollten Sie von der Pyramide ein gelbes und ein rotes Feld streichen (also als »bereits gewählt« abhaken).

»ROTE« LEBENSMITTEL

○ **Fünfte Ebene:** Butter, Margarine, Speiseöl, Bratfette, Sahne, Mayonnaise, Nüsse und Ölsaaten.

Besonderheit: Nüsse gehören zwar botanisch betrachtet zum Obst, wegen ihres hohen (wertvollen) Fettgehaltes werden sie aber in die rote Gruppe der Fette eingeordnet und sollten daher sparsam aufgetischt werden.

○ **Sechste Ebene:** Alle Extras wie Süßigkeiten, Gebäck und Kuchen sowie salzige und fette Knabbereien. Auch stark gezuckerte Produkte wie Fertigmüslimischungen, Kindermilchprodukte und »Trinksaftpäckchen« gehören in diese Gruppe.

Die Mahlzeiten für ein Kind

Nicht nur was auf den Teller kommen sollte, ist wichtig für die Entwicklung eines Kindes, sondern auch, wann was gegessen werden sollte. Denn ähnlich wie bei Erwachsenen passt sich das Leistungsvermögen eines Kindes an den Tagesverlauf an. Mahlzeiten können dazu beitragen, Tiefs abzupuffern, und beeinflussen so das allgemeine Wohlbefinden der ganzen Familie.

Feste Essenszeiten

Viele Kleinkinder gewöhnen sich im ersten Halbjahr des zweiten Lebensjahres das Nickerchen am Vormittag ab. Sie schaffen es immer besser, morgens nach dem Aufstehen einige Stunden am Stück wach zu bleiben, und ziehen stattdessen einen längeren Mittagsschlaf vor.

INFO

Abstillen

Viele Mütter haben ihr Kind bereits vor dem ersten Geburtstag komplett abgestillt. Einige stillen aber auch noch im zweiten Lebensjahr, weil es ihnen und ihrem Kind guttut. Es spricht auch nichts dagegen, das Kind noch im zweiten Jahr bei Bedarf anzulegen – vorausgesetzt, es trinkt sich nicht an der Brust satt. Aus diesem Grund ist es in diesem Alter wenig sinnvoll, die Brust vor oder nach einer Hauptmahlzeit anzubieten. Stillen sollte jetzt weniger der Ernährung dienen, sondern dem Bedürfnis nach Geborgenheit und Zuwendung. Schließlich steht im zweiten Lebensjahr feste Kost auf dem Speiseplan.

Diese Umstellung im Tagesablauf ist ein guter Zeitpunkt, um auch in puncto Ernährung einen neuen Rhythmus zu finden.

Klassischerweise bieten sich drei Hauptmahlzeiten (Frühstück, Mittag- und Abendessen) sowie zwei Zwischenmahlzeiten an. Auf diese Weise bekommt Ihr Kind etwa alle zwei Stunden etwas zu essen und lernt, dass es nie aus Langeweile, Frust oder Traurigkeit essen muss. Denn zum Essen gibt es annähernd feste Zeiten.

DAS FRÜHSTÜCK

Zwischen dem Abendessen am vergangenen Tag und dem Frühstück liegen in der Regel mehr als zehn Stunden, in der das Kind nichts isst. Die Nacht ist eine natürliche Fastenzeit. Daher muss sich der kindliche Organismus morgens erst wieder langsam an die Nahrungsaufnahme gewöhnen. Am besten eignet sich dazu eine Getreidemahlzeit. Eine Scheibe Vollkornbrot oder Getreideflocken ersetzen den bisher gewohnten morgendlichen Getreidebrei daher perfekt. Allerdings mögen es viele Kinder nicht gerne so »körnig«. Doch auch das ist kein Problem: Es gibt mittlerweile Vollkornbrot aus fein gemahlenem Getreide. Und auch zarte Haferflocken sind echte Vollkornprodukte, die meistens gut ankommen.

Das Brot bestreichen Sie dünn mit Butter, darauf kommt entweder ein süßer Fruchtaufstrich oder eine Scheibe Käse oder magere Wurst. Zu den Flocken gesellen sich einige Stücke frisches Obst, Milch (Tier- oder Getreidemilch) oder Joghurt. Als Getränk empfiehlt sich eine Tasse Milch, ungesüßter Früchte- oder Kräutertee (zum Beispiel Roiboos) oder ein Glas Wasser.

DAS MITTAGESSEN

Nach einem langen Vormittag, an dem Ihr Kind die Welt erkunden und ausgiebig toben konnte, braucht es erst einmal eine Ruhepause. Zum Glück gibt es vorher noch ein Mittagessen, idealerweise in netter Gesellschaft. Die meisten Kinder essen um diese Tageszeit etwas Warmes, in der Regel eine Mischung aus pflanzlichen und tierischen Nahrungsmitteln – also Nudeln, Reis oder Kartoffeln mit Gemüse und einem Stück Fleisch, Fisch oder einem Ei. Optimalerweise greifen Sie bei den Beilagen auf Vollkornprodukte zurück, die fast allen Kindern schmecken. Tipp: Hat sich Ihr Kind schon an weiße Nudeln und weißen (geschälten) Reis gewöhnt, mischen Sie nach und nach immer mehr Vollkornprodukte unter, bis sich das Kleine umgewöhnt hat. Achten Sie dabei auf die unterschiedlichen Garzeiten von »normalen« und Vollkornprodukten, damit die Mahlzeit Ihrem Schatz auch schmeckt und gut bekommt.

Ideale Eiweißspender und damit ein gesunder Ersatz für Fleisch sind Hülsenfrüchte. Linsen, Bohnen, Kichererbsen und Co. lassen sich vielfältig zubereiten und schmecken auch Kindern gut – vor allem wenn Sie selbst mitessen.

DAS ABENDESSEN

Am Ende des Tages sieht der Speiseplan leicht verdauliche Kost vor, um die Verdauungsorgane in der Nacht nicht allzu stark zu strapazieren. Gegartes Gemüse, zum Beispiel in Form von Suppen oder als Gemüsegericht mit einer leckeren Sauce, ist ideal, weil es leicht verdaulich ist. Fix aufgetischt ist auch eine Brotmahlzeit mit Käse, Wurst oder Aufstrich. Viele Kinder lieben abends einen süßen oder herzhaften Getreidebrei, beispielsweise Grießbrei, Risotto oder Polenta – mit Gemüse oder Obst.

INFO

Süßes und Schokolade

Jedes Kind liebt süße Leckereien. Kein Wunder, denn Süße vermittelt Geborgenheit. Wissenschaftler haben festgestellt, dass sich Zucker positiv auf das Nervensystem auswirken kann. Hinzu kommt: Bereits im Mutterleib haben Babys Süße geschmeckt, denn das Fruchtwasser hat eine süßliche Note. Auch Muttermilch schmeckt leicht süßlich. Kinder sind diese Geschmacksrichtung also von Anfang an gewohnt.

Die Kunst liegt darin, ein Gleichgewicht aus natürlichem Verlangen und gesunder Ernährung zu schaffen. Am einfachsten gelingt dies, indem Sie Ihrem Kind nicht zu früh zuckerhaltige Produkte anbieten. Je länger Sie den Konsum hinauszögern können, desto besser. Greifen Sie außerdem zu Naturprodukten wie unraffiniertem (Voll-)Rohrzucker oder pflanzlichen Süßungsmitteln wie zum Beispiel Reissirup oder Apfeldicksaft (gibt's in Naturkostläden). Süßigkeiten, Schokolade und Kekse, die mit diesem Zucker gesüßt wurden, sind für die Kinderernährung deutlich besser geeignet als herkömmliche Süßigkeiten, die viel weißen Haushaltszucker enthalten.

Hat Ihr Kind Süßes gekostet und ist es einmal auf den Geschmack gekommen, sollten Sie es ihm auf keinen Fall vorenthalten oder als Druckmittel beziehungsweise Belohnung einsetzen. Verbote machen das Naschwerk erst recht unwiderstehlich. Besser ist ein kontrollierter, maßvoller Umgang mit Süßigkeiten, etwa als Nachtisch.

DIE ZWISCHENMAHLZEITEN

Für den kleinen Hunger zwischendurch eignet sich am besten ein Stück Obst der Saison (beispielsweise Apfel, Birne, Banane, Erdbeeren, halbierte und entkernte Weintrauben), ein Stück Rohkost (zum Beispiel Schnitze aus Möhre, Kohlrabi oder Paprikaschote) oder ein Naturjoghurt. Ab und an ist auch ein Keks angesagt – idealerweise ohne viel Zucker und mit einem hohen Vollkornanteil.

Gerichte kindgerecht serviert

Auch wenn die ersten Zähne schon lange im Mund hervorblitzen und Ihr Kind abbeißen kann, muss die Nahrung dem Alter entsprechend zubereitet sein. Dazu gehört:

○ **Sparsam würzen:** Zu viel raffiniertes Salz schadet den kindlichen Nieren. Am besten nutzen Sie generell Meersalz. Salzen Sie immer sparsam, denn Ihr Kind ist noch nicht an Ihren Geschmack gewöhnt. Das Gleiche gilt für scharfe Gewürze.

○ **Nicht zu weich:** Anfangs kommt Ihr Kind am besten mit lauwarmen und weichen Speisen zurecht. Es muss jedoch nicht alles fein püriert sein – im Gegenteil: Kleine weiche Stückchen animieren zum Kauen und fördern die Mundmuskulatur. Geben Sie Ihrem Kind Zeit, sich an die unterschiedlichen Konsistenzen von gekochten und rohen Nahrungsmitteln zu gewöhnen.

○ **Vorsicht, nicht verschlucken:** Kinder können sich an harten und großen Stücken verschlucken, schlimmstenfalls sogar daran ersticken. Bonbons, Nüsse (Erdnüsse), harte Oliven oder unzerkleinerte Wurststückchen sollten daher anfangs tabu sein.

○ **Gut portioniert:** Fleisch erfordert kräftige Mundbewegungen, um es zu zerkleinern. Nehmen Sie Ihrem Kind einiges an Kauarbeit ab, indem Sie kleine Stückchen vorbereiten.

Bunt schmeckt besser: Was sich die Lebensmittelindustrie schon lange zunutze macht, können Sie auch.

Neue Speisen auftischen

Die meisten Kinder sind von Natur aus sehr neugierig. Sie haben Lust, die Welt zu entdecken, und sind offen für Neues. Das gilt auch für neue Nahrungsmittel. Bisher kannte Ihr Kind vermutlich nur flüssige, warme Milch, Tee oder Wasser und Brei in verschiedenen Geschmacksrichtungen. Auf einmal gibt es knackiges Obst, das sogar Geräusche machen kann, wenn man es zerkaut. Oder ein knuspriges Toastbrot, das köstlich duftet und im Mund schnell weich wird. Ganz zu schweigen von Spaghetti. Die langen, dünnen Fäden lassen sich prima um die Finger wickeln. Und die Sauce dazu – einfach himmlisch. Spaghetti mit Sauce fühlen sich weich und glitschig an; man kann sie auch bestens aufsaugen wie mit einem Strohhalm. Reiskörner kann man aufpicken und darauf herumkauen, Wurstscheiben lassen sich aufrollen, grüne Erbsen kullern so schön auf dem Teller herum, und Spinat ist auch sehr »vielseitig« … Kurzum: Neue Nahrungsmittel sind für viele Kinder nicht nur ein kulinarisches Paradies, sondern auch eine unerschöpfliche Wahrnehmungsquelle für Augen, Nase, Ohren, Mund und Hände.

HERAUSFORDERUNG FÜR DIE ZUNGE

All diese Eindrücke müssen erst einmal verarbeitet und verdaut werden – im wahrsten Sinne des Wortes. Geben Sie Ihrem Kind Zeit, sich an den neuen Geschmack, die unterschiedlichen Strukturen und Konsistenzen zu gewöhnen. Schließlich gibt es viel zu entdecken am Tisch. Allen voran tastet sich die Zunge an die unterschiedlichen Geschmacksempfindungen heran. Salzig? Süß? Bitter? Sauer? Scharf? Für diese Erlebnisse braucht Ihr Kind Zeit, um sich eine Meinung darüber zu bilden.

Aber nicht für alle Kinder ist das neue Geschmackserlebnis ein paradiesischer Zustand, auf den sie sich mit Freude einlassen. Manche Kinder wollen zurück zu dem Vertrauten und beharren auf ihrem bisherigen Brei. Es soll so schmecken wie immer und damit basta! Und so kann es vorkommen, dass Ihr Kind ein neues Nahrungsmittel verschmäht und ablehnt. Das liegt jedoch gar nicht immer daran, dass es ihm nicht schmeckt. Manchmal strebt es schlichtweg nach Autonomie (siehe Seite 179 ff.). Bleiben Sie daher auch in diesem Fall gelassen. Servieren Sie das besagte Nahrungsmittel immer wieder, und zeigen Sie selbst viel Freude an seinem Verzehr. Mit großer Wahrscheinlichkeit wird Ihr Kind dann irgendwann auch probieren wollen, was seinen Eltern offensichtlich so fantastisch schmeckt, dass sie es immer wieder kochen.

WIE SINNVOLL SIND KINDERLEBENSMITTEL?

In der Werbung werden häufig Lebensmittel angepriesen, die speziell für Kinder kreiert wurden. Vielversprechende Werbeslogans und angebliche Prüfsiegel sollen die Kaufentscheidung der Eltern lenken. Doch Fakt ist: Die »Kinderprodukte« bieten keinerlei Vorteile gegenüber herkömmlichen Lebensmitteln. Im Gegenteil: Sie enthalten häufig viel mehr Zucker und Fett als diese und sind noch dazu teurer als ein vergleichbares selbst zubereitetes Produkt (etwa ein Joghurt oder eine Quarkspeise mit Vanillegeschmack). Kinderprodukte haben also keinen erkennbaren Nutzen.

TIPP

Ist das Mittagessen zu früh für Sie?

Mit dem gemeinsamen Frühstück klappt es bei den meisten noch ganz gut, aber das Mittagessen gestaltet sich bisweilen schwierig. Denn im Gegensatz zu den meisten Kindern haben die wenigsten Mütter bereits gegen 12 Uhr Hunger. Was tun?

Versuchen Sie, ab dem zweiten Jahr die Zwischenmahlzeit am Vormittag täglich einige Minuten nach hinten zu schieben. Dadurch hält Ihr Kind länger durch und ist auch dann noch munter, wenn es mit dem Mittagessen etwas später wird. Bis es so weit ist, sollten Sie Ihrem Kind bei seinen Mahlzeiten auf jeden Fall Gesellschaft leisten – denn so schmeckt es am besten.

Auch essen will gelernt sein

Sobald die geistigen und motorischen Fähigkeiten ausreichend entwickelt sind, möchten viele Kinder am liebsten alles alleine machen – das trifft auch auf das Essen zu. Das Nachahmen ist dabei wie so oft auch eine wichtige Hilfe zur Selbstständigkeit. Wie man aus einer Tasse trinkt oder Kartoffelstückchen auf den Löffel bugsiert und diesen dann auch noch zum Mund führt, schaut sich Ihr Kind von Ihnen ab. Sobald es die Zusammenhänge begriffen hat, langt es selbst zu. Und je mehr Trainingsmöglichkeiten es in dieser Hinsicht bekommt, desto besser. Trotzdem ist es immer eine große Herausforderung, alleine essen zu können – für das Kind ebenso wie für die meisten Mamas und Papas.

INFO

Keine Chance für Heißhungerattacken

Als Eltern tragen Sie selbst maßgeblich zum Ernährungsverhalten Ihres Kindes bei. Wenn Sie täglich drei Hauptmahlzeiten einplanen und diese mit ihrem Kind »zelebrieren«, wird dem Nachwuchs sehr schnell bewusst, dass es alle paar Stunden etwas zu essen gibt, das richtig satt macht. Dieses Wissen sorgt dafür, dass Ihr Kind mit Hunger, Sättigung und Mahlzeiten umgehen kann. Gemeinsam mit gesund zusammengestellten Gerichten werden so Heißhungerattacken verhindert. Es ist nicht mehr notwendig, dass Ihr Kind permanent an einem Brötchen, einer Brezel oder einer Banane lutscht beziehungsweise herumkaut und somit ständig etwas im Mund hat.

Alleine aus der Tasse trinken

Aus einer Nuckelflasche Wasser oder Milch zu trinken ist einfach. Aber die Flüssigkeit aus dem Becher in den Mund zu bekommen ist etwas völlig anderes. Das Kind hat den Impuls, seine Hand zur Tasse zu führen, greift mit den Fingern nach dem Henkel und packt zu. Es hebt die Tasse an (ohne dass dabei die Flüssigkeit herausschwappt) und führt sie langsam zu den Lippen. Nun heißt es: Mund öffnen, Tasse leicht kippen, bis der Rand die Lippen berührt, der Inhalt in den Mund fließen kann und nicht alles danebenläuft. Und jetzt auch noch schlucken …
Für uns Erwachsene ist das Trinken ein automatisierter Prozess, bei dem wir nicht mehr groß nachdenken. Ein Kind jedoch muss sein feinmotorisches Geschick erst trainieren, und das tut es, sooft es die Gelegenheit dazu bekommt. Pfiffige Kinder schaffen es schon um den ersten Geburtstag herum, allein aus einer Tasse zu trinken. Die meisten sind etwa eineinhalb Jahre alt, bis sie es beherrschen.

Alleine mit dem Löffel essen

Noch anspruchsvoller als alleine trinken zu können ist alleine mit dem Löffel zu essen – ein Interesse, das meist um den ersten Geburtstag herum erwacht. Zunächst einmal muss der Löffel richtig in der Hand positioniert werden, dann so ins Essen geschoben werden, dass der Brei oder das Kartoffelpüree darauf bleibt. Hat das geklappt, heißt es, den Löffel herauszuziehen und so zum Mund zu führen, dass die »Ladung« oben bleibt. Dabei muss der Löffel auch noch gedreht werden – gar nicht so einfach. Daher gilt auch hier: Je mehr Gelegenheit Ihr Kind hat, das alles zu üben, desto früher klappt das selbstständige Essen. Denn Sie können ihm den Umgang mit dem Löffel kaum beibringen. Die beste Unterstützung, die Sie Ihrem Kind bei diesem spielerischen Lernprozess geben können, ist Vertrauen, Zeit, Geduld und die Bereitschaft, Kleckereien ohne Schimpfen aufzuwischen.

Von Tischmanieren und Esssitten

Lange galt, dass Eltern nicht früh genug damit anfangen könnten, ihrem Kind Tischmanieren beizubringen. Sie können sich sicherlich noch an die Ermahnungen aus eigenen Kindertagen erinnern: Wasch dir die Hände vor dem Essen. Kau nur mit geschlossenem Mund. Nimm die Ellbogen vom Tisch. Sitz mit geradem Rücken. Benutze Messer und Gabel …

Dabei sollten Mahlzeiten doch eine Zeit des friedlichen Beisammenseins und gemeinsamen Speisens sein. Kostbare Minuten (meist dauert das Essen ja gerade einmal 15 bis 20 Minuten) , die für alle Familienmitglieder am Tisch gleich angenehm sein sollten. Permanente Aufforderungen und striktes Erteilen von Regeln kann dagegen ganz schön nervenaufreibend sein – für beide Seiten. Eines sollten Eltern dabei nicht außer Acht lassen: Tischmanieren werden weniger anerzogen, sondern vielmehr von den Erwachsenen und älteren Geschwistern vorgelebt. In vielen Situationen ahmt Ihr Kind Sie nur nach. Denken Sie daher daran: Sie sollten sein Vorbild sein, nicht sein Kritiker.

Folgende Tipps können zu einer entspannten Tischsituation verhelfen:

○ Legen Sie eine möglichst verbindliche Sitzordnung fest; jedes Familienmitglied sollte seinen Platz haben. Diese Struktur schafft Sicherheit.

○ In Gesellschaft schmeckt es am besten. Versuchen Sie, so oft wie möglich als Familie gemeinsam am Tisch zu essen.

○ Wenn jeder kommt und geht, wann er will, ist gemeinsames Essen kaum möglich. Beginnen Sie, wenn alle sitzen, und beenden Sie die Tischrunde, wenn alle fertig sind.

Ein Becher mit Griffen erleichtert das selbstständige Trinken. Bald klappt es auch mit einem normalen Glas.

○ Idealerweise leiten Sie den Anfang und das Ende der gemeinsamen Mahlzeit mit einem Ritual ein – etwa mit einem Tischgebet oder einem Tischspruch.

○ Wann immer es Ihnen möglich ist, sollten Sie sich mit Ihrem Kind an den Tisch setzen – auch für die Zwischenmahlzeiten. Auf diese Weise kommt Ihr Kind zur Ruhe und kann sich dem Essen widmen. Positiver Nebeneffekt: Sie sind in seiner Nähe, falls das Kind sich verschluckt. Kinder, die ihren Snack dagegen während des Spielens essen, sind abgelenkt und können kaum ein Gefühl dafür entwickeln, was und wie viel sie gerade essen. Später kann daraus ein unüberlegtes »In-sich-Hineinstopfen« werden.

○ Während des Essens stehen die anderen Personen am Tisch im Vordergrund – kein Fernseher läuft, kein Radio dudelt, keine Zeitung lenkt ab, kein Telefon klingelt.

○ Sorgen Sie für gute Stimmung. Sie müssen nicht den Alleinunterhalter spielen, aber anstrengende Gespräche mit dem Partner sind fehl am Platz. Wenn auch Sie mit Genuss essen, kann Ihr Kind es Ihnen leichter nachmachen.

○ Denken Sie an Ihre Vorbildfunktion: Schmatzen, mit vollem Mund sprechen, mit den Fingern essen, mit aufgestütztem Ellbogen Suppe schlürfen – gleiches Recht für alle. Schimpfen Sie nicht über »schlechte« Manieren, wenn Sie solche vorleben.

○ Auch wenn Ihr Kind noch klein ist, sollten Sie versuchen, es hin und wieder ins Gespräch miteinzubeziehen. Das gibt ihm das Gefühl, dazuzugehören. Eltern, die sich am Tisch ausschließlich über ihren Job oder Finanzen unterhalten, müssen sich nicht wundern, wenn ihr Kind nach kurzer Zeit keine Lust mehr hat, mit ihnen am Tisch zu sitzen, und lieber spielen will.

○ Wenn Ihr Kind Ihnen beim Abräumen helfen möchte – wunderbar. Sie haben Angst um das Geschirr? Dann kann ein schöner Kinderteller aus Kunststoff hilfreich sein. Viel besser schmeckt es dem Nachwuchs aber von einem »echten« Teller aus Porzellan oder Keramik. Denn so einen haben auch die Großen, und durch einen richtigen Teller »füttern« Sie das Bedürfnis nach Vertrauen und Wertschätzung. Ohne Worte bringen Sie zum Ausdruck, dass Ihr Kind genauso wertvoll ist wie ein Großer und dass Sie ihm zutrauen, mit einem echten Teller, einem Glas oder einer Tasse umzugehen. Selbst wenn ein Teller kaputt geht, ist das nicht so schlimm, das passiert den Erwachsenen schließlich auch einmal.

○ Für kleine Kinder ist langes Stillsitzen am Tisch eine Tortur. Die meisten haben nach 15 Minuten keine Geduld mehr und wollen raus aus dem Hochstuhl. Berücksichtigen Sie das bei Ihrer »Menüplanung«.

○ Weggegangen, Platz vergangen … Einmal den Tisch verlassen, sollte die Mahlzeit damit auch beendet sein. Fragen Sie Ihr Kind deutlich, ob es satt ist, wenn es aufstehen möchte, und bieten Sie ihm bis zur nächsten (Zwischen-) Mahlzeit kein weiteres Essen an.

KASPEREIEN AM TISCH UND IHRE FOLGEN

Doch nicht nur die Großen haben am Tisch einige Regeln zu befolgen, sondern auch die Kleinen. Je eher Eltern klare Regeln festlegen und konsequent (!) auf ihre Einhaltung achten, desto besser kann ein Kind diese lernen. Denn auch hier gilt wieder: Klare Regeln und Konsequenzen bieten eine Struktur, und diese Struktur bedeutet Sicherheit und Geborgenheit. In den kommenden Jahren wird Ihr Kind immer wieder testen wollen, wie klar Sie in puncto Regeln sind. Was ist erlaubt und was nicht? Es will immer wieder wissen, ob es sich bei Ihnen sicher fühlen kann. Eine große Herausforderung, aber Sie können das schaffen.

TIPP

Wie ist eigentlich Ihr Essverhalten?

Wenn der Nachwuchs an den Tisch rückt, ist es allerhöchste Zeit, das eigene Ernährungsverhalten zu überdenken. Die besten Tipps und klugen Ratschläge helfen nicht, wenn Sie es nicht vorleben. Nur wenn Sie selbst regelmäßig beherzt zum Apfel oder Vollkornbrot greifen, wirken Sie glaubwürdig. Wenn Papa dagegen Gemüse verschmäht, wird es Ihr Sprössling vermutlich auch tun. Denn Papa hat sicher eine plausible Erklärung für sein Verhalten.

KLARE GRENZEN SETZEN

Je klarer Sie Regeln formulieren, desto eher kann Ihr Kind diese begreifen und umsetzen. Auch wenn es (mit Sicherheit) nicht so aussieht: Ihr Kind ist dankbar für Ihre Konsequenz und den damit verbundenen Halt, den Sie ihm vermitteln. Die Kunst liegt in der Art, wie Sie die Regeln umsetzen. Der Ton macht die Musik: Schreien und Nervosität verunsichern ein Kind. Treten Sie bestimmt, aber trotzdem möglichst liebevoll auf. Und beachten Sie vor allem eines: Reagieren Sie umgehend, wenn sich Ihr Kind danebenbenimmt.

○ **Das Kind bleibt nicht am Tisch sitzen:** Manche Kinder haben wenig »Sitzfleisch«, klettern nach wenigen Minuten aus ihrem Hochstuhl und laufen während der Mahlzeiten in der ganzen Wohnung herum.

Die Regel: Beim Essen bleiben alle am Tisch.

Die Konsequenz: Sie setzen Ihr Kind zurück in den Stuhl und sagen: »Essen gibt es nur am Tisch, wenn alle sitzen.« Steht es trotzdem auf, ist seine Mahlzeit beendet.

○ **Das Kind matscht mit dem Essen:** Hier gilt es zu unterscheiden, ob es aus Langeweile mit dem Essen spielt oder ob er experimentiert. Manche Eltern sind tolerant und dulden es, wenn ihr Kind seine Mahlzeit mit allen Sinnen wahrnimmt – mit den Händen in die Nudeln greift und sie zum Mund schaufelt, die Scheibe Brot in Puzzleteile zerlegt oder die Suppe wieder auf den Löffel zurückgehen lässt. Erfahrungsgemäß dauert diese Phase auch nicht lange an.

Die Regel: Bemerken Sie, dass Ihr Kind aus Langeweile mit dem Essen spielt oder sogar damit herumwirft, sollten Sie dies (mehrmals) mit einem bestimmten »Nein« unterbinden.

Die Konsequenz: Wenn das Kind nach dreimaligem Ermahnen nicht aufhört, mit dem Essen herumzuspielen, ist die Mahlzeit beendet. Auch

INFO

Motivation statt Frust

Natürlich ist es manchmal einfacher, wenn Sie Ihr Kind füttern: Es geht viel zügiger, Kleidung, Tisch und Boden bleiben sauber, und Sie haben einen ungefähren Überblick, wie viel Ihr Kind gegessen hat. Nehmen Sie seinen Willen zur Selbstständigkeit trotzdem ernst. Ihr Kind möchte groß werden und braucht dabei Ihre volle Unterstützung. Wenn Eltern ihr Kind daran hindern (auch wenn sie »nur das Beste wollen«) und ihm alles abnehmen, kann das zu Frust und Demotivation führen. Warum sollte es sich in Zukunft noch anstrengen? Es lohnt sich ja doch nicht … Das zweite Lebensjahr gilt als entscheidende Periode in der Entwicklung des Essverhaltens. Wird das Kind auf seinem Weg zur Selbstständigkeit immer wieder gebremst oder unterdrückt, können sich Essstörungen entwickeln. Füttern Sie Ihr Kind daher nur, wenn es Hilfe braucht, und niemals, wenn es nicht mehr essen möchte. Denn entweder ist es satt und braucht nichts mehr, oder es möchte aus einem anderen Grund nicht mehr den Mund öffnen – dann sollten Sie dies akzeptieren.

wenn Ihr Kind zu den »schlechten« Essern gehört und eher wie ein Vögelchen in seinem Teller stochert: Schießt es mit seinem Verhalten am Tisch über das Ziel hinaus, ist mit Essen erst einmal Schluss. Auch wenn der Protest noch so groß ist, gibt es bis zur nächsten (Zwischen-)Mahlzeit nichts anderes. Ein kleines Zugeständnis: Ziehen Sie den Snack etwas vor.

DAS SCHLAF-VERHALTEN

Herzlichen Glückwunsch! Sie und Ihr Baby haben das erste gemeinsame Jahr gemeistert, auch wenn die Tage vielleicht manchmal anstrengend und die Nächte kurz waren. Doch zumindest im Hinblick auf die Schlafentwicklung steht Ihnen spätestens in den kommenden Monaten ein großer Schritt in Richtung Erholung bevor. Denn ab jetzt sollte das Kind nachts durchschlafen. Damit kommen nach langer Zeit endlich auch die Eltern wieder in den Genuss ihrer wohlverdienten Nachtruhe.

Insgesamt schläft ein Kind im zweiten Lebensjahr zwar nur unwesentlich weniger als in den ersten zwölf Monaten, denn noch immer braucht es in der Regel etwa 14 Stunden Schlaf. Was sich jedoch verändert, ist die Verteilung der Ruhephasen, denn die Schlafzeit am Tag nimmt deutlich ab. Im Säuglingsalter schlief Ihr Baby in mehreren »Häppchen-Einheiten«, die sich gleichmäßig auf 24 Stunden verteilten. Nachdem es einige wenige Stunden geschlafen hatte, wachte das Kind unabhängig von der jeweiligen Tages- und Nachtzeit auf und wollte gefüttert, gewickelt oder unterhalten werden.

Nach dem ersten Geburtstag ändert sich dieses Schlafverhalten. Die »Schlaf-Häppchen« verschmelzen immer mehr miteinander, bis schließlich nur noch zwei Einheiten am Tag und ein größerer Block in der Nacht bestehen bleiben. Mit der Zeit schafft es Ihr Kind immer häufiger, tagsüber mehrere Stunden am Stück munter und aktiv zu sein, sodass der überwiegende Teil des Schlafs komplett auf die Nacht verlegt wird – und auch Sie kommen wieder zu Ihrem Schlaf.

Wie viel Schlaf braucht mein Kind?

Erfahrungsgemäß halten Kinder zu Beginn des zweiten Lebensjahres noch zwei Nickerchen am Tag: eines am Vormittag und eines am Nachmittag. Mit rund 18 Monaten dann schlafen die meisten Kinder nur noch zwei bis drei Stunden am Mittag. Und manche Eltern stellen sich bereits um den zweiten Geburtstag herum die Frage, ob ihr Sprössling überhaupt noch tagsüber schlafen soll. Tatsächlich gewöhnen sich die meisten Kinder zwischen zwei und vier Jahren auch den Mittagsschlaf ab. Sie erholen sich nur noch in der Nacht von all ihren Abenteuern.

TIPP

Zeit für den Mittagsschlaf

Ist Ihr Kind am Vormittag zur gewohnten Schlafzeit nicht mehr müde, protestiert es sogar, wenn Sie es ins Bett legen wollen, oder liegt es spielend und singend im Bett? All dies sind Anzeichen dafür, dass sich das Schlafverhalten Ihres Kindes ändert. Lassen Sie es in diesem Fall einfach wach, nehmen Sie es wieder aus dem Bett, und legen Sie es erst ein bis zwei Stunden später für den Mittagsschlaf wieder hin. Um den »verpassten« Schlaf nachzuholen, legen viele Kinder jetzt eine längere Ruhepause von ein bis drei Stunden ein. Entsprechend sollte dann das Nachmittagsnickerchen entfallen, damit Ihr Kind mindestens vier Stunden wach ist, bevor es abends wieder ins Bett geht.

DAS PERSÖNLICHE SCHLAFBEDÜRFNIS

Jedes Kind hat sein eigenes, individuelles Schlafverhalten, das unter anderem von den persönlichen Gewohnheiten, der inneren Uhr, von Wachstumsphasen und Entwicklungsschüben sowie dem ureigenen Schlafbedürfnis abhängt. Grundsätzlich jedoch lässt sich sagen: Ein waches und ausgeschlafenes Kind wirkt zufrieden und munter, ist fröhlich und hat Freude daran, die Welt mit allen Sinnen zu erkunden. Kinder, die in der Summe zu wenig Schlaf abbekommen, wirken dagegen eher lustlos und sind häufig quengelig, wirken müde und abgespannt und reiben sich häufig die Augen. Nicht selten schlafen sie tagsüber während des Spielens ein.

Wenn Sie wissen möchten, ob Ihr Kind genug schläft, wie sich sein Schlaf auf 24 Stunden verteilt und wie Sie gemeinsam einen harmonischen Schlafrhythmus finden können, empfiehlt es sich, ein Schlafprotokoll zu erstellen (siehe Seite 402 f.). Wenn Sie jeden Tag darin eintragen, wann Ihr Kind schläft, wach ist, isst, trinkt und weint, lässt sich schnell erkennen, auf wie viel Stunden Schlaf es insgesamt kommt und was sich davon auf den Tag und die Nacht verteilt.

SO VIEL SCHLAFEN KINDER NACHTS

In der Nacht schlafen Kleinkinder jetzt durchschnittlich zehn bis elf Stunden – und daran ändert sich bis ins Schulalter so gut wie nichts. Selbst wenn sich die Gesamtstundenzahl des Schlafs mit steigendem Alter reduziert, wirkt sich das kaum auf die nächtlichen Ruhestunden aus; Kindergarten- und Schulkinder lassen einfach den Tagesschlaf wegfallen. Darum können Geschwister in den ersten Lebensjahren meist problemlos fast zeitgleich zu Bett gebracht werden. Erst ab etwa sieben Jahren reduziert sich auch die Schlafdauer in der Nacht – grob geschätzt um eine Viertelstunde je Lebensjahr.

Finden Sie einen Rhythmus

Eltern sind Taktgeber

Eltern müssen wissen, dass sie den Takt angeben, in dem die innere Uhr ihres Kindes schlägt. Babys und Kleinkinder, die selbst entscheiden »dürfen« (oder besser gesagt: müssen), wann sie schlafen oder essen wollen, finden kaum einen harmonischen Rhythmus. Nicht selten können Ess- und Schlafstörungen die Folge sein.

Ein Schlafprotokoll ist auch dann sinnvoll, wenn Sie und Ihr Kind noch keinen gemeinsamen Schlafrhythmus gefunden haben. Schließlich ist ein möglichst langer Nachtschlaf für alle Familienmitglieder wichtig und notwendig – nicht nur für das jüngste Familienmitglied. Als Eltern haben Sie jedoch die Möglichkeit, den Rhythmus Ihres Kindes an Ihren eigenen anzupassen – ganz einfach indem Sie bestimmen, zu welcher Zeit Ihr Kind abends ins Bett gehen soll. Sie müssen sich nur entscheiden, was für Sie ideal ist: Wollen Sie abends eine längere »kinderfreie« Zeit genießen oder lieber morgens etwas länger schlafen? Schläft Ihr Kind um 19 Uhr ein, wird es zwischen 5 und 6 Uhr wieder aufwachen und munter im Bett sitzen. Manche Kinder schlafen zwar auch ein bis zwei Stunden länger, doch trainieren lässt sich das leider nicht. Geht das Kind dagegen erst um 20 Uhr ins Bett, haben Sie vermutlich in der Früh eine Stunde mehr zum Schlafen. Denn im zweiten Halbjahr braucht das Kleine eine Nachtruhe von etwa zehn bis elf Stunden.

Struktur im Tagesablauf

Kinder lieben (und brauchen) klare Strukturen und einen weitgehend geordneten Tagesablauf. Nur so ist der Alltag für sie plan- und berechenbar. Zu wissen, was nach dem Frühstück ansteht (meist ist diese Zeit zum Spielen eingeplant) oder was auf das Mittagessen folgt (in der Regel ein Mittagsschlaf), gibt dem Kind Sicherheit. Es muss sich nicht unvorbereitet mit Überraschungen auseinandersetzen.

Ein Kind, das in seinem Tages- und Nachtablauf eine gewisse Regelmäßigkeit erleben darf und das tagsüber und abends (so gut wie) immer ungefähr zur gleichen Zeit ins Bett geht, wird nach einigen Wochen auch immer um diese Uhrzeit müde werden – ganz von allein. Seine innere Uhr hat sich dann auf diese Zeiten eingependelt. Das Gleiche gilt natürlich auch für Mahlzeiten. Regelmäßige Essenszeiten sind neben den Schlaf- und Freizeiteinheiten eine feste Größe im strukturierten Tagesablauf.

DER IDEALFALL …

In den meisten Familien spielt sich der Rhythmus von Schlaf- und Essenszeiten mit der Zeit von selbst ein. Wie selbstverständlich wacht das Kind morgens fast immer zur selben Zeit auf, bleibt danach einige Stunden wach und munter, bis es sich nach dem Mittagessen eine längere Pause gönnt und schläft. Dabei tankt es genügend Kraft und Energie für die zweite Tageshälfte: Jetzt ist genug Zeit zum Spazierengehen, Laufen, Klettern, Springen, Hüpfen, Spielen, Singen, Plaudern, Geschichten-Hören und Bilderbücher-Anschauen, Schmusen, Kuscheln, Essen – einfach alles, was es braucht, um glücklich groß zu werden.

So viel Programm macht natürlich auch müde, und wenn die Sonne untergeht, ist der Tag allmählich beendet. Nach dem Abendessen gibt es noch eine Gute-Nacht-Geschichte und ein paar liebevolle Streicheleinheiten – und dann folgt ein langer Schlaf durch die ganze Nacht, ehe am nächsten Tag wieder alles von vorne beginnt.

... UND DIE REALITÄT

Doch nicht bei allen Kindern verläuft der Tag so geregelt. Manche Eltern möchten das auch gar nicht und kommen gut mit ihrer freien und flexiblen Tagesgestaltung und den daraus resultierenden Gewohnheiten ihres Kindes zurecht. Sie nehmen ihr Kind überall mit hin: zum Abendessen bei Freunden, ins Kino, zu Geschäftsterminen, zu allen Tages- und Wochenendausflügen. Für die meisten Kinder ist das eine prima Sache. Sie können auf Mamas oder Papas Schoß sitzen, bei den Erwachsenen sein, bis tief in die Nacht wach bleiben und spielen, die Nähe der Eltern spüren und notfalls in irgendeiner Ecke in einem gemütlichen Lager schlafen.

Wenn Sie allerdings abends auch einmal kinderfreie Zeit nur für sich und Ihren Partner genießen möchten, ist dieses Modell ungeeignet. Denn dafür müssen Sie Ihrem Kind ein Schlaf-Zeitfenster anbieten – und zwar eines, das gut in Ihr Familienmuster passt. Wollen Sie dann am Abend ausgehen, brauchen Sie einen Babysitter. Es wird einige Tage dauern, bis sich Ihr Kind an die neuen, festen Zeiten gewöhnt hat und diese auch akzeptiert.

DAS SOLLTEN SIE BEIM RHYTHMUS BEACHTEN

Sie tun sich bei der Gestaltung der geordneten Tagesstruktur leichter, wenn Sie die folgenden Punkte beherzigen:

◎ Natürlich müssen Sie nicht jeden Tag exakt zur gleichen Zeit frühstücken, zu Mittag oder zu Abend essen. Es kommt nicht auf die Minute an. Aber in etwa sollte der Zeitpunkt für die Mahlzeiten im ähnlichen Zeitfenster liegen.

◎ Wenn das Kind immer zur selben Zeit ins Bett geht, wäre das zwar ideal. Wenn es aber mal 15 bis 30 Minuten früher oder später wird, ist das in der Regel auch kein Problem. Der Schlafrhythmus stellt sich dennoch gut ein.

◎ Achten Sie darauf, dass Ihr Kind wirklich müde genug ist, wenn es ins Bett geht. Nur dann schläft es auch schnell ein.

◎ Legen Sie Ihr Kind stets wach ins Bett (siehe auch Seite 128).

◎ Vermeiden Sie Einschlafhilfen. Braucht Ihr Kind einen Schnuller oder kann es nur einschlafen, wenn Sie es herumtragen, es stillen, ihm die Flasche geben, sich zu ihm ins Bett legen oder im Auto herumkutschieren, stellt sich kein eigener Rhythmus ein. Außerdem fällt es diesen Kindern schwerer, nachts durchzuschlafen.

◎ Gestalten Sie den Tagesrhythmus nach Ihren eigenen Bedürfnissen und nach denen Ihres Kindes. Sicher findet sich ein gemeinsamer Nenner. Manche Kinder sind zum Beispiel schon am späten Vormittag so müde, dass sie nicht mehr bis zum Mittagessen durchhalten. Dann ist es gar kein Problem, wenn sie erst nach dem Tagesschlaf essen. Vielleicht kommt Ihnen das sogar entgegen, weil Sie so früh selbst noch keinen Hunger haben. Allerdings sollten Sie diese Reihenfolge, wenn sie sich eingependelt hat, auch weitgehend beibehalten.

◎ Wenn Sie gerade dabei sind, einen Tagesrhythmus aufzubauen, müssen Sie selbst sich natürlich auch daran halten. Arzttermine, Verabredungen und Einkaufstouren sollten also nicht gerade in die »neue« Schlafenszeit Ihres Kindes fallen. Wenigstens drei bis vier Wochen sollten Sie den Zeitplan konsequent verfolgen, damit Ihr Kind die Gelegenheit hat, in einen Rhythmus zu kommen. Natürlich ist das gar nicht so einfach, besonders wenn Sie schon ein größeres Kind haben. Doch das befristete Zugeständnis lohnt sich. Und sobald sich alles gut eingespielt hat, können Sie ab und zu auch eine Ausnahme machen und den Rhythmus unterbrechen, wenn Sie (oder Ihr Kind) einen wichtigen Termin haben.

○ Am Wochenende ist es nicht zwingend notwendig, sich so streng an den üblichen Tagesrhythmus halten. Stattdessen kann samstags und sonntags alles entspannter ablaufen. Auf diese Weise registriert Ihr Kind mit der Zeit, dass Wochenenden anders sind als die restlichen Tage: Meist sind dann beide Eltern da, es gibt ein längeres Frühstück und vielleicht auch mehr Freizeit …

Frische Luft macht müde. Wer tagsüber draußen herumtobt, kann abends auch gut einschlafen.

INFO

Ist Ihr Kind wirklich müde?

Wer nachmittags viel tobt und läuft, wird sicher müde. Trotzdem: In den frühen Abendstunden sollte die Phase des Herumtollens vorbei sein. Jetzt wird es Zeit für ruhigere Aktivitäten, um Ihrem Kind zu signalisieren, dass allmählich die stillere Phase, also die Nachtruhe angesagt ist. Anzeichen, die darauf hinweisen, dass die nötige »Bettschwere« erreicht ist, sind unter anderem häufiges Gähnen oder ein starrer Blick. Auch wenn sich das Kind immer wieder Ohren und Augen reibt oder sich durchstreckt und wehrt, wenn Sie es tragen, ist es sehr wahrscheinlich müde.

Bewegung macht müde

Es ist natürlich nur dann sinnvoll, Ihr Kind schlafen zu legen, wenn es müde ist. Dabei zeigt die Erfahrung, dass Kinder abends besonders gut einschlafen können, wenn sie vorher mindestens etwa vier Stunden auf den Beinen waren. Die Zeit zwischen Mittags- und Nachtschlaf ist also meist die längste Wachphase am Tag. Dies ist dementsprechend die beste Zeit am Tag, etwas zu erleben. Satt vom Mittagessen beziehungsweise Nachmittagssnack und gut ausgeruht ist Ihr Kind nun bestens gelaunt und bereit für schöne Unternehmungen. Während die meisten Eltern den Vormittag mit ihren Kindern im Haus verbringen, weil sie noch einige Arbeiten zu erledigen haben, bietet sich der Nachmittag zur Freizeitgestaltung an.

Gehen Sie dazu, wann immer es möglich ist, raus an die frische Luft. Vielleicht entdecken Sie einen tollen Spielplatz in der Nähe (nicht selten lohnt sich auch ein Umweg zum besseren Spielplatz im Nachbarort). Dort kann Ihr Kind schaukeln, die Rutsche ausprobieren, auf Schaukelpferden wippen und vor allem eines: im Sand spielen. Mit Förmchen, Eimer und Schaufeln im Gepäck lohnt sich ein Spaziergang zum Spielplatz so gut wie immer – gleichgültig bei welchem Wetter. Und neben den tollen Spiel- und Matschmöglichkeiten trifft Ihr Kind vielleicht noch Freunde und Gleichgesinnte. Und auch Sie haben Gelegenheit, neue Kontakte zu knüpfen.

ES GIBT KEIN SCHLECHTES WETTER

Stimmt, erst recht nicht für Kinder. Gleichgültig ob die Sonne lacht oder es in Strömen regnet: Ein Spaziergang ist und bleibt der Hit für Kleinkinder. Wasserdicht eingepackt in Gummistiefel und Regenjacke kann man sich Regentropfen ins Gesicht und auf die Hände tropfen lassen, in Pfützen springen, rauschendem Wasser unter Kanaldeckeln lauschen, neugierige Regenwürmer zählen, Schneckenhäuser und Steine sammeln und vieles mehr.

Aus dem Schlaf aufwecken

Manche Kinder schlafen wie die Murmeltiere: Wenn man sie mittags um 11.30 Uhr hinlegt, wachen sie von allein nicht vor 15.30 Uhr auf. Das mag auf Anhieb vielleicht verlockend und bequem sein. Aber es gibt Situationen, in denen der Mittagsschlaf unterbrochen werden muss – etwa dann, wenn ein älteres Kind aus dem Kindergarten oder von der Schule abgeholt werden muss oder ein wichtiger Termin ansteht. Vielleicht hat das Kind auch noch nicht zu Mittag gegessen und verschläft die Hauptmahlzeit? In den Wintermonaten kommt hinzu, dass es draußen fast schon wieder dunkel wird, wenn das Kind erst spät am Nachmittag von alleine aufwacht. Das Hauptargument bleibt jedoch,

dass ein Kind mindestens vier Stunden auf den Beinen sein sollte, ehe es abends wieder ins Bett geht. Und damit das nicht zu spät geschieht, müssen Sie Ihr Kind rechtzeitig wecken. Dabei ist einiges an Feingefühl gefragt: Schließlich reagiert kein Mensch fröhlich und gut gelaunt, wenn er durch lautes Gepolter, Rollladen-Hochziehen, grelles Licht und strenge Aufforderungen aus dem Schlaf gerissen wird – ein Kind mag diese Aufwachsituation genauso wenig wie ein Erwachsener. Vermutlich reagiert ein Kleinkind sogar mit Schreien. Wenn es im Anschluss an die »Radikalkur« auch noch zügig essen soll, verdirbt es ihm vollends den Appetit auf den restlichen Tag. Gehen Sie daher behutsam vor, und nehmen Sie sich Zeit fürs Wecken. Mit liebevollen Worten, sanften Streicheleinheiten und zarten Küssen fällt es Ihrem Kind sicher leichter, von seiner wunderbaren Traumwelt zurück in die Realität zu finden.

INFO

Hormone steuern Tag und Nacht

Damit wir morgens die Augen aufschlagen und wach werden, gut gelaunt über den Tag kommen und bei Einbruch der Dunkelheit müde werden, helfen uns Hormone. Der Körper schüttet zum Beispiel Cortisol aus, sobald Licht ins Schlafzimmer fällt. Dieses Hormon macht wach und hilft beim Aufstehen. Serotonin (»Glückshormon«) durchströmt tagsüber den Körper, zum Beispiel dann, wenn Sonnenlicht auf die Netzhaut des Auges trifft. Das Schlafhormon Melatonin fließt dagegen nur dann durch den Körper, wenn es dunkel wird oder ist.

Eigenwilliges Schlafverhalten

Kennen Sie das auch? Wenn Sie im ersten Jahr mit Ihrem Säugling unterwegs waren und mit anderen Müttern (Väter interessieren sich weniger dafür) ins Gespräch kamen, tauchte schon bald die Frage auf: »Und, schläft es schon durch?« Die wenigsten Mütter können in dieser Situation gelassen kontern: »Aber natürlich, schon acht bis zehn Stunden am Stück.« Stattdessen bleibt meist ein bitterer Nachgeschmack, als wäre das »normale« Schlafverhalten ein Qualitätskriterium für die Auszeichnung guter Eltern. Warum ist das eigentlich so?

Dabei klingt es in der Theorie immer so einfach und leicht praktikabel: Rhythmus finden, feste Zeiten einhalten, nach Essen, Spiel und Spaß kommt der Schlaf. In der Praxis aber sieht es häufig ganz anders aus. Denn viele Kinder zeigen ein höchst eigenwilliges Schlafverhalten.

Das Kind wacht morgens sehr früh auf

Ähnlich wie bei Erwachsenen gibt es auch unter den Kindern Frühaufsteher und Nachtmenschen. Ob Ihr Kind zu den »Lerchen« oder zu den »Eulen« gehört, bestimmt seine innere Uhr (siehe Seite 117). Denn es kann durchaus einfach in der Natur des Kindes liegen, wenn es

TIPP

Einschlafrituale für Kinder

Kinder lieben Rituale – und somit auch solche, welche die Schlafenszeit einläuten. Besonders kleine Nachteulen profitieren von diesen Zeremonien, weil sie eine Vorstellung davon bekommen, dass anschließend Zapfenstreich ist.

Das abendliche Zubettgehen sollte so oft wie möglich harmonisch ablaufen. Dadurch bekommt Ihr Kind Sicherheit, denn es kann sich auf das einstellen, was ihm nun bevorsteht, und erlebt keine »unangenehmen« Überraschungen. Einschlafrituale helfen dabei, Ihrem Kind einen ruhigen Übergang vom Tag zur Nacht zu schaffen. Es kann Abschied nehmen von dem erlebnisreichen Tag mit all seinen aufregenden Aktivitäten und sich auf die ruhigere Nachtphase einstellen. Natürlich gehören Abendessen, ausziehen, waschen, Zähne putzen und Schlafanzug anziehen zum Pflichtprogramm. Idealerweise finden diese Aktivitäten stets zur gleichen Zeit und nach ähnlichem Ablauf statt.

Doch nach der Pflicht kommt die Kür – die schöne Kuscheleinheit mit Mama und/oder Papa. Nehmen Sie sich Zeit, den Abend und die Nacht willkommen zu heißen. Diese intensiven Minuten mit Ihnen erleichtern Ihrem Kind den Einstieg in den Schlaf, denn es kann noch einmal ganz bewusst Ihre Nähe und Geborgenheit spüren. Es kann Mama oder Papa »tanken« und nimmt dieses schöne Gefühl von Liebe mit ins Schlummerland. Nehmen Sie Ihr Kind noch einmal auf den Arm oder auf den Schoß. Lassen Sie gemeinsam den Tag Revue passieren, und plaudern Sie über die Erlebnisse des Tages. (»Heute haben wir bei Oma Blaubeerkuchen gegessen – mit Sahne. Das war vielleicht lecker, stimmt's?«) Oder erzählen Sie ihm eine kleine Gute-Nacht-Geschichte, sprechen Sie ihm einen Gute-Nacht-Reim vor, oder singen Sie ein Schlaflied (Ideen finden Sie auf Seite 263). Dann kann eine gute Nacht kommen ...

sehr früh am Morgen wach wird. Mindestens ebenso häufig hat sich jedoch einfach »ein Fehler« in den vorgegebenen Rhythmus eingeschlichen. Um die Ursache für das frühe Wachwerden herauszufinden, hilft wieder einmal das Schlafprotokoll. Zu welcher Uhrzeit legen Sie Ihr Kind ins Bett, und wann wacht es morgens auf? Wie viele Stunden schläft es am Tag? Wann endet sein letztes Tagesschläfchen (später Mittagsschlaf)? Vergessen Sie nicht: Ein gesundes Kind schläft innerhalb von 24 Stunden etwa 13 bis 14 Stunden. Davon fallen etwa 10 bis 11 Stunden in die Nacht, den Rest holt es tagsüber nach.

ABENDS (ZU) FRÜH INS BETT GELEGT?

Wenn Ihr Kind jeden Morgen sehr früh aufwacht, sollten Sie seine Schlafzeiten nochmals überdenken: Geht es bereits am frühen Abend ins Bett, etwa gegen 18.30 oder 19 Uhr? Dann hat es morgens um 5 Uhr sein Schlafpensum in der Nacht erfüllt und ist vermutlich schlicht und ergreifend ausgeschlafen.

Abhilfe: Zögern Sie den Zeitpunkt, zu dem Sie Ihr Kind ins Bett legen, täglich ein paar Minuten mehr hinaus – bis Ihr Kind so aufwacht, dass es für Sie und den Rest der Familie weitgehend harmonisch ist.

MORGENS FRÜH GLEICH ETWAS ZU ESSEN?

Ein Kind wird morgens zwischen 4 und 6 Uhr wach und beschließt, den Tag zu beginnen, obwohl seine Eltern ganz anderer Meinung sind und lieber noch schlafen wollen. Da liegt verständlicherweise die Vermutung nahe, dass das Kleine vielleicht Hunger hat. Und so quälen sich viele Eltern aus den Federn und bieten dem Kind eine Flasche Milch an – in der Hoffnung, dass es dann satt ist und wieder einschläft oder sich wenigstens noch für eine Weile mit sich selbst beschäftigt.

> **INFO**
>
> #### Es gibt auch echte Wenig-Schläfer
>
> Es gibt Kinder, bei denen helfen keine noch so sinnvollen Maßnahmen und pfiffigen Tricks: Sie sind morgens einfach immer zur gleichen Zeit wach. Und das, obwohl sie tagsüber nur wenig schlafen, abends zu sinnvollen Zeiten ins Bett gehen und auch tagsüber munter und fröhlich sind. Diese Kinder schaffen es tatsächlich, mit weniger Schlaf auszukommen. Ihren Eltern bleibt kaum etwas anderes übrig, als sich mit diesem Schlafverhalten zu arrangieren.

Damit erreichen sie jedoch genau das Gegenteil: Das Kind gewöhnt sich an diese erste Mahlzeit – und stimmt schließlich sein Schlafverhalten darauf ab. Das bedeutet: Ein Kind kann auch deshalb so früh aufwachen, weil es regelrecht darauf trainiert wurde, so früh eine Flasche zu bekommen und zu trinken. Obwohl es ursprünglich gar keinen Hunger hatte, sondern schlichtweg nur ausgeschlafen war.

Abhilfe: Zögern Sie die erste Mahlzeit des Tages hinaus; idealerweise frühstücken Sie gemeinsam mit dem Kind. Am einfachsten gelingt dies, wenn Sie Ihr (bereits ausgeschlafenes) Kind aus dem Bett holen und es zu sich ins Bett nehmen, um noch ein bisschen zu kuscheln, oder zusammen aufstehen – je nach Uhrzeit.

(ZU) VIELE NICKERCHEN AM TAG?

Kinder, die morgens sehr früh wach und munter sind, schlafen meist schon wieder, wenn andere Kinder gerade erst aufstehen. Kein Wunder, denn sie holen den wenigen Schlaf von der Nacht nach. Da ist natürlich ein Fehler im System. Nach etwa drei bis vier Stunden Wachphase fällt das Kleine wieder müde in den Schlaf – unabhänig von der Tageszeit. Ziel sollte also sein, dem Kind zu helfen, länger bis in die Morgenstunden zu schlafen oder aber die Nickerchen am Tag zu reduzieren.

Abhilfe: Versuchen Sie, Ihr Kind einige Stunden wachzuhalten, ehe es seine erste Tagesschlafeinheit nimmt – Schritt für Schritt, bis das Kind mit etwa 18 Monaten bis zum Mittagsschlaf durchhält. Zu viele Nickerchen am Tag reduzieren den langen Schlafblock in der Nacht.

INFO

Organische Ursachen für Schlafstörungen

Es kommt zwar sehr selten vor, aber es gibt auch organische Ursachen, die ein Kind vom Schlafen abhalten. Aus diesem Grunde sollten Eltern stets den Kinderarzt um Rat fragen, wenn ein akutes Schlafproblem auftaucht. Infekte wie Mittelohrentzündungen oder Erkältungen mit verstopfter Nase können ebenso zu Schlafstörungen führen wie Nahrungsunverträglichkeiten, Neurodermitis (und der damit verbundene Juckreiz), vergrößerte Rachenmandeln (Polypen) oder eine Allergie (die mit einer verstopften Nase einhergehen kann). Neben den körperlichen Beeinträchtigungen kann um den 15. Monat auch die erste Trotzphase zur Belastung für die Eltern werden, wenn das Kind partout nicht ins Bett will. Um den zweiten Geburtstag herum können dann Angstträume zusätzlich den Nachtschlaf rauben (siehe Seite 366 f.).

Das Kind schläft abends spät ein

Das Gegenteil der Frühaufsteher sind die »Spät-ins-Bett-Geher« – und die gibt es nicht nur bei den Erwachsenen, sondern auch unter den Kindern. Ihren Eltern fallen abends zuweilen schlichtweg die Augen zu vor Müdigkeit und sie wünschen sich nichts sehnlicher, als selbst endlich ins Bett gehen zu können. Doch ihr Sprössling hält sie weiterhin auf Trab. Quietschvergnügt saust er durch die Wohnung und lädt zu kleinen Vorstellungen ein – von Müdigkeit keine Spur.

Im Gegenzug schlafen viele dieser kleinen Nachteulen am nächsten Morgen sehr lange aus, mitunter bis in den späten Vormittag. Kein Wunder, denn sie nehmen sich ihre zehn bis elf Stunden Schlaf am Stück. Und weil der lange Schlafblock erst gegen Mitternacht beginnt, zieht sich die Nacht bis zum späten Vormittag.

Abhilfe: Wecken Sie Ihr Kind morgens auf. Auch wenn das lange Schlafen im ersten Moment vorteilhaft erscheint, weil Sie diese Zeit für sich sinnvoll nutzen können: Die Quittung folgt in der Regel zwölf Stunden später; etwa dann, wenn der Mittagsschlaf am Nachmittag gehalten wird und das Kind erneut bis spät in die Nacht munter ist. Besser ist es, die innere Uhr neu zu stellen und den Tag am (frühen) Morgen beginnen zu lassen. Dazu müssen Sie Ihr Kind aber wecken. Finden Sie heraus, wie viele Stunden Ihr Kind wach und aktiv sein muss, damit es anschließend müde ist, und planen Sie seine Schlafenszeiten entsprechend. Ein Beispiel: Wenn Ihr Kind am Vormittag etwa vier Stunden nach dem Aufstehen wieder müde wird und Sie gegen 12 Uhr zu Mittag essen möchten, sollten Sie Ihr Kind spätestens gegen 8 Uhr wecken. Genauso wichtig ist es, den Mittagsschlaf zu begrenzen und das vielleicht bisher obligatorische zweite Nickerchen am Tag zu streichen. Nur so ist Ihr Kind in den frühen Abendstunden müde.

Gute-Nacht-Lieder und -Verse

Wer hat die schönsten Schäfchen

»Wer hat die schönsten Schäfchen?
Die hat der goldne Mond,
der hinter unsern Bäumen
am Himmel droben wohnt.

Er kommt am späten Abend,
wenn alles schlafen will,
hervor aus seinem Hause
am Himmel leis und still.

Dann weidet er die Schäfchen
auf seiner blauen Flur;
denn all die weißen Sterne
sind seine Schäfchen nur.

Sie tun sich nichts zuleide,
hat eins das andre gern,
und Schwestern sind und Brüder
da droben Stern an Stern.

Und soll ich dir eins bringen,
so darfst du niemals schrein,
musst freundlich wie ein Schäfchen
und wie ihr Schäfer sein.«

Schlaf, Kindlein, schlaf

»Schlaf, Kindlein, schlaf!
Der Vater hüt die Schaf,
die Mutter schüttelt's Bäumelein,
da fällt herab ein Träumelein.
Schlaf, Kindlein, schlaf!«

Schlaf mein kleines Mäuschen

»Schlaf mein kleines Mäuschen,
schlaf bis morgen früh,
bis der Hahn im Häuschen
ruft laut Kikeriki.«

Eia, popeia

»Eia, popeia, mein Püppchen schlaf ein,
eia, popeia, wirst müde sein.
Das Bettchen ist weich, und alles ist still,
weil mein Püppchen schlafen will.
Das Pferdchen schläft
und das Kälbchen im Stall
und hoch auf der Hürde
die Hühnerchen all,
da haben sie sich ihr Bettchen gemacht
und rufen dem lieben Kindchen ›Gut Nacht‹!«

Kerlchens Daumen

»Kerlchens Daumen dick und nett
Legt sich in sein Kuschelbett.
Zieht die Decke über'n Kopf
Man sieht nichts mehr von seinem Schopf.

Schnarcht, dass sich die Balken biegen.
Komm näher ran, da muss er liegen.
Kerlchen schläft die ganze Nacht,
doch am Morgen ist er aufgewacht.«

Kindergebete

»Müde bin ich, geh zur Ruh,
schließe beide Äuglein zu.
Vater, lass die Augen dein
über meinem Bettlein sein.
Alle, die mir sind verwandt,
Gott, lass ruhn in deiner Hand.
Alle Menschen, groß und klein,
sollen dir befohlen sein.«

»Sternlein, Sternlein in der Nacht,
halt über unserem Hause Wacht.
Behüte Vater und Mutter mein,
Brüderlein und Schwesterlein.«

DAS KIND LIEGT NACHTS LANGE WACH

Manche Kinder lassen sich abends zwar mühelos hinlegen und schlafen auch rasch ein. Aber schon nach einigen Stunden wachen sie wieder auf und beschließen, die Nacht zum Tag zu machen. Sie sitzen im Bett und plaudern vor sich hin; ältere Kinder machen sich sogar auf und krabbeln aus dem Bettchen. Ihre Eltern sind nicht selten verwirrt über diese Eigenart. Schließlich ist die Nacht doch zum Schlafen da – und es fing doch auch alles so gut an. Was ist denn jetzt nur plötzlich los?

Wieder einmal kann das Schlafprotokoll (siehe Seite 402 f.) helfen, einen Überblick über das Schlafverhalten zu bekommen. Wann und wie lange schläft das Kind überhaupt? Wann ist es nachts wach und für wie lange? Nicht selten stellt sich dabei heraus, dass die innere Uhr des Kindes noch nicht richtig im Takt tickt – der Schlaf-wach-Rhythmus ist gestört. In der Regel verbringen diese Kinder zudem viel mehr Zeit im Bett, als sie tatsächlich schlafen. Dadurch betrachten sie ihr Bett nicht ausschließlich als Schlafstätte, sondern auch als gemütlichen Platz zum Spielen. Verkehrte Welt, denn die Zeit im Bett ist ausschließlich fürs Schlafen gedacht.

Abhilfe: Achten Sie darauf, dass Ihr Kind die Zeit im Bett wirklich vorwiegend schlafend verbringt. Das heißt: Ist es abends noch nicht müde (weil es zum Beispiel noch nicht lange genug auf und/oder kaum aktiv war), hilft es wenig, es so munter hinzulegen. Holen Sie es lieber noch einmal aus dem Bett (besser: Legen Sie es erst hinein, wenn es müde ist), damit es spielen kann, und legen Sie es erneut hin, wenn der richtige Zeitpunkt gekommen ist. Das Gleiche gilt übrigens auch für den Morgen: Wenn Ihr Kind wach ist, sollten Sie es nicht unnötig lange in seinem Bettchen »parken«. Auch wenn das für müde Eltern manchmal sehr reizvoll erscheint.

DAS KIND HOLT DEN VERPASSTEN TAGESSCHLAF AM ABEND NACH

Kinder, die nachts eine wache Phase einlegen, holen die versäumten Stunden nicht selten am nächsten Abend wieder nach. Es kommt dann durchaus vor, dass sie sofort schlafen – allerdings nur so lange, bis es die fehlenden Stunden der letzten Nacht wieder aufgeholt haben. Und dann stehen sie wieder auf, sehr zur Überraschung ihrer Eltern. Andere Kinder sind verkappte »Nachteulen«, die nur deshalb zu »normalen« Abendzeiten ins Bett gehen, weil sie ein verspätetes Nickerchen halten, zu dem sie tagsüber nicht gekommen sind.

Abhilfe: Wecken Sie Ihr Kind morgens frühzeitig, und begrenzen Sie den Mittagsschlaf. Auf diese Weise lernt das Kleine, dass die Nacht und das Bett zum Schlafen da sind – und dass es versäumte Schlafstunden nicht in Form von kleinen Nickerchen aufholen muss.

(INFO

Homöopathische Hilfe

Schlaf- und Beruhigungsmittel stellen ein Baby zwar ruhig. Sie helfen aber nicht, dass es besser schläft – und lösen das Problem daher nicht. Anders ist es bei homöopathischen Mitteln. Sie können tatsächlich helfen, dass ein Kind leichter ein- oder durchschläft. Allerdings gibt es kein »Allheilmittel«, das auf jedes Kind gleichermaßen passt. Vielmehr ist eine komplette Anamnese zur Erhebung der Befindlichkeit erforderlich. Zögern Sie nicht, Ihren Kinderarzt zu fragen, ob er ein homöopathisches Mittel für Ihr Kind empfehlen kann.

Jedes Kind kann schlafen lernen

Nicht selten ist einer der Hauptgründe, warum Kinder (und damit auch ihre Eltern) Schlafstörungen entwickeln: Das Kind hat große Schwierigkeiten, von alleine einzuschlafen, wenn es im Bett liegt. Noch dazu benötigt es meist eine oder gleich mehrere gewohnte Einschlafhilfen, wie einen Schnuller, ein Schmusetuch, ein Fläschchen oder Mamas Brust und eine bestimmte Wiegetechnik auf Mamas Arm. Noch besser: Mama oder Papa legen sich gleich mit ins Bett. Die gute Nachricht zuerst: Es ist noch nicht zu spät, Ihrem Kind zu helfen, von alleine einzuschlafen – vorausgesetzt, Sie wissen, was dazu nötig ist. Ihr Schatz muss ja nicht lernen zu schlafen. Das kann er bereits von Anfang an. Aber Sie als Eltern müssen verstehen, was Ihr Kind braucht, um einschlafen zu können. Nur so können Sie ihm helfen, es allein zu schaffen. Denn eins ist sicher: Auch Ihr Kind möchte nichts lieber, als nachts etwa zehn bis elf Stunden am Stück schlafen dürfen – ohne groß aufwachen zu müssen. Sie und Ihr Kind haben also sicher die gleichen Bedürfnisse, auch wenn es nicht immer so aussieht.

Hilf mir, es selbst zu tun

Auf den Seiten 124 ff. konnten Sie bereits lesen, wie Babys schlafen und welche vermeintlich sinnvollen Einschlafhilfen sich bei genauerer Betrachtung als wahre Schlafräuber entpuppen. Problematisch wird es dann, wenn Eltern in der Nacht mehrmals aufstehen müssen, um ihrem Kind zu helfen, wieder in den Schlaf zu finden. Denn es braucht dazu erneut seine ganz spezielle Einschlafhilfe; aus eigener Kraft schafft es das Einschlafen nicht.

Zeit zum Kuscheln muss sein, aber einschlafen sollte das Kind allein und in seinem eigenen Bett.

Zu den klassischen Einschlaffehlern gehören:

- Herumtragen und/oder Schaukeln auf dem Arm oder zum Beispiel in der Hängematte
- Schnuller
- Brust beziehungsweise Fläschchen geben
- Kraulen
- Fahren im Auto oder Kinderwagen
- Bestimmte monotone Geräusche wie Föhn, Waschmaschine oder Staubsauger im Zimmer
- Körperkontakt mit Mama oder Papa wie Händchenhalten oder noch besser:
- Mama oder Papa schlafen gleich mit im Bett.

Es ist daher sinnvoll, einem Baby von Anfang an die Möglichkeit und das Vertrauen zu schenken, von alleine einschlafen zu können und zu dürfen. Wird dies nicht beachtet, kann leicht ein ungünstiges Schlafmuster entstehen. Dann sind viel Verständnis und Geduld gefragt, um diesen »Fehler« wieder zu beheben. Das bedeutet nicht, dass Eltern ihr Kind schreien lassen sollen. Es heißt vielmehr, dass sie seine Signale richtig deuten lernen sollen, um entsprechend darauf reagieren zu können.

Tagsüber sollte ein Kind sein Bedürfnis nach Nähe und Geborgenheit so gut wie möglich stillen können. Ist sein »innerer Tank« komplett gefüllt, hilft ihm das auch, die Nacht ohne körperliche Nähe zu den Eltern zu überstehen und alleine einzuschlafen.

ENTSCHEIDEN SIE SELBST

Ob Eltern diese Schlafstörungen ändern möchten oder nicht, entscheiden sie ganz allein. Nicht jeder ist genervt, wenn er nachts mehrere Male aufstehen muss, um seinem Kind beim Einschlafen zu helfen. Manche Eltern sind in dieser Hinsicht sehr hingebungsvoll und haben kein Problem, alles für ihr Kind zu tun – fest in dem Glauben, dies sei das einzig Richtige. Die meisten Eltern sind jedoch schlichtweg fertig mit den Nerven oder zumindest ab und zu so erschöpft, dass sie dem Dilemma endlich ein Ende setzen wollen. Denn die sich über viele Monate ziehenden nächtlichen Schlafunterbrechungen zehren an den Nerven, und der chronische Schlafmangel führt zu enormer Erschöpfung. Nicht selten hört man die Eltern klagen: »Ich bin fix und fertig – ich kann nicht mehr.«

Wenn Sie auch so empfinden, sollten Sie sich schnellstmöglich Rat und Unterstützung suchen, zum Beispiel beim Kinderarzt, Kinderpsychiater oder in der Ambulanz einer Kinderklinik. Dort kann man untersuchen, ob möglicherweise Entwicklungsstörungen die Ursache für das Schlafproblem sind.

VERSTEHEN, WARUM DAS KIND WEINT

Wacht ein Kind nachts auf und findet es seine gewohnte Einschlafhilfe nicht mehr, ist es nur allzu verständlich, dass es weint. Es ist hilflos und sehnt sich danach, die bisherige (Einschlaf-)Situation wieder vorzufinden. Gleichzeitig sucht es Trost bei Ihnen, denn Sie sollen es über seinen großen Kummer hinwegtrösten. Das Kind reagiert also völlig normal und gesund. Es zu schimpfen oder gar zu bestrafen ist daher ebenso fehl am Platz wie sich zu ärgern. Das Kleine hat praktisch ein Recht darauf, seine ihm bisher von den Eltern gewährte Einschlafhilfe einzufordern.

Wenn Sie selbst in dieser Situation sind, haben Sie zwei Möglichkeiten: Sie können Ihrem Kind die Einschlafhilfe auch in Zukunft zur Verfügung stellen. Vermutlich wird es trotzdem irgendwann lernen, von alleine einzuschlafen – allerdings kann das einige Jahre dauern. Oder Sie ändern die Situation mithilfe eines speziellen Schlaftrainings.

INFO

Macht Schreien die Lunge stark?

Noch vor vier bis fünf Jahrzehnten machte man um das Schlafverhalten eines Kindes wenig Wirbel. Und so manche Oma hat heute noch den Rat parat: »Lass dein Kind doch einfach mal schreien; irgendwann schläft es schon ein.« Dies ist mit Sicherheit der Fall – irgendwann ist ein Kind so erschöpft vom Schreien (das heißt vom Bitten um die Wiederherstellung seiner bisherigen Einschlafsituation), dass es resigniert aufgibt und einschläft. Zum Glück jedoch wissen Mütter heutzutage, dass es das Einschlafen nicht fördert, wenn sie ihr Kind lange schreien lassen. Im Gegenteil: Diese Art und Weise steht einer guten Eltern-Kind-Beziehung eher im Wege.

Schlafen lernen nach Dr. Ferber

Das Schlaftraining von Dr. Richard Ferber spaltet seit den 1990er-Jahren Generationen von Eltern: Während die einen dankbar sind für die konkrete Anleitung und durch das Programm endlich zu einem geregelten Schlafrhythmus für sich und ihre Kinder finden, sind die anderen schier entsetzt. Für sie gilt Ferbers Methode, das Schlafen zu lernen, als eine außerordentliche Belastung für das Kind, die sein Vertrauen in sich selbst und zu seinen Eltern tief und dauerhaft erschüttert.

EIN SCHLAFTRAINING »EROBERT« DIE WELT

Der US-amerikanische Kinderarzt Dr. Richard Ferber leitet ein Schlaflabor im Children's Hospital in Boston/USA und berät Eltern, wie ihre Kinder von alleine einschlafen können. Sein Schlaftraining stützt sich auf die Erkenntnis, dass sich Kinder bereits im frühen Alter bestimmte ungünstige Schlafmuster angewöhnen können, die häufig von den Eltern angetragen wurden. Viele Eltern kommen jedoch irgendwann an den Punkt, an dem sie diese Schlafgewohnheiten nicht mehr akzeptieren wollen (oder können). Sie suchen daher nach einer Möglichkeit, sie dem Kind wieder abzugewöhnen. Unterstützung finden sie zum Beispiel in der Dr.-Ferber-Methode – einem konsequenten Trainingsprogramm, bei dem das Kind lernt, ohne die bisherigen Einschlafhilfen und von alleine einzuschlafen.

Ferber stützt sich dabei auf die Verhaltenstherapie: Wenn jegliches Verhalten erlernt wurde, ist es seiner Meinung nach auch möglich, das Gelernte wieder abzulegen beziehungsweise Neues zu erlernen. Im konkreten Fall bedeutet dies: Das Kind muss lernen, nicht mehr mit Einschlafhilfe, sondern von alleine einzuschlafen.

Über seine Methode hat Ferber ein Buch geschrieben, das weltweit viele Hunderttausend Mal verkauft wurde. Unzählige Familien haben sein Programm umgesetzt und bemerkten tatsächlich innerhalb weniger Tage oder Wochen eine enorme Verbesserung im Schlafverhalten ihres Kindes – und schließlich auch bei sich selbst. In Amerika sprechen daher viele von »ferberisieren«, wenn es darum geht, Kindern das selbstständige Einschlafen anzutrainieren.

WIE FUNKTIONIERT DIE METHODE?

Um mit dem Training zu starten, sollte das Kind mindestens ein halbes Jahr alt sein. Nachdem es tagsüber mehrere Stunden wach und aktiv war, wird es abends müde, satt und noch wach in sein Bett gelegt. Jetzt findet ein kurzes Einschlafritual statt – ein kleines Gute-Nacht-Lied, ein Gebet oder eine kurze Geschichte sowie einige Streicheleinheiten. Entscheidend ist, dass dieses kurze Einschlafritual jeden Abend zur gleichen Zeit und auf ähnliche Weise stattfindet. Es endet zum Beispiel mit einem Gute-Nacht-Kuss und/

INFO

Nicht um jeden Preis

Richard Ferber selbst ist von dem Begriff »ferberisieren« nicht begeistert. Er fühlt sich durch ihn zu sehr auf die Auszeiten-Tabelle reduziert. In einem Interview sagte er einmal, der Sinn seiner Arbeit bestünde darin, eine Lösung für die Schlafprobleme aller Kinder zu finden. Das gelänge aber nicht immer: »Wenn Eltern diese Technik über sechs Wochen ausprobieren und das Kind immer noch jede Nacht schreit, dann finde ich das schrecklich.«

oder dem Aufziehen einer Spieluhr, dann wird das Zimmer abgedunkelt und die Eltern verlassen den Raum zügig und ohne Zögern. Protestiert das Kind und beginnt es zu weinen, weil es sein bisheriges Einschlafmuster einfordert, gehen die Eltern nicht auf diese Forderung ein. Sie dürfen vielmehr das Zimmer einige Minuten (die Zeiten sind genau definiert) überhaupt nicht betreten. Erst nach dieser festgelegten Zeit sollen sie zurückkehren und versuchen, ihr Kind durch liebevolle Worte oder Streicheln zu trösten (denn es wird vermutlich immer noch lauthals protestieren). Dabei dürfen Eltern ihr Kind nicht auf den Arm nehmen oder gar auf seine Forderungen (etwa nach dem Schnuller, einer Flasche oder Körperkontakt) eingehen, denn damit würden sie es für sein Schreien »belohnen«. Nach wenigen Minuten (wieder exakt definiert) verlassen die Eltern das Zimmer erneut, um erst nach einer gewissen Zeit wieder zurückzukehren und das Kind zu trösten, falls es immer noch weint (das tun die Kinder in der Regel – mitunter schreien sie sogar aus Leibeskräften).

ZIEL DER FERBER-METHODE
Durch das »passive« Trösten soll das Baby lernen, von den bisherigen Einschlafhilfen loszukommen. Die regelmäßige »Rückkehr« der Eltern soll ihm vermitteln, dass es nicht allein ist und seine Eltern immer für es da sind – auch wenn es schläft. Nur einschlafen soll es alleine.

NACHTEILE DER METHODE
So wirksam die Ferber-Methode auch sein mag, erfordert sie doch eine Menge Geduld, Ausdauer und vor allem starke Nerven. Keine Mutter erträgt ihr vor Kummer weinendes Kind mit Leichtigkeit. Die Versuchung, doch ins Zimmer zu stürmen und sein Liebstes auf den Arm zu nehmen, ist enorm. In so einer belastenden Si-

tuation tauchen schnell Gedanken auf wie »Das ist doch gegen die Natur« oder »Für mich und mein Kind ist diese Methode komplett ungeeignet«. Kein Wunder, denn die von Dr. Ferber rigoros vorgelegten Auszeiten können unendlich lang erscheinen. Und sie verlängern sich jedes Mal um einige Minuten. Das Maximum liegt bei 30 Minuten – das ist wirklich lang.

> **TIPP**
>
> **Ein kleiner Kompromiss**
>
> Sind Sie von der Grundidee Dr. Ferbers überzeugt, nicht aber von den langen Auszeiten (und den damit verbundenen langen Schreiphasen für das Baby)? Es gibt mittlerweile Schlaftrainings, die auf dem gleichen Prinzip basieren, aber auf kürzere Auszeiten setzen. Wenn Sie mehr über so ein Programm wissen wollen, finden Sie darüber zahlreiche Informationen in Elternratgebern und im Internet. Bevor Sie ein Schlaftraining anwenden, sollten Sie sich jedoch folgende Fragen stellen:
>
> ○ Ist das Schlafverhalten Ihres Kindes so massiv gestört, dass Sie es ändern möchten?
>
> ○ Basieren die Schlafstörungen wirklich auf Einschlaffehlern? Können Sie andere gesundheitliche Ursachen ausschließen?
>
> ○ Ist Ihr Partner oder Ihre Partnerin bereit, Sie bei der Durchführung des Programms zu unterstützen?
>
> ○ Können Sie und Ihr Partner/ Ihre Partnerin sich die Durchführung des Programms in den nächsten ein bis zwei Wochen (beruflich) leisten?

KINDER BRAUCHEN NÄHE

»Babys und Kleinkinder sind nicht nur tagsüber, sondern auch nachts auf die liebevolle Betreuung und Nähe ihrer Bezugspersonen angewiesen«, sagt Sibylle Lüpold, Stillberaterin aus Bern. Sie hat eine Seite gegen Schlaftrainings solcher Art ins Internet gestellt, auf der verschiedene Experten aus dem Fachgebiet Kindergesundheit zu Wort kommen (siehe Adresse Seite 407). »Wenn sich ein Kind allein gelassen fühlt, empfindet es große Angst und versucht alles Mögliche, um zu seiner Bezugsperson zu gelangen. In dem Falle mit Schreien. Gehen Eltern nicht auf dieses Bedürfnis nach Nähe und Schutz ein, erlebt das Kind einen Trennungsschmerz und Vertrauensbruch, welcher den Aufbau einer sicheren Bindung und seine zukünftige Entwicklung beeinträchtigen kann. Schreien lassen kann keine Alternative sein«, erklärt die Stillberaterin. Wesentlich sinnvoller ist es, wenn Eltern das Schlafverhalten ihres Kindes dank fachlicher Information besser verstehen und damit umgehen können.

Mit Geschwistern schlafen

Wenn das zweite Kind auf der Welt ist, stellen sich die Eltern irgendwann die Frage: Sollen wir beide Kinder zusammen in ein Zimmer legen, oder geht das nicht gut? Verständlich, dass Zweifel aufkommen – nicht zuletzt wegen des unterschiedlichen Schlafverhaltens. Doch weil sich in den ersten sieben Jahren die lange Schlafphase in der Nacht kaum ändert und die meisten Kinder etwa zehn bis elf Stunden schlafen, lohnt sich der Versuch durchaus.

Ab einem Alter von einem Jahr, bei manchen Babys auch früher, können Sie es mit dem kindlichen »Zusammenziehen« versuchen. Die Rechnung geht zwar nicht immer auf, aber doch erstaunlich häufig: Wenn sich zwei Geschwister ein Zimmer teilen, wirkt sich dies sehr oft positiv auf das Schlafverhalten der beiden aus. Die Jüngeren schlafen nicht selten plötzlich nachts durch. Vermutlich fühlen sie sich aufgrund der Schlafgeräusche des anderen Kindes weniger einsam. Manchmal liegen am nächsten Morgen beide Kinder in einem Bett, weil es viel einfacher war, bei der großen Schwester oder dem großen Bruder unter die Decke zu schlüpfen, als ins Elternschlafzimmer zu tapsen.

Gemeinsam schlafen: Nicht nur die Kleinen genießen die Nähe, sondern auch die größeren Geschwister.

DIE ERZIEHUNG

Seit einem Jahr sind Sie nicht nur Mutter oder Vater, sondern auch Erzieherin oder Erzieher. Allerdings haben Ihnen in den ersten Lebensmonaten des Kindes Ihre angeborenen, intuitiven Verhaltensweisen (wie die Stimmlage) geholfen, richtig und angemessen auf das Baby zu reagieren. Spätestens ab jetzt müssen Sie jedoch bewusst entscheiden, wie Sie sich in bestimmten Situationen verhalten wollen.

Das zweite Lebensjahr im Leben Ihres Kleinen stellt Sie vor viele neue Herausforderungen. Ihr Kind macht in den kommenden zwölf Monaten die »Ich–Entwicklung« durch (siehe Seite 179 ff.), und dabei müssen Sie es begleiten. Am besten gelingt dies, wenn Mutter und Vater an einem Strang ziehen. Sprechen Sie sich daher unbedingt ab, wie Ihr Erziehungsstil sein soll.

Für die meisten Eltern ist das Ziel der Erziehung, die kindliche Entwicklung ganzheitlich zu unterstützen und zu fördern, damit sich der Nachwuchs zu einer selbstbestimmten Persönlichkeit entwickelt. Dazu gehört auch, ihm die vorherrschenden Werte wie Respekt, Achtung und friedliches Miteinander zu vermitteln. Dies gelingt nur, indem man mit gutem Beispiel vorangeht und dem Kind vorlebt, wie man sich angemessen verhält – eine verantwortungsvolle Aufgabe. Sicher, Erziehung ist immer eine Gratwanderung zwischen notwendigen Freiheiten, Einschränkungen und Grenzen. Nur eins ist sicher: Den Grundstein für Erziehung bildet die Bindung zwischen Eltern und Kind. Sie ist sogar die Voraussetzung dafür, dass ein Kind überhaupt erzogen werden kann.

Kinder brauchen Regeln

Erziehungswissenschaftler sind sich einig: Kinder brauchen Grenzen. Sie schützen sie nicht nur vor Gefahren, sondern geben ihnen auch psychischen Halt. Aber ist es deshalb richtig, Kinder zur Strafe in den dunklen Keller zu sperren? Die Antwort lautet eindeutig: Nein!

Strafe und Konsequenzen

Bis in die 70er-Jahre des 20. Jahrhunderts wurden Kinder zuweilen schon für den kleinsten Fehler bestraft – und leider ist das manchmal auch heute noch so. Dabei erfolgte die Strafe oft zeitversetzt; der Vater »züchtigte« das unfolgsame Kind, wenn er abends nach Hause kam. Die Strafe war die Konsequenz einer »Straftat«, beide folgten nicht unmittelbar aufeinander.

Heute vertreten die meisten Experten die Meinung, dass solche Strafen sinnlos sind, weil sie das Kind demütigen und nicht zur Einsicht bringen. Die Folgen solcher Strafaktionen sind unterschiedlich. Je nach Alter reagieren die Kinder unter anderem mit

- Trotz, Rebellion und Widerstand,
- Zorn, Feindseligkeit und Aggression (sie schlagen zum Beispiel zurück),
- Lügen, Vergeltungsmaßnahmen,
- Fügsamkeit, absolutem Gehorsam und Unterwerfung,
- Anpassung und Einschmeicheln,
- Rückzug, Flucht, Regression und Fantasien.

Grenzen und Regeln des Zusammenlebens

Liebe, Respekt und Bindung auf der einen, Grenzen und Regeln auf der anderen Seite: Passt das überhaupt zusammen? Auf jeden Fall, beide Seiten bedingen sich sogar gegenseitig. Wenn Ihnen dieser Spagat im zweiten Lebensjahr mit seiner ersten Trotzphase und dem zunehmenden Autonomiebestreben gelingt, schaffen Sie eine gute Basis für die weitere Entwicklung und Erziehung Ihres Kindes.

MUT ZUM NEIN

Vielleicht haben Sie bereits begonnen, ein Nein-Tagebuch zu führen, in dem Sie alle Nein-Sätze des Tages notieren (siehe Seite 182). Dadurch sehen Sie, wie oft Sie Nein sagen; wahrscheinlich viel zu oft. Wenn nicht, überlegen Sie gemeinsam mit Ihrem Partner oder Ihrer Partnerin, welche Regeln im Zusammenleben mit Ihrem Kind für Sie wichtig sind. Hier einige Vorschläge:

- **Gefahrensituationen:** Damit dem Kind nichts passiert, sind Regeln unumgänglich. Es darf daher zum Beispiel nicht alleine auf die Straße laufen, sondern nur an Ihrer Hand. Kündigen Sie Ihr konsequentes Verhalten an: »Es ist gefährlich, wenn du alleine auf die Straße läufst. Wenn du an der Straße alleine läufst, musst du wieder im Buggy sitzen.« Bleiben Sie konsequent, und reagieren Sie bereits auf den ersten »Verstoß«. Nur so lernt Ihr Kind, dass Ihnen diese Regel wichtig ist. Das Gleiche gilt auch in anderen Gefahrensituationen wie beim Spielen an Steckdosen oder bei Anschnallverweigerung im Autositz.
- **Schutz anderer:** Dem anderen wehzutun oder seine Rechte zu verletzen ist nicht erlaubt. Die Mutter an den Haaren zu ziehen, gegen das Schienbein zu treten, ein anderes Kind zu schlagen ist auch nicht erlaubt. Reagieren Sie prompt: »Nein, das tut mir weh.« »Nein, es tut Sarah weh.«
- **Streit:** Wenn sich zwei Kinder streiten, geht es bekanntlich meist um Spielzeug oder andere Gegenstände (Besitzkonflikt). Beobachten Sie zunächst, wie die Kleinen den Konflikt lösen. Bringen Sie zudem Ihrem Kind bald bei, dass es den anderen fragen muss, wenn es etwas haben will: »Frag Henrik, ob du das Auto haben darfst.«

Ihr Kleines ist zwar noch nicht in der Lage, diesen Satz zu formulieren. Es kann das betreffende Kind aber fragend ansehen und bald entweder »Auto« oder »Auto haben« sagen.

○ **Essen I:** Die Eltern entscheiden, was gekocht wird, die Kinder, was und wie viel sie davon essen. Je nach Alter dürfen sie sich auch selbst bedienen. Eine heiße Suppe auszuschöpfen ist für ein Eineinhalbjähriges noch zu gefährlich, aber den Kartoffelbrei schafft es vielleicht schon – wenn es vorher mit Ihrer Hilfe üben darf.

○ **Essen II:** Gegessen wird am Tisch. Mit dieser Regel haben erstaunlich viele Eltern Schwierigkeiten, beziehungsweise haben sie sich darüber nie Gedanken gemacht. Gegen Ende des ersten, Anfang des zweiten Lebensjahres wird Ihr Liebling immer mobiler. Einigen Sie sich mit ihm, dass Essen nur am Tisch erlaubt ist. Nehmen Sie ihm »unterwegs« Butterbrot oder Keks ganz liebevoll weg, und stellen Sie es auf den Tisch: »Schau, hier darfst du essen.«

○ **Wünsche:** Eltern sind keine Animateure, die von früh bis spät für das Programm ihrer Kinder zuständig sind oder ihnen jeden Wunsch von den Lippen ablesen. Im ersten Lebensjahr und besonders in den ersten Lebensmonaten war es wichtig, prompt auf die Signale Ihres Babys zu reagieren. Mittlerweile aber kann Ihr Kind schon kurz darauf warten, bis Sie mit der Sache, die Sie gerade machen, fertig sind und Zeit haben, mit ihm zu spielen. Auch die Bitte, gemeinsam ein Bilderbuch anzuschauen, kann einige Minuten warten: »Ich will das gerade noch fertig machen.« Das Gleiche gilt, wenn Ihr Kind Hunger hat: »Ich weiß, du hast Hunger. Ich koche gerade, bald ist das Essen fertig. Hier hast du ein Stück Apfel, das kannst du vorher essen.« Auf diese Weise merkt Ihr Kind, dass Sie seine Bedürfnisse ernst nehmen, auch wenn Sie sie nicht sofort befriedigen.

INFO

Geschlossene Front?

Als Eltern sollten Sie in Sachen Erziehung zwar an einem Strang ziehen. Deswegen müssen Sie jedoch keine geschlossene Front gegenüber dem Kind bilden. Spätestens wenn es um ein aufgeräumtes Kinderzimmer geht, werden Sie merken, dass sich Ihre Meinungen unterscheiden können. Auch was den Lärm betrifft, haben Sie vielleicht unterschiedliche »Schmerzgrenzen«. Ihr Kind lernt mit der Zeit, dass Sie zum Beispiel keine laute Musik mögen, aber Ihr Partner schon – oder umgekehrt. Genauso kann es sein, dass Ihre Tagesverfassung schwankt. Gestern noch fanden Sie das laute und andauernde Klopfgeräusch der Klopfbank toll und haben sich gefreut, wie ausdauernd Ihr Kind spielt. Heute jedoch haben Sie Kopfschmerzen, und es wird Ihnen zu laut: »Ich habe Kopfschmerzen. Es ist zu laut für mich.« Es ist erstaunlich, dass solche Botschaften auch schon bei den Jüngsten besser ankommen als Sätze wie »Hör auf, es ist zu laut«.

Rituale geben Halt und Orientierung

»Piep, piep, piep, wir haben uns alle lieb – einen guten Appetit!« Dieser oder ein ähnlicher Spruch darf bei vielen Kleinkindern vor einer Mahlzeit nicht fehlen. Und geduldig warten sie, bis alle Familienmitglieder am Tisch Platz genommen haben, obwohl sie Hunger haben.

Rituale sind Orientierungshilfen, weil sie den Alltag im gemeinsamen Zusammensein strukturieren. Es gibt Rituale, die dem Tag Struktur geben, wie der Tischspruch vor dem Essen oder das

Abendgebet. Andere gliedern das Jahr. Schon die Kindergartenkinder lernen so, die zwölf Monate zeitlich einzuordnen: »Nach dem Christkind kommt bald mein Geburtstag, dann Ostern, dann Mamas Geburtstag.« Sie leben von einem Höhepunkt zum anderen. Daneben gibt es noch Rituale, die im Leben einmalig sind, beispielsweise die Einschulung, die Erstkommunion, die Konfirmation oder der Schulabschlussball, später die Hochzeit oder der Geburtstag des eigenen Kindes. Viele Kinder entwickeln aber auch ganz ureigene Rituale: Beim einen müssen die Zahnbürsten im Badezimmer immer in derselben Reihenfolge stehen, beim anderen muss jedes Familienmitglied immer auf einem ganz bestimmten Platz sitzen – egal ob am heimischen Esstisch oder im Restaurant. Sonst ist die Welt nicht in Ordnung.

MAROTTEN ODER RITUALE?

Kennen Sie diese Geschichte? Ein Kind wollte seinen Abendbrei nicht essen, am nächsten Tag lehnte es alles außer Wasser ab. Natürlich waren seine Eltern in großer Sorge. Nach ein paar Tagen und einigen vom Kind bestimmten »Ritualen« sah das Abendessen folgendermaßen aus: Die Mutter saß im Nachthemd auf einem Kinderstühlchen. Der Vater fütterte den Brei und trug dabei einen Hut und einen Regenmantel. Nur unter diesen Bedingungen aß das Kind. Das Ganze, frei erzählt nach dem Schweizer Satiriker Franz Hohler, geht noch weiter: Die Mutter musste zum Schluss im Nachthemd auf dem Schrank liegend zuschauen und …
Natürlich ist an dieser Stelle ein Schmunzeln erlaubt. Doch die Satire zeigt – wenn auch deutlich übertrieben –, dass aus Ritualen auch Marotten werden können. Im richtigen Leben jedoch gehen diese Marotten meist bald wieder vorüber. Bis dahin helfen sie den Kindern dabei,

ihren Alltag zu bewältigen. Sie mindern gerade im Kindergartenalter zum Beispiel beim Zubettgehen die Trennungsangst vor dem Schlafen. Alleinsein und Dunkelheit sind für viele Kinder beängstigend, und da hilft es, wenn jeden Abend alle Türen verschlossen werden, der Stofffrosch am Bettende liegt, aber der Igel am Kopfende, der Trinkbecher mit frischem Wasser neben dem Bett steht und das kleine Püppchen unter dem Kissen steckt. Wenn solche bizarren Gewohnheiten nicht sehr viel Zeit in Anspruch nehmen und das Kind ansonsten einen normalen und aufgeweckten Eindruck macht, sind sie in Ordnung, und die Kinder entwachsen ihnen bald. Machen Sie also ruhig mit.

STRUKTUR FÜR DEN TAG

Bis zum ersten Geburtstag schlafen viele Babys am Vormittag und am Nachmittag; nun aber kommen die meisten mit einem Mittagsschlaf aus. Diese Veränderung bringt anfangs einiges durcheinander, aber die bewährten Einschlafrituale aus dem ersten Jahr helfen auch, den Tag mit nur einer Schlafpause neu zu strukturieren. Wenn der Tag immer ähnlich beginnt, ist dies eine sichere Basis. Auch der Ablauf bis zum Mittagessen sollte sich stets ähnlich gestalten – sei es zu Hause, bei der Tagesmutter oder in der Kinderkrippe. Nicht zuletzt sind Hungergefühl, Händewaschen, Lätzchen-Umbinden und natürlich der leckere Geruch aus der Küche Fixpunkte im Tagesablauf: Jetzt ist Mittagszeit. Nach dem Essen eine kurze Geschichte, und dann dürfen sich die Augen ausruhen. Nachmittags gibt es zum Beispiel einen Obstteller, bevor man gemeinsam etwas unternimmt. Auch jeden Tag einen Spaziergang zu machen oder am Abend über den Tag zu sprechen bringt Struktur und Sicherheit für die Jüngsten, macht sie sicher und stark.

Verschiedene Erziehungsstile

Absoluter Gehorsam ist heute zum Glück bei fast allen Eltern passé. Schließlich verändern sich mit den Jahren auch die Erziehungsmethoden. Die folgenden Theorien jedoch prägen bis heute die Kindererziehung; allerdings kommen sie in der Praxis vorwiegend als Mischformen vor. Vermutlich erkennen Sie schnell wieder, woran sich Ihre eigenen Eltern orientiert haben. Welchen Stil wollen Sie selbst aufgreifen?

Der autoritäre Erziehungsstil

Zwischen Eltern und Kind herrscht ein klares Machtverhältnis: Die Kontrolle über das kindliche Verhalten wird ausschließlich von den Eltern ausgeübt. Autoritär erziehende Eltern legen großen Wert auf Gehorsam und Anpassung. Es ist nicht erwünscht, dass Kinder die Autorität hinterfragen, und wenn sie es tun, wird dies oft genauso bestraft wie Ungehorsam oder ein Regelverstoß.

Weil das Kind die elterlichen Regeln zu akzeptieren hat, findet wenig Kommunikation statt (»Du machst das, weil ich es sage«). Die Meinung des Nachwuchs wird zwar akzeptiert, dennoch hat er wenig Möglichkeiten, sich frei zu entwickeln. Ebenso wenig wird er zum selbstständigen Handeln ermutigt. Zu wenig Selbstwertgefühl und mangelnde Selbstständigkeit sind die Folgen – im Gegensatz zur mündigen und eigenständig handelnden Persönlichkeit.

Der autoritäre Erziehungsstil, der harte, teilweise sogar körperliche Strafen ohne Einschränkung befürwortet, führt oft dazu, dass sich das Kind (spätestens in der Pubertät) total gegen seine Erziehungspersonen auflehnt und geringes Sozialverhalten zeigt.

»WIR HABEN IMMER RECHT«

Noch weiter geht der autokratische (alleinherrschende) Erziehungsstil. Es gibt nur einen Weg, und den geben die Eltern vor – die unumstößliche Marschrichtung. Die kindliche Meinung wird nicht akzeptiert und Eigeninitiative gänzlich unterdrückt. Dadurch stagnieren Spontaneität, Kreativität, Sensibilität und Selbstständigkeit.

Der antiautoritäre Erziehungsstil

Im Gegensatz zum autoritären Erziehungsstil entstand in den 1960er-Jahren der antiautoritäre Stil: eine Erziehung ganz ohne Zwang. Das Kind muss sich nur sehr wenigen Anforderungen stellen, und seinem Verhalten werden keine oder kaum Grenzen gesetzt. Es hat selbst die Kontrolle über sein Verhalten, die Eltern trauen ihm viel zu.

Dem Ansatz liegt die Idee zugrunde, dass die Entwicklung eines Kindes in keiner Weise eingeschränkt werden sollte und es deshalb viele Freiräume braucht. Ziel der antiautoritären Erziehung ist, dass sich die Kinder zu selbstbewussten, kreativen und konfliktfähigen Individuen entwickeln. Selbstentfaltung hat einen hohen Stellenwert. Die Kleinen sollen Werte und Regeln selbstständig herausfinden und verinnerlichen können. Diese Selbstentfaltung überfordert die meisten Kinder jedoch schnell.

Der Laissez-faire-Erziehungsstil

»Laissez faire« stammt aus dem Französischen und heißt frei übersetzt: »Macht mal!« Wie der Name bereits vermuten lässt, wird das Kind auch bei dieser Methode sich selbst überlassen. Es gibt vonseiten der Eltern keine verbindlichen Regeln, keine Befehle und keinen Tadel, kurzum: keinerlei Verhaltensrichtlinien. Jeder macht, was er will. Bei der Entscheidungsfindung sind Kinder und Jugendliche aktiver Part, die eventuell die Wünsche und Vorstellungen ihrer Eltern berücksichtigen – oder auch nicht. »Gewähren lassen« ist das Motto.

Im Gegensatz zur antiautoritären Erziehung hat »Laissez faire« aber durchaus Grenzen: zum Schutz des Kindes und um die Freiheit des anderen zu garantieren. Verbote, wie »Hör auf, es tut mir weh, wenn du mich trittst«, sind erlaubt.

Der demokratische Erziehungsstil

Vom autoritären (Erwachsene befehlen, Kinder gehorchen) bis zum demokratischen Erziehungsstil war es ein langer Weg, der mit vielen Stolpersteinen gepflastert war und teilweise in Sackgassen endete. Genauso wie die sexuelle Revolution hat jedoch auch die antiautoritäre Erziehung vieles auf den Weg gebracht. Die antiautoritäre Welle und »Laissez faire« waren die Antwort auf die jahrzehntelange Unterdrückung der Kinder. Wie bei allen Reformen bestand dabei die Gefahr, gewisse Grenzen zu überschreiten oder Ziele falsch zu verstehen.

Heute sind viele Eltern und Erziehungsexperten Anhänger des demokratischen Erziehungsstils. Sie sehen Kinder als eigenständige Persönlichkeiten und betrachten sie (teilweise) sogar als Partner. Je älter die Kinder werden, desto eigenverantwortlicher und selbstständiger dürfen und sollen sie handeln. Ihre Eltern begleiten sie dabei und setzen ihnen den Rahmen, in dem sie sich frei bewegen dürfen. Grenzen (früher Verbote) gehören zum demokratischen Stil, werden aber nicht willkürlich benützt. Stattdessen versuchen die Erwachsenen zu erklären, warum etwas sein muss: »Du darfst hüpfen, aber bitte auf dem Boden. Das Sofa geht sonst kaputt.« Wissensautorität darf ausgeübt werden, wenn Gefahr droht oder Kinder etwas kaputt machen wollen. So ist es zum Beispiel erlaubt, auf Papier zu kritzeln, aber nicht an der weißen Wand.

Dem Alter entsprechend wird das Kind auch in Entscheidungen der Eltern miteinbezogen (Partizipation). Dies ist vor allem dann der Fall, wenn es um Themen des gemeinsamen Zusammenlebens geht und das Kind selbst betroffen ist. Schlagwörter in der demokratischen Erziehung sind: gegenseitiger Respekt, Eigenverantwortung je nach Alter des Kindes, Förderung der Selbstständigkeit, Erziehung zum mündigen Menschen, Grenzensetzen und Akzeptieren-Lernen.

DER TRAUM VON DER PARTNERSCHAFTLICHEN ERZIEHUNG

Die guten Vorsätze der demokratischen Erziehung sind teilweise in die partnerschaftliche Erziehung eingeflossen, doch geht diese noch einen Schritt weiter: Hier werden Kinder als gleichwertige Partner angesehen.

Das Problem: Kinder und Erwachsene können keine gleichwertigen Partner sein. Denn sie agieren nicht auf Augenhöhe. Erwachsene haben einen Erfahrungs- und Wissensvorsprung; manche Entscheidungen können nur sie treffen. Oder würden Sie Ihr Kind in den Entscheidungsprozess miteinbeziehen, wenn Sie eine neue Waschmaschine, einen neuen Computer oder ein neues Auto kaufen möchten?

Dass Eltern laut Paragraf 1626 Absatz 2 des Bürgerlichen Gesetzbuches seit etwa 30 Jahren die Verpflichtung haben, den Willen ihres Nachwuchses wahrzunehmen und ihn je nach Alter und Reife des Kindes angemessen zu berücksichtigen beziehungsweise das Kind an Entscheidungen zu beteiligen, wird bei der partnerschaftlichen Erziehung gründlich missverstanden. Der Wille des Kindes ist nicht immer deckungsgleich mit seiner Reife. Und so fällt das allabendliche, meist ungeliebte Zähneputzen ebenso wenig unter diesen Paragrafen wie die Entscheidung für den fahrbaren Untersatz.

Sexualentwicklung und Sexualerziehung

Kindliche Sexualität äußert sich im Säuglings-, Kleinkind- und Kindergartenalter immer wieder anders. Nur wenn Sie wissen, was für Ihr Kind gerade mit Lustgefühlen verbunden ist, können Sie behutsam damit umgehen.

Lustvolle Gefühle

Im ersten Lebensjahr, teilweise noch länger, sind Haut und Mund die Quellen der Lustgefühle. Im zweiten Lebensjahr empfinden die Kinder vor allem bei der Entleerung von Blasen- und Darminhalt Lust (Fachleute sprechen von der analen Phase). Die Lust am Drücken, so wird vermutet, macht wahrscheinlich die Schmerzen beim Stuhlgang erträglich (schließlich ist die Konsistenz des Stuhls nach fester Nahrung anders als bei Stillkindern). Auch das Fest- und Einhalten ist mit Lustgefühlen verbunden – bei Harn, ganz besonders aber bei Kot, den Kinder mit dem zunehmenden Alter länger festhalten können.

UNGÜNSTIGE VERKNÜPFUNG

Im zweiten Lebensjahr ist die Sexualerziehung eng mit dem Sauberwerden und der Trotzphase verbunden. Noch immer beginnen manche Eltern zu früh mit dem »Topftraining«; oft geschieht dies genau in der Trotzphase (zwischen dem 18. und 30. Monat). Jetzt ist das Kind in der kognitiven Entwicklung gerade auf dem Weg zum Ich-Bewusstsein. Zu strenge und zu frühe Sauberkeitserziehung behindert es in seiner Autonomie. Das Kind hat dann nur eine Möglichkeit, seinen Willen durchzusetzen: Es hält seinen Kot auf dem Töpfchen zurück. Landet der Kot etwas später in der Windel und wird das Kind daraufhin geschimpft, kann das auch Folgen für die Sexualentwicklung haben. Denn gerade derjenige Körperbereich, der dem Kind beim Zurückhalten und Entleeren doch schöne Gefühle bereitet, wird beschimpft und möglicherweise sogar als schmutzig bezeichnet. Das kann weitreichende Folgen haben, indem Scham- und Ekelgefühle auf den Genitalbereich übertragen werden. Nicht selten sind dann der Anal- und Genitalbereich bis weit ins Erwachsenenalter ein Tabuthema.

Erkundung der Geschlechtsteile

Von Geburt an erkunden Babys ihren Körper. Dabei haben sie schon im ersten Jahr auch die Geschlechtsteile entdeckt. Doch erst jetzt befühlen sie sie immer bewusster. Denn sie haben gelernt, dass sie durch Berührungen der Genita-

---

INFO

Mit Köpfchen aufs Töpfchen

Sauberwerden beginnt im Kopf, denn erst ab dem 18. Lebensmonat kann das Gehirn das Signal »Blase oder Darm sind voll« empfangen und die Information dementsprechend weiterleiten. Wenn Sie früher mit dem »Töpfchentraining« beginnen, landet eher zufällig etwas im Topf. Vor allem aber sind es nicht die Erfolge des Kindes, sondern Ihre, weil Sie Ihr Kind gut beobachtet und es rechtzeitig aufs Töpfchen gesetzt haben. Warten Sie besser noch ab. Ab Seite 376 erfahren Sie, wie sich die Zeit für die Windelentwöhnung ankündigt und wie das Sauberwerden für beide Seiten ohne viel Stress klappt.

lien schöne Gefühle erzeugen können. Und so werden die Geschlechtsteile neben dem Analbereich im zweiten Jahr zur wichtigsten Quelle von Lustgefühlen (genitale Phase): Die Jungen können an ihrem Penis ziehen oder die Vorhaut vor- und zurückrollen. Mädchen können zunächst Puppen oder Teddys zwischen die Oberschenkel pressen und damit Druck auf die Klitoris erzeugen. Erst später entdecken sie vielleicht, dass sie die Klitoris auch mit den Fingern stimulieren können. Vermutlich liegt dies daran, dass Jungen ihr Geschlechtsteil sehen können, Mädchen nicht.

Manche Eltern sind verunsichert, weil ihre Kinder allem Anschein nach ähnliche Lustgefühle entwickeln wie Erwachsene. Dabei finden die Kleinen es zunächst einfach nur spannend, den gesamten Körper zu erkunden. Mit den Händen die Füße oder den Bauch anfassen, in der Nase bohren (auch ein schönes Gefühl), Genitalien anfassen und reiben – alles ist aufregend für ein Kind. Und weil das Anfassen des Penis oder der Klitoris ein schönes Gefühl erzeugt, wäre man ja dumm, dieses Gefühl nicht mehr zu erzeugen. Schließlich ist der Nachwuchs ja die ganze Zeit über darauf bedacht, dass es ihm gut geht und dass er sich wohlfühlt.

DIE DINGE BEIM NAMEN NENNEN

Um das zweite Jahr herum entdecken Mädchen und Jungen den »kleinen Unterschied«. Einige Mädchen meinen, dass ihnen ein Penis nachwächst – Haare und Fingernägel wachsen schließlich auch. Sie werden häufig damit vertröstet, dass sie später, wenn sie groß sind, einen Busen bekommen. Doch das scheint in der momentanen Phase nicht immer ein Ersatz zu sein. Viel lieber hätten die Kleinen jetzt etwas Vergleichbares wie ihr Bruder und/oder Freund. Manche Jungs dagegen meinen, dass der Penis

abgeschnitten werden könnte – wie Haare und Fingernägel. Die Mädchen haben ja auch nichts mehr (siehe auch Verletzungsangst Seite 309).

Geben Sie Ihrem Kind von Anfang an mit, dass Jungen und Mädchen Genitalien haben, die zu ihnen gehören wie Augen, Nase und Ohren. Betonen Sie gegenüber Ihrer Tochter, dass sie etwas Wertvolles hat, und benennen Sie das Geschlechtsteil mit einem liebevollen Namen. Lassen Sie Ihren Sohn wissen, dass Mädchen zwar keinen Penis haben, aber dafür etwas anderes.

INFO

Das bin ich – mit Gesicht und Geschlecht

Erst nach dem 18. Lebensmonat erkennen sich Kinder selbst im Spiegel und lernen, dass das Gesicht, das ihnen da entgegenblickt, ihr eigenes ist. Um diesen Zeitpunkt herum fangen sie auch an, die Geschlechter nach Äußerlichkeiten wie Stimme, Kleidung und Frisur zu gliedern. Die Genitalien spielen dabei anfangs noch keine Rolle. Und so kann es schon einmal passieren, dass ein Zweijähriger das ältere Nachbarskind fragt, wer das Mädchen sei, mit dem es da spiele; dabei hat der Junge nur lange Locken – und genau damit fällt er bei dem Kleinen in die Kategorie »Mädchen«. Bis zum Ende des zweiten Lebensjahres verinnerlichen Kinder auch, dass sie ein Mädchen sind oder ein Junge und dass es Frauen und Männer gibt. Lassen Sie Ihr Kleines daher ruhig einmal in aller Ruhe seinen nackten Körper im Spiegel betrachten: So bin ich und so sehe ich aus. Das ist mein Gesicht und das mein Geschlecht.

Mein Kind kommt in die Krippe

Gerade im letzten Jahrzehnt hat sich in puncto Betreuung von Kindern unter drei Jahren einiges getan. Doch noch immer ist viel Organisationstalent gefragt, wenn beide Elternteile nach der Geburt eines Kindes wieder in den Beruf zurückkehren wollen. Am Anfang steht dabei die Überlegung, wer das Kind betreuen soll. Welche Möglichkeiten gibt es in der Regel?

○ **Die Großeltern:** Früher war es üblich, die Kleinen bei Bedarf zu Oma und Opa zu geben. Doch infolge der zunehmenden Flexibilität auf dem Arbeitsmarkt wohnen Familien heute oft weit auseinander. Daher scheitert diese Betreuungsform nicht selten schon an der Entfernung. Zudem sind viele Großeltern noch berufstätig und haben beim besten Willen keine Zeit für ihre Enkelkinder. Ein wichtiger Punkt, wenn die Großeltern die Kinder betreuen sollen: Klären Sie vorher Ihre Vorstellung von Erziehung. Großeltern sollen und dürfen anders reagieren als Eltern – und dem Kind zum Beispiel mal einen extra Schokoriegel zustecken. Bei gelegentlichen Besuchen ist dagegen nichts einzuwenden, aber im täglichen Umgang ist eine gemeinsame Linie nötig.

○ **Tagesmütter:** Sie müssen einen Kurs nachweisen, dessen Inhalte (etwa Entwicklung, Erziehung, Ernährung und Beschäftigung des Kleinkinds) und Dauer vom jeweiligen Jugendamt bestimmt werden. Derart ausgebildete Frauen dürfen bis zu fünf Kinder auf einmal betreuen. Hier kann ein Kind also auch Kontakte zu Gleichaltrigen knüpfen.

○ **Befreundete Mütter:** Sie können sich gegenseitig helfen, indem sie abwechselnd die Betreuung ihrer Kinder übernehmen.

○ **Au-pair-Mädchen:** Eine junge Frau betreut das Kind zu Hause und übernimmt gleichzeitig leichte Hausarbeiten. Sie ist für einen gewissen Zeitraum ein Bestandteil der Familie. Was zunächst sehr praktisch erscheint, kann aber auch Nachteile mit sich bringen. Da die Mädchen in der Regel nur ein Jahr bleiben, ist eine konstante Betreuung und Bindung nicht möglich. Eine Kinderfrau, die Jahr um Jahr kommt, garantiert Konstanz, ist aber teuer.

○ **Kinderkrippe:** In der Krippe wird das Kind in kleinen Gruppen mit anderen Kindern von pädagogischem Fachpersonal (Erzieherinnen und Kinderpflegerinnen) betreut und altersgerecht gefördert.

Der Wunsch nach Betreuung nimmt zu

Bis vor einigen Jahren wünschten sich die meisten Eltern, in den ersten Jahren bei ihrem Kind zu bleiben. Frühestens nach Beendigung des dritten Lebensjahres sollte es dann den Kindergarten besuchen. Dementsprechend galten Kinderkrippen in breiten Schichten der Gesellschaft als letzter Ausweg, wenn die Mutter aus finanziellen Gründen überhaupt nicht zu Hause bleiben konnte.

Heute haben Eltern ganz andere Vorstellungen und Wünsche: Die meisten möchten die Betreuung ihres Babys im ersten Lebensjahr zwar selbst übernehmen. Doch bereits für die Einjährigen wünscht sich ein Drittel der Elternschaft eine außerfamiliäre Betreuung; bei den Zweijährigen sind es sogar über zwei Drittel. Interessant ist dabei, dass sich sogar die Hälfte der nicht berufstätigen Mütter eine außerhäusliche Betreuung für ihre Zweijährigen in einer Kinderkrippe oder einem Kindergarten wünscht.

Die Bundesregierung hat reagiert und den Krippenausbau in den letzten Jahren enorm vorangetrieben. So gab es zum Beispiel Ende 2007 in einem mittelgroßen, ländlich strukturierten Landkreis durchschnittlich fünf Kinderkrippen, Ende 2010 schon 49.

So gelingt die Kinderkrippe

Eine bittere Erfahrung, die Eltern immer wieder machen müssen: Wenn sie sich für eine Kinderkrippe entschieden haben, heißt das leider noch lange nicht, dass sie auch einen Platz für ihr Kind bekommen. Gerade in den Städten fehlen nach wie vor viele Betreuungsplätze. Trotzdem sollten Sie Ihr Kind nicht wahllos irgendwo anmelden, sondern sich über folgende Punkte Gedanken machen, damit Sie sicher sein können, dass Ihr Kind auch wirklich gut betreut ist, während Sie in der Arbeit sind.

EINSTELLUNG ZUR KRIPPE

Bevor Sie Ihr Kind anmelden, müssen Sie sich als Mutter und Vater im Klaren darüber sein, wie Sie zur außerfamiliären Betreuung im Allgemeinen und zur Kinderkrippe im Speziellen stehen. Setzen Sie sich gründlich mit dem Thema auseinander. Wenn die Rahmenbedingungen stimmen und die innere Einstellung gegenüber der Kinderkrippe positiv ist, ist der Krippenbesuch sogar förderlich für die Entwicklung.

RAHMENBEDINGUNGEN

Erkundigen Sie sich nach dem pädagogischen Konzept, und fragen Sie nach dem Tagesablauf. Werden Rituale gepflegt wie der Morgenkreis oder der Tischspruch? Wie betrachtet das Personal die Pflegesituation: als wertschätzende Pflege oder eher als lästige Angelegenheit? Beobachtet man die Kinder und, wenn ja, hält man das Beobachtete fest (Dokumentation)? Berichten die Erzieherinnen regelmäßig – mindestens zweimal jährlich, bei Kindern unter zwei Jahren öfter – anhand ausgewerteter Beobachtungen

über die verschiedenen Entwicklungsbereiche des Kindes (im Konzept wird das oft als Erziehungs- und Bildungspartnerschaft bezeichnet)? Wie sieht es mit der individuellen Förderung aus? Legt man Wert auf Selbstständigkeit? Gerade die sollte nämlich gefördert werden.

Um sich ein möglichst genaues Bild von der Einrichtung machen zu können, sollten Sie sich den Tagesablauf schildern lassen. Hier können Sie dann immer wieder nachhaken und beispielsweise fragen, ob sich die Kinder das Essen selbst nehmen und sich selbst Getränke einschenken dürfen oder ob sie sich selbst die Hände waschen.

BETREUUNGSSCHLÜSSEL

Die Gruppengröße – 12 bis maximal 15 Kinder unter drei Jahren – und der sogenannte Betreuungsschlüssel sind wichtige Rahmenbedingungen. Auf jede Erzieherin sollten nicht mehr als vier, besser nur drei Kinder kommen (bei Kindern unter einem Jahr höchstens drei); das heißt, der Betreuungsschlüssel sollte bei eins zu vier oder eins zu drei liegen. Fragen Sie konkret nach, auch wenn es in einem Konzept entsprechend niedergeschrieben ist – Papier ist bekanntlich geduldig.

EINGEWÖHNUNG UND BINDUNG

Der behutsame Übergang von der Familie zur Krippe und die gemeinsame Eingewöhnungsphase sind sowohl für die Entwicklung des Kindes als auch für die Bindung zwischen Eltern und Kind von hoher Bedeutung.

Die Eingewöhnungsphase in der Krippe wird individuell gestaltet und vorher mit den Eltern besprochen. Im Fokus steht immer die Entwicklung einer sicheren Erzieher-Kind-Beziehung. Gerade die Pflegesituationen wie Wickeln, Füttern und Schlafen sollten sorgfältig gestaltet werden, da Kleinkinder in solchen intimen Situationen Personen brauchen, zu denen sie eine verlässliche Bindung aufgebaut haben beziehungsweise aufbauen können. Planen Sie für die Eingewöhnung genügend Zeit; in den ersten zwei bis drei Wochen sollten Sie immer kurzfristig erreichbar sein. Fangen Sie also rechtzeitig vor dem beruflichen Wiedereinstieg an. Planen Sie in den ersten Monaten auch keinen Urlaub. Ihr Kleines muss sich erst an den neuen Rhythmus gewöhnen. Besonders sensibel muss die Eingewöhnung bei unter Eineinhalbjährigen gestaltet werden. In diesem Alter reagieren Kleinkinder sehr empfindlich auf Trennungen.

Ziehen Sie das Abschiedsritual nicht zu lange hinaus. Das macht dem Kind die Trennung unnötig schwer.

WIE OFT UND WIE LANGE?

Gerade Mütter wollen nach der Babypause anfangs oft nur an einigen Vormittagen oder lediglich zwei, drei volle Tage arbeiten. Dahinter steckt nicht selten die Vermutung, dass es dem Kind umso besser geht, je seltener es in die Kinderkrippe (beziehungsweise zur Tagesmutter) muss. Dabei ist ein klarer Rhythmus viel besser: »Von Montag bis Freitag gehe ich in die Kinderkrippe. Nach dem Schlafen oder dem Nachmittagssnack holt die Mama mich immer ab, dann geht es nach Hause. Samstag und Sonntag sind Familientage, am Montag gehe ich wieder in die Krippe.« So ein Rhythmus mit immer wiederkehrenden Ritualen bietet dem Kind Sicherheit. Sie wirken wie ein Bollwerk gegen die Unübersichtlichkeit des Alltags. Mal einen Tag in die

Krippe zu gehen, dann wieder nicht, bringt dagegen keine Regelmäßigkeit. Wenn Sie also zum Beispiel nur an vier Tagen arbeiten, wäre es für Ihr Kleines am besten, wenn der freie Tag auf den Montag oder Freitag fallen würde (vorausgesetzt, Sie wollen Ihr Kind an diesem Tag nicht in die Krippe bringen). Wenn Sie sich selbst entscheiden können, ist eine Ganztagsbetreuung (jeden Tag in der Woche) nach eineinhalb Jahren für Kind und Eltern am besten.

QUALIFIZIERUNG DES PERSONALS

Obwohl als Letztes benannt, ist dieser Punkt besonders wichtig. Viele Erzieherinnen haben in ihrer Ausbildung wenig über die Entwicklung und Bedürfnisse, das Lernen und die Lernbedingungen von unter Dreijährigen erfahren. Sie kommen mit dem Wissen und dem Erfahrungshintergrund von der Betreuung Drei- bis Sechsjähriger in die Kinderkrippen. Fragen Sie deshalb unbedingt nach der speziellen Qualifikation für die Betreuung von Kleinkindern. Natürlich spielt auch die Einstellung des Krippenpersonals eine wichtige Rolle. Es wäre wünschenswert, dass der Träger nur Personal einstellt, das eine positive Einstellung zu dieser Altersgruppe hat; er sollte akzeptieren, wenn Erzieherinnen oder Kinderpflegerinnen nicht mit den Kleinsten arbeiten wollen.

Jetzt schon in den Kindergarten?

Der hohe Bedarf an Betreuungsplätzen hat dazu geführt, dass viele Kindergärten ihre Türen auch für Zweijährige geöffnet und ihre Konzepte an die Jüngeren angepasst haben. Sie arbeiten zum Beispiel in Kleingruppen mit den Kindern und haben täglich spezielle Angebote für die Zwei- bis Vierjährigen.

Wenn Sie überlegen, Ihr Kind schon jetzt im Kindergarten anzumelden, sollten Sie unbe-dingt vorher abklären, ob man dort gezielt auf die Kleinen eingeht. Hat ein Regelkindergarten kein spezielles Konzept, sind die Kleinkinder oft nur »Mitläufer« und »Füllkinder«. Aber auch bei einem guten pädagogischen Konzept sollten Sie überlegen, ob die Gruppen im Kindergarten nicht zu groß sind. Denn anders als in der Krippe, wo in einer Gruppe 15 Kinder betreut werden, sind es im Kindergarten 25.

INFO

Ein Krippentag

Egal ob die Kinder halbtags oder ganztags in der Krippe sind: Folgende Rituale im Tagesablauf geben den Jüngsten Halt und Orientierung. Wenn Sie Ihr Kleines immer ungefähr zur selben Zeit abholen, weiß es, dass Sie zum Beispiel nach dem Nachmittagssnack wieder bei ihm sind.

Und so sieht ein möglicher Tagesablauf in der Kinderkrippe aus:

- Bringzeit mit anschließendem Freispiel
- Morgenkreis (vorher Aufräumen): Lied(er) und Namen benennen
- Frühstück (Hände waschen als Ankündigung); Tischspruch als Ritual
- Gezielte Angebote wie Malen in Kleingruppen oder Bewegungsspiele
- Wickeln als achtsame Pflege
- Mittagessen (vorher Hände waschen) mit Tischspruch
- Schlafen und langsam aufwachen
- Nachmittagssnack, wieder mit einem Tischspruch
- Freispiel und gezielte Angebote
- Abholzeit

DAS SPIEL-VERHALTEN

»**Wir spielten und spielten** und spielten, sodass es das reine Wunder ist, dass wir uns nicht totgespielt haben.« So hat es die weltberühmte Kinderbuchautorin Astrid Lindgren einmal ausgedrückt. Und sie war kein Einzelfall: In den ersten sechs Lebensjahren spielen die Kleinen rund 15 000 Stunden – alleine, mit ihren Eltern und anderen Kindern. Mutter und Vater tragen viel dazu bei, dass ihr Kind spielen kann. Zum einen braucht es seine Eltern als Spielpartner oder als Spielobjekt, etwa beim Ballspielen oder um sie wie ein Baby zu füttern. Sie müssen ihm die Umgebung schaffen, in der es spielen kann, »Material« bereitstellen, ihm immer wieder etwas vormachen und es nicht zuletzt stets aufs Neue ermutigen. Denn Kinder müssen spielen, müssen spielen dürfen.

Versuchen Sie, sich doch einmal selbst zu erinnern: Was haben Sie selbst gespielt, als Sie noch klein waren. Wo? Mit wem? Wie und womit? Wahrscheinlich werden Ihre Erinnerungen nicht bis ins Kleinkindalter zurückreichen. Aber sicher können Sie noch immer den besonderen Zauber spüren, der mit dem Spiel verbunden war. Denn auch wenn Sie die Fantasiewelt der Kindheit längst verlassen haben, hat diese doch ihre Spuren hinterlassen und hilft noch heute, so manche Herausforderungen des Lebens erfolgreich zu meistern.

Schaffen Sie daher auch Ihrem Kind weiterhin die Gelegenheit, zu spielen. Vielleicht haben Sie bereits eine bestimmte Zeit für sich und Ihr Kind reserviert: »Zeit für mich und dich.« Bleiben Sie dabei.

Die spielen ja nur ...

Das Spielverhalten im zweiten Lebensjahr spiegelt die kognitive, sprachliche, motorische und soziale Entwicklung eines Kindes wider. Bis zum Ende des ersten Lebensjahres haben Kinder sich neben Bewegungsspielen folgende Spielformen angeeignet:

○ **Relationales Spiel:** Das Kind bringt unterschiedliche Gegenstände miteinander in Verbindung (Relation). Es legt zum Beispiel Bauklötze oder Wäscheklammern in eine Schüssel oder Dose und holt sie dann wieder heraus. Dieses »Inhalt-Behälter«-Spiel bleibt bis weit ins zweite Lebensjahr hinein eine der liebsten Beschäftigungen. Sammeln Sie also weiterhin leere Kartons, Dosen oder Joghurtbecher.

○ **Funktionelles Spiel:** Das Kind kämmt sich zum Beispiel schon die Haare. Es hat auch gelernt, mit einem Stift zu kritzeln. Was als Malunterlage erlaubt ist und was nicht, weiß es allerdings noch nicht. Und so macht es sich auch über Zeitungen, Bücher und Briefe her.

○ **Symbolisches Spiel:** Mit der Banane oder der Bürste zu telefonieren, sich mit dem Kochlöffel die Haare zu kämmen – einfache »So tun als ob«-Spiele gehören fest ins Repertoire des Kleinkinds. Und sie werden im zweiten Lebensjahr noch weiter entwickelt.

Symbolspiele – so tun als ob

Indem es seine Eltern und ältere Geschwister nachahmte, hat das Kind schon erfahren, welche Funktion bestimmte Gegenstände haben: Mit dem Löffel kann man essen, die Zahnbürste ist nicht zum Kämmen da, und mit dem kleinen Besen wird gefegt. Während anfangs jedoch Vor- und Nachmachen unmittelbar aufeinanderfolgten (wenn Sie Ihr Kind gefüttert haben, versuchte es gleich im Anschluss daran, mit einem anderen Löffel selbst zu essen), können Sie jetzt beobachten, dass es Sie immer öfter auch zeitverzögert nachahmt. Es gab schon Mütter, die ihre Kinder dabei entdeckten, wie sie mit voller Konzentration die hellen Socken mit schwarzer Schuhcreme einrieben – die Kleinen hatten am Tag zuvor beobachtet, wie Papa die Fußballschuhe putzte ...

○ Im ersten Halbjahr des zweiten Lebenjahres machen die Kleinen einen großen Sprung: Der Baustein auf dem Puppenteller kann jetzt ein Schöpfer Suppe sein und gehört deswegen nicht zu den anderen Steinen in die Tonne. Das Kind kann aber auch aus einer leeren Tasse »trinken« und nur so tun, als befände sich tatsächlich Wasser darin. Mit einem Kissen auf dem Rücken wird es eine Riesenschildkröte, die es tags zuvor im Zoo gesehen hat. Zu Recht werden diese Symbolspiele von Fachleuten auch als Fantasiespiele bezeichnet.

INFO

Konzentration beim Spielen

Kinder lernen erst nach und nach, lange und konzentrierte Spielphasen einzuhalten. Eine Studie ergab, dass bei 28 Monate alten Kindern eine Spielepisode durchschnittlich zwölf Minuten dauert. Nach dieser Zeit wenden sie sich etwas anderem zu – oft ist Bewegung angesagt. Freuen Sie sich, wenn Ihr Kleines einmal längere Zeit alleine spielt: Sich zehn Minuten ausdauernd mit einer Sache zu beschäftigen, ist in diesem Alter schon eine enorme Konzentrationsleistung. Gemeinsame Spielzeiten werden Sie noch genug haben.

Was passt wohin? In diesem Alter erwacht bei den meisten Kindern das Interesse an Puzzlespielen.

○ Im zweiten Halbjahr beginnt Ihr Kind, Handlungen nicht mehr nur an sich selbst auszuführen, sondern überträgt sie auch auf andere: Es kämmt Ihre Haare, füttert Sie mit dem leeren Löffel und freut sich, wenn Sie laut schmatzend »Schmeckt gut« sagen. Jetzt füttert es auch seinen Teddy oder die Puppe. Schon bald legt es den Löffel sogar in die Hand der Puppe, hält ihn dort fest und tut so, als würde die Puppe alleine essen. In den letzten Monaten vor dem zweiten Geburtstag spielen die Kinder dann alleine kleine Rollenspiele und imitieren dabei Alltagsgeschichten: Sie kochen für das Plüschtier und decken den Tisch. Dann setzt sich Teddy dazu und isst brav mit dem Löffel.

Ordnungsspiele

Ihr Kind sortiert Gegenstände nach bestimmten Kriterien wie Farbe oder Form. Diese Fähigkeit wird von Experten »Kategorisieren« genannt, im Alltag bezeichnet man sie schlicht und einfach als »Ordnungssinn«. Sie ist eine Grundvoraussetzung für das logische Denken. Lassen Sie Ihr Kind also im Alltag üben.

Raum- und Konstruktionsspiele

○ Zwischen 12 und 18 Monaten hat Ihr Kind großes Interesse an Behältern, und so landet mancher Baustein in einer Schachtel. Schon mit acht, neun Monaten hat Ihr Forscher die ersten Erfahrungen mit der »Tiefe« gemacht, als er seine Hand in einen Becher steckte. Jetzt wird der Begriff »in« verinnerlicht. Schuhkartons und andere Schachteln fördern die räumliche Vorstellungskraft. Aus- und Einräumen ist in diesem Alter eine wichtige Spielform. Beugen Sie Stress vor, indem Sie sich einigen, welche Schubladen oder Regalfächer das Kind aus- und einräumen darf und welche den Eltern »gehören«.

○ Schon um den ersten Geburtstag herum haben Kinder »begriffen«, dass man in Behälter hineinfassen und/oder etwas hineinstecken kann. Doch wie bekommt man zum Beispiel eine Holzperle wieder aus der Flasche heraus? Um einfach die Finger hineinzustecken, ist ihr Hals zu eng. Erst mit etwa 18 Monaten ist die Raumvorstellung so weit entwickelt, dass die Kinder die Flasche kippen, damit die Perle herausrollt.

○ Mit einem Jahr bauen Kinder einen Turm aus zwei Bauklötzen. Was zunächst simpel erscheint, ist spannend wie ein Krimi: Das Kleine legt erst einen Baustein auf den Boden. Nun muss es einen anderen genau darüber halten. Dazu muss es vorher seine Hand entsprechend drehen und rechtzeitig stoppen. Jetzt heißt es, vorsichtig die Hand zu öffnen und sie zuallerletzt wegzuziehen, ohne dass der schöne Turm dabei zusammenfällt. Zwischen 15 und 20 Monaten stapeln und bauen Kinder höher und höher. Sie benutzen dazu Bauklötze, aber auch Bücher, Teller oder Schuhkartons.

○ Gegen Ende des zweiten Lebensjahres wird dann auch in der Waagerechten aneinandergereiht: Bauklötze, Spielzeugautos, Kochtöpfe oder Stühlchen (wie im Bus) schlängeln sich durchs Zimmer. Gleichzeitig wird oft noch kategorisiert: Alle roten Wäscheklammern bilden eine Straße, ebenso alle grünen. Jetzt ist die richtige Zeit für eine Spielzeugeisenbahn.

TIPP

Spielregeln für Eltern

○ Stören Sie Ihr Kind nicht bei einer Tätigkeit, die es selbst ausgesucht hat. Unterbrechen Sie es auch dann nicht, wenn Sie eine bessere Idee haben. Zeigen Sie ihm nicht gleich, wie etwas »richtig« gemacht wird. Lassen Sie es das selbst herausfinden.
○ Helfen Sie nur, wenn Ihr Kind Ihre Unterstützung fordert oder wenn es wirklich unüberwindbare Schwierigkeiten gibt. Dabei ist es wichtig, dass Sie seine Handlung nicht einfach zu Ende führen, sondern es so anleiten und unterstützen, dass es sein Problem möglichst selbst lösen kann.
○ Lassen Sie sich von dem leiten, was Ihr Kind zeigt, anstatt ihm zu zeigen, was es beherrschen sollte.
○ Wenn Sie einen wichtigen Termin haben und das Spiel zu einem bestimmten Zeitpunkt unterbrechen müssen, kündigen Sie dies rechtzeitig an.

Gemeinsam spielen – spielerisch fördern

Kinder in diesem Alter lieben es, in unmittelbarer Nähe von anderen zu spielen – egal ob es sich dabei um ein Elternteil oder ein anderes Kind handelt. Geben und nehmen, sich gegenseitig füttern, gemeinsam zu »telefonieren« und zu toben macht einfach Spaß. Ihr Kind ist dabei gern der »Chef« und macht Ihnen vor, was Sie tun sollen. Machen Sie mit, denn diese gemeinsamen Spiele tragen zur Bindung bei.

Eigene Erfahrungen machen

Die Zeiten, in denen sich Ihr Kind alleine beschäftigt, werden immer länger. Schließlich weiß es mittlerweile, dass es mit Ihnen einen sicheren »Hafen« hat. Beobachten Sie Ihr Kleines: Was spielt es? Wie untersucht es die Welt? Lassen Sie ihm zum Beispiel Zeit, wenn es im Herbst durchs raschelnde Laub streift. Unterbrechen Sie es nicht, aber steigen Sie ein, wenn es Sie auffordert: Folgen Sie seinem Blick, und waten Sie gemeinsam durch das Blättermeer.

Viele Erwachsene neigen dazu, sich zu früh in die Erkundungen und Experimente ihrer Kinder einzumischen, weil sie ihnen helfen möchten. Sie belehren oft und geben vorschnell Ratschläge: »Schau, wenn du das so machst …«

Das ist zwar sicherlich gut gemeint, verhindert aber die Selbstständigkeitsentwicklung. Warten Sie also erst einmal ab, auch wenn Sie der Meinung sind, dass Ihr kleiner Forscher ein Problem hat. Lassen Sie ihn in aller Ruhe herumexperimentieren. Sicher kostet es manchmal Überwindung, sich zurückzuhalten. Doch Eltern müssen lernen, dass der Nachwuchs selbst entscheidet, welches Spiel und welche Tätigkeit ihm sinnvoll erscheint.

Jetzt ist Spielzeit

Fordern Sie Ihr Kind immer wieder auf: »Was könnten wir jetzt spielen?« Bestimmt weiß es darauf eine Antwort. Ein neues Spiel führen Sie mit den Worten ein: »Ich habe eine Idee …« Versuchen Sie dabei auch, auf Situationen zu reagieren. Bringt Ihr Kind zum Beispiel einen Ball, können Sie ihm vorschlagen, gemeinsam eine Runde »Krabbeltor« oder »Ballkutsche« zu spielen (siehe Seite 287).

Spielzeuge und Spielmaterialien

Nach wie vor eignen sich Alltagsgegenstände und Materialien aus der Natur sehr gut zum Spielen und Experimentieren. Denken Sie auch weiterhin daran, dass die Bewegung im Vordergrund stehen sollte. Ihr Kind braucht für die gemeinsamen Bewegungsspiele »Spielraum« im wahrsten Sinn des Wortes.

Folgende Spielsachen empfehlen sich für das zweite und dritte Lebensjahr (teilweise haben Sie sie vielleicht schon aus dem ersten Jahr):

GEKAUFTE DINGE
- Bälle in unterschiedlichen Größen
- Puppenwagen, Nachziehspielzeug, Schaukelpferd, Rutschauto
- Becher(turm), Bauklötze, Klopfbank, Formsteckbrett, Ringe auf Stab
- Puppe, Teddy, Stofftier
- erste Puzzles
- Bilderbücher
- Spielhandwerkszeug, Spielgeschirr
- Spieleisenbahn, Autos (groß und klein)
- Sandspielzeug

MATERIALIEN AUS HAUSHALT UND NATUR
- Töpfe, Becher, Schüsseln
- Waschkörbe
- große und kleine Kartons
- Kissen, Decken, Matratzen, Bettlaken, Tücher
- Steine, Walnüsse, Kastanien, Muscheln, Tannenzapfen, Holzstücke

MATERIALIEN FÜR DIE KREATIVE GESTALTUNG
- Wachsmalstifte, dicke Buntstifte
- Packpapier, Tapetenreste, Wellpappe
- Fingerfarben, Wasserfarben, dicke Pinsel
- Knetmasse (eventuell Ton)

Die Welt der Farben und Formen ist für Kinder ein unerschöpflicher Quell der Freude.

Bewegungsspiele

Im zweiten Lebensjahr verfeinern die Kleinen ihre Lauf- und Kletterfähigkeiten. Gehen Sie daher oft raus an die frische Luft: Auf der Mauer zu balancieren ist genauso spannend wie auf dem Spielplatz große Kurven zu sausen. Doch auch wenn es regnet, muss Ihr Schatz nicht auf Bewegung verzichten. Denn die folgenden Spiele eignen sich auch für drinnen.

TUNNEL

Noch vor wenigen Wochen war nichts spannender, als unter dem Ess- oder Sofatisch hindurchzukrabbeln. Jetzt ist das nichts Besonderes mehr. Ein Tunnel aus Yogamatten, großen Schachteln ohne Boden oder ein aufgerollter Teppich stellen Ihr Kind vor neue Herausforderungen.

UNTER DIE BRÜCKE

Stützen Sie sich mit Händen und Füßen auf dem Boden ab – jetzt kann Ihr Kleines unter der »Brücke« hindurchkrabbeln oder sein Auto hindurchschieben. Wenn Sie die Knie auf den Boden senken (Krabbelstellung), wird die Brücke niedriger. Kann sich das Kind trotzdem durchschlängeln? Natürlich kann auch das Kind zur Brücke werden, und Sie schieben das Auto darunter hindurch. Vielleicht will ja auch noch der Teddy unter der Brücke durchmarschieren?

DECKENFAHRT

Für dieses Spiel benötigen Sie einen glatten Untergrund und zwei Decken. Legen Sie sich beide bäuchlings auf die Decken (für Ihr Kind können Sie eine kleinere Decke verwenden oder eine große zusammenfalten). Jetzt »stoßen« Sie sich mit den Händen und Füßen vom Boden ab und schieben sich so ein Stück nach vorne – immer weiter, immer weiter. Wer schafft es bis zur Wand, bis zum Teddy, bis zum Stuhl?

KRABBELTOR

Zwei Stühle bilden das Fußballtor: Ihr Kind krabbelt darauf zu und versucht, mit dem Kopf einen leichten Wasser- oder Stoffball ins Tor zu bugsieren. Wenn es gelingt, wird erst einmal kräftig gejubelt. Dann sind Sie dran.

HANDLAUF

Eltern und Kind schlüpfen mit den Händen in Hausschuhe und laufen gemeinsam im Bärengang (Hände und Füße auf dem Boden) durch die Wohnung. Dabei müssen viele Hindernisse umgangen werden wie Stühle, Tische, Kartons oder Kissenberge.

PACKESEL

Legen Sie ein kleines Kissen auf den Rücken Ihres Kindes. Jetzt muss das Kleine, so schnell es kann, in ein anderes Zimmer krabbeln, ohne sein »Gepäck« zu verlieren. Geschafft? Dann ist das nächste Kissen an der Reihe. Überlegen Sie gemeinsam, was Ihr Kind noch alles hin und her transportieren könnte.

ZUG UND MÜDE LOKOMOTIVE

Ihr Kind sitzt am Boden auf einer Decke; das ist der Zugwaggon. Sie selbst sind die Lokomotive und müssen es durch die Wohnung ziehen. Weil das gar nicht so leicht ist, schnaufen Sie wie eine alte Lok und sagen erschöpft: »Ist das schwer.« Doch dann gibt es einen Ruck – und los geht's. Tsch-tsch-tsch …

BALLKUTSCHE

Ein Klassiker: Sie sitzen beide mit gegrätschten Beinen einander gegenüber auf dem Boden und rollen einen Ball hin und her. Weil das für Ihr Kind am Anfang gar nicht so einfach ist, sollte die Entfernung nur klein sein. Später können Sie immer weiter auseinanderrücken.

SCHINKENROLLE

Breiten Sie eine Decke auf dem Boden aus. Ihr Kind legt sich so mit dem Rücken darauf, dass sein Kopf über den Deckenrand ragt. Die Decke stellt eine Schinkenscheibe dar, in die Ihr Liebling eingerollt werden soll; nur der Kopf bleibt frei. Ihre Hände liegen auf Schultern und Hüfte des Kindes. Geben Sie der »Schinkenspezialität« immer wieder einen kleinen Schub mit den Worten: »Rolle, Rolle, Schinken!« Achten Sie darauf, dass Ihr Kind die Rollbewegungen weitgehend selbst ausführt. Um den leckeren Inhalt der Rolle zu verspeisen, müssen Sie sie öffnen: Also schnell wieder ausrollen und sofort essen!

Wer hat gesagt, dass man zum Radeln ein Fahrrad braucht? Mama oder Papa genügt vollkommen.

FAHRRAD FAHREN

Setzen Sie sich barfuß gegenüber von Ihrem Kind auf den Fußboden – gerade so weit entfernt, dass sich Ihre Füße bei gebeugten Knien berühren (mit den Händen können Sie sich auf dem Boden abstützen). Jetzt radeln Sie gemeinsam in der Luft. Denken Sie sich eine passende Geschichte aus: »Erst fahren wir schnell, dann immer langsamer, den Berg hinauf. Puh, ist das anstrengend, aber beim Bergabfahren brauchen wir gar nicht zu treten …« Gönnen Sie sich zwischendurch eine kleine Pause, in der Sie sich zum Beispiel ein Bilderbuch anschauen, ehe Sie sich wieder »auf den Heimweg« machen.

EINE ROLLBRETTFAHRT IST LUSTIG

Stellen Sie einen Karton auf ein Rollbrett, und fahren Sie Ihr Kind darin durch die Wohnung. Mal hierhin, mal dorthin, einmal im Kreis, dann linksherum … Vielleicht fährt auch der Teddy mit? Später, im Kindergartenalter, lieben es die Kinder, ohne Karton auf dem Rollbrett zu sitzen und sich mit den Händen anzuschieben. Dann können Sie zum Beispiel eine Slalomstrecke aus Stühlen aufbauen.

KARTONRENNEN

Ihr Kind darf seinen Teddy oder seine Puppe in einem Karton durch das Zimmer schieben. Wenn ein Freund dabei ist, macht es noch mehr Spaß; dann wird das Wohnzimmer zur Autobahn: »Tut, tut.« Wer hat Vorfahrt?
Wenn Sie eine größere Schachtel haben, können Sie sogar Ihr Kind schieben. Ein Riesenspaß!

KLING, KLING, KLING … EIN AUTO FOLGT

Nach dem Schieben kommt das Ziehen. Binden Sie ein Spielzeug (zum Beispiel ein größeres Auto) an eine Schnur, und befestigen Sie ein oder zwei Glöckchen daran. Jetzt kann Ihr Kind

288

das Objekt durch die Wohnung ziehen und hören, wie es ihm folgt. Gar nicht so einfach: Nach vorne orientieren, immer wieder nach hinten gucken, ob noch alles da ist, aber dabei nicht aus dem Gleichgewicht kommen …

KLETTERMAX

Stellen Sie sich mit leicht gegrätschten Beinen und gebeugten Knien hin, und fassen Sie Ihr vor Ihnen stehendes Kind an den Händen. Jetzt darf es versuchen, den Berg hinaufzuklettern.

ÜBER DIE BERGE

Bauen Sie einen Kletterparcours aus Möbeln und anderen stabilen Gegenständen, zum Beispiel aus Stühlen, einem Sessel, dem Küchenhocker, einem umgedrehten Wäschekorb oder einer Waschschüssel. Jetzt darf Ihr Kind darüberklettern. Eine schöne Beschäftigung für Regentage, die Konzentration und Ausdauer schult.

AUF DER SCHIEFEN BAHN

Legen Sie das eine Ende eines ausrangierten Regalbretts oder des Bügelbretts auf ein hartes Kissen oder eine zusammengerollte Decke (Achtung: anfangs nur in ganz geringer Neigung). Ihr Kleines kann nun vorsichtig rauf- und runterkrabbeln oder -laufen. Auch bäuchlings hinunterzurutschen macht Spaß – und Bälle und Autos rollen wie von selbst. Manche Kinder wollen gegen Ende des zweiten Lebensjahres schon Purzelbäume schlagen. Auch die gelingen auf der schiefen Ebene leichter.

LEBENDIGE RUTSCHE

Setzen Sie sich auf einen Stuhl, und strecken Sie Ihre Beine so weit von sich, dass Ihre Füße gerade noch Halt auf dem Boden haben. Jetzt darf Ihr Klettermax hochklettern und runterrutschen. Mit Windel rutscht es sich leichter.

HAMMERWERFEN

Binden Sie eine 1 bis 1,5 Meter lange Schnur an einen Wasserball, und lassen Sie Ihr Kind experimentieren: Man kann den Ball hinter sich herziehen, sich im Kreis drehen und ihn herumwirbeln lassen oder ihn sogar wie ein Hammerwerfer von sich schleudern; das geht allerdings am besten im Garten oder im Park.

BÄNDERLAUF

Binden Sie einen etwa fünf Zentimeter breiten und einen Meter langen Streifen aus Stoff oder aber ein breites Geschenkband an einen Kochlöffel oder einen Laternenstab. Ihr Kind muss nun versuchen, diesen so zu halten, dass das Band den Boden beim Laufen nicht berührt.

FANG DEN SCHWANZ

Stecken Sie ein buntes Tuch hinten in Ihren Hosen- oder Rockbund, und laufen Sie im Zimmer herum. Ihr Kind muss versuchen, das Tuch zu erwischen und herauszuziehen. Nicht einfach, aber es klappt. Danach wechseln Sie die Rollen.

EICHHÖRNCHEN SPRING!

Gegen Ende des zweiten Lebensjahres macht es Ihrem Kind viel Spaß, sich von einem Stuhl oder Tisch (draußen auch von einer Mauer) in Ihre Arme fallen zu lassen. Lassen Sie es gewähren, das fördert sein Selbstvertrauen.

KOLUMBUS AUF DER REISE

Bevor Sie mit diesem Spiel beginnen, darf Ihr Kind – allein oder mit Ihrer Hilfe – eine leere Küchenrolle bunt verzieren. Dann geht die abenteuerliche Reise los: Mit einem Auge durch das Fernrohr blickend marschiert es durch die Wohnung. Was gibt es nicht alles zu entdecken! Auf dieser spannenden »Reise« werden Bewegung, Wahrnehmung und die Fantasie geschult.

Beim Klettern bilden Kinder ihr Gleichgewichtsgefühl aus, das sie jetzt auch zum Balancieren brauchen.

KARUSSELL FAHREN

Ihr Kind legt sich bäuchlings auf eine Decke am Boden und hält sich mit beiden Händen daran fest. Sie ziehen nun die Decke langsam durch das Zimmer. Beginnen Sie ganz gemächlich, dann machen Sie eine Kurve und erhöhen das Tempo. Später können Sie die Decke ein paar Mal im Kreis drehen; dann fährt die Wonneangst mit. Für eine schnelle Karusellfahrt zwischendurch schieben Sie Ihre Arme von hinten unter den Achseln Ihres Kindes hindurch, umfassen seinen Oberkörper, heben es nach oben und beginnen sich gemeinsam zu drehen …

BALANCEAKT

Legen Sie ein Regal- oder Bügelbrett zwischen zwei Stühle. Darauf kann das Kind balancieren – erst an Ihrer Hand, später auch alleine.

SCHNEEBALLSCHLACHT DAS GANZE JAHR

Knüllen Sie gemeinsam die Seiten einer alten Zeitung zu etwa tennisballroßen Schneebällen – wahrscheinlich müssen Sie den »Feinschliff« übernehmen. Und dann veranstalten Sie eine lustige Schneeballschlacht.

Wenn Sie vorher unauffällig Tischtennisbälle oder Korken in einige Schneebälle gemogelt haben, kann Ihr Kind abschließend noch zum Schatzsucher werden. Das Auswickeln fördert die Feinmotorik.

KUTSCHFAHRT

Für dieses Spiel brauchen Sie einen Hula-Hoop-Reifen oder ein Badetuch. Steigen Sie als Pferdchen in den Reifen, und heben Sie ihn an. Ihr Kind steht hinter Ihnen und hält als Kutscher den Reifen mit beiden Händen.

Die Badetuchvariante: Binden Sie sich das Tuch so um die Taille, dass Ihr Kutscher die Enden halten kann. Sie als Pferd geben nun das Tempo und die Richtung vor, Ihr Kleines folgt Ihnen. Nach einer Trinkpause geht es dann mit vertauschten Rollen weiter – hüah!

BAMBINO-FORMEL-1

Als Rennfahrer brauchen Sie ein großes Lenkrad: Jeder von Ihnen steigt in einen Hula-Hoop-Reifen und hält ihn mit beiden Händen auf Bauchhöhe. Jetzt werfen Sie den Motor an (»brumm, brumm«) und starten zum Rennen durch die Wohnung. Wahrscheinlich wird der Reifen bei Ihrem Kind erst einmal noch am Boden mitschleifen. Doch bald schon kann es ihn wie Sie oben halten.

Spiele für die Körper- und Sinneswahrnehmung

Kinder nehmen die Welt mit allen Sinnen wahr und schulen so täglich ihre Wahrnehmung. Sie können dies unterstützen, indem Sie immer wieder fragen: »Hast du das eben gehört? Hörst du den Vogel? Wie fühlt sich der Kiefernzapfen an? Wie die Kastanie?« Oder Sie fordern es auf: »Probier mal. Riech doch mal, herrlich.« Auch die folgenden Anregungen fördern spielerisch die Sinne und die Körperwahrnehmung.

STREICHELMASSAGE

Streicheln Sie Ihr Kind mit den Fingerspitzen oder mit den flachen Händen am ganzen Körper. Klopfen Sie sacht über den Körper. »Kitzeln« Sie es überall mit einem Tuch, einer Feder, einem Wattebausch oder einem Pinsel, oder rollen Sie vorsichtig einen kleinen Massageball über seine Haut. Fragen Sie nach, was sich besonders angenehm anfühlt. Und dann lassen Sie sich selbst durchkitzeln.

EINCREMEN UND EINÖLEN

Achtung, jetzt wird's glitschig! Denn Ihr Kleines darf sich selbst mit Babyöl oder Creme massieren. Besonders schön ist es, wenn es sich dabei im Spiegel beobachten kann: Das ist mein Körper. Damit nicht alles vollkleckert, legen Sie ein großes Badetuch unter. Und zu kalt darf es im Zimmer natürlich auch nicht sein.

WARMES KASTANIENBAD

Sammeln Sie gemeinsam viele Kastanien, brausen Sie sie in der Badewanne ab, und lassen Sie sie anschließend auf einem Handtuch ausgebreitet gründlich trocknen. Füllen Sie nun die Kastanien in einen großen Kissenbezug mit Reißverschluss. Legen Sie das Kissen auf den Heizkörper, damit es sich wie ein riesiges Kirschkernsäckchen erwärmt. Und jetzt darf das Kind sich auf dem Kissen tummeln. Wie schön …

BUCKLIGE FÜHLSTRASSE

Füllen Sie leere Schuhkartons und große Plastikschüsseln mit Korken, Walnüssen, Blättern oder Steinen, und reihen Sie die Schachteln und Schüsseln anschließend auf dem Boden aneinander. Nun darf Ihr Kind (und Sie natürlich auch) barfuß über die Fühlstraße laufen. Fragen Sie nach: »Was fühlt sich angenehm an? Was ist kitzelig? Was ist eher unangenehm?«

FUSSBAD

Füllen Sie je eine große Plastikschüssel mit warmem und kaltem Wasser. Jetzt kann das Kind abwechselnd seine nackten Füße hineinstellen. Das ist eine interessante Erfahrung und noch dazu gut für die Gesundheit.

STEINESAMMLUNG

Kinder sind Sachensucher, und so sammeln sie beim Spazierengehen allerlei Dinge auf. Nutzen Sie dieses Interesse: Gehen Sie an einen Fluss oder See, und sammeln Sie am Ufer gemeinsam große und kleine Steine. Zu Hause waschen Sie die Steine und geben sie dann in eine große Plastikschüssel: Ihr Kind kann die Steine nun einzeln befühlen oder mit den Händen in den Steinen »baden«. Welcher sieht am schönsten aus? Ach ja, Geräusche kann man mit den Steinen auch machen.

LUFTBALLONS MIT INNENLEBEN

Sie blasen ein paar Luftballons ganz groß auf und lassen die Luft gleich wieder entweichen. Füllen Sie nun mit einem Trichter in jeden Ballon etwa eine Handvoll Zucker, Reis, Erbsen oder Bohnen – oder auch zwei, drei Glöckchen.

Erst dann blasen Sie die Ballons wieder auf und knoten sie zu. Das Kind kann nun fühlen, schütteln, lauschen – was ist denn da Interessantes? Wenn die Ballons leicht durchsichtig sind, kann man beim Schütteln auch noch schauen, was sich in ihrem Inneren tut.

WO LIEGT DER BIERDECKEL?
Ihr Kind liegt mit geschlossenen Augen auf dem Rücken. Legen Sie nun einen Bierdeckel auf einen Körperteil, zum Beispiel den Oberschenkel oder den Fuß. Ihr Kind soll nun sagen, wo der Deckel liegt. Anschließend verteilen Sie mehrere Bierdeckel auf dem ganzen Körper. Wenn die

Immer länger kann sich ein Kind mit einer Sache beschäftigen, etwa um eine Mandarine zu verzieren.

Konzentration noch reicht, können Sie nun einem nach dem anderen wieder entfernen und fragen: »Wo habe ich einen Deckel weggenommen?« Das Spiel kann aber auch beendet werden, indem Ihr Kind sich einfach freischüttelt.

KLANGBÜGEL
Knüpfen Sie mit kurzen Stücken Schnur verschiedene Gegenstände an einen Kleiderbügel, zum Beispiel Nägel, Schlüssel, Glöckchen, kleine Gabeln und Löffel, Butterbrotpapier … Mit einem Kochlöffel kann Ihr Kind dieses Instrument zum Klingen bringen. Halten Sie dazu den Bügel mit einer Hand, oder hängen Sie ihn in entsprechender Höhe auf.

DUFTMANDARINEN
Zeigen Sie Ihrem Kind, wie es Gewürznelken in eine Mandarine, Clementine oder Satsuma (alle haben eine weichere Schale als Orangen) stecken kann. Das duftet herrlich und schult zugleich die Feinmotorik.

WONACH RIECHT ES?
Lassen Sie Ihr Kind mit geschlossenen Augen an verschiedenen Obststückchen riechen. Kann es erraten, was es ist? Oder fragen Sie beim Kochen, wonach es riecht: »Errätst du, was es gleich zu essen gibt?«

WONACH SCHMECKT ES?
Genauso spannend ist es, zu erschmecken, um welches Obst es sich handelt. Für dieses Ratespiel eignen sich auch kleine Brotwürfel, die mit Marmelade, Honig, Butter, Streichwurst oder Frischkäse bestrichen sind. Damit es nicht zu schwierig ist, sollten Sie anfangs nur zwei verschiedene Sorten testen. Größere Kinder können sich auch mal die Nase zuhalten. Dann schmeckt es ganz anders …

Spiele für die Konzentration

Die Konzentrationsfähigkeit entwickelt sich bei den Kleinen nur langsam. Wenn sich Zweijährige zehn Minuten einer Sache widmen, ist das schon lang. Mit den folgenden Spielen fördern Sie die wichtige Fähigkeit, sich zu sammeln und seine ganze Aufmerksamkeit zu bündeln.

WO TICKT ES?

Verstecken Sie eine laut tickende Uhr oder eine aufgezogene Spieluhr im Zimmer. Jetzt darf Ihr Kind lauschen: Wo könnte die Uhr sein? Hier! Und gleich noch einmal … Je jünger die Kinder sind, desto eher neigen sie dazu, beim zweiten Mal wieder genau dort zu suchen, wo sie die Uhr zuvor gefunden haben. Später ändert sich das.

BUNTE TÜCHER SUCHEN

Verstecken Sie mehrere bunte Tücher so, dass jeweils nur noch ein kleiner Zipfel zu sehen ist. Für Krabbelkinder sollten die Verstecke nah am Boden sein – auf Augenhöhe. Später können Sie die Tücher auch höher platzieren.

FANG DIE SCHLANGE

Bewegen Sie ein langes Seil oder einen langen (Bademantel-)Gürtel auf dem Boden: Das ist die Riesenschlange, die sich mal langsam, mal blitzschnell durch das Zimmer schlängelt. Das Kind muss sie fangen.

KISSENTURM

Legen Sie sich selbst bequem mit dem Rücken auf den Boden. Ihr Kind darf nun auf Ihrem Bauch einen Turm aus Kissen bauen. Wie hoch er wohl wird?

KISSENSTRASSE

Aus den Kissen lässt sich auch eine lange Straße bauen. Diese liegen dazu so weit auseinander, dass Ihr Kind es gerade schafft, von einem Kissen zum anderen zu steigen oder zu hüpfen, ohne dabei den Boden zu berühren. Am Ende der Straße muss es umdrehen und die Strecke wieder zurücklaufen. Dabei muss es sich ganz schön konzentrieren.

AUF DIE ZEHEN TRETEN

Sie gehen langsam im Zimmer herum, und Ihr Ihr Kind versucht, auf Ihre Füße zu treten. Anschließend durchqueren Sie den Raum gemeinsam. Ihr Kind stellt sich dazu auf Ihre Füße, und Sie halten es an den Händen fest. Gehen Sie vorwärts, rückwärts oder schaukeln Sie mit ihm.
Auch diese Variante macht Spaß: Ihr Kind steht auf Ihren Füßen, und Sie gehen im Takt zu folgenden Versen: »Große Uhren machen tick-tack, tick-tack« (langsam Gewicht im Takt der Uhr von einem auf den anderen Fuß verlagern). »Kleine Uhren machen ticke-tacke, ticke-tacke« (Sie gehen doppelt so schnell). »Und die kleinen Taschenuhren ticke-tacke, ticke-tacke, ticke-tacke, tick!« (Sie trippeln, nochmals doppelt so schnell).

AUF DIE PLÄTZE

Zerknüllen Sie viele Zeitungsseiten zu Bällen, und füllen Sie diese in einen Wäschekorb (er muss nicht voll sein). Nun heben Sie den Korb in die Höhe, sagen langsam und spannungsvoll: »Auf die Plätze, fertig, los!« und kippen dann die Bälle heraus. Ihr Kind muss versuchen, die Bälle so schnell wie möglich einzusammeln.

VON STEIN ZU STEIN

Legen Sie eine unifarbene Decke auf den Boden; das ist der Fluss. Verteilen Sie kleine Kissen, Holzbrettchen oder (am schwierigsten) Bierdeckel darauf. Jetzt muss Ihr Kind versuchen, trockenen Fußes den Fluss zu überqueren.

ERSTE REITVERSUCHE

Sie legen sich bäuchlings auf den Boden, Ihr Kind setzt sich auf Ihren Rücken. Nun gehen Sie langsam in den Vierfüßlerstand, um loszukrabbeln. Kann sich Ihr Kind halten? Wahrscheinlich wird es sich dazu zunächst noch auf Sie legen und sich festklammern, damit es nicht herunterpurzelt. Erst später kann es dann auch sitzend durch die Wohnung reiten.

FUSSWIPPE

Sie sitzen auf einem Stuhl, Ihr Kind steht auf Ihren Füßen, und Sie fassen es an seinen Händen. Jetzt heben Sie Ihre Beine an (die Wippe geht rauf) und senken sie wieder (die Wippe geht runter) – immer wieder auf und ab.

FLUGZEUGKAPITÄN

Ergänzen Sie das Flugzeugspiel von Seite 156 durch eine kleine Geschichte: »Wir starten jetzt, es geht steil nach oben. Nun haben wir die Flughöhe erreicht. Oh, es gibt Turbulenzen …« Führen Sie Bewegungen passend zur Geschichte aus. Bei den Turbulenzen wackeln Sie kräftig. Nach einer Zwischenlandung geht es weiter. Noch mehr muss sich der Pilot konzentrieren, wenn er auf Ihren Füßen sitzt. Ganz schön schwierig.

TOOOR!

Stellen Sie einen Wäschekorb als Fußballtor so vor einen Stuhl oder das Sofa, dass die offene Seite zu Ihnen schaut. Versuchen Sie gemeinsam mit dem Kind, einen leichten Gummi- oder Stoffball in dieses Tor zu schießen. Wer schafft es, mehr Bälle zu versenken?

Gerade das Schießen mit Anlauf verlangt anfangs ein hohes Maß an Konzentration: Bevor der Fuß den Ball tritt, muss der Laufschritt abrupt unterbrochen und dann auch noch der Ball getroffen werden. Das klappt nicht immer auf

Gibt es überhaupt etwas Schöneres, als bei Sonnenschein Seifenblasen zu fangen? Wahrscheinlich nicht.

Anhieb, aber mit etwas Übung irgendwann doch. Dann heißt es kräftig jubeln.

SEIFENBLASEN FANGEN

Dieses Spiel eignet sich gut für draußen: Stellen Sie sich auf einen Stuhl oder ein Mäuerchen, und pusten Sie Seifenblasen in die Luft. Ihr Kind wird mit Begeisterung versuchen, die schillernden Gebilde zu fangen. Hier wechseln sich Spannung (Konzentration) und Entspannung ab. Also gleich noch mal pusten.

WATTELAUF

Legen Sie Ihrem Kind einen Wattebausch auf die Handfläche. Mit gestrecktem Arm soll es diesen nun in ein Körbchen in einem anderen Zimmer befördern, ohne dass er herunterweht. Hat das geklappt, wartet schon die nächste Fuhre.

Spiele für die Hände

Bis die Kinder mit etwa zwei Jahren eine Schere benutzen können, müssen sie lernen, was man alles mit den Händen und Fingern machen kann. Da sie diese Handspiele meistens am Tisch machen, üben sie gleichzeitig auch Ausdauer und Konzentration. Bisweilen entstehen dabei richtige Kunstwerke, von denen Sie einige bestimmt gern aufheben wollen.

AUF- UND ZUSCHRAUBEN

Um den ersten Geburtstag herum beginnen Kinder, an Verschlüssen zu drehen: auf und zu. Suchen Sie Dinge, die sich auf diese Weise öffnen und schließen lassen. Vielleicht kleine Plastikflaschen oder Dosen mit Schraubverschluss? Ihr Kind wird diese Spielsachen lieben und mit hoch konzentrierter Miene damit »arbeiten«.

PAPIER ZERREISSEN

Lassen Sie Ihr Kind etwa DIN-A5-große Papierstücke in kleine Schnipsel reißen. Am einfachsten gelingt das mit Zeitungspapier. Butterbrot- oder Kopierpapier ist fester, da braucht es mehr Kraft. Vor lauter Konzentration und Anstrengung kann es schon einmal passieren, dass Ihr Kind auf dem Boden landet. Aber dank des dicken Windelpakets tut das nicht weh.

FAMILIENTURM

Dieses Spiel ist umso lustiger, je mehr Familienmitglieder oder Freunde mitmachen. Sie fangen an: Machen Sie eine Faust, stellen Sie diese auf den Tisch, und strecken Sie den Daumen nach oben. Nun umklammert Ihr Kind den Daumen mit einer Hand und streckt seinen eigenen Daumen ebenfalls nach oben (das muss vielleicht zuerst geübt werden). Jetzt kommt die nächste Person dran … Der Turm ist fertig, wenn alle Daumen »umbaut« sind oder der Jüngste den obersten Daumen nicht mehr erreicht. Dann wird mit dem ganzen Turm laut auf dem Tisch gestampft, und alle singen dazu fröhlich: »Butter, Butter stampfe!«

MEINE HAND

Das Kind darf mit einem dicken Pinsel und Fingerfarben seine Handfläche bemalen. Anschließend drückt es die Hand vorsichtig auf weißes Papier. Hängen Sie das Bild später im Kinderzimmer auf, dann kann es stolz sein Werk betrachten. Auch dies trägt zur Ich-Entwicklung bei.

LOCHBILD

Legen Sie eine gefaltete Decke auf den (Kinder-) Tisch und darauf ein großes Papier. Jetzt darf Ihr Kind mit einem Nagel Löcher ins Papier stechen: »Mein Werk.«

> **TIPP**
>
> **Wo gehobelt wird, fallen Späne …**
>
> Wenn Ihr Kleines mit Fingerfarben, Wasserfarben, Kleister oder Knete hantiert, kann auch mal was danebengehen. Ziehen Sie ihm daher ein altes T-Shirt oder einen Malerkittel über. Den können Sie leicht selbst aus einem ausrangierten Oberhemd machen: Die Ärmel kurz abschneiden, umgekehrt hineinschlüpfen und am Rücken zuknöpfen. Eine Tischdecke aus Wachstuch oder Plastik erleichtert das anschließende Putzen. Alternativ können Sie auch eine dicke Lage Zeitung mit Malerkrepp am Tisch fixieren. Nicht vergessen: Auch unter dem Tisch kann es Spuren geben. Legen Sie ein altes Tuch oder Zeitungen darunter.

HAUSBAU

Funktionieren Sie einen großen Karton in ein Spielhaus um: Schneiden Sie eine Tür hinein, die sich auf- und zuziehen lässt, und dazu mindestens ein Fenster mit Läden – fertig ist das Eigenheim. Ihr Kind darf das Haus nun mit Wachsmalstiften oder Fingerfarben kunstvoll verzieren. Aber nicht vergessen: Ein Haus streicht man nicht an einem Tag. Das kann dauern.

LAUTE UND LEISE HÄNDE

Fordern Sie Ihr Kind auf, es Ihnen nachzumachen: Erst klopfen alle Finger leise auf den Tisch, dann nur der Zeigefinger, später die ganze Faust – mal laut, mal leise. Oder die Hände liegen flach auf dem Tisch, verschwinden dann unter der Tischplatte und klopfen von unten an. Auch möglich: Die Finger laufen über den Tisch, dann hüpft nur der Daumen oder der Mittelfinger. Was fällt Ihnen noch ein?

STEMPELN

Stempeln ist für kleine und große Kinder gleichermaßen faszinierend. Verteilen Sie Fingerfarben auf die Deckel alter Schraubgläser, und legen Sie zu jeder Farbe einen Stempel – auch wenn das nicht verhindert, dass sich am Ende alle Farben mischen. Als Stempel eignen sich:

○ Korken (besonders Sektkorken)
○ Schwammstückchen (dann die Fingerfarbe eventuell mit etwas Wasser verdünnen)
○ breite Borstenpinsel
○ Joghurtbecher (nur den Boden in die Farbe tauchen)
○ Klopapierrollen
○ Drehverschlüsse
○ Wellpappe (vorher aufrollen und zusammenbinden oder mit Klebeband umwickeln)
○ ausrangierte Spielzeugautoreifen, Gummitierfüße – Kinder sind sehr erfinderisch.

Beim Stempeln ist Fantasie gefragt: Was könnte man noch in die Farbe tauchen und aufs Papier drücken?

SORTIERBOXEN

Wenn Ihr Kind gerne ordnet und kategorisiert, kann es seine eigenen Sortierboxen basteln. Sie brauchen dazu drei leere Schuhkartons und viele Bierdeckel. An einem Tag darf Ihr Kind die Bierdeckel mit Fingerfarben rot, gelb und blau anmalen. Beim nächsten Mal sind die Deckel der Schuhschachteln dran. Wenn Sie nun einen Schlitz in die Deckel schneiden, kann Ihr Schatz sortieren: Rote Bierdeckel kommen in die rote Schachtel, blaue in die blaue.

BUNTES TEELICHT

Ihr Kind darf von buntem Transparentpapier kleine Schnipsel abreißen oder schneiden. Wenn es anschließend noch Lust hat, kann es gleich weitermachen. Sonst starten Sie am nächsten Tag mit dem Kleben: Dazu wird ein Marmeladen- oder Gurkenglas von außen mit Kleister beschmiert, und dann werden die Papierschnipsel aufgeklebt. Nach dem Trocknen kommt noch ein Teelicht ins Glas. Ein Unikat – ganz alleine gemacht.

WÄSCHEKLAMMERSONNE

So können Sie die folgende kleine Bastelaktion einleiten: »Die Sonne scheint. Die Sonne ist gelb. Sie scheint aber nicht jeden Tag. Du kannst dir aber deine eigene Sonne bauen.« Lassen Sie dazu Ihr Kind einen weißen Pappteller oder eine helle Pappe von beiden Seiten mit gelber Fingerfarbe anmalen. Ist die Farbe trocken, darf es rundherum gelbe Wäscheklammern anklipsen. Fertig ist die Sonne – und wieder ganz ohne Hilfe selbst gemacht.

DER HÄUPTLING

Schneiden Sie einen etwa fünf Zentimeter breiten Streifen aus festem Karton aus und tackern Sie diesen zu einer Krone für Ihr Kind. Jetzt darf es am oberen Rand rundherum viele bunte Wäscheklammern befestigen. Fertig ist der lustige Indianerkopfschmuck.

ZAUBERBILD

Überlegen Sie mit Ihrem Kind, was man alles auf ein Papier kleben könnte: bunte Papierschnipsel, Kronkorken, Blätter, Wattepads, Strohhalmstücke … Suchen Sie anschließend alle Dinge zusammen, und breiten Sie sie auf dem Tisch aus. Dann geht es los: Das Kind darf ein DIN-A3-Papier mit Kleister bestreichen und alles aufkleben. Vielleicht kann es zum Schluss Sand als Zaubersalz darüberstreuen?

CD-TURM

Lassen Sie Ihr Kleines ausrangierte CDs oder DVDs auf den Stiel eines Kochlöffels fädeln.

PERLE AUF PERLE

Pfeifenputzer sind ideal fürs kreative Gestalten. Die biegsamen, wuscheligen Stäbchen lassen sich immer wieder zu neuen Figuren formen. Ihr Kind kann darauf aber auch große Holzperlen auffädeln oder Kastanien, in die Sie vorher ein Loch gebohrt haben. Fädeln, abziehen, fädeln, abziehen – das könnte ewig so weitergehen.

MEILENSTEINE IM ZWEITEN LEBENSJAHR

Endlich durchschlafen!

Kurze Nächte ade! Erfahrungsgemäß beginnen die meisten Kinder im zweiten Lebensjahr damit durchzuschlafen. Spätestens ab jetzt gibt es nachts keine Milch und keine frische Windel mehr, sodass endlich auch die Eltern ihren **wohlverdienten Schlaf** wieder genießen können.

Ich bin schon sooo groß ...

Stehen zu können ist ein wichtiger Meilenstein im Leben Ihres Kindes. Denn damit sind gleich mehrere Positionswechsel möglich. Das Kind kann in die Hocke gehen, um zum Beispiel etwas vom Boden aufzuheben, und sich hinknien, ohne umzufallen. Übrigens: Bald versteht es auch die Frage »Wie groß bist du?«. Stolz wird es dann seine Arme **hoch über dem Kopf ausstrecken** und strahlend verkünden: »Sooo groß!«

Schritt für Schritt ins neue Jahr

Wenn ein Kind sicher steht, dauert es in der Regel nicht mehr lange, bis es die ersten Schritte wagt. Anfangs muss es sich dabei noch festhalten, etwa an Ihrem Finger, am Sofa oder an der Wand. Doch weil es jeden Tag unermüdlich übt, klappt es in kurzer Zeit auch ohne Hilfe. Ab diesem Zeitpunkt gewinnt das Kleine **ein großes Stück Freiheit.**

Essen wie die Großen

Spätestens nach dem ersten Geburtstag kann Ihr Kind einen Großteil von dem mitessen, was auch die anderen Familienmitglieder zu sich nehmen. Und nicht nur das: Es kann auch schon sehr bald **selbstständig essen und trinken.**

Treppen wirken magisch

Stufen hinaufzuklettern ist für viele Kinder purer Genuss, darum ist kaum eine Treppe vor ihnen sicher. Gut so, denn beim Treppensteigen trainiert Ihr Schatz die Koordinationsfähigkeit von Armen und Beinen, kräftigt seine Muskeln, gewinnt an Selbstsicherheit und ist am Ende auch noch unglaublich stolz, wenn er oben **am Ziel angekommen** ist. Mit etwa eineinhalb Jahren erklimmt Ihr Kind eine Stufe erst mit einem Fuß und holt dann den zweiten Fuß nach. Nach einer kurzen Verschnaufpause nimmt es die nächste Stufe in Angriff ... Am Anfang muss sich das Kleine noch am Geländer oder an Ihrer Hand festhalten, aber schon mit zwei Jahren schafft es einige Stufen »freihändig«.

Hände sind zum Greifen da

Sobald Ihr Kind den Zangengriff beherrscht, eröffnet sich ihm das weite Feld des Greifens: Alles kann gepickt, gepackt und gegriffen werden. Das Zusammenspiel von Händen und Fingern klappt reibungslos. Egal, ob es sich dabei um die Haarbürste oder nur ein einzelnes Haar, ein Buch oder einen winzigen Papierschnipsel, einen Wanderstock oder einen kleinen Zahnstocher handelt: Ihr Kind weiß genau, welcher Gegenstand welche Greiftechnik erfordert. Bei feinen kleinen Dingen entscheidet es sich für den **Pinzetten-** oder **Zangengriff,** bei größeren Sachen packt es mit beiden Händen zu. Aber nicht nur das Greifen und Festhalten funktioniert immer besser, sondern auch das Loslassen. Das bedeutet: Ihr kleiner Schatz kann Ihnen nicht nur einen Bauklotz bringen, er kann ihn auch loslassen und in Ihre Hände legen.

Entdecker unterwegs

Im zweiten Lebensjahr schult ein Kleinkind täglich seinen Blick für Details. Eine kleine Fluse auf der Bluse, ein Haar am Trinkbecher oder glitzernde Pailletten an der Handtasche: **Jede noch so kleine Einzelheit fällt dem Kind auf.** Und hat es erst einmal etwas entdeckt, muss es genau inspiziert werden. Dabei entgeht seinen Adleraugen kaum etwas, mag es auch noch so winzig und unscheinbar sein.

Kleine Hochstapler

Mit etwa 12 bis 15 Monaten stapelt ein Kind zwei **Bauklötze** aufeinander. Mit rund 18 Monaten, spätestens mit zwei Jahren kommt ein dritter Stein dazu. Je mehr der Turm in die Höhe wächst, desto größer ist der Jubel, wenn er mit Gepolter wieder einstürzt.

Ballkünstler

Ein Ball ist rund, leicht und zum Spielen da – das weiß Ihr Kind am Anfang des zweiten Lebensjahres mit ziemlicher Sicherheit. Einige Kinder schaffen es im Alter von 15 Monaten sogar schon, **einen Ball zu werfen.** Zwar noch nicht sehr weit, aber immerhin. Mit dem Fangen dagegen hapert es noch; das kommt erst im Laufe der nächsten Jahre.

Hoch, höher, am höchsten ...

Im zweiten Lebensjahr erwacht in Kindern die Lust zu klettern – auf Stühle, das Sofa, den Tisch, die Treppe, das kleine Schränkchen, ins Bettchen hinein und aus dem Bettchen heraus. Egal worauf, egal wie hoch – Hauptsache, **es geht nach oben.** Ab jetzt ist nichts mehr vor Ihrem Kind sicher.

Es geht zurück ...

Gehen, laufen, stehen und umdrehen: All diese Fertigkeiten beherrscht Ihr Kind zwischen dem ersten und zweiten Geburtstag. Gegen Ende des zweiten Lebensjahres schaffen es die meisten Kinder, **vier bis fünf Schritte rückwärts zu gehen.**

Ordnungsfimmel

Viele Zweijährige lieben es, Dinge einzuordnen. Sie sortieren Stifte nach Farben, Perlen nach ihrer Größe und Bauklötze nach der Form. Auch viele alltägliche Dinge aus dem Haushalt wecken reges Interesse. Besonders beliebt: Wäscheklammern. Die schnappen so herrlich auf und zu und liegen gut in der Hand. Nicht zuletzt lassen sie sich wunderbar **nach Farben sortieren.**

301

Das dritte Jahr

DIE VERHALTENS-ENTWICKLUNG

Schon der erste Geburtstag war ein besonderes Ereignis – auch wenn Ihr Kind wahrscheinlich nicht wusste, warum an diesem Tag solch einen Trubel herrschte. Beim zweiten Geburtstag versteht es schon viel besser, dass all die Vorbereitungen, die Geschenke, der Kuchen und die angereisten Gäste etwas mit ihm zu tun haben. Vermutlich kann Ihr Kind bereits seinen Namen und »Burtstag« sagen, und auf die Frage »Wie alt bist du denn?« hält es von jetzt an stolz zwei Finger in die Luft und strahlt über das ganze Gesicht. Zwei Jahre alt – herzlichen Glückwunsch auch an Sie, dass Sie über 700 Tage so tolle Eltern waren. Weiter so!

Im dritten Lebensjahr wird Ihr Kind mit jedem Tag selbstständiger. Doch noch immer ist es am liebsten in Ihrer Nähe und bietet bei allem, was Sie tun, seine »Hilfe« an: zum Beispiel beim Einkaufen, Kochen, Tisch decken und Staubsaugen. Die Kleinen können sich aber durchaus auch für mehrere Minuten alleine beschäftigen, wenn sie die Sicherheit haben, dass Mama oder Papa in der Nähe sind. Die Trotz- beziehungsweise Autonomiephase ist nach wie vor im vollen Gange. Allmählich kann Ihr Kind jedoch in bestimmten Situationen gelassener reagieren, schließlich wachsen seine Frustrationstoleranz und Widerstandskräfte täglich. Noch vor einem halben Jahr konnte es der kleine Trotzkopf zum Beispiel nicht abwarten, bis er endlich einen der frisch gekauften Kekse essen durfte und tat dies lauthals, mitunter wütend kund. Jetzt hat er bereits eine Vorstellung davon, dass er den Keks bald essen darf – wenn er zu Hause ist.

Auch die geistige »Bildungsreise« geht weiter. Nicht zuletzt aufgrund des regen Austauschs mit den Eltern. Immer öfter wird dabei Ihr eigenes Wissen auf die Probe gestellt: »Warum haben Katzen ein Fell?«, »Warum schläft die Eule nicht in der Nacht?« Durch Ihr Kind dürfen auch Sie eine Menge dazulernen …

Sozial-emotionale Entwicklung

Ob sich ein Kind eher ruhig und zurückhaltend verhält oder aufgeschlossen und kess durchs Leben geht, hängt unter anderem von seinem angeborenen Temperament ab. Bereits mit der Geburt bringen Kinder ihre eigene Persönlichkeit mit: Sie haben ihr eigenes Schlafverhalten, eigene Essgewohnheiten oder bestimmte Vorlieben, wie sie getragen, getröstet und umsorgt werden möchten. Auch einige »äußere Faktoren« prägen das Kind, etwa der Erziehungsstil seiner Eltern, seine Umgebung, seine Kultur und seine bisherigen Erfahrungen. So gleicht kein Kind dem anderen. Fast immer lässt sich die individuelle Persönlichkeit auch daran beobachten, wie das Kind in der Gesellschaft auftritt. In Situationen, die ihm fremd sind, verhält es sich seinem Temperament entsprechend: Das eine Kind ist schüchtern, zurückhaltend und sucht die Nähe seiner Mutter oder des Vaters, während das andere vor lauter Neugier, Lebensmut und Tatendrang kaum zu stoppen ist.

Das Wesen Ihres Kindes muss nicht zwangsläufig das ganze Leben lang so bleiben. Die Persönlichkeit beziehungsweise die Gesamtheit aller Persönlichkeitsmerkmale kann sich über kurz oder lang verändern. Viele Kinder sind zum Beispiel in den ersten Jahren eher schüchtern, weil sie eine genetische Veranlagung dazu haben. Doch oft nimmt diese Schüchternheit zwischen dem dritten und siebten Lebensjahr deutlich ab – vorausgesetzt, die Eltern respektieren die zurückhaltende Art ihres Kindes, beschimpfen es nicht und stellen es nicht bloß. Stattdessen sollten sie ihr Kind mit einfachen Aufgaben aus der Reserve locken, indem sie es auffordern, Kontakt zu anderen aufzunehmen: »Gibst du bitte das Geld der Verkäuferin?« oder »Frag doch mal das Kind, wie es heißt«.

Die umfangreiche Welt der Gefühle

Ohne Gefühle wäre das Zusammenleben nüchtern und trostlos. Bereits im ersten Lebensjahr war Ihr Kind in der Lage, die »primären Basisemotionen« auszudrücken. Durch Laute, Gestik und Mimik konnte es Freude, Ärger, Traurigkeit, Angst, Überraschung und Interesse zum Ausdruck bringen. Und Sie als Eltern haben gelernt, diese Hinweise zu deuten und entsprechend darauf zu reagieren.

INFO

Gefühle beim Namen nennen

Es ist gar nicht so einfach, Emotionen beim Namen zu nennen. Oder finden Sie auf Anhieb jeweils zehn Begriffe für Freude und Ärger? Hier ein paar Vorschläge:

Freude und Glück: glücklich, begeistert, erfreut, gut gelaunt, munter, fröhlich, heiter, vergnüglich, gut drauf, happy, freudestrahlend, lustig

Angst und Ärger: traurig, ängstlich, ärgerlich, sauer, wütend, unglücklich, betrübt, hilflos, erschrocken, erschüttert, elend, verbittert, aufgewühlt

Im zweiten Lebensjahr fiel es Ihrem Sprössling schon leichter, Ihnen zu zeigen, was er fühlte, nicht zuletzt durch seine Stimme. Im dritten Lebensjahr nun kann das Kind seine Gefühle idealerweise in Worte fassen (»Ich freue mich«, »Lina ist sauer«). Das ist gar nicht so leicht und bedarf unbedingt des Vorbilds der Eltern. Wenn diese die jeweilige Stimmung in Worte fassen können und sie dann auch noch kindgerecht weiter vermitteln, lernt das Kind, ohne Hemmungen offen über seine Bedürfnisse zu sprechen. Diese Fertigkeit bereichert das Leben ungemein. Zugegeben, Sie können nicht erwarten, dass ein Kind zwischen zwei und drei Jahren sich seiner Emotionen vollkommen bewusst ist (das fällt ja noch manchem Erwachsenen schwer). Aber Sie können bereits jetzt den Grundstein dafür legen:

○ **Sensibilisieren:** Versuchen Sie hin und wieder, Ihr Kind für seine Gefühle zu sensibilisieren. Das geht am leichtesten, wenn Sie es in unterschiedlichen Situationen fragen, wie es sich fühlt: »Wie geht es dir?«, »Wie ist es für dich, wenn wir zusammen zum Spielplatz gehen?«, »Wie war das für dich, als ich eben schimpfte?«

○ **Rückmeldung geben:** Spiegeln Sie seinen mimischen Emotionsausdruck wider: »Du siehst aber glücklich aus«, »Du freust dich ja richtig«, »Jetzt bist du aber wütend«, »Das hat dir eben gar nicht gefallen, gell?«, »Du bist ganz schön aufgeregt, oder?«, »Du siehst traurig aus«.

○ **Vorbild sein:** Eltern sollten ein Vorbild sein, denn Kinder lernen durch Imitation. Das gilt auch für die Kunst, die Kontrolle über sich zu bewahren. Ihr Kind kann diese Fähigkeit von Ihnen lernen, wenn Sie auch dann Ruhe bewahren, wenn das Kleine gerade rebelliert und lauthals trotzt. Im dritten Jahr gelingt es ihm schon deutlich besser als noch vor einigen Monaten, seine Gefühle zu kontrollieren – und es wird von Jahr zu Jahr ausgeglichener.

○ **Verständnis zeigen:** Gegen Ende des dritten Lebensjahres können viele Kinder immer besser mit Misserfolgen umgehen. Sie können Ihren Schatz dabei unterstützen: Fragen Sie ihn, wie er sich in den Momenten fühlt, wenn etwas nicht klappt, und trösten Sie ihn. Zeigen Sie außerdem Verständnis für seine Enttäuschung, wenn er traurig oder ängstlich ist oder wenn er sich schämt: »Ich verstehe ja, dass du sauer bist, dass es so kurz vor dem Mittagessen keine Schokolade gibt« oder »Ich wäre auch sauer, wenn ich keine Mütze aufhaben möchte und eine anziehen müsste, aber es ist heute sehr kalt draußen«.

○ **Helfende Bilder:** Auch Bilderbücher können dem Kind dabei helfen, Emotionen zum Ausdruck zu bringen. Lassen Sie sich beschreiben, was das Kind sieht oder beim Anblick der Bilder empfindet. Im Anhang finden Sie einige Buchempfehlungen (siehe Seite 408).

○ **Mitgefühl stärken:** Kinder haben von Geburt an feine Antennen für Stimmungen und sind durchaus in der Lage, die Gefühle ihrer Eltern wahrzunehmen. Wenn es Ihnen nicht gut geht, spürt Ihr Kind dies auch ohne Worte. Knüpfen Sie an diese Fähigkeit an, und fragen Sie Ihr Kind immer mal wieder, wie es anderen Menschen wohl gerade gehen könnte: »Was meinst du, wie fühlt sich Sophie jetzt?« Helfen Sie ihm, die passenden Worte zu finden, ohne sie ihm in den Mund zu legen.

Ganz wichtig: Bei all diesen »Übungen« geht es nur darum, die Gefühle Ihres Kindes zu erkennen, zu erleben und in Worten auszudrücken, nicht darum, sie zu werten und zu beurteilen.

SOZIALE EMOTIONEN

Die primären Basisemotionen sind jedem Menschen auf der ganzen Welt zu eigen. Anders dagegen verhält es sich mit den »sekundären Emotionen«, also jenen Regungen, die auf den erste-

Kinder können und sollen ihre Emotionen zeigen; nur so lernen sie, über ihre Bedürnisse zu sprechen.

Stimme darauf an, dass es auf dem Boden bleiben soll, statt auf das Bücherregal zu klettern, oder nicht auf das Sofa malen soll, huscht ein verlegener oder verschämter Ausdruck über das Kindergesicht. Das Kleine fühlt instinktiv, dass es die elterlichen Grenzen überschritten hat und sein Verhalten bei Mama und Papa gerade nicht gut ankommt.

Gegen Ende des dritten Jahres sind viele Kinder in der Lage, »verbotene« Tätigkeiten abrupt zu unterbrechen, sobald ein Erwachsener den Raum betritt. Das zeigt deutlich, dass sie eine Art Gewissen entwickeln, das sich von nun an bis zum Vorschulalter verfestigt.

ren Gefühlswelten aufbauen, wie etwa Stolz, Scham, Schuld, Neid und Verlegenheit. Diese Gefühle und ihre Auswirkungen auf das Verhalten hängen von der jeweiligen sozialen Umwelt und Kultur ab, in der ein Kind aufwächst. Aus diesem Grund nennt man sie auch schlicht »soziale Emotionen«. Sie bilden sich erfahrungsgemäß gegen Ende des zweiten Lebensjahres und verfestigen sich in den anschließenden Jahren immer mehr.

Das Gefühl, sich zu schämen, verlegen oder auch neidisch auf etwas oder jemanden zu sein, kann ein Mensch nur dann erleben, wenn er Zeit mit anderen Menschen verbringt. Das gilt natürlich auch für Kinder. Sie lernen den Umgang mit den sekundären Emotionen nur dadurch, dass sie mit anderen Kindern oder Erwachsenen zusammmen sein können.

Wenn Sie Ihr Kind bei etwas entdecken, das es nicht machen darf, schämt es sich und ist verlegen. Sprechen Sie es beispielsweise mit ernster

INFO

Die Lobfalle

Natürlich gehören auch angenehme Gefühle wie Lob und Stolz zu den sekundären Emotionen. Wenn Sie Ihr Kind loben, freut es sich ungemein – und daraus entwickelt sich das Gefühl von Stolz. Aber ein Lob sollte auch in richtiger Weise geäußert werden. Beim Loben kann man auch Fehler machen, wie das folgende Beispiel zeigt: Stolz zeigt ein Junge seinem Vater ein Kunstwerk, das er gerade gemalt hat. Der schaut das Bild an und sagt: »Schön hast du gemalt. Was ist das?« Kinder in diesem Alter meinen, dass andere das, was sie dargestellt haben, genauso erkennen wie sie selbst. »Aber Papa, das ist doch ein Feuerwehrauto«, wird der Junge daher sagen und nicht verstehen, warum sein Vater danach fragt. Ein »Schön, das Bild gefällt mir sehr gut« hätte gereicht.

Ängste der Kleinen

So manche Angst, die Kinder in diesem Alter quält, kommt Erwachsenen im Vergleich zu ihren eigenen Ängsten recht banal vor. Was ist beispielsweise die Angst vor lauten Geräuschen gegenüber jener vor Krankheit und Tod? Trotzdem sollten Sie Ihr Kind immer ernst nehmen, wenn es eine oder mehrere der alterstypischen Entwicklungsängste zeigt.

Typische Entwicklungsängste

Die folgenden Ängste sind häufg bei Zwei- bis Dreijährigen zu beobachten. Sie sind ganz normal, und mit Ihrer verständnisvollen Hilfe entwächst ihnen Ihr kleiner »Angsthase« genauso wie seinen ersten Strampelanzügen.

ANGST VOR GROSSEN VERÄNDERUNGEN

Kinder brauchen Verlässliches, das schafft Sicherheit und Geborgenheit. Mit ihrer geringen Lebenserfahrung können Kinder einfach noch nicht flexibel sein. Sie müssen ihren Alltag erst einmal sicher einordnen und verstehen können. Wenn sie sich sicher fühlen, bewegen sie sich auf bekanntem Terrain, auf sicherem Boden. Dieser Boden kommt allerdings schnell ins Wanken, wenn große Veränderungen eintreten. Manchmal genügt dazu schon eine vermeintliche Kleinigkeit: Schon so manches Kind bekam einen Riesenschreck, weil sich die Mama ohne Vorankündigung ihre langen Haare kurz schneiden ließ – und mittags mit einer neuen Frisur in der Krippe oder dem Kindergarten ankam. Noch drastischer empfinden manche Kinder krasse Farbunterschiede (zum Beispiel durch Haarefärben). Die ganz sensiblen Kinder schrecken sogar schon zusammen, wenn Mama mit einer Feuchtigkeitsmaske auf dem Gesicht aus dem Badezimmer kommt.

Ähnliches gilt auch für die Wohnungseinrichtung: Besonders die Zwei- und Dreijährigen hängen an ihrem gewohnten Umfeld, ihren bekannten Spielsachen und Möbeln. Wenn Sie einen Umzug planen, sollten Sie Ihrem Kind am neuen Ort daher so viel Bekanntes wie möglich anbieten, vor allem aber sein Bett.

TRENNUNGSANGST

Trennung tut weh – das gilt für alle Beteiligten. Aber bei jungen Kindern kann zum Trennungsschmerz auch noch die Verlustangst kommen. Werde ich alleingelassen? Holt mich Mama wieder ab? Kommt Mama wieder nach Hause? Wo bleibe ich, wenn Mama weg ist? Nicht selten haben Kleinkinder Angst vor der Dunkelheit, weil sie dann weder die gewohnte Umgebung noch ihre Eltern sehen können. Sich-allein-Fühlen und Dunkelheit können in Angst verschmelzen.

VERNICHTUNGSANGST

Mit einem Mal ist alles aus und vorbei … Eltern sollten die sogenannte Vernichtungsangst ihrer Kinder nicht unterschätzen. Es gibt Kinder, die haben Angst vor dem Staubsauger. Aber warum? Ganz einfach: Zum einen macht das Ding ganz schön Lärm. Zum anderen beobachten Kinder, dass das Gerät nicht nur Staub und Schmutz beseitigt, sondern mitunter auch kleine Spielzeugteile, Spinnen oder Krümel »vernichtet«. Da liegt natürlich die Frage nahe: »Geschieht mir dasselbe, wenn ich dem Staubsauger zu nahe komme?« Ähnliche Sorgen kommen bei manchen Kindern auf, wenn sie beobachten, wie das Wasser im Abfluss verschwindet: Wohin fließt das Badewasser? Verschwinde ich auch, wenn ich in der Badewanne sitze und am Stöpsel ziehe? Um diese Angst nicht noch zu schüren, sollten Eltern ihr Kind immer erst aus der Wanne nehmen, ehe sie das Wasser ablassen. Wenn

Kinder das Töpfchen der Toilette vorziehen, kann das ebenfalls daran liegen, dass sie Angst haben: »Wenn die Wasserspülung geht, taucht mein ›Geschäft‹ unter. Was ist, wenn das Wasser rauscht und ich noch auf der Toilette sitze?«

VERLETZUNGSANGST

Manche Kinder haben Angst, sich zu verletzen. In ihrem Alter haben sie wahrscheinlich bereits am eigenen Leib erfahren, dass man sich wehtun kann, wenn man zum Beispiel hinfällt und eine Schürfwunde am Knie hat. Gerade die ersten blutenden Wunden wirken bedrohlich. Trost, Zuwendung und Hilfspflaster sind jetzt gefragt – auch bei unsichtbaren Wunden.

ANGST VOR »BÖSEN« GEGENSTÄNDEN

In der Vorstellung von Kleinkindern sind Tiere und Gegenstände denkende Wesen: Wenn ein Kind vom Stuhl kippt oder über den Teppich stolpert, heißt es daher schnell: »Der Stuhl hat mir wehgetan« oder »Böser Teppich, der macht Aua«. Viele Erwachsene unterstützen diese Angst, indem sie von dem bösen Stuhl sprechen. Doch Zwei- und Dreijährige verstehen diesen seltsamen Humor noch nicht und nehmen Ihre Aussage für bare Münze. Machen Sie daher den betreffenden Gegenstand nicht für den Unfallschmerz verantwortlich.

AUCH WÖRTER KÖNNEN ANGST MACHEN

»Diese Schlepperei macht mich kaputt«, erklärt die Mutter, weil sie mal wieder den Wasserkasten in den dritten Stock trägt. »Kaputt« ist das letzte Wort von diesem Satz, welches das Kind im Kopf behält: »Kaputt? Gestern ging doch mein Turm auch kaputt und war zerstört. Kann Mama das gleiche passieren, wenn sie kaputtgeht?« Als Eltern sollten Sie immer daran denken, dass Ihr Kind in seiner kognitiven Entwicklung noch nicht so weit ist wie Sie und die abstrakte Bedeutung eines Wortes daher noch nicht erfassen kann.

ALBTRÄUME

Das Gehirn schläft nie, auch nicht in der Nacht. Sämtliche Erlebnisse und Eindrücke, die Ihr Kind am Tag gesammelt hat, werden in der Nacht sortiert, verarbeitet und abgespeichert – und nicht selten noch einmal durchlebt. Das gilt auch für unschöne Vorkommnisse wie ein Streit im Kindergarten, die Schubserei im Sandkasten oder das Ausgeschimpft-Werden von neulich.

Umgang mit der Angst

Die wichtigste Botschaft lautet: Nehmen Sie Ihr Kind ernst, wenn Sie bemerken, dass es Angst hat. Hören Sie ihm zu. Wenn Sie die Sachen verharmlosen (»Stell dich nicht so an« oder »So schlimm ist es doch nicht«), stärken Sie das Selbstbewusstsein Ihres Kindes nicht. Das erreichen Sie nur, indem Sie ihm zuhören, es beruhigen, in den Arm nehmen und mit ihm über die Situation reden. Geborgenheit, Liebe, Verständnis und das Gefühl des Angenommenseins sind die besten Mittel gegen Angst.

Je selbstbewusster Ihr Kind seinen Ängsten mit Ihrer Unterstützung gegenübertreten kann, desto schneller verschwinden diese. Glaubt Ihr Kind beispielsweise, unter seinem Bett läge ein Monster, und traut es sich daher nicht einzuschlafen, können Sie Einsatz zeigen, sich vor das Bett knien und nachschauen. Dann erklären Sie ihm ruhig und bestimmt: »Ich habe geschaut. Hier ist kein Monster, alles ist in bester Ordnung.« Wenn Sie dagegen das Monster mit einem Besen verjagen, gestehen Sie damit ein, »Ja, da war ein Monster«. Und auch wenn Sie es verscheucht haben, muss Ihr Kind fürchten, dass es jederzeit wiederkommen kann.

Wenn ein weiteres Baby kommt

In Deutschland werden jährlich über 600 000 Kinder geboren. Statistisch gerechnet sind dies 1,3 Kinder pro Familie. Und auch wenn die Zahl der Einzelkinder zunimmt, während es kaum mehr Familien mit drei oder noch mehr Kindern gibt: Rein rechnerisch wachsen Kinder in beinahe jeder zweiten Familie mit einem Geschwisterchen auf – die zunehmende Zahl von Patchwork-Familien noch nicht berücksichtigt. Kinder, die mit Geschwistern aufwachsen, verbringen bereits mit einem Jahr genauso viel Zeit miteinander wie mit ihrer Mutter, später sogar doppelt so viel. Ihr Beitrag an der Entwicklung ist also nicht zu unterschätzen.

Wann soll das zweite Kind kommen?

Spätestens, wenn das erste Kind aus dem Gröbsten heraus ist, fragen sich viele Eltern, ob sie noch ein weiteres Kind wollen, und wenn ja, wann der günstigste Zeitpunkt dafür ist. Doch auf diese Frage gibt es keine allgemeingültige Antwort; ein optimaler Zeitpunkt exstiert nicht. Die Entscheidung hängt vielmehr von mehreren individuellen Kriterien ab. Manche meinen, dass es am besten sei, wenn zwei Kinder kurz hintereinander auf die Welt kommen (Altersunterschied weniger als zwei Jahre), weil die Kleinen dann besser miteinander auskämen als Kinder, die altersmäßig weiter auseinander liegen. Sie haben immer einen Spielgefährten, meist ähnliche Interessen, können mit demselben Spielzeug spielen und später gemeinsam die Krippe oder den Kindergarten besuchen.

An solchen Überlegungen ist sicher etwas dran. Aber die Medaille hat durchaus auch ihre Kehrseite: Die Mütter erleben kurz hintereinander zwei Schwangerschaften, was sie körperlich erst einmal verkraften müssen. Die Eltern haben für eine Weile zwei Wickelkinder und unter Umständen auch zwei Kinder, die die Nacht zum Tag machen. Zudem können die Kinder ihren Geschwistern nichts »vererben«: Kinderwagen, Hochstuhl, Gitterbett, Roller oder Laufrad müssen nicht selten doppelt angeschafft werden, weil sie noch im Gebrauch des Älteren sind. Aber dies sind lediglich materielle Aspekte.

Wenn die Kinder dagegen mit größerem Abstand zur Welt kommen, ist das eine schon aus dem Gröbsten heraus, und die Eltern haben neue Energie für ein weiteres Baby. Das Ältere ist oft bereits schon im Kindergarten, und das Kleine kann zumindest am Vormittag die Mutter für sich alleine genießen. Es kann Kleidung und Spielzeug vom Älteren übernehmen und hat später neben den Eltern noch ein weiteres Vorbild in der Familie. Davon profitieren beide.

Mit seinen Geschwistern verbringt man sehr viel Zeit.
Wenn alles gut läuft, wird man dabei ein tolles Team.

Auf einmal zu zweit

Fakt ist: Die Geburt eines Geschwisterchens stellt die Welt Ihres Sprösslings komplett auf den Kopf. Denn solange Ihr älteres Kind als Einzelkind aufwächst, muss es Ihre Liebe und Aufmerksamkeit nicht teilen. Dies ändert sich mit einem Geschwisterkind schlagartig. Wenn das Baby da ist, dreht sich besonders in den ersten Tagen und Wochen alles um den neuen Erdenbürger. Bei jedem Mucks sind die Eltern zur Stelle, es wird getröstet, gestillt oder gefüttert, getragen, gewickelt und liebkost. Alle reden leiser als sonst, plötzlich muss man auf Zehenspitzen schleichen. Es kommt auf einmal erstaunlich viel Besuch mit Geschenken ins Haus, und meistens stürmen sie alle gleich zum Babybettchen und rufen: »Oh, ist das süß!« Wie mag sich das für das Erstgeborene anfühlen?

GESCHWISTERRIVALITÄT

In der Regel freuen sich die größeren Kinder über das Baby im Haus und zeigen sich sehr hilfsbereit und verständnisvoll. Es ist ja auch wirklich so klein, putzig und süß. Doch nicht selten schlägt die offene »Gastfreundschaft« und Neugier der Großen nach einigen Wochen oder Monaten um: Plötzlich nervt das Baby, und Sätze wie »Wann geht das Baby wieder weg?«, »Wann bringen wir den zurück?« oder »Verkaufen wir die wieder?« sind nichts Ungewöhnliches. Sie sind ein deutliches Zeichen dafür, dass die Erstgeborenen die bisherige ungeteilte Aufmerksamkeit ihrer Eltern vermissen. Die »Großen« fühlen sich an den Rand gedrängt, weniger beachtet und nicht selten regelrecht »entthront«. Fachleute bezeichnen diese aufwühlende Phase als »innere Krise«, die mit Gefühlen wie Eifersucht und Rivalität verbunden ist. Neben dem lauthals geäußerten Wunsch, das Baby möge doch bitte wieder verschwinden,

können Eltern oft noch andere Anzeichen für die Krise entdecken: Ihr Kind lutscht zum Beispiel plötzlich am Daumen, will wieder ein Baby sein (wünscht sich zum Beispiel einen Schnuller) oder durchlebt aufs Neue eine ausgeprägte Trotzphase. Bei älteren Kindern zeigt sich die Eifersucht manchmal darin, dass sie nachts ins Bett machen.

Schimpfen Sie nicht, wenn Sie bei Ihrem großen Kind solche oder ähnliche Verhaltensweisen beobachten. Rufen Sie sich ins Bewusstsein, dass dahinter ein Hilferuf steht. Durch sein ungewohntes Verhalten signalisiert Ihr Kind, dass es sich benachteiligt und zurückgesetzt fühlt. Und Rivalität und Eifersucht sind eigentlich ein Liebesbeweis Ihnen gegenüber. Schließlich liebt Ihr Kind Sie über alle Maßen und möchte Sie daher wie bisher exklusiv für sich haben. Es will ganz nah bei Ihnen sein, denn in Ihrer Nähe fühlt es sich sicher und geborgen. Kein Platz ist ihm ver-

INFO

»Der Feind in Mamas Bett«

Psychologen beschreiben die neue Geschwistersituation für das ältere Kind folgendermaßen: Stellen Sie sich vor, Ihr Partner oder Ihre Partnerin brächte eine andere Frau oder einen anderen Mann ins Haus und erklärt Ihnen: »Schatz, das ist Henriette/Paul, die/der ist ganz nett und sooo süß. Die/Den habe ich dir mitgebracht, und ich habe sie/ihn genauso lieb wie dich, darum wohnt sie/er ab jetzt hier bei uns. Sei lieb zu ihr/ihm, und wenn ihr euch länger kennt, könnt ihr jeden Tag zusammen spielen. Das ist doch toll, oder?«

Darf das Erstgeborene an der Schwangerschaft teil-haben, wächst die Spannung auf das Baby.

Bei einem Altersunterschied von rund zwei Jah-ren sollten Eltern stets im Hinterkopf haben, dass sich ihr älteres Kind vermutlich noch mit-ten in der Autonomie- und Ich-Entwicklungs-phase befindet. Damit ist die Bindung zu seinen Bezugspersonen noch nicht ganz abgeschlos-sen. Daher fällt es ihnen besonders schwer, die Eltern zu »teilen«. Studien belegen übrigens, dass die Rivalität unter Geschwistern dann am geringsten ist, wenn der Abstand zwischen den beiden entweder weniger als ein Jahr oder aber mehr als drei Jahre beträgt. Die Wahrschein-lichkeit, dass das Ältere eifersüchtig ist, ist dann angeblich am geringsten.

SO KOMMT IHR ERSTGEBORENES BESSER MIT DEM NEUEN BABY KLAR

Es ist vollkommen normal – und gesund –, wenn Geschwister immer wieder einmal eifer-süchtig aufeinander sind. Die Geschwisterriva-lität begleitet Ihre Kinder auch in den kommen-den Jahren. Eltern können ihrem Erstgeborenen die Ankunft eines Geschwisters jedoch erleich-tern, indem sie folgende Dinge beherzigen:

○ **Das Kind vorbereiten:** Erzählen Sie Ihrem Kind bereits in den letzten Monaten der Schwangerschaft davon, dass Sie ein Baby er-warten. Wahrscheinlich will es ohnehin irgend-wann wissen, warum Ihr Bauch immer dicker wird. Informieren Sie es aber nicht zu früh, sonst dauert das Warten zu lang.

○ **»Hilfe« holen:** Zahlreiche Bilderbücher über die Ankunft eines Geschwisterchens liefern dem Kind einen hervorragenden Einblick, was es wohl bedeuten mag, wenn ein Baby im Haus ist. Holen Sie sich außerdem Informationen von erfahrenen Freundinnen oder Bekannten.

○ **Keine falschen Träume:** Machen Sie dem Kind nicht weis, dass es bald einen tollen Spiel-kameraden bekommt. Denn das ist schlichtweg

trauter als der auf Ihrem Arm oder Ihrem Schoß: »Bitte halt mich ganz doll fest, Mama.« Im Alltag passiert leider häufig genau das Ge-genteil. Denn nicht selten sind Eltern in den ers-ten Wochen und Monaten nach der Geburt des neuen Babys erschöpft und ungeduldig. Statt Verständnis zu zeigen, wird da schon einmal ge-schimpft und man erreicht damit genau das Ge-genteil: Die Wut gegenüber dem Baby nimmt noch zu – eine negative Spirale entsteht.

falsch. Ein Neugeborenes ist überhaupt kein Spielkamerad – im Gegenteil. Bis es so weit ist, vergeht schnell ein ganzes Jahr.

○ **Hilfsmama:** Besorgen Sie Ihrem Liebling bereits während Ihrer Schwangerschaft eine Babypuppe, die man auch baden kann. Manche Kinder werden dann zur Puppenmama, die selbst »schwanger« ist. Später macht es Spaß, die beiden »Babys« gemeinsam zu stillen, zu wickeln und zu umsorgen. Das alles machen Jungen übrigens genauso gerne wie Mädchen.

○ **Willkommensgeschenk:** Wenn das Baby aus dem Geburtshaus oder der Klinik nach Hause kommt, kann es dem Erstgeborenen ein Geschenk mitbringen. Wenn damit ein lang ersehnter Wunsch Ihres Kindes in Erfüllung geht (etwa ein Rutschauto, ein Puppenwagen, ein schönes Kuscheltier oder Schaukelpferd), hat das Baby meist gute Karten.

○ **Helfen lassen:** Sie können von nun an bei Ihrem Erstgeborenen trumpfen, wenn es Ihnen bei Ihren Tätigkeit helfen darf: Kochen, Wäsche aufhängen, Staub saugen – all das kann nur Ihr »großes« Kind; das Baby ist zu klein dafür.

○ **Meinung einholen:** Wer zuerst kommt, darf auch zuerst mitreden. Wenn das Baby weint, können Sie Ihr großes Kind fragen, was das Kleine wohl haben könnte (»Weißt du, warum das Baby weint?«). Auf diese Weise stärken Sie das Selbstbewusstsein und das Einfühlungsvermögen Ihres Großen.

○ **Kleine Aufmerksamkeiten:** Bitten Sie Freunde und Verwandte, die kommen, um Ihr Baby zu begrüßen, auch ein kleines Mitbringsel für das ältere Kind mitzubringen. Überhaupt tun Eltern gut daran, wenn das Erstgeborene auch in Zukunft weiterhin an erster Stelle steht. Wenn es Essen gibt, sollte es vor dem Geschwister aufgetischt bekommen, wenn Sie etwas zu verteilen haben, fangen Sie beim älteren Kind

an. Schließlich war dies in der Zeit vor der Geburt seines Geschwisterchens auch so. Gleichzeitig lernen die jüngeren Kinder, abzuwarten und geduldig zu sein. Sie wissen aber, dass sie gleich nach ihrer großen Schwester (oder dem großen Bruder) am Zug sind.

TIPP

Verletzende Worte

Immer wieder rutscht Eltern etwas schneller über die Lippen, als ihnen lieb ist. Erst denken, dann sprechen, heißt deswegen die Devise. Die nachfolgenden Sätze haben Eltern in einem Kurs zum Thema »Geschwisterliebe und Eifersucht« zusammengetragen. Es sind Musterbeispiele dafür, was Sie tunlichst vermeiden sollten. Denn Sie erreichen damit genau das Gegenteil: Sie verletzen Ihr Kind.

○ Ich habe jetzt keine Zeit, ich muss erst noch das Baby füttern.
○ Das Baby ist viel braver als du.
○ Deine Schwester/Dein Bruder ist doch kleiner als du.
○ Was ist los, warum schreit das Baby? Was hast du gemacht?
○ Gib das Spielzeug dem Baby, es ist kleiner als du.
○ Du bist doch kein Baby mehr.
○ Du kannst dem Baby noch nicht die Flasche geben, du bist zu klein.
○ Geh bitte weg, das mache ich lieber selbst.
○ Du bist doch schon groß und brauchst deshalb keinen Schnuller mehr.
○ Du kannst dich jetzt selbst anziehen.

Geschwisterpositionen

Es ist noch gar nicht lange her, dass Wissenschaftler damit begonnen haben, Geschwisterbeziehungen zu untersuchen. Erst seit etwa 30 Jahren stehen Geschwisterkonstellationen und deren Auswirkungen im Fokus einiger Psychologen.

Geschwister sein und haben

Brüder und Schwestern spielen im Leben eine tragende Rolle – und zwar lebenslänglich. Den Partner oder die Partnerin kann man sich aussuchen, das Geschwisterkind nicht.

Nicht weniger bedeutend als die Geschwister selbst ist die Tatsache, wie die Eltern gerade in den ersten Lebensjahren mit ihren Kindern und der jeweiligen Position in der Geschwisterfolge umgehen. So wächst beispielsweise der erstgeborene Sohn, der täglich hört, dass er der Große sei, völlig anders auf als die kleine Schwester, die jahrelang »meine Kleine« oder »meine Süße« genannt wird.

DER ERSTGEBORENE

Das erste Kind ist allein schon deshalb privilegiert, weil es eine lange Zeit die alleinige Zuwendung der Eltern erhielt. Studien belegen, dass Erstgeborene oft als Vorbild für die Jüngeren herhalten müssen. Indem sie ihr Wissen weitergeben, schlüpfen sie in eine Art »Lehrerrolle«. Man vermutet, dass dies der Grund ist, warum Erstgeborene oft erfolgreicher im Beruf sind als die nachfolgenden Geschwister. Sie haben unter anderem gelernt, ihre Mitmenschen zu führen, Verantwortung zu übernehmen und andere etwas lehren zu können.

DAS SANDWICH-KIND

In Familien mit drei und mehr Kindern haben die mittleren eine ungünstigere Startposition. Sie sind zwischen Groß und Klein »gequetscht« und heißen darum auch Sandwich-Kinder (in Familien mit vier Kindern nehmen übrigens beide mittleren die Sandwich-Kind-Position ein).

Während das Erstgeborene eine Zeit lang die ungeteilte Aufmerksamkeit seiner Eltern genießen durfte, kommen die Mittleren nie in diesen Genuss. Und nur kurze Zeit werden sie als Nesthäkchen verwöhnt. In einer britischen Studie fühlten sich fast 50 Prozent der Sandwich-Kinder benachteiligt und gaben an, um die Aufmerksamkeit ihrer Eltern kämpfen zu müssen. Durch ihre Position innerhalb der Familie lernen sie aber auch, sich mit Diplomatie zu behaupten.

Studien zeigen, dass Sandwich-Kinder später zufriedener und glücklicher sind als ihre Geschwister: Sie werden zwar weniger verwöhnt und bemuttert, sind aber früh selbstständig und können gut mit anderen Menschen umgehen.

DAS NESTHÄKCHEN

Wenn das süße Nesthäkchen von den Eltern und der Umwelt – nicht selten auch ungewollt – in den Mittelpunkt gestellt und verwöhnt wird, kann dies Neid und Wut bei den Älteren verursachen. Unter Umständen bildet sich eine regelrechte Front gegen das Jüngste; mit vereinter Kraft wird es gepiesackt oder geärgert.

Durch eine solche Kindheit geprägt, lassen sich einige Nesthäkchen noch als Erwachsene von jeder (beruflichen) Hürde entmutigen. Andere entwickeln gerade deshalb einen starken Willen und eine große Portion Ehrgeiz, um den Geschwistern zu zeigen, dass auch sie fähig sind, Großartiges zu leisten – und nicht immer nur das »kleine Süße« sind.

Sind Einzelkinder Egoisten?

Viele Eltern – in Deutschland sind es mittlerweile mehr als die Hälfte – entscheiden sich ganz bewusst für nur ein Kind.

Zum Glück sind die Zeiten vorbei, in denen Einzelkinder mit dem Vorurteil zu kämpfen hatten, sie seien egoistisch und arrogant; schließlich hätten sie nicht gelernt, zu teilen. Fast schien es wie ein Makel, ein Einzelkind zu sein.

Heute sind Einzelkinder in der Gruppe genauso beliebt wie Kinder aus Mehr-Kind-Familien. Sie weisen in der Regel ebenso hohe soziale Kompetenzen auf wie ihre Altersgenossen, die mit Geschwistern aufwachsen.

Die hohe soziale Kompetenz ist nicht zuletzt den umsichtigen Eltern zu verdanken, die verstanden haben, dass sie ihren Kindern die fehlenden Geschwister ersetzen können – etwa durch gleichaltrige Freunde. Dies bewahrt sie auch davor, altklug zu wirken. Denn wenn Einzelkinder von Anfang an Kontakt zu Gleichaltrigen haben, lernen sie, die Sprache der Erwachsenenkultur von der der Kinderkultur zu unterscheiden. Und zu wissen, dass man mit Erwachsenen eher redegewandt, mit Spielkameraden eher kindlich verspielt spricht, fördert die Intelligenz. Wissenschaftler nennen diese Fähigkeit »Anpassung an die jeweilige Sprechkultur«.

TEILEN LERNEN

Noch immer wird Einzelkindern häufig vorgeworfen, sie könnten nicht teilen. Wie auch? Mit den Eltern müssen sie nicht um ihr Spielzeug ringen. Um das Teilen zu lernen, brauchen Einzelkinder Kontakte zu ihresgleichen. Haben die Kinder, bevor sie in den Kindergarten kommen, wenig Kontakt zu Altersgenossen, tun sie sich anfangs tatsächlich schwerer mit dem Teilen und Abgeben. Daher sollen gerade Eltern von Einzelkindern rechtzeitig darauf achten, dass ihr Kleines regelmäßig mit anderen Kindern zusammenkommt, sei es in wöchentlichen Eltern-Kind-Gruppen, bei der Tagesmutter oder in der Kinderkrippe.

Manche Dinge können Kinder nur von anderen Kindern lernen. Gerade für Einzelkinder ist es daher wichtig, dass sie regelmäßig auch intensive Kontakte zu ihresgleichen knüpfen können.

Kind-Kind-Kontakte

Kinder brauchen Kontakte zu Gleichaltrigen – je früher, desto besser. Im ersten Lebensjahr kann dieser Kontakt in der Krabbelgruppe, im Baby-Massagekurs oder beim Babyschwimmen zustande kommen. Nicht selten findet sich infolge der meist wöchentlichen Treffs eine harmonische Gruppe von Müttern und Babys, die sich gerne auch noch im zweiten Lebensjahr trifft. Etwa ab dem dritten Lebensjahr bietet es sich an, das »eigene (Spiel-)Reich« für andere zu öffnen und zu Hause Freunde zu empfangen. Aber auch das muss ein Kind erst lernen.

Freundschaften schließen

Im Verlauf des dritten Lebensjahres verfestigen sich die Kind-Kind-Freundschaften. Wenn die Chemie zwischen zwei Kindern stimmt, ist dies in den kommenden Wochen und Monaten immer deutlicher zu spüren. Die Kinder finden gemeinsam eine Ecke, in der sie zum Beispiel einen Turm bauen und ihn gemeinsam wieder einstürzen lassen. Oder sie backen zusammen im Sandkasten Kuchen. Allerdings ist die tatsächliche gemeinsame Spielzeit noch relativ kurz. Erfahrungsgemäß dauert sie gerade einmal um die fünf Minuten. Danach ist erst einmal eine kurze Rückversicherung bei der Mutter nötig (»Ist meine Mama auch wirklich noch in der Nähe?«). Dann geht es weiter.

SICH GEGENSEITIG UNTERSTÜTZEN

Nicht selten helfen sich die Kinder untereinander (»Ich helfe dir« oder »Ich zeige dir«). Sich gegenseitig zu helfen und zu kooperieren sind wichtige soziale Kompetenzen, die aus solchen frühen Kind-Kind-Kontakten entstehen können – und das ist wunderbar und äußerst wertvoll. Fördern Sie dies, so oft es geht.

Kinder lernen in dieser frühen Phase zudem, dass man auch in schlechten Zeiten zusammenhalten kann. Wenn es dem einem nicht so gut geht, ist der andere bereit, ihn zu trösten. Er streichelt das weinende Kind, bietet ihm ein Spielzeug an und nennt ihn »mein Freund«.

KLEINE KONFLIKTE GEHÖREN DAZU

Da die Kinder jetzt verstärkt in der Ich-Form sprechen, nutzen sie auch ihre Persönlichkeit, um ihren Willen durchzusetzen, wenn sie mit anderen spielen: »Gibt es mir« oder »Ich will es haben«, diese Sätze kennen Eltern nur zu gut. Im Umgang mit Gleichaltrigen lernen die Kleinen allmählich die Vorstellung von Besitz und Eigentum. Trotzdem: Mein und Dein sowie Geben und Nehmen ist immer noch nicht leicht. Wenn ihnen etwas nicht passt, wird der Freund schon mal vorschnell in die »Gut-und-Böse-Denkweise« eingeordnet. Dann heißt es »Anna ist böse« oder »Leo kaputt gemacht«.

OHNE DIE ELTERN

Je nachdem, wie oft sich die Kinder sehen und wie gut sie sich verstehen, bleiben sie schon bald für eine Weile alleine bei ihrem Freund. Die ganz Mutigen trauen sich sogar schon um den dritten Geburtstag herum zu, das erste Mal ohne Mama und Papa bei ihm zu übernachten – allerdings ist das tatsächlich die Minderheit. Sehr viel häufiger kommt es vor, dass Kinder bis zum Schuleintritt noch nie ohne ihre Eltern außer Haus geschlafen haben.

Erfahrungsgemäß starten die ersten Übernachtungsversuche bei Oma und Opa beziehungsweise bei Tante und Onkel. Erst später sind dann auch die kleinen Freunde dran. Drängen Sie Ihr Kind nicht, sondern lassen Sie es selbst entscheiden, wann es so weit ist und bei wem es übernachten möchte.

Die Welt verstehen – die geistige Entwicklung

Sie dürfen begeistert sein, was Ihr Kind bis jetzt schon alles gelernt hat: Es hat bereits eine ganze Reihe kognitiver Meilensteine auf seiner geistigen Bildungsreise erreicht – und all das geschah praktisch wie im Flug. Und es ist noch lange nicht vorbei: Die sprachliche Entwicklung erleichtert nicht nur die Verständigung. Immer besser gelingt es den Kindern auch, die Welt zu verstehen. Warum? Weshalb? Jetzt beginnt das zweite Fragealter. Ihr Kind will Sie nicht ärgern, wenn es zum hundertsten Mal fragt, warum der Hund vier Beine hat. Es überprüft in diesem Moment nur sein Wissen (siehe auch Seite 215).

Das zweite Fragealter

Das zweite Fragealter ist eine wichtige Phase in der kognitiven Entwicklung. Machen Sie sich darauf gefasst, dass Sie ab und zu keine Antwort parat haben werden. Mitunter entwickelt sich eine regelrechte Fragekette wie diese: »Will kaufen.« – »Das geht jetzt nicht.« – »Warum?« – »Weil die Geschäfte zu sind.« – »Warum?« – »Weil heute Sonntag ist.« – »Weshalb?«
Ältere Kinder (im Kindergartenalter) machen daraus ein richtiges Spiel. Sie haben eine Riesenfreude daran, sich unendlich viele anschließende Warum-Fragen zu überlegen, und finden es lustig, wenn die Erwachsenen irgendwann total genervt aufgeben. »Weil die Banane krumm ist«, lautet oft die letzte Antwort.

Kategorisieren: Die Welt zuordnen

Im zweiten Lebensjahr hatte Ihr Kleines Spaß daran, gleichartige Dinge zu sortieren: blaue Bauklötze, rote, gelbe … Jetzt erweitert es nach und nach seinen Horizont: Küchengegenstände (Töpfe, Pfannen, Schüsseln), Besteck (Löffel, Gabel, Messer), Autos (kleine Autos, Lastwagen, Bus) und Tiere (Hunde, Katzen, Vögel) kommen dazu. So lernt Ihr Kind immer mehr Oberbegriffe. Durch das Farbensortieren lernt es, die Farben zu benennen – zunächst die Grundfarben Rot, Blau und Gelb, wobei Rot oft die »erste« Farbe ist (»Wo ist der rote Becher?«). Auch Groß und Klein kann es nun unterscheiden. Wenn Sie Ihrem Kind zum Beispiel zwei große und zwei kleine Kreise aus Karton ausschneiden und fragen, welche die großen und welche die kleinen Kreise sind, antwortet es richtig. Und es vergleicht sich selbst mit anderen Kindern: »Ich bin größer als Timo«, »Lea ist kleiner«.

Mengenverhältnisse

Ihr Kind lernt in diesem Lebensjahr, Mengen zuzuordnen: Es kennt »eins«, »eins mehr«, »noch eins« und »viel«. Sie können dieses Wissen spielerisch fördern, indem Sie es zum Beispiel bitten, Ihnen noch eine Wäscheklammer zu reichen. So lernt es später auch, das Wort »wir« zu verstehen und zu benutzen; »wir« sind mehrere Personen: Mama, Papa und ich.

TIPP

Spieltipp für lange Autofahrten

Fragen Sie Ihr Kind: »Was kann fliegen?« »Womit kann man fahren?« »Was kann schwimmen?« oder auch »Welche Vögel kennst du?« Die letzte Frage ist vielleicht noch etwas schwierig. Aber wenn sie gemeinsam überlegen, finden Sie sicher heraus, was Ihr Schatz schon alles kennt (zum Beispiel Ente, Huhn, Taube).

Eine Mandarine und noch eine und eine mehr …
Langsam entwickeln Kinder ein Gefühl für Mengen.

Zunächst lernen Kinder, Mengen bis zwei zu erkennen: »Wie viele sind es?« Ein oder zwei Gegenstände nennt es meist richtig. Viele Zweijährige können zwar bis fünf und weiter zählen. Allerdings verstehen sie den Zahlenraum noch nicht, sondern begreifen die Ziffernfolge wie einen Reim oder ein Lied. Aber es macht sie stolz, wenn die Erwachsenen sich darüber freuen, wie toll sie schon zählen können.

Räumliches Verständnis

Im ersten Lebensjahr hat Ihr Baby sich schon mit dem räumlichen Verhältniswort »in« vertraut gemacht: Es steckte seine Hand immer wieder in einen Becher oder in eine Dose. Im zweiten Lebensjahr verstand das Kind, wenn Sie ihm sagten, dass die Milch im Kühlschrank stünde. Jetzt lernt es mit der Zeit die Begriffe »auf«, »unter« und »hinten« kennen. Das ist nicht immer einfach. Aussagen wie »Leg den Teddy auf den Stuhl« oder »Der Teddy liegt hinter dem Sofa« verstehen zwar die meisten. Viele können aber noch nicht verstehen, wenn man ihnen sagt, dass etwas vor ihnen liegt. Sie schauen sich dann um oder drehen sich um.

Den meisten Zweijährigen macht es jetzt Spaß, Puzzles aus zwei oder drei Teilen zusammenzusetzen. Sie probieren aus und drehen die Stücke hin und her, bis sie zusammenpassen.

Zeitbegriff

»Heute Nachmittag« oder »heute Abend« – noch vor wenigen Monaten konnte sich das Kind darunter nicht viel vorstellen. Inzwischen schon, vorausgesetzt, es hört das immer wieder. Anfangs lernt Ihr Kleines, kurze Zeitspannen zu verstehen. Wenn Sie beim Mittagessen zu ihm sagen: »Nach dem Mittagsschlaf gehen wir zur Oma«, kann es dies besser verstehen, als wenn Sie den Besuch bereits am Morgen für den Nachmittag ankündigen; die Zeitspanne ist dann einfach noch zu groß. Die innere Vorstellung vom Tagesablauf (Rituale, siehe Seite 272 f.) erleichtert das Verstehen von Zeit. Gestern, heute und morgen bringen viele Dreijährige aber noch durcheinander.

Gedächtnisleistungen

Wenn Sie mit Ihrem Kind ein Buch anschauen, können Sie es im Anschluss daran auffordern, die Geschichte nachzuerzählen. Es freut sich, wenn Sie sich freuen, und diese positiven Gefühle hinterlassen ihre Spuren: Gedächtnis und Sprachverständnis werden auf spielerische Art geschult. Sprechen Sie abends über den Tag, betonen Sie besonders die Gefühlswelt: »Du hast dich gefreut, dass wir David besucht haben«. Dadurch wächst das autobiografische Gedächtnis (siehe Seite 28 f.).

Wenn Sie vor den Augen eines zweieinhalbjährigen Kindes zwei Gegenstände verstecken (etwa die Puppe unter dem Sofakissen und ein Auto hinter der Blumenvase), kann es sich zwei Minuten später noch an die Verstecke erinnern, auch wenn Sie es zwischendurch ablenken.

Unsichtbare Freunde

Im dritten und vierten Lebensjahr macht die Fantasieentwicklung aufgrund der enormen sprachlichen Entwicklung einen großen Sprung. Viele Kinder denken sich jetzt einen Freund aus, der nur in ihrer Fantasie existiert und der mit ihnen spielt oder sie zum Einkaufen begleitet. Im Rollenspiel mit dieser Fantasiegestalt kann das Kind in einer sicheren Atmosphäre verschiedene soziale Situationen erproben. Es muss nicht risikieren, missverstanden zu werden. Bleiben Sie also gelassen, wenn Ihr Nachwuchs eines Tages von seinem »fantastischen« Freund erzählt. Wenn Ihr Kleines Kontakt zu anderen Kindern hat und insgesamt einen ausgeglichenen Eindruck macht, brauchen Sie sich keine Sorgen machen. Allenfalls seine »richtigen« Freunde können von dem unsichtbaren Gefährten überfordert sein und werden daher immer wieder nachfragen, wo und wer er ist.

Sie selbst müssen dieses Spiel aber auch nicht extra unterstützen. Wenn der unsichtbare Freund zum Einkaufen mitkommt, ist das in Ordnung. Einen gewissen Zeitraum einen zusätzlichen Teller auf den Esstisch zu stellen, können Sie auch akzeptieren. Die Extraportion Spaghetti muss aber nicht sein.

Versteckenspielen in der Wohnung: Immer besser kann sich Ihr Kind kleine Verstecke merken und freut sich riesig, wenn Sie es dort suchen. Umgekehrt macht es genauso viel Spaß: Sie verstecken sich, Ihr Kind sucht Sie.

DIE KÖRPERLICHE ENTWICKLUNG

In den kommenden zwölf Monaten schreitet die motorische Entwicklung weiterhin enorm voran, wenn auch nicht immer in solch großen Schritten wie in den ersten zwei Jahren. In puncto Bewegung heißt es von nun an, das Gelernte zu intensivieren. Gehen, Laufen, Sitzen, Hocken, Stehen: All das gelingt Ihrem Kind mittlerweile mühelos – und wahrscheinlich noch vieles mehr. Daher steht von nun an ein »Training« auf dem Tagesprogramm, das hilft, dass alle bisher gelernten Fertigkeiten noch flüssiger, eleganter und leichter von der Hand (oder vom Fuß) gehen.

Die Mehrheit der Kinder läuft bereits um den zweiten Geburtstag herum sehr sicher. Immer besser schafft es Ihr Kind, das Tempo und auch die Körperbewegungen bewusst zu steuern und sie nicht mehr dem Zufall zu überlassen. Während es vor gut einem Jahr keine andere Möglichkeit hatte, als sich einfach auf den Windelpo plumpsen zu lassen, wenn es anhalten wollte, kann es nun gezielt das Tempo drosseln und stoppen, wenn ihm danach ist. Es kann stehen bleiben, in die Hocke gehen und sich voller Konzentration mit einem Gegenstand befassen, der vor ihm liegt. Wenn es ihn inspiziert hat, kann es mühelos aus der Hocke wieder aufstehen und weitergehen. Ihr Kind beherrscht seine Schritte mittlerweile außerdem so gut, dass es seine Arme nicht mehr zum Ausbalancieren einsetzen muss. Es kann auch mit hängenden Armen sicher gehen und kleinere Bodenunebenheiten, beispielsweise eine Teppichkante, eine kleine Stufe oder Delle im Boden, galant meistern. Das ist wunderbar!

Gehen und laufen

Manchen Kindern fällt es mit zwei Jahren noch etwas schwer, von einem Augenblick auf den anderen die Richtung zu wechseln. Wenn sie zum Beispiel auf dem Weg zum Sofa sind und die Mama sie ruft, brauchen sie einen kurzen Moment, um zu stoppen, sich umzudrehen, den Kurs zu ändern und zu ihr zu gehen. Aber auch dies gelingt bald immer besser. In den kommenden Tagen und Wochen wird jeder Schritt optimiert und perfektioniert, bis sich der Prozess des Gehens automatisiert im Kopf abgespeichert hat – so wie beim Erwachsenen das Autofahren. Ein Fahrschüler muss anfangs auch erst mit Struktur und Bedacht fahren, doch schon wenig später gelingt es ihm ganz automatisch, Fußpedale und Schaltknüppel zu bedienen, dabei das Lenkrad zu drehen, gleichzeitig auf die Straßenschilder sowie die anderen Verkehrsteilnehmer zu achten und nebenbei vielleicht sogar noch Radio zu hören oder mit dem Beifahrer zu plaudern … Ähnlich ergeht es einem kleinen Kind beim Laufenlernen. Zunächst muss es alles bis ins kleinste Detail hin erproben, erfahren und ausprobieren, bis es schließlich immer selbstsicherer wird.

Etwa mit zweieinhalb bis drei Jahren sind die meisten Kinder sehr wendig und flexibel und setzen ihre Füße wie Erwachsene auf den Boden: Bei jedem Schritt rollt der Fuß von der Ferse zu den Zehen ab. Dabei passt sich das Kind, so gut es kann, dem Tempo eines Erwachsenen an, meist mit ungleichen kurzen oder langen Schritten.

Rückwärts gehen

Je sicherer das Vorwärtsgehen wird, umso besser klappt es automatisch auch mit dem Rückwärtsgehen. Anfangs machte Ihr Kind vielleicht rückwärts nur ein bis zwei kleine Schritte. Und auch die geschahen oft eher unbewusst, etwa wenn es jemandem aus dem Weg gehen wollte. Mittlerweile jedoch ist Ihr Schatz in der Lage, gezielt rückwärts zu gehen, zum Beispiel, wenn er einen Karton in ein anderes Zimmer bugsieren will oder seiner geliebten Nachziehente bei der »Verfolgungsjagd« zuschauen möchte.

Auf Zehenspitzen gehen

Etwa mit zweieinhalb Jahren probieren einige Kinder noch eine weitere Gangart: Sie tippeln auf den Zehenspitzen. Streng genommen gehen sie natürlich nicht auf den Zehenspitzen, sondern auf den Zehenballen. Meistens geschieht dies spielerisch, zum Beispiel, wenn Sie mit Ihrem Kind tanzen oder kleinere Lauf-, Sing- oder Tanzspiele machen. Auch bei dem Versuch, sich ganz groß aufzurichten, womöglich noch mit nach oben gereckten Armen, steht Ihr Kind auf einmal auf den Zehenspitzen – und strahlt bis über beide Ohren: »So groß bin ich!« Etwa mit drei Jahren schaffen es viele Kinder dann, eine Strecke von ungefähr drei Metern auf den Zehenspitzen zurückzulegen. Sehr schnell hat Ihr Kind dabei heraus, dass es so ganz leise schleichen kann – und nutzt dies gerne, um sich an Sie heranzupirschen oder mucksmäuschenstill zum anvisierten Ziel zu gelangen.

Rennen

Je trittsicherer Ihr Kind ist, desto leichter fällt es ihm, die Füße vom Boden zu heben, wohlwissend, dass es wieder sicher landen kann. Um den zweiten Geburtstag herum erhöhen die meisten Kinder plötzlich ihr Tempo und laufen einfach los. Anfangs wirkt das vielleicht noch etwas steif und ungelenkig, da Füße und Knie noch nicht richtig mitschwingen. Aber das wird von nun an trainiert, sodass sich Beine und Füße in den kommenden Wochen immer flexibler dem Tempo anpassen. Wenn das Kind schnell läuft, haben jetzt beide Füße für einen kurzen Augenblick keine Bodenhaftung mehr. Das kann sehr witzig aussehen, etwa dann, wenn es kräftig mit beiden Armen rudert, um vor lauter Schnelligkeit nicht das Gleichgewicht zu verlieren.

Bereits um den zweiten Geburtstag herum können viele Kinder etwa fünf Meter am Stück rennen, ohne dabei hinzufallen, etwa ein Jahr später schaffen sie es sogar dreimal so weit. Kein

INFO

Runde Sache: Spiele mit dem Ball

Lange hat es gedauert, bis Ihr Kind ganz sicher auf zwei Beinen unterwegs war. Und prompt traut es sich den nächsten Schritt: Etwa mit zwei Jahren kann es rund fünf Sekunden auf einem Bein stehen. Kein Wunder also, dass es kein Problem mehr bereitet, nach einem Ball zu treten: Bereits mit 24 Monaten kann Ihr Kind einen großen (Wasser-)Ball wegkicken, ohne dabei hinzufallen. Diese Fertigkeit trainiert es von nun an so oft wie möglich, und wann immer es Gelegenheit dazu gibt. Auch wenn die Zielgenauigkeit noch in den Kinderschuhen steckt.

Aber nicht nur Fußball kicken macht den Kleinen große Freude, auch werfen und fangen sind der Hit. Anfangs schleudert Ihr Kind den Ball noch mit Leibeskräften von sich und schafft trotzdem nur eine relativ kurze Distanz von rund drei bis vier Metern. Mit drei Jahren gelingt es schon deutlich besser, und das Kleine verliert beim Werfen auch nicht mehr das Gleichgewicht.

Wunder, dass die Kleinen ob solcher Fähigkeiten nun viel Freude an Lauf- und Fangspielen haben. Sie heben einfach ihre Beinchen und rennen los.

Hoch hinaus: Treppen steigen

Treppen, Leitern und Stufen wirken auf die Abenteurer in Windeln geradezu magisch. Kein Wunder: Hier geht es hoch hinaus, hier kann man alles aus der Vogelperspektive beobachten, und irgendwie sieht die Welt dadurch ganz anders aus. Verständlich also, dass jede Treppe erklommen werden will. Schon einem Zweijährigen gelingt dies von Woche zu Woche besser. Anfangs meistert das Kind die Stufen nach oben in aufrechter Haltung und hält sich dabei am Geländer fest. In wenigen Wochen nur traut es sich auch, die Treppe auf diese Weise wieder hinunterzugehen. Nach dem dritten Geburtstag muss sich Ihr Schatz dabei nicht einmal mehr festhalten und kann sogar etwas in den Händen halten, während er nach oben oder unten steigt. Und noch etwas ändert sich: Anfangs stellen Kinder auf dem Weg nach oben immer beide Füße auf eine Stufe (Nachstellschritt). Etwa mit drei Jahren setzt es nur noch einen Fuß darauf und erklimmt mit dem anderen gleich die nächste Stufe – wie ein Erwachsener auch. Nur treppab wird es noch eine Zeit lang den Nachstellschritt einsetzen. Das gibt ihm Sicherheit.

Hüpfen

Wenn Ihr Kind einmal auf den Geschmack gekommen ist, wie schön es ist, für einen Moment die Bodenhaftung zu verlieren, wächst schlagartig sein Interesse am Springen. Wunderbar – hüpfen fühlt sich klasse an! Etwa mit zweieinhalb Jahren springen viele Kinder mit geschlossenen Füßen und beiden Beinen mehrmals hintereinander vom Boden hoch (Experten bezeichnen dies als den Beidbeinsprung). Sobald das immer besser gelingt, probieren sie es aus, eine kurze Strecke mit geschlossenen Beinen zu hüpfen. Die motorisch fitten Kinder schaffen es sogar, etwa einen Meter zu hüpfen, ohne abzusetzen, und das auch noch bei einem ganz beachtlichen Tempo. Der dritte Geburtstag ist in der Regel auch der erste, um sich mit so beliebten Spielen wie Sackhüpfen und Eierlaufen zu vergnügen. Denn ab jetzt arbeiten Beinkoordination und Handmotorik zusammen. Bisher war das nicht möglich.

Springen

Aber nicht nur das Hüpfen auf der Stelle oder auf einer Linie weckt das Interesse vieler Kinder, sondern auch das Springen von einer Anhöhe. Anfangs macht es zum Beispiel Freude, von einer Treppenstufe auf den Boden zu hüpfen. Überhaupt ist alles recht, auf das man hochklettern und anschließend wieder hinunterspringen kann – Mamas und Papas Bett, das Sofa, ein kleiner Stuhl, das Mäuerchen bei der Tiefgarage oder ein Baumstamm am Waldrand. Gerade deshalb heißt es für Eltern wieder einmal: Augen auf. Denn manche Gegenstände, wie Wäschekörbe, CD-Player, instabile Regale oder Drehstühle, sind denkbar ungeeignet, um davon hinunterzuspringen, auch wenn sie in den Augen des Kindes noch so verlockend erscheinen.

Balancieren

Spätestens ab jetzt steht alles, auf dem man balancieren kann, hoch im Kurs – und sei es nur die Bordsteinkante vor dem Haus. Balancieren zu können (und vor allem: es zu dürfen!) ist Gold wert. Denn in der Bewegung auf einer schmalen Fläche das Gleichgewicht zu halten, erfordert ein hohes Maß an Körperkontrolle, Körperwahrnehmung und Selbstvertrauen. Lassen Sie Ihr Kind also gewähren, wann immer es über einen geeigneten Gegenstand trippeln möchte. Wenn es dabei Ihre Hilfe braucht, geben Sie ihm Ihre Hand am besten etwa in seiner Hüfthöhe, nicht oberhalb seines Kopfes. Das macht es leichter, das Gleichgewicht zu halten. Wann immer Ihr Kind bei einem Spaziergang die Gelegenheit hat, auf etwas Stabilem zu balancieren, sollten Sie dies ausnutzen. Bieten Sie Ihrem Kind Ihre Unterstützung (und Ihre Geduld) an, und lassen Sie es losziehen: auf umgekippten Baumstämmen im Wald, auf niederen Balken oder kleinen Mauern.

DAS GLEICHGEWICHT HALTEN

Eine gute Balanceübung: Bitten Sie Ihr Kind, beide Füße ganz nah parallel aneinanderzustellen und die Augen zu schließen. Nun kann es versuchen, für zehn Sekunden stehen zu bleiben, ohne dabei das Gleichgewicht zu verlieren. Zunächst ist das etwas schwierig, aber mit etwa drei Jahren können es die meisten Kinder.

INFO

Tanzen zu rhythmischer Musik

Tanzen zu Musik fördert das Rhythmusgefühl und die Kreativität. Auf spielerische Weise lernt Ihr Kind, den Text von Liedern in Bewegungen umzusetzen, und das auch noch im Takt. So übt das Kind zum Beispiel bei »Teddybär, Teddybär« (siehe Seite 397) auf der Stelle zu hüpfen, mit seinen Händen ein Dach über dem Kopf anzudeuten und gleichzeitig zu singen. Gar nicht so leicht – aber eine wundervolle Art, Bewegungsabläufe zu automatisieren.

Bewegungsdrang in sicherem Rahmen

Keine Frage: Gefahren lauern überall. Ihr Kind ist jetzt in einem Alter, in dem es einen großen Wunsch nach Bewegung hat, sich in allen möglichen Situationen ausprobiert, hüpft, klettert, rennt und springt. Natürlich ist das nicht immer ohne Risiko, aber die Kleinen haben noch kein Gespür dafür, was im Ernstfall passieren könnte. Das ist auch gut so, denn Angst bremst. Und wer mag sich schon gern mit angezogener Handbremse fortbewegen? Dann ist Entwicklung nur schleppend möglich.

Trotzdem gibt es immer wieder Situationen, in denen sich Eltern fragen, wie sie sich verhalten sollen, damit alles glimpflich verläuft. Und sicher erfordert es ein großes Maß an Aufmerksamkeit seitens der Eltern. Das gilt besonders dann, wenn ein entdeckungsfreudiges Kind sein Umfeld wortwörtlich auseinandernimmt und am liebsten alles von hoch oben betrachtet.

Das richtige Maß an Vorsicht

Kinder sollten nicht überbehütet aufwachsen. Natürlich wollen Eltern für ihren Nachwuchs nur das Beste. Aber ist es wirklich sinnvoll, wenn sie jede (mitunter schmerzliche) Erfahrung von ihm fernhalten? Nicht umsonst nennt man Kinder im Alter zwischen zwei und drei »Forscher in Windeln«. Denn gerade jetzt wird alles ganz bewusst wahrgenommen, erlebt und registriert. Natürlich sollen Sie Ihrem kleinen Schatz nicht tatenlos zusehen, wenn er kurz davor ist, vom Treppengeländer zu rutschen, oder wenn er auf einem Dreirad balancieren möchte. Hier ist umgehend Abhilfe angesagt.

Aber die vielen anderen kleinen Dinge, die Ihr Kind tagtäglich ausprobieren möchte, sollten Sie ihm gewähren – etwa wenn es beim Spaziergang auf der Mauer balancieren möchte, die Rutsche von vorne hochklettern will, die Sprossen einer Leiter erklimmen oder über Stock und Stein hüpfen möchte. Je mehr Erfahrungen ein Kind sammeln kann, desto besser. Denn das schafft Selbstsicherheit und Vertrauen. Nicht zuletzt deshalb, weil Sie Ihrem Kind die Sicherheit geben, dass Sie ihm vertrauen, und keinen Zweifel lassen, dass Sie sein Bedürfnis nach Klettern und Co. wahrnehmen und respektieren. Halten Sie einfach die Augen offen und bieten Sie ihm wo nötig Unterstützung an.

Sorgen Sie für Sicherheit

Damit die Kommunikation zwischen Eltern und Kind nicht größtenteils aus Verwarnungen wie »Pass auf«, »Achtung«, »Vorsicht« oder »Lass das« bestehen muss, sollten Sie mögliche Gefahrenquellen in Haus und Garten unbedingt aus dem Weg räumen. Zu den Sicherheitstipps auf Seite 206 f. gehören jetzt auch ganz besonders folgende:

○ Lassen Sie Ihr Kind nie unbeaufsichtigt im Garten, auf der Terrasse oder dem Balkon spielen: Es will jetzt überall hinaufklettern und macht auch vor dem Balkongeländer nicht Halt. Steht das Gartentor offen, läuft es möglicherweise auf die Straße. Nicht zuletzt kann das Kind, wenn es alleine im Garten ist, mit Personen in Kontakt kommen, die Sie nicht kennen.

○ Absolute Vorsicht gilt im Hinblick auf gefüllte Regentonnen, Teiche, Weiher oder auch nur Pfützen. Denn Kleinkinder werden von Wasser magisch angezogen. Was sich nicht durch Abdecken sichern lässt, müssen Sie immer im Blick haben. Immer wieder ist von tragischen Unfällen zu lesen, bei denen Kinder ertrunken sind, obwohl das Wasser nur wenige Zentimeter tief war. Seien Sie also doppelt vorsichtig!

○ Aufgepasst auch in der Badewanne: Lassen Sie Ihr Kind niemals unbeaufsichtigt im Wasser sitzen – auch nicht für einen Moment, wenn es an der Haustür läutet oder das Telefon klingelt.

○ Räumen Sie Dinge so gut wie möglich an den Platz, wo sie hingehören. Chaos im Haushalt bringt kleine Forscher schnell auf riskante Ideen. So animiert etwa ein herumliegender Schraubenzieher, in der Steckdose herumzustochern, oder eine Nagelfeile zum Bohren in der Nase. Mit der Nagelschere könnte man ausprobieren, sich selbst die Nägel zu schneiden, und mit einem Feuerzeug und Streichhölzern macht Papa immer so schöne Lichter …

○ Erkundigen Sie sich über die Pflanzen, die in Ihrem Garten oder auf dem Balkon wachsen. Sind diese wirklich ungiftig für Ihr Kind? Mehr Informationen dazu finden Sie auf Seite 207.

○ Vergessen Sie nie: Sie tragen die Verantwortung für Ihr Kind, das gilt natürlich auch auf öffentlichen Plätzen wie im Schwimmbad oder auf dem Spielplatz und im Straßenverkehr (insbesondere beim Überqueren der Straße). Ihr Kind ist viel schneller und wendiger, als Sie glauben. Denken Sie nie »Da sind doch genug andere Leute, die werden mir schon sagen, wenn etwas passieren kann«, um sich dann einem Buch, Telefonat oder Gespräch zu widmen. Sie sind verantwortlich für Ihr Kind!

Ganz besonders gilt dies auch für ältere (Geschwister-)Kinder: Sie sind einfach noch zu jung, um die Verantwortung für das kleinere Kind zu übernehmen. Darum sollten Sie ihnen diese Aufgabe gerade in solch wesentlichen Angelegenheiten wie Sicherheit so selten wie möglich übertragen.

Baden ist herrlich, vor allem zu zweit. Doch vor lauter Begeisterung taucht man schnell mal unter Wasser. Daher sollten Eltern kleine Kinder nie unbeaufsichtigt in der Wanne lassen, auch nicht für ein paar Sekunden.

Aus der Hocke einen Purzelbaum schlagen: Dazu gehört etwas Mut, es macht aber auch großen Spaß.

Sitzen

Mittlerweile kann sich Ihr Kind mühelos auf den Boden setzen. Manche Kinder bevorzugen den Zwischenfersensitz: Sie haben die Beine nach hinten angewinkelt und der Po ist zwischen den Fersen auf dem Boden. Auf viele Erwachsene wirkt diese Sitzart alles andere als bequem, aber Kinder sind gelenkig und gehen gern in diese Position. Ähnliches gilt auch für den Schneidersitz auf dem Boden, den Kinder im dritten Lebensjahr oft wählen.

Wenn es die Sitzposition verlassen will, kann Ihr Kind problemlos in die Hocke gehen und auch für einige Sekunden in dieser »Kauerstellung« verweilen, ohne sein Gleichgewicht zu verlieren. Wenn Sie es dazu einladen, traut es sich sogar, aus dieser Stellung heraus einen Purzelbaum zu schlagen. Dazu legt es seinen Kopf auf den Boden und macht eine Rolle vorwärts in die Rückenlage. Einmal kopfüber durchs Leben gehen – was für eine Freude! Aber nicht nur das gelingt Ihrem Schatz, sondern auch eine Rolle

um die eigene Längsachse. Probieren Sie es ruhig aus: Legen Sie sich selbst lang auf den Boden, strecken Sie die Arme weit über den Kopf, und rollen Sie sich zur Seite. Mit lautem Quietschen wird Ihr Kind Sie dabei beobachten und denken: »Hey, was macht Mama denn da? Das probiere ich auch aus.«

Laufrad oder Dreirad?

Es gibt Kinder, die genießen lange, ausgedehnte Spaziergänge, solange sie dabei im Kinderwagen sitzen. Andere dagegen sind lieber selbst aktiv. Sie wollen laufen, rennen und hüpfen – oder mit dem Dreirad oder Laufrad fahren. Aber welches dieser Fahrzeuge ist für das Kind besser?

In die Pedale treten

Auch wenn Ihr Kind anfangs damit noch nicht so richtig von der Stelle kommt und sich mit den Füßen vom Boden abstoßen muss, um vorwärts zu kommen, macht das Dreiradfahren unglaublich viel Spaß. Schließlich kann man selbstständig lenken, Richtung und Tempo bestimmen, klingeln oder hupen – wie bei einem richtigen Auto. Etwa um den dritten Geburtstag herum können die meisten Kinder erfahrungsgemäß die Pedale richtig treten (manchen Kindern gelingt dies auch schon ein Jahr früher).

Dreiradfahren erfordert einiges an Geschick: Das Kind muss zum Beispiel in einer bestimmten Gleichmäßigkeit optimalen Druck auf die Pedale ausüben. Gleichzeitig ist eine große Portion Raumwahrnehmung nötig, damit es Ecken großräumig umfahren und Hindernissen ausweichen kann.

Ein klarer Pluspunkt des Dreirads: Das Tempo ist moderat, bei normalem Gebrauch kann es kaum umkippen, und die meisten Modelle haben einen kleinen »Kofferraum«, in dem sich allerhand transportieren lässt – Schneckenhäuser, Stöckchen, Steine, Sand, Tannenzapfen oder auch das Kuscheltier. Zudem gibt es oft die Möglichkeit, eine Schubstange anzubringen. Damit können Sie Ihr Kind schieben, wenn es müde geworden ist, beziehungsweise die Richtung samt Geschwindigkeit kontrollieren.

Mit Füßen und Rädern Tempo machen

Laufräder gibt es aus Holz, Metall oder aus Kunststoff, eher schlicht oder auch aufwändig gebaut. Doch gleichgültig, um welches Modell es sich handelt: Ein Laufrad bietet dem Kind den großen Vorteil, dass es bei Bedarf jederzeit seine Füße auf den Boden stellen kann. Das vermittelt Bodenhaftung und Sicherheit. Laufradfahren erfordert zwar die Kontrolle über Gleichgewicht und Geschwindigkeit sowie einen kräftigen Einsatz der Beine. Doch beides lässt sich recht fix erlernen.

Wenn die Kinder auf dem Sattel sitzen und sich mit den Füßen abstoßen, erreichen sie mitunter ein beachtliches Tempo. Besonders wenn es bergab geht. Da müssen die Eltern sich ganz schön ranhalten. Aber auf Spaziergängen kommt man so rasch voran. Das schätzen viele Kinder. Die Erfahrung zeigt: Kinder, die einmal gelernt haben, auf dem Laufrad zu fahren, tun sich spä-

Entdeckungstour auf zwei Rädern: Da macht der Spaziergang doppelt Spaß. Wenn das Kind keine Lust mehr hat, können sich die Eltern das Laufrad leichter unter den Arm klemmen als zum Beispiel ein Dreirad.

ter leichter beim Erlernen des Fahrradfahrens. Kein Wunder, sie sind schließlich bereits in der Lage, ihr Gleichgewicht zu halten, und können mit Geschwindigkeiten eher umgehen. Manche Laufräder haben sogar eine Bremse, sodass die Kinder das Abbremsen lernen können.

EINE LOHNENDE INVESTITION

Beide Fahrzeuge sind hervorragend geeignet, um dem Bewegungsdrang des Kindes nachzugeben und Körperkontrolle, Gleichgewicht, Koordination und den Umgang mit Geschwindigkeit zu erlernen. Wenn es der Stellplatz im Keller oder in der Garage sowie der Geldbeutel erlauben, sind beide Fahrzeuge ihre Investition wert. Erst recht, wenn vielleicht noch Geschwister nachrücken. Oft können Sie Drei- und Laufräder auch gebraucht kaufen, etwa auf Flohmärkten oder bei einer Internetversteigerung. Tipp: Lassen Sie Ihr Kind bei Freunden oder Bekannten Probe fahren. Dann sehen Sie, was ihm mehr Freude bereitet.

Die Feinmotorik

Nicht nur die komplexen Bewegungen wie Gehen, Laufen und Springen verfestigen sich im dritten Lebensjahr mehr und mehr. Die Händchen Ihres Kindes werden ebenfalls immer geschickter. Mit zunehmendem Alter verbessert sich auch die Hand-Auge-Koordination weiter, wodurch die Finger nochmals flinker werden. Je besser die Wahrnehmung, desto genauer kann etwas umgesetzt werden.

Vom Bauen, Ordnen und Stecken

Noch immer steht Bauen hoch im Kurs, und dazu dient alles, was sich irgendwie stapeln lässt: Bauklötze, Holzwürfel, Legosteine, Plastikbecher, Dosen und vieles mehr. Ab jetzt geht

es hoch hinaus, je höher, desto besser. Weil Ihr Kind sein Handgelenk nun routiniert beugen und drehen kann, stellt es sich dabei immer geschickter an: Zielgenau versucht es, einen Turm zu bauen, und schafft es ohne Probleme, vier bis acht Würfel übereinanderzustapeln. Mit zweieinhalb Jahren können es sogar schon acht bis zehn Bauklötze sein, wenn Geduld und Ausdauer es zulassen. Fast ebenso viel Spaß macht es, das Bauwerk anschließend zum Einsturz zu bringen – und wieder von vorne zu beginnen. Einen enormen Vorteil hat Ihr Kind, wenn es alleine stapeln darf und ihm Mama oder Papa nicht bei dieser »Arbeit« helfen. Wenn Sie gemeinsam spielen, sollte daher jeder seinen eigenen Turm bauen und zum Einsturz bringen.

Aber nicht nur in die Höhe bauen bereitet Freude, sondern auch das Sortieren und Ordnen. Da werden mit großer Sorgfalt und Präzision unermüdlich Wäscheklammern, Stifte oder Bauklötze nach Farben getrennt oder exakt in Reih und Glied gelegt. So kann sich das Kind eine ganze Weile hervorragend selbst beschäftigen.

PUZZLES UND STECKSPIELE

Der Wunsch nach Ordnung und korrekter Reihenfolge weckt das Interesse für einfache Puzzles. Sehr beliebt sind auch Holzsteckspiele, deren Teile sich gut greifen lassen, um sie in die passende Vertiefung auf dem Spielbrett zu setzen. Dabei geht es nicht nur darum, ein Motiv zu erkennen, sondern auch, es in die Form zu bugsieren. Das erfordert sowohl eine genaue Wahrnehmung als auch eine ausreichende Hand-Auge-Koordination, um das Steckteil an den richtigen Platz zu bekommen. Gar nicht so einfach – aber ein geniales Training.

Ein zweijähriges Kind ist bereits in der Lage, Scheiben oder Ringe auf einen Stab zu stecken, dicke Perlen auf einen Faden zu fädeln oder Rosinen in eine Flasche zu stecken. Geschickt setzt es dabei den Zangengriff ein (siehe Seite 64 f.). In wenigen Monaten wird es versuchen, kleine Dinge wieder aus der Flasche herauszuschütten und kleinere Perlen auf einen Draht zu fädeln. Besonders beliebt: (ungekochte) Nudeln auffädeln. Anfangs eignen sich dazu am besten dicke Penne, später auch kleine Makkaroni. Das wird eine schöne Kette. Für mehr Farbenvielfalt als nur »Nudelgelb« können Sie die Nudeln vorher noch mit Lebensmittelfarbe einfärben.

Malen und Zeichnen

Spätestens ab jetzt sollten Sie keine Filzstifte und Kugelschreiber mehr achtlos herumliegen lassen, denn sie werden schneller entwendet, als Sie schauen können. Kritzeln ist jetzt der Hit! Sobald Ihr Kind einen Stift in die Hand bekommt, wird damit gemalt, notfalls auch ohne Papier. Von nun an hält es den Stift immer besser mit beweglicherem Handgelenk. Diese Fähigkeit ermöglicht ihm, nicht nur Striche zu zeichnen, sondern auch runde Formen aufs Papier zu bringen, obwohl es Stifte und Pinsel im dritten Lebensjahr noch weitgehend mit der ganzen Faust umschließt. Erst um den dritten Geburtstag herum fassen Kinder die Schreibgeräte wie ein Erwachsener.

Etwa mit drei Jahren können Kinder einen Kreis, ein »V« oder ein Kreuz nachmalen, wenn man ihnen vorher gezeigt hat, wie es geht. Ihre Bildern zeugen von unbegrenzter Fantasie. Nicht immer sehen Auto oder Baum zwar so aus, wie wir Erwachsene es gewohnt sind. Für Ihr Kind aber sind die drei kleinen und zwei großen Striche mit Punkt das rote Auto des Nachbarn, und dafür verdient es ein dickes Lob. Kinder lieben es jetzt, mit Farben zu experimentieren. Dazu eignen sich Wasserfarben oder noch besser: Fingerfarben.

SCHNEIDEN UND BASTELN

Scheren scheinen eine geradezu magische Anziehungskraft auf Ihren Liebling auszuüben. Und so übt er unermüdlich, bis er mit diesem Gerät umgehen und einzelne, anfangs noch gerade Schnitte durchs Papier schneiden kann (siehe auch Seite 386). Bei vielen Kindern hat sich dabei bereits eine Hand als die dominantere erwiesen. Es ist aber noch zu früh, um definitiv zu sagen, ob Ihr Kind ein Rechts- oder Linkshänder sein wird.

Ebenso interessant wie das Schneiden ist das Falten und Kleben von Papier. Es ist einfach faszinierend für Ihr Kleines, was man alles anstellen kann, und diese Faszination sollte es stets in Ihrer Anwesenheit erleben dürfen.

Kinder lieben es, einfach draufloszuschneiden. Das Ergebnis ist nicht so wichtig, der Weg ist das Ziel.

DIE SPRACH-ENTWICKLUNG

»**Alles Gute zum Geburtstag!**« Die meisten Kinder haben an ihrem zweiten Geburtstag bereits eine ungefähre Vorstellung davon, welche Botschaft dieser Satz transportiert. Zusammen mit der Gestik, Mimik und Sprechmelodie der Eltern versteht ein Kind auf jeden Fall, dass es sich bei seinem Geburtstag um etwas Schönes und Angenehmes handelt.

Sehr viele Kinder haben mittlerweile einen aktiven Wortschatz von 50 bis 150 Wörtern; ihr passiver Wortschatz ist natürlich deutlich größer.

Weil die Entwicklung eines Kindes immer ganzheitlich verläuft, überträgt sich jede neue Fertigkeit in einem Bereich auch automatisch auf die anderen Bereiche. Wenn Ihr Kind zum Beispiel selbstständig auf die Rutsche klettern kann, bekommt es auch ein Gefühl für die Raumwahrnehmung – oben und unten, hoch und runter. In seinem Sprachverständnis verankern sich die Begriffe dafür. Wenn das Kind in seiner Feinmotorik so weit ist, dass es eine Flasche aufschrauben kann, bekommt es eine Vorstellung von »auf« und »zu«; wenn es den Wasserhahn aufdreht und die Temperatur verändert, lernt es die Bedeutung von »warm« und »kalt« … Je mehr Reize ein Kind für seine Wahrnehmungen erhalten darf, desto mehr Erfahrungen sammelt es und speichert diese in seinem Gehirn ab. Hinsichtlich der sprachlichen Entwicklung bedeutet dies: Je reichhaltiger und vielfältiger der Tisch mit kindgerechten Wörtern gedeckt ist, desto mehr kann es davon aufnehmen, im Vorratsschrank lagern und in Zukunft immer wieder darauf zurückgreifen.

Die Rolle der Eltern beim Sprechenlernen

Jedes Kind bringt sein eigenes Tempo mit – das gilt auch für die Sprachentwicklung. Sie können als Eltern die Geschwindigkeit, in der Ihr Kind das Sprechen lernt, nicht beschleunigen, aber die Sprachentwicklung durchaus fördern.

Die Natur hat einem gesunden Menschen wichtige Fähigkeiten mitgegeben, um Sprechen lernen zu können: Ein Kind kann hören, sehen, schmecken, riechen und tasten, wie sich Leben »anfühlt«. Außerdem muss es sich mit anderen Menschen austauschen können, um zu reflektieren. Je mehr sich Ihr Kind von Ihnen gesehen und angenommen fühlt, desto besser ist die Basis für seine gesunde Entwicklung. Für das Sprechenlernen bedeutet dies, dass Ihr Kind dann hervorragende Startbedingungen hat, wenn Sie mit ihm reden und es dabei anschauen, es ernst nehmen, ihm zuhören, es aussprechen lassen und mit ihm spielen, statt zu »üben«.

Jeder Moment, in dem Sie Ihrem Kind uneingeschränkt Ihre Aufmerksamkeit schenken, ist Gold wert. Sie können dafür ein Plauderstündchen einlegen, gemeinsam ein Bilderbuch anschauen, singen, tanzen und lachen, gemeinsam malen oder basteln oder sich Geschichten erzählen. Hauptsache, Sie verbringen gemeinsame Zeit, ohne dass dabei eine andere Tätigkeit wichtiger ist. Es müssen keine Stunden so verbracht werden. Hier und da einige Minuten am Stück sind auf jeden Fall besser als gar nichts.

Einladung zum Kommunizieren

Ihr Kind lernt das Sprechen am besten, wenn Sie es täglich ermuntern, sich mit Ihnen zu unterhalten. Achten Sie einmal darauf, welche Fragen Sie ihm stellen. Idealerweise formulieren Sie Ihre Fragen »offen«, sodass der Nachwuchs nicht einfach nur mit ja oder nein antworten kann. Denn dabei erhalten Sie vergleichsweise wenig Information. Wenn Sie beispielsweise fragen: »Was hast du denn heute im Kindergarten gemacht?«, erfahren Sie viel mehr als mit der Frage »War es schön im Kindergarten?« Das Gleiche gilt für Fragen, die sich mit einem einzigen Wort beantworten lassen, wie »Was ist das?« oder »Wie heißt das?« Wenn Sie nicht nur einfache Wörter austauschen, sondern wirklich ins Gespräch kommen wollen, sollten Sie Ihre Fragen anders formulieren und dadurch Ihr Kind zum Sprechen einladen. Wenn Sie zum Beispiel ein Buch mit Tieren anschauen, können Sie statt »Wo ist die Katze?« eher fragen: »Was macht denn die Katze?« Am besten greifen Sie anschließend die Antwort Ihres Kindes auf und schmücken sie noch ein wenig aus, sodass daraus ein ganzer Satz entsteht. Wenn Ihr Kind zum Beispiel antwortet: »Kate tinken« (Katze trinkt), könnten Sie bestätigen: »Ja, genau, die Katze trinkt Milch, hm, leckere Milch.«

Kinder brauchen Bücher

Bücher sind eine wunderbare Hilfe beim Spracherwerb: Sie fördern das Sprachverständnis, erweitern den Wortschatz, verhindern Langeweile und schenken Eltern und Kind wertvolle, gemeinsame Zeit. Kinder lieben es, auf dem Schoß von Mama oder Papa (oder einer anderen gern gemochten Person) zu sitzen, ganz eng mit ihr zu kuscheln, in einem Buch zu blättern und dabei die vertraute Stimme zu hören. Wissenschaftler haben sogar herausgefunden, dass Kinder, die mit ihren Eltern bereits in frühen Jahren Bilderbücher anschauen und vorgelesen bekommen, später einen leichteren den Start ins Schulleben haben. Eine englische Studie zeigt, dass Kinder, die ab einem Alter von neun Mo-

*Lesen macht schlau, Bilderbücher anschauen auch!
Denn sie helfen Kindern, die Welt zu verstehen.*

DAS PROJEKT LESESTART

»Lesen bildet, Lesen hilft Kindern, die Welt besser zu verstehen«, betonte die deutsche Bundesbildungsministerin Annette Schawan im Jahr 2010. Darum startete ein Jahr darauf bundesweit das Projekt »Lesestart – drei Meilensteine für das Lesen«. Insgesamt rund 26 Millionen Euro lässt sich das Bundesministerium für Bildung und Forschung die von der Stiftung Lesen durchgeführte Aktion kosten.

Das bundesweite Programm ist vorerst auf acht Jahre angelegt. Es richtet sich zunächst an Eltern und Kinder in sozialen Brennpunkten, mit dem Schuleintritt dann an alle Kinder. Dreimal bekommen die Kinder ein Buch geschenkt, während ihre Eltern Hinweise zum Vorlesen erhalten, wie sie das Lesen fördern können und welche Angebote es vor Ort gibt. Das erste Buch gibt es im Rahmen der Vorsorgeuntersuchung U6 (zwischen dem 10. und 12. Lebensmonat). Das zweite Buch richtet sich an Kinder ab drei Jahren und ist in den örtlichen Bibliotheken erhältlich. Das dritte Buch wird zum Schuleintritt in den Schulen verteilt.

Kleinkinder und Fernsehen

Kinder lernen durch Imitation, und dafür brauchen sie liebevolle Bezugspersonen. Indem sie immer wieder Dinge ausprobieren, sammeln sie Erfahrungen. Das Gefühl von Anerkennung, Geborgenheit und Sicherheit lässt ein Kind wachsen. Doch dafür bedarf es in erster Linie der Interaktion, also eines gesellschaftlichen Miteinanders. Dies gilt natürlich auch für die Sprachentwicklung. Kinder lernen sprechen, indem sie sich mit ihren Mitmenschen, mit Spielzeugen und Alltagsgegenständen, mit Gefühlen und Situationen, in denen sie sich gerade befinden, auseinandersetzen. Dagegen haben Wissenschaftler festgestellt, dass Kinder, die vor

naten vorgelesen bekommen, sieben Jahre später in der Schule deutlich besser abschneiden als eine Vergleichsgruppe ohne Leseförderung. Die Kinder des (Vor-)Leseprojekts konnten besser lesen, schreiben, sprechen und auch rechnen. Offenbar fördert der Umgang mit Büchern die geistige Entwicklung in fast allen Bereichen. Nicht zuletzt vermittelt das gemeinsame Lesen dem Kind das Gefühl, dass es beachtet und wahrgenommen wird. Allein deshalb wäre es ideal, wenn Sie Ihrem Schatz jeden Tag aus einem Buch vorlesen. Doch die Praxis sieht leider anders aus: Jeder vierte Deutsche nimmt nie ein Buch zur Hand die Zahl der Kinder, denen selten oder nie vorgelesen wird, liegt einer Umfrage zur Folge bei 42 Prozent.

dem Fernseher sitzen, zwar Menschen sprechen hören, aber nicht selbst sprechen lernen. Es fehlt das Triangulieren (siehe Seite 209) und die Reflektion – die Rückmeldung, ob ein Wort oder ein Satz richtig gesprochen wurde. Nur dabei hört das Kind die Laute erneut und erfährt, dass seine Botschaft angekommen ist und verstanden wurde. Nicht zuletzt macht Reden und Sprechen zu zweit viel mehr Spaß als alleine. Ohne einen oder mehrere Gesprächspartner lässt sich die Freude am Sprechen kaum aufrechterhalten.

IST FERNSEHEN FÖRDERLICH?

Fernsehen trägt nicht dazu bei, dass sich das Kind mit Menschen, Gegenständen oder Situationen auseinandersetzt. Im Gegenteil: Die Bildfolge ist schnell, lässt sich nicht beeinflussen, nicht in die Hand nehmen und nicht (im wahrsten Sinn des Wortes) be-greifen – etwa so, wie dies bei einem Buch der Fall ist. Die Handlung der Fernsehgeschichte findet nur auf der Mattscheibe statt, der kleine Zuschauer selbst bleibt dagegen passiv.

Es ist bewiesen, dass Kinder, die viel fernsehen, einen kleineren Wortschatz haben. Denn beim Fernsehen kommt das Kind nicht ins Gespräch und kann nicht in Interaktion mit seinem Mitmenschen treten. Zudem verankern sich die Wörter, die aus dem Lautsprecher dringen, weniger gut im Gehirn als solche Begriffe, die ein Kind aus dem aktiven Handeln heraus erlernt. Anders als zum Beispiel Bücherlesen trägt Fernsehen daher wenig zum Spracherwerb bei. Bücher zeigen Bilder und offenbaren Geschichten, über die man gemeinsam sprechen kann. Gemütlich auf Mamas Schoß zu sitzen, miteinander zu kuscheln und das gesprochene Wort zu hören, kann keine noch so tolle Fernsehsendung ersetzen.

FERNSEHVERHALTEN VON KINDERN

US-Wissenschaftler haben herausgefunden, dass amerikanische Kinder zwischen zwei und fünf Jahren durchschnittlich 32 Stunden pro Woche vor dem Fernseher verbringen. Auch hierzulande schauen bereits Kinder zwischen null und zwei Jahren täglich rund 60 Minuten in die Röhre, Drei- bis Fünfjährige sogar 75 Minuten. Das ist eindeutig zu viel, erklärt die Bundeszentrale für gesundheitliche Aufklärung in Köln. Ihrer Meinung nach sollten Kinder unter drei Jahren überhaupt nicht fernsehen oder Computer spielen, Kindergartenkinder zwischen drei und fünf Jahren nicht länger als eine halbe Stunde pro Tag vor diesen Geräten verbringen.

Zugegeben: Das sind Idealwerte. Denn nicht immer lassen sich solche traumhaften Zustände auch in der Realität erreichen. Und besonders schwer wird es, wenn ältere Geschwisterkinder im Haushalt leben. In diesem Fall sollten Sie je nach Programm überlegen, ob Sie mit dem Jüngeren nicht eine »eigene« Zeit verbringen könnten, während das Ältere seine Sendung anschaut. Ihr Kleineres wird es genießen, Sie einmal ganz für sich zu haben.

Wie so oft gilt aber auch beim TV-Konsum: Die Menge macht das Gift. Natürlich ist es nicht schädlich, wenn Ihr Dreijähriges sich hin und wieder eine kurze Kindersendung anschaut. Zwei Dinge sollten Sie jedoch bedenken: Wenn Sie Ihr Kind erst einmal auf den Geschmack gebracht haben, kann es schwierig sein, es in Zukunft von diesen Freuden fernzuhalten. Außerdem raubt Fernsehen gemeinsame, aktive Familienzeit, die sich sinnvoller gestalten ließe.

Wenn Sie sich fürs Fernsehen entscheiden, dann ist es ratsam, gemeinsam mit Ihrem Kind zuzuschauen. So können Sie bei Bedarf etwas erklären und das Gerät ausschalten, wenn Sie merken, dass Ihr Kind überfordert ist.

Die Sprachentwicklung vom 24. bis 30. Monat

Das zweite Halbjahr vor dem dritten Geburtstag ist eine ganz spannende Zeit in der sprachlichen Entwicklung. Denn sehr bald können Eltern feststellen, wie Ihr Kind auch gedanklich nachvollzieht, was Sie besprechen.

Das Sprachverständnis wächst

Ein Kind, das aktiv und mit allen Sinnen seine Welt erforscht, vergrößert automatisch sein Sprachverständnis – vorausgesetzt, seine Eltern bieten ihm die Wörter an.

Mittlerweile versteht Ihr Kind viele Begriffe und Bedeutungen von Gegenständen, die man annähernd täglich braucht. Und es kann bereits kleine Aufträge ausüben. Wenn Sie also zum Beispiel sagen »Bring mir bitte die Schuhe, die unter dem Tisch stehen«, wird es dieser Aufforderung vermutlich folgen. Hat es anfangs eher nur auf ein Wort im Satz reagiert, ist es nun in der Lage, zwei bis drei Begriffe und ihre Bedeutung in einem Satz zu verbinden.

ABSTRAKTES DENKEN FÄLLT NOCH SCHWER

Im ersten Halbjahr des dritten Lebensjahres ist das Sprachverständnis meist noch situativ gebunden. Wenn Sie Ihrem Kind zum Beispiel Messer, Löffel und Gabel vorlegen und es darum bitten, Ihnen den Löffel zu reichen, wird es Ihnen diesen vermutlich geben. Liegen allerdings nur Messer und Gabel auf dem Tisch und Sie bitten es trotzdem um den Löffel, greift es vermutlich zu einem der beiden anderen Besteckteile. Mit dem Begriff Löffel kann Ihr Kind in dem Moment nichts anfangen, denn der Löffel liegt nicht vor ihm in seinem Sichtfeld. Ein anderes Beispiel: Wenn Sie zu Ihrem Kind sagen:

»Deiner Puppe ist vielleicht kalt und sie friert, magst du ihr eine Mütze anziehen?« und ihm gleichzeitig eine Zahnbürste reichen, wird es vermutlich anfangen, der Puppe die Zähne zu putzen. Aber bereits in wenigen Monaten wird es Sie irritiert anschauen, weil es begriffen hat, dass der Zusammenhang nicht stimmt – was hat das Frieren mit der Zahnbürste zu tun?

Ein bunter Strauß Wörter

Mit Leichtigkeit schnappt Ihr Kind im dritten Lebensjahr Begriffe auf. Was auch immer ihm zu Ohren kommt: Es wird gehört, registriert und möglichst wiederholt. Während ihm die Wörter zu Beginn des zweiten Lebensjahres noch eher langsam über die Lippen kamen, fallen sie ihm jetzt regelrecht zu. Täglich erweitert Ihr Kind seinen aktiven und passiven Wortschatz. Jede Aktivität, jeder Spaziergang und jede alltägliche Handlung, an der Sie Ihr Kind teilhaben lassen, dient als großer »Wörter-Pool«, aus dem Ihr Kind angeln kann. Und je aufmerksamer Ihr Kind durch den Tag schreitet, je vielfältiger das Wortangebot ist, desto schneller wächst sein Wortschatz.

Rein statistisch gesehen lernt ein Kind in dieser Zeit acht bis zehn Wörter am Tag – bis es mit etwa 30 Monaten rund 450 Wörter spricht. Natürlich kann es noch nicht alle davon auch richtig aussprechen. Doch darauf kommt es auch gar nicht an. Für viele Wörter fehlen momentan einfach noch die richtigen Laute. Denn manche Konsonanten (Mitlaute) lassen sich gar nicht so leicht aussprechen. Dazu gehören zum Beispiel die schwierigen Rachenlaute, die im hinteren Bereich des Mundes gebildet werden, wie das K, G, CH und R. Schwierig auszusprechen sind außerdem die Zischlaute wie S, SS, SCH, Z und X sowie Lautverbindungen wie FR, FL, KL, KR, TR und SCHL. Viele Kinder können diese Laute einfach noch nicht richtig bilden. Aber auch das lernen sie in den nächsten Monaten.

Wenn Sie bemerken, dass Ihr Kind immer wieder über einen Buchstaben »stolpert«, können Sie das Wort noch einmal unauffällig aufgreifen und wiederholen. Sprechen Sie dabei klar und deutlich, damit Ihr Kind den Unterschied hören kann. Mit der Zeit merkt es so von selbst, dass das Wort in Ihrer Sprechweise anders klingt, und es wird sich bemühen, seine Aussprache zu verbessern. Sie müssen es gar nicht kritisieren.

NEUE WORTSCHÖPFUNGEN

Auch wenn es mit der Lautbildung immer besser klappt und der Wortschatz täglich wächst –

Gemeinsam lachen verbindet: Lustige Reime und Lieder für Kinder schulen außerdem noch die Sprache.

vielen Kindern reicht das noch nicht aus. Und so zaubern sie ihre eigenen Kreationen. Es ist eine Freude, solche Wortschöpfungen zu hören. Und nicht wenige sind es wert, aufgeschrieben zu werden, damit man sich auch in ein paar Jahren noch an ihnen erfreuen kann. Allzu schnell vergisst man sonst die Zeiten, als das Knäckebrot noch »Dreckebrot«, ein Gabelstapler »Stapelplaper«, das Gewitter »Undewitter«, die Rangierlok »Rasierlok«, balancieren »blangossieren« und Aschermittwoch »Kohlemittwoch« genannt wurden …

Längere Sätze sind möglich

Wer ein großes Repertoire an Wörtern hat, ist auch in der Lage, mehrere davon aneinanderzureihen. Kein Wunder also, dass Ihr Kind immer längere Wortketten bildet: Aus den bisher üblichen Ein-Wort-Sätzen werden nun Drei- und Mehr-Wort-Sätze. Weil Kinder in diesem Alter die Wörter in beliebiger Reihenfolge aneinanderhängen (meist nach ihrer Wichtigkeit sortiert), klingen manche Sätze wirr und witzig, wie zum Beispiel: »Anorak anziehen, besser ich nicht friere«, »Habe dich auf gewartet«, »Die Geier fliegen die Berge« oder »Das wille ich nicht«. Das Verb wird meist in der Grundform verwendet, wie zum Beispiel bei »Opa Auto fahren« oder »Mama Treppe kommen«. Nur hin und wieder gelingt es dem Kind, die richtige Endung zu nennen (»Baby schreit« oder »Papa kommt«) – und auch das eher zufällig.

Auch wenn die ungeformten Mehr-Wort-Sätze für Außenstehende nicht immer eindeutig klingen mögen, wissen Eltern meist sehr genau, wovon ihr Kind gerade spricht. Und in den meisten Fällen reagieren sie abermals intuitiv richtig, indem sie die Sätze ihrer Kinder aufgreifen und noch einmal richtig wiederholen. Auf diese Weise sind Eltern und Kind ein tolles Team.

KORRIGIEREN SIE NICHT

Achten Sie möglichst darauf, Ihr Kind nicht lehrmeisterhaft zu verbessern. Wenn es sich korrigiert fühlt, kann dies seine Motivation und Sprechfreude sehr schnell ausbremsen. Weisen Sie Ihren Schatz daher nicht direkt auf seinen Fehler hin, sondern wiederholen Sie seinen Satz, und bieten Sie ihm dabei das richtige Wort an. So lernt Ihr Kind nicht durch Kritik, sondern durch das korrekte sprachliche Angebot – und natürlich durch ein Lob. Signalisieren Sie ihm so oft wie möglich, dass Sie seine Botschaft verstanden haben. Dieses indirekte Verbessern nennen Logopäden »corrective feedback«.

Wenn es mit dem Sprechen dauert

Manche Kinder (Jungen häufiger als Mädchen) sind eher sparsam in ihren Mitteilungen. Dies ist kein Grund zur Besorgnis. Denn bei den sogenannten Sprach-Spätentwicklern (fachsprachlich: »Late Bloomer«) sind alle Voraussetzungen zum Sprechenlernen gegeben. Sie sind eben nur etwas langsamer. Erst wenn ein Kind mit zwei Jahren noch immer deutlich weniger als 50 Wörter spricht und keine Zwei- oder Mehr-Wort-Sätze bilden kann, sprechen Experten von einem »Late Talker« (Spätsprecher). Wenn Sie unsicher sind, wie es sich bei Ihrem Kind verhält, sollten Sie es im Alter von etwa zweieinhalb Jahren noch einmal dem Kinderarzt oder in einer kinderpsychiatrischen Praxis vorstellen. So gehen Sie auf Nummer sicher: Denn die Hälfte aller spät sprechenden Kinder haben ein Risiko von mindestens 50 Prozent, eine Spracherwerbsstörung zu entwickeln.

Seine eigene Wahrnehmung

Mittlerweile hat Ihr Kind registriert, dass es sich von Ihnen unterscheidet – vor allem in seinem Können. Diese Erkenntnis ist eine wichtige Grundlage dafür, um Hilfe bitten zu können. Jüngere Kinder verlieren schnell das Interesse, wenn es Schwierigkeiten gibt, oder – genau das Gegenteil – sie beschäftigen sich so intensiv mit dem »Problem«, dass sie alles um sich herum vergessen. Das ist jetzt anders. Im dritten Lebensjahr macht das Kind auf sich aufmerksam, wenn ihm etwas nicht gelingt. Möchte es zum Beispiel einer Puppe die Jacke ausziehen oder zwei kleine Legosteine aufeinanderstecken und klappt dies nicht auf Anhieb, wird es zu seiner Mama gehen und sie durch Gestik und mit einigen Worten um Hilfe bitten. Dabei wartet es neben ihr, bis sie der Puppe das Jäckchen ausgezogen hat oder die Steinchen zusammensteckt. Dann setzt das Kind sein Spiel fort.

⌒INFO

»Meins« und »mir«

Wenn das Kind von sich selbst spricht, verwendet es seinen Vornamen (»Tobi Ball laufen«, »Sophie keine müde Bett«). Es dauert noch einige Monate, bis es begreift, dass es für seine eigene Person statt des Vornamens das Wörtchen »ich« benutzen kann. Dies ist ja auch gar nicht so einfach zu erlernen, wie Erwachsene vielleicht glauben. Aber wenn es um den persönlichen Besitz geht, können die meisten Kinder im Alter von zweieinhalb Jahren schon sehr bald Fürwörter (Pronomen) einsetzen: In der Regel tauchen im dritten Lebensjahr die Wörter »mein« und »mir« auf – später folgt das »du« und schließlich dann »ich« (»Du mir geben die Puppe« oder »Ich hole Buch lesen«).

Vom Können und Wollen

Bisher hat sich Ihr Kind als Nabel der Welt betrachtet. Nun aber erkennt es, dass auch zwischen anderen Menschen Beziehungen bestehen. Nicht alle Handlungen gehen allein von ihm aus. Dieses Bewusstsein verändert auch seine Sprache. Als Beobachter kann ein Kind mit zweieinhalb Jahren mitteilen, was es gesehen hat und wer was wann mit wem gemacht hat. Das Kind ist außerdem immer mehr in der Lage, Gefühle wahrzunehmen, und versucht, diese zu beschreiben – ebenso wie bestimmte Tätigkeiten oder Eigenschaften von Gegenständen (Zahl der Adjektive und Verben nimmt zu).

Unterstützen Sie die Selbstständigkeit Ihres Kindes

Seine Fähigkeit, mit Wörtern und Sprache umzugehen, kombiniert mit seiner motorischen Entwicklung machen das Kind stark. Es bekommt immer mehr ein Bild von sich selbst – und auch davon, was es selbst bewirken kann. »Wenn Mama den Apfel schneiden kann, kann ich das auch, denn ich habe auch Finger, mit denen ich das Messer halten kann.«: So eine Einstellung führt natürlich dazu, dass ein Kind vieles alleine machen möchte. Doch im Eifer des Gefechts will es nicht selten mehr, als es tatsächlich kann. Kein Wunder, dass ein starker Wille zu Konflikten führt, etwa dann, wenn Eltern aus Sicherheitsgründen eingreifen müssen. Enttäuschung, Schreien und/oder polternde Wutausbrüche können die Folge sein. Eltern brauchen in diesen Situationen starke Nerven. Vielleicht können Sie die Lage leichter meistern, wenn Sie sich bewusst machen, dass es wunderbar und auch wichtig ist, wenn Ihr Kind sich all diesen neuen Aufgaben stellen möchte, denn dies ist ein weiterer Schritt in Richtung Selbstbewusst-

sein. Viele alltägliche Dinge kann Ihr Kind schon alleine ausüben, wenn Sie ihm die Zeit dafür geben beziehungsweise diesen zeitlichen Mehraufwand auch einplanen. Behalten Sie daher den Wunsch nach Selbstständigkeit und den damit verbundenen Zeitrahmen von nun an stets im Hinterkopf, damit es nicht hektisch wird. Wenn Sie sich zum Beispiel zu einem Spaziergang rüsten, wird Ihr Kind vielleicht seine Schuhe alleine anziehen, den Reißverschluss der Jacke selbst zumachen oder die Türe alleine öffnen wollen. Wann immer es Ihnen möglich ist, sollten Sie ihm dies zugestehen, alles andere bewahrt nur seine Abhängigkeit. Verhalten Sie sich diplomatisch, wenn es trotzdem nicht gelingt. Ein Satz wie »Vielleicht klappt es beim nächsten Mal« oder »Das war schon ganz gut, beim nächsten Mal geht sicher noch besser« macht mehr Mut als ein vorschnelles Urteil nach dem Motto: »Dazu bist du noch zu klein« oder »Das schaffst du sowieso nicht«.

Sich selbst anzuziehen ist eine Herausforderung – und die wollen (und sollen) Kindern meistern.

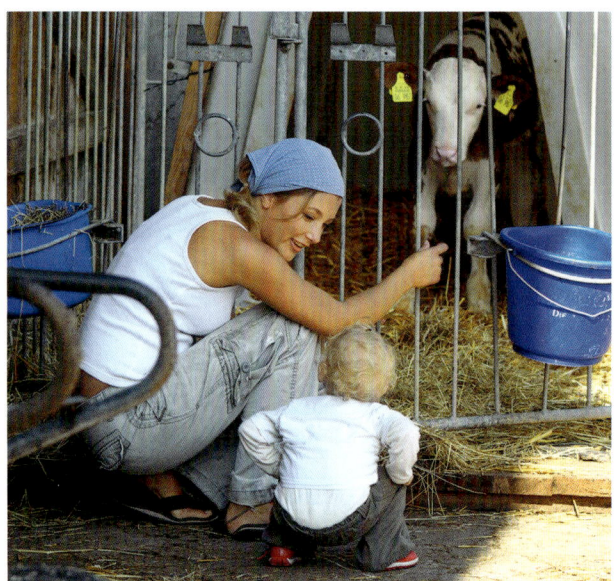

Unzählige Fragen zum besseren Verständnis der Welt lassen das Sprachvermögen des Kindes wachsen.

Die Sprachentwicklung vom 30. bis 36. Monat

Die Fähigkeit, Fragen stellen zu können, bedeutet einen großen Schritt in der Sprachentwicklung. Zwar sind schon Zweijährige dazu in der Lage (erstes Fragealter), aber sie verwenden nur selten eine konkrete Fragestellung, weil ihnen die entsprechenden Worte noch fehlen. Sie behelfen sich deswegen durch die Sprechmelodie (»Is des?«) oder durch eine gezielte Betonung (»Mama?«).

Erst etwa in der zweiten Hälfte des dritten Lebensjahres lernen viele Kinder Fragewörter, wie »warum«, »woher«, »wie«, »wieso« oder »wann«. Und damit beginnt das zweite Fragealter: Ihr Kind lässt sich die Welt erklären, indem es unzählige Fragen stellt – über seine Familie, andere Menschen und deren Beziehung zueinander,

über seine Handlungen und Erlebnisse. Das große Interesse am Erforschen seiner Welt, kombiniert mit den Reaktionen und Antworten der Eltern, lässt den Wortschatz und das Sprachverständnis enorm wachsen.

Stets die richtige Antwort parat?

Warum ist das Wasser warm? Warum tut das Messer weh? Warum scheint der Mond? Was macht der Bagger? Zugegeben, es ist nicht immer leicht, die Fragen eines Kindes auf Anhieb richtig zu beantworten. Schon gar nicht, wenn sie unzählige Male am Tag und in unpassenden Momenten auftauchen. Dabei müssen die kindliche Neugier und sein Interesse am Leben gar nicht anstrengend sein. Schließlich haben auch Sie jederzeit die Wahl, ob Sie antworten wollen beziehungsweise können – oder eben nicht. Natürlich sollten Sie sich bemühen, dem Kind eine ehrliche und zufriedenstellende Antwort auf seine Fragen zu geben. Erklären Sie ihm mit einfachen Worten und ohne Umschweife, was es wissen möchte.

Es gibt aber auch Fragen oder Situationen, zu denen einem gerade keine sinnvolle Erklärung einfällt. In so einem Moment haben Sie natürlich durchaus das Recht zu antworten: »Das ist eine gute Frage, da muss ich noch mal drüber nachdenken. Wir reden zu einem späteren Zeitpunkt noch mal darüber.« Oder auch: »Das weiß ich jetzt auch nicht, vielleicht fällt es mir später ein.« Wenn Ihr Kind älter wird und beginnt, nach bestimmten Dinge zu fragen oder um Erlaubnis zu bitten, kann eine Antwort wie »Das möchte ich jetzt nicht entscheiden, darüber denke ich noch einmal nach« außerordentlich hilfreich sein.

Egal, ob Sie die Antwort beziehungsweise Lösung gerade wissen oder ob Sie erst selbst darüber nachdenken müssen, Sie sollten versuchen, möglichst unmittelbar auf Ihr Kind zu reagieren. Dadurch vermitteln Sie ihm das Gefühl »Ich nehme dich wahr.« Wenn Sie keine Antwort wissen, können Sie auch gemeinsam danach suchen und zum Beispiel in einem Lexikon nachschlagen oder im Internet recherchieren. Die schlechteste Antwort ist mit Sicherheit »Das verstehst du noch nicht, dazu bist du noch zu klein« oder das schlichte »Darum«. Wenn Sie sich die Worte einmal auf der Zunge zergehen lassen, werden Sie spüren, warum.

Wachsender Wortschatz

In den letzten Monaten und Jahren hat Ihr Kind seine Umwelt so weit erkundet, dass es fast alles versteht, was Sie sagen. Es kennt nicht nur zahlreiche Begriffe für Gegenstände und Situationen, sondern auch für Tätigkeiten, Gefühle und Eigenschaften. Und es kann sich auch selbstverständlich machen, auch wenn seine Aussprache noch immer nicht perfekt ist.

Doch daran arbeitet es: Das Kind setzt sich immer mehr auch mit den schwierigen Lautkombinationen aus zwei aufeinanderfolgenden Konsonanten auseinander, etwa TR, BL, DR, FL und KN. Diese Lautformen bereiten vor allem dann Schwierigkeiten, wenn sie am Wortanfang stehen. Und so kommt es nicht selten vor, dass ein Kind zwar den Namen »Adrian« perfekt aussprechen kann, aber große Schwierigkeiten mit dem »Drachen« hat. Auch Wörter mit einer Kombination aus drei oder mehr aufeinanderfolgenden Konsonanten, wie »Straße«, »Strauch« oder »sprechen«, bleiben schwierig – noch dazu, weil die Zischlaute S, SCH oder CH so schwer fallen. Aber auch das ist völlig normal.

IHR KIND VERSTEHT FAST ALLES

Das Sprachverständnis ist kurz vor dem dritten Geburtstag kaum mehr eingeschränkt. Ihr Kind lauscht gebannt Ihren Worten und wendet

selbst immer mehr die korrekten Bezeichnungen an. Dadurch werden seine Wortäußerungen immer sprachähnlicher oder sind sogar schon komplett richtig. Aus der »Nane« wird jetzt die »Banane«, aus »ato« »Auto«. Selbst längere Wörter wie Wärmflasche, Teetasse oder Gummibärchen werden zum Teil schon korrekt benutzt. Ihr Kind versteht zunehmend komplexere Zusammenhänge und registriert verstärkt, dass es nicht immer selbst der aktive Part im Geschehen sein muss. Hat es noch im ersten Halbjahr selbst das Regiment übernommen und die Puppe gewickelt oder den Plüschhasen gefüttert, kann das Spielzeug jetzt selbst »handeln«: Da füttert die Puppe den Plüschhasen, und das Kuscheltier schiebt den Puppenwagen.

Solche Rollenspiele wirken sich auch auf die Sprachentwicklung aus, denn das Kind kann nach dem grammatikalischen Muster Subjekt – Prädikat – Objekt allmählich immer längere Sätze bilden. Weil das Kind ein Bewusstsein dafür entwickelt, dass es Handelnde gibt, die etwas ausüben (tun), stellt es das Verb sehr häufig an

INFO

»Ich bin ich, und du bist du«

Entwicklungsprozesse auf allen Ebenen sorgen dafür, dass die eigene Persönlichkeit eines Kindes mit der Zeit immer stärker zum Vorschein kommt. Viele Kinder benutzen zu Anfang des dritten Lebensjahres noch ihren Vornamen, wenn sie von sich selbst sprechen. Nur wenige können bereits um den zweiten Geburtstag herum in der Ich-Form sprechen, was einem Glanzstück gleichkommt. Denn »Ich« ist das einzige Wort, das nicht über Nachahmung gelernt werden kann. Der Grund: Eltern sprechen nur von sich selbst in der Ich-Form, ihr Kind reden sie mit »du« an. Daher muss das Kleine selbstständig herausfinden, dass seine Mitmenschen »ich« sagen, wenn sie von sich selbst sprechen, und »du«, wenn sie von jemand anderem sprechen. Um das zu begreifen, muss das Kind realisiert haben, dass es eine Abgrenzung zwischen seiner eigenen Person und den Mitmenschen gibt.

Nomens benutzt hat und dann plötzlich wieder auf seine herkömmliche Grundform umsteigt. Es sagt dann zum Beispiel »gegeht« statt »gegangen«, »getut« statt »getan«, »geliegt« statt »gelegen«. Dies ist jedoch kein Zeichen des Rückschritts, sondern zeigt, dass sich der Nachwuchs bewusst wird, dass es sprachliche Regeln gibt. Er bemüht sich, diese richtig anzuwenden. Aber es kann noch nicht wissen, wie viele Regeln die deutsche Sprache beinhaltet, und das führt zu solch witzigen Aussagen wie »Hier saßen wir. Wir müssen noch mal saßen«, »Ich hätte den Hund so gern auf den Arm nehmen möchten« oder »Super hast macht«.

Zwei Sätze verbinden

Ihr Kind hat gelernt, nicht nur Haupt-, Eigenschafts- und Tätigkeitswörter zu verwenden, sondern auch Bindewörter (Konjunktionen) richtig einzusetzen. Spätestens mit drei Jahren sprechen die meisten Kinder Fünf- oder Mehr-Wort-Sätze. Durch einfache Verbindungen mit »und« oder »dann« kann es zwei kurze Sätze zusammenfügen, sodass ein komplexer Satz entsteht (Beispiel: »Groß bin, dann fahre ich auch mit«). Auf diese Weise werden immer mehr Wörter aneinandergereiht. Im Laufe der Zeit kommen dann nach und nach weitere Konjunktionen hinzu wie »wenn« oder »als«.

Auch der Umgang mit Verhältniswörtern (Präpositionen) gelingt immer besser. Bereits zu Anfang des zweiten Lebensjahres hatte Ihr Kind eine Vorstellung des Wortes »in«, um den zweiten Geburtstag herum konnte es das Wort auch aussprechen und in Sätze einbauen. Wahrscheinlich folgte wie bei vielen Kindern nach dem »in« das »auf«, dessen Bedeutung anfangs durch Gestik signalisiert wurde (»Mama Arm«), später durch das Aussprechen. Im dritten Jahr folgen nun »unter«, »hinter« und »vor«.

die zweite Stelle. So wird aus dem vorherigen »Baby Fasse tinken« (Baby Flasche trinken) ein »Baby tinkt aus Fasse« (Baby trinkt aus Flasche). Hin und wieder gelingt es dem Kind sogar, Verben zu beugen (konjugieren), wie zum Beispiel: »Da tommt ein Undewitter« (Da kommt ein Gewitter), »Mein Fuß tut weh« oder »Der Mann tinkt Tee« (Der Mann trinkt Tee).

Auch Sprache hat Regeln

Häufig bemerken Eltern, dass ihr Kind bereits mehrmals die richtige Form eines Verbs oder

In einem bestimmten Alter muss alles seine Ordnung haben, auch beim Sortieren der Wachsmalkreiden.

Immer öfter werden kurze Sätze zu kleinen Geschichten zusammengefügt. Beispiel: Jonas möchte von seinem Opa ein Gummibärchen. Der sagt: »Du kannst doch nicht nur von Gummibärchen leben.« Jonas antwortet: »Ich merke doch, dass ich davon leben kann.« Ein anderes Beispiel: Ein Kind findet ein leeres Schneckenhaus mit Loch. »Ich kann das kaputt machen. Ich darf da drauftreten.« Es tritt drauf und schaut sich anschließend die Reste an. »Och, jetzt bin ich ganz schade.«

Kategorisieren

Die Fähigkeit, Gegenstände in Kategorien einzuordnen, lernt ein Kind im dritten Lebensjahr (siehe Seite 317). Es realisiert, dass sich ein Messer von einer Gabel unterscheidet und der Löffel noch einmal ganz anders aussieht. Trotzdem gehören alle drei in die Kategorie »hilfreiche

Gegenstände beim Essen«. Auch Menschen kann Ihr Kind nun einordnen – in groß und klein, jung und alt. Auf diese Weise lernt es, zwischen Kindern und Erwachsenen zu unterscheiden – und dementsprechend auch die passenden Wörter dazu. Sachgruppen wie Tiere, Nahrungsmittel oder Fahrzeuge kennt Ihr Kind schon länger. Und es weiß auch, dass man Dinge kombinieren kann. Ein Stuhl beispielsweise gehört zum Tisch, die Seife zum Waschbecken und der Topf zum Herd. Die Welt erschließt sich immer mehr.

Bei den Farben ist es ähnlich: Zuerst sortieren die Kleinen bunte Dinge wie Stifte, Wäscheklammern oder Knöpfe nach Farben, dann lernen sie die Bezeichnung für die verschiedenen Farben kennen und schließlich sagen sie selbst, um welche Farbe es sich handelt. Wieder einmal geht die Entwicklung im Spielverhalten und beim Sprechenlernen Hand in Hand.

Abstraktes Sprachverständnis

Aus dem anfänglichen situativen Sprachverständnis (siehe Seite 334) entwickelt sich nach und nach das abstrakte Sprachverständnis. Ihr Kind ist immer mehr in der Lage, eine »Vorstellung« zu bekommen – auch von Dingen, die nicht unmittelbar vor ihm liegen. Wenn Sie ihm zum Beispiel eine Gabel reichen und ihm dazu empfehlen: »Du kannst deine Suppe mit dem Löffel essen«, wird es Sie vermutlich irritiert anschauen. Schließlich weiß es mittlerweile, dass diese Gabel kein Löffel ist.

Sie können nun auch über Dinge, Gegenstände und Personen sprechen, die gerade nicht zu sehen sind, zum Beispiel »Geh doch bitte mal ins Bad und hole mir eine Windel«. Auch mehrteilige Aufforderungen sind jetzt möglich, etwa »Hol dir mal das Auto aus der Spielkiste, und bring mir die Zeitung«.

Mitgefühl entwickeln, Gefühle wahrnehmen und be-nennen sind wichtige Schritte im dritten Jahr.

GEFÜHLE WAHRNEHMEN

Ihr Kind kann sich nicht nur durch seine Äuße-rungen ausdrücken, sondern auch durch seine Körpersprache – so sind Sie es bereits seit seiner Geburt gewöhnt. Im dritten Lebensjahr kann es zusehends auch Ihre Stimmung einschätzen (Mädchen scheinen dies im Allgemeinen besser zu können als Jungen). Ihr Kind erkennt zuneh-mend, dass auch seine Mitmenschen Bedürfnis-se haben. Es nimmt nicht nur die Schwingung auf, sondern bekommt eine Vorstellung davon, wie sich seine Mitmenschen fühlen können, wobei ihm seine eigenen Bedürfnisse und deren umgehende Erfüllung immer noch am wich-tigsten sind. Dennoch können Sie seine Wahr-nehmung fördern, indem Sie über Ihre eigenen Gefühle sprechen. Geben Sie ihnen einen Aus-druck wie »glücklich«, »fröhlich«, »heiter« oder »traurig« (siehe Seite 305 f.).

Es ist ein großer Vorteil für das Kind, wenn es bereits in frühen Jahren lernen (fühlen) darf, wie sich Emotionen mittels Worten ausdrücken lassen. Schließlich tun sich selbst Erwachsene oft schwer damit, Gefühle zu bekennen (»Das macht mich glücklich«, »Ich freue mich darü-ber« oder »Ich werde sauer«). Dabei gehören Gefühle genauso zum sozialen Miteinander wie Worte und Handlungen. Ermuntern Sie daher Ihr Kind, die passenden Worte für seine jeweili-ge Stimmung und Gefühlslage zu finden. Das ist gar nicht so schwierig …

Auch Bilderbücher können helfen, Gefühlen Ausdruck zu verleihen. Erklären Sie die Bilder, und versuchen Sie, den Grund für die Gefühle der abgebildeten »Darsteller« zu nennen (»Das Katzenbaby weint, weil seine Mama weg ist« oder »Das Mädchen freut sich, weil es seine Oma sieht«). Wenn Sie über Gefühle sprechen, hilft das Ihrem Kind, auch diese abstrakten Be-griffe zu verstehen.

DER WÜRFEL WIRD ZUM AUTO

Dank seines Vorstellungsvermögens kann Ihr Kind Gegenständen eine andere Bedeutung zu-kommen lassen und sich in bestimmte Situatio-nen hineinversetzen. Besonders deutlich wird dies beim Spielen (siehe auch Seite 283 f.). Da wird dann schon mal ein Buch zum Auto, eine Nudel zur Schlange oder ein Holzwürfel zum Vogel. Dieses Symbolspiel entwickelt sich lang-sam weiter zum Rollenspiel und erreicht seinen Höhepunkt, wenn das Kind bestimmte Hand-lungen durchführen und gleichzeitig auf dieje-nigen eines Spielkameraden eingehen kann – etwa wenn sie Einkaufen, Arzt oder Vater-Mut-ter-Kind spielen.

VORSTELLUNG VON ZEIT

Im zweiten Lebensjahr hatte Ihr Kind noch keinerlei Vorstellung von »gestern«, »heute« und »morgen« oder »später« und »nachher«. Das ändert sich jetzt nach und nach, denn allmählich bekommt es ein Gefühl für Zeitangaben. Etwa mit drei Jahren versteht Ihr Kind ungefähr, wenn Sie sagen »Nach dem Mittagessen fahren wir zur Oma« oder »Nach dem Frühstück gehen wir spazieren«. Zu größeren Zeitsprüngen wie »gestern« und »morgen« hat es aber nach wie vor keinen Bezug; das kommt bei den meisten erst im vierten Lebensjahr.

ZÄHLEN KÖNNEN

Wenn Sie Ihrem Kind eine Zahlenreihe immer wieder aufsagen, lernt es diese wie einen Kinderreim auswendig. Die erste Unterscheidung in Bezug auf Mengen lautet für Ihr Kind »eines« und »viele«. Damit kann es auch die Einzahl und Mehrzahl von Hauptwörtern sprachlich richtig einsetzen (aus »viele Kind« werden »viele Kinder«). Erst im Alter von vier bis fünf Jahren bekommt Ihr Kind eine genauere Vorstellung vom Mengenbegriff. Bis zum Schulalter umfasst dies erfahrungsgemäß die Ziffern 1 bis 5, so viele Finger hat die Hand.

KLEINE SCHERZBOLDE

Je mehr das Sprachverständnis wächst, desto mehr ist Ihr Kind in der Lage, mit Ihnen zu spaßen. Es bereitet ihm sichtbar Freude, Sie zu überraschen, zum Beispiel indem es Ihnen einen Schuh präsentiert, wenn Sie es um die Jacke gebeten haben. Die Söhne der Familie Mayer stellen fest: »Wir sind Mayermänner, wir sind Maimänner, Aprilmänner …« Oder das Kind sagt, wenn die Mutter es in den Arm nimmt: »Lass los, Mutterschäfchen.« Schreiben Sie sich solche schönen Ausdrücke unbedingt auf.

SINGEN – WÖRTER MIT MELODIE

Lieder sind für den Spracherwerb und das Sprachverständnis äußerst hilfreich und wertvoll. Und Kinder lieben die Kombination von Rhythmik, Text und Melodie. Das selbstständige Singen beginnt meist mit dem Eintritt in den Kindergarten. Zwar fällt es anfangs zuweilen noch schwer, die richtigen Töne zu treffen. Die meisten Kinder machen aber schnell Fortschritte.

INFO

Das sollte Ihr Kind am Ende des dritten Lebensjahres können

- Tätigkeitswörter verwenden, wie essen, trinken, schlafen, laufen, sagen etc.
- Fragen stellen (»Is das?«, »Machst du?«); fitte Kinder sagen schon Fragewörter.
- Mehrteilige Aufträge verstehen, auch solche, die sich auf Gegenstände oder Personen beziehen, die nicht unmittelbar in die Situation eingebunden sind.
- Sätze mit mehr als zwei Wörtern sprechen, die allerdings grammatikalisch noch nicht korrekt sein müssen.
- Handlungsabläufe beschreiben, zum Beispiel wenn Sie gemeinsam ein Buch anschauen (»Das Baby weint« oder »Der Hund läuft«).
- Seinen Vornamen kennen und verwenden, wenn es von sich spricht (fitte Kinder verwenden schon die Ich-Form).
- Persönliche Fürwörter benutzen wie »mein«, »dein«, »ich« und »du«.
- Artikel benutzen (der, die, das, ein, eine).
- Beim Spielen mit Tieren oder Gegenständen »ins Gespräch« kommen.

Mehrsprachigkeit fördern

Sprachen öffnen die Tore der Länder – und es ist ein Geschenk, wenn ein Kind bereits von Geburt an zwei Sprachen lernen darf. Nie wieder können wir so leicht und spielerisch verschiedene Sprachen lernen wie in den ersten Jahren.

Zweitsprache

Kinder, die mit ihrer Familie nicht im Heimatland leben, werden mit zwei verschiedenen Sprachen konfrontiert. Zum einen ist das die Muttersprache, in der sich die gesamte Familie unterhält, zum anderen diejenige Sprache, die außerhalb der eigenen vier Wände gesprochen wird: die Sprache des Landes (Landessprache). Diese Sprache hört das Kind zum Beispiel beim Einkaufen, in der Krabbelgruppe, im Kindergarten oder auf dem Spielplatz.

Kinder aus entsprechenden Familien müssen neben ihrer Muttersprache lernen, die fremde Sprache so gut wie möglich zu verinnerlichen (Zweitspracherwerb). Keine leichte Aufgabe, aber wenn die Eltern und die anderen Bezugspersonen des Kindes (etwa Freunde oder Erzieherinnen) ihm vermitteln können, dass beide Sprachen gleichermaßen ihre Berechtigung haben und beide Kulturen gleichermaßen geachtet und geschätzt werden, kommt das Kleine gut damit zurecht. Wissenschaftliche Untersuchungen zeigen, dass das gleichzeitige Erlernen der Zweitsprache der Ausbildung der Muttersprache nicht im Wege steht; die Muttersprache gilt als Basis, die Zweitsprache baut auf ihr auf. Für die Zweitsprache müssen auch nicht die Eltern zuständig sein. Überlassen Sie dies getrost dem Umfeld. Sobald Ihr Kind in die Kinderkrippe oder den Kindergarten geht, trifft es auf andere Kinder, die ihm die Landessprache vermitteln, und zwar oft in einem erstaunlichen Tempo.

Doppelsprachigkeit

Ganz anders verhält es sich, wenn beide Eltern eine unterschiedliche Muttersprache sprechen, etwa die Mutter Französisch und der Vater Deutsch. Ihr Kind erlebt von Anfang an zwei unterschiedliche Sprachen, daher sprechen Experten von Doppelsprachigkeit.

Soll das Kind beide Sprachen lernen, ist es sinnvoll, dass beide Eltern ihrer Sprache treu bleiben und in ihrer Muttersprache mit dem Kind reden. Je konsequenter dies geschieht, desto leichter fällt es dem Kind, beide Sprachen gleichermaßen zu erlernen. Wenn die Eltern dagegen immer wieder zwischen beiden Sprachen hin und her springen, kann dies ein Kinder verunsichern. Auch wenn ein Elternteil eine Sprache nur bruchstückhaft spricht und in dieser gebrochenen Sprache mit dem Kind redet, ist das Kleine überfordert. Es lernt dann keine der beiden Sprachen von Grund auf richtig. Man spricht von der »doppelten Halbsprachigkeit«. Das Gleiche gilt auch, wenn Kindern verboten wird, in ihrer Muttersprache zu sprechen, etwa im Kindergarten.

Das Kind entscheidet

Irgendwann kommt der Zeitpunkt, an dem ein Kind selbst entscheidet, in welcher Sprache es mit seinen Mitmenschen sprechen möchte. Idealerweise darf es in der Sprache sprechen, die es mit seinem Gegenüber verbindet.

Manchmal dauert es bei zweisprachig aufgewachsenen Kindern etwas länger, bis sie aktiv beginnen zu sprechen. Nicht selten sprechen sie auch in einer Sprache früher als in der anderen. Sie verstehen dann zwar, was der andere Elternteil sagt, benutzen den aktiven Wortschatz aber erst später. Auch hier gilt es, das Kind nicht zu drängen, sondern die Freude an der Sprache spielerisch zu wecken.

Sprachauffälligkeiten

Wenn ein Kind beginnt zu sprechen, lernt es weit mehr, als nur Buchstaben zu hören und sie nachzuplappern, Laute zu vernehmen und sie nachzumachen oder ganze Wörter auszusprechen. Es sammelt täglich zahlreiche Eindrücke und entdeckt neue Fertigkeiten.

Damit ein Kind so sprechen kann, dass seine Mitmenschen die Botschaften auch verstehen, ist es wichtig, dass es seine Gedanken rasch umsetzen und in Worte fassen kann. Doch gerade daran hapert es manchmal.

Stottern

Generell zeichnet sich Sprechen durch einen »normalen« Redefluss aus. Beim Stottern wird dieser unterbrochen, weil zum Beispiel bestimmte Laute (»Ii-i-i-i-ich«, »M-m-m-m-mama«) oder ganze Silben (»Au-Au-Auto«) wiederholt oder gedehnt werden. Trotzdem heißt es nicht gleich, dass Ihr Kind stottert, wenn hin und wieder mal sein Redefluss stockt. Denn bei vielen Kindern zeigen sich zwischen dem dritten und fünften Lebensjahr »physiologische Unflüssigkeiten« im Redefluss; eine Symptomatik, die man früher landläufig als »Entwicklungsstottern« bezeichnet hat und heute »altersgemäße Sprechunflüssigkeit« (Dysfluency) nennt.

Auch wenn das Kind zu stottern scheint, handelt es sich bei der Sprechunflüssigkeit nicht um eine Sprechstörung, sondern lediglich um eine Störung des Redeflusses. Im Gegensatz zum »echten« Stottern (der Fachausdruck lautet Balbuties) ist die altersgemäße Sprechunflüssigkeit zeitlich begrenzt; in der Regel dauert sie etwa sechs Monate. Hält der stockende Redefluss über ein halbes Jahr hinaus an, kann sich daraus allerdings das echte Stottern entwickeln. Daher sollten Eltern nicht zu lange warten, bis sie Hilfe suchen. Wenn Sie unsicher sind, fragen Sie am besten Ihren Kinderarzt oder bitten um eine Überweisung zum Logopäden.

UNTERSCHIED ZWISCHEN ALTERSGEMÄSSER SPRECHUNFLÜSSIGKEIT UND STOTTERN

Für den Laien unterscheiden sich Sprechunflüssigkeiten kaum vom beginnenden Stottern. Nur wenn man ganz genau hinhört, fallen die Unterschiede auf. Zur altersgemäßen Sprechunflüssigkeit zählt:

○ Das Kind wiederholt Satzteile (»Und dann hat, und dann hat die Katze getrunken«) oder ganze Wörter (»Er, er, er hat angefangen«), nur selten Silben (»E-Elefant« oder »Te-te-Telefon«).

○ Das Kind dehnt einen Laut kürzer als eine Sekunde (»iiich«, »aaalleine«).

○ Das Kind zögert vor dem Satz, es bricht eine Äußerung ab und legt eine Pause ein, in der es seinen Satz, den es sprechen will, neu überdenkt. Beispiel: (»Ich bin, ich bin dann in in … das Haus gegangen und hab … also, ich bin die Treppe, also an der Treppe … bin ich dann bin ich dann … stehengeblieben.«)

○ **Ganz wichtig:** Das Kind hat Freude am Sprechen. Es hat noch kein Störungsbewusstsein entwickelt, aufgrund dessen es das Sprechen vermeiden würde, und wirkt nicht angestrengt.

BEGINNENDES STOTTERN

Beim beginnenden Stottern ist die Situation deutlich anders:

○ Das Kind wiederholt Silben (»Au-Au-Au-Auto«) und einzelne Laute (»K-k-k-komm mal«, »d-d-d-du«).

○ Das Kind dehnt einen Laut länger als eine Sekunde (»iiiiiiiiiich«, »aaaaaaaalleine«).

○ Das Kind ist vor dem Satz still oder macht im Satz Pausen – manchmal auch innerhalb eines Wortes. Wenn es an einem Laut stockt, gelingt

Wenn jedes Wort zur Herausforderung wird, brauchen Kinder Hilfe, damit die Lust am Sprechen bleibt.

es ihm nicht, weiterzusprechen oder einen neuen Laut zu bilden.

○ Nicht selten spannt ein stotterndes Kind Muskeln, die es zum Sprechen benötigt, deutlich sichtbar an.

○ Einige Kinder brechen bei Schwierigkeiten frustriert ab oder vermeiden es von vornherein zu sprechen.

○ Einige Kinder kneifen zum Beispiel die Augen zu, stampfen mit dem Fuß auf oder ballen die Hand zur Faust, um über die Sprechblockade hinwegzukommen.

Artikulationsstörung

Leidet ein Kind an einer Artikulationsstörung (Dyslalie), hat es Schwierigkeiten, einen oder mehrere bestimmte Laute zu sprechen.

○ Es lässt einen oder mehrere Laute weg (»Lume« statt »Blume«).

○ Es ersetzt einen oder mehrere Laute durch einen anderen (»tomm« statt »komm«, »Tartoffel« statt »Kartoffel«, »Jakete« statt »Rakete«, »Sule« statt »Schule«).

○ Das Kind ersetzt einen Laut durch einen anderen, der in seiner Muttersprache gar nicht vorkommt, zum Beispiel wie beim Lispeln.

○ **Wichtig:** Fällt ein Kind in eine vorherige Phase zurück (Babysprache), etwa nach der Geburt eines Geschwisterkindes, infolge eines Traumas oder nach einem längeren Krankenhausaufenthalt, dauert diese Phase meist nur kurze Zeit an. Hält das Kind über mehrere Wochen daran fest, sollten Sie sicherheitshalber ärztlichen oder logopädischen Rat einholen.

Lispeln

Wenn ein Kind lispelt – in der Fachsprache wird diese Auffälligkeit Sigmatismus genannt –, bildet es die laute »S« und »Z« falsch. Eine der Hauptursachen dafür ist eine Zungenfehlstellung. Beim klassischen Lispeln, wie es bei Kindern bis zum sechsten Lebensjahr vorkommt, entsteht der S-Laut zwischen den Zähnen statt dahinter. Dadurch klingt das Wort unscharf und dumpf. Abhängig von der Anzahl der Laute, die ein Kind nicht artikulieren kann, sprechen Experten von der partiellen (ein bis zwei Laute), multiplen (drei bis fünf Laute) oder universellen (mehr als sechs Laute) Dyslalie.

Sprachverzögert oder nur sprechfaul?

Weil jedes Kind bei der Sprachentwicklung sein eigenes Tempo hat, ist es ganz normal, wenn die einen Kinder schon um den ersten Geburtstag plaudern, während andere sich damit bis kurz vor dem dritten Geburtstag Zeit lassen. Nicht selten überraschen diese Spätredner dann jedoch mit einem umfangreichen Wortschatz und einer erstaunlich guten Aussprache. Es gibt Kin-

INFO

Organische Ursachen

Eine der wichtigsten Voraussetzungen, richtig sprechen zu können, ist ein intaktes Gehör. Schon eine leichte Hörstörung kann zu einer Störung der Aussprache führen; mittelgradige Hörprobleme können sogar eine regelrechte Sprachentwicklungsstörung nach sich ziehen. Probieren Sie es ruhig einmal selbst aus: Halten Sie sich ein Ohr zu, und lauschen Sie einer Stimme, zum Beispiel im Radio. Wie viel verstehen Sie noch? Und wie viel nehmen Sie wahr, wenn Sie sich beide Ohren zuhalten? Wahrscheinlich fast gar nichts mehr, oder?

Kinder mit einer schweren Hörstörung oder Gehörlose lernen das Sprechen deutlich verzögert, und die Eltern können sie dabei nur durch direkte Maßnahmen unterstützen, indem sie beim Kinderarzt beziehungsweise Logopäden fachliche Hilfe einholen. Wann immer Sie das Gefühl haben, dass Ihr Kind schlecht hört, sollten Sie nicht zögern und sein Hörvermögen untersuchen lassen.

Im Nasen-Rachen-Raum liegen einige wichtige Organe, die wir zum Sprechen brauchen, wie Zunge, Gaumen, Mundhöhle, Kehlkopf. Ist eines davon in seiner Funktion beeinträchtigt, kann sich dies rasch auf die Aussprache und den Stimmklang auswirken. Besonders deutlich wird das zum Beispiel bei einer Lippen-Kiefer-Gaumenspalte.

Oft unterschätzt wird auch die Vergrößerung der Nasenmandeln (Polypen), die genau an der Stelle sitzen, wo die eustachische Röhre aus dem Mittelohr in den mittleren Rachenraum mündet. Mithilfe dieser Röhre wird das Mittelohr bei jedem Schlucken belüftet – das ist notwendig für ein gutes Hörvermögen. Vergrößerte Polypen können da äußerst hinderlich sein. Wenn Ihr Kind nachts schnarcht (gilt nicht bei Krankheit), tagsüber häufig den Mund offen hat und oft durch den Mund atmet, ist daher eine Untersuchung beim Hals-Nasen-Ohren-Arzt ratsam.

---

der, die in den ersten drei Jahren so gut wie nicht gesprochen haben, und eines Tages am Kaffeetisch plötzlich fragen: »Kann ich bitte auch einen warmen Kakao bekommen?« Die Eltern überschlagen sich schier vor Freude und Erstaunen: »Kind, du kannst ja sprechen.« Natürlich kann es das, aber bisher hat ja auch so alles reibungslos funktioniert.

KINDER WOLLEN SPRECHEN LERNEN

Auch »Spätentwickler« sollten mit vollendetem drittem Lebensjahr einen Wortschatz von mindestens 100 Wörtern aufweisen und diese Wörter auch zu Mehr-Wort-Sätzen zusammenfügen können. Ebenso sollten sie dazu in der Lage

sein, Wünsche und Bedürfnisse zu äußern. Können sie dies nicht, ist eine Untersuchung des Hörvermögens durch den Kinder- oder Hals-Nasen-Ohrenarzt empfehlenswert. Schließlich wollen sich Kinder auf den Weg machen und die Welt entdecken. In jedem Einzelnen steckt ein kleiner Forscher. Es widerspricht schon fast der Natur, dieses Interesse nicht zu haben.

Die Sorge von Eltern, deren Kind kaum spricht, ist nicht immer unbegründet, auch wenn andere Eltern und sogar manche Kinderärzte zu Geduld mahnen. Beobachten Sie Ihr Kind in seinem Sprechverhalten: Haben Sie den Eindruck, dass es Sie gut versteht? Wie spricht es über sich selbst oder von Gegenständen, und wie bezeichnet es andere Personen? Wie verhält es sich, wenn es Hilfe braucht? Wie reagiert es im Spiel oder auf Geräusche? Und vor allem: Wirkt Ihr Kind glücklich und zufrieden? Dann wird es vermutlich bald sprechen. Wenn Sie unsicher sind, lohnt sich ein Besuch beim Kinderarzt oder in einer Facharztpraxis für Kinder- und Jugendpsychiatrie. Dort gibt es zahlreiche Möglichkeiten, der Ursache auf den Grund zu gehen.

Wo Eltern Rat und Hilfe finden

Für Eltern ist es schwierig zu beurteilen, ob ihr Kind zu den »Wenig-Sprechern« gehört, gerade einen Entwicklungsschub durchläuft und deshalb wenig spricht oder ob es irgendeinen ganz anderen Grund für sein stilles Wesen gibt. Darum sollten Sie sich beraten lassen, wenn …

○ der Wortschatz Ihres Kindes außer »Mama« und »Papa« nur wenige Wörter umfasst,

○ Ihr Kind auch im dritten Lebensjahr nicht über die Bildung von Ein-Wort-Sätzen herauskommt (keine Zwei-Wort-Sätze spricht),

○ es undeutlich spricht,

○ Sie generell das Gefühl haben, Ihr Kind versteht nicht, was Sie sagen.

NICHT ZU LANGE WARTEN

Wenn ein Kind im Alter von drei Jahren noch immer sehr undeutlich spricht und überwiegend oder sogar ausschließlich von seinen Bezugspersonen verstanden wird, sollten Eltern auf jeden Fall die Hilfe eines Logopäden in Anspruch nehmen (ein Rezept stellt der Kinderarzt oder der Kinder- und Jugendpsychiater aus). Der Sprachtherapeut verschafft sich auf spielerische (und vor allem schmerzlose) Art einen Überblick über die aktuelle Sprachentwicklung des Kindes.

Warten Sie nicht zu lange, auch wenn Sie immer wieder hören: »Das wird schon noch.« Denn

Beim Logopäden lernen Kinder in gelassener Atmosphäre, Schwierigkeiten beim Sprechen zu überwinden.

idealerweise beeinflussen Logopäden das Sprechverhalten eines Kindes noch während der Phase des Sprechenlernens. Dies ist auch im Hinblick auf die Schulzeit wichtig. Denn das Kind braucht die korrekte Aussprache der Laute nicht nur, um Wörter richtig zu verstehen, sondern auch, um sie später richtig schreiben und lesen zu können. Untersuchungen haben längst bewiesen: Kinder, die an einer Lese-Rechtschreib-Schwäche leiden, haben vielfach schon als junge Kinder Lautfehlbildungen und/oder Sprachentwicklungsverzögerungen gezeigt.

Leider überweisen die meisten Kinderärzte noch immer erst ab dem dritten Lebensjahr zum

Logopäden, oft sogar erst ab dem vierten oder fünften Jahr. Viel sinnvoller wäre es, den Experten bereits im zweiten Lebensjahr zu kontaktieren – wenn das Kind gar nicht anfängt zu sprechen, die Eltern unsicher sind oder das Kleine häufig Infekte hat, in die auch die Ohren miteinbezogen sind. Letzteres kann die Ausreifung der Hörbahn (Hörnerv) beeinträchtigen. So kann zum Beispiel ein nicht erkannter Paukenerguss (Flüssigkeit im Mittelohr), der länger als vier bis sechs Wochen besteht, die Sprachentwicklung deutlich verlangsamen.

WAS MACHT DER LOGOPÄDE?

Der Begriff Logopädie leitet sich von »logos« (griechisch für »das Wort«) und von »pädeuein« (griechisch für »erziehen«) ab. Das Tätigkeitsfeld eines Logopäden umfasst die Diagnostik und Behandlung von Störungen der Sprache (alle Bereiche des Systems Sprache wie Sprachverständnis, Grammatik, Wortschatz), des Sprechens (Artikulation, Sprechfluss, Sprachmelodie etc.), der Stimme und des Schluckens. Im Bereich der »Kindersprache« geht es um die Behandlung …

○ des Sprachverständnisses (das Kind kann Wörter oder Sätze nicht nach Sinn und Bedeutung erfassen, wie es altersgemäß üblich wäre, und hat daher einen entsprechend eingeschränkten Wortschatz),

○ von Störungen der Grammatik,

○ von Artikulationsstörungen (das Kind kann bestimmte Laute nicht bilden und lässt sie daher weg oder ersetzt sie durch andere Laute, beispielsweise »Diraffe« statt »Giraffe«, »tomm« statt »komm«),

○ auditiver Wahrnehmungsstörungen (Hörverarbeitung im Gehirn über den Hörnerv),

○ von Stottern und anderen Störungen des Redeflusses (siehe Seite 345),

○ von Mutismus (die Weigerung eines Kindes, außerhalb der Familie zu sprechen, obwohl die Sprachentwicklung altersentsprechend ist),

○ von Schluckstörungen.

WIE LANGE DAUERT DIE BEHANDLUNG?

Die logopädische Behandlung erstreckt sich für gewöhnlich über sechs bis zwölf Monate, wenn erforderlich auch länger. Die Logopädie wird dabei als Einzeltherapie wöchentlich, in Einzelfällen auch zweimal wöchentlich durchgeführt. Zusätzlich erfolgt eine Beratung der Eltern. Teilweise gibt der Logopäde am Ende der Sitzung außerdem Übungen für zu Hause mit, damit Sie auch selbst mit Ihrem Kind »trainieren« können. Wurde die logopädische Behandlung vom Kinderarzt, Facharzt für Kinder- und Jugendpsychiatrie oder Hals-Nasen-Ohren-Arzt verschrieben, übernimmt die Krankenkasse die Kosten.

INFO

Der Unterschied zwischen Logopäden und Sprachheilpädagogen

Der Unterschied zwischen diesen beiden Berufsgruppen liegt bei gleichem Arbeitsgebiet in der Ausbildung. Ein Logopäde hat eine dreijährige Ausbildung an einer Berufsfachschule (zwei Drittel davon als Praxis an Patienten) oder ein vierjähriges Fachhochschulstudium absolviert. Diplom-Sprachheilpädagogen oder examinierte Sprachheilpädagogen haben ein abgeschlossenes fünfjähriges Hochschulstudium hinter sich. Adressen von Logopäden finden Sie im Branchenbuch oder im Internet (siehe auch ab Seite 404).

GESUNDHEIT
UND PFLEGE

Es hat ein paar Jahre gedauert, aber nun gibt es sie: Die Vorsorgeuntersuchung um den dritten Geburtstag herum. Sie dient dazu festzustellen, wie sich Ihr Kind in den letzten Monaten entwickelt hat – nicht nur körperlich, sondern auch in seinem sozialen und emotionalen Verhalten. Aber auch auf die wichtigen Sinnesorgane wie Augen und Ohren wirft der Kinderarzt einen genauen Blick. Denn sollten Hörprobleme oder Sehstörungen im Anmarsch sein, können diese gezielt behandelt werden.

Neben der sprachlichen und motorischen Entwicklung macht auch der Gaumen Ihres Kindes im dritten Jahr eine spannende Entwicklung durch. Längst kann Ihr Liebling an der Familienkost teilhaben und Ihnen am Tisch Gesellschaft leisten. Und so darf er auch bei vielen Speisen nach Herzenslust zugreifen. Wenn er doch nur wollen würde. Nicht wenige Mütter zweifeln daran, es jemals zu schaffen, dass aus ihrem Kind ein guter Esser wird. Die Kleinen scheinen einfach nie hungrig zu sein, zumindest nicht zu den Zeiten, zu denen Mittag- oder Abendessen auf den Tisch kommen. Oder aber sie essen gerne – aber nur Pfannkuchen, Nudeln mit oder ohne Ketchup, Hamburger und Pizza. Wie soll ein Brokkoliröschen oder ein Blatt Spinat dagegen jemals ankommen?

Wie so oft geben Sie als Eltern die Richtung vor. Gehen Sie also mit gutem Beispiel voran. Schaffen Sie faire Regeln und klare Vorgaben. Manche Kinder lassen sich sogar spielerisch von Leckereien überzeugen: In vielen Märchen kommen auch Lebensmittel vor; in manchen haben sie sogar eine Art Schlüsselfunktion. Wenn Ihr Kind gerne Märchen hört, kann es bestimmte Nahrungsmittel damit in Verbindung bringen – oder die entsprechende Geschichte sogar erraten, zum Beispiel Linsen (Aschenputtel), Pfannkuchen (Der dicke fette Pfannkuchen), Lebkuchen (Hänsel und Gretel), roter Apfel (Schneewittchen), Feldsalat beziehungsweise Rapunzel (Rapunzel) …

Vorsorgeuntersuchung

Vor einigen Jahren reagierte das Gesundheitswesen auf die Kritik vieler Eltern und Kinderärzte, dass zwischen den Vorsorgeuntersuchungen U7 (kurz vor dem zweiten Geburtstag) und U8 (im Alter von vier Jahren) eine allzu lange Pause läge. Seit 2008 gibt es nun eine weitere Untersuchung: die U7a kurz vor dem dritten Geburtstag (zwischen 34. und 36. Monat).

Die U7a

Wie die anderen Vorsorgeuntersuchungen soll auch die U7a dazu beitragen, körperliche, sprachliche, psychische und emotionale Auffälligkeiten möglichst frühzeitig zu entdecken und gegebenenfalls zu behandeln. Wie gewohnt, untersucht der Kinderarzt dazu das Kind von Kopf bis Fuß, nachdem er Körpergewicht, Länge und Kopfumfang ermittelt hat.

DIE SINNESORGANE

○ Atmet das Kind weitgehend durch die Nase, ist sie blockiert, oder atmet das Kleine grundsätzlich immer durch den Mund?
○ Wie steht es um sein Hörvermögen?
○ Stichwort Haut: Gibt es Auffälligkeiten, wie Blässe, Pigmentstörungen, Hämatome, chronisch entzündete Hautveränderungen oder Folgen ernster Verletzungen?

○ Ein besonderes Augenmerk wirft der Kinderarzt auf die Sehfähigkeit, denn gutes Sehen ist überaus wichtig für die weitere Entwicklung. Kann Ihr Schatz auf beiden Augen gleich gut sehen, oder zeigt sich auf einem Auge eine Sehschwäche, wie verstecktes Schielen? Um sich ein Bild über die altersgerechte Entwicklung der Augen zu machen, bedient sich der Kinderarzt spezieller Formen-Wiedererkennungstests.

DIE MOTORIK

Durch spielerische Aufgaben versucht der Arzt herauszufinden, wie weit das Kind in seiner motorischen Entwicklung fortgeschritten ist. Er fordert es zum Beispiel auf, auf einem Bein zu stehen und – falls es das kann – auf einem Bein zu hüpfen. Oder er lässt das Kind über einen Papierstreifen auf dem Boden quer durch den Behandlungsraum »balancieren«.

Anschließend ist die Feinmotorik an der Reihe: Beherrscht das Kind komplexe Aufgabenstellungen wie schrauben und drehen? Kann es

---

INFO

Auf lange Sicht alles okay?

Das Sehvermögen ist erst mit etwa zehn bis zwölf Jahren vollends ausgereift. Trotzdem lassen sich im Frühstadium einige Fehlstellungen und Störungen erkennen, und sie sollten dann auch umgehend behandelt werden, weil sie später möglicherweise nicht mehr rückgängig gemacht werden können. Nutzen Sie daher unbedingt das »Augenscreening« beim Kinderarzt, das meist schon ab dem zweiten Lebensjahr angeboten wird.

kleine Würfel mit zwei Fingern sicher fassen und einfache Puzzles und Formenblöcke problemlos zusammenlegen?

BAUCH- UND BRUSTRAUM

Mithilfe des Stethoskops und durch Abtasten verschafft sich der Kinderarzt einen Überblick über die inneren Organe des Kindes. Zeigt das kindliche Herz Auffälligkeiten? Schlägt es auffällig schnell, langsam oder unregelmäßig? Wie sieht es mit der Lunge aus? Sind Leber und Milz unauffällig oder vergrößert? Gibt es Auffälligkeiten bei den Geschlechtsorganen, wie Hodenhochstand oder Vorhautverklebung bei Jungen oder verklebte Schamlippen bei Mädchen?

DAS KINDLICHE SKELETTSYSTEM

Den Kopf hat der Arzt vermutlich schon zu Beginn der Untersuchung gemessen und den ermittelten Wert in das gelbe Untersuchungsheft eingetragen. Gibt es Auffälligkeiten, oder ist der Schädel altersgerecht entwickelt? Jetzt nimmt er auch die restlichen Knochen ins Visier: Welchen Eindruck vermittelt die Wirbelsäule des Kindes? Gibt es Hinweise auf Fehlbildungen, Wirbelsäulenverkrümmungen, Fehlhaltungen oder einen Beckenschiefstand? Wie steht es um die Beine: Hat es X- oder O-Beine (Innen- oder Außenrotationsgang)? Meistens werden die Eltern im Zuge dieser Untersuchung befragt, ob das Kind geeignete Schuhe trägt (mehr Informationen dazu siehe Seite 192 f.).

DIE SPRACHENTWICKLUNG

Bei all diesen Untersuchungen nimmt der Kinderarzt auf freundliche Art Kontakt zu Ihrem Kind auf und animiert es auf diese Weise zum Mitmachen. Gleichzeitig bekommt er so einen Eindruck vom Sprechverhalten des Kindes. Mithilfe eines standardisierten Sprachtests kann er anschließend prüfen, ob der Wortschatz und die Aussprache dem Alter entsprechen. Ein guter Kinderarzt interessiert sich aber auch für das nonverbale Sprachverständnis – das gilt gerade für Kinder, die zu Hause eine andere Sprache sprechen, und für »Spätsprecher«. Nicht zuletzt werden auch die Eltern befragt, etwa ob das Kind bereits Drei- bis Fünf-Wort-Sätze spricht.

WEITERE UNTERSUCHUNGSPUNKTE

Im Zuge der U7a wirft der Kinderarzt auch einen prüfenden Blick auf die Zähne: Sind alle 20 Milchzähne vorhanden und frei von Karies? Gibt es Zahnfehlstellungen oder Auffälligkeiten beim Kiefer? Er befragt Sie zum Schlafverhalten und ob das Kind häufig Infektionen hat oder schon einmal einen Krampfanfall erlitt. Auch Impfungen und Ernährung sind Themen.

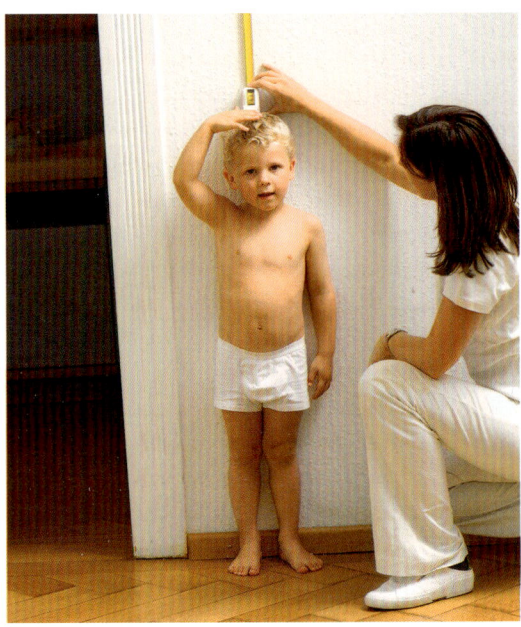

Wie schon bei den vorangegangenen Untersuchungen gehört auch zur U7a das Messen und Wiegen.

Essen wie die Großen

Eigentlich könnte das gemeinsame Essen am Tisch ab jetzt ganz harmonisch verlaufen: Ihr Kind hat alle Zähne, kann also gut (ab-)beißen, kauen und schlucken. Sein feinmotorisches Geschick ist mittlerweile so gut ausgeprägt, dass es immer besser alleine mit einem Löffel oder einer kleinen Kindergabel zurechtkommt und alleine essen kann. Die Nuckelflasche ist längst verschwunden, und stattdessen trinkt das Kind selbstständig aus einem Becher oder einer Tasse. Kurzum: Das Zeitalter des Breis ist ein für alle Mal vorbei, und seit einigen Wochen kann Ihr Kind (bis auf wenige Ausnahmen) alles mitessen, was auf dem Familienspeiseplan steht. Doch nicht selten verlaufen die Mahlzeiten alles andere als harmonisch und wie gewünscht, und das kann unterschiedliche Gründe haben.

Vorlieben und Geschmack

Geschmäcker sind verschieden. Und so muss, was dem einen schmeckt, beim anderen noch lange nicht gut ankommen. Sogar innerhalb einer Familie kann es große Unterschiede in puncto Geschmack geben – unter den Erwachsenen ebenso wie bei den Kindern. Markt- und Verhaltensforscher haben festgestellt, dass Kinder tatsächlich einige typische Vorlieben haben und zum Beispiel …

○ eine angeborene Vorliebe für Süßes haben,
○ meist Saures und (mäßig) Scharfes mögen,
○ anfangs fast immer alles Bittere ablehnen (wobei sich diese Abneigung im Laufe der Jahre abschwächt).

Zudem weiß man, dass der Geruchs- und Geschmackssinn von Kindern häufig wesentlich empfindsamer ist als bei Erwachsenen. Daher brauchen die Gerichte sehr viel weniger »Aromen«, Salz und Gewürze (auch Zucker).

Bevor Eltern sich jetzt aber auf angeblich allgemeingültige Empfehlungen festlegen, wie »alle Kinder mögen gerne Fischstäbchen und Vanillepudding«, sollten sie lieber herausfinden, was den Geschmack des eigenen Nachwuchs trifft, und was nicht.

IMMER NUR DAS SELBE

Viele Mütter glauben, ihr Kind sei ein »schlechter Esser«: Es mag kein Gemüse, verschmäht Obst und will von Vollkornbrötchen und Joghurt ohne Zucker nichts wissen. Stattdessen liebt es Pommes frites mit Ketchup, Pfannkuchen mit Zucker oder Nuss-Nugat-Creme, Nudeln, Hamburger oder Pizza Margherita. Fragt man Mütter, was sie für ihren Nachwuchs kochen, antworten sie: »Pommes frites mit Ketchup, Pfannkuchen mit Zucker oder Nuss-Nugat-Creme, Nudeln, Hamburger oder Pizza Margherita. Sonst isst mein Kind ja gar nichts.« Natürlich meinen es diese Mütter nur gut, und es ist ja tatsächlich nicht einfach, gelassen zu bleiben, wenn der Sprössling fast nichts anderes zu mögen scheint. Aber ist das wirklich die Lösung?

KÖSTLICHES GESCHMACKSTRAINING

Die Zunge eines Kleinkindes erlebt eine wahre Flutwelle von Geschmackseindrücken, sobald es am Familientisch mitessen kann. Stellen Sie sich doch nur einmal vor, Sie würden in ein Ihnen noch unbekanntes Land reisen und dort zum ersten Mal die regionale Küche kosten. Weil viele Speisen und Nahrungsmittel Ihnen fremd wären, müssten Sie die Eindrücke und verschiedenen Geschmacksrichtungen erst einmal verdauen. Ähnlich ergeht es auch einem Kind, das vom Brei zur Familienkost wechselt. Es weiß noch nicht, dass Schinken salzig oder nach Rauch schmecken kann, dass es unzählige Sorten von Käse gibt, die alle anders riechen, schmecken und verschiedene Konsistenzen haben, dass eine Essiggurke sauer und eher knackig und Vanillepudding weich und süß ist. Mit jeder einzelnen Speise trainiert das Kind seine Geschmackssinne (süß, salzig, sauer, bitter und scharf). Und diese Erfahrungen werden ebenso gespeichert wie die dazugehörigen Empfindun-

gen, zum Beispiel »Hm, lecker, schmeckt mir gut« oder »Ups, nein Danke, nicht mein Geschmack, muss ich nicht mehr haben«.

Wenn man es so sieht, ist es wenig verwunderlich, dass der süße Pfannkuchen vermutlich bei allen Kindern besser ankommt als der gesündere Kartoffel-Wirsing-Auflauf. Die Geschmacksrichtung »süß« ist eben stets mit Wohlbefinden und Glückseligkeit verbunden. Dazu kommt, dass uns der süße Geschmack schon von klein auf bekannt ist. Denn nicht nur das Fruchtwasser hatte eine süßliche Note, sondern auch die Muttermilch. Dagegen hinterlässt die Geschmacksrichtung »bitter« bei vielen Menschen im wahrsten Sinne des Wortes einen bitteren Nachgeschmack.

DER APFEL FÄLLT NICHT WEIT VOM STAMM

Kinder sind ehrlich und äußern klar und meist unmissverständlich ihre Wünsche. Warum sollten sie Grünkohl essen, wenn er ihnen nicht schmeckt? Nudeln sind doch viel leckerer und sehen aus kindlicher Sicht sowieso viel besser aus, besonders wenn es sich dabei um Buchstabennudeln, Schmetterlingsnudeln, Spaghetti oder Tortellini handelt.

Die wenigsten Kinder erfüllen ihren Eltern in diesem jungen Alter den Wunsch nach gesunder Ernährung und essen ihnen zuliebe Gemüse. Zum Glück, denn Essen soll Spaß machen – und idealerweise kommt ein Kind selbst auf den Geschmack (und isst nicht gegen seinen eigenen Willen, nur um den Eltern zu gefallen). Damit es so kommt, ist allerdings wie so oft ein Vorbild nötig. Nur, wenn Eltern bei Brokkoli und Co. selbst gern zugreifen, kann das Kind überhaupt auf den Geschmack von gesunden Nahrungsmitteln kommen. Gehen Sie also mit gutem Beispiel voran, und präsentieren Sie eine abwechslungsreiche, bunte Vielfalt auf Ihrem

Mit gutem Beispiel voran: Greifen Sie selbst häufiger zu Obst und Gemüse. Dann tut es auch Ihr Kind.

Speiseplan: Gefüllte Paprika mit Reis, Fischspießchen vom Grill mit Kräutern und Gemüse oder eine Hackfleisch-Gemüse-Lasagne bieten nicht nur in puncto Nährstoffe mehr als ein Pfannkuchen mit Zucker oder Nudeln mit Ketchup, sondern machen auch optisch mehr her. Das gefällt Kindern.

Doch Hand aufs Herz: Wie sieht es mit Ihrem Ernährungsverhalten aus? Greifen Sie fünfmal am Tag zu Obst und Gemüse, wie es die Deutsche Gesellschaft für Ernährung seit Jahren empfiehlt? Welches Brötchen wählen Sie beim Frühstück? Das weiße Weizenbrötchen oder die vollwertige Körnersemmel? Essen Sie einmal pro Woche Fisch? Diese Zeilen sollen Sie nicht belehren und zu einem Gesundheitsapostel bekehren. Aber in den Antworten auf die Fragen können manche Eltern eine Erklärung finden, warum ihr Kind neuen Speisen gegenüber wenig aufgeschlossen ist.

Hast du denn keinen Hunger?

Wenn sie zurückdenken, beschleicht viele Eltern das ungute Gefühl, ihr Kind hätte früher viel mehr (und lieber) gegessen als heute. Dabei ist es ganz normal, wenn ihr Kind jetzt weniger isst. Denn nicht selten ändern sich im zweiten und dritten Lebensjahr die Portionsgrößen. Das Kind braucht zwar eine bestimmte Menge Energie, aber es wächst lang nicht mehr so rasant wie in den ersten zwölf Monaten.

Hinzu kommt, dass es im ersten und zweiten Jahr weitgehend in der Hand der Eltern lag, wie groß die Portionen waren, die das Kleine zu sich genommen hat. Denn meist hat der Nachwuchs den Mund bereitwillig geöffnet, wenn der Löffel ankam. Aber jetzt können und wollen Kinder alleine essen, und daher bleibt der Schnabel auch manchmal einfach zu.

BITTE KEIN LÖFFELCHEN FÜR MAMA …

Wenn Kinder nicht mehr essen wollen, greifen Eltern gerne in die alte Trickkiste. Dann heißt es »Ach komm, noch ein Löffelchen für Mama, für Papa, für Oma, für Tante Helga …«. Manchmal funktioniert diese Masche sogar, denn das Kind möchte schließlich, dass selbst Tante Helga noch satt wird, und öffnet brav seinen Mund, auch wenn es eigentlich nicht mehr mag. Und weil das so gut klappt, reihen sich gleich noch der Nachbarshund oder der Briefträger in die Warteschlange all derjenigen ein, die auch noch ein Löffelchen voll brauchen.

TIPP

Reine Geschmackssache!

Für kleine Kinder ist es sehr spannend zu entdecken, wie unterschiedlich Lebensmittel schmecken können – je nachdem ob sie roh oder gekocht sind, reif oder unreif, kalt oder warm. Daraus lässt sich ein kreatives Spiel entwickeln, frei nach dem Motto: »Wir entdecken den Inhalt unseres Kühlschranks«, »Wir probieren verschiedene Obstsorten« oder »Wie schmecken verschiedene Gemüsesorten?«. Wählen Sie einfach unterschiedliche Nahrungsmittel aus, die Sie gemeinsam auf Geruch (Wie riecht eine Möhre? Eine reife Banane? Eine Pflaume? Knäckebrot und frisches Brot?), Geschmack und Konsistenz untersuchen. Wenn Ihr Kind bei der Wahl der Produkte mitbestimmen und beim Vor- und Zubereiten wie Waschen, Schälen und Schneiden aktiv mitmachen darf, bereitet das Ganze noch mal so viel Spaß.

Ein anderer Überredungsversuch besteht darin, dass Eltern kundtun, dass sie sich doch so viel Mühe beim Kochen gegeben hätten. Und wenn das Kind nicht aufessen würde, wären sie traurig und enttäuscht.

Von beiden »Taktiken« ist unbedingt abzuraten. Ihr Kind muss für niemanden mitessen. Es hat ein Recht darauf, sein eigenes Sättigungsgefühl zu spüren und zu sagen: »Ich mag nichts mehr. Ich bin satt.« Es ist auch nicht dafür verantwortlich, dass Sie enttäuscht sind, nur weil es das Essen kaum anrührt oder nur darin herumstochert – egal wie viel Mühe Sie sich gegeben haben. Nehmen Sie seine Ablehnung Ihrem Gericht gegenüber nicht persönlich, und setzen Sie es niemals emotional unter Druck. Die Portion, die Ihr Kind gegessen hat, hat nichts mit der Menge an Liebe zu tun, die es für Sie empfindet. Satt sein bedeutet Essensstopp.

Zugegeben, es gehört eine große Portion Überwindung dazu, den (vollen) Teller wieder abzuräumen, wenn Ihr Kind nichts gegessen hat. Es ist ja auch schade um die guten Lebensmittel, die darauf liegen. Doch keine Angst: Ihr Kind kann durchaus einmal eine Mahlzeit ausfallen lassen, ohne zu verhungern. Und dank Ihrer Konsequenz werden Sie sogar doppelt belohnt. Zum einen schenken Sie Ihrem Schatz Vertrauen, anstatt ihn unter Druck zu setzen – Vertrauen, dass er selbst weiß, was er braucht. Er fühlt sich von Ihnen verstanden und gesehen. Zum anderen erfährt das Kind durch die klare Grenzsetzung und strikte Einhaltung, dass auf seine Eltern Verlass ist (siehe auch Seite 253).

Was Sie zu guter Letzt nicht vergessen sollten: Sie haben nicht nur für das Kind gekocht, sondern auch für sich selbst. Bitten Sie Ihr Kind einfach, weiterhin am Tisch sitzen zu bleiben und Ihnen Gesellschaft zu leisten, denn in Gesellschaft schmeckt es (auch Ihnen) besser.

Lieber Frieden statt Kampf

Reicht ein Löffel Reis, oder sind drei vielleicht doch besser? Ein Fischstäbchen oder zwei? Wie viele Erbsen sollte mein Kind essen? Wer bestimmt überhaupt, welche Menge ausreichend ist? Sowohl die Auswahl der Speisen als auch die Menge, die davon gegessen wird (oder werden sollte), führen in regelmäßigen Abständen zu Auseinandersetzungen zwischen Eltern und Kind. Der Nachwuchs weiß sehr schnell, mit welchen Waffen er den Kampf einleiten kann, wenn ihm das Essen nicht passt: Er verweigert es einfach – und trifft damit oft die Schwachstelle seiner Eltern, die wollen, dass ihr Kind genug isst (meist einen Teller voll).

Kein Wunder, dass manche Großen schnell noch einmal in die Trickkiste greifen, um ihr Ziel zu erreichen: Sie stellen eine Belohnung in Aussicht (»Wenn du den Teller leer gegessen hast, bekommst du auch etwas Süßes«) oder setzen Druckmittel ein (»Wenn du den Teller nicht leer isst, darfst du heute nicht fernsehen«). Was Eltern dabei nicht ahnen: Sobald sie zu diesen Mitteln greifen, haben sie auch schon verloren. Denn ihr Kind spürt sehr schnell, dass Essen eine wunderbare Gelegenheit ist, Eltern herauszufordern und zu erpressen.

GRENZEN GEBEN HALT

Eines sollte Ihnen und Ihrem Kind von Anfang an klar sein: Sie (!) legen die Regeln fest. Und das bedeutet, dass Sie sich weder durch ablehnendes Verhalten provozieren lassen noch einen Kampf am Esstisch eingehen. Zäumen Sie das Pferd lieber von hinten auf: Ihr Kind soll von allem ein klein wenig probieren, und dafür versprechen Sie ihm, dass es bestimmt keine zweite Gabel essen muss, wenn es ihm nicht schmecken sollte. Folgende Vereinbarung kann Ihnen dabei helfen: Sie bestimmen, was auf den

Tisch kommt, und Ihr Kind entscheidet, ob und wie viel es davon isst – aber es soll von allem probieren. In manchen Familien wird dafür ein besonderer Löffel zum Probierlöffel auserkoren, der nur für diesen Zweck bestimmt ist. Das kann ein sehr kleiner (Mokka-)Kaffeelöffel sein, ein Löffelchen mit besonderem Muster oder eines aus einem besonderem Material (zum Beispiel Kunststoff, Porzellan oder Silber).

Konkret bedeutet das: Ihr Kind lässt Ihnen bei der Rezeptauswahl und beim Zubereiten des Gerichts freie Hand. Außerdem willigt es ein, zumindest eine kleine Menge zu probieren. Wenn Ihr Kind eine neue Speise probiert, hat es ein Lob verdient: »Super, dass du einen Löffel voll probiert hast. Wenn du möchtest, darfst du gerne noch mehr haben. Oder vielleicht beim nächsten Mal.« Wenn die Probemenge partout nicht schmeckt und das Kind sie nicht hinunterschlucken will, darf es sie notfalls auch wieder ausspucken.

Im Gegenzug dafür lassen Sie Ihr Kind frei entscheiden, wie viel es nach dem Probieren von dem Gericht essen möchte. Bei so einer klaren Vereinbarung muss sich keiner durchsetzen oder beweisen. Ihr Kind kann sich auf Sie verlassen, indem Sie täglich für Abwechslung und (gesunden) Wohlgeschmack auf dem Teller sorgen. Und Sie können sich auf Ihr Kind verlassen; es weiß, wie viel es von jedem Essen benötigt. Dadurch, dass Ihr Sprössling immer wieder probiert, ist für genügend »Trainingseinheiten« der kindlichen Geschmacksnerven gesorgt, auch wenn es sich dabei manchmal nur ein kurzes Intermezzo handelt.

Es ist nicht außergewöhnlich, wenn ein Kleinkind neue Speisen erst einmal verweigert. Mütter, die ihren Kindern dann etwas »nachhelfen«, indem sie die weniger beliebten Speisen mit einem Löffel in seinen Mund bugsieren, verstoßen gegen die Vereinbarung; denn das Kind sollte selbst entscheiden dürfen, ob und wie viel es davon essen möchte.

Ganz wichtig: Auch wenn Ihr Kind sich weigert, üppige Portionen zu verdrücken oder sogar überhaupt nichts isst, steht ihm ein Nachtisch zu. Es sollte sich aber nicht nachträglich daran satt essen. Gestehen Sie ihm genau die Menge zu, dies es normalerweise auch bekommen hätte.

20-MAL SERVIERT, 20-MAL IST NICHTS PASSIERT

Manchmal ist es wie verhext: Da kommen Nahrungsmittel zigmal und öfter auf den Tisch, doch das Kind ignoriert sie standhaft. Aber weil die Eltern sich dadurch nicht beirren lassen und selbst

TIPP

Eher kleine Portionen auftischen

Druck erzeugt Gegendruck – und das ist in der Eltern-Kind-Beziehung nicht gerade förderlich. Machtkämpfe verderben den Appetit. Lassen Sie daher Ihr Kind entscheiden, wie viel es isst. Tischen Sie eher kleine Portionen auf. Damit geben Sie Ihrem Kind die Chance, seinen Teller leer essen zu können. Als Richtlinie empfiehlt sich zum Beispiel die Menge, die in die Hand des Kindes passen würde (mehr Infos siehe Seite 243). Bei manchen Speisen, etwa »ungeliebtem« Gemüse, reicht es auch, nur einen kleinen Löffel voll auf den Teller zu geben – besser wenig als gar nichts. Und es ist immer sinnvoller, noch einmal nachzulegen, als am Ende einen halbvollen Teller abzuräumen.

mit Genuss zugreifen, geschieht irgendwann das »Wunder«: Animiert von der Tatsache, dass seine Eltern immer wieder diesen Blumenkohl, diesen Lachs oder diese Linsen auf den Tisch bringen (»Mama und Papa können sich doch gar nicht so oft täuschen, oder?«), greift auch das Kind zu dem »neuen« Lebensmittel.

Mit allen Sinnen genießen

Essen ist für Kinder weit mehr als bloße Nahrungsaufnahme. Essen ist eine sinnliche Erfahrung und kommt einer Entdeckungsreise gleich. Schließlich gehört zum Essen nicht nur das Schmecken, sondern auch das Sehen, Riechen, Hören und Tasten. Warum hüpfen Erbsen vom Teller, wenn man sie aufspießen will? Wie viel Soße passt in den Brunnen aus Kartoffelbrei, ehe er überläuft? Schaffe ich es, eine ganze Spaghetti aufzusaugen und die Soße dabei im

Es müssen nicht immer mundgerechte Happen sein, Kinder lieben es, wenn es auch mal klebt und tropft.

Mundwinkel hängen zu lassen? Wie laut ist das Knäckebrot, wenn ich es kaue? Und mal ehrlich: Der Pfannkuchen lässt sich doch viel leichter mit den Händen aufrollen als mit Messer und Gabel, oder?

Viele Kinder wünschen sich, nur ein einziges Mal die Finger tief in ein Marmeladenglas zu stecken und sie dann abschlecken zu dürfen. Sie würden so gerne mit beiden Händen in der Spaghettischüssel herumrühren, um zu fühlen, wie die »Nudelschlangen« durch die Finger glitschen – nur einmal. Aber nicht alle Eltern reagieren gelassen und gewähren ihren Kleinen diese sinnliche Erfahrung. Kinder lieben es auch, wenn sie bei den Vorbereitungen mitarbeiten dürfen: Eier in einer Tasse verquirlen, Kartoffeln zu Püree stampfen oder den Mixer beim Sahneschlagen halten. Dadurch lässt sich der Forscherdrang bereits zu einem großen Teil stillen, sodass einem »normalen« Essen nichts mehr im Wege steht. Nebenbei weckt das gemeinsame Zubereiten und Kochen die Lust und Neugier auf die fertige Mahlzeit: »Wie schmeckt das alles wohl, was wir da mischen und zubereiten?« Es hatten schon die hartnäckigsten Gemüsemuffel Freude am bunten Gemüsemix, wenn sie ihn selbst zusammenstellen und sogar selbst zubereiten durften.

Das Problem mit den Zwischenmahlzeiten

Der Sinn einer Zwischenmahlzeiten erklärt sich aus dem Wort selbst: Es handelt sich um eine Stärkung zwischen den drei Hauptmahlzeiten Frühstück, Mittagessen und Abendessen. Ein Snack sollte weder zu süß noch zu sättigend sein und schon gar nicht unmittelbar vor der Hauptmahlzeit gereicht werden. Schließlich soll das Kind seinen Hunger bei den Hauptmahlzeiten stillen und nicht zwischendurch.

Leider jedoch wird der Sinn von Zwischenmahlzeiten immer wieder missverstanden. Viele Kinder knabbern, lutschen oder kauen permanent. Sie essen also nicht regelmäßig zu (annähernd) festen Zeiten und zu den drei Hauptmahlzeiten, sondern »naschen« ständig zwischendurch. Das bringt gleich mehrere Nachteile mit sich:

○ Das Kind ist in einer Tour mit Nahrungsmitteln beschäftigt und kann sich kaum ungestört anderen Aktivitäten widmen.

○ Viele Kinder verlieren das Gefühl von Hunger und Sättigung, weil sie sich ständig in einem Zustand irgendwo dazwischen befinden.

○ Kinder, die dauernd Süßes, Brezeln, Brötchen, Nüsse, Obst (vor allem Bananen) und Trockenobst knabbern – allesamt reich an Kohlenhydraten und damit Zucker –, haben ein erhöhtes Kariesrisiko. Bei jedem Snack wird das Milieu im Mund sauer; das greift den Zahnschmelz an, und Bakterien haben ein leichteres Spiel. Der Mund sollte immer wieder eine Zeit lang leer bleiben, damit der Speichel seine regenerierende Arbeit leisten kann.

○ Kinder, die tagsüber ständig etwas essen, haben mittags oder abends kaum noch Hunger und dementsprechend keine Lust, bei den Mahlzeiten zuzulangen. Kurze Zeit später haben sie dann aber erneut Hunger und wollen wieder etwas für zwischendurch – ein schier unendlicher Kreislauf.

○ Die Lust auf Süßes (Heißhunger) entsteht unter anderem dann, wenn die Hauptmahlzeiten zu wenig Eiweiß enthalten. Bei Pfannkuchen mit Zucker, Marmelade oder Schokocreme, Nudeln mit Ketchup oder Pommes frites mit Mayonnaise fehlt diese wichtige Komponente – anders als zum Beispiel bei Fleisch, Fisch, Tofu oder Hülsenfrüchten. Bieten Sie daher so oft wie möglich wenigstens zum Mittagessen nicht nur Kohlenhydrate (stecken vor allem in Getreide) und Fett, sondern auch Eiweiß an. Je ausgewogener die Hauptmahlzeiten sind, desto weniger stark ist das Verlangen nach einer süßen Zwischenmahlzeit.

Gesund und ausgewogen essen

Verständlich, dass sich ein Kind paradiesische Zustände bei der Speiseplanzusammenstellung wünscht. Es wäre doch herrlich, wenn es jeden Tag das Lieblingsgericht gäbe! Manchmal sind die Kleinen eben echte Gewohnheitstiere. Dabei ist ein vielfältiges und abwechslungsreiches Nahrungsangebot so wichtig für die Entwicklung. Eltern, die sich um des lieben Friedens willen auf die einseitigen Wünsche des Nachwuchses einlassen und zum Beispiel tatsächlich jeden Morgen ein Glas Nuss-Nugat-Creme auf den Tisch stellen, bieten keine Auswahl mehr an und ermuntern Ihr Kind nicht dazu, andere Gaumenfreuden zu erleben.

DIE RICHTIGE AUSWAHL

Solange Sie ein reichhaltiges und abwechslungsreiches Angebot auf den Tisch bringen, zeigt Ihr Kind normalerweise keine Mangelerscheinungen. Welche Arten von Lebensmitteln wichtig für eine ausgewogene, gesunde Ernährung sind, können Sie im Ernährungskreis der Deutschen Gesellschaft für Ernährung erkennen (siehe Seite 237). Doch trotz zahlreicher Empfehlungen kommen in viele Familien noch immer Produkte auf den Tisch, die für Klein und Groß denkbar schlecht und ungeeignet sind. Dazu gehören zum Beispiel:

○ **Frühstück:** konventionelle Nuss-Nugat-Creme (enthält sehr oft zu viel minderwertige Fette und weißen Zucker), Fertig-Cerealien (zu viel weißer Zucker) sowie weiße Brötchen, Toast oder Brezeln (enthalten keine Ballaststoffe und wenig Vitamine).

Alternativen: Schoko-Creme aus dem Naturkostladen (mit braunem Roh-Rohrzucker und hochwertigen Pflanzenölen; auch dann nur in Maßen etwa am Wochenende genießen), Haferflocken oder Müslimischungen aus Vollkornflocken (ohne Zucker), Vollkornbackwaren.

○ **Mittag- und Abendessen:** Pommes frites (zu viel Fett), Bratwurst (zu viel Fett und Röststoffe), Ketchup (zu viel weißer Zucker, Aromastoffe und Konservierungsmittel) und Weizennudeln (glutenhaltig, zu wenig Ballaststoffe).

Alternativen: Ofenkartoffeln, Wiener Würstchen, Geflügelwurst, Grillwürstchen, Tofu-Würstchen, Tomatenketchup aus dem Naturkostladen (mit braunem Roh-Rohrzucker oder Apfeldicksaft gesüßt), Vollkornnudeln (oder zumindest eine Mischung aus Weizen- und Vollkornnudeln).

○ **Snacks:** Chips (zu viel Fett, künstliche Geschmacksverstärker und Aromastoffe), gesalzene Erdnüsse (zu fettig und salzig), Limonade, Fruchtnektar und Fruchtsaftgetränke (zu viel weißer Zucker, Zusatzstoffe und Konservierungsmittel), Bonbons und Lutscher (zu viel klebriger Zucker; Gefahr von Karies).

Alternativen: Salziges, selbst gemachtes Popcorn (Kinder haben einen Riesenspaß dabei, wenn es im Topf pufft und poppt; außerdem duftet es bei der Zubereitung herrlich), Reiscracker, Grissini, selbst geschälte Erdnüsse (Nüsse schälen macht Kindern Spaß), Wasser mit Fruchtsaft, selbst gemachte Limonade, Gummibärchen (bleiben nicht so lang im Mund wie Bonbons).

Schmeckt gut und ist die bessere Alternative zu Chips und Flips: selbst gemachtes Popcorn.

FÜNFMAL AM TAG OBST UND GEMÜSE – WIE SOLL DAS GEHEN?

Den meisten Kindern schmeckt Obst am besten als Fruchtgummibärchen und Gemüse in Form von Tomatenketchup. Trotzdem sollten sich Eltern ganz nach dem Motto »früh übt sich« bemühen, ihren Kindern gesunde Frischkost schon in jungen Jahren schmackhaft zu machen. Denn die offizielle Empfehlung für Groß und Klein lautet: Fünfmal am Tag sollten wir Obst und Gemüse essen. Neben den Hauptmahlzeiten können Sie Obst und Gemüse auch zwischendurch anbieten; hier einige Ideen:

○ Reiben Sie einen Apfel fürs Müsli, oder geben Sie Bananenstücke oder Orangenspalten zum Getreidebrei.

○ Dekorieren Sie Brote mit Tomatenspalten, Bananenscheiben oder frischen Kräutern (wie Kresse oder Schnittlauch).

○ Reichen Sie Obst oder Gemüse in Form von Scheiben, Spalten oder Stiften.

○ Mixen Sie leckere Fruchtshakes mit Milch oder Smoothies mit Eiswürfeln.

Lassen Sie Ihr Kind mitentscheiden, welche Farbe es auf dem Teller haben möchte: gelb (Banane, Paprikaschote), orange (Möhren, Aprikosen, Orangen), rot (Tomaten, Erdbeeren, Kirschen, Apfel), grün (Paprikaschote, Fenchel, Birne), blau (Pflaumen, Trauben, Blaubeeren) – das Angebot der Natur ist riesig.

MÄRCHEN VOM GUTEN ESSEN

Kinder lieben Märchen und Geschichten – und das können Eltern sich zunutze machen: Sie können zum Beispiel Geschichten über Vitamine und Mineralstoffe »auftischen« und kindgerecht erklären, welche Aufgaben diese Mikronährstoffe haben, in welchem Lebensmittel sie besonders zahlreich vorkommen und was passiert, wenn der Körper nicht genug davon bekommt. Hier ein paar Ideen:

○ Möhren sind reich an Vitamin A (beziehungsweise einer Vorstufe davon), und wenn wir hin und wieder eine Möhre knabbern, fördert das unsere Sehkraft (»Wir sehen dann so gut wie ein Adler«).

○ Obst ist reich an Vitaminen, beispielsweise Vitamin C. Das steckt viel in Äpfeln, Orangen, Erdbeeren, Kiwi, aber auch in Paprika, Brokkoli und Kohlgemüse. Vitamin C fängt unerwünschte Eindringlinge (Bakterien oder Viren) wie ein Schmetterlingskescher ein und macht sie unschädlich.

○ Frisches grünes Gemüse ist meistens reich am Mineralstoff Kalzium und sorgt so dafür, dass Knochen und Zähne fest werden (»Wie kleine Bauarbeiter mit Helm und Spatel stärken sie die Knochen mit Kalzium«).

○ Ballaststoffe, wie sie reichlich in Gemüse und Vollkornprodukten stecken, kehren den Darm von innen – wie ganz viele kleine Besen. So helfen sie, dass die Reste vom Essen besser wieder aus dem Körper herauskommen.

○ Das Spurenelement Eisen (steckt in Fleisch, Getreide wie Hirse und Ölsaaten wie Sesam) ist ein »kleiner Helfer«, der dafür sorgt, dass einzelne Körperzellen besser mit Sauerstoff versorgt werden (»Sie bekommen besser Luft«).

Durch anschauliche Erzählungen können Kinder tatsächlich dazu animiert werden, am Tisch wenigstens ab und zu auch mal zu etwas Gesundem zu greifen. Gehen Sie jedoch mit viel Fingerspitzengefühl vor. Ihr Kind darf nicht das Gefühl haben, krank zu werden, wenn es sich trotz der netten Geschichte gegen Gemüse und Obst entscheidet.

»Es war einmal ein Müsli …«: Geschichten zu den Inhaltsstoffen wecken das Interesse an gesundem Essen.

DAS SCHLAF-VERHALTEN

Bis jetzt haben Sie und Ihr Kind schon über 700 Nächte gemeinsam gemeistert. Hoffentlich haben Sie alle schon seit Längerem wieder richtig gute Nächte, ohne viel Theater vor dem Einschlafen und ohne Unterbrechungen der Nachtruhe! Die meisten Familien haben mittlerweile einen harmonischen Rhythmus gefunden, mit dem das abendliche Zubettgehen weitgehend reibungslos vonstattengeht. Natürlich klappt es nicht immer, und – mal ehrlich – das muss es auch nicht. Es gibt immer mal wieder Phasen, in denen die Nächte des Kindes unruhig verlaufen oder gar gestört sind. Das ist zum Beispiel während einer Krankheit der Fall, wenn das Kind fiebert, husten muss oder aufgrund einer Erkältung schlecht durch die Nase atmen kann. Manchmal hat der kleine Patient auch schlicht-

weg Schmerzen (beispielsweise Ohrenschmerzen oder Bauchweh), weshalb er in der Nacht kein Auge zumachen kann. Kein Wunder, dass sich das Kind in solchen Ausnahmesituationen nach einem vertrauten Platz und besonderer Fürsorge sehnt. In der Regel heißt diese vertraute Umgebung: Mamas Arm oder sonst irgendwie ganz nah dran. Diese Reaktion ist vollkommen normal und »gesund«. Denn Eltern sind für ihr Kind eine unumstößliche Größe: »Mama und Papa sind immer für mich da. In guten und in schlechten Zeiten.« Diesen Rückhalt erfahren zu dürfen, ist enorm wichtig für Ihr Kind; es schafft Vertrauen, Zuversicht und das wunderbare Gefühl von Geborgenheit. Heute genauso wie in den zwei vergangenen Jahren – und auch in Zukunft.

Aktiv in der Nacht

»Eigentlich schläft mein Kind gut ein, und eigentlich schläft es auch immer durch«, aber eben nur »eigentlich«. Denn in einigen Familien wird die heilige Nachtruhe durchaus ab und zu gestört. Etwa dann, wenn das Kind entscheidet, dass die Nacht nicht immer nur zum Schlafen da ist, sondern auch zum Wandern. Beliebtes Ziel: das Elternbett. Aber auch ein Angsttraum oder der sogenannte Nachtschreck können die Nachtruhe jäh unterbrechen.

Warum wandern Kinder nachts?

So manche Mutter bekam schon einen riesigen Schreck, weil sie nachts eine Gestalt vor ihrem Bett stehen sah. Die gute Nachricht: Es handelt sich um das eigene Kind. Die schlechte: Es will unter ihre Decke krabbeln.

Wie Sie darauf reagieren, hängt von verschiedenen Faktoren ab, unter anderem von Ihrer Geduld, Toleranz und Selbstliebe. Wenn es Sie nicht stört, das Bett zu teilen und Sie die gestörte Zweisamkeit mit Ihrem Partner sowie die nächtlichen Schlafgeräusche Ihres Kindes in Kauf nehmen, können Sie einfach die Decke hochheben und Ihrem Kind ein Plätzchen anbieten. Bevor Sie dies tun, sollten Sie aber noch schnell darüber nachdenken: Mache ich das jetzt nur aus Bequemlichkeit, weil ich selbst nicht mein kuscheliges Nest verlassen will, um das Kind zurückzubringen? Wie werde ich beim nächsten Mal reagieren? Vielleicht ist das nächste Mal ja schon morgen – und von da an im 24-Stunden-Takt? Vermutlich gibt es zahlreiche Gründe, warum ein Kind nachts zu seinen Eltern ins Bett schlüpfen will. Mit der Hauptgrund ist denkbar einfach: Weil es hier so schön ist, warm, weich und kuschelig, und man so nah bei Mama und Papa ist. Das Kind sucht also aktiv die Nähe seiner

INFO

Selbstständig auf zwei Beinen

Viele Wochen und Monate konnte Ihr Kind nur liegen und war schon froh, wenn es alleine sitzen konnte. Aber irgendwann kam der Zeitpunkt, an dem es alleine gehen konnte. Wunderbar, diese bisher ungekannte Mobilität ermöglichte ihm ein großes Stück Freiheit. Seit diesem Moment kann Ihr Schatz selbst bestimmen, wann, wohin und warum er eine Richtung einschlägt. Die Fähigkeit, einfach losgehen zu können, ist ein großer Schritt in Richtung Selbstständigkeit. Ihr Kind kann von alleine losmarschieren und bewusst von Ihnen weggehen – und im nächsten Augenblick verliert es Sie aus den Augen. Und genau hier zeigt sich die Kehrseite der aufkommenden Freiheit: das unangenehme Gefühl, plötzlich allein zu sein.

Eltern. Warum aber ist das Bedürfnis nach elterlicher Nähe so stark, dass ein Kind nachts davon wach wird und zu wandern beginnt? Hier sollte sich jede Mutter und jeder Vater auf die Ursachenforschung begeben.

SCHLAF BEDEUTET TRENNUNG

Ein Grund für die nächtliche Wanderschaft könnte sein, dass das Kind tagsüber zu wenig Aufmerksamkeit bekommt. In diesem Fall ist sein täglich mit Liebe zu füllender »Tank« einfach noch nicht komplett voll. Kinder, die tagsüber genug elterliche Verbundenheit, Sicherheit und Geborgenheit erfahren dürfen, sind in der Regel mit guten Emotionen von sich und der Welt »aufgefüllt«. Diese Anreicherung hält durchaus auch über Nacht an, weshalb sich auch die Zeit der Trennung von den Eltern im Schlaf überbrücken lässt. Je besser sich ein Kind tagsüber in seiner Familie aufgehoben fühlt und je weniger unschöne Überraschungen es erleben muss (etwa dass Mama unerwartet weg ist), desto weniger kommt nachts ein Gefühl des Alleinseins auf. In anderen Kindern steckt unbewusst die Gewissheit: »Im Schlaf geht Mama nicht von mir weg. Da kann ich ganz nah bei ihr sein, da fühle ich mich wohl.« Idealerweise darf ein Kind dieses Gefühl von Schutz und Liebe auch tagsüber erfahren.

Alleine ein- und durchschlafen zu können setzt ein hohes Maß an Sicherheit voraus. Sicherheit, dass das Kind nicht allein gelassen wird, auch wenn Mama und Papa nachts nicht neben ihm liegen. Dieses Gefühl der Trennung können Kinder bereits tagsüber lernen und erfahren, etwa dann, wenn sie eine kurze Weile alleine spielen und ihre Mutter im Nebenraum beschäftigt ist. Manche Kinder vergewissern sich durch regelmäßiges Zurufen, ob Mama noch da ist, andere springen von einer Sekunde auf die andere auf und rennen zu ihr hinüber – vor lauter Angst, sie könnte weg sein.

Eltern haben hier eine besondere Aufgabe: Auf der einen Seite sollen sie ihrem Kind täglich reichlich Sicherheit und Geborgenheit vermitteln. Das gelingt am besten durch Nähe. Auf der anderen Seite sollen sie dem Kind Mut machen und seine Selbstständigkeit fördern. Dazu gehört in diesem Falle auch die Fähigkeit, einige Momente oder Minuten alleine zu spielen beziehungsweise nachts alleine zu schlafen. Um nächtliches Wandern gar nicht erst aufkommen zu lassen, hilft es also, dem Kind tagsüber »Training« zu ermöglichen. Helfen Sie ihm, es selbst zu tun – durch Ihre Hilfe kann es lernen, allein zu sein, ohne sich dabei verlassen zu fühlen.

Natürlich ist es schön, einmal zusammen einzuschlafen. Aber ein Kind sollte das auch alleine können.

UNAUSGESPROCHENE EINLADUNG?

Eine andere Ursache, weshalb Kinder nachts zu Mama und Papa ins Bett wollen, ist die unbewusste »Dauereintrittskarte« von Seiten der Eltern. Nicht selten sind Mütter (und natürlich auch manche Väter) sogar ganz dankbar über die Anwesenheit des Kindes im Bett, zum Beispiel wenn sie sonst allein dort schlafen würden. Da kommt das eigene Kind als »Ersatz« für den Partner ganz Recht. In anderen Fällen ist ein Elternteil auch darum froh, wenn das Kind in der Mitte des gemeinsamen Bettes liegt, weil er dadurch nicht zu viel Nähe des Partners erlebt.

Das können Sie tun

Egal, warum Ihr Kind nachts bei Ihnen Unterschlupf sucht: Es gibt einen Grund dafür. Sie und Ihr Partner sollten sich daher überlegen, ob Sie ihm Zugang gewähren wollen oder nicht. Es spricht überhaupt nichts gegen die eine oder andere gemeinsame »Familiennacht«, schon gar nicht, wenn sich alle Beteiligten dabei wohlfühlen. Es gibt sogar zahlreiche Bücher über die Vorteile des »Co-Sleepings«, also des »Wir-schlafen-alle-in-einem-Bett«. Der in den USA bekannte Autor und Kinderarzt Dr. William Sears hat bereits vor vielen Jahren einen Bestseller über die Vorteile des Familienschlafs geschrieben. Dr. Sears soll in seinem Zwei-Meter-Bett gemeinsam mit seiner Frau Martha acht Kinder groß gezogen haben. Er vertritt einen Erziehungsansatz, bei dem eher die Einheit der Familie im Vordergrund steht als die Selbstständigkeit des Kindes. Und selbst der amerikanische Kinderarzt Dr. Richard Ferber, Begründer der »Jedes Kind kann schlafen lernen«-Methode (siehe Seite 267 f.), lockert mittlerweile seine strengen Regeln. In einem Interview mit einem US-Journalisten sagte er: »Es gibt viele Beispiele, in denen das Familienbett funktioniert. Meine heutige Einstellung ist, dass Kinder mit ihren Eltern zusammen oder allein schlafen können. Was wirklich zählt, ist, dass die Eltern sich darüber klar werden, was sie wollen.«

Spätestens aber, wenn die Nachtruhe eines Familienmitglieds durch das gemeinsame Lager gestört wird – sei es weil der Platz nicht ausreicht, sich das Kind zu häufig bewegt, sich zu breit macht oder sogar dafür sorgt, dass einer seiner Eltern das Weite sucht und die Nacht auf dem Sofa oder im Kinderbett vorzieht –, besteht Handlungsbedarf. Sie sollten nie vergessen: Zuerst waren Sie beide da – Sie und Ihr Partner, ein Duo. Dann kam Ihr Kind dazu, und ein Trio entstand. Auch wenn sich schon vieles in Ihrem Familienleben um Ihr Kind dreht: Sie und Ihre Zufriedenheit sind auch wichtig. Und meistens ist eine gute Nachtruhe ein Garant für einen guten, harmonischen Start in den Tag.

NÄCHTLICHE WANDERUNGEN ABSTELLEN

Es erfordert höchste Konsequenz, die nächtlichen Wanderungen eines Kindes zu stoppen. Das fängt bei den Maßnahmen an, die Sie treffen können, damit das Kind das Bett beziehungsweise sein Zimmer nicht selbstständig verlassen kann. Sie können es etwa von Anfang an im Schlafsack schlafen lassen, die Matratze im Gitterbett ganz auf den Boden legen, damit das Kind nicht an den Bettrand greifen kann, oder – im Extremfall – ein Schutzgitter in den Türrahmen spannen. Mit so einem Gitter signalisieren Eltern, dass ihr Kind im Zimmer bleiben soll, auch wenn die Türe zum Flur geöffnet ist. Das heißt, das Kind kann sich bemerkbar machen, kann mit den Eltern kommunizieren und nach ihnen rufen. Es fühlt sich eher zurückgehalten als vollkommen eingesperrt. Aus diesem Grund sollten Sie auch niemals die Schlafzimmertüre Ihres Kindes absperren, sodass Ihr Kind eingeschlossen ist und das Zimmer nicht verlassen kann. Denn dies könnte schwerwiegende psychische Folgen haben – wie würden Sie sich fühlen, wenn Sie das Bedürfnis nach Nähe haben, und Sie erleben das Gegenteil?

Wenn alle Tricks nicht helfen und Ihr Kind trotzdem abends erneut vor Ihnen steht, sollten Sie dem Charme Ihres kleinen Wanderers auf keinen Fall erliegen. Zugegeben, das ist nicht immer einfach. Aber wenn Ihr Kind Sie einmal erweichen konnte, müssen Sie damit rechnen, dass es diese Methode auch in Zukunft anzuwenden versucht. Denn was beim ersten Mal klappt, klappt bestimmt auch ein zweites Mal …

Bringen Sie Ihr Kind innerhalb von wenigen Sekunden flugs wieder zurück in sein Bett und sagen Sie nett, aber bestimmt, dass es draußen dunkel ist, alle Kinder und Tiere schlafen und es morgen früh wieder willkommen ist. Die Nacht ist zum Schlafen da.

Zwei unangenehme Schlafräuber

Schreckt Ihr Kind nachts aus dem Schlaf, weil es schlecht geträumt oder einen sogenannten Nachtschreck hat? In beiden Fällen schreit das Kind laut auf, weint oder ruft meist lautstark nach Ihnen. Stürzen Sie daraufhin an sein Bett, reagiert es je nach Ursache völlig unterschiedlich. Wenn Sie wissen, was in so einem Moment zu tun ist, können Sie Ihrem Kind helfen, sich bald wieder sicher und geborgen zu fühlen.

Angsttraum

Ein wichtiges Kriterium, um die beiden Schlafräuber voneinander zu unterscheiden, ist: Der Angsttraum findet in einer Traumschlafphase (REM-Phase, siehe Seite 115) in der zweiten Nachthälfte statt, während der Nachtschreck vorwiegend in der ersten Nachthälfte auftritt, und zwar beim Übergang von der Tiefschlaf- (Non-REM-Phase) in die Flachschlafphase.

Der Angsttraum ist ein traumhafter Zustand, aus dem das Kind, wenn es nach den Eltern schreit, bereits wieder erwacht ist. Die Erinnerungen an den unangenehmen Traum sind aber noch so präsent, dass es vor lauter Schreck und Anspannung weint. Vor allem aber hat das Kind Angst, sich wieder zurückzulegen, die Augen zu schließen und weiterzuschlafen. Selbst am nächsten Morgen können sich viele Kinder noch an ihren bösen Traum erinnern; ältere Kinder können sogar beschreiben, was sich im »bösen« Traum abgespielt hat.

Angstträume können bereits bei Zwei- bis Dreijährigen auftauchen. In diesem Alter werden sie als besonders bedrohlich wahrgenommen, da die Kleinen noch schwer zwischen Traum und Wirklichkeit unterscheiden können.

SO KÖNNEN SIE HELFEN

Ihr Kind braucht zwei starke Arme, die es festhalten und ihm dadurch Schutz und Geborgenheit vermitteln. Es sucht Trost und Hilfe – und die Zuversicht, dass es sich dabei nur um einen Traum gehandelt hat und in seiner »echten« Welt alles in Ordnung ist. Nehmen Sie Ihr Kind auf den Arm, streicheln Sie es, und reden Sie ihm gut zu. In diesen Momenten möchte Ihr Schatz ungern alleine bleiben. Legen Sie sich zu ihm (wenn sein Bett groß genug ist), oder holen Sie ihn zu sich ins Bett. In einer Situation wie dieser ist die elterliche Nähe die beste Medizin. Wenn sich das Kind wieder beruhigt hat, können Sie es in sein Bett zurücktragen.

Versuchen Sie nicht, seinen Traum noch in derselben Nacht zu analysieren. Probleme und Ängste lassen sich am besten im wachen Zustand und bei Tageslicht besprechen.

Erwacht das Kind aus einem Angsttraum, braucht es Trost, damit es beruhigt wieder einschlafen kann.

Nachtschreck

Im Gegensatz zum Angsttraum taucht der Nachtschreck (lateinisch »Pavor nocturnus«) vorwiegend ein bis drei Stunden nach dem Einschlafen auf – typischerweise in der ersten Non-REM-Schlafphase. Ein Angstzustand in den frühen Morgenstunden ist kein Pavor. Das Kind verhält sich auch völlig anders als bei einem bösen Traum: Seine Augen sind weit aufgerissen, es schreit laut, sitzt im Bett, rennt im Zimmer umher oder verhält sich sonst irgendwie seltsam. Darum wachen die Eltern nicht auf, weil ihr Kind nach ihnen ruft, sondern weil es laut schreit oder poltert. Sind sie in seinem Zimmer angekommen, lässt sich das Kind kaum beruhigen. Im Gegenteil: Das Kleine erkennt seine Eltern nicht einmal. Es sitzt oder steht im Bett und fuchtelt mit den Armen oder schlägt um sich. Es wirkt verängstigt, verschreckt und verwirrt. Sein Puls rast, und es schwitzt stark.

In der Regel hält dieser eigenartige Zustand 5 bis 15 Minuten an, dann ist es mit dem Spuk auf einen Schlag wieder vorbei. Der Gesichtsausdruck entspannt sich, Atmung und Puls regulieren sich. Gewöhnlich schläft das Kind rasch und zufrieden wieder ein. Den Eltern jedoch steckt der Schreck nicht selten noch am nächsten Morgen in den Knochen. Das Kind kann sich derweil an nichts erinnern.

Die genauen Ursachen des Pavor nocturnus sind noch nicht erforscht. Aber es heißt, dass sein Auftreten nicht ungewöhnlich ist; es handelt sich also weder um eine Verhaltensauffälligkeit noch um eine Folge falscher Erziehung. Wissenschaftler betrachten den Nachtschreck vielmehr als ein Schlafphänomen, das in einem bestimmten Alter auftritt: Die meisten betroffenen Kinder sind zwischen zwei und fünf Jahre alt, in Ausnahmefällen auch jünger. Offensichtlich erleiden Jungen häufiger einen Nacht-schreck als Mädchen. Bei vielen Kindern tritt der Pavor nocturnus nur wenige Male auf, oft sogar nur ein einziges Mal. Andere Kinder erleben ihn dagegen jeden Monat. Aber zum Glück ist das die Ausnahme. In den seltensten Fällen tritt der Nachtschreck täglich auf.

SO KÖNNEN SIE HELFEN

Bislang ist eine gezielte Behandlung schwierig: Beim Nachtschreck wirkt das Kind, als befände es sich noch im Tiefschlaf, aus dem es sich nicht wecken lässt. Darum ist Trösten zwecklos; das Kleine ist gar nicht präsent. Am besten halten Sie die Situation einfach aus und sorgen lediglich dafür, dass sich Ihr Kind nicht verletzten kann, während es um sich schlägt oder gar hinfällt und mit dem Kopf aufprallt. Wichtig: Halten Sie sich mit Körperkontakt (Umarmen, Streicheln) zurück, denn der kann die Situation unter Umständen sogar noch verschlimmern.

Hilfe von Experten

Wenn Sie glauben, dass Ihr Kind Schlafprobleme hat, die Sie nicht selbst in den Griff bekommen, sollten Sie nicht zögern, Rat und Hilfe von Fachleuten einzuholen. Dies ist zum Beispiel der Fall, wenn …

○ das Schlafverhalten Ihres Kindes Sie und/oder Ihren Partner beziehungsweise Ihre Partnerin so zermürbt, dass Sie dadurch tagsüber völlig erschöpft sind,

○ Ihre Partnerschaft unter den nächtlichen Besuchen Ihres Kindes leidet,

○ Sie durch einen dauerhaften Schlafmangel tagsüber extrem angespannt sind und dadurch die Beziehung zu Ihrem Kind leidet.

Erste Anlaufstellen sind der Kinderarzt oder eine Elternberatungsstelle in der nächsten Großstadt (entsprechende Adressen in Ihrer Nähe finden Sie im Internet).

DIE ERZIEHUNG

Es ist wirklich erstaunlich, wie viel Ihr Kind in den letzten zwei Jahren gelernt hat. Unzählige Meilensteine haben Sie gemeinsam schon erreicht und dabei so manche Hürde genommen. Sie haben festgestellt: Ein Zweijähriges bringt Leben in die Bude! Und in den nächsten Wochen wird Ihr Schatz immer mehr zum Ausdruck bringen, was er will: Essen, Kuscheln, Spielen, Toben – und noch vieles mehr. Zuweilen ist Ihr Kind dabei sehr hartnäckig, beispielsweise wenn es ums ungeliebte Aufräumen geht, die ungebrochene Lust auf Süßes oder den starken Bewegungsdrang. Das hält viele Eltern auf Trab – und es hält sie jung.

Neben den Wutanfällen, die auch in den folgenden Monaten fast täglich auf der Tagesordnung stehen, gilt es, gemeinsam mit dem Kind einige weitere Herausforderungen zu meistern. Dazu gehört es zum Beispiel, Grenzen zu setzen, Regeln aufzustellen und auf deren Einhaltung zu achten. Genauso sollten Sie wissen, wie Sie sich verhalten, wenn diese Regeln verletzt werden. Was können Sie tun, wenn Ihr Kind partout keine Lust hat aufzuräumen? Spannend ist auch die Frage des Miteinanders innerhalb Ihrer Familie. Wie reagieren Sie, wenn Ihr Kind Sie als »blöde Mama« oder »doofer Papa« bezeichnet? Manche Eltern sind daraufhin so perplex, dass sie kein Wort herausbringen. Das sollte sich aber sehr bald ändern, denn es liegt an Ihnen, wie Ihr Kind in Zukunft mit Ihnen sprechen darf. Eines der spannendsten Projekte in diesem Jahr: Die Zeit der Windel läuft allmählich ab, und Ihr Kind wird lernen, auf die Toilette zu gehen.

Verbale Entgleisungen

Erinnern Sie sich? Wie groß war Ihre Freude, als Ihr kleiner Schatz das erste Mal »Mama« oder »Papa« zu Ihnen sagen konnte. Vermutlich haben Sie vor Stolz gestrahlt und waren ganz entzückt. Nach diesen ersten Worten lernte Ihr Kind noch viele weitere sprechen. Das ist wunderbar, denn die Kommunikation klappt somit täglich besser. Doch irgendwann kommt der Tag, an dem Ihr Sprössling zu Mama oder Papa noch ein weiteres Wort ergänzt – eines, das Sie weit weniger entzückt. »Doofer Papa« oder »blöde Mama«. Hoppla, wird da so mancher denken, habe ich das richtig gehört? Und dann taucht gleich die nächste Frage auf: Wann, wie, wo und warum hat unser süßer Liebling so etwas aufgeschnappt?

Meistens sind die Eltern ratlos, weil sie selbst innerhalb der Familie solche Ausdrücke nicht benutzen. Woher hat ihr Kind das also? Tatsächlich schnappen bereits die Jüngsten solche Äußerungen schnell auf – erfahrungsgemäß von älteren Kindern, die sie zum Beispiel in der Spielgruppe, auf dem Spielplatz, in der Kinderkrippe oder beim Kinderturnen treffen. Mit Begeisterung nehmen die Jüngsten Schimpfwörter und beleidigende Ausdrücke in ihren Wortschatz auf, nicht zuletzt, weil sie beeindruckt sind von der Macht der Sprache. Denn wenn man so etwas zu seinem Gegenüber sagt, löst das in der Regel beeindruckende Reaktionen aus. Und wenn das bei den anderen so gut klappt, wäre man ja dumm, wenn man es nicht auch bei den Eltern ausprobieren würde.

Umgang mit unschönen Wörtern

Natürlich ist es wichtig, dass Eltern umgehend auf eine verbale Entgleisung reagieren – vorausgesetzt, es trifft sie überraschend. Schließlich lernen Kinder durch Imitation. Wenn Eltern ihrem Kind zu Hause einen rüden Wortschatz anbieten, müssen sie sich nicht wundern, dass es diesen auch bald beherrscht.

Vor allem aber ist es wichtig herauszufinden, was den kindlichen Ärger verursacht hat, dem solche Äußerungen Luft machen. Dementsprechend können Sie auf unangebrachte Wörter reagieren. »Ich verstehe, dass du sauer bist, aber ich will nicht, dass du so zu mir sprichst.« Oder: »Ich weiß, dass du nicht aufräumen willst, aber die Stifte müssen runter vom Tisch, weil wir da jetzt zu Mittag essen.«

VON AUGE ZU AUGE

Bei Konflikten ist es hilfreich, wenn Sie Ihrem Kind auf gleicher Höhe in die Augen schauen und es mit seinem Vornamen ansprechen, wenn Sie ihm etwas zu sagen haben: »Leo, ich sage dir, ich will diese Worte nicht hören.« Auf diese Weise »erreichen« Sie Ihr Kind besser, als wenn Sie es – im wahrsten Sinn des Wortes – von oben herab anreden. Der direkte Blickkontakt und die Ansprache ist sogar bei Konfliktgesprächen unter Erwachsenen hilfreich.

»SCHMUTZIGE« SCHIMPFWÖRTER

Schimpfwörter aus dem Anal- und Genitalbereich üben eine große Faszination auf Zwei- bis Fünfjährige aus – unabhängig davon, in welcher Kultur sie aufwachsen. Sie sind Teil der sexuellen Entwicklung.

Wenn ihr Kind zum ersten Mal »Seise« hervorbringt, finden das die meisten Eltern noch lustig; aus dem Kindermund klingt das so aufmunternd und nett, dass man eher schmunzelt oder laut loslachen möchte als zu schimpfen. Halten Sie sich trotzdem zurück, denn dadurch ermuntern Sie Ihr Kleines eher, den Ausdruck in Zukunft öfter zu verwenden.

Doch was können Sie tun? Früher setzte es nicht selten eine schallende Ohrfeige. Heute bieten sich bessere Lösungen an. Wenn Sie sagen »Ich will das nicht hören«, liefern Sie eine wesentlich bessere Zielvorgabe als mit »So etwas sagt man nicht«. Denn in erster Reaktion reden Sie von sich. Übrigens: Genauso wie die schmutzigen Wörter faszinieren die Kleinen auch Reime und Verse aus dem Anal- und Fäkalbereich. Sie sind leicht zu merken (»Zicke, zacke, Hühnerkacke«). Hier heißt es wieder: »Ich will es nicht hören.«

Umgang mit Wut und Ärger

Kindliche Wutausbrüche können auch den Eltern gehörig Stress bereiten. Doch wie reagiert man eigentlich am besten darauf? Natürlich lässt sich eine Reaktion nicht immer bilderbuchmäßig vorausschauend planen. Aber auch hier können Eltern als Vorbilder vorangehen. Denn Wut und Ärger des Kindes haben ja einen Grund, und den gilt es herauszufinden. Die Kunst besteht darin, sich möglichst neutral auf Ursachenforschung zu begeben, ohne die kindlichen Wutausbrüche, Launen oder später sogar Beleidigungen persönlich zu nehmen. Denn Ihr Kind liebt Sie bedingungslos. Es hat nicht annähernd im Sinn, Ihnen wehzutun – schon gar nicht im Alter zwischen zwei und drei Jahren. Beim ersten Kind sind Sie zum ersten Mal in der Elternrolle. Das bedeutet, dass Sie jeden Meilenstein und jeden Stolperstein im Leben Ihres Kindes mit ihm zum ersten Mal durchleben, und nicht immer weiß man, wie man angemessen reagieren soll. Woher auch? Schließlich wird man nicht als perfekte Mutter oder super Vater geboren, man wächst in diese Rolle erst

TIPP

Situationen vorausschauend beenden

Wenn Sie gerade tief in etwas versunken sind, das Ihnen viel Freude bereitet und von dem Sie sich nur schwer lösen können, haben auch Sie im ersten Moment wahrscheinlich wenig Lust, Ihre Beschäftigung zu unterbrechen – nur weil Sie zum Beispiel gerade jetzt das Abendessen vorbereiten sollen. Oder aufräumen. Oder eine E-Mail schreiben. Kindern geht es ähnlich. Es ist immer riskant, wenn Eltern ihren Nachwuchs abrupt aus einer Situation reißen, und das führt nicht selten zu Maulen und Ärger. Noch dazu, wenn Sie Ihrem Kind einen anderen, in seinen Augen unschönen Auftrag erteilen, wie »Räum auf«, »Wasch dir die Hände« oder »Putz deine Zähne«. Es möchte doch viel lieber noch kurz weiterspielen.

Wesentlich sinnvoller ist es, wenn Sie Ihrem Kind noch einige Minuten Zeit geben, in denen es sich darauf einstellen kann, das Spiel zu unterbrechen oder zu beenden. Wenn es zum Beispiel gerade am Küchentisch malt und Sie den Tisch leergeräumt haben möchten, um Teller und Besteck aufzudecken, sollten Sie Ihrem Kind dies rechtzeitig mitteilen, und zwar mindestens fünf Minuten vorher: »Liebe Sophie, du malst wunderschöne Bilder. Aber gleich musst du aufräumen, denn wir werden hier am Tisch zu Mittag essen.« Dadurch geben Sie Ihrem Kind die Möglichkeit, sich innerlich auf eine Unterbrechung einzustellen und vermeiden so manches Problem von vornherein. Probieren Sie es einmal, es lohnt sich.

hinein. Beim zweiten Mal wissen Sie schon ungefähr, was auf Sie zukommen kann; dementsprechend können Sie gelassener reagieren. Manchmal gelingt dies zumindest.

AKTIV ZUHÖREN UND GEFÜHLE SPIEGELN

Sehr hilfreich ist auf jeden Fall, eine geeignete Kommunikationstechnik zu erlernen, wie beispielsweise das »aktive Zuhören« und das Spiegeln der Gefühle«, das in Gordon-Familientrainingskursen vermittelt wird (siehe Seite 372). Im Wesentlichen geht es dabei um die Rückmeldung: Was hören und sehen Sie von Ihrem Gesprächspartner – und wie geben Sie ihm dies so neutral und urteilsfrei wie möglich zu verstehen? Ein Beispiel aus dem Erziehungsalltag: Ihr Kind hat gerade mit viel Mühe einen Turm gebaut, der dann überraschend zusammenbricht. Darüber ärgert es sich so sehr, dass es schimpft. Aktives Zuhören und Spiegeln könnten Sie so ausdrücken: »Ich sehe, du bist wirklich sauer, weil der hohe Turm umgefallen ist. Dabei hast du dir so viel Mühe gegeben, ihn zu bauen.« Diese neutrale Rückmeldung hilft dem Kind viel mehr als etwa folgende Reaktion: »Stell dich nicht so an, ist doch nicht so schlimm«, »Macht nichts, dann baust du eben noch mal einen Turm« oder »Was hast du denn? Es war doch nur ein Turm«.

Ziel der Methode ist es, dem Kind Verständnis für seine Situation entgegenzubringen, statt es umgehend zu maßregeln. Denn wer sich verstanden fühlt, fühlt sich sicher und geborgen. Und genau das ist eine wichtige Voraussetzung für ein harmonisches Miteinander.

FINGERSPITZENGEFÜHL GEFRAGT

Die Schwierigkeit besteht vor allem darin, das passende, der Situation angemessene Gefühl zu beschreiben. Genauso oft bauen Eltern, ohne es

zu wissen, »Kommunikationssperren« ein, indem sie zum Beispiel mit Ratschlägen aufwarten, Belehrungen durchführen oder die Gefühle des Gegenübers gänzlich fehlinterpretieren. Darum ist es sehr hilfreich, wenn Eltern und Kinder von Anfang an lernen, sich über ihre Gefühle im Klaren zu sein und diese auch beim Namen nennen zu können (siehe Seite 305 f.). Denn nur, wenn Eltern verstehen, welche Gefühle hinter dem Gesichtsausdruck oder der Verhaltensweise ihres Kindes stecken oder wenn sie es sogar hören (»Ich bin wütend«, »Ich bin aufgeregt«, »Ich freue mich sehr«), können sie diese Gefühle auch widerspiegeln und ihrem Kind zurückmelden.

Durch aktives Zuhören geben Sie Ihrem Gegenüber das Gefühl, ihn oder sie zu verstehen. Ganz ohne zu fragen. Und wenn jemand sich verstanden fühlt, kann die Kommunikation weitergehen. Manche Konflikte lassen sich durch das aktive Zuhören sehr leicht beheben oder sogar von Anfang an im Keim ersticken.

INFO

Elternkurse

Elternkurse sollen die Erziehungskompetenz von Eltern stärken und ihnen Wege aufzeigen, wie sie bei Konflikten in der Familie gewaltfrei reagieren können. Viele Familienbildungsstätten und andere Bildungsträger bieten diverse Kurse an, wie zum Beispiel »Starke Eltern – starke Kinder«, »Gordon-Familientraining«, »Triple P« oder »SAFE«. Informieren Sie sich, welche Angebote es in Ihrer Nähe gibt und welcher Ansatz Ihnen am besten liegt.

Gordon-Familientraining

Das Familientraining ist das Kursprogramm zum Weltbestseller »Familienkonferenz« des US-Psychologen Dr. Thomas Gordon. Gordon-Familientraining ist für Eltern mit Kindern auch unter drei Jahren geeignet, solange noch keine Probleme oder Schwierigkeiten aufgetaucht sind – es dient sozusagen der Prophylaxe.

Aber Gordon-Familientraining empfiehlt sich auch für den »Ernstfall«. Denn mithilfe der dabei erlernten Fertigkeiten (wie aktives Zuhören und gemeinsame Problemlösung) können Eltern unerwünschtes Verhalten und Probleme ihrer Heranwachsenden zu Hause und/oder in der Schule überwinden.

Positiver Grundansatz

Im Gegensatz zu verschiedenen anderen Elternkursprogrammen geht das Gordon-Training nicht davon aus, dass sich Kinder schlecht benehmen. Dementsprechend befreit man dem Nachwuchs vom Vorwurf, er sei schuld an der vertrackten Situation. Stattdessen geht das Gordon-Programm von der positiven Grundhaltung aus, dass sich Kinder so verhalten, wie sie es tun, weil sie versuchen, damit ein bestimmtes Bedürfnis zu befriedigen.

Ziel des Gordon-Familientrainings ist es deshalb, Kindern Selbstdisziplin zu vermitteln und nicht eine Disziplin, die ihnen von anderen auferlegt wird. Die Methode vermittelt wirksame Alternativen zu herkömmlichen Disziplinierungs- und Bestrafungsmaßnahmen und zeigt einen neuen und besseren Weg, Kinder so zu beeinflussen, dass sie ihr für die Eltern unannehmbares Verhalten ändern.

Das Familientraining steht für einen kooperativen und demokratischen Erziehungsstil. Und dieser Weg ist ganz einfach umzusetzen.

DARUM GEHT ES

Seit über 30 Jahren wird das Gordon-Familientraining in Deutschland angeboten. Speziell ausgebildete Kursleiter und Kursleiterinnen vermitteln den interessierten Eltern, wie sie kritische Situationen im Familienallatg umgehen beziehungsweise positiv beeinflussen können. Zu den Kursinhalten gehören unter anderem folgende Punkte:

o Eltern lernen, ihren Kindern so zuzuhören, dass sie sich verstanden fühlen (etwa durch das Formulieren von Ich-Botschaften).

o Eltern lernen aktives Zuhören, sodass die Kinder bereit sind, über ihre Sorgen, Interessen und zukünftige Pläne zu sprechen. Auf diese Weise gelingt es, ein besserer Gesprächspartner für das Kind zu sein, insbesondere dann, wenn es ein Problem hat.

o Um Störungen in der Kommunikation vorzubeugen, erfahren Eltern, wie sie typische Kommunikationssperren vermeiden können. Dazu zählen zum Beispiel Belehrungen, Ratschläge, Anweisungen, Verbote und Befehle. Eltern müssen lernen sich zurückzuhalten, wenn es darum geht, dem Kind zuzuhören, sofern es von seinen Sorgen berichtet. Sonst bricht die Kommunikation erfolglos ab, weil sich das Kind nicht verstanden fühlt und weiterhin in seiner verärgerten Haltung verharrt.

o Wichtig ist es, Konflikte so zu lösen, dass es keine Verlierer gibt; beide Seiten müssen gewinnen – Eltern und Kind. Gefragt ist der konstruktive Umgang mit Familienkonflikten. Am Ende sollen sowohl die Erwachsenen als auch der Nachwuchs das Gefühl haben, dass ihre/seine Bedürfnisse befriedigt worden sind. Die Kommunikation ist gelungen.

Das Familientraining wird nicht nur als Kurs, sondern auch als Selbststudienprogramm für zu Hause angeboten.

Natürliche Sexualerziehung – Erziehung zur Liebesfähigkeit

Ihr Kleines nimmt die Dinge immer bewusster wahr und erkundet ihre Beschaffenheit. Dabei hat es auch die eigenen Geschlechtsteile entdeckt. Bis weit ins Kindergartenalter bleibt diese Körperzone eine besondere Lustquelle. Der Hautkontakt ist weiterhin wichtig: Ihr Kind genießt es, mit Ihnen zu kuscheln. Liebe zu geben und zu nehmen ist Bestandteil der liebevollen, natürlichen Sexualerziehung.

Ich bin ein Mädchen, und du bist ein Junge

Schon im zweiten Lebensjahr beginnen Kinder, Mädchen und Jungen zu unterscheiden; die meisten wissen auch schon mit zwei Jahren, dass Mädchen eine Scheide und Jungen einen Penis haben. Was sie jedoch noch nicht wissen, ist, ob sie selbst immer ein Mädchen oder ein Junge bleiben werden; die Geschlechtsidentität schwankt in diesem Alter noch. Erst im dritten und vierten Lebensjahr merkt das Kind langsam, dass sich sein Geschlecht nicht verändert. Als Eltern begleiten Sie Ihr Kind auf diesem wichtigen Weg: Durch Ihr Vorbild als Frau oder Mann tragen Sie viel dazu bei, welches Rollenbild Ihr Sprössling entwickelt. Wenn sich Eltern bemühen, keine stereotypen Rollenbilder weiterzugeben, können Kinder eine eigene Geschlechtsidentität entwickeln: Jungen und Mädchen sind gleichwertig und gleichberechtigt. Sie haben viele Gemeinsamkeiten, aber nur wenige Unterschiede. Daher sprechen Fachleute heute von der geschlechtssensiblen Erziehung: Das Kind ist niemals geschlechtsneutral.

Allerdings erziehen Eltern nicht alleine. Kinder beobachten auch, wie andere Erwachsene sich verhalten und wie andere Jungen und Mädchen sich anziehen, reden und spielen. Nicht zuletzt spielen auch die Medien eine wichtige Rolle bei der geschlechtlichen Identitätsfindung – zunächst (Bilder-)Bücher, später auch Werbung, Zeitschriften und Fernsehen. Was die Kleinen davon wahrnehmen, verarbeiten sie oft in Mutter-Vater-Kind-Rollenspielen. Da die Kinder ganz genau beobachten, wie Erwachsene – und besonders die eigenen Eltern – miteinander umgehen, wird in den Rollenspielen jedoch nicht mehr nur eingekauft, gekocht und gefüttert. Es wird auch gestritten – und es werden Zärtlichkeiten ausgetauscht. Wenn der Freund oder die Freundin Ihres Kindes zu Besuch ist, können Sie also einiges über sich selbst und die anderen Eltern erfahren. Schauen Sie ruhig genauer hin.

TIPP

Typisch Mädchen? Typisch Junge?

Wenn Sie Bilderbücher für Ihr Kind aussuchen, achten Sie einmal darauf, wer die Hauptperson ist: Diese Rolle wird oft von Jungen oder Männern übernommen, auch wenn Tiere die Darsteller sind; dann ist es der große Bär, der Wolf oder der bunte Fisch. Zum Glück gibt es aber auch die Geschichten von der Tigerente … Ihr Kind sollte nicht den Eindruck bekommen, dass Jungen immer wichtiger sind, ebenso wenig wie das Gegenteil. Später dürfen Kinderbuchklassiker wie »Pipi Langstrumpf« oder »Michel aus Lönneberga« nicht fehlen: Es ist völlig egal, ob diese Geschichten vor Mädchen oder Jungen vorgelesen werden; alle lieben sie!

Unter Gleichaltrigen ist der Austausch von Zärtlich-keiten ganz normal – wenn beide es wollen.

Neugierige und Wissbegierige

Die Kinder entwickeln ein enormes Interesse für das Thema Sexualität – kindliche Sexualität, versteht sich. Mit der Zeit lernt Ihr Kind, was zum intimen Bereich gehört: Es beobachtet zum Beispiel, dass Sie nicht nackt zum Bäcker gehen oder nur mit einem Bikini bekleidet Bus fahren. Ihre behutsamen Erklärungen helfen ihm ebenfalls, diese Grenzen wahrzunehmen: »Ich weiß, dass es ein schönes Gefühl ist, wenn du mit deinem Penis/an deiner Scheide spielst. Aber das ist etwas, was nur dir gehört und bei dem dir nicht jeder zuschauen sollte.«

DOKTORSPIELE

Kinder wollen nicht nur den eigenen Körper untersuchen und entdecken, sie interessieren sich gegen Ende des dritten Lebensjahres auch für den Körper anderer Kinder. Das Interesse an Doktorspielen erwacht. Neugierig werden dabei auch die Geschlechtsteile begutachtet: »Ach, so sieht dein Penis aus« oder »So schaut meine Scheide aus«.

Doktorspiele unter Gleichaltrigen sind völlig normal. Vermitteln Sie Ihrem Kind, dass sie in Ordnung sind, wenn beide es wollen: »Wenn du nicht spielen willst oder es unangenehm für dich ist oder sogar wehtut, darfst du nein sagen.« Etwas anderes ist es, wenn der Spielkamerad deutlich älter ist und der Altersunterschied mehr als fünf Jahre beträgt. In diesem Fall sollte man Doktorspiele unterbinden beziehungsweise dem Kind sagen, dass es auf keinen Fall mitmachen soll, wenn es die Älteren dazu auffordern.

SINNLICHE ERFAHRUNGEN IM FREIEN

Die Sommerzeit ist ideal für die Kinder, auch mal nackt draußen zu sein – wenn es geht. Denn nackt oder im Badeanzug geht man nun mal nicht zum Einkaufen. Aber wo das Nacktsein passt, können sie sinnliche Erfahrungen machen und auch hierbei feststellen, dass Mädchen und Jungen unterschiedlich aussehen. Später – ab dem vierten, fünften Lebensjahr – lässt sich zuweilen beobachten, dass Jungen beginnen, um die Wette zu pieseln. Mädchen beobachten dies genau und suchen manchmal nach eigenen Strategien, um mitzumachen.

WIE KOMMEN DIE BABYS AUF DIE WELT?

Ihr Kind erkennt sich jetzt im Spiegel und im Fotoalbum, und schon bald wird es sich Gedanken darüber machen, wo es herkommt. Dann ist die Zeit für ein erstes »Aufklärungsgespräch«

gekommen. Sie müssen dazu nicht im Biologielexikon nachschlagen und keine »technischen« Einzelheiten erläutern – das kann sogar abschreckend sein. Bis ins Detail will Ihr Sprössling es gar nicht wissen. Für ihn ist es nicht anders, als würde er etwas über die Funktion eines Radios oder eines bestimmten Schalters am Armaturenbrett Ihres Autos erfahren.

Ausgangspunkt für Ihre Erklärungen kann das Schmusen und Liebhaben sein: Kinder schmusen gerne und Erwachsene auch ... Kinder müssen das Wissen zuerst verdauen und verarbeiten, dann stellen sie die nächsten Fragen. Und so genügt es, wenn Ihr Kind bis zum Ende des dritten Lebensjahres weiß, dass Babys im Bauch der Mutter wachsen und durch die Scheide herauskommen.

Wichtig für Eltern: Nicht immer fragen Kinder ganz direkt, sondern wollen zum Beispiel wissen: »Sind die Sterne die Kinder des Mondes?« Doch sie haben genauso Interesse an diesem Thema. Wenn Ihr Kind von sich aus keine Fragen stellt, können Sie selbst als Türöffner etwa folgende Frage stellen: »Weißt du, dass Babys zuerst im Bauch der Mamas sind?« Vielleicht ist gerade jemand in Ihrem Freundeskreis schwanger; dann ist dies eine günstige Gelegenheit, diesen Türöffner zu benutzen.

INFO

Mein Körper gehört mir

Schon kleine Kinder sollten wissen, dass ihr Körper ihnen gehört und kein anderer darüber bestimmen darf. Das Folgende können Sie als Eltern dazu beitragen (mit zunehmenden Alter kommen noch andere Maßnahmen dazu):

o Nehmen Sie die Gefühle Ihres Kindes ernst. Wenn es weint, weil die Oma es auf den Arm nimmt oder ihm einen Kuss geben will, sagen Sie nicht: »Es ist doch nur Oma.« Sonst lernt Ihr Kleines: »Mein Gefühl, meine Angst wird nicht ernst genommen.« Und es erzählt Ihnen unter Umständen nicht von unangenehmen Berührungen, die es von anderen erfährt.

o Seien Sie insgesamt nicht zu streng zu Ihrem Kind. Sonst traut es sich nicht mehr, Ihnen zu erzählen, wenn es von jemandem »komisch« angefasst worden ist.

o Kinder müssen nein sagen dürfen, wenn es um Körperlichkeit und Nähe geht! Das gilt beispielsweise auch beim Kitzeln: Sobald Ihr Kind Sie zum Aufhören auffordert, hören Sie auf – auch wenn Sie genau wissen, dass es gleich wieder weiter machen will.

o Sprechen Sie mit Ihrem Kind darüber, wie es Berührungen empfindet: Manchmal ist Streicheln schön, ein andermal komisch oder unangenehm – je nach Situation und je nachdem, wer streichelt. So lernt Ihr Kind, dass ihm nicht alles gefallen muss und es das auch sagen darf.

o Bringen Sie Ihrem kleinen Liebling bei, dass sein Körper ihm gehört. Lassen Sie ihn sich zum Beispiel selbst mit dem Waschlappen waschen, sobald er das kann.

o Missbrauch beginnt oft mit »harmlosen« Streicheleinheiten. Hat Ihr Kind Hunger danach, lässt es sich eher darauf ein. Schmusen Sie also mit Ihrem Kleinen, streicheln Sie es ... aber nur, wenn es will. Zärtlichkeiten dürfen kein Muss sein!

Windel ade

Wenn Sie es grob überschlagen, haben Sie Ihr Kind bis zu seinem zweiten Geburtstag mindestens schon 3000-mal gewickelt. Sie sind also längst ein Meister im Windelanlegen. Ihr Kind und Sie sind ein eingespieltes Team, der Vorgang läuft längst routiniert ab. Und es stehen gute Aussichten bevor: Mit ziemlicher Sicherheit werden Sie in Zukunft nicht mehr so viele Windeln wechseln müssen. Denn Ihr Kind bekommt allmählich ein Gespür dafür, wie sich eine volle Windel anfühlt und wie es eigentlich dazu kommt.

Das Körperbewusstsein wächst

Die sogenannte Sauberkeitserziehung geht Hand in Hand mit der Sexualerziehung und dem Autonomiebestreben. Leider sind die Begriffe »Sauberkeitserziehung« (oder die noch ältere Formulierung »Reinlichkeitserziehung«), »sauber« und »trocken werden« irreführend. Denn ist ein Kind, das Windeln trägt, schmutzig oder nass? Ungefähr um den zweiten Geburtstag herum sind viele Kinder in der Lage, das Signal »Die Blase ist voll« oder »Jetzt muss ich drücken« bewusst wahrzunehmen. Schon ab etwa dem 18. Lebensmonat beginnt die dafür notwendige Gehirnreifung, jetzt spürt Ihr Kind, dass es seinen Schließmuskel beherrscht. Es kann ihn öffnen, um den Stuhl herauszudrücken, oder auch verschließen, um ihn festzuhalten. Diese Erkenntnis ist eine wichtige Bedingung für die zukünftige windelfreie Zeit. Wichtig ist, dass Sie sich am Entwicklungstempo Ihres Kindes orientieren und nicht daran, wann andere Kinder windelfrei sind. Gleichgültig, was andere sagen: Letztendlich entscheidet Ihr Kind, ob und wann es »sauber« und »trocken« werden will. Darum heißt es auch für Sie: Bleiben Sie gelassen, wenn einige Gleichaltrige bereits so weit sind, und lassen Sie sich davon nicht unter Druck setzen.

Die windelfreie Zeit kündigt sich an

Am Verhalten Ihres Kindes können Sie erkennen, wann es allmählich bereit ist, sein Geschäft auch außerhalb der Windel zu erledigen. Allerdings sind dies alles erst Vorzeichen – warten Sie noch ab, bevor Sie beginnen, mit dem Töpfchen zu »üben«.

○ Ihr Kind zeigt reges Interesse, wenn Sie – und auch andere Erwachsene – auf die Toilette gehen. Die Toilette zieht Ihr Kleines geradezu magisch an. Natürlich muss jeder für sich entscheiden, ob er etwas gegen die Anwesenheit seines Kindes hat, wenn er gerade selbst auf der Toilette sitzt. Ihr Vorbild wäre aber prima – aber es muss ja nicht jeden Tag sein.

○ Die Windel ist nach dem Mittagsschlaf immer öfter trocken.

INFO

Druck erzeugt Gegendruck

Vergessen Sie nicht: Zeitgleich mit dem Wunsch des Sauberwerdens kommen auch die kindliche Trotzphase und das Autonomiebestreben ins Spiel. Sollte sich Ihr Kind noch mitten in dieser Phase befinden, ist der Zeitpunkt fürs Sauberwerden ungeeignet. Es sei denn, Ihr Kind bringt selbst das Töpfchen und sagt: »Ich will!« Kinder wollen in dieser Zeit selbst entscheiden. Wenn sie jetzt den Druck spüren, sie müssten etwas abgeben (zum Beispiel Stuhl), könnten sie demonstrativ mit bewusstem Festhalten reagieren. Nicht selten ist dann Verstopfung die Folge.

○ Viele Kinder bringen bereits im Babyalter durch Mimik oder bestimmte Laute zum Ausdruck, dass sie gerade in die Windel machen. Wenn Ihr Sprössling neuerdings immer mal wieder kurz innehält und »oh« oder etwas Ähnliches sagt, ist das ein Hinweis, dass er bewusst gespürt hat, dass etwas in die Windel ging.

○ Manche Kinder ziehen sich still und leise zurück, um sich ein eigenes »stilles Örtchen« zu suchen. Hinter dem Vorhang, im Schrank, im Bett oder unter dem Tisch drücken sie dann die Windel voll.

○ Wenn Ihr Kind bewusst »Pipi« oder »Kacka« sagt, ist dies ein weiteres Zeichen dafür, dass es die Zusammenhänge versteht.

Besonders die beiden letztgenannten Anzeichen weisen deutlich darauf hin, dass Ihr Kind bereit ist, es ohne Windeln zu probieren. Jetzt sind Töpfchen und/oder Toilettensitz gefragt. Achten Sie darum auf solche Hinweise, denn es handelt sich um eine sehr sensible Phase. Wird sie übersehen, kann es passieren, dass sich Ihr Kind zukünftig immer wieder bewusst zurückzieht und nur noch dort in die Windeln macht.

Erst sauber, dann trocken

Erfahrungsgemäß ist es für ein Kind einfacher, den Darm unter Kontrolle zu bringen als die Blase. Während sich der Stuhl leichter und länger zurückhalten und herausdrücken lässt, fließt der Urin meist zügiger heraus, als es Ihrem Sprössling lieb ist. Ihr Kind muss noch lernen, die Zeit zu überbrücken, bis es sich ausgezogen hat, und so lange den Urin festhalten, bis die Hosen unten sind. Und das dauert im Normalfall einige Momente – es sei denn, es ist nur wenig bekleidet. Aber nach und nach lernt Ihr Kind, die kurze Zeit auszuhalten, bis die Hose abgestreift ist. Gute Dienste leisten in dieser Phase Hosen mit Gummibund, weil so die Zeit fürs Aufknöpfen und Reißverschlussöffnen entfällt.

DER SOMMER IST PERFEKT

Idealerweise kann Ihr Kind über den Sommer trocken werden. In der warmen Jahreszeit kann es nackt oder nur wenig bekleidet durch die Wohnung, über die Terrasse oder den Balkon flitzen und ist so schneller auf dem Töpfchen oder der Toilette. Viele Kinder »parken« ihr Töpfchen im Garten oder auf dem Balkon und benutzen es zigmal am Tag – mehr oder weniger erfolgreich. So ein reges Interesse ist Gold wert und fördert das Sauberwerden enorm. Wenn Sie also die Möglichkeit haben, ein zusätzliches Töpfchen aufzustellen, ist dies nur zu empfehlen.

Die meisten Kinder sind sehr stolz, wenn sie keine Windel mehr brauchen: »Ich bin schon sooo groß.«

TÖPFCHEN ODER TOILETTENSITZ? AM BESTEN BEIDES!

Wenn möglich, sollten Sie Ihrem Kind beide Varianten anbieten: ein eigenes Töpfchen, auf dem es thronen kann, und einen Toilettensitz, mit dessen Hilfe es auf dem WC der Erwachsenen sitzen kann. Womöglich bevorzugt Ihr Kind auch eine Sitzmöglichkeit – lassen Sie es selbst entscheiden. Wichtig: Für den Toilettensitz benötigt Ihr Kind einen standfesten Schemel, damit es ohne zu wackeln ruhig sitzen kann. Ansonsten könnte es Angst bekommen, in die Toilette zu fallen und weggespült zu werden (siehe Seite 308 f.). Und das war's dann meistens fürs Erste mit dem Sauberwerden.

Ups, wo geht's denn da hin? Kinder brauchen Zeit, sich an neue Situationen zu gewöhnen – auch auf dem WC.

REINE EINSTELLUNGSSACHE …

Wie auch immer das Geschäft Ihres Kindes aussieht oder riecht: Es ist ein Teil von ihm. Und das weckt Neugier. Darum ist es sehr hilfreich, wenn Sie seinem »Produkt« möglichst neutral begegnen – so, wie Sie es beim Wickeln auch taten. Halten können Sie sich mit Kommentaren, wie »Ih, das stinkt« zurück. Schließlich gehört diese Ausscheidung zu ihrem Kind und ist ihm manchmal sogar heilig. Sie einfach wegzuspülen, kommt nicht bei allen Kindern gut an und kann bei den Ängstlichen sogar Vernichtungsangst (siehe Seite 308 f.) schüren: »Oh weh, ein Teil von mir taucht im Wasser auf Nimmerwiedersehen unter.« Vielleicht können Sie anfangs ein kleines Ritual einführen, wenn Ihr Kind erfolgreich die Toilette benutzt hat. Sie könnten zum Beispiel beide »Tschüss« sagen und sich vor dem Wegspülen verabschieden.

Windel ade – auch nachts

Wie tagsüber, lernen die Kinder auch nachts zuerst die Kontrolle über ihren Darm. Etwa die Hälfte aller Kinder kommen erst im vierten Lebensjahr komplett ohne Windeln aus, auch nachts. Das heißt auf der anderes Seite: Etwa 50 Prozent der Vierjährigen brauchen die Windel noch. Von den Fünfjährigen nässen immer noch zehn Prozent nachts ein, wenn auch nicht unbedingt regelmäßig. Bei Jungen kommt dies häufiger vor als bei Mädchen (die erfahrungsgemäß auch tagsüber etwas früher sauber sind). Kinderärzte sprechen erst dann vom krankhaften Einnässen, wenn Kinder mit fünf tagsüber mehrmals in die Hose oder nachts sehr oft ins Bett machen. Dafür können organische Ursachen ebenso verantwortlich sein wie seelische Probleme (beispielsweise Geschwistereifersucht oder die Trennung der Eltern). In diesen Fällen ist Hilfe von außen nötig.

Auf geht's in den Kindergarten

Jedes Jahr startet zwischen August und September das neue Kindergartenjahr. Die Anmeldung jedoch findet bereits im vorhergehenden Frühjahr statt. Melden Sie Ihr Kind also rechtzeitig an, damit es auch wirklich einen Platz bekommt. Dazu müssen Sie sich aber erst einmal entscheiden, in welchen Kindergarten Ihr Kind überhaupt gehen soll. Sie haben die Wahl zwischen kommunalen (städtischen) und »freien« Einrichtungen. Bei den »Freien« können Sie sich nochmals zwischen konfessionellen (zum Beispiel Caritas, Diakonie) und nicht konfessionell gebundenen Trägern (wie Arbeiterwohlfahrt, Deutsches Rotes Kreuz etc.) entscheiden. Darüber hinaus gibt es zum Beispiel Kindergärten mit bestimmten pädagogischen Konzepten wie Montessori oder Waldorf. In einigen Gemeinden, Städten und Landkreisen können Sie sogar wählen, ob Ihr Kind in einen Wald-, Kultur- oder Bewegungskindergarten gehen soll.

Informationen, welche Einrichtungen es im näheren Umfeld gibt und welche Besonderheiten diese Kindergärten haben, können Sie im Rathaus Ihres Wohnorts einholen. Mindestens genauso sinnvoll ist es, sich mit anderen Eltern auszutauschen, die bereits ein Kind im Kindergarten haben und von ihren persönlichen Erfahrungen berichten.

Welcher Kindergarten soll es sein?

Natürlich ist es nicht immer möglich, eine Entscheidung zu treffen, die tatsächlich individuell auf das Kind abgestimmt wurde, zum Beispiel wenn es nur einen einzigen Kindergarten in der Nähe gibt. Wenn Sie jedoch das Glück haben, eine Einrichtung wählen zu dürfen, sollten Sie sich die Häuser im Vorfeld genau anschauen. Am besten lassen Sie dabei Ihr Kind bei einer

Ein gutes Verhältnis zwischen Eltern und Erzieherinnen erleichtert den Start in den Kindergarten sehr.

Freundin oder bei den Großeltern. Denn die Eindrücke, die es in den vielen unterschiedlichen Einrichtungen sammelt, können das Kleine überfordern. Und letztendlich entscheiden ja ohnehin Sie, welchen Kindergarten Ihr Kind ab dem Spätsommer besuchen soll.

MACHEN SIE SICH VORAB EIN BILD

Zögern Sie nicht, sich den ganzen Kindergarten zeigen zu lassen. Viele Einrichtungen bieten zu diesem Zweck einen Tag der offenen Tür an. Rufen Sie vorher an, und vereinbaren Sie einen Termin. Bei der Entscheidung für einen Kindergarten können die Antworten auf folgende Fragen hilfreich sein:

- Wie verläuft der Tag für ein Kind in dieser Einrichtung?
- Wie verläuft die Eingewöhnung?
- Wie werden die Kinder begrüßt, ermahnt, ermuntert, animiert, gefördert?
- Wie sieht es mit der Zusammenarbeit zwischen Leitung und Eltern aus (Elternbeirat)?
- In welchen Abständen und in welcher Form sind Rückmeldungen über die kindliche Entwicklung möglich (Elterngespräche)?

Aber nicht nur das pädagogische Konzept sollte im Vordergrund stehen. Versuchen Sie auch, sich selbst ein Bild von der Einrichtung zu verschaffen. Wie empfinden Sie die Atmosphäre im Haus? Nehmen Sie sich die Zeit, und versetzen Sie sich in die Lage Ihres Kindes: Würden Sie Freude und Spaß haben, jeden Morgen in dieses Haus zu kommen und hier zu spielen?

Das können Sie am besten feststellen, indem Sie nach der ersten Auswahlrunde gemeinsam mit Ihrem Kind einen halben Tag in Ihrem Wunschkindergarten verbringen. Zögern Sie daher nicht, nach dieser Möglichkeit zu fragen.

KINDERGARTEN IN DER NÄHE

Natürlich spielt bei der Wahl des Kindergartens auch die räumliche Nähe zu Ihrem Wohnhaus eine Rolle. Denn eines sollten Sie nicht vergessen: Liegt Ihr Wunschkindergarten weiter entfernt liegt, müssen Sie die Strecke täglich viermal fahren – und das für die kommenden zwei bis drei Jahre. Und diese Fahrerei raubt Zeit und geht ins Geld. Wenn der Kindergarten auf dem Weg zu Ihrer Arbeitsstelle liegt, mag das zwar einerseits praktisch sein: Sie müssen diesen Weg aber auch fahren, wenn Sie Urlaub haben.

Es ist also durchaus von Vorteil, wenn der Kindergarten nicht weit von Ihrem Zuhause entfernt liegt. Vielleicht gibt es sogar eine ansprechende Institution, die Sie zu Fuß erreichen können. Möglicherweise können Sie sich hin und wieder mit anderen Eltern aus der Nachbarschaft zusammenschließen, um Lauf- oder Fahrgemeinschaften zu bilden.

Ein weiterer Vorteil einer Einrichtung in der Nachbarschaft: Ihr Sprössling kennt vielleicht schon ein paar ältere Kinder, die ihm bei der Eingewöhnung helfen. Nicht zuletzt ist es sehr angenehm, wenn die neuen Kindergartenfreunde in der Nähe wohnen. Denn dann muss das Mama-Taxi später seltener ausrücken beziehungsweise nicht so weite Strecken zurücklegen, wenn sich die Kinder gegenseitig besuchen möchten.

NOCH EINEN SCHRITT WEITER DENKEN

Auch wenn Sie momentan wahrscheinlich noch nicht einmal wissen, was in den kommenden drei Kindergartenjahren auf Sie und Ihr Kind zukommt, sollten Sie bei der Wahl der Einrichtung auch die Zeit danach im Blick haben. Soll Ihr Kind einmal eine bestimmte Grundschule besuchen? Dann macht es Sinn, sich für einen Kindergarten zu entscheiden, dessen Kinder voraussichtlich ebenfalls auf diese Schule gehen werden – zum Beispiel, weil sie in der Nähe liegt oder weil sie den gleichen pädagogischen Ansatz vertritt (wie bei Montessori oder Waldorf). Das kann den Übertritt sehr erleichtern.

Bald geht's los

War Ihr Kind bisher nicht in der Krippe oder regelmäßig bei einer Tagesmutter, bedeutet der Eintritt in den Kindergarten einen großen Entwicklungsschritt. Denn jetzt heißt es für Sie beide loslassen. Schließlich waren Sie die ersten drei Jahre fast rund um die Uhr zusammen. Wenn Ihr kleiner Schatz ab jetzt täglich für einige Stunden den Kindergarten besucht, bedeutet dies für Sie beide eine Umstellung.

Rituale wie der Morgenkreis helfen gerade in der An-fangszeit, sich in der neuen Umgebung zurechtzufinden.

mern. Sie haben stets das Ziel vor Augen, dass alle eine gute Zeit zusammen haben.

Aber nicht nur Ihr Kind muss sich in der neuen Situation zurechtfinden. Auch für Sie kann die plötzliche Trennung anfangs ungewohnt sein. Nicht selten tauchen Fragen auf wie: Wird mein Kind ohne mich zurechtkommen? Wird es mich vermissen? Wird es ihm dort gut gehen? Wird die Erzieherin mein Kind verstehen und mögen? Lassen die anderen Kinder es mitspielen? Wie verhält es sich bei Streitigkeiten? Wird mein Kind nette Freunde finden?

Ähnliche Gedanken schwirren wahrscheinlich auch Ihrem Kind im Kopf herum: Wer hilft mir im Kindergarten, wenn es mir schlecht geht? Wird mich die Erzieherin mögen? Was mache ich, wenn die anderen Kinder gemein zu mir sind? Wie lange bleibe ich hier? Warum soll ich eigentlich hier rein? Und vor allem: Holt Mama mich auch ganz bestimmt wieder ab? Es ist eine Zeit des Umbruchs. Freuen Sie sich auf die Ver-änderungen, und vermitteln Sie dieses positive Gefühl auch Ihrem Kind.

EINE UMSTELLUNG FÜR ALLE

Neue Räumlichkeiten, neue Kinder, fremde Ge-sichter, neue Regeln, neues Spielzeug: Im Kin-dergarten ist erst einmal alles neu. Das heißt natürlich nicht, dass es schlecht ist, aber es dau-ert wahrscheinlich eine Weile, bis sich Ihr Kind mit allem vertraut gemacht hat. Dies gilt insbe-sondere für Kinder, die es gewohnt waren, dass ihre Mutter rund um die Uhr zur Verfügung stand. Für sie ist es eine sehr große Umstellung, wenn Mama plötzlich für eine längere Zeit au-ßer Sichtweite ist und auch nicht kommt, wenn man sie ruft. Doch zum Glück gibt es liebevolle Erzieherinnen, die sich mit viel Einsatz und Einfühlungsvermögen um die Kinder küm-

TIPP

Sprechen Sie über Bedenken

Die Eingewöhnungsphase ist für alle Betei-ligten eine Umstellung – für Eltern, Kind und Erzieherinnen. Zögern Sie nicht, die Erzieherin um ein Gespräch zu bitten, da-mit Sie über Ihre Bedenken reden können, am besten ohne Ihr Kleines. Auf diese Weise können mögliche Zweifel schon im Vorfeld aus dem Weg geräumt werden, sodass ei-nem gelungenen Einstieg in den Kindergar-ten nichts mehr im Wege steht.

Erfahrungsgemäß bekommen Sie dann auch sehr bald eine Antwort auf all Ihre Fragen – etwa dann, wenn Ihr Kind Ihnen beim Abholen freudestrahlend in die Arme fällt, wenn es am liebsten noch länger bleiben möchte oder wenn es kaum abwarten kann, dass es morgen wieder in seine Gruppe gehen darf. Geht Ihr Kind gerne in den Kindergarten, werden auch Sie sehr schnell die kinderfreien Stunden genießen.

So klappt der Einstieg

Der erste Kindergartentag ist ein ebenso großer Schritt im Kinderleben wie später die Einschulung. Spätestens jetzt beginnt das Kind, seinen Weg zu gehen, und das ist für manche Eltern beim ersten Mal gar nicht so einfach. Folgende Tipps können die Eingewöhnungszeit erleichtern:

○ **Neugier wecken:** Wenn Sie am zukünftigen Kindergarten vorbeigehen oder vorbeifahren, können Sie Ihrem Kind erklären: »Schau mal, das ist dein Kindergarten. Hier darfst du bald zum Spielen, Basteln und Freunde-Treffen hingehen.« Machen Sie das Kind aber nicht zu früh neugierig, sonst ist die Zeitspanne bis zum tatsächlichen Eintritt zu lang. Vier bis acht Wochen vor dem Start sind ideal.

○ **Bücher:** Es gibt zahlreiche Bilderbücher, die den Einstieg und den Alltag im Kindergarten beschreiben. Wenn Ihr Kind solche Bücher mit Ihnen anschauen kann, bekommt es schon sehr bald eine Vorstellung davon, was »Kindergarten« bedeutet.

○ **Schnuppertage:** Viele Kindergärten bieten einige Wochen vor dem offiziellen neuen Kindergartenjahr spezielle Schnuppertage für die neuen Kinder an. Sie können dann (meist gemeinsam mit den Eltern) ein bis zwei Stunden zu Besuch kommen und die Atmosphäre live miterleben. So lernt Ihr Kind schon einmal seine späteren Betreuerinnen kennen und trifft vielleicht sogar ein bekanntes Nachbarkind. Fragen Sie nach solchen Angeboten.

○ **Alles in Ruhe:** Versuchen Sie, den Kindergartenstart nicht gerade in einen Zeitraum zu legen, der für das Kind und Sie ohnehin anstrengend ist, etwa weil ein Geschwisterchen auf die Welt kommt, ein Umzug in eine andere Wohnung oder eine andere Stadt ansteht oder Sie wieder in den Beruf einsteigen.

○ **Seelentröster:** Fragen Sie bei der Erzieherin nach, ob Ihr Kind ein kleines Kuscheltier oder Spielzeugauto als »Freund und Helfer« mitbringen darf. Wenn zwei aus der Familie den Kindergarten besuchen, fällt der Abschied von zu Hause und der Start in den Kindergarten oft leichter. Allerdings sollte das Spielzeug nicht zu groß sein; idealerweise hat es in der Hosentasche Platz (wie ein kleines Püppchen oder Auto).

○ **Freie Zeiten:** Planen Sie, wenn möglich, in den ersten zwei bis drei Kindergartenwochen nachmittags keine weiteren großen Aktivitäten ein. Denn es kann sein, dass Ihr Kind anfangs erst einmal müde vom Spielen und erschöpft von den Eindrücken ist. Da ist eine Pause am Nachmittag Gold wert. Der Zoobesuch kann ruhig bis zum Wochenende warten.

○ **Regelmäßigkeit:** Sorgen Sie dafür, dass Ihr Kind in den ersten Wochen nach dem Start regelmäßig in den Kindergarten kommt, damit sich die Gruppe bilden kann. Es ist zum Beispiel nicht geschickt, gleich einen Herbsturlaub zu planen, bei dem Sie Ihr Kind wieder für einige Tage oder Wochen aus der Gruppe reißen.

Wenn der Abschied schwer fällt

Immer wieder kommt es vor, dass sich vor der Gruppe im Kindergarten regelrechte Dramen abspielen: Das Kind mag nicht zur Tür hineingehen und klammert sich fest ans Hosenbein der Mutter. Auch die Mama leidet unter dem

Abschied nehmen: »Noch einmal winken, dann ist Mama weg, und ich spiele mit den anderen Kindern.«

abschieden und den Kindergarten zu verlassen, auch wenn es Ihnen schwerfällt. Vertrauen Sie der Erzieherin, sie wird Ihrem Kind eine gute Zeit bereiten. Und Sie wird Sie anrufen, falls sich Ihr Kind partout nicht beruhigen lässt. Doch erfahrungsgemäß sind die Tränen in wenigen Minuten getrocknet – vor allem, wenn Sie aus dem Blickfeld sind. Wenn Eltern dagegen zögern, verunsichert dies das Kind: Warum zögert Mama, mich hierzulassen? Dann muss wohl was nicht stimmen.

Besonders in der Eingewöhnungszeit ist Vorsicht bei Tür- und Angelgesprächen geboten – später auch. Fragen Sie nicht in Anwesenheit Ihres Kindes, ob es geweint hat oder brav war. Fragen Sie eher, was schön und toll war: Das Positive sollte im Vordergrund stehen. Wenn Sie Ihr Kind fragen, was es im Kindergarten gemacht hat, bekommen Sie fast immer die berühmte Antwort: »Gespielt«. Spielen und Lernen, Spielen und Bildung gehen Hand in Hand.

RÜCKSCHLAG WOCHEN SPÄTER

Manchmal startet ein Kind problemlos in die Kindergartenzeit, verhält sich dafür aber Wochen später plötzlich wie ein »Eingewöhnungskind«. Es möchte nicht in den Kindergarten, weint, klammert sich an Mamas Bein. In so einem Fall heißt es, all die Dinge zu beherzigen, die auch bei der Eingewöhnung wichtig sind: Vertrauen schaffen, dem Kind die Sicherheit geben, dass Sie es wieder holen, Übergabe an die Erzieherin und zügiger Abschied.

Dauert die Phase über viele Tage an, müssen Sie Ursachenforschung betreiben: Gab es Ärger mit der Erzieherin oder Streit mit einem anderen Kind? Die Ursachen können aber auch zu Hause liegen: Gibt es familiäre Konflikte, die das Kind verunsichern könnten? Dann reicht es nicht, nur die Tränen zu trocknen.

Trennungsschmerz – oft sogar noch mehr als ihr Kind. In so einem Fall sind die Erzieherinnen auf Ihre Mithilfe angewiesen. Gehen Sie mit guten Beispiel voran, und vermitteln Sie Ihrem Kind Sicherheit und Geborgenheit: Sagen Sie ihm, dass es prima ist, wenn es heute tolle Sachen erleben darf. Hier steht ihm nur Schönes bevor; es wird gesungen, gespielt, gelesen und erzählt. Zu Hause ist es vergleichbar langweilig, den Alltag dort kennt es ja bereits in- und auswendig. Ermuntern Sie Ihr Kind, diese schönen Stunden mitzumachen, und sagen Sie ihm, dass Sie sich darauf freuen, es (mittags) wieder abzuholen, weil es Ihnen dann von seinem spannenden Kindergartentag erzählen kann.

Einer der Hauptmomente ist die Übergabe des Kindes an die Erzieherin. Ist diese geschehen, heißt es für Sie, sich zügig und bewusst zu ver-

DAS SPIEL-VERHALTEN

Im dritten Lebensjahr verstehen die Kinder mehr, ihr Wissen wächst, sie denken komplexer und abstrakter. Kurzum: Sie werden immer schlauer. Da Konzentration und Ausdauer zunehmen, werden die Spielszenen immer länger. Die beliebten »So tun als ob«-Spiele sind nicht mehr immer an reale Situationen gebunden. Denn je weiter Sprache und Denken sich entwickelt haben, desto mehr können die Kinder in reinen Fantasiespielen versinken.

Findet das Kind ein Spiel lustvoll und spannend, vergeht die Zeit wie im Flug. Sie können dann gut beobachten, dass Ihr Schatz ganz in seinem Spiel aufgeht – je älter er ist, desto länger kann er im Spiel versinken und die Welt um sich herum vergessen. Psychologen nennen dieses Phänomen Flow-Erlebnis (*flow* ist englisch und be-

deutet »strömen«, »fließen«, »rinnen«): Ihr Kind vertieft sich vollkommen und geht völlig in einer Tätigkeit auf, weshalb man mitunter auch von einem Schaffens- und Tätigkeitsrausch spricht. Seien Sie also kein Spielverderber, und nehmen Sie es nicht persönlich, wenn Ihr Sprössling ganz in seinem »Rausch« versunken ist. Der Obstteller kann auch einmal ein paar Minuten warten. »Es dauert, so lange es dauert«, sagte schon Konfuzius.

Das Phänomen des Flow-Erlebnisses bleibt übrigens nicht plötzlich aus, wenn wir erwachsen werden. Die meisten Menschen haben nur nicht mehr die Gelegenheit, sich so selbstvergessen in etwas zu vertiefen. Bei Schachspielern, Ausdauersportlern oder auch beim exzessiven Computerspielen lässt es sich aber sehr wohl beobachten.

Spielend die Welt verstehen

Spielen ist für Ihr Kind (fast) ebenso wichtig wie essen, trinken und schlafen, denn es ermöglicht ihm, sich mit der Kultur und der Welt auseinanderzusetzen. Maria Montessori (1870–1952), italienische Ärztin und berühmte Reformpädagogin, hat nicht umsonst das Spiel des Kindes mit der Arbeit der Erwachsenen verglichen: Kinder spielen sich ins Leben.

Folgende Spielverhaltensweisen lassen sich im dritten Lebensjahr beobachten:

Rollenspiele

Die »So tun als ob«-Spiele werden vielfältiger und intensiver als bisher. Und sie dauern gegen Ende des dritten Lebensjahres auch schon deutlich länger – oft 15 bis 30 Minuten.

Wenn Kinder viel Kontakt zu ihresgleichen haben, spielen sie jetzt auch zu zweit Rollenspiele, mit drei Jahren sogar zu dritt. Der echte Spielpartner kann ganz anders mitspielen als der Teddy oder die Puppe: Er kann Gefühle ausdrücken, seine Erfahrungen einbringen und mit seinen Vorstellungen das Spiel beeinflussen (soziale Spiele).

Versteckspiele

Kinder suchen gerne nach versteckten Dingen – und noch lieber nach Mama oder Papa. Bis sie mit anderen Kindern aber Verstecken spielen, vergeht noch ein bisschen Zeit. Das beginnt meistens erst im vierten Lebensjahr.

Verkleidungsspiele

In eine andere Rolle zu schlüpfen ist überaus faszinierend; das sind Rollenspiele besonderer Art. Sammeln Sie dafür in einer Schachtel oder einem Wäschekorb einige »Altkleider«, Handschuhe, Schals und Tücher. Oft genügt sogar schon ein Hut, mit dem man sich im großen Spiegel anschauen und bewundern kann. Große Schuhe begeistern die Kleinen auch: »Wenn ich in Papas großen Schuhen laufe, bin ich Papa.«

Bauspiele

Zuerst konnte Ihr Kind einen Turm bauen, dann legte es gegen Ende des zweiten Lebensjahres viele Bausteine zu einer Schlange oder einem Zug aneinander. Und diese »Bauweise« favorisieren die Kleinen weiterhin. Allerdings reihen sie nicht mehr nur Bauklötzchen aneinander, sondern auch Autos oder kleine Gummitiere. Erst wenn Ihr Bauingenieur auch diese »Kunst« wie im Schlaf beherrscht, kombiniert er beide Methoden und baut zum Beispiel eine Treppe. Gegen Ende des dritten Lebensjahres macht sich Ihr Kind dann an Gebäude: Es baut einen Stall für seine Tiere oder eine Garage für seine Autos. Es muss aber nicht immer etwas entstehen, was Erwachsenen zweckmäßig erscheint. So mancher Turm wird nur errichtet, um ihn anschließend mit Genuss umzustoßen.

Wasser- und Sandspiele

Wasser und Sand sind bis weit in die Schulzeit hinein äußerst beliebte Spielmaterialien. Sogar Erwachsene gestalten am Strand gern die prächtigsten Sandburgen … Während es jedoch

Doktorkoffer

Ein Doktorkoffer ist in diesem Alter ein beliebtes Spielzeug – vor allem, wenn Sie den Inhalt mit echten Utensilien ergänzen, wie Verbandsbinden, Wattepads, Pflastern …

unter anderem stark vom Wetter abhängt, ob man im Sand buddeln kann, lässt sich mit Wasser das ganze Jahr über spielen: im Badezimmer.

Steckbrett, Ringpyramide und Co.

Diese »didaktischen« Materialien laden zum Probieren ein: Man kann sie auseinander nehmen, zusammenfügen, legen, stecken … Lassen Sie Ihr Kind in Ruhe alles selbst ausprobieren und seine Fehler selbst bemerken und korrigieren. Auch das hilft ihm, die Welt zu verstehen. Ab und an werden die Spiele auch fantasievoll zweckentfremdet: Das Kind benützt dann die Ringe der Pyramide als Teller oder baut aus Legetäfelchen eine Straße für das neue Spielzeugauto.

Puzzle, Bilder-Lotto, Domino

Im Verlauf des dritten Lebensjahres werden Tischspiele immer beliebter. Sogar die ersten Farbwürfelspiele begeistern die Jüngsten schon, auch wenn sie die Farben anfangs noch nicht benennen können. Zunächst braucht Ihr Schatz Sie noch als Spielpartner, damit Sie ihm die einfachen Spielregeln beibringen. Später fängt er in Ihrem Beisein an, mit einem Freund zu spielen, irgendwann klappt es dann ohne Sie.

Komm, spiel mit!

Kinder spielen fast den ganzen Tag und entwickeln dabei selbst viele tolle Spielideen. Ganz besonders freuen sie sich aber, wenn ihren Eltern oder anderen Kindern etwas einfällt, auf das sie selbst nicht gekommen wären. Sie können dieses Spiel dann an ihre Freunde weitergeben – und irgendwann einmal spielen sie es vielleicht sogar mit dem eigenen Nachwuchs. Auch so entsteht Spielkultur.

INFO

Mit der Schere schneiden

Mit der Zeit will Ihr Kind immer öfter selbst kreativ werden, malen und basteln. Dafür muss es auch lernen, mit einer Schere umzugehen. So ungefähr entwickelt sich das Schneiden mit der Schere von ein bis drei Jahren:

○ Geben Sie Ihrem Kind eine kindersichere Schere, und lassen Sie es damit unter Aufsicht am Tisch hantieren. Das Kind übt und spielt mit der Schere, klappt sie mit beiden Händen auf und zu.

○ Der erste Schnitt entsteht, indem Sie das Blatt in die Luft halten und Ihr Kleines mit voller Konzentration schneidet – dabei fasst es die Griffe der Schere mit beiden Händen. Jetzt kann Ihr »Schneiderlehrling« Fransen schneiden.

○ Sie zeigen ihm, wie es die Schere richtig in einer Hand hält. Ihr Kind macht nun Schneidebewegungen – erst noch ohne Papier.

○ Sie halten das Blatt so, dass Ihr Kind Schnitte, Teilchen und Fransen schneiden kann – nur mit einer Hand.

○ Die Hand des Kindes liegt auf dem Papier, während es mit der anderen versucht, alleine zu schneiden.

○ Ihr Kind hält das Papier mit einer Hand fest und schneidet mit der anderen; es kann nun eine gerade Linie schneiden.

○ Ungefähr im vierten Lebensjahr kommt dann auch noch das Konturenschneiden dazu.

Bewegungsspiele

Durch die veränderte Spielkultur – weg von der Straße, rein in die teilweise engen Wohnungen – kommt die Bewegung heute manchmal zu kurz. Schade, denn schon die ungarische Ärztin Emmi Pikler beobachtete in den 1950er-Jahren während ihrer Tätigkeit in einem Wiener Krankenhaus, dass die behüteten Kinder schlimmere Unfälle und Verletzungen hatten als Kinder, die auf der Straße oder auf dem Hinterhof spielten. Auch heute bestätigen Sportmediziner: Kinder, die gelernt haben, sich beim Herumtollen und bei leichten Stürzen richtig abzurollen oder hinzufallen, sind gut gerüstet für den Extremfall und haben weniger Verletzungen als »Bewegungsmuffel«. Bewegung macht eben nicht nur schlau, sondern gibt auch Sicherheit.

SCHLITTSCHUH LAUFEN

Ihr Kind steigt mit je einem Fuß in einen Kinderschuhkarton, den es vorher mit bunten Farben (etwa mit dicken Wachsmalkreiden) verziert hat. Und dann »schlittert« Ihr Läufer von Zimmer zu Zimmer. Wenn Sie zwei größere Schuhkartons haben (Schuhgeschäfte geben diese gerne ab), können Sie auch mitfahren.

SLALOMLAUF

Stellen Sie mehrere leere Toiletten- und Küchenpapierrollen zu einer Slalomstrecke auf. Jetzt muss Ihr Kind möglichst schnell um die Rollen flitzen, ohne sie umzuwerfen. Gar nicht so einfach. Lassen Sie zunächst große Lücken, später werden die Abstände dann kleiner.

ZEITUNGSHOCKEY

Rollen Sie gemeinsam einen festen Schläger aus mehreren Zeitungsseiten. Damit kann Ihr Kind nun einen Luftballon durch die Wohnung treiben. Wo ist das Tor?

> ## WICHTIG
>
> ### Flitzen, nicht sitzen
>
> Hand aufs Herz: Wie fit sind Sie? Sie müssen keinen Kopfstand machen können und brauchen kein Rad zu schlagen, aber wenn Sie mit Ihrem Kind durch den Wald und über den Spielplatz flitzen, spornen Sie es damit an. Auch die Bewegungsspiele machen Ihrem Nachwuchs mehr Spaß, wenn Sie selbst ebenfalls mit Freude und Ausdauer dabei sind. In diesem Alter fördern Sie durch Ihre Vorbildrolle nicht nur die sprachliche Entwicklung, sondern auch die Bewegungsfreude. Flitzen statt sitzen ...

Noch mehr Spaß macht es zu zweit: mit einem Freund oder den Eltern. Wenn Ihr Kind schon geschickt genug ist, geben Sie ihm einen Kochlöffel als Schläger. Damit kann es einen Flummiball in ein Schachteltor schießen.

RHYTHMUS, BEI DEM MAN MIT MUSS

Suchen Sie mit Ihrem Kind verschiedene Dinge, die man als Trommeln benützen kann: Schüsseln, Töpfe, Papierkörbe ... Mit einem Kochlöffel geben Sie den Takt vor, während Ihr Kind versucht, im Rhythmus der Trommel zu laufen: Mal stapft es ganz langsam durchs Zimmer, mal trippelt es ganz schnell. Wenn Sie aufhören zu trommeln, bleibt es stehen. Spannung und Entspannung wechseln sich ab.

PUTZSLALOM

Dieses Spiel funktioniert nur auf glatten Böden: Jeder Spieler bekommt zwei Putzlappen, auf denen er durch die Wohnung rutscht und dabei den Boden sauber wischt.

GEISTERSTUNDE

Dieses Spiel eignet sich gut für dunkle und ver-regnete Tage oder Abende (allerdings kann es direkt vor dem Bettgehen zu aufregend sein): Lassen Sie mithilfe einer Taschenlampe einen Lichtstrahl über Boden und Wände huschen. Ihr Kind muss versuchen, das helle Licht zu fan-gen. Erwischt? Dann wechseln Sie die Rollen.

SKILANGLAUF – AUCH IM SOMMER

Schneiden Sie aus einem festen Karton zwei etwa 20 Zentimter breite und 1 Meter lange Ski. Befestigen Sie in der Mitte mit dem Tacker ei-nen breiten Hosen- oder Einweckgummi: Das sind die Schlaufen für die Füße. Später können Sie je zwei Schlaufen auf einem Ski befestigen (in etwa 30 Zentimter Entfernung). Dann kann Ihr Kind mit einem Freund oder einer Freundin Tandemski laufen. Hoppla, wo geht es lang?

Beim Mini-Limbo ist Körpergefühl gefragt. Mit heißen Rhythmen macht es noch mehr Spaß.

MINI-LIMBO

Halten Sie einen Besenstiel (oder eine andere Stange) so hoch, dass Ihr Kleines gerade darun-ter durchlaufen kann. Bei jedem Durchgang senken Sie die Stange ein wenig weiter nach un-ten. Zum Schluss kann Ihr Kind nur noch da-runter hindurchkrabbeln oder muss sogar auf dem Bauch robben. Das Ganze klappt natürlich auch andersherum: Ihr Kind muss dann über die Stange steigen. Dazu halten Sie sie erst ganz nah am Boden, dann immer höher.

VERRÜCKTER ROBOTER

Weiß Ihr Kind schon, was ein Roboter ist? Wenn nicht, erklären Sie es ihm. Am besten geht das natürlich, wenn Sie es ihm vormachen: Ihr Kind betätigt den Einschaltknopf an Ihrem Bauch (eventuell einen grünen Klebepunkt auf den Pulli kleben), und schon bewegen Sie sich ruckartig durch den Raum. Erst wenn Ihr Schatz Sie wieder ausschaltet (roter Klebepunkt), blei-ben Sie stehen. Jetzt ist der kleine Roboter dran: Einschalten, losrattern, ausschalten.

ÜBER KREUZ

Ein witziger Zeitvertreib und gleichzeitig eine tolle Übung für das Gehirn (siehe Seite 62 f.): Greifen Sie sich mit der rechten Hand ans linke Ohr, und fordern Sie ihr Kind auf, es Ihnen nachzumachen (»Fasse dein linkes Ohr mit dei-ner rechten Hand«). Die Begriffe »links« und »rechts« versteht Ihr Kind zwar noch nicht, aber darum geht ist bei diesem Spiel auch gar nicht. Zumindest lernt es die Worte schon einmal ken-nen. Überlegen Sie, wie man Arme und Beine noch überkreuzen könnte: die linke Hand aufs rechte Bein legen, den rechten Ellbogen auf das linke Knie stützen, die linke Hand ans rechte Auge führen oder an die rechte Wange – mit Musik macht es noch mehr Spaß.

Spiele für Konzentration, Spannung und Geschicklichkeit

Etwas suchen oder sich selbst verstecken – das ist jetzt enorm angesagt. Voller Spannung (Wonneangst) warten die Kleinen in ihrem Versteck darauf, gefunden zu werden. Bei vielen Spielen, ist neben Geschicklichkeit auch Konzentration gefragt. Ihr Kind ist dafür alt genug, und so bleiben viele der folgenden Spiele bis weit ins Kindergartenalter hinein interessant.

SCHWEBESITZ

Setzen Sie sich mit Ihrem Kind auf den Boden, und stützten Sie sich mit den Händen auf dem Boden ab. Fragen Sie: »Kannst du jetzt deine Beine hochheben? Gut, und jetzt auch noch die Hände? Prima!«
Oder Sie winkeln die Beine an, heben die Füße vom Boden, stoßen sich mit den Armen ab und drehen sich wie ein Karussell auf dem Po.

SCHNEIDERSITZ

Wenn Sie nebeneinander sitzen, zeigen Sie Ihrem Kind, wie der Schneidersitz geht. Es dauert meist eine Weile, bis es diese Position beherrscht (Welches Bein kommt über welches?). Aber es macht Spaß. Im Schneidesitz können Sie dann wie Vögel flattern oder hin- und herschaukeln, wie ein Schiff auf hoher See. Vielleicht hat Ihr Kind ja seinen Teddy auf der Reise dabei.

KOMMANDOBALL

Sie stehen sich in etwa 2 Metern Abstand gegenüber; vor Ihnen liegt ein Ball auf dem Boden. Bevor Sie den Ball zu Ihrem Kind rollen, klatschen Sie in die Hände. Und genauso sollte Ihr Kind in die Hände klatschen, bevor es den Ball vor seinen Füßen stoppt. Und dann klatscht es wieder, ehe es den Ball zu Ihnen zurückrollt. Jetzt sind wieder Sie an der Reihe – und so weiter.

Wie bei allen Spielen steht der Spaß im Vordergrund, es macht also nichts, wenn Sie Klatschen einmal vergessen. Später können Sie auch andere »Kommandos« einbauen: Zunge rausstrecken, auf den Po klatschen, mit den Füßen stampfen … Wenn Ihr Kind das Spiel gut kennt, kommt die Steigerung: Sie klatschen in die Hände, rollen den Ball zu ihm, es klatscht und stoppt den Ball. Dann gibt es ein anderes Kommando vor: Es klopft sich zum Beispiel auf die Schenkel und rollt den Ball zu Ihnen. Sie klopfen sich ebenfalls auf Ihre Schenkel, stoppen den Ball, ziehen eine Grimasse und rollen den Ball zurück …

WIE KANNST DU STEHEN?

»Kannst du auf einem Bein stehen? Kannst du stehen und in die Hände klatschen? Stehen und über dem Kopf in die Hände klatschen? Hinter dem Rücken klatschen …?« Sie können dieses Spiel immer weiter variieren, indem Sie fragen: »Wie kannst du gehen, laufen …?«

PUSTEBALL

Jetzt brauchen Sie einen Luftballon: Ihr Kind darf ihn krabbelnd zu einem vorher verabredeten Ziel pusten. Wenn mehrere Spieler beisammen sind, können sich auch alle im Kreis auf den Boden setzen und den Ballon hin und her pusten. Kopfball ist auch erlaubt.

ICH BIN EIN LUFTBALLON

Kauern Sie sich beide auf den Boden, und machen Sie sich ganz klein: Sie sind zwei leere Luftballons. Erzählen Sie nun folgende Geschichte: »Der Papa (oder die Mama) kommt und bläst den Luftballon vorsichtig auf. Er wird immer größer und größer.« Dabei machen Sie mit den Armen einen Kreis vor den Bauch. »Jetzt tanzt der Ballon in der ganzen Wohnung – toll! Das Fenster steht offen, und der Ballon fliegt hinaus.

Der Wind bläst stark und treibt ihn immer weiter fort.« Sie bewegen sich drehend im Zimmer. »Doch dann kommt plötzlich ein Vogel, piekst in den Ballon und die Luft strömt heraus. Der Ballon wird kleiner und kleiner.« Sie kauern sich wieder am Boden zusammen. »Jetzt muss Papa/Mama einen neuen Ballon aufblasen …«
Sie können auch andere Konzentrations- und Spannungsgeschichten erfinden: Ein Schneemann wird gebaut (zuerst ist es klirrend kalt, dann scheint die Sonne und der Schneeman schmilzt), ein Hefeteig wird geknetet (Teig geht auf), ein Baum steht im Herbstwind …

WETTERWECHSEL

Bei diesem Spiel sind Spannung und Entspannung garantiert: Ein Kissen, ein kleines Handtuch und ein Hula-Hoop-Reifen liegen auf dem Boden. Das ist das »Haus« Ihres Kindes. Wenn die Sonne scheint, kann es im Zimmer spazierengehen. Doch wenn es zu regnen beginnt, muss es schnell zurück nach Hause – und auf das Kissen, das Handtuch oder in den Reifen steigen. Dort wartet Ihr Kind, bis sich die Sonne wieder zeigt.

LAUFWIPPE

Rollen Sie eine Decke fest zusammen, und legen Sie ein Brett mittig darüber. Jetzt kann Ihr kleiner Zirkuskünstler von einer Seite auf die andere balancieren – und wieder zurück. Dazu muss er sich ganz schön konzentrieren.

SPIEGLEIN, SPIEGLEIN …

Sie stehen Ihrem Kind gegenüber und heben zum Beispiel ein Knie, machen einen Knicks, kratzen sich am Kopf oder ziehen eine lustige Grimasse. Ihr Kind ist der Spiegel und muss es Ihnen nachmachen. Später können Sie dann die Rollen tauschen.

TIERSITZUNG

Blasen Sie einen Wasserball nicht ganz fest auf. Darauf darf Ihr Kind sitzen (wahrscheinlich ist das am Anfang noch eine recht wackelige Angelegenheit, aber bald kann es sich gut halten). Sie selbst setzen sich auf einen Gymnastikball oder auf den Boden. Nun machen Sie beide verschiedene Tiere nach: Sie sind zwei Vögel (Arme wie Flügel ausstrecken), zwei Hasen (mit den Händen lange Ohren machen), zwei Löwen (die Arme bilden die Mähne), zwei Affen (Sie kratzen sich am Kopf), zwei Elefanten (die Arme sind die Rüssel) … Neben der Konzentration wird dabei auch das Gleichgewicht geschult – und Spaß macht es sowieso.

Konzentrationstraining – in der »Tiersitzung« keine mühsame Angelegenheit, sondern ein Riesenspaß.

KRALLENBALL

Zerknüllen Sie mit Ihrem Kind viele Seiten Zeitungspapier zu kleinen, festen Bällen (kleiner als ein Tennisball), und werfen Sie sie auf den Boden. Jetzt dürfen Sie gemeinsam die Bälle vom Boden in einen Wäschekorb oder einen anderen Behälter befördern – und zwar barfuß. Wem das zu einfach ist, der versucht dasselbe mit mehreren Flummibällen.

EIMERLAUF

Stellen Sie drei oder vier Eimer umgedreht auf den Boden. Der Abstand sollte gerade so groß sein, dass Ihr Kind von einem Eimer auf den nächsten balancieren kann (wahrscheinlich braucht es dazu anfangs Ihre unterstützende Hand, später schafft es das auch allein). Auf dem letzten Eimer muss es sich umdrehen – gar nicht so einfach – und wieder zurücklaufen.

Lust auf mehr? Dann verlängern Sie die Strecke ins Unendliche, indem Sie immer wieder den letzten Eimer nach vorne holen. Wer ist schneller?

DÜSENJET

Blasen Sie einen Luftballon auf (nicht zuknoten), und sagen Sie spannungsvoll: »Auf die Plätze, fertig, los!« Dabei lassen Sie den Ballon los, und schon zischt er davon. Wo wird er wohl landen? Dann kommt der Neustart.

LUFTBALLONS IN DER DECKE

Für dieses Spiel brauchen Sie einen zweiten Erwachsenen oder ein älteres Kind: Blasen Sie mehrere Luftballons auf, und legen Sie alle auf eine Decke am Boden. Sagen Sie »Auf die Plätze, fertig, los!«, und heben Sie zu zweit die Decke mit Schwung nach oben. Die Luftballons fliegen daraufhin durch das Zimmer. Ihr Kind darf sie einsammeln und alle wieder auf die Decke legen – und weiter geht es.

BIERDECKELPARCOURS

Sie brauchen pro Spieler drei Bierdeckel (oder entsprechend große Kreise aus Karton). Ihr Kind steht auf zwei Bierdeckeln, der dritte liegt vor ihm auf dem Boden. Jetzt steigt es mit einem Fuß auf den dritten Bierdeckel, dreht sich um, greift den nun leeren Bierdeckel und legt ihn vor sich wieder auf den Boden. Dabei muss es die ganze Zeit mit beiden Füßen auf den Bierdeckeln stehen bleiben.

Wenn sich Ihr Kind noch schwer tut, auf den Bierdeckeln zu «balancieren«, können Sie zunächst noch Papier in DIN-A4 auf dem Boden verteilen, dann in DIN-A5 und DIN A6 – bis Ihr Profi es auch auf Bierdeckeln schafft.

RECK DICH, STRECK DICH

Gegen Ende des dritten Lebensjahres hüpfen Kinder sehr gern. Wie wäre es damit: Ihr Kind stellt sich vor eine Wand, streckt die Arme in die Luft und macht sich so groß wie es kann. Die Stelle, an der die Fingerspitzen die Wand berühren, markieren Sie mit einem Klebepunkt oder einem lustigen kleinen Aufkleber. Und nun darf Ihr Schatz hüpfen: »Fröschlein, hüpf!« Wie hoch kommt er diesmal? Und wie hoch springt der kleine Frosch am nächsten Tag? Und am übernächsten? In der nächsten Woche?

HOKUS, POKUS …

Dieses Spiel fasziniert alle Kinder: Stellen Sie drei bis vier bekannte Gegenstände auf den Tisch oder legen Sie sie auf den Boden (zum Beispiel ein Spielzeugauto, einen Löffel, einen Flummiball und ein Püppchen). Ihr Kind muss nun versuchen, sich alles zu merken. Verdecken Sie sie nun mit einem Zaubertuch, streuen Sie ein bisschen unsichtbares Zaubersalz darüber – hokus, pokus. Mit dem Tuch nehmen Sie verdeckt einen Gegenstand weg: Was fehlt?

Wutventilspiele

Kleine Wüteriche brauchen manchmal ein Ventil, um ihrem Ärger Luft zu machen. Eine der besten Möglichkeiten ist Bewegung – besonders draußen an der frischen Luft. So können zum Beispiel schon wenige Minuten auf dem (Mini-) Trampolin eine heilende Wirkung haben. Auch die folgenden Spiele können helfen, dass Zorn gar nicht erst aufkommt.

FECHTEN

Rollen Sie einen festen Schläger aus Zeitungspapier (wie beim Zeitungshockey auf Seite 387). Mit diesem darf Ihr Wüterich dann auf das Sofa oder gegen einen Stuhl schlagen. Oder Sie fechten gegeneinander. Mit Sicherheit wandelt sich die schlechte Laune schnell in Gelächter. Gute Alternative: eine Kissenschlacht.

WUTBÄLLE

Formen Sie gemeinsam tennisballgroße Kugeln aus Zeitungspapier. Diese Wurfgeschosse darf Ihr Kind dann in der Wohnung »verballern«. Wetten, dass dabei auch der Ärger verfliegt? Wenn die Bälle oft im Einsatz sind, können Sie sie vorsorglich mit Tapetenkleister einpinseln und trocknen lassen; dann sind sie stabiler.

ZERREISSPROBE

Ihr Kind darf im Stehen große Bögen Zeitungspapier zerreißen (Ganzkörperbewegung) und dabei laut schreien. Anschließend kann es das Papier zerknüllen und mit Schwung in den Papierkorb werfen.

BOXKAMPF MIT LUFTBALLONS

Blasen Sie einen Luftballon einmal auf, lassen Sie dann die Luft wieder heraus, und blasen Sie ihn nochmals auf: So platzt er nicht so leicht. Befestigen Sie den Luftballon nun an einem Stab (zum Beispiel an einem Laternenstab). Halten Sie diesen in der Luft, damit Ihr Kind gegen den Luftballon boxen kann. Am besten platzieren Sie ihn so hoch, dass es richtig springen muss. So kann Ihr Schatz seine Wut gut abbauen.

BLITZABLEITER

Geben Sie Ihrem wütenden Kind einen Pfeifenputzer oder einen Blumendraht, wie man ihn zum Basteln und Werken verwendet. Den kann es krümmen, biegen und formen, wie es will: ein guter Blitzableiter bei Ärger.

BOXSACK

Füllen Sie gemeinsam eine Einkaufsbeutel aus Stoff mit Zeitungspapierbällen. Knoten Sie den Beutel zu, und befestigen Sie ihn mit einer langen Schnur an einem Haken an der Zimmerdecke. Jetzt kann Ihr Kind drauflosboxen.

ÄRGER WEGTROMMELN

Ein Schlagzeug eignet sich bekanntlich gut, um sich von aufgestauter Wut zu befreien: Mal richtig kräftig draufhauen wirkt oft Wunder. Geben Sie Ihrem Kind Schüsseln und Töpfe, die es mit voller Kraft mit einem Kochlöffel bearbeiten darf. Führen Sie dazu das »Laut und leise«-Spiel ein: Zuerst darf Ihr Schatz ganz laut trommeln, dann ganz leise – immer abwechselnd. Wenn Sie unterwegs sind und Dampf ablassen müssen, klappt das »Laut und leise«-Spiel auch mit Stampfen oder In-die-Hände-Klatschen.

SCHREIRÖHRE

Schneiden Sie kleine »Fenster« in eine leere Küchenrolle, und überkleben Sie diese mit Transparent- oder Butterbrotpapier. Jetzt kann Ihr Kind in die Röhre schreien und so seinem Ärger Ausdruck verleihen. Wenn es nicht mehr wütend ist, kann es in die Röhre singen.

In der Kreativwerkstatt

Bei den folgenden Bastelideen braucht Ihr Kind Ihre Hilfe nicht. Allenfalls müssen Sie ihm Kleister anrühren oder Salzteig bereitstellen. Alles andere kann es allein. Dadurch hat Ihr Kleines das Gefühl, dass es selbst etwas schafft, und das verstärkt sein Selbstwertgefühl. Bleiben Sie aber in der Nähe, wenn es werkelt. Im Gespräch können Sie es auf neue Ideen bringen (»Was könntest du noch in den Salzteig reinstecken?«) oder auf seine Bitte hin helfen.

MURMELBILD

Legen Sie ein Papier in einen leeren Schuhkarton, und geben Sie darauf drei Kleckse Fingerfarben. Jetzt kommt einen Glasmurmel in den Karton – und schon kann Ihr Kind anfangen zu zaubern: Indem es den Karton hin und her bewegt, rollt die Murmel durch die bunten Farben und über das Papier. Dabei ergibt sich ein tolles, einzigartiges Muster.

Tipp: Wenn Sie fertige Fingerfarben verwenden, verdünnen Sie diese vorher mit etwas Wasser, damit die Murmel besser rollt. Sie können die Farben aber auch selbst herstellen: Rühren Sie dazu einen dickeren Kleister an (Rezept siehe Seite 297), verteilen Sie die Masse auf mehrere Schraubgläser, und färben Sie sie mit verschiedenen Lebensmittelfarben ein – fertig.

SANDVASE

Diese Vase gelingt kinderleicht und sieht zauberhaft aus. Ihr Kleines bestreicht dafür zunächst eine Glasflasche mit Kleister (Flaschenhals frei lassen); schon das macht riesig Spaß. Dann rollt es die Flasche über ein Tablett mit buntem Dekosand (Bastelbedarf). Jetzt muss das Kunstwerk nur noch trocknen, ehe Sie schöne Blumen und Äste hineinstellen können, die Sie vom nächsten Spaziergang mitbringen.

Beim Fädeln sind Geduld und Fingerspitzengefühl gefragt. Das reizt Kinder in diesem Alter.

EINFÄDELN

Stanzen Sie mit einem Locher viele Löcher in einen Bierdeckel – immer schön den Rand entlang in etwa einem Zentimeter Abstand. Sie können auch Figuren aus festem Karton schneiden (etwa einen Schmetterling oder einen Baum) und die Ränder durchlöchern. Jetzt darf Ihr Kind eine dicke Schnur (Schnürsenkel, Bast, Paketschnur, Geschenkkordel) durch die Löcher fädeln. Sie werden sehen: Das Kleine ist voll Konzentration dabei; oft spitzt sogar die Zunge zwischen den Lippen hervor.

EIERKRANZ FÜR OSTERN

Piksen Sie oben und unten je ein Loch in bunte Plastikeier. Nun kann Ihr Kleines abwechselnd Eier und große Holzperlen auf einen Blumendraht (Blumen- oder Bastelladen) fädeln. Sie binden dann den Draht zum Kranz – und fertig!

MODEKETTE

Wenn Ihr Kleines schon Erfahrung im Perlen-auffädeln hat, kann es diese schwierige Variante ausprobieren: Schneiden Sie gemeinsam dicke, bunte Strohhalme in Stücke. Diese kann Ihr Schatz dann abwechselnd mit dicken Nudeln (zum Beispiel Penne), Holzperlen und großen Knöpfen auf eine stabile Schnur fädeln. Anschließend binden Sie die Schnur zu einer Kette.

SALZTEIG FORMEN

Mit Salzteig (Rezept siehe Kasten) können Kinder unendlich lange herumexperimentieren, ohne dass ihnen langweilig wird. Sie können den Teig kneten, rollen, flach drücken, mit dem Messer Muster hineinritzen, mit einem Stift Löcher hineinbohren, Schrauben in ihn stecken … Und wenn Ihrem Schatz das Ergebnis nicht gefällt, drückt er einfach wieder alles zusammen und beginnt von Neuem – herrlich!

Besonders schöne Kunstwerke können Sie einige Tage bei Zimmertemperatur oder zwei bis drei Stunden bei 130 Grad im Backofen trocknen. Und wenn Ihr Kind Lust hat, kann es die Objekte anschließend auch noch mit Wasserfarben anmalen. Eventuell pinseln Sie später noch eine Schicht Klarlack darüber.

INFO

Rezept Salzteig

Vermengen Sie zwei Tassen Mehl und eine Tasse Salz gründlich miteinander. Fügen Sie nur so wenig Wasser hinzu, dass der Knetteig griffig und fest wird. Damit er geschmeidig wird, kneten Sie noch etwas Speiseöl darunter.

BLUMENKRONE

Schneiden Sie einen sechs bis acht Zentimeter breiten Streifen aus bunter Wellpappe aus – etwas länger als der Kopfumfang Ihres Kindes –, und tackern Sie ihn im Rund zu einer Krone. In jede der kleinen Öffnungen in den Wellen kann Ihr Kind nun eine selbst gepflückte Blume stecken. Oder im Herbst bunte Blätter. Oder gefärbte Federn aus dem Bastelgeschäft.

ROBOTER

Schneiden Sie in den Boden und in die Schmalseiten einer stabilen Einkaufstüte aus Papier drei Löcher für die Arme und den Kopf Ihres Kindes. Jetzt darf das Kleine die Tüte selbst verzieren: Es kann sie beispielsweise kunterbunt anmalen, Muster darauf stempeln, Kronkorken oder Pfeifenputzer aufkleben … Wenn alles getrocknet ist, muss Ihr Schatz nur noch in die »Rüstung« schlüpfen, und schon kann er wie ein kleiner Roboter durch die Wohnung laufen (siehe auch Seite 388).

SANDBILD

Füllen Sie etwas Kleister in eine Schüssel (Rezept siehe Seite 297). Dann lassen Sie Ihr Kind so viel Sand darunterkneten, bis ein dicker Teig entsteht. Diese Masse kann es nun in eine flache Form drücken, beispielsweise in den Deckel eines Schraubglases. Anschließend verziert es das Bild mit allerlei Kleinigkeiten wie Steinchen, Zahnstocher, Kronkorken, Knöpfe, Gewürznelken, Maiskörner, Nudeln, Kaffeebohnen oder Bohnen. Jetzt müssen Sie nur noch einen Haken an den Deckel kleben, dann können Sie das Kunstwerk an die Wand hängen.

SCHATZTRUHE

Ihr Kind darf aus einem Schuhkarton eine Schatztruhe für all seine kleinen Schätze gestalten. Erst einmal muss es die Schachtel dazu rundherum mit Kleister einstreichen. Dann kann es die Kiste wie beim Sandbild (Seite 394) mit allerlei Zierrat bekleben, den Sie zuvor gemeinsam im Haushalt zusammengesucht haben.

STERNENLICHT

Schneiden Sie einen etwa 10 x 30 Zentimeter großen Streifen aus Metallfolie (erhältlich im Bastelgeschäft). Legen Sie ein doppelt gefaltetes altes Handtuch auf den Tisch zu dessen Schutz und darauf den Folienstreifen. Ihr Kind darf jetzt mit einem großen Nagel oder einer dicken Schraube Löcher hineinstechen – das sind die Sterne. Wenn es fertig ist, legen Sie die kurzen Enden der Folie übereinander und tackern sie zusammen. Ihr Kind darf ein Teelicht auf einen Teller stellen und den Sternenring darüberstülpen. Am Abend zünden Sie die Kerze an und schalten das Licht aus: Die Sterne funkeln wunderbar durch das Zimmer.

LATERNE, LATERNE

Für eine Laterne brauchen Sie außer Metallfolie eine leere, runde Käseschachtel und einen elektrischen Laternenstab (aus dem Bastelgeschäft). Schneiden Sie ein Stück Folie aus: 30 Zentimeter hoch und etwas länger als der Umfang der Käseschachtel. Nun darf Ihr Kind mit einem Nagel oder einer Schraube viele, viele Löcher in die Folie stechen (gefaltetes Tuch unterlegen). Anschließend bestreichen Sie den Rand der Käseschachtel (Laternenboden) mit Kleber und legen die Folie bündig darum (eventuell zusätzlich festtackern); die langen Folienseiten überlappend zusammenkleben. An die obere Kante kleben oder tackern Sie – Ihr Kind assistiert Ihnen dabei – einen etwa zwei Zentimeter breiten Streifen aus festem Papier. Zwei Löchlein in den oberen Rand stechen, ein etwa 30 Zentimeter lan-

Muster in Goldfolie stechen fördert Geschicklichkeit und Selbstbewusstsein: Man traut dem Kind ja einiges zu.

ges Stück Draht als Aufhänger durchfädeln und den Laternenstab einhaken.

HERBSTBAUM

Für dieses Kunstwerk müssen Sie im Herbst viele bunte Blätter sammeln und pressen: Malen Sie dann einen Baumstamm mit Ästen auf ein großes Stück Packpapier. Ihr Kind darf nun erst Kleister auf die Äste pinseln und anschließend das Herbstlaub darauf kleben. Nicht vergessen: Auch am Boden, rund um den Stamm liegen einige Blätter – wie im richtigen Herbst.

SCHNEEMANN

»Malen« Sie mit Kleister drei große Kreise auf ein Stück dunkelblauen Tonkarton: Das ist das »Gerüst« für den Schneemann. Ihr Kind drückt nun weiße Wattepads oder kleine Papierschnipsel, die Sie zuvor gemeinam gerissen haben, auf.

Lieder, Verse und Reime

Es gibt viele schöne Kinderlieder und -verse, die
die kreative Lust an der Sprache wecken und
den Sprachrhythmus fördern. Kommt dazu noch
Bewegung, erhält das Gehirn ordentlich Futter.

Klassische Kinderlieder

Ringel, ringel, reihe

»Ringel, ringel, reihe,
wir sind der Kinder dreie,
(Fassen Sie sich an den Händen und
drehen Sie sich im Kreis)
wir sitzen unterm Hollerbusch
(Sie kauern sich zusammen)
und machen alle ›Husch, husch, husch!‹«
(Dreimal in die Höhe springen)

Ri, ra, rutsch

»Ri, ra, rutsch,
wir fahren mit der Kutsch.
Wir fahren mit der Schneckenpost,
wo es uns keinen Pfennig kost!
Ri, ra, rutsch,
wir fahren mit der Kutsch.«
(Sie sitzen sich gegenüber, legen die Hände
ineinander und bewegen sich im Rhythmus vor
und zurück)

Häschen in der Grube

»Häschen in der Grube,
saß und schlief,
saß und schlief.
(Sie kauern sich auf den Boden)
Armes Häschen, bist du krank,
weil du nicht mehr hüpfen kannst?
Häschen hüpf, Häschen hüpf,
Häschen hüpf!«
(Mehrmals nach oben hüpfen)

Brüderchen, komm, tanz mit mir

»Brüderchen, komm, tanz mit mir,
beide Hände reich ich dir.
Einmal hin, einmal her,
rundherum, das ist nicht schwer!«
(Sie fassen sich an den Händen und
wirbeln im Kreis herum)

Mit den Händchen klipp, klipp, klapp,
(In die Hände klatschen)
mit den Füßchen tripp, tripp, trapp!
(Leise mit den Füßen aufstampfen)
Einmal hin, einmal her,
rundherum, das ist nicht schwer!
(Wieder im Kreis drehen)

Mit dem Köpfchen nick, nick, nick,
(Nicken)
mit den Fingern tick, tick, tick!
(Beide Zeigefinger aneinanderklopfen)
Einmal hin, einmal her,
rundherum, das ist nicht schwer!«
(Ein letztes Mal im Kreis dehen)

Ich bin ein kleiner Tanzbär

»Ich bin ein kleiner Tanzbär
und komme aus dem Wald.
Ich such mir eine Freundin
und finde sie so bald.
Und wir tanzen hübsch und fein
von einem auf das andre Bein.
(Sie tanzen im Walzertakt miteinander)

Wir sind zwei kleine Tanzbärn
und kommen aus dem Wald.
Wir suchen uns eine Freundin
und finden sie auch bald.
Und wir tanzen hübsch und fein
von einem auf das andre Bein.«
(Sie wechseln von einem Bein aufs andere)

Lustige Reime

Es tröpfelt, es tröpfelt

»Es tröpfelt, es tröpfelt.
(Zeigefinger tippen auf Tisch oder Boden)
Es regnet, es regnet.
(Alle Finger tippen)
Es gießt, es gießt.
(Mit den Händen auf den Tisch klatschen)
Es blitzt. (Schnell in die Hände klatschen)
Es donnert! (Mit den Fäusten klopfen)
Und schon geht die Sonne wieder auf.«
(Mit den Händen eine Sonne in die Luft malen)

Bimmel, Bammel, Bommel

»Bimmel, Bammel, Bommel,
(Mit dem Zeigfinger im Takt trommeln)
die Katze schlägt die Trommel.
(Im Takt klatschen)
Die Mäuse tanzen in einer Reih'
(Mit den Fingern links und rechts wandern)
und die ganz Erde trommelt dabei.«
(Laut trampeln)

Ich bin ein kleiner Hampelmann

»Ich bin ein kleiner Hampelmann,
der Arm und Bein bewegen kann.
(Mit Armen und Beinen wackeln)
Mal links – hm hm,
(Nur die linken Gliedmaßen wackeln)
mal rechts – hm hm,
(Jetzt ist die rechte Seite dran)
mal auf – hm hm,
(Arme über den Kopf strecken)
mal ab – hm hm,
(Arme baumeln lassen)
und manchmal auch klipp klapp.«
(Wie ein Hampelmann hüpfen)

Muh, muh, muh

»Muh, muh, muh,
so macht im Stall die Kuh.
Wir geben ihr das Futter,
sie gibt uns Milch und Butter.
Muh, muh, muh,
so macht im Stall die Kuh.«
(Im Rhythmus klatschen oder stampfen)

Teddybär, Teddybär

»Teddybär, Teddybär, dreh dich um,
(Sich drehen)
Teddybär, Teddybär, mach dich krumm.
(Sich krumm machen)
Teddybär, Teddybär, heb ein Bein.
(Ein Bein heben)
Teddybär, Teddybär, das war fein!
(Klatschen)
Teddybär, Teddybär, bau ein Haus.
(Mit Fingern ein Dach andeuten)
Teddybär, Teddybär, schau heraus.
(Mit dem Kopf durchs ›Dach‹ schauen)
Teddybär, Teddybär, zeig einen Fuß,
(Einen Fuß zeigen)
Teddybär, Teddybär, bestell einen Gruß!
(Winken)
Teddybär, Teddybär, zeig mir deine Schuh.
(Schuh oder Fuß zeigen)
Teddybär, Teddybär, wie alt bist du?«
(Alter mit den Fingern anzeigen oder sagen)

Ein kleines graues Eselchen

»Ein kleines graues Eselchen,
das wandert durch die Welt.
Es wackelt mit dem Hinterteil,
(Kräftig mit dem Popo wacken)
grad wie es ihm gefällt.
I-ah-I-ah.
I-ah-I-ah-I-ah.«
(Das Kind wiehert lauthals mit)

MEILENSTEINE IM DRITTEN LEBENSJAHR

Der erste Kindergartentag

Viele Kinder sind jetzt das erste Mal für einige Stunden allein außer Haus. Ein großer Schritt im Kinderleben – nicht nur für die Kleinen, sondern auch für die Eltern. Vertrauen Sie darauf, dass Ihr Kind bestens aufgehoben ist und **seinen Weg** gehen wird.

Freunde haben

Freundschaften verfestigen sich. In den kommenden Wochen und Monaten ist immer deutlicher zu spüren, wenn die Chemie zwischen zwei Kindern stimmt. Die Kleinen finden **gemeinsam** eine Ecke, in der sie zusammen spielen: Sie bauen zum Beispiel einen Turm und lassen ihn gemeinsam wieder einstürzen, oder sie backen im Sandkasten Kuchen und machen diese wieder platt – am liebsten den des anderen.

So alt bin ich!

Im dritten Lebensjahr wächst das kognitive Verständnis Ihres Kindes immer mehr. Wenn es zum Beispiel gefragt wird: **»Wie alt bist du denn?«,** hält es stolz zwei Finger in die Luft.

Wieso? Weshalb? Warum?

Wer nicht fragt, bleibt dumm! »Wann schläft der Mond? Warum bellt ein Hund? Wie wächst die Blume?« Das **zweite Fragealter** ist im vollen Gange und eine wichtige Phase in der kognitiven Entwicklung (Entwicklung des Verständnisses und des Wahrnehmens).

Mobil auf zwei Beinen

Von nun an erreicht Ihr Kind ohne Ihre Hilfe sämtliche Ziele, die es sich in den Kopf gesetzt hat. Damit hat es eine große Portion **Freiheit und Mobilität** gewonnen. Es kann in die Küche, ins Bad und in Ihr Schlafzimmer kommen, die Treppe hinauf- und wieder hinuntersteigen oder auch ab durch die Haustür flitzen. Eltern müssen da manchmal sehr wachsam sein.

Kritzeln und Malen

Etwa mit drei Jahren halten Kinder einen Stift ungefähr wie Erwachsene; ein großer Meilenstein in der feinmotorischen Entwicklung. Ihr Schatz bekommt ein immer stärkeres Gespür für Formen und Flächen. Bald kann er **einen Kreis, ein »V« oder ein Kreuz nachmalen,** wenn Sie ihm vorher gezeigt haben, wie es geht.

Schnittig, schnittig

Scheren scheinen eine geradezu magische Anziehungskraft auf kleine Kinder auszuüben. Sie probieren unermüdlich, bis sie mit diesem Gerät umgehen und einzelne, anfangs noch gerade Schnitte **durch Papier schneiden** können.

Raumwahrnehmung

Die Bedeutung des Wortes »in« kennt Ihr Kind schon seit Monaten – im dritten Jahr lernt es die Begriffe **»auf«, »unter«, »oben«, »unten« und »hinter«** kennen. Das ist anfangs gar nicht so einfach, aber bald kann es sein Auto »auf« den Stuhl stellen oder die Füße »unter« den Tisch.

Rennen

Meist überkommt es Ihr Kind spielerisch: Es legt auf einmal einen Zahn zu und beschleunigt seinen Laufschritt und rennt. Für einen kurzen Augenblick haben die kleinen Füße **keine Bodenhaftung** mehr. Damit es dabei das Gleichgewicht nicht verliert, rudern die Arme zuweilen noch kräftig mit.

Freundliche Helfer

Am liebsten ist Ihr Kind immer noch in Ihrer Nähe und bietet Ihnen, bei allem was Sie tun, seine Hilfe an: Es will mit Ihnen einkaufen gehen, kochen, staubsaugen und den Tisch decken. Wenn Sie gerade keine Zeit haben, übernimmt der Nachwuchs Ihre Rolle und **spielt mit seinen Kuscheltieren** einkaufen, kochen, staubsaugen ...

Ball her oder ich schieße!

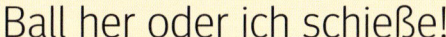

Bälle stehen hoch im Kurs. Für einen kurzen Moment kann Ihr Kind auf einem Bein stehen, sodass es mit dem anderen **kräftig gegen einen Ball treten** kann. Tooor! Auch Handball ist jetzt der Hit: Ihr Kind hat viel Freude daran, den Ball zu fangen und zu werfen. Mitunter wirft es den Ball mit solcher Wucht, dass es gleich mitfliegt ...

Balancieren

Ein umgefallener Baumstamm im Wald, das kleine Mäuerchen beim Nachbarn oder die Bordsteinkante: Was sich zum Balancieren eignet, wird erobert. Das ist auch gut so, denn Balancieren erfordert ein hohes Maß an **Körperkontrolle, Körperwahrnehmung und Selbstvertrauen.** Wann immer möglich, sollten Sie den Balanceakt Ihres Kindes unterstützen – vor allem mit Geduld.

Auf Zehenspitzen gehen

Etwa mit zweieinhalb Jahren kommt eine weitere Gangart hinzu: Ihr Kind tippelt auf seinen **Zehenspitzen** (genauer gesagt auf den Zehenballen). Sehr rasch hat es heraus, dass es sich auf diese Weise großartig anschleichen kann ...

Schlafprotokoll

Tag/Datum		vormittags						nachmittags		
Uhrzeit		7.00	8.00	9.00	10.00	11.00	12.00	13.00	14.00	15.00
Schlafphasen	im eigenen Bett									
	im Elternbett									
Einschlafhilfen	an Mamas Busen									
	Fläschchen									
	Schnuller									
	Kuscheltier									
	Nähe von Mutter/Vater									
	Herumtragen/Singen									
	Schaukeln									
	Sonstiges									
Unruhe/Schreien	quengelt/ist unruhig									
	weint heftig/schreit									
Ruhige Wachphasen	wird herumgetragen/ sitzt auf dem Schoß									
	beschäftigt sich allein/ spielt mit jemandem									

Tragen Sie ein: – für Schlafphasen und -ort, **x** für Einschlafhilfen, • für Mahlzeiten, ‹—› für Unruhe und Schreiphasen, ›—‹ für ruhige Wach[...]

			abends						nachts					
16.00	17.00	18.00	19.00	20.00	21.00	22.00	23.00	24.00	1.00	2.00	3.00	4.00	5.00	6.00

Adressen, die weiterhelfen

Deutschland

Praxen der Autorin/ Berater dieses Buches

Dr. med. Katrin Edelmann
Clemens-August-Str. 15
D-50321 Brühl
www.ganzheitliche-kinder-
therapie.de

Dr. med. Manfred Praun
Pollingerstr. 19
D-82205 Gilching
www.kinderarzt-gilching.de

**Logopädische Praxis
Andrea Mayer**
Römerstr. 11
D-82205 Gilching.
www.sprache-stimme.de

**Praxis für Osteopathie
Elke Schenk-Schrewe**
Köderbichl 18
D-82211 Herrsching
www.osteopathie-schenk-
schrewe.de

Ernährung

aid infodienst
Ernährung, Landwirtschaft,
Verbraucherschutz e. V.
Heilsbachstr. 16
D-53123 Bonn
www.aid.de
Basiswissen rund um die Ernäh-
rung; Informationen zur Ernäh-
rungspyramide.

**Bundesministerium für
Ernährung, Landwirtschaft
und Verbraucherschutz**
Wilhelmstr. 54
D-10117 Berlin
www.bmelv.de
Informationen zur gesunden
Ernährung; hier finden Sie auch
das »Netzwerk Junge Familie«.

**Deutsche Gesellschaft für
Ernährung e. V.**
Godesberger Allee 18
D-53175 Bonn
www.dge.de
Informationen und Empfehlun-
gen zur vollwertigen Ernährung
sowie zum Ernährungskreis.

**Forschungsinstitut für Kinder-
ernährung GmbH Dortmund**
Heinstück 11
D-44225 Dortmund
www.fke-do-gmbh.de
Ziel des Institutes ist es, die Ernährung von Säuglingen, Kindern
und Jugendlichen in Deutschland
nachhaltig zu verbessern.

Familie

**Arbeitskreis Neue
Erziehung e. V.**
Hasenheide 54
D-10967 Berlin
www.ane.de
Unterstützung für Eltern in allen
Lebenslagen; Herausgeber der
Elternbriefe.

**Bundesarbeitsgemeinschaft
Elterninitiativen e. V. (BAGE)**
Crellestr. 19/20
D-10827 Berlin
www.bage.de
Hilfe für Eltern, die die außer-
familiäre Betreuung ihrer Kinder
selbst organisieren wollen.

Deutsches Jugendinstitut e. V.
Nockherstr. 2
D-81541 München
www.dji.de
Forschung über Kinder, Jugend-
liche und Familien an der
Schnittstelle zwischen Wissen-
schaft, Politik und Praxis.

Focus Familie GmbH
Keplerstr. 1
D-69120 Heidelberg
www.focus-familie.de
Kursangebote und Programme
für junge Familien beim Übergang zur Elternschaft und in der
ersten Zeit mit dem Kind.

**Gordon Training Deutschland
Österreich Schweiz in der
Akademie für personzentrierte
Psychologie GmbH**
Bonner Talweg 149
D-53129 Bonn
www.gordonmodell.de
Information zum Gordon-Trai-
ning; Kursangebot in Deutsch-
land, Österreich und in der
Schweiz.

PEKiP e. V.
Am Böllert 3
D-47269 Duisburg
www.pekip.de
Umfassende Informationen zum
PEKiP-Konzept und zur passen-
den PEKiP-Gruppe in Ihrer Nähe
(auch Österreich und Schweiz).

Pflege und Gesundheit

**Arbeitsgemeinschaft Freier
Stillgruppen AFS e. V.**
Bornheimer Str. 100
D-53119 Bonn
www.afs-stillen.de
Gemeinnützige Organisation zur
Förderung des Stillens.

**Bundeszentrale für gesund-
heitliche Aufklärung**
Ostmerheimer Str. 220
D-51109 Köln
www.bzga.de
Informationen zur Kinder- und
Jugendgesundheit.

**Deutscher Hebammen-
verband e. V.**
Gartenstr. 26
D-76133 Karlsruhe
www.hebammenverband.de
Infos rund um die Hebammen-
tätigkeit.

Die Trageschule®
Krügerstr. 7
D-01326 Dresden
www.trageschule-dresden.de
Informationen über das Tragen
von Babys.

**Gemeinsame Elterninitiative
Plötzlicher Kindstod
GEPS-Deutschland e. V.**
Fallingbosteler Str. 20
D-30625 Hannover
www.geps.de
Infos, Tipps und Hilfestellung
zum plötzlichen Kindstod.

La Leche Liga Deutschland e. V.
Gesellenweg 13
D-32427 Minden
www.lalecheliga.de
Hilfe bei allen Fragen rund um
das Stillen; hier nennt man Ih-
nen auch eine Stillberaterin in
Ihrer Nähe.

Robert Koch Institut (RKI)
Postfach 65 02 61
D-13302 Berlin
www.rki.de
Das RKI hat die Aufgabe, Kon-
zepte zu entwickeln, welche die
Weiterverbreitung von Infektions-
krankheiten verhindern. Das Ex-
pertengremium der Ständigen
Impfkommission (STIKO) mit
Sitz am RKI gibt Impfempfehlun-
gen heraus.

Therapien

**Deutsche Gesellschaft für
Verhaltenstherapie e. V.**
Postfach 13 43
D-72003 Tübingen
www.dgvt.de
Psychosozialer, -therapeutischer
und gesundheitspolitischer
Fachverband.

**Deutscher Verband für
Ergotherapie e. V.**
Becker-Göring-Str. 26/1
D-76307 Karlsbad-Ittersbach
www.dve.info
Einführung in die Methode der
Ergotherapie; mit Praxenver-
zeichnis für das gesamte Bun-
desgebiet.

**Deutscher Verband für
Physiotherapie**
Zentralverband der Physio-
therapeuten/Krankengym-
nasten (ZVK) e. V.
Deutzer Freiheit 72–74
D-50679 Köln
www.zvk.org
Hier erhalten Sie die Adresse
von Physiotherapeuten in Ihrer
Nähe.

**Verband der Osteopathen
Deutschland e. V. (VOD e. V.)**
Untere Albrechtstr. 15
D-65185 Wiesbaden
www.osteopathie.de
Weitreichende Informationen
rund um die Osteopathie; mit
Therapeutenliste.

**Verband der Upledger
CranioSacral TherapeutInnen
Deutschland-UCD e. V.**
Gutenbergstr. 1
D-23611 Bad Schwartau
www.upledger.de
Informationen über die Cranio-
sacral-Therapie; mit Therapeu-
tenliste.

Österreich

Berufsverband Logopädie Austria
Sperrgasse 8–10
A-1150 Wien
www.logopaedieaustria.at
Interessensvertretung der österreichischen Logopäden und Logopädinnen; Therapeutenlisten nach Bundesländern.

Berufsverband Österreichischer Psychologinnen und Psychologen
Möllwaldplatz 4/4/39
A-1040 Wien
www.boep.or.at
Unter anderem weitreichende Informationen zur Mutter-Kind-Psychologie; mit telefonischer Helpline und bundesweiter Therapeutensuche.

Bundesministerium für Gesundheit, Familie und Jugend
Radetzkystr. 2
A-1030 Wien
www.bmgfj.gv.at
Alle wichtigen Informationen um das Thema Gesundheit.

Ergo Austria
Sobieskigasse 42/5
A-1090 Wien
www.ergoaustria.at
Bundesverband der ErgotherapeutInnen Österreichs; Informationen und bundesweite Therapeutensuche.

Hebammenzentrum Verein freier Hebammen
Lazarettgasse 8/1B/1
A-1090 Wien
www.hebammenzentrum.at
Informationen und Beratung rund um die Themen Schwangerschaft, Geburt und Wochenbett.

La Leche Liga Österreich
Angelika Seeberger
Ennsweg 38
A-5550 Radstadt
www.lalecheliga.at
Alles über das Stillen.

Österreichische Gesellschaft für Kinder- und Jugendheilkunde
Landes-Frauen- und Kinderklinik Linz
Krankenhausstraße 26-30
A-4020 Linz
www.docs4you.at
Gesicherte Gesundheitsinformation von Experten; landesweite Übersicht der Kinder- und Jugendärzte sowie der Kinderspitäler und -ambulanzen.

Österreichisches Hebammengremium
Postfach 438
A-1060 Wien
www.hebammen.at
Das Hebammengremiun versteht sich als Verbindungsstelle zwischen Hebammen und werdenden Müttern.

Österreichische Liga für Kinder- und Jugendgesundheit
Fernkorngasse 91
A-1100 Wien
www.kinderjugendgesundheit.at
Berufsübergreifende Organisation und offen für alle im Feld der Kinder- und Jugendgesundheit tätigen Personen, Fachgesellschaften und Berufsverbände sowie für alle mit Versorgungsaufgaben befassten Institutionen und einschlägige Interessensvertretungen der Selbsthilfe, Eltern und Betroffenen.

Upledger Institut Österreich (Craniosacrale Therapie)
Sparbersbachgasse 63
A-8010 Graz
www.upledger.at
Informationen zur Behandlungsmethode der Craniosacral-Therapie; Therapeutenliste.

Schweiz

Deutschschweizer Logopädinnen- und Logopädenverband (DLV)
Bluntschlisteig 1
CH-8002 Zürich
www.logopaedie.ch
Informationen unter anderem zu Logopädie bei Kindern im Vorschulalter; umfassende Liste mit Buchempfehlungen zu den Themen Sprachentwicklung und Sprachauffälligkeiten.

ErgotherapeutInnen-Verband Schweiz (EVS/ASE)
Postgasse 17
PF 686
CH-3000 Bern 8
www.ergotherapie.ch
Informationen zum Einsatz der Ergotherapie; Therapeutensuche möglich.

La Leche League Schweiz
Postfach 197
CH-8053 Zürich
www.lalecheliga.ch
Ausführliche Beratung rund um das Thema Stillen.

Sibylle Lüpold
Gewerbestr. 29
CH-3012 Bern
www.kindernächte.ch
Die Autorin des Buches »Ich will bei euch schlafen« ist gelernte Krankenschwester und arbeitet zurzeit als Stillberaterin der La Leche League. Auf ihrer Homepage erhalten Sie Informationen rund um das kindliche Bedürfnis nach nächtlicher Nähe.

Schweizerischer Hebammenverband
Rosenweg 25 C
Postfach
CH-3000 Bern 23
www.hebamme.ch
Informationen und Beratung rund um die Themen Schwangerschaft, Geburt und die erste Zeit mit dem Baby.

Internetadressen

www.beruhigungssauger.de
Informationen über die neue Schnuller-Generation.

www.bkjpp.de
Berufsverband der Ärzte für Kinder- und Jugendpsychiatrie, Psychosomatik und Psychotherapie; nennt kinder- und jugendpsychiatrische Praxen in Ihrer Nähe.

www.das-kind-muss-ins-bett.de
Persönliche Erfahrungen und Tipps bei Einschlafproblemen von Kindern.

www.didymos.de
Tragetuch-Bindeanleitungen.

www.doktor.ch/kinderaerzte
Ärzte und Medizin in der Schweiz.

www.Familienhandbuch.de
Auf der Seite des Staatsinstituts für Frühpädagogik finden Sie viele interessante Themen rund um die Familie und die Erziehung.

www.gesundinsleben.de
Informationen rund um einen gesunden Start ins Leben.

www.individuelle-impfentscheidung.de
Beratung zu Impffragen; Liste von Ärzten, die bei der individuellen Impfentscheidung helfen.

www.kinderaerzte-im-netz.de
Berufsverband der Kinder- und Jugendärzte e. V. (BVKJ); Anlaufstelle für eine Kinder- und Jugendärztepraxis in Ihrer Nähe.

www.kinesiologen.de
Informationen über Kinesiologie und Therapeutenliste.

www.sgkjpp.ch
Schweizer Fachgesellschaft für Kinder- und Jugendpsychiatrie und Psychotherapie.

www.oekotest.de
Testberichte zu verschiedenen Produkten für Babys und Kleinkinder.

www.safe-programm.de
Detaillierte Informationen zu SAFE® -Kurs und viele interessante Themen rund um Schwangerschaft, Baby und Bindung.

www.stillen.at
Verband der Still- und Laktationsberaterinnen Österreichs.

www.swissfamily.ch
Schweizer Familienportal.

www.trostreich.de
Adressen von Beratungsstellen für Eltern mit Schreibabys in Deutschland, Österreich und in der Schweiz; mit telefonischer Beratung sowie weiteren hilfreichen Links.

Bücher, die weiterhelfen

Largo, Remo: Babyjahre. Piper Verlag, München

Lüpold, Sibylle: Ich will bei euch schlafen. Urania Verlag, Freiburg

Pikler, Emmi: Lasst mir Zeit. Pflaum Verlag, München

Prekop, Jirina/Schweizer, Christel: Kinder sind Gäste, die nach dem Weg fragen. Kösel, München

Van de Rijt, Hetty/Plooij, Frans: Oje, ich wachse. Mosaik bei Goldmann Verlag, München

Wendlandt, Wolfgang: Sprachstörungen im Kindesalter. Thieme Verlag, Stuttgart

Bücher aus dem GRÄFE UND UNZER VERLAG, München

Bohlmann, Sabine: BabySpiel-Zeit. Der große Spieleschatz für kleine Entdecker.

Gebauer-Sesterhenn, Birgit/Praun, Manfred: Das große GU Babybuch.

Guóth-Gumberger, Márta/Hormann, Elizabeth: Stillen.

Herold, Sybille: 300 Fragen zur Erziehung.

Höfer, Silvia: Quickfinder Babys erstes Jahr.

Kast-Zahn, Annette: Gelassen durch die Trotzphase.

Kast-Zahn, Annette: Jedes Kind kann Regeln lernen.

Kast-Zahn, Annette/Morgenroth, Hartmut: Jedes Kind kann schlafen lernen.

Kast-Zahn, Annette/Morgenroth, Hartmut: Jedes Kind kann richtig essen.

Keicher, Ursula: Kinderkrankheiten. Schnell erkennen – gezielt behandeln.

Kienzle-Müller, Birgit/Wilke-Kaltenbach, Gitta: Schau, was ich schon kann!

Kunze, Petra/Keudel, Helmut: Schlafen lernen.

Kunze, Petra/Salamander, Catharina: Die schönsten Rituale für Kinder.

Laimighofer, Astrid: Babyernährung.

Pulkkinen, Anne: PEKiP: Babys spielerisch fördern.

Stamer-Brandt, Petra/Murphy-Witt, Monika: Das Erziehungs-ABC von Angst bis Zorn.

Voormann, Christina/Dandekar, Govin: Babymassage.

Weigert, Vivian/Paky, Franz: Babys erstes Jahr. Monat für Monat das Beste für Ihr Kind.

Bilderbücher

Bostelmann, Antje/Bostelmann Friderike: Lotta in der Krippe. Verlag an der Ruhr, Mühlheim an der Ruhr

Erlbruch, Wolf: Das Bärenwunder. Peter Hammer Verlag, Wuppertal

McBratney, Sam/Jeram, Anita: Weißt du eigentlich, wie lieb ich dich hab? Sauerländer Verlag, Mannheim

Mebes, Marion: Kein Küsschen auf Kommando. Verlag Mebes & Noack, Köln

Moost, Nele/Schober, Michael: Welcher Po passt auf dieses Klo?, Esslinger Verlag Schreiber, Esslingen

Register

Die werden Sie auch lieben.

PEKiP: Babys spielerisch fördern
ANNE PULKKINEN
ISBN 978-3-8338-1176-0

Baby-ernährung
DR. ASTRID LAIMIGHOFER
ISBN 978-3-8338-1809-7

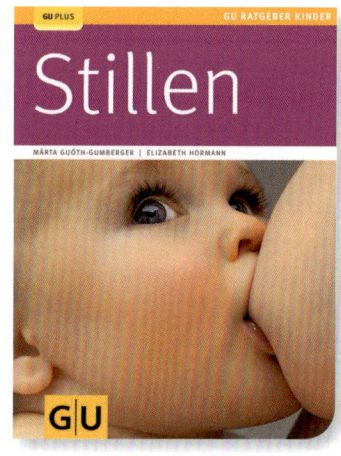

Stillen
MÄRTA GUÓTH-GUMBERGER | ELIZABETH HORMANN
ISBN 978-3-8338-0405-2

Schlafen lernen
Sanfte Wege für Ihr Kind
PETRA KUNZE | DR. MED. HELMUT KEUDEL
ISBN 978-3-8338-1402-0

Gelassen durch die Trotzphase
ANNETTE KAST-ZAHN
ISBN 978-3-8338-2111-0

Die 1–2–3 Formel
Erziehen mit Liebe und Disziplin
CHRISTINE WERMTER
ISBN 978-3-8338-2114-1

www.gu.de: Blättern Sie in unseren Büchern, entdecken Sie wertvolle Hintergrundinformationen sowie unsere Neuerscheinungen.

GU
Willkommen im Leben.

Impressum

Projektleitung: Monika Rolle
Lektorat: Sylvie Hinderberger
Bildredaktion: Henrike Schechter, Elke Dollinger
Umschlaggestaltung und Layout: independent Medien-Design, Horst Moser, München
Herstellung: Petra Roth
Satz: Christopher Hammond
Lithos: Longo AG, Bozen
Druck: Firmengruppe APPL, aprinta druck, Wemding
Bindung: Firmengruppe APPL, m.Appl GmbH, Wemding

ISBN 978-3-8338-2216-2

2. Auflage 2012

Umwelthinweis
Dieses Buch ist auf PEFC-zertifiziertem Papier aus nachhaltiger Waldwirtschaft gedruckt.

Die GU-Homepage finden Sie im Internet unter www.gu.de

Syndication:
www.jalag-syndication.de

GRÄFE UND UNZER

Ein Unternehmen der
GANSKE VERLAGSGRUPPE

Bildnachweis

Fotos: a1pix: S. 379, 342. Alimdi: S. 304. argum: S. 90. Bayer, Susanne: S. 6 oben. Corbis: S. 2, 21, 114, 134, 171, 181, 195, 198, 202, 234, 244, 315, 329, 330, 335, 341, 364, 366, 368. Dürichen, Sabine: Umschlag vorn, S. 1. F1 online: S. 52, 123, 258, 299, 325. Getty: Umschlag hinten Mitte, S. 4, 24, 29, 43, 46, 51, 60, 70, 79, 93, 99, 136, 168, 169, 174, 184, 187, 213, 214, 218, 222 re., 229, 251, 269, 270, 284, 286, 294, 310, 318, 332, 337, 338, 348, 360, 362, 374, 377, 378, 401. GU: Anna Peisl (S. 157, 140, 141), Antje Anders (150, 161), Petra Ender (50, 58, 146, 153, 164, 186, 188), Sandra Seckinger (94, 116, 151, 156, 166, 288, 292, 296, 388, 390, 393, 395), Marcel Weber (107). Joker: S. 220. Masterfile: Umschlag hinten li., S. 77, 194, 265, 400. Mauritius: S. 83, 193, 204, 212, 226, 280, 282, 298, 301 li., 346, 354, 358, 381, 383, 398. Picture Press: S. 32-33, 49, 112, 131, 138, 170, 177, 290. Plainpicture: Umschlag hinten re., S. 3, 5, 8-9, 10, 15, 34, 53, 54, 86, 110, 144, 172-173, 191, 208, 254, 300, 302-303, 307, 312, 319, 320, 326, 327, 352, 384, 399. Privat: S. 6 Mitte, unten. Stockfood: S. 30, 222 li., 224, 241, 248, 350, 361. Your photo today: S. 124, 301 re.

Illustrationen: Detlef Seidensticker (basierend auf einer Abb. der DGE): S. 237. aid infodienst, Idee: S. Mannhardt: S. 243. Alle anderen Illustrationen: Arifé Aksoy (www.dieKLEINERT.de).

Wichtiger Hinweis

Dieses Buch bietet aktuelle und fachlich kompetente Begleitung für die ersten drei Jahre mit Ihrem Baby bzw. Kleinkind. Alle Informationen wurden von den Autorinnen nach bestem Wissen erstellt und mit größtmöglicher Sorgfalt geprüft. Jede Leserin und jeder Leser muss sich bei vorbeugenden Maßnahmen und Selbstbehandlungen genau an die im Buch gegebenen Anleitungen halten. Es ist jeweils vermerkt, wann ärztliche Hilfe nötig ist. Wenn Sie bei der Behandlung unsicher sind, fragen Sie unbedingt einen Arzt! Sie sind verpflichtet, in eigener Verantwortung zu entscheiden, ob und wie weit Sie die dargestellten Methoden und Maßnahmen anwenden möchten. Weder Autorinnen noch Verlag können für eventuelle Nachteile oder Schäden, die aus den im Buch gegebenen praktischen Hinweisen resultieren, eine Haftung übernehmen.

Unsere Garantie

Alle Informationen in diesem Ratgeber sind sorgfältig und gewissenhaft geprüft. Sollte dennoch einmal ein Fehler enthalten sein, schicken Sie uns das Buch mit dem entsprechenden Hinweis an unseren Leserservice zurück. Wir tauschen Ihnen den GU-Ratgeber gegen einen anderen zum gleichen oder ähnlichen Thema um.

Liebe Leserin und lieber Leser,

wir freuen uns, dass Sie sich für ein GU-Buch entschieden haben. Mit Ihrem Kauf setzen Sie auf die Qualität, Kompetenz und Aktualität unserer Ratgeber. Dafür sagen wir Danke! Wir wollen als führender Ratgeberverlag noch besser werden. Daher ist uns Ihre Meinung wichtig. Bitte senden Sie uns Ihre Anregungen, Ihre Kritik oder Ihr Lob zu unseren Büchern. Haben Sie Fragen oder benötigen Sie weiteren Rat zum Thema? Wir freuen uns auf Ihre Nachricht!

Wir sind für Sie da!
Montag–Donnerstag: 8.00–18.00 Uhr;
Freitag: 8.00–16.00 Uhr
Tel.: 0180-5 00 50 54*
Fax: 0180-5 01 20 54*
E-Mail: leserservice@ graefe-und-unzer.de
*(0,14 €/Min. aus dem dt. Festnetz/ Mobilfunkpreise maximal 0,42 €/Min.)

P.S.: Wollen Sie noch mehr Aktuelles von GU wissen, dann abonnieren Sie doch unseren kostenlosen GU-Online-Newsletter und/oder unsere kostenlosen Kundenmagazine.

GRÄFE UND UNZER VERLAG
Leserservice
Postfach 86 03 13
81630 München